河南省哲学社会科学规划项目成果

中原智库丛书·学者系列

崔大华学术思想初探

A PRELIMINARY EXPLORATION OF
CUI DA HUA'S ACADEMIC THOUGHT

代 云／著

社会科学文献出版社
SOCIAL SCIENCES ACADEMIC PRESS (CHINA)

目录 CONTENTS

引　言

　　崔大华是中国哲学界公认的哲学史家。他淡泊名利，潜心治学，在道家与儒学研究中作出了卓越贡献，其思想值得深入挖掘、研究。自 20 世纪 80 年代至今，学术界已经有不少关于崔大华学术思想的研究成果，拙著《崔大华学术思想初探》（以下简称《初探》）是在这些成果的基础上尝试进行更加全面和系统的研究。

　　《初探》在内容设置上，将崔大华学术生涯分为三个阶段（宋明理学、庄子道家、儒学研究），在阐释其思想的基础上，揭示各阶段研究的特色。与以往相比，重视他第一阶段宋明理学研究中反映出的时代与个人思想的变化以及这一阶段的研究对他后来系统的儒学研究的作用。在研究方法上，一是将对其思想的研究与《崔大华全集》的整理编纂工作相结合，资料占有较为充分；二是将对其思想的研究与其生平经历的考察结合起来，说明其研究内容与思想转变的原因与背景。

　　《初探》的主体框架由四章构成。第一章是"生平与论著简述"。按照时间顺序，以 1978 年为界分两个阶段：早年经历和学术生涯。"早年经历"主要介绍他的家庭出身、独特的寄养经历以及对他个性的影响，即重情重义与独立思考。他的个性使他在大学期间遭遇严重的精神危机，并影响了他的毕业鉴定，后来到河南商丘做了一名中学教师，同样因为独特的个性，受到批判和不公正对待，但他在最艰难的岁月中始终保持对国家和未来的信心，坚持读书，阅读马列经典与经史、文学著作，做了上百万字的读书笔记，并写作大量的随笔和短文，这些都为他后来从事学术工作打下了良好的基础。"学术生涯"按照时间顺序，也分为三个阶段。第一阶段是起步阶段，时间从 1978 年 9 月攻读研究生到 1982 年 8 月被调入河南省社会科学院工作。这一时期他的学术工作主要包括撰写硕士论文《南宋陆学》和参与《宋明理学史》的写作，特点是起点很高，成果突出。第二阶段是一著成名阶段。被调入河南省社科院后，他的研究重心转向庄子，从 1982 年 11 月 25 日起，他正式开始研究庄子。崔大华庄子研究的主要成果是两本书：《庄子歧解》和《庄学研究》。《庄子歧解》在众多《庄子》注释中独树一帜，受到高度评价。《庄学研究》则让他在学术界一举成名，吴光先生称赞该书为"道家思想研究方面的一流学术成果"，方克立先生评价该书是"20 世纪最有新意和理论深度的一部道家思想研究专著"。第三阶段是深耕儒学阶段。他的研究重心从庄学转向儒学，因为他认为儒学是中国传统思想文化的主流，而他对现代新儒家和当时大陆的儒学研究现状感到不满足。《儒学引论》和《儒学的现代命运》出版后，受到学术界的重视。2005 年 4 月 9 日，第五期"中原学术论坛"召开，学者们对《儒学引论》进行了深入研讨。2012 年 10 月 14 日，河南省社会科学院组织召开"《儒学的现代命运》出版暨崔大华先生学术思想研讨会"，产生一批研究成果。其后学术界陆续从不同方面对崔大华学术思想进行研究，呈现逐渐深入的势头。

第二章是"宋明理学研究"。以夹叙夹议的方式介绍崔大华早期的宋明理学成果，最后进行总评。首先是"南宋陆学研究"。这项研究是学术界首次把南宋陆九渊学派作为研究对象进行的专项研究，选题有着填补空白的意义，主要内容包括陆九渊心学、陆九渊学派、朱陆之争、南宋陆学的性质和意义。《南宋陆学》对于陆派心学家，从远观到近看，从横断分析到纵向考察，从个别人物到门派群体进行研究，在此基础上探讨他们思想的形成与特点。崔大华长于辨异的治学特点在朱陆之争与陆学性质方面有着突出的表现。其次是"《宋明理学史》及其他相关研究"，主要包括对张九成、陈献章、湛若水以及二程和刘宗周的研究。对张九成的研究主要是说明宋代理学中心学一系的发展线索，论证张九成的理学思想是二程理学与陆九渊心学之间的中间环节。对陈、湛的研究则说明在陆九渊与王守仁之间心学是如何复兴的。《二程与宋明理学》一文论证二程是理学创始人，并说明二程与宋明理学的形成、发展、衰落的关系。《刘蕺山与明代理学的基本走向》则说明刘宗周处在明代理学气本论与心本论的交会点上，同时也在这两个走向的终点上。最后是"崔大华宋明理学研究的特色"，主要从"变"与"不变"两个方面来说明他的研究特色，"变"体现在对宋明理学的态度，从基本否定到客观评价。崔大华宋明理学研究的另外一个特色是探索尝试多种方法，这是他一以贯之的坚持，是他学术研究中的"不变"。崔大华在学术研究中重视辨异而不主张折中混同，因此比较方法是贯穿其学术生涯始终的一个方法。宋明理学是中国哲学的高峰，也是儒学最成熟的理论形态。通过宋明理学的研究，崔大华熟悉了文献和学术史，在生活实践与对时代的观察中积累和思考问题，并在研究方法上进行实践和探索，从而为他后来系统的儒学研究奠定了坚实的基础。

第三章是"庄子研究"。分别介绍崔大华的两部庄子专著并进行总评。第一节是"《庄子》文献学研究：歧解法的运用"。针对以往《庄子》注释采用的孤解法与集解法的局限，他采用歧解法，将历代《庄子》注释的分歧之处展现出来，并说明分歧的性质，即字读、句读的不同，词义理解的差异，思想派别或哲学立场的分歧等。笔者将这三类分歧举出例证，其中第一种举10个例子，第二种举22个例子，第三种举7个例子，并根据阅读所得进行判断。《庄子歧解》不是一般的《庄子》注释、集注性著作，它是以崔大华对中国哲学史历代思潮、学术派别的把握为基础进行的研究性注释。崔大华在注解的过程中表现出一种理论自觉，即显化分歧产生的原因，从注解的分歧进入问题的研究。第二节是"庄学研究"，包括三个方面，即庄学考据、庄学之源、庄学之流。考察庄子其人其书中的疑难问题、庄子思想的诸方面，以及作为中国哲学一个观念渊源的庄子思想在中国思想演变中的作用。第三节是"崔大华庄子研究的特色"，包括三个方面。一是"活化庄子及庄子思想"，以崔大华考论庄子曾任漆园吏和庄子身世说明他通过史料活用和场景想象，竭力穿透掩盖在庄子身上的历史迷雾，窥探真相并展示出来。他论述庄子自然主义观念对禅宗的影响，让人们看到庄子思想鲜活的生命力。二是"凸显中国哲学思想"。崔大华将庄子"道"与"大梵""理念"比较，将庄子情态自由与卢梭、康德意志自由和斯宾诺莎、黑格尔理性自由比较，将庄子"自化"与亚里士多德的"第一推动"作比较，说明庄子思想中显示出的中国特色。三是"理性中不失真情"。崔大华的庄学研究另一大特色是理性与情感交织，但他是一个大理性主义者，只在很少的时刻他才会放任情感流露，可以说是始终理性至上，偶尔真情流露。

第四章是"儒学研究"，分别介绍崔大华的两部儒学著作，再进行总评。首先是"儒学基本问题研究：作为学术思想的儒学"，崔大华的儒学研究不是著作或人物、范畴研究，而是问题研究。他先从年代上将儒学的历史分为先秦与汉代以后，然后再进入不同的问题研究：先秦部分包括儒学理论特质的形成、儒学理论层次以及儒学在先秦的发展；汉代以后则包括两大部分，即儒学的学术基础（经学）和儒学的理论形态（哲学）。其次是"儒学现代命运研究：作为生活方式的儒学"，崔大华的儒学研究紧贴一个现实，即儒学不仅是一个思想体系，还是一种生活方式。他以"儒学建构的生活方式"为核心观念，考察儒学的现代命运。这个问题包括三个方面的内容。一是儒学建构的生活方式：特征、问题与生长点，总结儒家生活方式中活着的、死去的和不足的地方。二是儒学与中国的现代化进程：理论状态、实践贡献与现代转化，从理论、实践与转化三个方面探讨儒学在中国现代化进程中的表现。三是儒家对现代性的回应：人生意义失落和其他重要思潮，说明古老的儒家智慧在应对现代化弊病方面仍然具有珍贵的价值。最后是"崔大华儒学研究的特色"，包括三个方面的内容：一是以问题引导研究的问题意识，二是多种方法综合使用的方法自觉，三是作为人文主义者的理论立场。

"结语"总述崔大华学术思想中重要和精彩的部分。在我看来，他的庄子道家研究和儒学研究中特别值得重视的结论有如下几个方面。

第一，崔大华认为庄子自然哲学变化观念中的"自化"思想是庄子变化观念最深刻的内容，它的理论意义超出了庄子思想本身：它与亚里士多德运动系列中的"第一推动者"相比，显现出思想的自洽性，其理论性质则显现为世俗性，由此，它就与儒家伦理思想中的"为仁由己"（《论语·颜渊》）的观点，共同地和自然地筑成了中国传统思想中防范宗教的、主宰世界的神或上帝观念越入的观念屏障。这是运用比较方法显示庄子思想的中国特色以及它与儒家的功能互补。

第二，崔大华认为庄子的逍遥自由与欧洲近代以来形成的两种自由观（卢梭、康德等的意志自由以及斯宾诺莎、黑格尔等的理性自由）鼎足而三。庄子的自由观，在古代的哲学世界中，特别是在中国哲学中是一种人的自我觉醒，是中国文化中的进步现象。庄子对情态自由的描述应该是人类自由思想史的初章。这个评价今天看来平淡无奇，但是庄子思想曾被评价为是没有任何积极意义而只有思维教训的哲学，几乎是文化糟粕一样的东西。但是，经过崔大华有理有据的分析比较，庄子思想的地位与特色被展现出来，成为宝贵的、有价值的思想。

第三，关于儒学理论特色的形成，崔大华追溯到殷周之际，认为是政权转移引发观念转向，即从宗教向道德的转向，它经由孔子开创的儒学发展和巩固下来，从而决定性地规定了古代中国思想文化的特质。将儒学精神渊源与形成过程作如此具体而确定的描述，是崔大华儒学研究的一个创新之处。在哲学中解释"开始""第一""无中生有"是最难的。就儒学来说，找到它的特色并不难，但是要说明这个特色是如何从无到有的，并非易事。崔大华不满足于泛泛而谈，以地下出土材料与传世文献相印证，把这个特色从无到有的过程进行一个扎实的论述，得出一个有说服力的结论。当然，立论就是树靶子，树靶子就要接受检视和批评，它不一定是最完美的解释，但是有这样一个解释，就为这个问题的进一步解答提供了一个方向和参考。

第四，崔大华以结构的方式回应关于孔子儒学的核心是"仁"还是"礼"的问题。他认为在孔子思想中三个概念或范畴即仁、礼、天命（命）特别突出，它们分别构成心性的、社会的、超越的三个理论层面。其中"仁"是个体心性道德修养，"礼"是社会的典章制度、行为规范，"天命"是超越于个人和社会之上的某种外在客观必然性。他认为全部儒学就是在孔子奠定的这三个理论层面上展开，儒学的独特精神品质和文化表现都可在这个结构中找到根由。儒学的理论结构在他那里不仅是一个结论，还是一个方法。他用这个方法考察孔子以后孟子、荀子和汉代及以后三个儒学理论形态（汉代天人之学、魏晋玄学、宋明理学），以它们是否在三个理论层面上推进儒学的发展来判断其理论性质与理论进展。因此，儒学的理论结构就不仅是一个结论，还是一种方法、一个标准，这是崔大华儒学研究的一个重要创新之处。

第五，对于现代新儒家的儒学研究。崔大华在深入研究后感到他们在学术基础（即经学）方面比较薄弱，存在过度诠释问题，而对于儒学在现代社会的生命力问题则诠释不足。崔大华的《儒学引论》专辟一编研究经学并着重发掘经学中的学术生长点，在《儒学的现代命运——儒家传统的现代阐释》中，他接续梁漱溟，将儒学不仅仅视为一种学术思想，还视为一种生活方式，考察它在中国现代化进程中的作用及对现代性的回应。这是"接着"现代新儒家讲，是21世纪儒学研究的新进展。

我想说的是，《初探》对于崔大华学术思想只是一个初步的、尚待深入的研究。我认为，将来如果还有"再探"，需要补的课还有很多。首先是对于学术史的了解，特别是近代以来的中国学术思想史。崔大华大学就读于中国人民大学哲学系，是哲学系第一届（五六级）毕业生，他完整经历了新中国哲学事业的发展、挫折、复兴过程。将这个过程作一个较为完整详细的了解，有助于理解他的问题意识与学术抱负的来源。我认为有必要编写一部崔大华年谱，以便将这项研究推向深入。其次是材料的综合研究与使用。我认为需要将他1956~1978年的学术准备时期与1978年后学术研究时期作一个综合的、连贯的研究，重视他早年的笔记、随笔、短文、论文的价值。另外，还要将他的书信、日记中的学术相关部分与他正式发表的论著之间作一个综合的研究，以完整地理解他的学术思想。再次，对崔大华学术研究所涉论题作更广泛深入的了解，掌握学术界相关研究进展，以便更加明确和准确地说明他学术研究的独特和创新之处。最后也是最难的，即如何达到与他同样的高度来打量研究对象。如他对经学的深入研究，对文学、史学的热爱与广泛涉猎，对中西印哲学和几大宗教的了解，对现代科学的关注，对时代脉搏的把握……我阅读他的论著常会有"仰之弥高，钻之弥坚"之感，浏览他留下的数十本研究笔记，他的勤奋与博学更是令人望尘莫及。因此，崔先生对于我首先是一个学习的榜样，也是我学术研究的一个动力来源。我也希望《初探》除了能够推动崔大华学术思想研究，还能够激励后学攀登学术高峰。

第一章 生平与论著简述

2001 年 3 月 1 日，已经正式退休的崔大华在日记中写道："回首生平多歧路，只是生死文字间。"这是他进入哲学史研究领域并功成名就之后，回顾早年经历写下的一句饱含无限感慨的话。这句话看似平静，细读却又有惊心动魄之感。因为他的"歧路"是由他的个性所致，而他最突出的性格特点就是独立思考，不随波逐流。这既让他在特殊年代历经磨难挫折，又在其后成就了一位当代中国哲学史家。

第一节 早年经历（1938～1978）

与崔大华接触过的人大概都会有一个感受，就是他很少谈自己个人的经历，他最愿意谈的是学术问题。笔者 2008 年认识他，但直到他去世后，才逐渐通过与他亲近的人和其他途径对他早年的经历有了一些了解。

一 不负众望的崔家长子（1938～1956）

1938 年 12 月 3 日（农历十月十二），崔大华出生于安徽省六安县莲花庵镇一个小商人家庭。父亲崔进三，时年 30 岁，母亲周氏，时年 25 岁。崔大华兄弟姐妹共九人，三女六男，他上面还有一个姐姐崔大珍，时年 4 岁，而他则是家中第一个男孩。莲花庵镇位于淠河边，当时是一个水运码头，交通便利，时常有运米的大船经过，在六安县是一个比较繁华的镇子。崔进三从老家六安县崔大庄子来到莲花庵镇，在一家周姓老板手下做学徒。当地产米和麻，周家主要做的就是粮麻生意。崔进三做学徒时头脑灵活，手脚麻利，周老板很赏识他，就把自己的女儿嫁给了他。后来由于崔大华的舅舅们不善经营，崔进三继承了岳父的一部分产业，在镇上安了家。新中国成立前崔家有 13 间房，除了自住外，还出租八间，经营的粮麻店雇四个伙计，日子过得还可以。崔进三亲兄弟五人，他排行第四。崔大华的大伯、二伯、三伯都在崔大庄子务农，五叔早年参加红军，曾在父母去世时回乡探亲，家里人还记得他骑着大白马回来时的情景。由于五叔牺牲得比较早，崔大华没有见过他。不过，崔家却因他而得到一个革命烈士家属的称号。

作为家中长子，崔大华的出生让父母很是欣慰，但母亲周氏奶水不足，却成了一件令人忧虑的事。恰在此时，他父亲的一个亲戚，他称表叔的毛姓家庭刚满月的女婴夭折，他的表婶奶水充足，就被临时救急一般叫来他家，充作奶妈喂养他。三个月后，他跟着表婶去了她家。表叔名叫毛承庆，表婶何氏，都在乡下务农，家中并不富裕，崔大华曾说当时能吃到米饭就咸菜就是最好的饭食了。虽然如此，这家人却非常善良。毛氏夫妇把崔大华当成自己亲生儿子一样抚养，彼此建立起了深厚的感情。崔大华曾在日记中深情地称表婶是自己"最爱的人"。表叔家的二儿子毛宗财大他两三岁，两人一起长大，成为最好的朋友，崔大华读大学后两人还时常通信。崔大华大学毕业后到河南工作，成家生子后回到老家，表婶还走了一二十里路到崔家，给他的儿子送红包。

崔大华在毛家过得清贫却很快乐，表叔表婶也实在喜欢这个孩子，想要过继到自己家，还给他取名毛宗盛，但崔家非常重视这个头生子，舍不得送人。两家拉扯好几年，直到 1945 年他七岁时，毛家把崔大华送到村里读私塾，崔家不赞成让孩子受这样的教育，很快就把他接回莲花庵去读镇上的小学，两年后他正式回到崔家，跟亲生父母在一起。不过，他还是习惯地把毛家称为自己的家，把表叔表婶视为自己的父母。

这段寄养经历在崔大华性格中留下了深深的烙印，一是重情重义，二是早熟懂事。前者让他后来在运动中不肯从俗揭发同学，也让他对重视亲子情感的儒学产生共情；后者则让他少年老成，早早就有了为回报家庭而读书奋斗的念头。

1945~1950 年崔大华在莲花庵澋联小学读书。1988 年，在澋联小学建校五十周年的时候，他应邀写了一封贺信给母校，其中说到自己仍记得教他认第一个字、写第一篇作文、算第一道算术题的小学启蒙老师，感谢他们教自己认字作文，认识世界，认识生活。他还深情地说，"我希望我们的每个同学都能热爱自己的母校、自己的老师。这是一种非常珍贵的感情，有了这种感情，将来长大了，热爱祖国、热爱人民那种更加伟大的感情也就会成长起来。"由近及远、由小及大，情感的培育就是这样形成的，这应该是崔大华自己的亲身经验。崔大华成年后很多人对他的印象是沉稳甚至是木讷，但他沉稳外表下隐藏着一颗情感充沛、触觉灵敏的心，这应该与他早年对母亲、对师长、对家乡的爱是分不开的。他在 1981 年 11 月 4 日的日记中说："我感到，许多对人类有重大贡献的人，从他们心灵中长出的第一个美好的感情，就是热爱自己的妈妈。这种感情不是由母亲的溺爱而是由母亲的高尚品德产生的。母亲培养孩子的这种感情不是自私的目的，而是给孩子滋长一切有益于人类品行的第一块温床。"爱的教育在一个人的成长中不可或缺，也难以后补。崔大华很幸运，他在幼年时代得到了充足的爱，这养成他成熟健全的人格，也在后来助他度过最黑暗的岁月。

崔大华小学成绩优异，很顺利地考上了县城高中，也就是六安一高。这所高中在安徽省也是数得着的好学校，从 1950 年至 1956 年，崔大华在这里度过了六年充实快乐的时光。在他高中毕业四十年后的 1996 年，他在给高中老师的信中，还对当年的同学、老师和自己求学时的趣事记得清清楚楚："印倩老师上第一堂生物课时自我介绍的神态，周末我尾随洪老师结伴回我家的情形（那时洪师母在我家莲花庵镇小学教书），鲍老师温文尔雅给我们上化学实验课，王忠厚老师给我们上语文课。记得一次我不懂'逻辑'二字，王老师答应说上课时讲解，我欣喜若狂！我总是将'名副其实'写作'名符其实'，也是王老师帮我纠正。先生当年给我们讲世界历史，指点我的历史作业的情景也一幕幕涌现，甚至住在我们学校宿舍前排宿舍，自己洗衣服，读《历史唯物主义》等生活情景。学友中，我、丁大钧、王必和、桂先轸、杨世云初一即是同班同学，丁大钧的学习，尤其是数学非常优异，经常受到戴老师的表扬，在他的作业本上用英文批写鼓励之语，杨世云非常活泼可爱，是歌唱时的指挥，大家都很喜欢他。我们最钦佩的同学是李树新，大家称他为'列宁'。王必和、桂先轸是我们同学第一对恋人，他们学习都很好，恋爱也处得很好，没有人非议他们。韩声韵家住韩摆渡，到六安上初中前，我到韩摆渡小学去玩，就认识了。初二时，有一次可能是国庆节庆祝会，我还是穿了他的一件较整洁的衣服去参加观礼的……"崔大华中学成绩非常好，老师们都很喜欢他。据崔大华夫人李正平老师回忆，她送他们的大儿子回老家时，崔大华的中学老师还曾专程到莲花庵镇见他们，夸奖崔大华聪明懂事，善于思考问题，一般学生想不到的问题他都会想到。从他的高中毕业成绩单来看，当时他不仅文科学得好，数理化也很好，不是偏科的学生：语文 90.4 分，政治常识 95 分，几何 87.9 分，三角 85.3 分，代数 93.5 分，物理 83.7 分，化学 80.7 分，达尔文主义基础（这可能是代替生物课的一门课程——作者注）86.6 分，历史 93.3 分，地理 91.1 分，外语（俄语）90.7 分，体育 82.1 分。就他自己而言，学理学文都是可以的，但是高二下学期体检时，他被检查出色弱，老师们建议他不要报理工科，改报文科。恰好他高三毕业前，中国人民大学哲学系在全国统一高考前单独招生，于是，他就在老师的带领下，坐长途客车去省会合肥参加考试，并顺利考取，成为名副其实的天之骄子。

中国人民大学的单独招考时间是 1956 年 7 月 1 日和 2 日，那年的全国统一考试时间是 7 月 15 日，而赶在这个时间之前，也就是 7 月 10 日，中国人民大学的考试结果就公布出来，并且还规定，已考取中国人民大学的学生，不得参加全国统一高考。可见提前单独招生是国家给中国人民大学的一个倾斜性政策，就是提前掐尖招生。8 月中旬，考生们陆续收到录取通知书，其后就从全国各地来到北京报到，崔大华也从老家安徽来到全国政治、文化中心北京，他的命运也与新中国的发展紧密地联系在了一起。

二　深陷精神危机的天之骄子（1956~1961）

中国人民大学是新中国创办的第一所新型正规大学，它的前身是陕北公学、华北联合大学、华北大学，可以说是一所具有正统红色基因的大学。新中国成立不久，1949 年 12 月 16 日，中央人民政府政务院第十一次政务会议根据中共中央政治局的建议，通过了《关于成立中国人民大学的决定》。1950 年 2 月 19 日，中央人民政府委员会第六次会议通过这个决定，任命吴玉章为中国人民大学校长，胡锡奎、成仿吾为副校长。1950年 10 月 3 日，举行了隆重的开学典礼，正式建校。中国人民大学号称是中国马列主义教育的摇篮，"文化大革命"前，它的教育方针是教学与实际相联系、苏联经验与中国情况相结合。与"一五"计划是苏联老大哥手把手指导搞建设一样，中国人民大学也是在苏联专家指导下建设的，可以说，人大是教育领域苏联模式的实践者。从 1950 年至 1957 年，先后共有九十八名苏联专家受聘来人大，其中 1951～1952 年最多，曾达四十八名。涉及的学科有哲学、政治经济学、马列主义基础、计划统计、工业经济、农业经济、财政贸易、法律、外交、新闻、档案以及俄语教学。归纳苏联专家所做的事情，主要有培养师资、编写教材、搭建学科体系。人大犹如一个实验田，实验成功后再将经验从人大传向全国。1956 年，四大政治理论系——哲学、政治经济学、马列主义基础、中共党史第一次招收本科生，而其他系多数是有相当资历的干部或富有实际工作经历的调干生，哲学系只有十个调干生，剩下的全是应届高中生。

哲学系五六级共二百人，入学时分为七个小班，崔大华分在二班，学制五年，采用苏式教学方法，用苏联教材，考试以口试为主，抽签回答考题，实行五分制。当时哲学系应届生大多在中学时就是学生干部和优等生，基本上都是文理兼长之人（他们考哲学系时还加试了数学——作者注），教学时也一样文理兼重，师资也比较强：哲学课的老师有何思敬、苗力田、石峻等，逻辑学是王方名，中共党史是卢勉持，高等数学是关肇直，物理学是林万和，心理学是彭飞。另外，学校还请著名哲学家艾思奇、贺麟、冯友兰、侯外庐、杨献珍等人为他们作学术报告。由于建校时校址未定，此时的人民大学校区比较分散，分为校本部（铁狮子 1 号）、新校区（西郊）和海运仓（东四十二条）三处。新生在校本部报到，之后再往东两个路口，到达海运仓注册。海运仓是清代大粮仓之一，黛青色的墙，黄褐色的泥地，非常古朴。新建的一排小平房是他们的宿舍，每间十几平方米，四人一间。大平房则是教室、资料室、饭厅和澡堂。他们上大课在校本部大教室，小课则在海运仓教室。

开学那天，系主任何思敬向新生致欢迎辞，他满腔热情地说："欢迎你们，未来的哲学家！"然后就深入浅出、旁征博引地给他们讲解哲学的性质和使命，还讲学习方法，希望他们懂得经济学、法学、史学、文学和自然科学等。他认为从事哲学事业一定要博览群书，上自古希腊、古罗马、先秦、两汉，下至康德、黑格尔、孙中山、梁启超的经典文献，都要阅览。他还提到，要阅读中外古典文学名著，如歌德的《浮士德》和曹雪芹的《红楼梦》。崔大华高中毕业志愿上排第一的就是人民文学家，其次是哲学家或理论工作者。何主任的期待和要求对于他来说，应该是一种肯定和鼓舞。他从初中起就养成每天读书的习惯，基本上是见书就读。在人大期间他周末都泡在图书馆里，几乎跑遍了北京的图书馆，首都图书馆、北京大学图书馆、清华大学图书馆，他都去过，在那里阅读中外哲学和文学名著。据李正平老师说，他读的文学名著比她这个中文系出身的教师还要多。他大学期间最好的朋友金继业老师说他当时每天写日记，如饥似渴地看古书、读历史、做笔记。还说他喜欢研究、长于思考，有长久的兴趣，别人疲于应付课程，他则与众不同。他读书不是为了考试过关，而是为了求知解惑。

当时中国人民大学系主任、总支书记一级以上的干部，大多都是从延安过来的老革命，他们仍然保持着陕北公学的优良传统和作风，称呼学生为"同志"，教学上也保留着延安时期的做法，即以延安整风的方法学习马列经典。在学习某一本经典之前，先由教师作一个提纲挈领的报告，以便对该书有一宏观把握（如学习恩格斯的《反杜林论》，校党委书记、副校长胡锡奎同志就曾为他们作过辅导报告——作者注），然后自己去读书，把问题随时记录下来，交由学习班长送到老师那里。老师把大家的问题进行归纳，形成几个核心问题，再返回学员进行讨论，联系实际各抒己见，最后由老师答疑并根据学员讨论的情况作小结，这本书就算学完了。这种教学方式不像是教本科生，倒像是带研究生的方式。

第一个学期课程安排紧张，一共开了八门课，除体育和俄语外，还有辩证唯物主义、数学和逻辑等。除了外语和专业基础课有固定的课表外，相当多的课程随机安排。明天上什么课，临时通知，往往早上 8：30 开始，中间休息一次，一直到中午，上一个上午的大课。上课之余还经常组织讨论会。他们年级有一些调干生，年龄比应届生大，阅历也比应届生要丰富，有学者型，也有干部型，讲起话来都非常有水平。据金继业回忆，崔大华当时属于默默无闻型的学生。他们两人都属于对政治活动不很积极，想学点知识的学生，讨论会上一般不主动发言，但他认为崔大华学的东西多，思考得也更深入。

崔大华他们这届哲学系学生 1956 年 9 月入学，两个多月后的 11 月 16 日，他们有幸亲眼见到大名鼎鼎的哲学家冯友兰先生，并听他讲"中国哲学史中思想的继承性问题"。在这次讲演中，冯先生第一次提出继承哲学思想（命题）的抽象意义问题。卢育三和朱传棨两位年轻学人记录和整理了冯先生的这次讲演，后经冯先生修订，以《中国哲学遗产的继承问题》为题发表在 1957 年 1 月 8 日的《光明日报》上。文章认为对中国哲学史中有些命题应区分其抽象意义与具体意义，如过于强调具体意义，可继承的就太少，近几年中国哲学史教学、研究中对古代哲学否定太多，原因即在于此；如过于强调抽象意义，可继承的又太多。故只有两方面适当照顾，才能对古代哲学有全面的了解。这篇文章的内容，后来被中国科学院哲学研究所学术秘书吴传启提炼为"抽象继承法"①，在学术界引起长期的争论。这次讲演之前的一个月即 10 月 18 日，郑昕在《人民日报》发表《开放唯心主义》，1957 年 1 月 13 日，张岱年在《人民日报》发表《如何对待唯心主义》，这些文章都是为即将在 1957 年召开的中国哲学史座谈会预热。可以说，崔大华他们这届哲学系学生一入校就亲历了一次当代中国哲学史上意义深远的哲学大辩论，它也深刻地影响了崔大华的思想与生活。

这次讨论的直接原因是"百花齐放，百家争鸣"（简称"双百"）方针在中国哲学界的实行，更深刻的原因是马克思主义哲学对资产阶级哲学的改造。讨论的主要问题，一是唯心主义的评价问题，二是中国传统哲学遗产继承问题。由于中国传统哲学主流被判定为唯心主义，这两个问题的关键在第一个问题。解决第一个问题，才能解决第二个问题。冯先生提出抽象意义与具体意义，或者一般意义与特殊意义，就是将命题的内容与形

① 据梁志学回忆，"抽象继承法""这个普遍使用的戏称，据说是当时哲学所的学术秘书吴传启起起的"。梁志学：《我的回忆》，载赵修义、张翼星《守道1957：1957年中国哲学史座谈会实录与反思》，上海人民出版社，2012，第516页。

式作相对区分，其实是在第一个问题上退出争论（承认唯心主义是消极甚至是错误的）之后，为传统哲学的存在价值所做的一个理论努力，即传统哲学在内容上失去价值，但形式上则还有可取之处。据崔大华大学同学陈培基回忆，报告的大意是说，哲学史上的很多命题都有两方面的意义：一方面是抽象的意义，一方面是具体的意义。具体意义不好继承，但是抽象的意义可以继承。他记得冯先生举了很多例子，比如，"子曰：学而时习之，不亦乐乎！"从它的具体意义上说，学的是诗、书、礼、乐，这个我们现在不能学，但是它抽象的意义就是讲学习，这是一种快乐，这是可以继承的。又如，举马克思继承黑格尔辩证法的例子，说黑格尔辩证法具体的意义是唯心的辩证法，但它一般的意义就是辩证法，所以可以抽象地继承，把它变成唯物的辩证法。冯先生还特别提出《庄子》中的典故，就是庄子说的"盗亦有道"，就是说强盗、大盗也是讲道德的。跖是个大盗，是农民起义的领袖，他去抢有钱人的东西，他能够预测到宝贝藏在什么屋里，这是智；他能够先入，这是勇；他后出以保护大家，这是义；抢到的东西均分，这是仁，就是说跖也是讲仁义道德的。统治阶级讲仁义道德，反抗的阶级、农民阶级也讲仁义道德，具体的意义不一样，但是抽象的意义是古今一样的，所以不能说儒家思想，说过去的哲学思想都是为封建统治阶级服务的，今天我们无产阶级就不能继承，他认为从抽象的意义上讲可以继承。报告引起同学们很大的兴趣，有的同学就找《庄子》来看，其中就有崔大华，就是想了解所谓的"盗亦有道"是怎么回事。后来冯先生因为抽象继承法受到批判，但崔大华没有因此而停止阅读与思考，反而对庄子更加感兴趣，一发不可收拾，并且一直坚持自学《庄子》。另据崔大华大学同学周立升回忆，冯先生讲哲学遗产的继承问题时说，君君臣臣在辛亥革命之后肯定不适用了，但父父子子还是适用的，忠的抽象意义也可以继承，如忠于祖国、忠于人民。他听了感觉很受启发，但后来看到一些批判文章，又六神无主，不知其然。但据他的感觉，那些批判文章写得有力无气，不能说服人。这样一来，通过批判资产阶级学者来教育青年的预定目标就难以实现。这与中国人民大学哲学系的创立目的可以说是背道而驰的。

中国人民大学哲学系创立于1955年，这句话我们今天读来平平无奇，但在当时却足以令哲学界感到震动。因为它打破了一个"唯一"——1952年院系调整以后，北京大学哲学系在此后三年内一直是全国唯一的哲学系，直到1955年中国人民大学哲学系成立，这个"唯一"被打破了。1952年的院系调整是新中国按苏联模式改造教育领域的旧体制，培养国家工业化需要的人才的重要举措。1952年10月，全国6所大学（北京大学、清华大学、燕京大学、南京大学、武汉大学、中山大学）哲学系被撤销，合并为新的北京大学哲学系，在此前后，哲学界学习日丹诺夫讲话和学习毛泽东思想的活动就普遍展开，1956年初，北京大学哲学系中国哲学教研室以之为指导重新编写中国哲学史。但就在这一年7月，中国人民大学哲学系第一次大规模招生，并且还是享受政策倾斜的掐尖招生，联系人民大学的独特地位，应该说这届学生寄托了新中国培养自己哲学理论人才的厚望。可以想见，作为人大哲学系学生，以马克思主义理论武装自己，并与唯心主义哲学做坚决斗争，就是他们不能推卸的理论使命，而崔大华当时却感到自己难以承担起这样的使命。他在思想检查中毫不讳言自己对即将从事的职业的迷茫和无法融入环境的痛苦。

　　1957年4月27日，中共中央发出关于整风运动的指示，号召人民向各级党组织与党员干部提意见。人大响应号召，进入鸣放阶段。这年5月底6月初，崔大华写了一张大字报，内容是反对学生"贵族"，主要是对学生中的等级现象不满意。当时人大的伙食分三种灶：小灶是教授、领导干部用餐处，中灶是一般教师、调干生用餐处，大灶是普通学生用餐处。同为哲学系学生，调干生跟一般教师吃中灶，他们应届生吃大灶，这就在学生中通过伙食分出等级来。另外，他对于大学课程安排也不太满意，要求自由听课。他的这些思想和言论不出意外地引来批判，而他坚持己见，没有因受到批判而改变自己的看法和主张。在反右斗争中，他也拒绝批判揭发其他同学，他认为学校中的学生右派都是青年，没有"政治背景"，感叹"昨日刎颈之交，今日反目相待，人性何言！"1958年2月，向党交心运动①开始，他的"个人主义"与"信仰不坚定"问题受到更加严厉的

---

① 全称叫双反（反浪费、反保守）双比（比先进、比多快好省建设社会主义）、横扫五气（官气、暮气、阔气、骄气、娇气）、红专辩论、向党交心、拔白旗插红旗的全民整风运动。

批判。据金继业老师说，当时的红专辩论中，他和崔大华属于白专典型。崔大华钻研历史，金继业钻研数理化，本来在班里就是被边缘化的人，运动到来时又不积极，于是就成了重点批判对象。同学们在教室里几班倒进行批判，实在太累了就趴桌子上睡一会儿，睡醒后接着批判。他在自我检查中说"我根本不认为那是一次自觉的思想改造运动，而是彻底的、盲目的自我否定过程。觉得自己已是一个被摧毁的人，没有什么可顾忌和留恋的了"。此时他才刚二十岁出头，就觉得自己是"一个被摧毁的人"了。同学的批判不乏挽救"后进"的善意，但重情重义且善于独立思考的他，对于紧张的政治空气却天生有一种抵触。他说，"反右斗争那段生活中的紧张，整风（双反交心）运动中的严峻批判，使我对人的态度失去了亲切与温存，变得冷淡与落落寡合。相当一段时期，我有一种悲观出世的思想，希望平静终生。以后也是一直抱着恬淡自守的生活态度，没有热情，不想进取。当然在实际上一直是沦于下游，孑孑一身了"。他中学时代本是优等生，被人大掐尖录取，成为令人艳羡的天之骄子，这时却成了"落后分子"。作为团员，他于 1959 年受到团内警告的处分，成了同学中的"异类"。他遭遇到了严重的精神危机。

为了克服精神危机，崔大华花费大量时间和精力去阅读历史，他自言是把它当作一种文化基础课来学习的，他希望通过历史的学习，找到时代的权衡，理解我国的社会进步，坚定信仰，改变生活态度。但他自己承认，"我学习历史的特殊目的是无法实现的，历史所能回答的问题是贫乏的"。这是他在 1961 年 8 月大学毕业前的思想状况。他与好朋友金继业在分别前曾在操场长谈，两个不被看好的年轻人互相勉励，希望多年后都能有所成就。崔大华的工作志愿排第一的是去距离安徽较近的名校南京大学，部门是科学研究机关，但学校的意见是"该生学业成绩一般，可以搞整理资料或一般教育工作"。这基本上是一种放弃的态度了，于是这年的 9 月他被分配到了河南医学院马列教研组。据陈培基回忆，两人毕业后都被分到河南，他是在郑州大学，两人都是当老师，讲政治理论课，在工作、思想上有过交流。崔大华在课上讲马克思主义哲学，课后继续研究《庄子》，工作与研究发生矛盾，领导就对他有看法，认为他不务正业。崔大华心情不舒畅，一年后单位精简调整，他想调回安徽，已经联系好了安徽大学，但是管事的人说，"河南的人才不能出河南，商丘离安徽近，你去商丘吧"。商丘最好的学校是商丘一高，于是他就被"调整"到了商丘。

三　在庄子故里蛰伏待机的中学教师（1962～1978）

1962年9月，崔大华调到商丘一高，成为一名中学教师。在这里，他教过语文、政治、历史、地理、中国哲学史、共产主义运动史，什么课缺人或者哪个老师请假、生孩子，他就顶上去教哪门课，真正是学校的一块砖，哪里需要哪里搬。之所以如此全能，是因为他是一个百科全书式的人物。商丘一高图书馆的人说，商丘唯一读遍二十四史的人，只有崔大华一个。商丘一高的老师们出现文史方面的争论时，大家就会说，"叫崔大华来，让他评判！"从这个意义上说，他不仅是学生的老师，还是老师的老师。他后来到河南省社会科学院之后，还是这样，文学所、历史所的科研人员有什么疑难问题也会找他请教。据崔大华曾经的社科院同事徐仪明回忆，当时河南省社科院图书馆藏书丰富，崔大华对那里的藏书了如指掌，只要一提问题，崔大华就说你去哪儿读、检索哪本书，让他感觉非常吃惊。由于学问渊博，为人谦和正直，他受到师生们的欢迎和尊重。在这里他还结识了自己的人生伴侣李正平老师。

在商丘一高的工作生活还算顺遂，但崔大华求知解惑的欲望并没有消减，他萌生了考研究生的念头。据他自述，此时他已读了侯外庐先生主编的《中国思想通史》，也读了其他各家的中国哲学史、古代思想史、政治思想史等著作。他感到侯先生主编的著作材料充实完备，理论上的分析概括很多很深，具有最值得尊敬的社会科学工作者的难得的开拓精神。经过慎重考虑，他决定报考侯先生的研究生。这个决定得到李正平老师的支持。他在工作之余备考，并在1964年顺利通过笔试，但直到这一年10月国庆节来临，他仍未接到录取通知书，一打听才知道是政审不过关。由于在大学期间曾受过团内警告处分，他倒也不觉得太意外，但实际的原因却并非如此。他刚到商丘一高时，跟一位男同事住在一个套间里。大概1962年或1963年间，这个同事发现崔大华每天写日记，写完放在抽屉里，就留了心。

崔大华从读大学开始就写日记，他对于人民公社产生的必然性问题，在"列宁主义万岁"学习中对于现代资本主义国家社会主义胜利道路（暴力革命和专政）等问题都有自己的看法。批判和处分并没有改变他的思想，他仍通过日记记录自己的思考，却被有心人偷偷抄录，并被存入档案。这些事组织上没有人找他谈过，崔大华本人也全然不知。直到 1966 年"文化大革命"爆发，档案中被偷抄的日记被人散发出来，还搜走他全部的日记、笔记、未发表文章的底稿，从中摘取"有问题"的部分印发出来，还散发到学校以外，作为他的"罪证"，把他打成现行反革命，多次组织对他的公开批斗，并被抄家、关牛棚。这期间，崔大华被管制，行动不自由，李老师不用参加学习，还曾偷偷拿回一些被抄走的书（来不及拿的书很快就以破"四旧"的名义被烧掉了），包括一本俄语词典。"文化大革命"后崔大华考研，这本词典也派上了用场。这种处境到 1970 年后得到改善。当时学校革委会和工宣队先后两次到安徽省六安县崔大华的家中调查他的出身，发现他家往上数全是贫下中农，他五叔还是红军，他家是革命烈士家属。托了家庭出身好的福，1970 年之后他可以回家，批斗他的时候不再打人，也不再骂他是"地主阶级的孝子贤孙"，而是改口斥责他"忘本""忘了阶级立场"。1971 年底 1972 年初，他的日记问题被定性为"严重政治错误"，受到开除团籍、工资降一级的处罚。1970～1972 年的两三年，他作为五类分子（地富反坏右）、专政对象被派到商丘县八庄农场劳动改造，其后又回到学校管伙食，负责教工食堂记账工作，跟着厨师买菜付钱。1975 年商丘大学搞复课闹革命，他又回到教学岗位上，开始教书。

崔大华自述"文化大革命"十年他有七年时间被监视劳动，但他见书就看，长于思考的习惯并没有改变。劳动之余，他读完了《马克思恩格斯选集》和《列宁选集》，还读完了《普列汉诺夫哲学选集》，都作了摘录。1970～1973 年，他写下随笔《佳羽集》，以这种形式记录下自己对社会、历史、人生的认识与感悟。崔大华大学期间就喜欢庄子，还曾有过出世的思想，大学毕业参加工作后仍然自学《庄子》，而商丘是庄子故里，经历人生困境的他在这里更与庄子心心相印，继续阅读和研究庄子，做了大量读书笔记。为了防止思维钝化，他读书之余，还将自己读书形成的思考写成短篇文章，累积下来有 87 篇，取名叫《雕朽集》。从他当时写的读书笔记来看，他阅读的范围极广，经史子集无所不读，对于当时史学领域中国历史分期问题，以及20世纪50年代末60年代初的孔子、老子、庄子学术大讨论，他也非常关心，并作了记录。他还写了一篇书评，评论杨荣国的《简明中国哲学史》。对他来说，似乎没有什么时间是不可以利用来读书和思考的。他的大学好友金继业说崔大华生来就是做研究的材料，他有思想有主见，他的知识是满溢出来的，而不是捉襟见肘，勉力而为。他为人正直，不奸诈；他讲道理，不讲违心的话；他有书生气，没有社会气。凡接触过他的人都会对他产生尊重之情。这样的人，在那个没有底线、失去理性的时代，会显得格格不入，但一当社会恢复正常，就会脱颖而出。

1976年10月"四人帮"反革命集团被粉碎，"文化大革命"结束，崔大华重获自由。与此同时，他人生的转机也开始出现。1977年11月15日，中国社会科学院（1977年5月中国社会科学院成立）及各大高校开始招收研究生，这对十三年前就考取研究生的崔大华来说，是个久违的好消息。1978年1月10日，教育部发出《关于高等院校1978年研究生招生工作安排意见》。这年4月，崔大华向学校提出考研申请，得到许可。学校在对他的介绍中讲了不少好话："崔大华同志，在我院政文系担任哲学史的教学工作。近几年来，在政治思想、教学工作等方面都表现较好。服从组织分配，遵守革命纪律，能积极参加揭批'四人帮'的政治运动。业务能力较强，在哲学史方面具有相当的基础。教学效果较好，在几年的教学工作中，曾担任过政治、语文、哲学史、中国历史等学科的教学工作。能坚持自学，有独立思考能力，语文程度好，表达能力强。爱好哲学史研究工作，在教学过程中，能注意积累资料，曾写出批判杨荣国的文章《一部伪史》。"当时报考研究生时允许考生提交自己的论著，他就将这篇文章（《一部伪史》）和26篇札记与报考材料一起寄了出去。这次的考试成绩照旧非常好。他1964年考过一次，侯外庐先生还记得这个意外落榜的优秀考生。到了政审环节，又有人拿日记事件说事儿，说崔大华"思想有问题"，想卡他，结果被侯先生顶了回去，他说："有什么问题？把日记拿来我看看！"此时侯先生已是中国社会科学院历史研究所的所长，讲话还是很有分量的。就这样，侯先生的一句话改变了崔大华的命运。他被顺利录取，和姜广辉、柯兆利一起，成为侯先生的关门弟子。由于侯先生在"文化大革命"期间身体受到严重摧残（中风偏瘫），他们实际上由邱汉生先生指导。

第二节　学术生涯（1978～2013）

1978 年 8 月，崔大华到中国社会科学院研究生院攻读中国思想史专业的研究生。在离开商丘前的一个月，也就是 1978 年 7 月，他向学校提出调整工资的申请。同年 9 月，学校给他调整了工资，由中教 9 级调为中教 8 级，从每月 43.5 元调整至每月 50 元。他工资被降是由 1971 年受到开除团籍、行政记大过处分导致，而后者则是因为他所谓的"严重政治错误"造成的。虽然还没有给他正式平反，但是单位通过调整工资的形式间接给他平了反。正式的平反则在两年后，也就是 1980 年 9 月，在崔大华和李正平夫妇多次通过各种方式申诉之后，才正式撤销处分，将错误予以改正，给他恢复团籍，取消处分，并再调高一级工资，即从中教 8 级调至中教 7 级，月工资从每月 50 元增至每月 59 元。与此同时，他档案中的日记、笔记、未发表的文章底稿等"罪证"和处分材料也被抽走。这样，他在商丘的 16 年在他的档案中就只剩下两份工资调整审批表，记录着一个"只是生死文字间"的年轻人的艰难岁月。

来到中国社会科学院读研，崔大华的人生进入一个全新的阶段。在这里，他开始了自己的学术生涯。根据其各个阶段研究重心的不同，大致可以分为三个时期。

一　起步阶段（1978～1982）

从 1978 年 9 月攻读研究生到 1982 年 8 月调入河南省社会科学院工作，这五年时间是崔大华学术生涯的起步阶段。这一时期他学术工作的特点是起点很高、成果突出。

进入中国社会科学院，跟随侯外庐这位中国思想史学科的开创者做研究，对于崔大华来说，是一个长久的梦想。如今梦想成真，他把全部的时间和精力都投入读书学习中。在同年级同学中，他年龄最大，大家都亲切地称呼他为老大哥，并风趣地称呼李正平老师为大嫂。跟在商丘时一样，由于他人品好、学问好，在这里同学们有不懂的问题时，有时也会向他请教。他们这个专业的研究生课程不算多。第一个学年有五门课：哲学、俄语、中国历史、版本目录学、政治经济学，第二个学年有两门课：科学社会主义和中国思想史，第三个学年是撰写毕业论文。崔大华各门课程的成绩都非常好，其中政治经济学、科学社会主义、中国思想史成绩是优，哲学和版本目录学是良，中国历史80分，俄语考试通过考核标准。这期间，他每个月都会和同学姜广辉、柯兆利一起去导师侯外庐和邱汉生那里，向他们请安、问学。侯先生此时说话已经很困难，因此主要还是由邱先生给予具体指导。据他自述，"汉生先生教诲我们，作为外庐先生的学生，应该知道外庐先生在中国社会史研究中的关于亚细亚生产方式、中国封建社会土地国家所有制、明代资本主义萌芽等重要的理论创见，尽管学界对此有不同的看法，但外庐先生的立论自有他的广阔的经济学、法律学和历史的根据；应该知道外庐先生《中国思想通史》学术体系的成功得力于两个方面，一是科学的方法论，这是他从研习、翻译《资本论》中磨炼出来的锐利理论武器；二是深入探寻史料，立论有据，不自由其说。从汉生先生那里，我们对外庐先生的学术思想有了较清晰的认识"①。

作为侯派学人，崔大华既抱有对导师真诚的敬意，同时也有着强烈的愿望，想要结合自己的兴趣，开辟新的研究领域。入学不久，他就在琢磨庄子，考虑写一篇庄子的论文。当时他大概的想法包括庄子思想的要点（人生观的虚无主义和认识论的相对主义）及影响［主要体现在哲学思想、宗教（道教）和文学三个方面］。那个时候，侯外庐先生的助手、崔大华的师兄黄宣民先生，知道他很喜欢庄子，就拿了一篇《哲学研究》准备刊用的束景南的文章让他审读。后来，在中国思想史研究室的一次会议上，黄先生提出一个课题设想，即对庄子思想作一个自古至今的研究，这使崔大华深受启发。他原本的设计是对庄子所影响到的三个方面进行研究，而黄先生的提议则是一个更加宏大的历时性的考察。我们知道，后来

---

① 崔大华：《外庐先生和汉生先生的学术友谊》，载张岂之主编《中国思想史论集》（第二辑）纪念侯外庐先生百年诞辰专辑，广西师范大学出版社，2003。

他的《庄学研究》第三部分正是按照这个方向进行的。但是，这个愿望暂时没有能够达成，因为他的导师侯外庐先生和邱汉生先生打算启动《宋明理学史》的研究和撰写工作。

1960 年，《中国思想通史》第四卷（隋唐宋明思想卷）出版，但是限于全书的体例和篇幅，只写了几位有代表性的理学家。对于宋明理学这座中国哲学史上的高峰，这显然是不够的，因此侯先生那个时候就有了单独撰写宋明理学史的设想。他的挚友和合作者邱汉生先生在"文化大革命"期间，经过多年研读、深思，拟定了全书的内容框架、章次目录。1978 年，邱汉生先生写信给侯先生，提出想把前年（1976 年）开始的宋明理学史的工作继续研究下去。① 正好这年的 8 月，崔大华等三人来攻读研究生，导师们就打算把宋明理学史的撰写与培养年轻学人的工作一并完成。于是，邱汉生先生建议崔大华暂时放弃庄子研究，转向宋明理学的研究，并为他选择了南宋陆九渊心学这个研究方向。这样，他就放下庄子，研究起心学来。用他自己的话来说，就是"从道家唯心主义转向儒家唯心主义"。

1978 年 9 月 24 日，崔大华正式确定选题，准备以"南宋陆学"为题撰写硕士学位论文。他当时身体不好，血压低，低压 50，高压 80，走路会头晕。侯先生得知六味地黄丸对这个症状有效后，还让家人给他送药。为了将有限的体力精力用在论文上，他还推辞了中国思想史专业师生去太原参加中国哲学史讨论会②，并去西安、洛阳参观的活动（这些地方他都没去过）。他给自己定下的目标是，两年内身体不出大问题，写出有一定水平的毕业论文。考虑到他的身体状况，担心他旅途劳累把肝病累发，两位导师同意了他的请求。他在完成研究生课程之余，全力为论文写作做准备。除了《象山全集》《宋明学案》及史书等常用的材料外，他还查阅了相关的地方志（《金溪县志》《临川县志》《南城县志》《慈溪县志》等），

① 见杜运辉编《侯外庐先生学谱》，中国社会科学出版社，2013，第 403 页。
② 会议全称是"中国哲学史方法论问题讨论会"，于 1979 年 10 月 10 至 10 月 17 日在山西省太原市召开，会后中国社会科学院哲学研究所中国哲学史研究室编辑出版论文集《中国哲学史方法论讨论集》，1980 年 8 月由中国社会科学出版社出版。另外还有一些综述文章，如张智彦《中国哲学史讨论会在太原举行》，载于《哲学研究》1979 年第 11 期；邝柏林《全国中国哲学史讨论会在太原市召开》，载于《哲学动态》1979 年第 11 期。

经过一年多的准备工作，他于 1980 年 3 月 12 日（研究生二年级下学期）开始《南宋陆学》的初稿写作，本打算在进入研三之前写完，但是经常会为了某个问题找资料，他不得不暂时停笔去北大、科图查阅文献，最后到 10 月 24 日写完，12 月 13 日誊写完毕，历时 9 个月，共计 14 万字。在初稿完结之前的 10 月 8 日，他收到义兄毛宗财的电报，他的乳母何氏病故。此前他已收到乳母病危的电报，但由于任务重身体差，压力很大，抱着侥幸心理，就先寄了 50 元钱给家里，结果未能见到乳母最后一面就天人永隔。他为此自责不已，在日记中说"我要把宗财的这两封电报永远保存起来，作为永久的悔恨和对自己的责备"。

在《南宋陆学》的写作中，崔大华给自己三个要求："一、把陆九渊写活，勾画出这个学派的本来面目，辨析它与朱学和禅学的异同；二、综合使用思想史的三种描述方法；三、引进或运用现代科学、哲学的理论成就。"以往的哲学史、思想史研究，着重介绍单个有名的思想家，而很少以学派为研究对象，这篇论文在这方面做了有益的尝试。在研究方法上，他抛开了新中国成立后将中国思想史、哲学史描述为两军对垒（唯物主义与唯心主义、辩证法与形而上学）的方法，而是综合使用多种方法平实地进行描述、辨析，在分析心理现象时还注意现代科学与哲学理论的运用。可见他从学术研究起步阶段就有着高度的方法自觉。

1981 年 6 月 22 日上午，中国社会科学院历史所举行崔大华毕业论文答辩，答辩委员会主任是著名学者张岱年先生，委员有邱汉生、冒怀辛、黄宣民、樊克政。冒怀辛、黄宣民、樊克政"文化大革命"前就跟随侯先生从事学术活动，当时在历史所中国思想史研究室工作，都算是崔大华的师兄。这篇论文是在邱汉生先生具体指导下撰写的，他认为文章有四个长处。一是对陆九渊心学主要内容（宇宙观、方法论）的分析很有见地，在陆九渊哲学观点的文献依据方面下了功夫（指出"易简工夫终久大"的根据在《易传》），显得基础比较深厚。二是朱陆异同的论述比较精辟，对朱陆之争的论述尤为深刻。三是论述陆九渊后学（槐堂诸儒和甬上四先生）时发前人之未发，还查阅了地方志资料，学风踏实认真。四是提出一些创新论断，如分析陆九渊与杨简心学的区别，认为陆九渊心即理的理，对于陆派心学来说完全是一个累赘，这个累赘被杨简所弃。讨论人性本善、何以有恶时，陆九渊还用气来解释，实际上存在着物我对立思想，杨简亦弃之，用纯主观的意来解释。文章的不足之处有二。一是某些论断不够坚实，比如说人的本质特征在于超越自己的自然本能，变更自己，丰富自己。这一观点应作较多的科学阐发，以取信于人。二是某些概念意思不甚清楚，如"伦理本能"，应进一步斟酌。最后总的评价是，崔大华的毕业论文《南宋陆学》，反映他有较好的理论修养，有较坚实的专业知识，因而能在中国思想史的研究上作出一定的贡献，应予肯定。答辩委员会主任张岱年主要从研究内容与主要观点方面作了肯定性评价。他认为这篇文章把陆九渊及其弟子作为一个完整的学派来进行分析研究，详细论述了陆九渊思想发展过程及其思想的各个方面，朱陆的异同和争论，陆九渊弟子的思想面貌。在陆氏弟子中特别详述了杨简、袁燮的思想。全篇叙述详明，分析深刻，确实有很高的学术价值。观点方面，他着重指出五个方面。一是陆九渊的主观唯心主义性质的思想体系，与从唯心的经验论角度得出"存在即感知"的主观唯心主义又有不同。二是陆氏心学的主要观点与佛教禅宗有契合之处，但其心性内容与禅宗不同，陆氏心学本质上仍是儒家思想。三是关于理学主要内容和目标是论证儒家所提倡的伦理道德的最后根源，阐明达到这个道德境界的方法。他对这些论断表示完全赞同。四是杨简思想里心是最高范畴，袁燮政治思想的特出之处是君民一体思想。他认为这些都是发前人所未发的新见解，是超过近年来关于宋代思想的论著之处。他的总结评价是"这是一篇具有很高水平的学术著作，优点十分突出，是对于宋代思想史研究的一个重要贡献"。论文的评阅人是黄宣民先生，他从三个方面评价这篇文章的优长之处。一是观点方面，对南宋陆学作了比较全面深入的研究，观点明确，论述清楚，其中不少见解颇有独到之处。对杨简思想的论述，尤为精彩。二是学风方面，作者学风踏实，在理论和材料方面准备较为充分。文章旁征博引，说理透彻，有一定的广度和深度。这说明作者在中国思想史研究中已有相当坚实的基础。三是研究对象方面，前人对陆九渊思想的研究较多，对陆氏后学研究甚少，本文把南宋陆学作为一个整体进行研究，从开阔中国思想史研究领域来说，也是值得肯定的。不足之处有两个方面：一是框架方面，条分过细，难免重复；二是论述风格方面，详于疏解，略于理论，未能高屋建瓴，如文中虽有陆学对封建统治阶级的理论价值一节，但对理学与封建专制主义之间的内在联系阐述不够，因而对理学的本质揭示不深。总的评价是"这是一篇有分量的优秀学术论文"。答辩中，老师们提出的问题主要有，第一，陆九渊唯心主义的特点"宇宙便是吾心，吾心即是宇宙"是何时提出的，其确切意义何在。第二，陆学与思孟学派的关系，陆学与禅学的关系。第三，朱学为什么指斥陆学为告子，根据如何。第四，朱陆心性学说之异同，两家心性学说的来源与影响。第五，试论朱陆之争在哲学史上的意义。第六，杨简主观唯心主义的特点。第七，《慈湖诗传》与朱熹的《诗集传》各有什么特色。第八，南宋陆学的历史地位及其对后世的影响。这些问题崔大华基本上都答出来了，最后答辩成功结束。崔大华在当天的日记里说："我的《南宋陆学》受到张岱年先生、邱先生很好的、很高的评价，两年来的劳动初次得到认可，这使我很高兴，并想了一番，决定在《南宋陆学》的扉页题写四句话：风雨尘土四十年，黄券雌石六百天。前贤心事浩渺宇，吹扫（洗）翳霭现（见）真明。"

由于毕业分配推迟，他在答辩结束后先回商丘过暑假，9 月 15 日回到北京，9 月 21 日去历史博物馆参加中国社会科学院 78 级研究生毕业典礼，10 月正式被分配到中国社会科学院历史研究所中国思想史研究室，并参与到《宋明理学史》的撰写工作中。这是侯外庐先生主持的最后一项侯派学人的集体项目，崔大华负责上卷三章（第九章张九成、第十九章陆九渊、第二十章陆九渊弟子）和下卷两章（第六章陈献章的江门心学、第七章湛若水对江门心学的发展与江门心学的学术归向）的写作，也就是宋代心学与明代心学中江门心学一系。这就从陆氏心学向前和向后扩展。对他来说，这是进一步的锻炼，他也保质保量地完成了任务。

在此期间他还在《哲学研究》（1981 年第 6 期）发表了一篇论辩性质的文章《"儒教"辨》。将儒学视为一种宗教，在近代以康有为为代表。这里他是针对任继愈先生的观点，代表侯外庐学派所作的阐释和论辩。

总的来说，在北京读研和工作的四年时间，崔大华的主要精力放在宋明理学上面。在师长们的精心栽培下，他写出一篇优秀的学位论文，并参与《宋明理学史》的撰写，起点很高，成就突出。毕业论文的提要发表在《学习与思考》（《中国社会科学院研究生院学报》的前身——作者注）

1981 年第 5 期。论文修改后于 1984 年 5 月由中国社会科学出版社出版，《人民日报》和《中州学刊》都发表了评论文章，《哲学研究》杂志和我国台湾《语文天地》杂志对该书作了介绍。这部处女作后来还获得河南省社会科学优秀成果一等奖。他参与撰写的《宋明理学史》被列为国家"六五"计划期间历史学科重点项目，出版后成为思想史名著，获奖无数：1995 年获得教育部人文社会科学研究优秀成果一等奖，1997 年获得中国社会科学院学术著作一等奖，1999 年获得国家社会科学著作二等奖，2000 年获得首届郭沫若中国历史学奖荣誉奖。

此时的崔大华工作方面一切顺利，生活上却遇到了难以克服的困难。首先是住房问题，和大学一年级时住海运仓一样，宿舍是突击盖起来的。一个月盖起五十间简易平房，上面是水泥顶的，冬冷夏热，结构单薄，完全不符合北京这样的地震带的住宅标准。这样的宿舍，还要三人挤在一间18 平方米的房子里。其次是两地分居问题短时间内无法解决，孩子教育成了大问题。当时李正平老师一个人在商丘，没有父母亲戚的关照，她一个人既要工作，又要负责两个孩子的生活和教育，不堪重负。考虑到孩子教育问题耽误不得，1982 年 2 月 10 日，崔大华向中国社会科学院历史研究所提出调离的请求。他同时向安徽省社会科学院和河南省社会科学院写信，结果河南省社会科学院行动迅速，6 月中旬崔大华就收到同意调入的调函。河南省社会科学院时任人事处副处长唐茂荣为保万全，8 月上旬又去商丘把李正平老师接到郑州，安置在郑州旅社暂住。8 月 26 日他们全家从商丘搬到郑州，崔大华也正式调到河南省社会科学院哲学研究所工作。李老师本想去郑州师专继续做老师，但是郑州师专取消，于是她也被调到河南省社会科学院，在情报所工作。调走之前，崔大华向侯先生、邱先生保证来到河南后还会继续努力工作，侯先生也非常关心这位弟子的实际困难，在他调动之前还写了便条请河南省委的同志帮助解决家属工作的问题。[1] 兜兜转转，他又回到了河南，他的学术研究也进入一个新的阶段。

---

[1] 崔大华在给侯外庐先生的信中说"目前正值机构精简，我回河南后，家属问题的解决是否顺利，尚难以逆料。祈请外老能再给予帮助，使我到那里后，困难能得到切实的解决，安心工作"。侯先生批示"请赵峰同志与河南省委联系，帮助解决。侯外庐"。见杜运辉《侯外庐先生学谱》，中国社会科学出版社，2013，第 423 页。

二 一著成名（1982~1990）

崔大华调到河南省社会科学院时，手上还有待完成的《宋明理学史》的撰写工作，于是他又花了三个月时间，写完自己承担的部分。从1982年11月25日起，他总算开始了心心念念的庄子研究。他在当天的日记里说"我对庄子有种亲切的感觉，有种乡谊，他老夫子生老病死在商丘，我的青春年华也是在商丘度过的"。1989年11月，他在给陈鼓应先生的信中也说"从23~40岁这段最好的青春年华我是在商丘度过的"。冥冥中似乎早有安排，擅长独立思考、从不随波逐流的他注定要跟庄子这位才华横溢、特立独行的大思想家结缘。他大学期间爱读《庄子》，大学毕业没想过来河南，却被分配到河南，想回安徽，却被派到庄子故里商丘；研究生毕业后，本想在北京跟着恩师做学问，又因诸事纷扰，回到河南，却也因此有了专门研究庄子的时间和机会。

崔大华庄子研究的主要成果是两本书：《庄子歧解》和《庄学研究》。前者本不在他原本的计划中。他最初计划写一本书，历史上关于《庄子》的注释综述只是他课题设计中的一小节，但是在阅读《庄子》时，他发现歧解很多，觉得有必要先把这些系统整理一下，结果三年（1983~1986）的时间竟积累成57万字的一本资料。由于字数太多，无法装进庄子研究的专著中，只能单独出版。最后由中州古籍出版社于1988年12月出版，名为《庄子歧解》。他的导师邱汉生先生在给他的信中说："我读了《逍遥游》《齐物论》《天下篇》等，深感此书（指《庄子歧解》——作者注）功力深厚，论断精当，殊为佩服。"《中州学刊》1989年第4期发表贾传棠的文章《注〈庄〉的创新〈庄〉注的集大成——评崔大华先生的〈庄子歧解〉》。文章评价此书的成就与价值主要表现在两个方面：一是方法上的创新，二是内容上的充实。方法上，是在孤解法和集解法之外，应用了一种和传统方法有显著差别的新方法，即歧解法，将历代对于《庄子》注解的歧异显化出来，以帮助读者厘清和消化分歧。贾传棠认为，方法上的创新带来内容上的充实。"歧解法所具有的宽容、客观的学术态度，使《庄子歧解》在内容上显然要比历代《庄》注广泛、充实。《歧解》兼收了在诠释方法上的义解和考据两种方法的解《庄》结论，包容了儒、道、佛三家不同的立场和魏晋玄学、隋唐佛学、宋明理学、清代朴学等不同学术思潮背景下形成的对《庄子》的不同理解。"他观察到，"《庄子歧解》引证历代《庄》注凡百余种，但又明显地表现出以郭象、成玄英、林希逸诸注及清代朴师诸作为线索、为骨架，正是因为这些《庄》注，代表、体现了中国历史上的主要学术思潮。这说明崔大华对中国哲学流派和历代基本特色的理解和把握是比较准确的，而《庄子歧解》所表现出的宽容客观态度，又是我们这个时代思想潮流的反映"。应该说，这是很正确也很高的评价。《河南社会科学》1994 年第 1 期发表了安继民的文章《十年辛苦不寻常——崔大华和他的〈庄学研究〉》，文中兼评崔大华两部庄子学研究的著作，在提及《庄子歧解》时说"他（指崔大华——作者注）用'竭泽而渔'的方法，爬梳钩沉于历代解庄注庄的一百多种典籍中，几乎将两千年的《庄子》史料一网打尽"，"由一个'歧'字点入题眼，两千年的庄子学案被他一笔括出"。著名学者方克立先生认为《庄子歧解》显示了他（指崔大华——作者注）在文献学方面的深厚功力，兼取义解、考据之长而避其短，在前人注《庄》的基础上活用歧解法，有助于揭示《庄子》思想的深邃意境和确切含义。1991 年底，崔大华在给张岂之先生的信中自述此书价值时说："我自以为《庄子歧解》对魏晋以来在不同思潮影响下形成的对《庄子》的不同解释作了一番总结，兼有学术和实用的价值，它还不够完善，有不少缺点，但它会有较久的生命力。"笔者还曾听他说，一位德国汉学家评价该书可以让读者通过注释的分歧转入问题的研究。可见此书并不是一般的资料汇集，而是带有研究性质的文献学著作。

1986 年春节前，崔大华将誊写完毕的《庄子歧解》交给出版社。从这年的 3 月 6 日起，他开始了庄子思想研究。他给自己提出了很高的要求，在当天的日记中他写道："能否具有新的理论观念背景是这本书的成败关键。我的准备工作首先就是从这里开始：温习西方、印度哲学史，熟悉一下当代理论思潮，考察这几年中国哲学史（特别是庄子部分）的进展。"庄子是一个达到了"独与天地精神往来""上与造物者游"（《庄子·天下》）境界的哲人，研究庄子时，若在庄子之外、在庄子之下，则实际上是不可能有真知灼见，实现真正的对话的。崔大华对此有清醒的认识，他在评论艾兰·乌德的《罗素哲学：关于其发展之研究》时称赞对方"和所评述的哲学家站得一样高，并且有不同的角度"。他对自己也是这样要求的，即要穿越2000年的距离，探寻庄子思想的真实状况，并在现代场景下审视其意义。5月2日的日记里，他说："我开始构思《庄学研究》，探寻是什么原因产生了庄子对已形成的文化采取了那激烈的否定和批判的态度，而这种否定的态度为何却对以后的中国文化发展起了实际上是有益的消毒剂、抗腐剂的作用？"他已很确定庄子思想的（不同于儒学的）特色，而同时它又是在历史上产生了积极影响的，现在，他要搞清楚这样的特色和影响的原因何在。8月24日，他写完课题的第一部分，即关于庄子其人其书的考证。得益于他近30年阅读《庄子》的深厚积累，这部分内容很快就写成。1987年春节后，在做了较为充分的准备后，他开始构思第二部分庄子思想的写作。这年2月5日的日记中，他提出自己的设想："大体准备分两步走：第一，在《庄子》本文的基础上，形成一个理论的、逻辑的框架或结构，能将《庄子》装进并展开。第二，为这个框架或结构选择、拼排一个较宽阔的背景。这似乎像是为一幢建筑搭脚手架，同时考虑在它周围应建的辅助设施和应栽的花草树木。"《庄子》原文是以篇为单位表达庄子及其后学的思想，现代学人在研究《庄子》时，则要按照现代哲学史学科的规范，将其置入一个学术框架中，这个框架要能够装得下庄子的思想。所以总的要求是，既要规范，又要实事求是，不失原意，还要突出庄子思想的特色。这就需要一个宽广的学术视野，或者说要运用比较的方法，来凸显庄子思想的特色所在。这是崔大华撰写前的设想和自我要求。从最终完成情况看，他达到了自己预想的目标。这一年他顺利申请到一项庄子研究的国家课题，此后又投入后两部分的研究写作中。1989年6月起开始艰难地构思和撰写第三部分的最后一个内容，即庄子思想与中国近现代思潮。8月17日完成《庄学研究》的初稿。在给张岱年先生的信中，他说："此课题的第三部分（下编）涉及中国哲学的主要方面，是论述庄子思想与历代思潮的关系。我的基本路数是总结归纳出每代思潮或理论体系的历史过程或理论主题，然后再寻觅出庄子思想对它的渗透或为它所吸取的情况。其中特别是庄子思想与近代、现代思潮部分，学生自感不胜驾驭，心惴惴焉。先生对中国思想的全部过程了若指掌，又尝亲身栉沐于现代思潮风雨之中，所感所识尤深。若有大端谬误处，万望先生指出。"他并向张先生汇报自己的工作情形与自我期许："三年来，学生日夜伏案，从不敢苟且。决心尽自己的所能，写出材料翔实、有新的学术内容的作品奉献给关怀自己的长辈和同仁们，也企望有助于后代人恢复和增强他们对中国思想历史的记忆和理解。"1989 年 11 月，他在给陈鼓应先生的信中说："在我的工作条件下，其中一半是要消耗大量时间和精力的手工劳动。此外，还要进行更困难的联系出版的奔波。"事实的确如此。他在 1990 年 5 月 24 日的日记中说："今天完成《庄学研究》的修改、誊清工作，整整四年的日日夜夜的辛勤至此告一段落。"在此前后，他联系了省内外不下十家出版社，想尽快将书稿出版，但是很多出版社考虑到学术书籍经济效益难以保证而拒绝出版，还有的出版社甚至挑剔书稿的质量，认为并不比已出版的博士论文水平更高。崔大华虽然很谦虚，但对于自己这部书稿的质量却非常有信心，并不接受出版社的这种评价。最后，经过不懈努力、无数次沟通，终于在 1990 年 7 月 25 日将书稿送交人民出版社。此后，又是漫长的等待。经过多次交涉、沟通、修改，在初稿完成近三年后，《庄学研究》于 1992 年 7 月由人民出版社出版。

《庄学研究》出版后，受到学术界的重视和同行专家的高度评价。黄宣民先生称其为"庄学代表作"，陈来先生称赞其为"最佳之成果"。《中州学刊》1993 年第 3 期发表高康、鲁可的文章《〈庄学研究〉的主要内容及其特点——〈庄学研究〉简介》，称此书是"多年来庄子研究的集大成之作，是目前有关庄学思想研究中最为详尽和较为全面的专著"。吴光先生的书评《道家思想研究中的优秀成果——评崔大华著〈庄学研究〉》（《中国哲学史》1993 年第 3 期），对此书进行了详细的述评。他认为《庄学研究》"在历史考证上持之有故，系统地归纳并正确地解答了历史遗留的有关庄子其人其书及其与先秦诸子关系上的存疑问题，廓清了重重迷雾；在思想研究中视野广阔，在整个中国哲学和思想文化的发展背景下，系统地分析研究了庄学理论体系及其基本范畴，具体考察了庄子思想对中国传统文化和历代思潮的影响，提出了重要的理念创见；在研究方法上务实求新，摒弃教条主义，坚持实事求是，进行科学比较，采用表格归纳，使人耳目一新"。他称赞"《庄学研究》是道家思想研究方面的一流学术成果"。安继民从《庄学研究》三大块内容的字数（上编"庄子其人其书"8 万字、中编"庄子思想"18 万字、下编"庄子思想与中国历代思潮"18 万字）评价《庄学研究》"不只是在研究《庄子》，而是以庄子思想为经的一部中国哲学简史"[①]。方克立先生评价《庄学研究》"不仅在考论其人其书的基础上梳理了庄子思想的丰富内容、内在联系和逻辑结构，而且揭示了它在中国传统思想形成和发展中的重要地位和影响，指出它是中国哲学和文化某些基本特征和内容的最早的观念渊源。该书是 20 世纪最有新意和理论深度的一部道家思想研究专著"。可以说，这部著作是崔大华的代表作，他也凭借此书在学术界一举成名。这部书在出版过程中曾令崔大华备尝艰辛，但最终他数十年的积累和数年的辛苦没有白费，《庄学研究》目前已成为中国哲学专业庄子研究的必读书。笔者还曾听他说，此书在高校文学专业的师生中也很受欢迎。[②] 由于市场反响很好，此书于 2005 年由人民出版社重印，并被列入该社"哲学史家文库"。这可以说是对此书价值的另一种形式的肯定。

三　深耕儒学（1990~2013）

凭《庄学研究》一举成名后，崔大华成为全国知名的庄子研究专家。按常理他应该在此基础上乘胜追击，成为道家研究专家，但他在完成《庄学研究》之后，将研究重心转向了系统的儒学研究。他此前在儒学方面的主要成果在宋明理学，但实际上他对先秦儒学很早就有意识地开始了关注和研究。1979 年 11 月 3 日他在给侯外庐先生的信中说自己当时"对儒家经典（论、孟而外）读得少，而这正是中国思想史上一个要经常追

[①] 安继民：《十年辛苦不寻常——崔大华和他的〈庄学研究〉》，《河南社会科学》1994 年第 1 期。

[②] 在 2022 年 9 月 24 日召开的"《崔大华全集》出版暨崔大华先生学术思想研讨会"上，河南省社会科学院文学研究所杨波研究员以亲身经历说明崔先生《庄子歧解》和《庄学研究》对于文学界、史学界的影响丝毫不亚于哲学界。她 2002 年到河南大学文学院攻读中国古典文献学专业的研究生，那年秋天就曾在三位老师的课堂上听到崔先生的大名，分别是庄子研究专家白本松先生的"先秦文献导读"、词学研究专家孙克强先生的"中国文学批评史"、历史学专家李振宏先生的"史学理论"。

溯到的思想源泉",还打算"围绕先秦思想史的学习,准备探讨一下中国
古代思想的理论特色及其根源,分析一下中国古代思想和古代希腊的哲
学、古代印度的宗教不同的政治伦理色彩是怎样产生的"。他的硕士论文
《南宋陆学》中追溯陆九渊心学的儒学渊源到孟子,他为此也对先秦儒家
作过一番研究,张岱年先生评价"文章也涉及先秦及北宋思想,论断也
都是正确的,足见作者对于中国思想通史的各个阶段,都进行过较深的
钻研"。

1986 年 8 月完成《庄学研究》第一部分的写作后,崔大华着手写了
一篇文章《试论中国传统思想伦理道德特质的形成、价值和缺弱》,12 月
写成初稿,字数 2 万余,1987 年 9 月进行删改,后来发表在《孔子研究》
1988 年第 3 期,题目改为《中国传统思想伦理道德特质形成的比较分
析》,字数压缩至不到 1 万。在这篇文章中,他以古印度和古希腊为比较
对象,探讨儒学在世界哲学舞台上的特色和成因,以及它的价值与缺陷。
其中的重要观点和表述后来都放进了《儒学引论》中。也就是说,他在
《庄学研究》尚在进行时,就着手写下了自己对于儒学理论特色、价值与
问题的整体的思考与判断。1990 年 7 月 25 日的日记中他说:"在《庄子》
的工作已经结束后,我要转入对作为中国传统思想主体的儒学的研究领
域,理性地审视它的历史发展、内容结构、社会功能和前景。我企望对中
国近现代学术思想和社会进步中的这一理论主题有较为深刻的观察结
论。"这个设想其实已经包含了《儒学引论》和《儒学的现代命运——儒
家传统的现代阐释》的内容。

1990 年 11 月 15 日,崔大华开始撰写《儒学研究》(他的儒学课题申
报时名为《儒学引论》,但出版社打算将其与《庄学研究》并列为姊妹
篇,故曾建议改为《儒学研究》,不过后来出版时仍改回《儒学引论》,
与《儒学的现代命运——儒家传统的现代阐释》成为姊妹篇——作者
注),他说:"我觉得以往探究儒学的论著,对儒学形成的精神渊源、过
程论述得不够具体、贴切,我将较深入地研读《尚书》《诗经》《易经》
及基本的甲骨、金文材料,以阐述殷周之际的思想观念变迁;较深入地研
读《左传》《国语》,以明了孔子思想的观念背景。试图在本书第一个论
题(儒学形成)——一个陈旧的标题下做出具有新的内容的文章。"探究

儒学伦理特质的来源，这个工作他在前述文章中已经作了初步尝试，这里则对自己提出了更高的要求，以使结论更加扎实。1991年底，他在给张岱之先生的信中说："'八五'期间，我想完成一个儒学的研究课题，我的目标是想对目前儒学研究偏重于历史的描述状况有所突破。"1993年3月26日，在给黄宣民先生的信中，他自述道："从1991年开始，我又转到儒学的研究上来。我以为，儒学毕竟是中国传统思想的主体，我们只有对儒学有深入的认识，才能真正把握住自己民族历史悠久的精神历程。我的儒学研究试图能突出儒学的理论结构、社会功能和前景方面的论述，而避免落入对儒学的历史描述和概念分析方面的窠臼。"历史描述和概念分析，都还停留在将儒学作为一种历史材料、思想遗产来看待，严格地说还没有走出20世纪五六十年代的理解，而20世纪90年代，"国学热"已经出现，如何看待儒学在现代中国的价值、作用，它的生命力、生长点何在，崔大华敏锐地抓住时代提出的课题，并全力投身这项极有意义的工作中。

崔大华的《庄学研究》，安继民称之为"以庄子为经的中国哲学简史"，这个评价确是卓识。因为在第三编"庄子思想与历代思潮"中，他考察了庄子对先秦诸子、汉代经学、魏晋玄学、隋唐佛学、宋明理学和近现代思潮的影响。按照与张岱年先生所讲的研究思路，他要先总结归纳出每个时代的思潮或理论体系的历史过程、理论主题，再从中找出庄子对它们的影响，他这部分的写作实际上就必须以对中国思想史的全面了解和把握为前提，而这正是《庄学研究》最精彩、最为人称道的部分。可以说，他的《庄学研究》已经为他后来的儒学研究做了一定的积累和准备。

1992年，《儒学引论》被立项为国家社科基金一般项目，《庄学研究》出版一事也尘埃落定，崔大华开始全身心投入儒学研究中。《儒学引论》是对儒学基本问题的研究，主体部分包括三个内容：一是先秦儒学，包括产生、理论特色、理论结构，以及在先秦的发展；二是儒学的学术基础即经学，包括经学的历史发展与基本学术内容；三是儒学的理论形态，即汉代天人之学、魏晋自然之学（玄学）、宋明性理之学（理学）。1992年10月他在给张岱之先生的信中说自己陷在经学这个"泥沼"里一整年时间还未走出，可见其中的繁杂与艰难。但他的辛苦也没有白费，这部分内容写出来之后他自己也是很满意的。1997 年 11 月 2 日在给《世纪文典》编辑的信中说他近年来最好的作品是《论经学之训诂》，因为"此文将纷繁复杂的经学训诂总结概括出若干基本范式，似更具学术内涵和有助于后学之使用"①。笔者也曾听他说，"关于儒学的主要内容和问题，你们在读完《儒学引论》后就能有一个比较清楚的了解了"。崔大华一向谦虚（他曾说自己《庄学研究》的框架比较旧），他愿意跟后辈这样讲自己的作品，这不是自大，而更像是一个辛苦数年而终得丰收的农人的自信，值得郑重对待。儒学理论形态部分进展较为顺利，但也耗费了他数年时间，其间没有节假日观念，全年无休地工作，推掉了很多外出交流的机会。主体部分完成后于 1996 年结项，之后开始扫尾。到 1998 年元旦，他着手撰写"理学的衰落与回应"中的"回应"一节的最后一段。这个内容写完，就是最后的"总结"部分。在 1998 年 4 月 21 日的日记中他说："从 1990 年 11 月 15 日开始撰作的《儒学引论》，今天在写完对牟宗三的'道德的形上学'的论述后，主体部分 52 万字告成，再写出 2 万~3 万字的总结性结语，就可以全部完成。龙已画成，还须点睛。"这个总结包括四个部分：儒学的基本特质、儒学的理论结构、儒学的社会功能和儒学的现代处境。前两部分是总结《儒学引论》，后两部分则是引出《儒学的现代命运——儒家传统的现代阐释》，可说是承前启后的一个内容。到 1998 年 12 月 31 日，他完成《儒学引论》初稿。在当天的日记中他说："今天，我的《儒学引论》初稿全部撰写完毕。书稿从 1990 年 11 月 15 日开始动笔，至今已整整八年的时间！这一课题于 1992 年申请立项为国家社会科学基金课题，获一万元资助。1996 年主体部分完成后结项，扫尾工程（《理学的衰落之回应》及总结语）又进行了两年。初稿写在笔记本上，全部由正平在 1995 年退休后帮助誊清。她誊写的速度很快，与我的写作速度差不多是 8∶1。"他做庄学用了 8 年时间，做儒学又用了 8 年时间，而这还只是"引论"，后面还有更宏大和更重要的工作。在完成初稿之前的 1998 年

---

① 因为编辑本打算收录崔大华的另一篇文章即《超越经学——对理学形成的一个支点的考察》（《中州学刊》1996 年第 2 期）。

8月21日，崔大华从哲学研究所所长位置上退下来①，此后不再担任行政职务，而作为一名科研人员继续工作。1999年7月，人民出版社将《儒学引论》确立为出版选题，2001年9月，《儒学引论》出版并被列入"哲学史家文库"。从写作到出版，这部著作前后花了他10年时间，可谓名副其实的"十年磨一剑"。

退休后的一年多时间里，崔大华一边休整，一边参加一些学术活动，带家人出去旅游散心，同时也一刻没有忘记科研工作。他在2002年8月8日的日记中说："退休以后，经过一年多的阅读、思考，我想用十年时间写出两本书，一是将儒学研究进行到底，《儒学引论》主要是论述了儒学的历史面貌，我要以《儒学的现代命运》为题，较全面论述儒学的现代处境和命运，二是以《雕朽集》为名，将百万字的读书笔记整理出来。我祈愿天与命给我健康，襄我成功。"（这两个愿望，第一个已经实现，第二个他未能着手即已辞世。《崔大华全集》整理了他未出版的作品，算是部分完成，读书笔记暂时未能整理出版，只做了资料扫描保存工作——作者注）2003年初他以"儒学的现代命运——儒家传统的现代阐释"为题申请国家社科基金，9月收到立项通知，此后开始准备工作，于11月19日开始动笔写作。这个课题和《儒学引论》一样，也是延期结项。在2009年12月20日的日记中他说："2003年11月开始撰作的国家社科基金课题"儒学的现代命运"，今天完成。课题原定2006年完成（25万字专著），因为内容有较大扩展（现为49万字），2006年、2007年两次申请延期。国家社科基金办公室批示，2009年底必须完成，否则撤项。今日课题虽然完成，实际上还有一个论题（'后人类'）未及撰成，待来日再作考虑。"2010年3月人民出版社同意将《儒学的现代命运——儒家传统的现代阐释》列入出版计划，10月签订出版合同。2012年3月，《儒学的现代命运——儒家传统的现代阐释》正式出版，并被列入"哲学史家文库"。从2003年初申请课题到2012年初著作出版，《儒学的现代命运——儒家传统的现代阐释》也花了整整10年时间。可以说，《儒学引论》和

---

① 后因承担课题和担任河南大学哲学专业硕士生导师等工作，他被单位返聘，2001年2月13日正式退休。

《儒学的现代命运——儒家传统的现代阐释》是崔大华 20 年心血的结晶，是他用 20 年"磨"出的两把"剑"。

《儒学引论》和《儒学的现代命运——儒家传统的现代阐释》出版后，受到学术界的重视。2005 年 4 月 9 日，第五期"中原学术论坛"召开，学者们对《儒学引论》进行深入研讨。讨论内容以《儒学研究的新进展——评崔大华先生的〈儒学引论〉》为题，发表在《中州学刊》2005 年第 6 期。高秀昌认为崔大华"对儒学所作的引论，不是一种纯客观的描述，而是具有自己的'主见'的一种论说"。在崔大华的心目中，"儒学不再是与己无干的客观研究的外在对象，而是内在于己身的心之所系的一种生命存在"。"伦理性道德观念构成了儒家思想的基本特色或特质"，但"从儒家的君君、臣臣、父父、子子的伦理道德精神中，既不能开出现代科学，更不能开出现代民主与自由"。杨翰卿认为《儒学引论》学术分量重、理论特色浓，表现在"自觉的理论创新精神""严谨治学的精神和宽广的学术视野""儒学的未来发展"。慧超认为该书中的《周易》思想，"融入了先生（指崔大华——作者注）多年对儒学、道家思想深入研究的思想精华，对《周易》的作者问题、《易传》的理论建构问题、对《周易》的阐释模式均让人耳目一新"。安继民认为《儒学引论》"用结构的、历史的、比较的方法对传统儒学所建构起来的逻辑结构，在整个儒学研究领域，具有开拓性的意义"。2012 年 10 月 14 日，河南省社会科学院组织召开"《儒学的现代命运》出版暨崔大华先生学术思想研讨会"，方克立先生发来贺信，他评价《儒学引论》和《儒学的现代命运——儒家传统的现代阐释》是崔大华前后两个 10 年交出的厚重答卷，其研究成果非一般简单肤浅的议论所可比拟。胡军认为《儒学的现代命运——儒家传统的现代阐释》针对新儒家的弱点，确立自己的理论视角，即把儒家思想看作一种思想体系，也是在此思想体系基础上确立起来的一种有自己特色的生活方式。这是对 20 世纪以来新儒家传统研究的推进。高秀昌将崔大华学术生涯分为三个阶段进行述评，并称赞崔大华先生为人为学都是我们学习的楷模。安继民认为崔大华卓越的学术成就，可以构成一门供后人研究的学说——崔学。他还具体阐述了崔学的三个特点和三种思想方法。徐仪明认为崔大华视儒学为生活方式这一视角是崭新的，具有重要的开创性。杨翰卿评价《儒学的现代命运——儒家传统的现代阐释》是对儒学生命力的深刻阐释。其后，学术界就崔大华的儒学研究继续进行更广泛的讨论。岳天雷认为《儒学引论》和《儒学的现代命运——儒家传统的现代阐释》"建构起完备的、周延的儒学思想体系"，两部著作"不仅标志着崔先生新儒学观的完整建构，而且在儒学研究史上也占有重要地位"①。陈泽环认为两部著作"以其独到的见解丰富和深化了当今关于儒学及其现代命运的研究"②。张永超认为《儒学的现代命运——儒家传统的现代阐释》"是对儒学传统现代转型种种路径的总结，是对儒学现代命运问题研究的前沿之作"，他认为"崔先生回到儒家思想的生命原点是敏锐的"，但"儒家思想之所以容易被帝制捆绑和意识形态化，这或许是思想特质的结果，而非它遭受批判的原因"③。他还就此书中所论儒学在中国现代化进程中可以提供"动力因素"提出自己的不同观点："其一，儒学的现代命运问题关键不在于儒家系统内的'内在冲突'，而在于两种文化之矛盾和冲突；其二，区分'先秦儒家'与'汉代以后'儒家是必要的，但是儒家所建构的生活方式恰恰是在'汉代以后'才慢慢确立、建构起来的；其三，中国现代化进程确实需要'中华民族复兴'这样的持久性动力，但是此种动力论来源并非来自注重'天下意识'的儒家观念而是清末民初遭遇西方列强以来自觉引进的民族国家理论；其四，以'生活方式'为视角，应区分'生活'之理的非经验性以及'生活'之事的时空性，若认可'现代化进程'之理，理应建立'现代生活'之事，并且不应再以'儒家生活'之理予以主导，儒家'生活'之理可以发挥作用但无法再充当主要'动力。'"④ 卢有才认为崔大华"对儒学理论结构的解读，为后学开展儒学研究提供了一个新范式，开辟了一条新途径"⑤。

---

① 岳天雷：《新儒学观的完整建构——读崔大华先生的〈儒学引论〉和〈儒学的现代命运〉》，《辽东学院学报》（社会科学版）2013 年第 4 期。
② 陈泽环：《儒学的伦理道德特质及其现代命运——崔大华儒学传统研究初探》，《中州学刊》2013 年第 11 期。
③ 张永超：《论儒家思想的现代困境及其出路探寻——兼评崔大华先生新作〈儒学的现代命运〉》，《中州学刊》2014 年第 3 期。
④ 张永超：《儒家思想为中国现代化进程提供动力何以可能？——以崔大华先生〈儒学的现代命运〉为中心》，《中州学刊》2019 年第 4 期。
⑤ 卢有才：《崔大华先生对儒学理论结构的诠释》，《中州学刊》2015 年第 1 期。

郭齐勇、袁永飞认为崔大华"对儒学研究的理论贡献有三：一是确证儒学稳定结构的三个理论支点及其历史演变的三种理论形态，二是判析现代儒学研究的三种理论定向及生活呈现的完整精神空间，三是透视儒学再生的现代性困境及未来拓展的文化生命事业"①。姜广辉认为《儒学引论》《儒学的现代命运——儒家传统的现代阐释》两部大书，结构严整，思想深湛，论证绵密，有许多真知灼见。他赞成崔大华对孔子"命"论的阐释，认为是"对儒学的一个新发展"②。王思远认为"崔大华研究宗教的目的在于深入阐释儒学的价值，进而提升儒学在世界文化之林中的地位"③。陈寒鸣、刘伟认为"崔大华先生着力于探求儒学的合理内核，发掘儒家伦理的现代价值，为中华优秀传统文化创造性转化和创新性发展提供了丰富的素材"④。冯传涛认为，"'伦理道德思想'作为儒学的特质是崔先生一生的学术坚持""是其在探讨儒学的学术生涯中不变的因素"，对于儒学是否为宗教这一问题，"他在人生的不同阶段受到了马克思主义、新儒家以及宗教学界研究的影响"。这使他对宗教性这一概念有着不同的理解，"是其思想中变之因素"。⑤ 可以看出，随着时间的推移，学术界对崔大华儒学研究的讨论在逐渐深入。

崔大华深耕儒学二十年，他的儒学研究体大精深，其价值尚未得到充分估计和评价。就像他对儒学的评价是平凡而又有久远的生命力一样，我相信他的儒学研究也将和儒学一样，终会经过时间的考验，得到越来越多的关注，儒学本身也将如同他所设想的那样，继续作为中国人的生活方式而生长在现代中国社会中。

崔大华 2011 年 12 月 4 日罹患脑出血，2013 年 11 月 15 日去世。生病

---

① 郭齐勇、袁永飞：《崔大华的儒学论说及其意义》，《中州学刊》2015 年第 12 期。

② 姜广辉：《〈中国传统社会思想的理路及当代价值〉序——兼谈本体与工夫》，《中国传统社会思想的理路及当代价值：崔大华选集》，社会科学文献出版社，2016，第 8 页。

③ 王思远：《儒学终极关切的理性阐释——崔大华论儒学与宗教》，《甘肃理论学刊》2016 年第 4 期。

④ 陈寒鸣、刘伟：《崔大华儒学思想的现代价值》，《江南大学学报》（人文社会科学版）2018 年第 1 期。

⑤ 冯传涛：《儒学及其宗教性问题——崔大华思想中的变与不变暨四周年祭》，《中原文化研究》2018 年第 1 期。

对他来说，最大的痛苦也许就是不能自由思考和写作。在他去世后，河南省社会科学院哲学所同人整理了他历年的重要论文，结为论文集，以《中国传统社会思想的理路及当代价值：崔大华选集》为题，于 2016 年 10 月由社会科学文献出版社出版。2019 年 3 月又启动《崔大华全集》的整理出版工作，2022 年 5 月由社会科学文献出版社出版。[①] 我相信，这些资料汇编性的工作，将有助于学界进一步了解崔大华和他的学术成果，并推进中国传统哲学思想的研究。

---

① 本书是在笔者承担的河南省社科规划课题"崔大华学术思想研究"结项报告基础上修改而成。该课题于 2022 年 4 月申请结项，当时《崔大华全集》尚未出版，故而引用崔大华论著时，标注的是单行本的出版信息和单篇论文的出处，这里不再修改。

第二章　宋明理学研究

为了能够参与《宋明理学史》这个集体项目，崔大华在导师的建议下暂停了庄子研究，转向宋明理学研究，确切地说是南宋陆学的研究。在毕业论文的基础上，他参与了《宋明理学史》的研究编撰工作。崔大华对宋明理学的专题研究以陆九渊心学为起点，上及北宋程颢、程颐，下至明末刘宗周。对于宋明理学由点及面的深入研究，为他后来系统的儒学研究奠定了坚实的基础。

第一节　南宋陆学研究

崔大华的毕业论文《南宋陆学》于 1980 年 12 月 13 日完稿，1981 年6 月 22 日答辩通过，1984 年 5 月由中国社会科学出版社出版。这里以此版为据，阐述他对陆学的研究。

张岱年先生在为《南宋陆学》所写的序中说"崔大华同志近撰《南宋陆学》，把陆象山及其弟子作为一个完整的学派来研究，详细论述了陆氏思想发展过程及陆氏弟子的思想面貌"①，这也是他论文答辩时受到称赞的一个重要方面，也就是说这是学术界首次把南宋陆九渊学派作为研究对象进行的专项研究，这个选题有着填补空白的意义。此前较有影响的思想史、哲学史著作在陆九渊心学上花的篇幅都相对

_____

① 张岱年：《南宋陆学·序》，载崔大华《南宋陆学》，中国社会科学出版社，1984，第 1 页。以下引用著作，首次引用时标注全部出版信息，其后引用时只标注作者、书名和页码。

较少，对其弟子的研究也较简略。如冯友兰《中国哲学史》单列一章详述朱熹哲学，陆九渊则与王阳明合为一章，就思想逻辑而言，是将陆九渊心学视为朱熹理学的对立面、王阳明心学的先驱。关于陆九渊思想的渊源，他认为"象山自幼即觉伊川语若伤我者，象山之学，虽与伊川不同，而与明道则极相近"①，也就是说陆九渊思想更近程颢。关于杨简与陆九渊的不同，他认为"象山哲学中，虽只有一世界，而仍言所谓形上形下。至慈湖（杨简）则直废此分别"②。侯外庐《中国思想通史》第四卷（下册）陆九渊思想与朱熹一样单列一章，但篇幅稍短。侯著认为"陆象山是宋明两代主观唯心主义一般所谓心学的开山祖"③，陆九渊的学生杨简"进一步发挥了其主观唯心主义的世界观"④。张岱年《中国哲学大纲》以哲学问题为纲叙述中国哲学的发展过程，分为宇宙论、人生论、致知论（认识论）三部分，陆九渊心学思想则在他所列三部分中分而述之。他认为陆九渊的宇宙论"尚非单纯的主观唯心论，而是一种心即理说"，至其弟子杨简"则主张一种显明的确定的主观唯心论"⑤。任继愈主编的《中国哲学史》（全四册）是作为大学文科教材编写的，宋明理学部分在第三册，于1966年出版。他认为"陆九渊提出心即理也的命题，并以此为基础，创立了和朱熹哲学相对立的哲学体系"⑥。陆九渊的学生杨简将陆九渊心学发展成为"唯我主义"⑦。除冯友兰外，侯、张、任都将陆九渊心学定性为主观唯心主义哲学。另外，他们在研究陆九渊心学时，都注意到其弟子杨简的思想，认为杨简发展了陆九渊哲学。由于对陆九渊心学定性不同，冯友兰对杨简的发展有独特看法。前人的研究构成崔大华此项研究的参考和起点。本书主要从三个方面阐述他的陆学研究。

① 冯友兰：《中国哲学史》，商务印书馆，1934，第929页。
② 冯友兰：《中国哲学史》，第943页。
③ 侯外庐主编，侯外庐、杜国庠、邱汉生、白寿彝、杨荣国、杨向奎、诸青执笔《中国思想通史》第四卷（下册），人民出版社，1956，第648页。
④ 侯外庐主编《中国思想通史》第四卷（下册），第659页。
⑤ 张岱年：《中国哲学大纲》，商务印书馆，1958，第88页。
⑥ 任继愈：《中国哲学史》第三册，人民出版社，2010，第263页。
⑦ 任继愈：《中国哲学史》第三册，第265页。

一　从陆九渊心学到陆九渊学派

崔大华对于南宋陆学的定义是："南宋陆学是以南宋理学家陆九渊为核心，由其浙东和江西弟子共同组成的一个学派，它的理论宗旨是发明本心。"①《南宋陆学》对于陆派心学家，从远观到近看，从横断分析到纵向考察，从个别人物到门派群体进行研究，在这个基础上探讨他们思想的形成与特点。

（一）　陆九渊心学形成的过程

崔大华首先梳理了陆九渊的生平经历，认为"陆九渊出生在一个没落的官宦家庭"②，其"家庭遭遇同南宋的国家命运非常相似和一致，就是在政治、经济上很软弱，但在传统的思想意识上却显得顽强"③。如此，则挽救危亡就是他的学术与政治活动的目的。"作为理学家的陆九渊，他为这一目的所做的努力，主要表现在学术方面，而在政治方面则是极为平庸的。"④ 这些判断，与侯著对于陆九渊家庭强烈的批判意识和斗争意识相比，非常平实客观，反映"文化大革命"之后哲学研究范式从批判到诠释的转向。

关于陆九渊心学的形成过程，崔大华认为，陆九渊心学思想的形成经历了三个阶段，即少年、青年和中年时期。关于少年时代的陆九渊，以往的研究通常是强调他的聪颖，但崔大华则注意到他的孤僻，并分析认为陆九渊少年时代受到道家特别是庄子思想影响。根据这个判断，崔大华在研究陆九渊青年时代思想转变时，抓住一条线索，即《庄子》对陆九渊的影响。他检出陆九渊少年时代的诗作两首，分析认为其中的"心斋"和"大人"概念受到《庄子》影响，当然他也强调这"主要是趣味或感情方面的，并不是理论或世界观方面的"⑤。到了青年时代，陆九渊明确区分

① 崔大华：《南宋陆学》，"引言"，第1页。
② 崔大华：《南宋陆学》，第1页。
③ 崔大华：《南宋陆学》，第2页。
④ 崔大华：《南宋陆学》，第2~3页。
⑤ 崔大华：《南宋陆学》，第8页。

儒家与庄子"命"的不同，并接受儒家观点，崔大华认为这"表明他逐渐从少年时代所受到的庄子影响中解脱出来，这种影响只是停留在趣味和情感的阶段而没有继续深化，一旦进入形成立场和世界观的阶段，他马上被儒家俘获"①。也就是说，青年时期的陆九渊是在摆脱了儒外思想影响后，逐渐形成儒家人生观。这个独特的观察点既有事实根据，也说明崔大华本人对于《庄子》非常熟悉。因为熟悉，所以格外敏感。他还注意到陆九渊自述其对于儒家伦理的实践超过其理论表述，认为"由于他对儒家的深入的理解和特殊的体验，显示出他可能要对儒家理论有某种新的发展"②。理学家理论的特色往往与其个人的独特性格与经验有关，陆九渊的个人体验说明儒家伦理对他来说不是死物，而是生活。崔大华认为陆九渊心学是对儒家伦理根源的论证，而他的这个角度与他的内向性格有关。崔大华在这里的观察很有价值和意义。

中年时期是陆九渊心学思想成熟时期，崔大华将这一时期分为三个阶段作了较为详细的阐述。第一阶段，34 岁至 36 岁，中进士后在家乡候职兼讲学。"这时期，陆九渊确定了他的学说的基本范畴'本心'。"③ "本心"这个概念来自《孟子·告子上》（"此之谓失其本心"），但含义不确。陆九渊在答杨简问时，以四端释之，杨简不悟，后逢杨简断案，对是非曲直了然于心，陆九渊以此启发杨简，说这就是他的本心，令杨简顿悟。崔大华由此判断，"本心就是人天然具有的伦理道德品性或道德观念，是人天生固有的是非观念。这是陆九渊心学的基本出发点"④。由此出发，陆九渊提出的修养方法是求放心和辨志，其中的逻辑是，既然本心是天然具有、天生固有，如果有人没有道德没有是非，那就是失掉了本心。求放心"就是体识内心"，辨志"就是首先要端正伦理道德立场"⑤。第二阶段，36 岁至 48 岁，这一时期他做官游学，与朱熹会面、论学，"这在陆九渊一生的学术活动和思想发展中都是重要的"⑥。宋孝宗淳熙二

---

① 崔大华：《南宋陆学》，第 10~11 页。
② 崔大华：《南宋陆学》，第 13 页。
③ 崔大华：《南宋陆学》，第 15 页。
④ 崔大华：《南宋陆学》，第 15~16 页。
⑤ 崔大华：《南宋陆学》，第 16 页。
⑥ 崔大华：《南宋陆学》，第 17 页。

年（1175年）六月初，陆九渊与五兄陆九龄应吕祖谦①之约，赴江西信州（今江西上饶）铅山鹅湖寺，与朱熹相见。此时陆九渊37岁，朱熹46岁，思想皆已趋成熟的二人"在修养方法、学习方法上发生了争论"②。6年后的淳熙八年（1181年），陆九渊第二次访问朱熹，朱熹请他到白鹿洞书院讲学，陆九渊为听众讲《论语·里仁》"君子喻于义，小人喻于利"一章，于义利之辨讲解甚确，朱熹极为赞赏。对此，崔大华认为，二人此前在方法论上有争执，此后还将在世界观上有分歧，"唯独在对封建伦理道德的解释和践履上，从来都是一致的"③。随着论学的深入，陆九渊心学思想也在深化，"他的本心范畴的涵义除了从孟子那里吸收来的、带有儒家传统色彩的四端外，还增加了具有宋代时代色彩的理学内容"④。具体而言，崔大华认为在于陆九渊提出"心即是理"的命题。程颐提出"性即理"（《河南程氏遗书》卷二十二），程颢说："吾学虽有所授受，天理二字却是自家体贴出来。"（《上蔡语录》卷上）由此，理才成为本体概念，但程朱的理有着客观外在的性质，"天理云者，这一个道理更有什穷已，不为尧存，不为桀亡"（《河南程氏语录》卷二），"而陆九渊经常是把它理解为人心所固有，所以他说心即理"⑤。崔大华认为，"心即理原是禅宗的思想命题，如唐代禅师大照说：'心是道，心是理，则是心外无理，理外无心。'（《大乘显性顿悟真空论》）这表明，此时陆九渊思想已受到禅学思想的感染或启发"⑥。"心即理"在修养论上的表现，就是"心有蔽"。因为理是心所固有，但是实际中有人却不通理，对此如何解释，如何解决？既然理在心中，如果有人心中无理，问题就在于他的心出现了问题。他提出两种蔽，一是见于愚不肖者的"物欲"，一是见于贤者智者的"意见"⑦。前者是利盖过义，后者是异端遮蔽正道。其原因在于先天的

---

① 宋孝宗乾道八年（1172年）春，吕祖谦担任秘书省正字，点检试卷，参与礼部考试工作。其时陆九渊参加第二次省试（南宫春试），当时的主考官是吕祖谦和赵汝愚，二人由此相识。

② 崔大华：《南宋陆学》，第17页。

③ 崔大华：《南宋陆学》，第17页。

④ 崔大华：《南宋陆学》，第18页。

⑤ 崔大华：《南宋陆学》，第18页。

⑥ 崔大华：《南宋陆学》，第18页。

⑦ 崔大华：《南宋陆学》，第19页。

"资禀"和后天的"渐习"①，也就是说，人是如何让义压过利、异端遮蔽正道的。陆九渊认为一个是本能，一个是习染。先天和后天、动物性和惰性，都需要人们克服，才能找回本心。陆九渊这一阶段心学内容的充实深化，明确了与朱熹在世界观上的分歧（无极、皇极之辨），也丰富了心学方法论（剥落和读书讲学）。第三阶段，49 岁以后，闲居讲学，"这既是他讲学的极盛时期，也是他的心学完成时期"②。此时他有了创建学派的条件和意图，同时"陆九渊心学也发展到最后的完成阶段，他的理论思维冲出社会伦理的范围，以整个宇宙为思索背景"③，"万物森然于方寸之间，满心而发，充塞宇宙，无非此理。孟子就四端上指点人，岂是人心只有这四端而已"（《象山全集》卷三十四《语录》）。崔大华认为"陆九渊心学向最后阶段发展的特点，不是对他以前思想的修正或抛弃，而是对他以前思想的综合。在新的理论思维背景下，他将自己的世界观、方法论加以综合，提出了他的心学的最终目标：明理、立心、做人"④。明理是"首先从世界观上确认，世界皆是理的产物或表现"⑤，这是从逻辑上确认理先于物，因为心即是理，所以"明理即是立心"⑥。理的外在表现是物，而理在心中，若人要准确地明此理，就需要先回到本心。立心明确了明理的内容与方式。"所谓立心，实是大心。即是体认万事万物皆心所生，不要执着于一事一物；要自作主宰，不要役于外事外物。"⑦ 大其心而充塞宇宙，如此则心外无理。三者的关系"明理，立心都是极力扩充主观自我的思维过程，这一过程的最后结局是做人"⑧。崔大华引用陆九渊的话"今人略有些气焰者，多只是附物，元非自立也。若某则不识一个字，亦须还我堂堂地做个人"（《象山全集》卷三十五《语录》）。很多引用只引后一句，不引前一句，实际上两句话形成一个对照。所谓"附物"，就

---

① 崔大华：《南宋陆学》，第 19 页。
② 崔大华：《南宋陆学》，第 20 页。
③ 崔大华：《南宋陆学》，第 20 页。
④ 崔大华：《南宋陆学》，第 21 页。
⑤ 崔大华：《南宋陆学》，第 21 页。
⑥ 崔大华：《南宋陆学》，第 21 页。
⑦ 崔大华：《南宋陆学》，第 21~22 页。
⑧ 崔大华：《南宋陆学》，第 22 页。

是靠着家世、权势、别人的奉迎，这些如同拐杖，让人能够依附着立起来，但丢了拐杖，就又不能自立了。陆九渊说的是不靠外在支撑，自己就可以立起来做个人。崔大华理解这个"做人"有两个意思，"一是做伦理的完人""一是做独立的超人"①，也就是成为道德和智慧的化身。"在具有明理、立心、做人这样的思想内容的基础上，陆九渊把他的心学理论概括为一句话：四方上下曰宇，往古来今曰宙。宇宙便是吾心，吾心便是宇宙。（卷二十二《杂说》）即谓天地万物在我心中，我与天地万物一体。这是儒家最高的天人合一道德境界。这便是陆九渊思想的最后结论，也是陆九渊心学的核心和标志。"②陆九渊中年以后提出"宇宙便是吾心，吾心即是宇宙""发明本心"，创立了主观唯心主义的"心学"体系。崔大华认为，这个观点提出虽早，但形成体系则在中年以后。崔大华将陆九渊思想发展的过程，与"宇宙便是吾心，吾心便是宇宙"这个命题从贫乏到充实联系起来进行考察，别具新意。他说："陆九渊心学思想体系的基本观点是'宇宙便是吾心，吾心便是宇宙'。这个观点历来学者根据《象山年谱》断定在陆九渊十三岁时，因读古书见'宇宙'二字而有所省悟，就偶然地形成了的。这是不确切的。事实上，这个作为陆九渊心学的特征和标志的观点，是经历了一个相当的思想发展过程才最后地形成的。"③张岱年先生说陆九渊"从幼年起即表现了主观唯心论哲学的倾向，13岁即悟宇宙即是吾心，吾心即是宇宙。确定一生学说之主旨，主观唯心论的宇宙论就具有萌端了"④，认为陆九渊早年即有主观唯心论的倾向。崔大华则结合陆九渊少年青年中年的思想转变，描述这个命题从一句话到一个体系的展开过程。幼年时期对宇、宙观念的领悟，到中年以后，"在具有明理、立心、做人这样的思想内容的基础上，陆九渊把他的心学理论概括为一句话：四方上下曰宇，往古来今曰宙。宇宙便是吾心，吾心便是宇宙"⑤。这即是说，陆九渊心学思想不是偶然看到一句话形成的，而是一

---

① 崔大华：《南宋陆学》，第22页。
② 崔大华：《南宋陆学》，第23页。
③ 崔大华：《南宋陆学》，第5页。
④ 张岱年：《中国哲学大纲》，第103页。
⑤ 崔大华：《南宋陆学》，第23页。

个长期实践思考的结果，是从一句话到一个体系的展开。应该说，这是一个符合事实的结论，后来也受到张岱年先生的称赞，称其是"比较精湛的见解"①。

陆九渊思想发展的过程说明陆九渊心学发展的特点是纵向深入，他没有经历泛滥诸经、游骑无所归的阶段，与朱熹和王阳明相比，他作为一派宗师在学术上的成熟是相当顺利的。

（二）陆九渊心学的主要内容

崔大华认为陆九渊思想有着鲜明的个性特色，即一方面明确，一方面又模糊——明确在于理论宗旨，模糊在于思想路数。原因在于他不同于朱熹，不热衷于著述，"对自己的思想、方法都说明、论证得很少，使别人难以把握"②。这里他引用了《象山全集》中的多处言论加以说明，可见对陆九渊思想特色的这种认识是基于他自己的阅读体验，不是人云亦云。虽如此，他还是从有限的文字材料中整理归纳出陆九渊思想的三个方面。

1. 哲学基础

陆九渊心学的哲学基础是心即理。崔大华着重指出陆九渊这个命题中表现出的时代特色与个性特色。他认为时代特色在于理这个概念的内涵，在孟子是"一种道德情操"，在韩非是"理者，成物之文也"，而在陆九渊则是"一种根源性的范畴"③。"它本身是宇宙最高、最后的存在根源，天地鬼神人皆不能违异。"④ "它具体表现为宇宙间万事万物的存在秩序，这不仅包括自然方面的秩序，也包括社会伦理方面的秩序。"⑤ 理从一般性哲学概念上升为根源性哲学概念，这是宋代理学思潮兴起的结果与表现。陆九渊的"心即理"命题是攀缘着理概念的本体性质而说的，"这是陆九渊思想带有时代烙印的一般特点，陆九渊思想的个性特点则表现在他对心的理解和心与理的关系的论断上"⑥。崔大华从朱熹的论述整理出宋

---

① 张岱年：《南宋陆学·序》，载崔大华《南宋陆学》，第1页。
② 崔大华：《南宋陆学》，第24页。
③ 崔大华：《南宋陆学》，第25页。
④ 崔大华：《南宋陆学》，第24页。
⑤ 崔大华：《南宋陆学》，第25页。
⑥ 崔大华：《南宋陆学》，第26页。

代学者对心的三种理解，即 "一是有生理功能的心，二是有心理知觉作用的心，三是有伦理道德品性的心"①。以朱熹为代表，宋代理学家通常从后两个方面理解心②，心在功能上兼知与德，是宇宙论层面的概念，但在陆九渊那里则发生了变化。"第一，陆九渊所理解的心是一种伦理性的实体，知觉作用和伦理道德行为仅是它本能的外在表现。"③ 心的本质在于伦理性，认知与道德实践都是此心的外在表现。"第二，陆九渊所理解的心还是万物根源性的实体，他认为充塞宇宙的万物之理即在心中、发自心中。"④ 也就是说，心不仅是道德根源，还是世界根源。这就把心上升为本体，"人皆有是心，心皆具是理，心即理也"（《象山全集》卷十一《与李宰之二》）。心从宇宙论层面上升到本体论层面，"陆九渊的思想体系也就这样产生了鲜明的个性特色，即它以明心为根本，其他皆是枝叶，和当时程朱派的格物穷理有所区别，在宋代理学阵营中揭出了新的旗帜"⑤。从共性中见个性，重视辨异，这是崔大华学术研究的重要特点，也是优长。

2. 方法

崔大华判断，"一个思想体系在方法论上的内容和特点，都是由这个体系的哲学性质和基础决定的"⑥。因此，既然陆九渊主张心即是理，那么如何到达理？就是认识本心。本心是伦理本体，因此所谓认识本心，"并不是指锻炼、扩展思维智慧能力，而是指体认、表现道德品性"⑦，不通向知识的获得而通向道德的体悟。崔大华认为，陆九渊心学的方法由此具有两个特色。其一，"是修养个人道德，不是认识外界事物"⑧。成为有道德的人，对于儒家学者来说从来都是个人修养的首要目标，但是，"陆九渊的特点则是把培养封建的伦理道德修养（做人）当作学习的唯一目标和内容"⑨。这意味着，在修养目标上，陆九渊与朱熹相比，就有了

---

① 崔大华：《南宋陆学》，第 26 页。
② 朱熹《孟子集注》卷七《尽心上》说："心者，人之神明，所以具众理而应万事者也。"
③ 崔大华：《南宋陆学》，第 26 页。
④ 崔大华：《南宋陆学》，第 27 页。
⑤ 崔大华：《南宋陆学》，第 28 页。
⑥ 崔大华：《南宋陆学》，第 30 页。
⑦ 崔大华：《南宋陆学》，第 30~31 页。
⑧ 崔大华：《南宋陆学》，第 31 页。
⑨ 崔大华：《南宋陆学》，第 31 页。

"唯一"和"首要"的区别。首要的意思，还可以学习知识，格出物理来，唯一的意思，则是寓知识学习于道德修养之中，合二为一了。陆九渊极端强调道德的唯一重要性的原因，在于"陆九渊认为只有先完成这种道德修养，确立了立场，然后才可以去读书学艺、应事接物，否则就要陷入异端"①。他应该是对知识的工具性深有体味，且他本人天资高，学知识大概对他不成问题。若知识不能被道德所驾驭，那还不如没有知识，这也许是他想强调的东西。崔大华评价陆九渊的修养方法"实是修养道德的方法，不是认识和改造客观世界的方法，学为人也，非有为也"②。其二，"是整体明了，不是逐一识解"。修养方法不向外而向内，指向自己的本心，"在陆九渊的思想中，它是一个具有根源性的伦理精神实体，它不仅是认识对象，同时也是认识主体，认识了它，也就是认识了世界全体"③。也就是说，心既是认识对象，又是认识主体，这样，修养也就是自我认识。因为目标确定且唯一，"所以对心这一实体的认识就不是一般的正常思维由局部到整体的渐进的认识过程，而是一种特殊的直接明了整体的彻悟过程"④。认识结果要么是一要么是零，差之毫厘，谬之千里。这样的修养方法在实践中如何操作？崔大华认为主要有三个方面。

第一，简易工夫。"所谓简易工夫，就是发明本心，亦即是存心、养心、求放心，它是陆九渊方法论的中心内容。是由他的心即理，天之所与，非由外铄等哲学基本前提非常自然地推衍出来的。"⑤ 即陆九渊的心学方法论是他的心学本体论的逻辑延伸。崔大华认为它的实质"就是一种深刻的对封建伦理道德（'义理'）的自我反省、自我完成的过程。它所要达到的最后的和最高的精神境界，就是能使这些伦理道德以本能表现出来，'当恻隐时自然恻隐，当羞恶时自然羞恶，当宽裕温柔时自然宽裕温柔，当发强刚毅时自然发强刚毅'（《象山全集》卷三十五《语录》），这是完人；就是要把自己和天地万物齐一（'与天同'），'内无所累，外

① 崔大华：《南宋陆学》，第 31 页。
② 崔大华：《南宋陆学》，第 32 页。
③ 崔大华：《南宋陆学》，第 32 页。
④ 崔大华：《南宋陆学》，第 32 页。
⑤ 崔大华：《南宋陆学》，第 33 页。

无所累，自然自在'（《象山全集》卷三十五《语录》），这是超人"①。把道德变成像是食色一样的本能，堂堂正正做个人。崔大华对陆九渊心学方法与目标之间的关系理解非常确切。目标高远，但下手处却很平易，"为官吏的人在审理案件时的是非之心，作弟子的人在见到师长时的礼让之心，都是不用着意安排，而是人所固有的，会自然表露的。换言之，'本心'即在日用处，随时可见"②。工夫不在日常生活之外单独辟一个时间来做，而是就在日常生活之中，"在陆九渊看来，这种发现、存养本心的方法，人人可为，时时可为，处处可为，所以称之曰'简易工夫'"③。

第二，剥落。"剥落工夫是陆九渊发觉并承认人心有蔽以后提出来的修养方法。"④ 如前述，人心之蔽一在先天之资质禀赋，一在后天习染。崔大华认为陆九渊的观点，"既有来自孟子的思想，也有宋代理学家所特有的思想"⑤。他简要回顾了孟子以来儒家人性论的历史，认为"陆九渊在对心蔽（'病道'）之所以产生的解释上，是孟子的观点和张（载）、程（颐）的思想的综合，认为既有发生在认识过程中的心理因素，也有来自天然气禀的生理因素"⑥。先天的物欲、后天的意见，就是需要扫除的心蔽，因为是宇宙论层面的障蔽，他把解除心蔽的方法称为剥落，"陆九渊的'剥落'工夫，根本上也是为了发明本心的。但它和'简易工夫'不同，它不靠自我反省，而是借师友琢磨"⑦，这里倒有些荀子的影子了。崔大华认为相对简易工夫，剥落工夫"都是立足于实际经验的，平易而不玄远"⑧。

第三，优游读书。陆九渊说过不识一个字，也可以堂堂正正地做个人（"若某则不识一个字，亦须还我堂堂地做个人"），加上他与朱熹修养方

---

① 崔大华：《南宋陆学》，第34页。
② 崔大华：《南宋陆学》，第35页。
③ 崔大华：《南宋陆学》，第35页。
④ 崔大华：《南宋陆学》，第36页。
⑤ 崔大华：《南宋陆学》，第36页。
⑥ 崔大华：《南宋陆学》，第38页。
⑦ 崔大华：《南宋陆学》，第38~39页。
⑧ 崔大华：《南宋陆学》，第39页。

法上尊德性与道问学之争，容易使人产生一种他不主张读书的错觉。崔大华认为，陆九渊倡导的是一种特殊的读书方法，"陆九渊自诩'比别人读得别些子'，他的读书的确有其独到的经验，就是以精熟为贵，以意旨为的。陆九渊认为读书不必求多求快，而应选择切己有用者少而精读之"①。陆九渊的读书是服务于他的修养目标的，即帮助发明本心，而不是求知。"这是他的独到之处，也是他的缺陷所在。人类的道德完善和知识积累是相辅相成的，对人类的进步是同样需要的。没有道德的提高，知识的增长会给人类带来灾难；没有知识的增长，道德或习惯势力就会使人类生活凝固。陆九渊的思想、宋代理学思想乃至整个儒家思想对中国封建社会后期的影响正是提供了这后一方面的教训。"② 崔大华认为儒学重道德轻知识，是其学说的一个缺弱，这是结合儒学后来的衰落而言的，说明他的专题研究是以宏观认识即纵通为前提的。

这三种方法重要性并不相同，"在陆九渊看来，自我反省的'简易工夫'是主；师友、圣训但助鞭策而已"③，这体现的仍然是陆九渊心学的内向性格。

3. 思想渊源

陆九渊思想的渊源，也就是心学与以往思想的关系，崔大华主要从陆九渊心学与孟子思想、陆九渊心学与禅宗的关系阐发。

其一，继承孟子而又剥离孟子。崔大华回顾了唐代儒者为与佛道争胜而模仿佛道的"祖统""法统"，提出了儒家"道统"说，这就在儒家内部有了正统与异端之分。"所以到了南宋，当朱陆两派形成对立，理学阵营中出现了分裂时，双方都以继承孔孟道统自居，用以遮掩自己身上异端——佛道思想印痕，压倒对方。朱熹作《大学章句·序》时写道：'河南程氏两夫子出，而有以接乎孟氏之传……虽以熹之不敏，亦幸私淑而与有闻焉。'（《朱文公文集》卷七十六）与此同时，陆九渊也在给一个弟子的信中写道：'窃不自揆，区区之学自谓孟子之后，至是而始一明也。'（《象山全集》卷十《与路彦彬》）可见朱陆都以为自己是儒家道统孟子

---

① 崔大华：《南宋陆学》，第40页。
② 崔大华：《南宋陆学》，第42页。
③ 崔大华：《南宋陆学》，第42页。

以下的承先启后者。"① 陆九渊说自己的学说是"因读孟子而自得之"（《象山全集》卷三十五《语录》），崔大华则指出孟子的思想结构，说明陆九渊对孟子思想是一种改造和发展。"作为孟子学说主要内容和特色的是'仁政''王道'的政治理论和性善论的伦理观点，但是陆九渊为了使自己的心学获得儒家正统地位，却把孟子论'心'的观点从孟子学说中剥离出来，把'明心''不失本心'等说成是孟子学说乃至整个儒家学说的核心。"② 也就是说，他将孟子学说中并不处于中心地位的心提升为孟子学说乃至整个儒家学说的核心，这就是一种剥离和改造了。"在孟子思想里，'心之官则思'的'心'，还主要是作为思维器官来理解的；'求放心'还主要是作为学习态度要专心致志，不要心随鹄飞的意思而提出来的。但在陆九渊的心学里，'心即理''心'被升华为具有根源性的伦理实体，'此心苟存，则此理自明'，'求放心'成为体认'充塞宇宙之理'的根本的修养方法和认识方法。在这个意义上说，陆九渊心学是孟子思想中的主观唯心主义观点的发展。"③ 心的功能和地位在陆九渊学说中与在孟子思想中发生了质的变化。可以说，他以孟注我，然后宣布自己是孟子继承人。陆九渊说他的思想是"因读孟子而自得之"，"读孟子"是真，"得之"也是真，"因"与"自"则是其中的关键，崔大华评价此语"周到而切要"④。

其二，与禅宗形似而实异。形似表现在"他心学中的主要观点和禅宗的立论有契合之处"⑤，如"本性"与"本心"、"见性"与"明心"、"心迷"与"心蔽"、"根有利钝"与"气有厚薄"、"现世即佛"与"事外无道"、"一切经书因人说有"与"六经皆我注脚"、"佛"与"圣哲"等等。在方法上禅宗的"顿悟"与心学的"一明皆明"在形式上也有相通之处。因为形似，传统有一种说法是认为陆学即禅学，但崔大华认为二者实质相异，表现在以下两个方面。一是"陆九渊心学与禅宗在根本精

---

① 崔大华：《南宋陆学》，第 51 页。
② 崔大华：《南宋陆学》，第 52 页。
③ 崔大华：《南宋陆学》，第 52~53 页。
④ 崔大华：《南宋陆学》，第 53 页。
⑤ 崔大华：《南宋陆学》，第 54 页。

神上是不同的"①。"禅宗的心性是一种无规定性的、无善无恶的、本然的存在（禅宗名之曰'空'），而陆九渊的心性是一种具有伦理道德内容的、本质是善的、具体的存在（他称之曰'理'）。"② 禅宗的性不是知识也不是道德，而是人的知觉，陆九渊的性则特指人的道德观念和行为，他将其视为与人的动物本能一样的本性。二是方法要达到的目标不同。例如，陆九渊以侍坐的弟子见师长起立而随之起立的下意识动作，说明"四端固有"，元证禅师以提起拂子的随意动作，说明"即相即真"。一个要说明的是"儒家的伦理原则"，一个要说明的是"佛家的宗教义旨"。③这说明陆学与禅宗在修养方法上虽然有形式上的相似，但其内容、目标是完全不同的。对于认为陆学是禅学的观点，崔大华在比较后作出结论，"在陆九渊心学中，佛家禅宗思想只是作为理论背景而有所映照，不是作为思想渊源而得到再现的。即陆九渊心学虽然援用了某些佛家的名词、概念，反映出佛家思想渗透到儒家思想中来的宋代思潮的一般特征，但其理论核心、宗旨，乃至主要论题，都不是承继着禅宗，而是发展了孟子"④。

（三）陆门弟子及其对陆九渊心学的发展

陆九渊的及门弟子大体分布两地，一是江西，二是浙东。江西弟子称为槐堂诸儒，主要致力于陆派门户的确立，学术成就不显；浙东弟子称为甬上四先生，包括杨简、袁燮、舒璘、沈焕，致力于陆九渊心学的阐发和扩展，其中以杨简和袁燮最为突出。杨简使陆派心学向哲学的唯我主义方向发展，袁燮则使陆派心学向社会政治伦理方向发展。这是《南宋陆学》关于陆门弟子及其对陆九渊心学发展的基本判断。

关于陆门弟子，崔大华按入门时间先后介绍了江西的槐堂诸儒和浙东的甬上四先生。他对前者的评价是学术成就有限，功在建立门庭，争取地位。陆九渊最早的弟子很多年龄长于他，还有些科举考取早于他，但他们甘愿屈己拜师，建立起陆派门庭。陆九渊居象山讲学，条件艰苦，他们也

---

① 崔大华：《南宋陆学》，第 57 页。
② 崔大华：《南宋陆学》，第 58~59 页。
③ 崔大华：《南宋陆学》，第 61 页。
④ 崔大华：《南宋陆学》，第 60 页。

都毫无怨言地跟随。陆九渊生前以孔孟继承人自居，死后陆门虽衰落，但江西弟子仍坚守师说，并为陆九渊争取儒门正统地位。他死后25年得到"文安"的谥号，这意味着"他的生平学术和思想得到了统治阶级的认可"①。关于陆九渊早期弟子学术上成就不高的原因，崔大华提出一个观点：陆九渊心学目标与方法之间存在着内在的矛盾。他认为"陆九渊心学虽然和佛、老思想有密切的关系，但它在本质上仍是儒家的思想，因为他的'心'（'理'）主要是指伦理道德本能，有确定的内容，而不是'空''无'。这是有很深的儒家理论修养的结论。所以要理解陆九渊的'心'，也就必须首先具备一个知识前提，即必须熟悉儒家经典，从而能对儒家的伦理思想有深切的认识。但是陆九渊的'简易工夫'方法却反对这一点，至少说是并不注重这一点"②。陆九渊方法与目标之间存在悖反关系，方法无法实现目标，原因在于他对自己几十年走过的路，只承认最后的结果，不承认前面的过程。崔大华打比方说陆九渊是"他自己上了楼，抽去梯子，又呼唤弟子上楼"③。应该说，这段分析相当精彩，比喻也是非常恰当的。这就能解释陆九渊早期弟子学术上的空疏浅陋和最后流于佛老而不自知的结局。

陆九渊的浙东弟子主要是杨简、袁燮、舒璘、沈焕四人，他们从不同方向扩展了陆九渊的思想。其中杨简成就最突出，崔大华的叙述也最详尽。他注意到杨简与陆九渊思想性格相同，即内向善思。他分三个阶段考察杨简的思想发展：万物一体、本心、万物唯我，最后将陆九渊心学推向唯我主义。在这个过程中，他摆脱了陆九渊的"沿袭之累"。陆九渊说"心即理"，这是攀缘着理学讲心学，仍然承认"理"是最高哲学范畴。这对于陆派心学是一种累赘，到了杨简就彻底抛弃了"理"这个概念，只有"心"这一个最高范畴。理论更加彻底的同时，也更加贫乏。崔大华还认为杨简由于否定人的伦理本能以外的任何具有能动性、创造性的活动，因而导致他公开提倡蒙昧主义。他评价这是"中国思想史上，在道

---

① 崔大华：《南宋陆学》，第131页。
② 崔大华：《南宋陆学》，第121页。
③ 崔大华：《南宋陆学》，第121页。

家蒙昧主义之外，又出现了一个儒家蒙昧主义"①。浙东弟子中杨简著述最多，崔大华认为"杨简的经传是陆九渊'六经注我'的具体实践"②，其基本思想是认为六经皆是心的表现，将六经当成自己心学思想的注脚。这在理论上不会增加什么东西，他也不认为有可以增加之处。

袁燮与杨简相比更加笃实。所谓笃实，是说"不是沿着哲学的方向把陆九渊心学的主观唯心主义推向唯我主义，而是沿着政治伦理的方向，把陆九渊心学运用于社会，得出一些政治的哲学结论"③。杨简从知觉一面理解心，把人非人化，袁燮则重申人的伦理本质，即认为"'心'是善的伦理道德本源，不是知觉"④，"'心'体现为一切社会行为"⑤，他由此推出两个结论："天人一理和君民一体"⑥。前者是天人合一观念，后者认为君民"只有相须而无尊卑"⑦，超出了儒家等级观念。这个观点受到张岱年先生的称赞。为什么袁燮会有这种思想？崔大华认为，这是因为"在南宋理学家中，他（指袁燮——作者注）是一个特别注重历史经验而少于论述一般封建伦理的学者"⑧。不以理想主义批判历史现实，而是从兴衰成败中总结经验教训，得出相应的结论，由此可见袁燮学风之朴实。甬上四先生的舒璘，崔大华认为其思想特色是平实和折中。平实是说"他将空玄的陆九渊心学移向平庸的生活实践"⑨，表现在他重视以心学理论指导实践，但对理论本身不去深究，不搞对立。他"论心是本源，不是指哲学的本体，而是指道德修养的根本出发点"⑩。"论修养，不是泛论人所固有的伦理本性，而是论一个人应有的、具体的道德涵养。"⑪ 他"虽身为学官，但却非常关心现实的社会生活，而对空洞的理学议论甚是淡

---

① 崔大华：《南宋陆学》，第 151 页。
② 崔大华：《南宋陆学》，第 156 页。
③ 崔大华：《南宋陆学》，第 166 页。
④ 崔大华：《南宋陆学》，第 166 页。
⑤ 崔大华：《南宋陆学》，第 168 页。
⑥ 崔大华：《南宋陆学》，第 169 页。
⑦ 崔大华：《南宋陆学》，第 170 页。
⑧ 崔大华：《南宋陆学》，第 171 页。
⑨ 崔大华：《南宋陆学》，第 175 页。
⑩ 崔大华：《南宋陆学》，第 175 页。
⑪ 崔大华：《南宋陆学》，第 176 页。

然"①。折中指的是他折中朱陆，坚定地维护朱熹，不赞成在朱陆之间扩大间隙。对于这种看似奇特的行为，崔大华引用舒璘的一段话作说明："晦翁当世人杰地步，非吾侪所及，其有不合者，姑置之。向在新安未尝与诸友及此，后有发明者自知之。后生未闻道，吾侪之论一出，便生轻薄心，未能成人，反以误人。"②（《广平类稿》卷一《答孙子方》）这其中的逻辑在于，朱陆之争首先是朱熹与陆九渊两位宗师之争，朱熹可以批评陆九渊，不意味着朱熹门人可以鄙视陆九渊；同理，陆九渊有资本批评朱熹，不意味着陆派学人也有资本批评朱熹。门户之见、意气之争并不利于教导后学。舒璘此论，可见其敦厚与老成。崔大华说自己要勾画出陆派的本来面目，至少在舒璘这里是实现了的。沈焕的思想特色一是"先立根本"③，这是陆九渊心学的路数；二是"平实折中"④，这与舒璘一致。

《南宋陆学》第一次将陆九渊学派作为一个整体来研究，读后给人的印象是，陆九渊思想新锐而又单薄，修养目标与手段相背离，后学中与陆九渊性格相近者（内向善思）发展师说，与宗师性格相异者（朴实敦厚）会合朱陆。一个与程朱理学相对而立的新兴学派的面貌呈现在眼前，可以说，崔大华完成了最初的这个写作目标。

二　朱陆关系

《南宋陆学》是关于陆九渊心学的专题研究，而其中却专辟一章考察朱熹与陆九渊的思想异同与论争，崔大华阐述了其中原因。他认为在全部中国思想史上朱陆之争并不重要，但在理学史上却很重要，"它不仅是一个思想历史问题，一个数百年未了底大公案（陈建《学蔀通辩·自序》），而且一直是理学阵营中两派对立的分界线，朱陆异同之辨，祖分左右者数百年于兹矣，左朱右陆，左陆右朱，二者若不相下（《学蔀通

---

① 崔大华：《南宋陆学》，第178页。
② 崔大华：《南宋陆学》，第178~179页。
③ 崔大华：《南宋陆学》，第180页。
④ 崔大华：《南宋陆学》，第181页。

辩·顾苍巖序》）"①。也就是说，它是同一理论形态内部不同学派之争，就像战国时代的"儒分为八，墨离为三"（《韩非子·显学》）。崔大华还考察了后学在此问题上的态度和朱陆本人的态度。总的来说，宗陆者处于劣势，通常极力弥合分歧，与禅宗拉开距离；宗朱者处于优势，通常竭力维护正统，批判陆学为禅。前者以王守仁为代表，后者以陈建为代表。朱陆二人则相反，"朱熹是个党性很强的学者，他始终把他的理论斗争的矛头指向和儒学唯心主义对立的思想派别，而把儒学唯心主义内部的分歧和争论放在次要的位置。……所以在和陆九渊的争论中他常表现出退让的态度"②。朱熹最担心的不是陆学，他知道那是内部分歧，他更担心的是功利学派。因为陆学不通，学者自会走其他路，功利之学则容易见效，这就难改了。"陆九渊是个很自信的学者，他几乎把自己'本心'（'理'）之外的一切全都视为异端而扫倒……所以在朱陆之争中，他始终表现出不可调和的态度"③。朱熹愿意向陆九渊学习，陆九渊则欲辨出个是非来，所以与后学不同，在两位宗师这里，却是朱熹退让而陆九渊争胜。崔大华指出这一点，可见他对于朱陆之争作了历史的考察，有着深切的了解。崔大华从四个方面论述朱陆异同及论争：朱陆之同、朱陆之异、朱陆之争、朱陆相争的缘由。

（一）朱陆之同

既然属于同一理论阵营，则其思想必然有相同之处。崔大华认为朱陆之同有两个方面。其一，"共同的政治立场"④。崔大华从理想与现实两个方面的同来说明，即"他们总是非常自觉地把自己学说的根本目标和维护封建的伦理及政治制度紧密地联系在一起"⑤，"朱陆皆对南宋积弱不振的政局感到忧虑不安"⑥，"朱陆二人生平中，政治实践活动都很贫乏，且极为相似"。他们同属士大夫群体，读书做学问是为了平治天下，不是为

---

① 崔大华：《南宋陆学》，第 67 页。
② 崔大华：《南宋陆学》，第 69~70 页。
③ 崔大华：《南宋陆学》，第 70 页。
④ 崔大华：《南宋陆学》，第 71 页。
⑤ 崔大华：《南宋陆学》，第 71 页。
⑥ 崔大华：《南宋陆学》，第 72 页。

理论而理论。与王安石相比，他们都是没有能够"得君行道"的宋代士大夫。其二，"哲学世界观的共同出发点"①。崔大华引用朱熹评价陆九渊的话"子静说话常是两头明中间暗"（《朱子语类》卷一百零四）。他的理解是，"陆九渊学说的起点和终点都是明白的、正确的，从起点到终点所走的路程、采取的方法却是晦暗的、不正确的。中间暗是朱陆之异，两头明是朱陆之同"②，"朱陆学术有复彝伦、治天下的共同的终极目标，那么，他们的共同起点又是什么？这就是他们哲学世界观有共同出发点"③。崔大华将其归为两点，即理本与性善。"在朱陆的思想体系里，最高的、核心的哲学范畴是'理'（即'道'），并且，他们都是把它理解为世界终极性的根源，既是自然界的规律，又是社会伦理原则。"④ 陆九渊的"心即理"是以承认"理"的本体地位为前提的命题，故而虽有分歧，但他们仍然同属宋代理学阵营。"对于人的哲学性质的认识，他们都认为人具有合于伦理的、善的天然本性。"⑤ 不过二人所用名称有所不同，"朱熹称之为'性'，陆九渊称之为'心'"⑥。至于为何性本善而实际中有恶的存在？"朱陆都是把气质之偏、物欲之蔽当作人世间的恶的产生的原因。人的气禀的不同、情欲的存在本正是人类固有的自然本性，但在朱陆看来，这却是人类之病症，而并不是人类之本性。人有善的本性，又有欲的病症，对于人的这种哲学认识，也是形成宋代理学根本性质和特征的因素之一。"⑦ 恶的存在是自然，但不是应当，这体现出儒家人性论的规范性特征，气质之性的概念则表现出宋代理学的时代特征。朱陆因为在终点与起点上的相同，"使得朱陆虽然在思想理论上发生了分歧和争论，但他们的交谊仍是笃挚的，始终保持着相互尊重、相互维护的态度。朱熹曾评论陆九渊说：'江南未有人如他八字着脚。'（《朱子语类》卷一百二十四）陆九渊也常对弟子说：'朱元晦泰山乔岳。'（《象山全集》卷三十四《语

---

① 崔大华：《南宋陆学》，第 75 页。
② 崔大华：《南宋陆学》，第 75 页。
③ 崔大华：《南宋陆学》，第 75 页。
④ 崔大华：《南宋陆学》，第 75 页。
⑤ 崔大华：《南宋陆学》，第 77 页。
⑥ 崔大华：《南宋陆学》，第 77 页。
⑦ 崔大华：《南宋陆学》，第 78 页。

录》）朱陆冰炭不相容的对立状态，实是他们的浅薄弟子和后人用意气和成见推波助澜的结果"①。

（二）朱陆之异

关于朱陆之异，学界共识就是朱熹在修养方法上重道问学，陆九渊则重尊德性。那么，这种差异的根源何在？崔大华认为在于对"理""气""心"这些重要概念的理解不同。

1. 对"理"的不同理解

"朱陆都认为'理'是终极性的根源，但从这个共同出发点跨出第一步后，他们之间就出现了分歧，陆九渊从发挥儒家传统的'天人合一'观点的途径，认为'心即理'，得出主观唯心主义的结论：万物皆自心发。"② "朱熹则从发挥来自华严宗的'体用一源'观点的途径，认为'理兼体用'，得出客观唯心主义的结论：万物皆是'理'的体现。"③ 也就是说，二人所借用的思想资源有所不同，理论性质也有差异。这一差异导致他们在方法论上的分歧，"朱熹谈'穷理'（'道问学'），陆九渊说'明心'（'尊德性'），他们间的争论就是从这里开始的"④。

2. 对"气"的不同理解

"在朱熹的思想体系里，'气'是一个和'理'相对立的哲学范畴，首先是指宇宙万物形成的基础，构成万物的物质材料。（'形而下之器'）"⑤ 朱熹理学既然是客观唯心主义，就要说明宇宙如何化生，"气"就是一个可以用以解释的概念。"其次，朱熹的'气'还指是形成人物之别、贤愚之殊的内在因素。（'气质之性'）"⑥ 这可以解释现实中人的差异。崔大华认为，朱熹既认为"气"是材质，又说"理在气先"，因为他"不是唯物主义者，而是客观唯心主义者"⑦，他的"理"

---

① 崔大华：《南宋陆学》，第 79 页。
② 崔大华：《南宋陆学》，第 80 页。
③ 崔大华：《南宋陆学》，第 80 页。
④ 崔大华：《南宋陆学》，第 81 页。
⑤ 崔大华：《南宋陆学》，第 82 页。
⑥ 崔大华：《南宋陆学》，第 82 页。
⑦ 崔大华：《南宋陆学》，第 83 页。

是"一种脱离具体事物而独立存在的精神性的实体"①。相比之下，"在陆
九渊的思想体系里，'气质'只是一个生理、心理的概念，它的哲学意义
只是作为造成'心蔽'的外界原因之一而已"②。陆九渊心学是主观唯心
主义，没有宇宙生化论，没有理—气结构，因此气质在他的思想体系中不
是世界观层面上的概念。"故陆九渊和朱熹不同，他认为人的这种生理心
理品性和人的社会行为之间虽然有联系，但并不是必然的、唯一的关系，
即气质并不能决定人之善恶贤愚，并不能决定人之最后归宿。"③ 崔大华
深入讨论这种差异形成的原因，"陆九渊的这种'气质'观点和朱熹不
同，它是从经验出发的，而不是从论证'恶'的最后根源这一理论需要
出发的。所以和朱熹把'气质之性'视为决定人的善恶贤愚之殊的唯一
的内在因素不同，陆九渊只是把'气禀'当作造成'心蔽'的外在原因
之一"④。陆九渊视气为后天形成的、经验性质的东西，朱熹则视为先天
的禀赋。陆九渊心学内在地具有平等意识，他更像孟子，而朱熹似乎更像
孔子，他认为人天生地就有贤愚不肖，还用"气""气质"这样的概念来
论证。由于对"气"的理解不同，朱陆修养方法也有差异。简言之，陆
九渊是"尽我之心"⑤，朱熹是"格物居敬"⑥，这也导致双方互相指责对
方的工夫来自异质之学。

3. 对"心"的不同理解

前面已经指出，宋代理学对"心"的理解有生理、心理、伦理三个
方面，朱陆在这个问题上的不同在于，"朱熹所理解的心，是人的知觉认
识能力，是人的行为主宰"，"而陆九渊所理解的心，是人的伦理本能，
是人的本质所在"⑦。朱熹讲的是"心"的功能，即认知与道德；陆九渊
讲的是"心"的本质，即伦理道德。崔大华指出，"朱熹也认为人心具有

---

① 崔大华：《南宋陆学》，第83页。这里有简单化之嫌，他在《儒学引论》中不再这
样表述，而用结构的方式，从本体论与宇宙论两个层面解析朱熹关于理气关系的命
题。见崔大华《儒学引论》，人民出版社，2001，第512~514页。
② 崔大华：《南宋陆学》，第83页。
③ 崔大华：《南宋陆学》，第83~84页。
④ 崔大华：《南宋陆学》，第84页。
⑤ 崔大华：《南宋陆学》，第84页。
⑥ 崔大华：《南宋陆学》，第85页。
⑦ 崔大华：《南宋陆学》，第86页。

理，'心包万理，万理具于一心'（《朱子语类》卷十九）。但心本身不是理，只是'理之所会之地'（《朱子语类》卷五）。故他认为心的主要性质是'灵'（知觉作用）而不是'性理'（伦理本能）"①。如此，则伦理道德根源不在我心而在我心之外，这是陆九渊所不能同意的。"陆九渊也不否认心有知觉作用，'此心之灵、此理之明岂外铄哉?'（《象山全集》卷七《与詹子南之二》）但他经常是否定运用心的知觉判断能力而提倡发挥心的固有的伦理本能。"② 从知识能否通向道德？朱熹也不认为知识必定通向道德，但他较能平衡知识与道德的关系，陆九渊则更激进，对知识的工具性弊端更加警惕。

崔大华认为由于朱陆对"心"有这样的理解差异，他们在与"心"相关的两个问题上也发生了分歧。其一，对性、情、心、才的区分。"'性'是理，指那种本然的静止的状态；'情'是情感，指性的发动而有所表现的状态；'才'是情感得以表现的能力，而所有这些都在心中存在。"③ 性是静，情是动，才是官能，这是对情感由外向内追溯原因时所作的判断。"朱熹还认为，性是全善，而情、才则有善也有恶。"④ 人性本善，这个善是一个自我要求，是人的待完成状态，人能尽此性，则成为"理"的化身。性的发用会有善与恶，这是气禀不齐所致。这说明性与情、才不在一个理论层面上。崔大华当时的理解是，"朱熹的这些分析，对他的理论体系来说是很必要的，因为他既然认为人身之中既有天理之性又有气质之性，人心之中既有知觉能力又包具万理，所以他就必须把人的统一的心理过程中的不同状态加以区分，加以道德化、等级化，以保持理论上的一致和相互印证"⑤。他指出的朱熹理论的自洽性，尚未用结构的方法去理解和表述。与朱熹相比，陆九渊心学没有这个理论需要，"因为陆九渊把人心看作一个统一的伦理精神整体，'人性（心）本善，其不善者，迁于物也'（《象山全集》卷三十四《语录》）。'人心'已无可再作

---

① 崔大华：《南宋陆学》，第87页。
② 崔大华：《南宋陆学》，第87页。
③ 崔大华：《南宋陆学》，第88页。
④ 崔大华：《南宋陆学》，第88页。
⑤ 崔大华：《南宋陆学》，第88页。

剖析细分，只要适意做去即是"①。恶没有先天的自然根源，而是后天的外在的原因，他不需要像朱熹那样从宇宙论层面解释恶的来源。二人有此分歧，故而互相批评，陆九渊"批评去作这种区分的学者是'读书只解字不求血脉'，讥嘲其如只知'逐块'不知咬人的'狂狗'，完全不理会圣贤教人的本意"②。朱熹则称陆九渊为告子，为他"盖棺定论"，"象山死，先生率门人往寺中哭之，既罢良久曰：'可惜死了告子。'"（《朱子语类》卷一百二十四）其二，对人心、道心的解释。崔大华追溯了人心道心的概念来源，认为在荀子那里，"'人心、道心'丝毫没有对立的意思，它们是指君子修养的不同方面"③。这两个概念在魏晋时代被提炼成16个字（"人心惟危，道心惟微，惟精惟一，允执厥中"）的舜禹相传的心法，编入《大禹谟》。朱熹对伪《古文尚书》"虽疑犹尊，认为其间大体义理固可推崇（《朱子语类》卷七十八）"④。崔大华列举朱熹对此16字心法的解释："心者，人之知觉，主于身而应事物者也。指其生于形气之私者而言，则谓之人心，指其发于义理之公者而言，则谓之道心。人心易动而难反，故危而不安；义理则难明而易昧，故微而不显。惟能省察于二者公私之间，以致其精，而不使其有毫厘之杂；持守于道心微妙之本，以致其一，而不使其有顷刻之离。则其日用之间、思虑动作，自无过不及之差，而信能执其中矣。（《朱文公文集》卷六十五《杂著〈尚书·大禹谟〉》）又说：'只是一个心，知觉从耳目之欲上去便是人心，知觉从义理上去便是道心。'（《朱子语类》卷七十八）"他认为，"朱熹把人心、道心理解为一身中的两种对立的品质行为，一心中的两种对立的知觉能力。这和他的理、气之分，天理、人欲之分，性、情之分的理论都是一致的"⑤。所以朱熹其实是用自己的理学思想来解释《大禹谟》里的这句话，属于六经注我，义理之性与气质之性分别对应道心和人心。道心、人心是观念中的区分，实际中并不是有两个心，只是两种状态，需要用结构的、

---

① 崔大华：《南宋陆学》，第88页。
② 崔大华：《南宋陆学》，第89页。
③ 崔大华：《南宋陆学》，第90页。
④ 崔大华：《南宋陆学》，第91页。
⑤ 崔大华：《南宋陆学》，第91页。

动态的眼光去看。陆九渊心学没有这种结构性特征，他就不能赞成朱熹"这种对立的二元区分"①，"在陆九渊看来，'人心''道心'是从不同方面来描述心的性质，描述心的存在状态。就心的活动总要产生或圣或狂的结果来说，是'人心'；就心的活动无影无踪的微妙过程来说，是'道心'。陆九渊认为朱熹将人心、道心作对立的理解，'是分明裂天人为二也'，同乎'庄子云眇乎小哉以属诸人，列入謷乎大哉独游于天'（《象山全集》卷三十四《语录》）"②。朱熹的人心、道心对应于气质之性和义理之性，陆九渊没有这样的区分，他讲人心、道心就只落在经验上，在人的实践中出现的问题，也即并不是在未发之前就注定有人心之"危"，而是人自己造成了"危"。朱熹的"微"有规范义，陆九渊这里的"微"就只是一种客观状态。可见，朱陆在世界观层面上的分歧是他们在其他问题上的分歧的根源。

（三）朱陆之争

这是就两人曾经发生过公开争论的问题所作的考察，而不是对二人客观存在的所有分歧的考察，因此它主要是一个对于朱陆之争的历史考察。崔大华根据文献材料，寻找出朱熹与陆九渊在三个方面的公开争论。

1. 方法论之争。

方法论也就是朱熹评价陆九渊时讲的"中间暗"的部分，就是践履儒家道德的方法。这是最早被观察到的朱陆学术差异，也是二人最早发生争论的领域。崔大华引用朱熹的评语和陆九渊的诗句，指出"朱陆方法上的分歧，朱熹认为是'尊德性'或'道问学'着力点的不同，陆九渊则认为是'易简'或'支离'优劣的不同"③。也就是说，朱熹认为是重点不同，陆九渊则认为是高下之别。崔大华按照时间顺序考察了朱陆的两次当面争论。第一次是鹅湖之会。崔大华引用全祖望的说法，认为"鹅

① 崔大华：《南宋陆学》，第 91 页。
② 崔大华：《南宋陆学》，第 91~92 页。
③ 崔大华：《南宋陆学》，第 92~93 页。

湖之会就是朱熹、吕祖谦、陆九渊三家之会"①。"鹅湖会上，朱陆关于学
习方法进行很激烈的辩论。随陆九渊参加了这次约会的朱亨道记述说：
'鹅湖之会论及教人，元晦之意欲令人泛观博览而后归之约，二陆之意欲
先发明人之本心而后使之博览；朱以陆之教人太简，陆以朱之教人为支
离，此颇不合。先生（指陆九渊）更欲与元晦辩，以为尧舜之前何书可
读，复斋（陆九龄）止之。'（《槐堂诸儒学案·朱亨道传》）"② 陆九渊
情急之下的话，"尧舜之前何书可读"，虽因受到制止而未当场深入辩论，
但却说明陆九渊在道德来源问题上有着深刻的思考，即道德若不在每个我
心之内，则会陷入荀子的难题，即后人学先贤，则先贤又向谁去学？如此
则理论如何自洽？应该说，陆九渊的疑问与他的理论创新将这个问题突出
出来，也提供了一个解决方式。第二次是南康之会。鹅湖会后六年，也就
是淳熙八年，陆九渊四十三岁，朱熹五十二岁，此时朱熹知南康军，陆九
渊任崇安县主簿，陆九渊到庐山白鹿洞书院访问朱熹。"这次会面，在论
及道德修养的内容方面二人仍是志同道合。陆九渊登白鹿洞书院讲席，讲
《论语》'君子喻于义，小人喻于利'一章，朱熹极为赞赏。但在论及修
养或学习方法时，二人又起争辩。"③ 二人因终点相同，故而在义利之辨
上没有分歧，但因中间过程、方法不同，故而一旦深入，就又陷入争论。
争辩的结果，"陆指朱为'邪意见、闲议论'，朱指陆'作禅会、为禅
学'。双方的争执比在鹅湖时要显得尖锐。此后，朱陆的论辩在学术上相
互砥砺之意渐消，而派性攻击之焰愈炽了"④。

2. 世界观之争。

这里的世界观之争，是指朱陆关于"无极""皇极"的争论，崔大华
认为是由双方对"太极"理解有异造成的，"不是由他们的世界观有实质

---

① 崔大华：《南宋陆学》，第 93 页。此处有一个"编者附识"，对此观点进行纠正：
"虽则说是三家之会，要归于两派之争。吕祖谦所表现出来的追随朱熹反对陆九渊
的明显态度在鹅湖之会上充分披露出来。鹅湖之会是吕祖谦帮助朱熹共同诘责陆九
渊的学术辩论会。"见崔大华《南宋陆学》，第 93 页。
② 崔大华：《南宋陆学》，第 94 页。
③ 崔大华：《南宋陆学》，第 96 页。
④ 崔大华：《南宋陆学》，第 97 页。

的不同而引起"①。这次争论是由陆九渊的四兄陆九韶与朱熹讨论周敦颐《太极图说》引起的，陆九韶怀疑后者不是周敦颐所作或至少不是他成熟时期的作品，因为"无极"的概念不见于儒家经典而"似乃老氏之学"②。朱熹不同意他的观点，"认为'无极''太极'并无差异，'不言无极则太极同于一物而不足为万化之根，不言太极则无极沦于空寂而不能为万化之根'（《朱文公文集》卷三十六《答陆子美之一》）"③，批评陆子韶认为《太极图说》近老氏之学是"妄以己意增饰其所无，破坏其有"，原本是答陆子韶的信，朱熹在回复时又捎上了陆九渊，说"子静似亦未免此病"（《朱文公文集》卷三十六《答陆子美之二》）。对于朱熹的批评，陆九韶想休战，陆九渊却愿意应战，于是二人就开始书信往来论辩。朱熹主动向陆九渊挑战，说明他认为这件事非同小可，一定要辩个明白。

崔大华根据朱陆辩论无极的四封书信，概括出二人的主要观点。陆九渊的主张："①太极即是实理，从不空寂，固是万化根本，不必用无极来形容。②阴阳已是形而上之道，何况太极，故不需加无极使太极区别于物；极训中，故也不能用无极来形容太极。③无极是老氏之学。"④ 陆九渊与陆九韶一样认为无极之说是老子之学，不是儒家概念，并增加了自己的论证。朱熹的反驳是："①太极是理之至极，既在万物之中，又在万物之先，所以不能训以中，只能释以至极。②太极因是理，无方所，无形状，无乎不在，故用无极来比况；这不同于用无声无臭来形容自然的寂静。③阴阳是形而下之器，所以阴阳者方是形而上之道。④周敦颐的无极和老子的无极的意思不同，周的无极是指世界之最后本体，老庄的无极是表示世界无穷无尽之广袤。"⑤ 朱熹的解释显示其理学的结构性特征，即区分阴阳者与所以阴阳者，"在陆九渊的思想体系里，没有'气'的范畴，故他不是把'阴阳'理解为'气'的表现，而只能是

① 崔大华：《南宋陆学》，第 97 页。
② 崔大华：《南宋陆学》，第 97 页。
③ 崔大华：《南宋陆学》，第 98 页。
④ 崔大华：《南宋陆学》，第 98~99 页。
⑤ 崔大华：《南宋陆学》，第 99~100 页。

'道'的表现"①。二人对极的理解不仅是训诂差异,而且牵涉南宋光宗时期的"国是"论争。②后面就围绕着阴阳与极的理解展开争论,崔大华认为,"朱陆在无极问题上的分歧是无法消除的,他们各有依据,各有立场。他们的无极之辩只能以不欢而散而告终,实际上简直是以意气相攻而告终"③。

3. 人物评价之争。

关于朱陆之争,崔大华还注意到两人在评价后辈和前辈时的不同观点。一是对曹立之的评价。曹立之早年曾师从陆九渊,后改投朱熹门下,并有悔悟之语("学必贵于知道,而道非一闻即悟、一中入也"《朱文公文集》卷九十《曹立之墓表引》),他死后朱熹为其撰写墓表,"盛赞他的归宿正确"④。陆九渊对此自然不悦,于是反唇相讥,还说曹立之早死就是读书过劳所致。弟子之间也为此产生对立情绪。二是对王安石的评价。宋孝宗淳熙十五年,陆九渊应邀为重修临川王安石祠堂撰写《荆公祠堂记》,崔大华撮述其要有四:"①称赞王安石人品高尚,②认为王安石执政(熙宁之政)的精粹所在就是立法度,行简易之政,③认为王安石的失误之处是不知变法当先立本(人心),④认为王安石变法时,旧党反对新法是出于意气相攻,不是折之以理;王安石变法带来的后果,旧党也应负责。"⑤ 他的这些评价与时人完全不同,"在每一点上都是与程朱派的观点对立的"⑥。陆九渊早年曾针对孟子"辟土地充府库"的批评不以为然,那时就引起听者的讶异⑦,可见他的思想有一贯性。朱熹继承程颐,视王安石为学术与政治上的大敌,"他对王安石总的评价是,安石以其学术之误,败国殄民(《朱文公文集》卷七十《读两陈谏议遗墨》)。所以,陆九渊《荆公祠堂记》对王安石的褒扬肯定,实是对程朱派的反

---

① 崔大华:《南宋陆学》,第 101 页。
② 见余英时《朱熹的历史世界——宋代士大夫政治文化的研究》(下),生活·读书·新知三联书店,2004,第 808~845 页。
③ 崔大华:《南宋陆学》,第 103 页。
④ 崔大华:《南宋陆学》,第 105 页。
⑤ 崔大华:《南宋陆学》,第 106~107 页。
⑥ 崔大华:《南宋陆学》,第 107 页。
⑦ (象山)与枢密使王谦仲语及孟子"辟土地充府库"一段,因云"方今正在求此辈而不可得",谦仲为之色变。(《象山全集》卷三十六)

击和挑战"①。朱熹对王安石有着复杂的感情，可说是既羡慕又厌恶——羡慕他得君行道，千古难得的大好机会被他捡着了，厌恶的是他没有把握这样好的机会，学术没搞好，政治也搞坏了。②崔大华分析为什么陆九渊会如此冒天下之大不韪而对王安石不吝惜褒奖之词。他认为"陆九渊和王安石在思想性格和思想路数上皆有相似之处。他们都很自信，陆九渊曾说'荆公求必，他人不求必'（《象山全集》卷三十五《语录》），其实陆九渊自己也是这样，他曾自谓：'某平生有一节过人，他人要会某不会，他人要做某不做。'（《象山全集》卷三十五《语录》）自信者常违世拔俗。故王安石和陆九渊都对儒家以外的异端抱着宽容的态度"③。因为自信，所以不害怕特立独行。"然而从根本上来说，陆九渊和王安石在世界观上和政治上都是不相通的。王安石世界观的基础是'道气'与'五行'，而陆九渊则是'心'或'理'。王安石政治主张的基本出发点是理财和变法，而陆九渊则是'立心'和教化。"④毕竟陆九渊还是属于理学阵营，而王安石新学是理学的论敌。崔大华最后判断陆九渊此举的真实意图，"陆九渊《荆公祠堂记》之作，并不是从王安石的唯物主义党性立场对程朱派的反击，而是从他个人的主观唯心主义的派性立场对程朱派的反击，故他在《祠记》里非但没有阐发王安石的思想，反而借题发挥自己的'本心''简易'之说，他在《祠记》里为王安石辩白和不平，也不是出于为思想上、政治上同志者洗雪的道义责任，而是出于对乡里先贤的一般情谊"⑤。他为王安石鸣不平，但他毕竟不是新学追随者，因此跟王安石不是同道中人。同样是在人物评价上意见相左，但朱熹在曹立之问题上有自愧之词，在王安石的问题上则寸步不让。因为"曹立之毕竟是个小人物，如何评语，可以相商；王安石是自己政治上、学术上的敌对者，怎能相让？"⑥争生源事小，争正统事大，朱熹的政治敏锐性是非常强的。

---

① 崔大华：《南宋陆学》，第 107 页。
② 朱熹对王安石的羡慕，见余英时《朱熹的历史世界——宋代士大夫政治文化的研究》（下），生活·读书·新知三联书店，2011，"绪说"，第 393 页。
③ 崔大华：《南宋陆学》，第 108 页。
④ 崔大华：《南宋陆学》，第 108 页。
⑤ 崔大华：《南宋陆学》，第 109 页。
⑥ 崔大华：《南宋陆学》，第 110 页。

关于朱陆人物评价上的分歧，他后来进一步深入探讨，认为"朱陆在评断此二人物中的争执，剔除具体的历史事实内容，可以认为是他们理学本体论、工夫论上分歧和争论的一个特殊表现"①。这个判断在理论上更加接近真实，在表述上也更加系统一贯，可见他在学术上的思考与进步从来没有停止。

（四）朱陆相争的缘由

朱陆之间同中有异、异不掩同的复杂关系，崔大华有着深刻的观察和理解，他说，"当陆九渊刚在南宋的思想理论阵地上崭露头角时，朱熹就把他视为禅；当他已经从人世逝去后，朱熹还在他的棺材上'钉上'告子"，"朱熹理学和陆九渊心学虽然是理学中的不同派别，但它们的共同点却也始终没有被争论磨失掉"②。因为分歧不可消解，从生到死，都互相视对方为异端，又因为同属一个阵营，又无法将对方"开除"出儒家。崔大华认为，"朱陆之间这种相亲又相仇的关系，在中国思想史上也许算得上是很特殊的、罕见的。这种关系的形成，是与当时儒家思想处于一个新的发展时期这一情况密切相连的"③。也就是说，他们的复杂关系与儒学在宋代的新发展有关。他回顾儒学从先秦到宋代的发展，指出"'理学'的主要内容和目标，就是要发现和论证儒家所提倡的伦理道德的最后根源，阐明达到这个道德境界的方法或途径。这个根源，程朱认为是'天理'（或'理'），陆九渊认为是'心'（即'理'）；这个方法，程朱主张是'格物居敬'，陆九渊主张是'发明本心'。所以，理学是儒家学说发展中的一个有更高理论思维水平的新时期，它内部的分歧和争论也因此而生"④。理学的理论目标是对儒家伦理道德进行本体和方法的论证，由于对道德根源的认识不同，程朱与陆九渊之间的分歧就首先以修养方法的分歧显现出来。这是理论发展进入新阶段的表现和结果。或者说，如果不是对伦理道德上升到本体层面论证，朱陆之间的分歧就没有来源，就不

---

① 崔大华：《论朱陆之争》，《华东理工学院学报》（社会科学版）2005年第1期。
② 崔大华：《南宋陆学》，第111页。
③ 崔大华：《南宋陆学》，第112页。
④ 崔大华：《南宋陆学》，第113页。

会发生。

崔大华主要从理论内部与理论外部两个方面分析儒学新阶段对朱陆相争的影响。就理论内部来说，"儒家在新的发展时期，朱陆由于对儒家以外的佛、道思想吸收的内容或受到的影响不同而产生分歧"①。他认为"朱熹哲学本体论思想是受到了佛家思想影响或诱导的"②，因为朱熹理与气或理与事的关系，借鉴了华严宗的思想，而"朱熹哲学的宇宙论思想则多有和道家的观点相通之处"③，"他把这些和儒家《易传》结合起来，就形成了自己的客观唯心主义思想体系"④。朱熹哲学的结构性特征是同时受到佛教华严宗和道家老庄的影响所致，"陆九渊却不同，他主要是在心性修养理论上吸收了禅宗'明心见性'和道家'虚静恬淡'的思想，并把它们和孟子的思想结合起来，形成了自己的主观唯心主义思想体系"⑤。陆九渊心学本体论与佛教的主观唯心主义形式上近似，他的修养方法也与禅宗有神似之处，因此朱熹一再批评他近禅。就理论外部来说，"儒家在新的发展时期，朱陆为争夺正统地位而展开争论"⑥。南宋中期以后王安石新学作为官学的地位逐渐不保，理学则寻求取而代之⑦，吕祖谦试图统一学术界的努力没有取得预期效果，朱陆的分歧始终无法弥合。"朱陆二人在争辩中皆认为他们是在辩是非，不是辩异同，故只有一是，不能两存。对于规劝他们求同存异，修和以俟后人自择的建议，二人一致表示拒绝。"⑧ "同时，朱陆二人在争辩中皆自以为是在捍卫孔子正道，非为一般的文义的争执，故不能相让。"⑨ 事关儒学正统地位这样的原则性问题，身后又都有一批弟子门人，怎么肯低头？"朱陆既不愿相让，又不能统一，朱陆之争只能以双方的分裂而告终。于是几乎是同时各自宣称自

---

① 崔大华：《南宋陆学》，第 113 页。
② 崔大华：《南宋陆学》，第 114 页。
③ 崔大华：《南宋陆学》，第 114 页。
④ 崔大华：《南宋陆学》，第 115 页。
⑤ 崔大华：《南宋陆学》，第 115 页。
⑥ 崔大华：《南宋陆学》，第 115 页。
⑦ 见余英时《朱熹的历史世界——宋代士大夫政治文化的研究》（上），生活·读书·新知三联书店，2011，第 43 页。
⑧ 崔大华：《南宋陆学》，第 115 页。
⑨ 崔大华：《南宋陆学》，第 116 页。

已是孔孟正统的继承人。"① 朱熹比陆九渊年长且寿长,他先于陆九渊得到统治者的认可,"陆九渊死后四十年(理宗绍定五年)朱熹已得'太师''徽国公'的封赠,朱学的统治地位已经初步确立,傅子云仍在《槐堂书院记》中为陆九渊力争儒学正统地位"②。陆九渊最后也从祀孔庙(明嘉靖年间),但心学没有成为官学。

崔大华最后对朱陆之争进行一个总的评价,认为朱陆分歧与争论,没有建设也没有破坏。由于在起点和终点上一致,"其争论的锋芒并未伤及儒学的基本"③,"朱陆争论的波浪也并未推进儒学的发展"④。他的观点大概是说,世界观上关于无极的争论是个近似于欧洲中世纪经院哲学关于针尖上能站多少天使的问题,没有理论意义,是个假问题,关于方法论的争论虽有意义却没有形成真正的对立,因为朱熹也有"尊德性",陆九渊也谈"道问学"。崔大华说朱陆之争未伤及儒学根本,这个结论应该是符合事实的,但是,朱陆之争没有推进儒学发展,这个结论他后来进行了修正,即认为朱陆之争形成儒学内在的张力,是"使理学具有活力的理论种子"⑤,还成为"理学理论水平的尺度"⑥,即以能否辨识出朱陆之异作为判断理学家理论水平的一个标准。此时他已经梳理了全部儒学发展历程,对于理学的认识自然也更完整和深刻。同时,这个修正也与他研究哲学史特别重视辨异的学术个性有关。

关于儒学发展的新阶段,即理学对本体与方法的新论证,他也没有予以肯定:"理学,特别是其中的程朱派,吸收了佛家、道家的思想内容,使儒家学说增加了哲学理论的色彩,这当然也是一种发展,但从根本上来说,人类思想的真正发展并不表现为一种古老的学说观点或思想体系又获得新的论证,而是表现为它的破绽被发现,它的立论被超越。现代科学已足以表明,最后根源和最后真理都是不存在的。一种学说如果要致力于这个似乎崇高然而却虚幻的目标,那才是它的真正的不幸。理学的厄运即使

① 崔大华:《南宋陆学》,第 116 页。
② 崔大华:《南宋陆学》,第 132 页。
③ 崔大华:《南宋陆学》,第 117 页。
④ 崔大华:《南宋陆学》,第 117 页。
⑤ 崔大华:《儒学引论》,第 526 页。
⑥ 崔大华:《论朱陆之争》,《华东理工学院学报》(社会科学版)2005 年第 1 期。

不是已经发生，最终也要从这里发生。"① 这是因为此时他对儒家伦理道德的评价还是将其视为封建伦理道德，更重视其历史性，而没有注意到或重视它的久远性。对此观点，《南宋陆学》的编者进行了商榷："但是，儒学的新的发展，它所达到的理学阶段，又具有相对的稳定性。这就是它在以后的一段长时间里占统治地位的一个原因。理学以理杀人对人民的惨重毒害和它所致力于个人人格独立的建立，是如此矛盾、对立，然而却是同时并存的。后一个方面，正是强调人的主体性的一个积极的有益的因素。理学的被否定、扬弃，并不意味着它在保持、发扬主体性上的努力也同归于尽，相反，被积淀、保存下来。"② 从后来崔大华对儒学价值的珍视来看，他应该是向编者老师的意见靠拢，修正了自己的观点。学无止境在他的宋明理学研究中体现得非常突出。

三　南宋陆学的意义

作为儒学新阶段即理学的一个理论派别，南宋陆学在中国思想史上的理论意义与在中国历史上的实际意义何在，这是崔大华探讨的最后一个问题。他从三个方面进行了说明。

（一）陆学发展了儒学唯心主义

陆学发展了儒学唯心主义，它是完整的理学唯心主义体系中不可缺少的一翼，和程朱理学共同构成了中国思想和儒家思想发展史上的一个新的阶段。崔大华概括儒学的几个发展阶段，即先秦确立、汉代神学化、宋代哲学深化。他认为，"南宋陆学正是中国思想发展的理学阶段和儒学发展的哲学深化阶段的本质内容之一"③。这种描述一下子从南宋这个时代和理学这个形态跳出来，让人从整个中国思想史的角度俯瞰陆九渊心学的相对位置，具有强烈的历史感。他随即论证了这个结论的两个方面。

第一，"陆学是理学唯心主义不可缺少的一翼"④。关于理学的产生对

---

① 崔大华：《南宋陆学》，第 117~118 页。
② 崔大华：《南宋陆学》，第 118 页。
③ 崔大华：《南宋陆学》，第 193 页。
④ 崔大华：《南宋陆学》，第 194 页。

于中国思想史和儒学的意义，他认为，"理学是中国思想史发展的新阶段，因为它是以儒学吸收佛、道思想的形态表现出来的，所以也可以说是儒学发展的新阶段"①。理学家以儒外思想为理论武器，论证儒家伦理道德的最后根源与实践方法，"从而把儒家学说深化了、哲学化了，所以理学构成了中国思想史和儒家发展史上的一个独立的阶段"②。论证的结果，关于道德根源，"程朱学认为是'理'，陆学认为是'心'"；关于实践方法，"程朱派主张'格物居敬'，陆派主张'发明本心'"③。两个派别在两个问题上的回答虽然不同，但又构成互补。"从哲学性质上说，程朱思想是客观唯心主义，而陆学思想是主观唯心主义，它们共同构成了理学唯心主义的完整形态。从方法上说，程朱派强调道问学，主张由知识的积累达到立场的确定、修养的完成，所谓积习既多，自有贯通（《二程语录》卷十一）。陆派强调'尊德性'，主张首先端正立场，修养自能完成，否则积累知识也只能是借寇兵而资盗粮（《象山全集》卷三十五《语录》）。他们的不同主张共同地揭示了人在修养实践中相辅相成的两个方面，黄道周曾比之'虚实互济'（《漳浦文集》卷二十一《王文成公集序》）。"④因此说"陆学是理学唯心主义不可缺少的一翼"。

第二，陆学是"儒家主观唯心主义的新发展"⑤。崔大华研究陆学，他自称是从道家唯心主义进入儒家唯心主义。关于儒家唯心主义，他有一个规律性判断，"先秦儒家学说具有经验的、唯物主义性质；很多论点或命题，都是对当时社会生活经验的总结，但从世界观的高度，对这些经验作最后归纳，提出诸如'人性''天命'等，却又是先验的、唯心主义的。宋代理学把儒学哲学深化，就很自然地要扩充发展儒学中的这些唯心主义因素"⑥。这也许是因为不能科学地解释那些在历史中基于经验形成的道德伦理规范，于是就将其神秘化为先验的东西。儒学中的唯心主义因素来自思孟学派，陆学是对后者的继承与发展。他分别从"心"的本质

---

① 崔大华：《南宋陆学》，第 194 页。
② 崔大华：《南宋陆学》，第 194 页。
③ 崔大华：《南宋陆学》，第 194 页。
④ 崔大华：《南宋陆学》，第 194~195 页。
⑤ 崔大华：《南宋陆学》，第 195 页。
⑥ 崔大华：《南宋陆学》，第 195 页。

的转变，即"心不再是人的思维器官，而是宇宙的根源性的精神实体"和"心"的作用的转变，即"心的作用也不再表现为判断、推理等分析综合能力了，而是直接流出伦理本能行为的源泉了"①，以及修养方式上对"心"的重视和境界上的"天人合一"的体验，说明"儒家学说中的主观唯心主义思想形态在陆学里得到了新的、更进一步的发展"②。这一过程可以说是从儒学先秦时代的经验论到宋代理学完成客观唯心主义的完整形态，又催生出一个对立加补充的主观唯心主义形态的过程。这就把儒家唯心主义的线索勾勒出来。

（二）陆学对封建统治阶级的理论价值

崔大华认为陆九渊心学虽然与程朱理学在理学阵营中形成对立，但其价值并未受到轻视，他本人在明代嘉靖年间从祀孔庙，他的言论也收录在清康熙御纂《性理精义》（卷七、八、十一、十二等）中。崔大华据此判断，"陆学人物所以能得到封建统治者的承认和崇敬，是因为陆学在本质上是为封建专制主义进行理论论证的思想体系，它对于稳定和维持封建制度的伦理秩序和政治统治来说，是极为有用的"③。他从三个方面进行了说明。

第一，论证封建伦理的永恒合理。全部理学的理论任务之一就是论证儒家伦理的合理性永恒性，陆九渊也不例外。他的特色在于认为"这个'根源'就是'人心'，因为它受于天，所以是绝对的、永恒的"④。他的主观唯心主义就是将客观外在的伦理根源转向主观内在的人心，这就把儒家伦理根源论证的自洽性问题初步解决。这与维护封建统治有什么关系？崔大华认为，其中的逻辑在于，"论证'人心'不变、不灭，也就是论证了作为'心'之本质的封建伦理的永恒，论证了以封建的伦理关系和伦理思想为自己统治基础的封建的政治制度的绝对合理"⑤。儒家伦理道德合理性的依据何在，崔大华在《儒学的现代命运——儒家传统的现代阐

---

① 崔大华：《南宋陆学》，第 196 页。
② 崔大华：《南宋陆学》，第 196 页。
③ 崔大华：《南宋陆学》，第 196 页。
④ 崔大华：《南宋陆学》，第 197 页。
⑤ 崔大华：《南宋陆学》，第 197 页。

释》中有更深刻的体会和表达（见该书第 212、554 页）。可以说，他对于儒学的思考从未停止，一生都在进步中。

第二，提出封建伦理道德修养的新方法。"陆学提出'发明本心'的简易的道德修养方法，既不同于孔孟，也不同于程朱，是儒学中新的修养方法。"① 关于陆九渊心学的方法论"新"在何处，崔大华从纵向（与孔孟）与横向（与程朱）对比中进行说明。"先秦儒家主张人的道德完善过程应是他的行为净化的实行过程。"② 行为是已发，净化是对照标准进行观照和修正。崔大华说先秦儒家有经验性特征，则儒家伦理应该是首先被先知先觉者实践出来，再被后学提升为标准，称为"道""义理"，作为行为规范，这也许就是他说的"知行逐步结合的实行过程"③。"陆学提出'发明本心'，把孔孟的道德修养方法，由行为的净化改变为心境的收敛；把孔孟的道德完成，由对'仁'的实行改为对'仁'的认识。体认本心既是道德修养的方法，也是道德修养的完成。"④ 伦理从经验变先验，就是本体观念形成的过程，当伦理被移向内心，则修养方法就是向内求之于我心。程朱的本体有客观外在性，所以"程朱的道德修养方法可以说是逐渐积累、由外及内的方法"⑤，"陆学提倡的修养方法正好相反，它是由内及外、一悟皆悟的方法。陆学认为，人心自明，只要'发明本心'即可"⑥。道德是我心固有的东西，为什么要向外求取？这就是从本体论到方法论的逻辑。可以看出，心学充满着对道德完成的信心，这种修养方法与孔孟和程朱相比，"其特质在于要求人充分发挥自己的主观精神，奋发独立，反对因循苟且"⑦。心学能够鼓舞人，令人奋发，而它又旨在维护封建秩序，崔大华认为，"因为陆学所提倡发挥的这种精神，在本质上是封建地主阶级的坚定的政治信念或伦理立场，所以当封建统治出现政治危

---

① 崔大华：《南宋陆学》，第 197 页。
② 崔大华：《南宋陆学》，第 197 页。
③ 崔大华：《南宋陆学》，第 198 页。
④ 崔大华：《南宋陆学》，第 198 页。
⑤ 崔大华：《南宋陆学》，第 199 页。
⑥ 崔大华：《南宋陆学》，第 200 页。
⑦ 崔大华：《南宋陆学》，第 201 页。

机和道德危机的时候，陆学就能发挥某种特殊的救济振作作用"①。作为理学之一翼，它不仅在理论上与程朱形成对立互补，在实践中也起到救助的作用。"陆学在政局动摇衰危的南宋产生和在程朱理学弊端严重的明代复兴都不是偶然的"②，这个判断实在是卓识。以勇猛之精神重建衰落之秩序，这大概是心学的历史使命。

第三，否定危害封建伦理的物欲。全部理学都有禁欲主义倾向，对于人的欲望都持消极态度。"陆学对人的欲望采取否定毁弃（'剥落'）的态度，和朱学'灭人欲'的态度是完全一样的。"③ 随着理学经由各种渠道进入社会，理学"就变成一种整个的社会思想，一种道德标准，一种习惯势力"④，从而产生了深远的消极影响，它"实际上窒息了人们思维活动中最活跃的、具有创造力的因素，从而也阻碍了人们产生变更现实的思想和行动，因而对中国社会的发展起了极大的凝滞作用"⑤。在历史发展中，欲望或者说恶也可能成为动力因素，一个人的行为可能是出于功利甚至阴暗的目的，但是造成的结果却是积极进步的，但儒学似乎特别不接受这种现实，它主张道义优先，主张以善致利。崔大华引用恩格斯的关于"人的恶劣的情欲"是"历史发展的杠杆"⑥ 的经典话语，认为"包括程、朱、陆、王在内的宋明理学正是要折断这个杠杆。因此，宋明理学对渐趋衰落的中国封建社会制度的维护作用，与其说是表现在对人的'善'的伦理本性的证明，不如说是表现在对人的'恶'的自然本性的否定"⑦。这真是一针见血的卓越之论，因为后来理学的弊端就是表现在对人性的压抑，所谓"以理杀人"，就是对其负面作用的最深刻的控诉。此时，道德站在了生存的对面。理学将不可分离的人的自然性（"恶"）与社会性（"善"）截然二分，造成理学内部深刻的矛盾，"即它在对人的充分肯定

---

① 崔大华：《南宋陆学》，第 201 页。
② 崔大华：《南宋陆学》，第 201 页。
③ 崔大华：《南宋陆学》，第 202 页。
④ 崔大华：《南宋陆学》，第 202 页。
⑤ 崔大华：《南宋陆学》，第 202~203 页。
⑥ 恩格斯：《路德维希·费尔巴哈和德国古典哲学的终结》，载《马克思恩格斯选集》第四卷，人民出版社，1995，第 237 页。
⑦ 崔大华：《南宋陆学》，第 203 页。

中包含了对人的彻底的否定"①。为什么这么说？崔大华认为，"人是在不断变化、进化中的动物，它的社会性的变迁比较迅速而显著，它的自然性的变异却是比较缓慢而持久。人的社会伦理感情和行为，总是在一定的自然本性的基础上形成，两者是不能分离的，正如戴震所说：'古圣贤所谓仁义礼智，不求乎所谓欲之外，不离乎血气心知。'（《孟子字义疏证》二十一）理学却肯定其一，否定其一"②。所谓"天地之大德曰生"（《易传·系辞下》），道德若否定人的自然本性，则会走向生的反面，即令人感到生不如死。"如果说这个理论带来的逻辑上的矛盾理学家们还可以避开，戴震提出的'无欲无为又焉有理'（《孟子字义疏证》四十三）的质问他们可以不答；但这个理论给理学家们带来的在生活实践上的矛盾，则是总也逃避不了的。侈谈'道德'的理学家表现得极不道德，他们对己表现出虚伪，'名为山人而心同商贾，口谈道德而志在穿窬'（李贽《焚书》卷二《与焦弱侯》）；对人表现出残忍，'举凡饥寒愁怨、饮食男女、常情隐曲之感，则名之曰'人欲''（《孟子字义疏证》四十三），皆当灭绝。戴震提出的'酷吏以法杀人，后儒以理杀人'（《戴东原集》卷九《与某书》）的控诉，他们是无法推卸的了。"③崔大华从实践中的矛盾这个角度指出理学的弊病，可以说是无懈可击的。因为再完美的理论，也要在实践中经受检验，若它违背生生之道，就要受到历史的批判。

（三）陆学对封建制度的破坏因素

如前所述，陆学主观上维护封建伦理秩序，客观上也起到了这样的作用。但是，崔大华深刻指出，"陆学作为一种主观唯心主义的思想理论，也含有某种对封建伦理和制度起破坏作用的因素"④。他从两个方面说明，即主观唯心主义的内部逻辑和外在表现。就内部逻辑来说，"主观唯心主义理论在逻辑上的发展，必然要否定主观意识以外的一切，这对那些神圣的、权威的事物总是不利的。不少主观唯心主义思想体系都有这样的情

---

① 崔大华：《南宋陆学》，第 203 页。
② 崔大华：《南宋陆学》，第 203 页。
③ 崔大华：《南宋陆学》，第 203～204 页。
④ 崔大华：《南宋陆学》，第 204 页。

况：它的理论本身所维护的东西，在它的逻辑发展或推演中受到伤害"①。也就是说，主观唯心主义走到极端，就会否定一切外在存在与权威。他分别考察欧洲主观唯心主义和佛教主观唯心主义的理论后果，"贝克莱、休谟为反对唯物论、无神论而提出的主观经验论，结果给他们自己的上帝的存在也带来了危机，休谟宣布这是不能证明的，贝克莱也背弃了自己理论的逻辑，求助于信仰。中国的禅宗原是要阐扬若识心见性，皆成佛道的简易的成佛理论和方法（《六祖坛经·般若品第二》），结果却把一切佛果骂倒，一切佛律抛弃"②。陆学也没有逃过这个规律，即在理论内部种下否定封建伦理的种子。崔大华指出两点表现，第一，"他主张不仅要做实践封建伦理的道德完人，而且要做超越社会伦理之上的独立超人"。所谓超越，就有走向否定的可能——本来是一种证明封建伦理绝对合理的学说，结果却走向对它的否定。这就是主观唯心主义的内在逻辑结果。第二，"他对儒家经典表示了不尊重的轻蔑的态度"③。陆九渊与朱熹辩论时情急之下问"尧舜之时何书可读"，这本是深刻思考的结果，导向儒学理论的自洽性，但在实际中却难免表现出对经典的轻视，实质是对于借助读经典而成德的一种怀疑。否定封建伦理既是一种破坏，也包含着革命因素。崔大华认为，"'非名教之所能羁络'（《明儒学案》卷三十二《泰州学案·案语》）的明代泰州学派人物，'冲决罗网'（谭嗣同《仁学》）的近代革命人士，在思想上和陆学开创的那个哲学思想体系所提倡的要充分发挥、扩展人的主观独立奋发精神的观点，都有着某种联系，或是理论上的一脉相承，或是思想上的影响借鉴"④。心学主观上要维护的内容具有历史性，但其形式上则有革命性，因此它可以被注入新内容而发挥积极作用。在这里，崔大华指出了唯心主义学说历史意义的复杂性、矛盾性。

在《南宋陆学》中，崔大华对于思想史的诠释虽然仍沿用了"唯心主义""唯物主义""主观唯心主义""客观唯心主义"等术语，从而体现出那个时代的特色，但在具体分析中，他对这些术语的运用非常克制，

---

① 崔大华：《南宋陆学》，第 204 页。
② 崔大华：《南宋陆学》，第 204~205 页。
③ 崔大华：《南宋陆学》，第 205 页。
④ 崔大华：《南宋陆学》，第 209 页。

并尽量避免贴标签式的研究方法，他重视辨异的学术个性也较为突出地表现出来。虽然这部处女作受到前辈的高度肯定，但他对于理学的研究与思考并未停止，从他后来的论著来看，他在方法上有新的探索，在结论上修正了一些观点和表述。

第二节 《宋明理学史》及其他相关研究

崔大华参与《宋明理学史》这个集体项目，是以他的硕士论文《南宋陆学》为基础的，陆九渊及其弟子部分的写作对他来说是驾轻就熟。除了这个内容外，他还承担了张九成和陈献章、湛若水部分。

一　张九成

张九成是宋代理学史上的过渡人物，朱熹非常重视他，但在此前的研究中，主要采取唯物主义与唯心主义思想家两军对垒式的写作方式，张九成的过渡性在哲学党性上不够突出和鲜明，没有受到重视，而在《宋明理学史》中则把他单列一章，这样的选择对于以往的写作范式是一种突破。"张九成"一章的重要任务是说明宋代理学中心学一系的发展线索。崔大华首先肯定"张九成的理学思想是二程理学与陆九渊心学之间的中间环节"①。关于陆九渊心学的思想渊源，冯友兰、张岱年都认为他传承了程颢之学，而朱熹则传承了程颐之学，程颢、程颐分别成为南宋理学与心学的鼻祖②，但侯外庐《中国思想通史》中则认为陆学的思想渊源在儒学内部是谢良佐和张九成③。《宋明理学史》"张九成"一章就要论证《中国思想通史》的这个观点。

首先是论证张九成的"理"与二程的关系。崔大华认为"理"在二程思想体系中是最基本的范畴，但二人的理解稍有不同："程颢着重论述

① 侯外庐、邱汉生、张岂之主编《宋明理学史》（上），人民出版社，1997，第304页。
② 见冯友兰《中国哲学史》，第869页；张岱年《中国哲学大纲》，"序论"，第38页。
③ 见侯外庐主编《中国思想通史》第四卷（下册），第649页。这应该是接受朱熹的观点："上蔡之说一转而为张子韶，子韶一转而为子静。"（《宋元学案》卷二十四《上蔡学案》引）

'理'即万事万物之中的自然趋势，程颐则着重从本体论方面说明'理'是天地万物的根源。而这两种含义在张九成的思想里都具有。"① 他进一步分析认为，张九成在宇宙观上接近程颢，在认识论、方法论上接近程颐："张九成不是把程颢提倡的'定性识仁'，而是把程颐提倡的'格物穷理'当作为学之先。"② 他还发现，"张九成强调'穷一心之理以通天下之理'，已经包含着'心即理'的内容"③，因为"穷了一心之理就可以知天下之理，这里正是从二程的客观唯心论转向陆九渊的主观唯心论的过渡环节"④。这是一个重要判断。当理自外部收入心中，心外无理，就走向主观唯心主义。它还启示我们，在中国思想史上，从客观唯心主义到主观唯心主义的发展是从认识论或方法论上实现突破，然后再倒逼本体论调整的结果。

张九成思想的渊源，除了程颢程颐，还有佛教禅宗。崔大华认为张九成的援佛入儒体现在"对'仁'和'心'的解释"⑤ 上。张九成认为"仁即是觉"⑥，这与禅宗"知觉是性"的观点非常接近。他认为"心为根本"⑦，因为他接受了禅宗的"心外无法"的思想，"认为自然事物或社会的伦理道德政治原则，皆是心（或性）的显现，因而皆是心的产物"⑧。张岱年先生有一个观点，即认为中国先秦并没有主观唯心论，直到"佛教东来，挟其万有唯识之说而俱至，乃正式种下主观唯心论的种子"⑨。张九成作为理学从客观唯心主义到主观唯心主义的中间环节，佛教的导引作用是不容忽视的，这似乎也从侧面印证了张岱年先生的上述观点。

二　陈献章、湛若水

在以往的研究中，对于理学中的心学一系，通常是陆九渊之后即讲王阳明，中间环节的研究较为薄弱。在陆、王之间，心学是如何复兴的，崔

---

① 侯外庐、邱汉生、张岂之主编《宋明理学史》（上），第305页。
② 侯外庐、邱汉生、张岂之主编《宋明理学史》（上），第306页。
③ 侯外庐、邱汉生、张岂之主编《宋明理学史》（上），第307页。
④ 侯外庐、邱汉生、张岂之主编《宋明理学史》（上），第307页。
⑤ 侯外庐、邱汉生、张岂之主编《宋明理学史》（上），第311页。
⑥ 侯外庐、邱汉生、张岂之主编《宋明理学史》（上），第311页。
⑦ 侯外庐、邱汉生、张岂之主编《宋明理学史》（上），第313页。
⑧ 侯外庐、邱汉生、张岂之主编《宋明理学史》（上），第313页。
⑨ 张岱年：《中国哲学大纲》，第86页。

大华承担的陈、湛一章解决的就是这个问题。

　　陆九渊心学在陆九渊死后归于沉寂,明代心学的开端是陈献章。当时朱熹理学是正统官学,朱学独尊且极盛,在这种思想环境下,陈献章离朱入陆,开明代风气之先,其中原因何在? 崔大华主要从两个方面进行分析。一是陈献章的个人经历中的普遍性(出仕)与特殊性(作圣)。他早年走的是一条科举入仕的路子,但是三次会试落第,深受挫折,同时他为学的目标又是作圣,当世俗的目标落空后,他转而潜心学术,走了另一条成名之路。二是当时的学术背景。明初朱学极盛,时人普遍认为道理已被朱熹说尽,后人只需践履。陈献章对此不以为然,他提出"贵疑"① 主张,认为有疑才有觉悟和长进,这正是继承陆九渊的思想。崔大华在评价陆学的历史地位与作用时曾说,陆学虽然暂时沉寂,"但一当朱学自身趋于腐败,或某种反正统的思潮兴起时,陆学却总又显出活跃的生机"②。陈献章以陆疑朱,正是陆学生机的表现。另外,在陆九渊及门弟子那里就出现了合会朱陆的思想倾向,意味着朱陆之间存在着由朱转陆的通道(当然也可以由陆转朱),陈献章由朱熹提供的门径不得入道,就转向陆九渊,这是时代思潮在他个人身上的表现。

　　崔大华将陈献章的心学世界观概括为"天地我立,万化我出"③,并考察了这个世界观形成的三个环节:首先是"元气塞天地"④,其次是"道为天地之本"⑤,最后是"心具万理、万物"⑥。他认为"'元气'是构成万物的基本要素"⑦,但在气与道(理)的关系上,他承袭程朱理学的观点,认为"'道'是根本的,'道为天地之本'"⑧,气是形而下的生物之具,但是他理解的道不像程朱那样,"认为理是独立于万物之先的某种绝对存在,而是认为有此'心'方有此理,有此'诚'方有此物"⑨。万

---

①　侯外庐、邱汉生、张岂之主编《宋明理学史》(下),人民出版社,1987,第157页。

②　崔大华:《南宋陆学》,第182页。

③　侯外庐、邱汉生、张岂之主编《宋明理学史》(下),第159页。

④　侯外庐、邱汉生、张岂之主编《宋明理学史》(下),第159页。

⑤　侯外庐、邱汉生、张岂之主编《宋明理学史》(下),第160页。

⑥　侯外庐、邱汉生、张岂之主编《宋明理学史》(下),第161页。

⑦　侯外庐、邱汉生、张岂之主编《宋明理学史》(下),第159页。

⑧　侯外庐、邱汉生、张岂之主编《宋明理学史》(下),第160页。

⑨　侯外庐、邱汉生、张岂之主编《宋明理学史》(下),第161页。

理、万物、万事都由心产生，这就从客观唯心主义走向主观唯心主义。同时，崔大华还特别指出，陈献章的心学世界观与陆九渊相比，"没有陆九渊心学那种强烈的伦理色彩，而是具有杨简心学那种明显的唯我主义色彩"①。这些都是有材料依据、事实求是的结论，而不是简单地将思想家划入唯物、唯心阵营，让他们"打擂"。陈献章心学宗旨是"以自然为宗"②，其实践方法是"静坐中养出端倪"③。这都与陆九渊心学有所不同，而近于道家。

　　湛若水是陈献章最重视的弟子，陈献章视其为自己学术思想的继承人。崔大华认为湛若水心学世界观与陈献章有相似的逻辑发展过程，"宇宙一气到理气一体到道心事合一"④，最后的结论是"万事万物莫非心"⑤。崔大华特别分析了湛若水思想中与陈献章不同的地方。他将湛若水心学修养方法概括为"随处体认天理"⑥，这与陈献章的"静坐中养出端倪"相比显然有异，他认为湛若水的方法"蕴涵有某种实际的生活经验内容"⑦，即工夫不离日用伦常，而不是在日常生活之外辟出一段时间来做工夫。崔大华分析这个差异时认为，这是因为两人的生活经历不同造成的，"陈献章生平仕路塞塞，乃一蛰居学者，故多追求个人的精神超脱；而湛若水则宦海得意，为一代学官，当然每思贯彻封建伦理道德"⑧。注重思想家的个人经历、生活经验对其思想倾向的影响，这是崔大华自研究陆九渊以来的一贯做法，应该说是很有解释力的。

　　湛若水作为江门心学传人，与同时代的王守仁也发生分歧与争执。崔大华将其总结为三个问题："对'格物'的不同解释"⑨、"'知行合一'的不同涵义"⑩以及"'致良知'与'体认天理'的不同"⑪。崔大华认为

---

①　侯外庐、邱汉生、张岂之主编《宋明理学史》（下），第 163 页。
②　侯外庐、邱汉生、张岂之主编《宋明理学史》（下），第 165 页。
③　侯外庐、邱汉生、张岂之主编《宋明理学史》（下），第 167 页。
④　侯外庐、邱汉生、张岂之主编《宋明理学史》（下），第 175 页。
⑤　侯外庐、邱汉生、张岂之主编《宋明理学史》（下），第 176 页。
⑥　侯外庐、邱汉生、张岂之主编《宋明理学史》（下），第 179 页。
⑦　侯外庐、邱汉生、张岂之主编《宋明理学史》（下），第 181 页。
⑧　侯外庐、邱汉生、张岂之主编《宋明理学史》（下），第 190 页。
⑨　侯外庐、邱汉生、张岂之主编《宋明理学史》（下），第 190 页。
⑩　侯外庐、邱汉生、张岂之主编《宋明理学史》（下），第 192 页。
⑪　侯外庐、邱汉生、张岂之主编《宋明理学史》（下），第 193 页。

第一个分歧在于"湛若水对格物的解释，一方面具有认识方法的意义，另一方面也具有修养方法的意义，基本上同于程、朱"①，"而王守仁的解释是反对程、朱的"②。第二个分歧在于湛若水"基本上是继承了程、朱的知行理论，主要是强调在道德修养过程中，对道德规范的体认和践履是不可分的"③，而"王守仁提出'知行合一'是为了反对程、朱将知行作明确区分，进而引起知行分离的情况"④。第三个分歧在于"王守仁受陆九渊'发明本心'的'易简'工夫影响比较明显，特别强调'良知'为人心所固有的知觉能力和伦理本能"⑤，"湛若水则受程、朱'穷理居敬'的'下学上达'方法影响比较明显，认为'天理'虽为人心所固有，但需要通过'敬''勿忘勿助'的学问、思辨、笃行功夫方能体认"⑥。由于湛若水对程朱方法论与修养工夫的吸收会通，他的心学表现出既不同于陆九渊心学、又不同于王守仁心学的独特的理论面貌。

明代心学主要由江门心学与姚江心学组成，崔大华特地对比湛、王分歧，说明他通过承担的陈、湛两章内容，实际上考察了明代心学的两大派别，这样通过《宋明理学史》的写作，就对宋明理学中的心学一系有一个较为全面的考察。

三 其他相关研究

崔大华的宋明理学研究具有以点带面、点面结合的特点，即把具体的人物研究与宏观的思想史研究相结合，考察理学的发展演变。这在他两篇重要的宋明理学论文中表现得非常突出。

（一）《二程与宋明理学》

文章分三个部分：二程与宋明理学的形成、发展、衰落的关系。首先从一个问题切入：宋明理学的奠基人是谁？以往的看法有几种：北宋五

① 侯外庐、邱汉生、张岂之主编《宋明理学史》（下），第192页。
② 侯外庐、邱汉生、张岂之主编《宋明理学史》（下），第190页。
③ 侯外庐、邱汉生、张岂之主编《宋明理学史》（下），第193页。
④ 侯外庐、邱汉生、张岂之主编《宋明理学史》（下），第192页。
⑤ 侯外庐、邱汉生、张岂之主编《宋明理学史》（下），第194页。
⑥ 侯外庐、邱汉生、张岂之主编《宋明理学史》（下），第194页。

子、周敦颐、程颐、张载。崔大华认为是程颢程颐兄弟，"就北宋五子以后宋明理学所呈现的面貌来看，理学的思想宗旨、理论论题和学术规模确实是二程（程颢、程颐）真正确立起来的"①。原因在于理学作为中国思想主体的儒学的新的发展阶段，它要完成的课题有二："一是探寻儒家所主张的伦理纲常、道德规范的最后根源，从而证明它们的合理性、永恒性；一是探究践履和完成儒家所主张的伦理纲常、道德规范的方法或途径。"② 即对儒家伦理道德进行合理性论证并找到实现方法。按照这个标准，他认为二程兄弟完成了这个任务并被后世所接受。

理学的理论特征在于伦理思想的主导地位：是儒家伦理思想要求相应的宇宙论思想，而不是相反。但是在周敦颐、张载那里，宇宙论是思想主体，"社会伦理和人性论思想只是宇宙论思想的逻辑延伸"③。二程则把这个顺序颠倒过来，即"由现实的社会伦理状态出发，追溯它们最终的、超现实的根源"④。对于儒家伦理的合理性，这不是一种悬置性论证而是前置性论证。崔大华认为，这说明二程理学的成熟，表现在理论形态上，"具有简单、一贯、不矛盾的特征"⑤。

"理"（"天理"）是二程理学中"世界万事万物最后的根源"，它"不是表现事物的存在并呈现在我们的认识中的秩序、规律，而是决定事物的存在并独立于我们的认识之外的客观根源"⑥。当它具有这样的特征时，"它就不再是一个认识论的范畴，而是一个本体论的范畴了"。它具有两个特征："自身的独立完备性"和"对事物的客观规定性"⑦。前者说明"理"不是附属性概念，而是自足和独立的概念，后者通过"理"与其他事物的关系说明它的根源性。"既然万事万物皆出于'理'，那么，当然也就可以断定'父子君臣，天下之定理'了。"⑧ 二程还从先秦儒家

---

① 崔大华：《二程与宋明理学》，《中州学刊》1984 年第 5 期。
② 崔大华：《二程与宋明理学》，《中州学刊》1984 年第 5 期。
③ 崔大华：《二程与宋明理学》，《中州学刊》1984 年第 5 期。
④ 崔大华：《二程与宋明理学》，《中州学刊》1984 年第 5 期。
⑤ 崔大华：《二程与宋明理学》，《中州学刊》1984 年第 5 期。
⑥ 崔大华：《二程与宋明理学》，《中州学刊》1984 年第 5 期。
⑦ 崔大华：《二程与宋明理学》，《中州学刊》1984 年第 5 期。
⑧ 崔大华：《二程与宋明理学》，《中州学刊》1984 年第 5 期。

和汉唐以来儒道佛家思想里找出论据对"理"（"天理"）的根源性进行论证。前者属于正统性论证，把"理"与"天""命""心""性"等概念关联起来、同一起来，说明理学是孔孟思想的继承者；后者是逻辑性论证，用形上—形下、体—用框架说明理世界与"气"（"事"）世界的决定与被决定关系。崔大华认为，"二程对'理'（'道'）或'天理'（'天道'）的这番论证，不仅确立了这个范畴在那个时代哲学思维和学术思潮中的标志和旗帜的地位，'理学'或'道学'之称油然而起，而且也确立了二程自己在理学中的开创者的地位，对'理'是万事万物根源的观点的论证和运用（或'性即理'，或'心即理'），贯穿着、支持着全部宋明理学"①。这即是说，自二程以后，理学完成了核心概念的提炼和论证，他们作为理学奠基人的地位是毋庸置疑的。

二程对于理学不仅是奠基者，而且还发挥着持久的影响。"二程思想在理学发展演变的全部过程中，始终是活跃的、发生主导影响的因素。理学的整体学术规模，实际是二程思想的展开。"② 崔大华揭示了宋明理学发展中两个节点上二程思想的影响。

第一个节点是南宋朱熹、陆九渊两个对立学派的出现，二程思想是它们"直接的理论来源"③。他认为，"朱熹对二程理论的最重要发展，是使在二程那里与主观唯心主义尚处于混合状态的客观唯心主义方面的思想明朗起来，突出起来"④。这个发展是他继承程颐、扬弃程颢、吸收北宋其他几位学者思想的结果。崔大华认为主要表现在三个方面。一是"在宇宙论里，朱熹重新引进了来自周敦颐《太极图说》的但被二程弃置的'太极'范畴，作为二程'理'或'天理'的性质的进一步说明"⑤。"理"的内涵在伦理之外，补充了物理，这就把在程颐那里变窄的理论论域又拓宽了。二是"在人性论上，朱熹引用了张载的'心统性情'说，将'性''心''情'加以区分"，明确"心"不是"理"，"性"是独立

---

① 崔大华：《二程与宋明理学》，《中州学刊》1984 年第 5 期。
② 崔大华：《二程与宋明理学》，《中州学刊》1984 年第 5 期。
③ 崔大华：《二程与宋明理学》，《中州学刊》1984 年第 5 期。
④ 崔大华：《二程与宋明理学》，《中州学刊》1984 年第 5 期。
⑤ 崔大华：《二程与宋明理学》，《中州学刊》1984 年第 5 期。

于人的主观之外的"理","这样，二程思想里，特别是程颐思想里两个性质不同但又混淆不分的命题'性即理'与'心即理'，就被明白区分开来"①。三是"在方法论上，朱熹继承了程颐的方法而批评了程颢的方法，使二程在道德修养方法的意见差异，趋向明显的认识论和方法论上的观点对立"②。这就使理学的理论特色更加明确，理论立场更加坚定。关于陆九渊与二程，崔大华认为，"陆九渊和二程没有师承关系，但在学术思想上却有犀通、承继之处"③。与朱熹相比，"陆九渊偏向程颢，他的思想正是程颢思想的继承和发挥。故陆九渊对二程思想的承继关系和朱熹相比，是性质相同而方向相反，即他使在二程那里与客观唯心主义尚处于混合状态的主观唯心主义明朗起来、突出起来"④。陆九渊在二程中近程颢而远程颐，崔大华认为这表现在两个方面。一是"在哲学世界观上，陆九渊把二程思想中的'心即理'一般性命题，发展为心学思想体系的基本观点"⑤，也就是把"心即理"这个一般性命题提升为核心命题。把"心"突出起来，变成根源性概念，这样的话，知觉就不是"心"最重要的功能，知识的地位就要更加下降。二是"在方法论上，陆九渊把程颢的'须先识仁'改变为'先立其大'，保持了世界观和方法论在理论内容和逻辑上的一致性，同时也使修养目标更符合理学的基本性质"⑥。他认为，"这是一种深刻的对封建伦理道德（'理'）的自我反省、自我认识、自我完成的过程，它所要达到的最后的、最高的精神境界，就是把这些伦理道德规范化为自己的本能"⑦。把历史地产生的道德变为本能，这是儒学意义上的人化—成为人的过程。心学的方式就是不假外求，内求于心，这与程朱理学相比，更加内向化。

　　崔大华总结朱熹与陆九渊对二程的扬弃，认为他们在世界观和方法论上观点对立，"使二程之间本来是或明或暗的意见差异，发展成了界限比

---

① 崔大华：《二程与宋明理学》，《中州学刊》1984 年第 5 期。
② 崔大华：《二程与宋明理学》，《中州学刊》1984 年第 5 期。
③ 崔大华：《二程与宋明理学》，《中州学刊》1984 年第 5 期。
④ 崔大华：《二程与宋明理学》，《中州学刊》1984 年第 5 期。
⑤ 崔大华：《二程与宋明理学》，《中州学刊》1984 年第 5 期。
⑥ 崔大华：《二程与宋明理学》，《中州学刊》1984 年第 5 期。
⑦ 崔大华：《二程与宋明理学》，《中州学刊》1984 年第 5 期。

较明确的不同的哲学思想之间的分歧，即客观唯心主义和主观唯心主义的分歧，正是这种分歧和对立，构成了此后理学的基本格局"①。

在《南宋陆学》和《宋明理学史》中，二程与朱陆的思想渊源，崔大华还没有明确朱熹对程颐和陆九渊对程颢的继承关系，在这篇文章中，则详细论证了二程分别是朱熹理学与陆九渊心学思想来源的观点，这就与冯友兰和张岱年的观点相同，而不同于侯外庐的观点了。

第二个重要节点是"明代心学的兴起"。崔大华认为，"二程思想在明代心学中的影响，是通过它作为明代学术思想的文化的和理论的背景而表现出来的"②。程朱理学在明代是科举经义考试的标准，在士人中得到了广泛传播，因而对于明代学者，程朱理学构成了他们的理论背景。二程对于明代心学的产生和理论主题发生影响的表现，一是"明代心学兴起的理论契因，是程颐（及朱熹）的'格物说'"③。这不是一种正向引导作用，而是反向刺激作用。崔大华分析说，"程朱的'格物穷理'的修养方法，蕴涵着一种理性的、逻辑的认识论特质，不能提供体认'心'之本体的非理性的、非逻辑的认识方法，故明代心学两派的创始人，都是因为用程颐的'穷理居敬'修养方法未见成功，而转向求'心'、求'静'的，开始了、带动了明代学术由程朱理学向心学方向的转变"④。这即是说，陈献章和王守仁从程朱那里找不到成圣的办法，就另辟成圣之路，有所成之后，再从工夫论倒逼本体论的调整。二是"明代心学的主要论题和基本范畴，皆援用二程'天理'范畴来加以说明和规定"⑤。王守仁说"良知即是天理"，湛若水说天理"即吾心之本体"，这都是明证。

文章最后一部分是二程与宋明理学的衰落。崔大华认为，"从理学的理论主题中可以看出，理学的学术内容是比较狭隘的，它对儒家思想以外的学术思想和儒家伦理道德思想以外的知识文化，都采取排斥、轻蔑的态度。这粒成见、偏见的种子，也是二程种下的"⑥。这是说二程理学在知

---

① 崔大华：《二程与宋明理学》，《中州学刊》1984 年第 5 期。
② 崔大华：《二程与宋明理学》，《中州学刊》1984 年第 5 期。
③ 崔大华：《二程与宋明理学》，《中州学刊》1984 年第 5 期。
④ 崔大华：《二程与宋明理学》，《中州学刊》1984 年第 5 期。
⑤ 崔大华：《二程与宋明理学》，《中州学刊》1984 年第 5 期。
⑥ 崔大华：《二程与宋明理学》，《中州学刊》1984 年第 5 期。

识与道德之间重后者轻前者，同时轻视排斥儒外思想。这两方面的特点，"就使它只关心也只能解决它理论主题之内的问题，一旦它的理论主题论证完毕，理学就成了一个封闭自足的理论体系，既生长不出又补充不进新的文化内容和新的思想内容。其流弊之极，原来植根于丰富的中国古代文化基础上的理学，现在反而抛弃了、败坏了中国文化"①，这导致理学逐渐失去合理性和理论活力。

理学衰落的另一个原因，崔大华认为在于"在理学的人性论中却存在着一个内在矛盾，即它在对人的充分肯定中又对人作了彻底的否定"②。它的表现是将伦理道德（"天理"）与人的本能欲望（"人欲"）对立起来，主张"存天理灭人欲"。但这其实触碰到了道德合理性的底线，"本来，人的社会伦理感情和行为，即'善'的伦理品性，总是在一定的自然本性的基础上形成的，两者是不能分离的"，"理学却肯定其一，否定其一。理学这种将人的伦理性和自然性作绝对对立的理解和对待，在理论上是矛盾的，因而在实践上也并不能保证它的道德目标的实现"③。轻视知识会导致蒙昧主义，否定欲望则会走向禁欲主义。对于人类的生存发展而言，都是极大的障碍。这样的理论却仍居于正统地位，说明有其存在的土壤。因此，虽然理学的衰落激发了反理学的启蒙思潮的兴起，但崔大华判定，"理学真正的终结和死亡，还不是由于理学理论的缺陷和内在矛盾的发展以及反理学思潮的冲击的结果，而根本上是由于理学理论所依据的封建专制的社会制度崩溃的结果"④。这是运用历史唯物主义分析的结果，而不是简单地将中国近代以来的落后归咎于孔子或朱熹（然后打倒孔家店或朱家店）。

这篇文章以二程思想梳理和贯穿了宋明理学形成、发展、衰落的过程，以点带面，具有系统完整、客观准确的特点。

（二）《刘蕺山与明代理学的基本走向》

关于明代理学的基本走向，崔大华有两个判断："一是在朱学笼罩下

---

① 崔大华：《二程与宋明理学》，《中州学刊》1984 年第 5 期。
② 崔大华：《二程与宋明理学》，《中州学刊》1984 年第 5 期。
③ 崔大华：《二程与宋明理学》，《中州学刊》1984 年第 5 期。
④ 崔大华：《二程与宋明理学》，《中州学刊》1984 年第 5 期。

由理本论向气本论的转移；一是明代中叶以后在王学风靡和流弊滋甚的情况下，心学本体论的重建。"① 他认为，刘宗周（原文称刘蕺山，这里按照大陆学术界习惯称其为刘宗周——作者注）的理学思想"正处在这两个走向的交会点上，也是在这两个走向的终点上"②。这个定位是先整体后个体，点出刘宗周在思想史星空中的相对位置。

崔大华认为明代理学气本论的兴起始于曹端和薛瑄对朱熹"理无动静"和"理先气后"观点的怀疑。他认为曹、薛的怀疑并没有"越出朱学范围"③，暗示若朱熹在，是能够完全回答他们的疑问的。也就是说，曹、薛对朱熹的怀疑是他们思辨能力没有达到朱熹那个高度的结果。疑惑未解，于是发生理论转换，"将朱子理学中的理本体的实在性转换成具有实体性的解释，形上玄思的理路转换成容易被感性经验理解和证实的理路。明代理学沿着理气观理路突破朱学理本体观念笼罩的前景——一个具有经验色彩和某种实体性质的气本体观念开始出现"④。世界的本源从思辨的转变为经验的。本体论调整，则方法论也要随之调整。罗钦顺、王廷相解决了前一个问题，刘宗周则接力解决了后一个问题。罗、王气本论主要理论观念，"一是气为实体性之本体"，世界由气构成，"二是理为气之理"，理依附于气而立，没有离气之理。罗、王"正是以此两个基本观点完成了明代理学气本论的建构，与以理为实在、理在气先的朱学理本论划清了界限，实现了明代理学的本体论转移，在理学本体论的意义上突破了朱学的笼罩"⑤。但是在工夫修养论上，他们仍然继承朱熹的观点，即区分心与性、人心与道心，赞成"格物穷理"之说。"全面突破朱学笼罩"的是刘宗周。他的心性论基本内容是"以气释心，以心摄性、摄理"。这就把气本体论从哲学世界观层面贯彻到心性论层面。朱熹将性分为气质之性与义理之性，刘宗周则说性只是气质之性，其实就是生之谓性，这样就不可能承认"存天理灭人欲"的正当性。他在工夫修养上认为"从来学

---

① 崔大华：《刘蕺山与明代理学的基本走向》，《中州学刊》1997 年第 3 期。
② 崔大华：《刘蕺山与明代理学的基本走向》，《中州学刊》1997 年第 3 期。
③ 崔大华：《刘蕺山与明代理学的基本走向》，《中州学刊》1997 年第 3 期。
④ 崔大华：《刘蕺山与明代理学的基本走向》，《中州学刊》1997 年第 3 期。
⑤ 崔大华：《刘蕺山与明代理学的基本走向》，《中州学刊》1997 年第 3 期。

问只有一个工夫，凡分内分外、分动分静，总属支离"（《刘子全书》卷十二《学言下》）。崔大华分析认为，"'一个工夫'具有某种超越了作为单纯修养方法的、本体性质的内涵。工夫不仅是达到本体的途径，同时亦即是本体之显现，即是本体。'一个工夫'的独特内涵是程朱理学的'涵养''主敬'所涵盖不住的了，刘蕺山援用《大学》和《中庸》所共有的一个概念——'慎独'来表述之"①。这样，通过刘宗周，明代气本论就完成理论构造。理论成熟，也就走到了尽头。因此，崔大华说刘宗周的理学思想是明代气本论的终点。同时，他的"工夫与本体一"的结论中又有气论以外的理论背景与渊源，这是因为他的理学思想"同时骑跨在明代理学中的心学的走向上"②。

崔大华认为，"在明代理学中，真正实现了对朱学笼罩的突破并形成风靡一时的新思潮是王阳明心学"③，其体现在两个方面。一是"对朱学本体理之客观性的消解"④，其结果是将理学本体论从客观唯心主义推进到主观唯心主义。二是"对朱学工夫论内外之分即涵养与穷理或行与知的区分之破除"⑤，也就是不走那条向外格物以穷理的路径，而是向内用力，收放心。破解朱学后王阳明提出"良知"说。他认为"良知"的内涵归纳起来有三个方面：一是本体，二是工夫，三是境界。良知既是本体，又是工夫的主体，良知因此成为本体与工夫的合一，显现为一种境界，"即由丰富的人生经历和精神经历升华、凝结成的一种充分的道德理性自觉。在这种自觉的境界中，外在的、表现儒家伦理的事事物物，似乎已被内化为自然、本然"⑥。这应该是儒家主观唯心主义者的最高境界。阳明心学在风靡的同时就出现流弊，表现为它"非但不能指导、激励人们的儒家伦理道德实践，反而破坏着这种实践"⑦，表现为精神追求中的儒家价值取向被模糊，儒家道德实践过程被削弱。这说明阳明心

---

① 崔大华：《刘蕺山与明代理学的基本走向》，《中州学刊》1997年第3期。
② 崔大华：《刘蕺山与明代理学的基本走向》，《中州学刊》1997年第3期。
③ 崔大华：《刘蕺山与明代理学的基本走向》，《中州学刊》1997年第3期。
④ 崔大华：《刘蕺山与明代理学的基本走向》，《中州学刊》1997年第3期。
⑤ 崔大华：《刘蕺山与明代理学的基本走向》，《中州学刊》1997年第3期。
⑥ 崔大华：《刘蕺山与明代理学的基本走向》，《中州学刊》1997年第3期。
⑦ 崔大华：《刘蕺山与明代理学的基本走向》，《中州学刊》1997年第3期。

学的修养目标需要有特定的内容即儒家伦理来充实，否则在传播中就会产生弊端。在这个背景下，刘宗周突破了王学的良知理论，重建一个"意"的心学本体理论和"慎独"的工夫理论，以此救王学之弊。崔大华认为刘宗周本体重建有三个步骤或内容构成。一是"破'四句教'的良知说"①。刘宗周否定了王阳明良知说的四个命题（无善无恶心之体、有善有恶意之动、知善知恶是良知、为善去恶是格物）。二是"建意本体论"②。他把意界定为"'好恶'的心理因素和'好善恶恶'的心理活动"③。为了消除意本体与传统儒学毋意的对立，他将意与念加以区别，认为"毋意之'意'应当依据朱子之解为'私意'，实是念"④。三是"立慎独工夫论"⑤，主要是救治阳明心学工夫实践中的无根与无实之弊。针对无根的实践，他提出"向意根上讨分晓"（《刘子全书》卷六《证学杂解六》）；针对无实的实践，他提出"在日用伦常中保持敬与静的修持"。崔大华认为，刘宗周即工夫即本体的工夫论保持阳明心学特色，"静存之外更无动察，主敬之外更无穷理，其究也，工夫与本体亦一，此慎独之说也"⑥，这个结论是从气本论走向心本论的最后结论。

总之，明代理学以朱学为背景，出现气本论与心本论两个理论走向，刘宗周把气本论推进到心性关系中，使明代气本论走到终点，他提出意本体论，使心学本体论的本体概念由本心到良知到意，也走到终点。"从这个意义上说，明代理学的理论发展可能性已经耗尽，刘蕺山是明代理学的终结者。"⑦ 这个结论是在论据和说理充分的基础上做出的，有理有据，令人信服。

这两篇文章的研究对象是二程和刘宗周，但崔大华用二程串起宋明理学史的产生、演变和衰落，用刘宗周显示明代理学的终结，这种以点带

---

① 崔大华：《刘蕺山与明代理学的基本走向》，《中州学刊》1997 年第 3 期。
② 崔大华：《刘蕺山与明代理学的基本走向》，《中州学刊》1997 年第 3 期。
③ 崔大华：《刘蕺山与明代理学的基本走向》，《中州学刊》1997 年第 3 期。
④ 崔大华：《刘蕺山与明代理学的基本走向》，《中州学刊》1997 年第 3 期。
⑤ 崔大华：《刘蕺山与明代理学的基本走向》，《中州学刊》1997 年第 3 期。
⑥ 崔大华：《刘蕺山与明代理学的基本走向》，《中州学刊》1997 年第 3 期。
⑦ 崔大华：《刘蕺山与明代理学的基本走向》，《中州学刊》1997 年第 3 期。

面、点面结合的特点，使人在阅读时像在俯瞰整个理学史，堪称宋明理学研究的典范之作。

第三节　崔大华宋明理学研究的特色

宋明理学研究是崔大华学术生涯的起点，并贯穿其学术生涯的全过程。在《庄学研究》中，他考察过庄子对宋代儒学理论更新的影响，在他的儒学研究中，宋明理学又是重中之重。虽然学术界普遍肯定他是庄学专家，但在历时 30 多年的学术生涯中，他从未停止对宋明理学的思考。考察他在这个领域的研究特色，可以看到他学术研究中的变与不变。这里从两个方面对此进行阐述。

一　态度：从基本否定到客观评价

对于宋明理学的态度，崔大华经历了一个从基本否定到客观评价的过程，这是他在观点主张上的变。本书从他对唯心主义与儒家道德的态度切入这个转变。

（一）关于唯心主义

前已述及，崔大华硕士论文选题时，最初的打算是写庄子，但是在导师的建议下，改写陆九渊。他说这是从道家唯心主义转向儒家唯心主义。他对儒家唯心主义（宋明理学）的研究主要包括三个方面，即勾勒出其发展线索、辨析其理论特色和评价其理论价值。特色辨析放在本节第二部分"比较的方法"中单独说明，这里主要阐述另外两个方面。

1. 线索

崔大华在写作《南宋陆学》和《宋明理学史》时仍然沿用"唯物主义""唯心主义"概念来描述古代思想学说的理论性质。他对陆学的描述是"这是一个主观唯心主义性质的思想体系"①。他依据的是列宁的一段

---

① 崔大华：《南宋陆学》，第 29 页。

话，"唯心主义的实质在于：把心理的东西作为最初的出发点，从心理的东西引出自然界，然后再从自然界引出普通的人的意识（《列宁全集》第十四卷，第 237 页）"①，论证过程是，陆九渊断定"心即理"，主张"先立乎其大者"，并认为宇宙之理与心一致，由心而发，心外无理，因此用唯物、唯心概念来判断，它就是一个主观唯心主义体系。陆九渊说自己的思想是读孟子得来的（"因读孟子而自得之"），崔大华则认为，它渊源于思孟，与朱熹客观唯心主义形成对立互补，是儒家"天人合一"观念的发展，陆九渊弟子杨简沿着陆九渊的方向继续前进，抛弃陆九渊对理学的"沿袭之累"，将主观唯心主义发展为唯我主义，成为最彻底的主观唯心主义。从思孟的主观唯心主义雏形，到陆九渊的主观唯心主义，再到杨简的唯我主义，这是《南宋陆学》的考察结果。在《宋明理学史》和《二程与宋明理学》中，他则着重考察了宋明理学内部的心学发展脉络：宋代是从二程到张九成再到陆九渊和从二程到朱熹两条路线，明代是从陆九渊到江门心学和姚江心学。崔大华认为，"二程对心、性不加区别，认为都是理的表现。这样，在二程这里，'性即理'（《程氏遗书》卷第十八和卷第二十二上）与'心是理'（《程氏遗书》卷第十三）本来是为了说明'理'的根源性而提出来的两个等同内容命题，在另外的情况下则有可能被理解为内容歧异的命题。事实果然如此，以后标志理学中客观唯心主义和主观唯心主义两派思想分歧的命题正是'性即理'与'心即理'"②。后来朱熹接受具有客观唯心主义性质的命题"性即理"，把二程那里混合在主观唯心主义中的客观唯心主义提炼出来。这是从二程到朱熹的发展线索。关于陆九渊主观唯心主义的思想来源，他认为，"无论按照朱熹、黄震（字东发）的说法，或按照全祖望的说法，陆九渊思想脉络的源头都应当是二程"③。陆九渊不承认不过是因为他学术上超级自信并且以孔孟继承人自居的需要。综合《宋明理学史》与《二程与宋明理学》的考察，宋明理学主观唯心主义的线索大概是，张九成（二程弟子杨时的弟子）在

① 崔大华：《南宋陆学》，第 29 页。
② 崔大华：《二程与宋明理学》，《中州学刊》1984 年第 5 期。
③ 崔大华：《二程与宋明理学》，《中州学刊》1984 年第 5 期。

方法论上接受程颐而在宇宙观上接受程颢，提出"穷一心之理以通天下之理"，则他工夫论的"格物穷理"，实际上就是"明心"，崔大华认为，"这里正是从二程的客观唯心论转向陆九渊的主观唯心论的过渡环节"①。张九成思想在当时以援佛入儒著称，他认为世界万事万物皆是心（即性）显现，并得出两个结论，即"心即理"和"求道在求心"。崔大华认为，"在张九成的思想里，这两个结论还没有得到充分论述，所以还不能作为染酿成他思想特色的主要观点。到了陆九渊时，他的心学正是围绕'心即理''发明本心'展开论述而显示其特色的。正是从这个意义上说，张九成的思想是二程理学和陆氏心学之间的一个过渡环节"②。在张九成那里尚未得到论证的"心即理"命题，由陆九渊接力完成。因此，宋明理学主观唯心主义就是从二程经过张九成再到陆九渊而完成的。明代心学的两个主要派别江门心学和姚江心学，都是以程朱理学为背景而主要继承陆九渊心学。他认为，陈献章开创的江门心学"与陆九渊心学在理论内容上是相同的，在理论形式上也极为相似。所以，陈献章心学的出现，是沉寂多年的南宋陆学以完整的形态的复活"③。至于王守仁心学，崔大华认为，虽然在程朱理学获得官学地位后，陆学暂时沉寂，"但一当朱学自身趋于腐败，或某种反正统的思潮兴起时，陆学却总又显出活跃的生机，明代王学就是陆学的继续和发展"④。这样，他就基本上把儒家唯心主义的发展线索勾勒出来。

2. 评价

在 20 世纪 80 年代，重新评价唯心主义是一个重要和敏感的课题。崔大华青年时代就长于独立思考，不随大流人云亦云，他个人在最艰难的岁月通过读《庄子》获得了极大的精神力量，对于唯心主义哲学有深刻的认识和体验，因此他研究宋明理学（也就是儒家的唯心主义），也有客观对待唯心主义、正视其价值的考量。当然，从他的这些论著来看，其中也是经历了一个过程的。比如他在处女作《南宋陆学》中，对于陆九渊心

---

① 侯外庐、邱汉生、张岂之主编《宋明理学史》（上），第 304 页。
② 崔大华：《张九成的理学思想及其时代影响》），《浙江学刊》1983 年第 3 期。
③ 崔大华：《江门心学简述》，《中州学刊》1986 年第 2 期。
④ 崔大华：《南宋陆学》，第 182 页。

学的肯定仅在于"它对人性之善的诚挚信念,它所依据的经验事实、个人体验和非逻辑的、跳跃的直觉方法","都是值得现代思想探讨和批判的"①。这里就仍旧是把陆学当作思想资料(或称哲学遗产)来看待,总体评价仍是消极的。到《宋明理学史》总结江门心学时,他认为"湛若水及其弟子主要是从人的心理本质和心理过程的角度,探讨了宋明理学的主要论题,从而丰富了人们对于人的'主体'的认识。对这些如果不作仔细剖析,而用'唯心主义'一词加以全盘否定,那是不妥的"②。这就暗示唯心主义有其历史合理性,不能简单地将其一棍子打死。在《理学衰落的两个理论因素》一文中,他不再使用唯物、唯心的概念来表述理学,但对理学的现代意义作出的仍是否定性评价。不过,在文章最后他又指出理学的理论价值所在,可以视为对唯心主义理论价值的一个评价。他指出,理学虽然与现代民主和科学处于对立位置,"但这绝不意味着对中国传统思想的整体因此也能作出同样的否定性的评价,也绝不意味着二程思想和理学对于今天和未来毫无价值。作为整体的传统思想或传统文化,是我们精神世界的宽广背景和源泉,失去了它,我们对异质文化的辨别、理解和消化的能力就要丧失,对自己文化的改造和创新的伟大目标也就不复存在。正是在这个意义上说,二程思想或理学作为传统思想整体上的一个组成部分,作为构成我们民族的完整的精神经历的一个环节,仍然是有理论价值的"③。这就不是抽象地和从反面讲理学的价值,而是具体指出其正面价值,即它会锻造我们"辨别、理解和消化"异质文化的能力,没有这样的思维工具,我们将无以接收来自西方的哲学文化。此时他已完成《庄学研究》的研究工作,对庄子思想作为消化异质文化的工具已经有了系统的考察。这个基于道家唯心主义(庄学)的结论,同样适用于儒家唯心主义(宋明理学)。这应该是他作出如此判断的原因所在。可见他对于儒家唯心主义(宋明理学)的价值的评价是逐渐上升和更加客观的。

---

① 崔大华:《南宋陆学》,第 211 页。
② 侯外庐、邱汉生、张岂之主编《宋明理学史》(下),第 200 页。
③ 崔大华:《理学衰落的两个理论因素》,《哲学研究》1989 年第 3 期。

（二）关于儒家道德

儒家学说的核心与特色在于伦理道德，宋明理学是儒学发展的一个新阶段，它后来上升为国家意识形态，成为官学，对中国社会产生了巨大深远的影响。近代以来的文化批判与 20 世纪 80 年代以来的呼唤道德回归，都要求对儒家道德问题有所回应。对于儒家道德，崔大华的态度在他的宋明理学研究中表现出明显的变化。从进入中国社会科学院读研到 20 世纪 80 年代中期，崔大华的研究重心在宋明理学，关于庄学的研究尚在准备阶段。80 年代中期以后，在研究庄子的同时，他对儒学问题与价值的思考趋于成熟，因此这里以 80 年代中期为界，分为两个阶段说明他对儒家道德的态度转变。

1. 第一阶段：《南宋陆学》撰写时期到 20 世纪 80 年代中期

这一阶段对于儒家道德，他的态度基本上是否定的，主要表现在他判断儒家道德具有历史性而不是永恒的，理学家论证儒家道德永恒合理性的努力是虚妄的。他认为，"儒家学说的核心部分是伦理道德思想"①，"儒家的伦理道德原则概括起来就是确定君臣、父子、夫妇的伦理关系的'三纲'和规定人的基本道德准则的仁、义、礼、智、信的'五常'"②。他从两方面概括儒家道德的内容，即伦理原则（三纲）和道德准则（五常）。他判断"这些原则反映的只是在一定的历史时期阶级与阶级之间、人与人之间的关系。这些道德准则的具体内容本来在不同的阶级、不同的时代是不同的，正如马克思所说：'人们按照自己的物质生产的发展建立相应的社会关系，正是这些人又按照自己的社会关系创造了相应的原理、观念和范畴。所以，这些观念、范畴也同它们所表现的关系一样，不是永恒的。它们是历史的、暂时的产物。'（《马克思恩格斯选集》第一卷，人民出版社，1972，第 108～109 页）"③ 这是运用历史唯物主义分析儒家道德得出的结论，也就是强调道德作为上层建筑的历史性、暂时性，这个结论今天来看仍然是正确的。但是就儒学发展的历史来看，"儒家思想家们

---

① 崔大华：《南宋陆学》，第 112 页。
② 崔大华：《南宋陆学》，第 14 页。
③ 崔大华：《南宋陆学》，第 14 页。

的理论目标却是要论证这些封建道德原则是永恒的、不变的。他们为达到这一目标所做的主要努力是力图发现、证明这些伦理道德原则有一个不变的、永恒的根源"①。他认为"儒家学说在人性论问题上，从孟子开始就形成了一个混乱的理论前提，即把人后天的伦理品质和先天的生理本能混同起来，同时提出一个虚妄的理论目标，即要找出一个永恒不变的善恶标准和根源"②。他在阐述杨简思想时作了更加详细的说明，"人类并不存在有先天性的、永恒的伦理本能。人的伦理情感和道德行为都是后天在一定的社会环境中形成的。当然，从科学的角度看，人的伦理感情和道德行为也可以还原为一定的心理、生理过程。然而，即使是人类的生理心理本能也是在长期的自然社会进化中缓慢地发生着变迁。所以，理学家乃至整个儒家伦理学说所立足的人性论的前提是虚假的"③。也就是说，伦理道德是后天形成的，它是经验的而不是先验的；它是在变化的，它是历史的而不是永恒的。对于具有历史的合理性的道德进行永恒的合理性论证，这可以提高学说的理论思维水平，但是其努力从根本上来说是虚妄的。

2. 第二阶段：20 世纪 80 年代中期以后

如前所述，崔大华在《庄学研究》尚未完成时，就先着手撰写一篇重要的文章，在文中他这样评价传统伦理道德的价值："中国传统的伦理道德思想就它的纯粹的、本质的意义说，是符合人性的，能提高人性的。这是中国这个古老国家及其文化得以绵延存在和不断发展的精神基础和源泉。如果鄙弃这种本质，即使不能说是堕落，也绝不意味着'超越'。一个明显的事实是，在'文化大革命'中，那些为制造这场灾难而最殷勤、最起劲的人，不是对中国传统文化和思想最无知的人，就是对这种文化和思想作最邪恶理解的人；在这场浩劫中，那些受到极度蹂躏而并不屈服的人；在那疯狂的日子里，那些抱着冷静的怀疑和怀着深深的忧虑的人，却正是受到中国传统文化和思想的熏陶较深较多的人，具有中国传统精神的人。这是什么精神？这是蕴涵极为丰富的、弥漫在整个中国文化中的、被悠久的历史一代代传递着的中华民族所特有的道德观念、生活情理，是中

---

① 崔大华：《南宋陆学》，第 14 页。
② 崔大华：《南宋陆学》，第 36 页。
③ 崔大华：《南宋陆学》，第 146 页。

国人民的信念、良心和善。"① 在崔大华的学术论著中，这样直接表露个人情感的文字极为罕见，可以说，只有亲历过一个道德底线被抛弃、人伦亲情被践踏而不以为非的时代的人，才会有如此深刻痛切的体悟。他后来将这种体悟融入对儒家道德的评价中。在《理学衰落的两个理论因素》一文的最后，他除了指出宋明理学作为一种思维工具的作用，还指出其道德本身的价值，"在一种具有宽容和理解精神的历史反思中，也仍然可以从二程思想或理学中，例如从它的诚挚不懈的道德自我完善的追求中，发现属于未来的、属于永远的东西"②。这就指出儒家道德就其具体内容而言具有历史性，但它追求道德自我完善的精神则有久远性。他的《刘蕺山与明代理学的基本走向》一文的最后，认为刘宗周的理论创造虽然没有达到其挽救明朝危亡的目标，"但是，从刘蕺山身上，从他在困危处境中的所行所是中，特别是在家国覆灭后对生命归宿的抉择中都可以看出，一种令人肃然起敬的儒家道德精神却能被培育和激发出来。刘蕺山曾告诫门人说：'不要错看了豪杰，古人一言一动，凡可信之当时、传诸后世者，莫不有一段真至精神在内。'（《刘子全书》卷十三《会录》）对于这位明代先贤所创造的一切，也可以说，他为救正王学流弊而提出的意本体论和慎独工夫论是可信于当时的；而被他的心学理论所升华了的和被他的政治的、道德的实践所表现出来的儒家伦理道德精神，则是可传诸后世的"③。道德继承性问题在新中国成立后一段时间内曾是敏感而重大的理论问题，但是随着现代化进程的发展，人们呼唤道德的回归，学术界也开始反思和重新评价传统道德。崔大华对儒家道德评价的转变，既有个人经验的因素，又响应了时代的需要。

崔大华宋明理学研究表现出的变，主要在于对唯心主义，从基本否定到客观评价其价值；对儒家道德，从批判其历史性到承认其久远性。这是他个人思想转变的结果，也是中国在经济高速发展、社会问题丛生的过程

① 崔大华：《试论中国传统思想伦理道德特质的形成、价值和缺弱》，《中国文化与中国哲学》（1988 年号），生活·读书·新知三联书店，1990。
② 崔大华：《理学衰落的两个理论因素》，《哲学研究》1989 年第 3 期。
③ 崔大华：《刘蕺山与明代理学的基本走向》，《中州学刊》1997 年第 3 期。清兵攻陷杭州的消息传到绍兴时，正在进餐的刘宗周即推开食物恸哭绝食。其间，清贝勒博洛以礼来聘，刘宗周"书不启封"。绝食二十三天，于闰六月初八日卒。

中，重新认识传统的表现。这种转变表现出他的思想与时代之间的高度相关性。

二　方法：探索尝试多种方法

崔大华的学术研究从一开始就非常注意理论工具的选择和使用。从《南宋陆学》开始，他就尝试运用多种方法刻画古代思想的真实面貌，并在后来的宋明理学研究中继续探索使用，这是他在坚持方法创新上的不变。以下主要从两个方面阐述。

(一) 历史唯物主义与辩证唯物主义方法

崔大华大学期间学习的专业是历史唯物主义与辩证唯物主义，研究生导师又是马克思主义史学家侯外庐先生，因此他对马克思主义理论和方法非常熟悉，并熟练运用在《南宋陆学》的写作中。

1. 历史唯物主义

为什么南宋时期会出现陆九渊心学这样一个学说？崔大华运用历史唯物主义方法，从时代、家庭、个人三个层面说明其产生的原因。他认为，南宋时期积弱不振，民族矛盾和阶级矛盾贯穿朝代始终，农民起义此起彼伏，统治者抗金无能，就一方面镇压民众反抗，一方面提倡儒学，从思想上加强对人民的控制。这是陆学产生的时代背景，它同时也是朱熹理学、陈亮功利学派产生的背景。这个介绍是必要的，但也是不够充分的，因此还需要做进一步的分析。崔大华较为详细地介绍了陆九渊的家庭出身。他的八世祖陆希声曾为唐昭宗宰相，五代末其后代迁居江西金溪避乱，至陆九渊时家族已没落，田地不多，不得不依靠卖药和教书补贴生计，家族地位下降但伦理很严。崔大华由此判断，陆九渊的家庭与南宋朝廷一样，政治经济上衰弱，但传统思想意识却很顽强。家是国的缩影，因此这样的家庭是能够深刻感受到南宋统治危机的。到此为止，还只是历史唯物主义的一般意义上的使用。但是，陆九渊兄弟六人，同样的家庭环境为什么唯独他创宗立派？这就需要在时代、家庭这个共同因素之外，探寻个体的特殊性。崔大华在叙述陆九渊思想发展过程时，特别注意到陆九渊少年时代的与众不同之处。以往学者通常关注少年陆九渊的聪慧，如《象山年谱》

记载他三四岁时即"思天地何所穷际至废寝忘食",十余岁"读古书见宇宙二字即有省悟"等,给人的感觉这是个神童式的思想家,但崔大华没有引用这些材料,他眼中的少年陆九渊是"三岁丧母,体弱多病,年十四手中未尝温暖。性格孤僻,七八岁时即心不喜嬉,表现出是一个思想内向的孩子"①。他的与众不同之处在于性格孤僻,思想内向。这既能说明陆九渊的早慧,也为他后来独特的思想体验埋下伏笔。关于陆九渊心学产生的背景,崔大华从国—家—个人三个层面从远到近、从宏观到微观、从一般到具体地刻画了心学的产生"为什么是陆九渊"这个问题。在唯物主义方法运用上,既是历史的,又是具体的,非常具有典范意义。他在《二程与宋明理学》一文中分析理学衰落的原因时说,"理学对知识和人的自然本性的漠视,对道德和知识、人的伦理性和自然性之间的关系,缺乏相辅相成和不可分离的理解和对待,使理学存在着严重的缺陷和深刻的矛盾,从而导致理学走向衰落,并激发了尊重自然人性和追求知识实学为特征的反理学的启蒙思潮的兴起"②。这个分析应该已经足够了,但是他进一步运用历史唯物主义方法指出,"但理学真正的终结和死亡,还不是由于理学理论的缺陷和内在矛盾的发展以及反理学思潮的冲击的结果,而根本上是由于理学理论所依据的封建专制的社会制度崩溃的结果"③。对于理论的最后和最有力的批判不来自论敌,而来自历史、来自实践,这就是方法自觉导出的深刻之见。

2. 辩证唯物主义

崔大华还运用辩证唯物主义方法,分析陆九渊心学中的吊诡之处。比如,陆九渊简易直截的方法在传播时产生的流弊。崔大华敏锐地意识到这种方法的内在矛盾,他认为,陆九渊心学的修养方法借鉴了佛教禅宗,但其内容仍是儒家伦理道德,并不是"空""无"。要理解陆九渊,必须熟悉儒家经典,这是知识前提,但陆九渊简易的方法却反对这一点。陆九渊本人经历了相当长的时间才达到终点,但他忽视了这一过程,"故他否定人达到自己思想顶峰所凭借的桥梁和阶梯。这好比他自己先上了楼,抽去

---

① 崔大华:《南宋陆学》,第5页。
② 崔大华:《二程与宋明理学》,《中州学刊》1984年第5期。
③ 崔大华:《二程与宋明理学》,《中州学刊》1984年第5期。

楼梯，又呼唤弟子上楼"①。这就在他的目标与方法之间产生了矛盾，方法虽高明，却不具有可模仿性。对于"带艺投师"有知识储备的弟子来说，可能难度较小；对于未及读书就来求悟的学子来说，就茫然无下手处了。高明却无用，这就是陆九渊简易方法的吊诡之处，崔大华对问题的把握和分析非常精彩。又如，对陆九渊心学的历史作用，崔大华也指出它同时具有的维护与破坏作用。他认为，陆九渊心学主观上是维护封建制度，论证封建伦理的合理性和永恒性，客观上也起到了这个作用，但其理论内部却包含着对于封建制度和伦理的破坏作用。"主观唯心主义理论在逻辑上的发展，必然要否定主观意识以外的一切，这对那些神圣的、权威的事物总是不利的。"② 在陆九渊的个人实践中，其破坏性表现在要做超越社会伦理之上的独立超人的狂妄以及对儒家经典不尊重甚至轻蔑的态度。旨在维护封建制度和儒家伦理的心学，却在实践中偏离初衷甚至走向反面，这是陆九渊心学的另一个吊诡之处。这些是以往论者尚未论及的，也是他出色地运用辩证唯物主义具体分析的结果。

（二）比较的方法

这里主要通过他对陆九渊主观唯心主义的辨析，说明比较方法的运用。

崔大华在写作《南宋陆学》时，对自己的一个要求是将陆九渊写活。怎样写活一个思想家？除了正面描述，他特别采用了比较的方法，即辨析与之相关而又不同的思想的关系，说明它的特色所在，这是写活一个思想家的有效和必要的方法。比较主要包括儒内比较、儒外比较和中西比较。

1. 儒内比较

儒内比较是指陆学与朱学的比较，重点在于朱熹客观唯心主义与陆九渊主观唯心主义的对立互补。崔大华在分析朱熹对待朱陆之间分歧与争论的退让态度时说，"朱熹是个党性很强的学者，他始终把他的理论斗争的矛头指向和儒学唯心主义对立的思想派别，而把儒学唯心主义内部的分歧

---

① 崔大华：《南宋陆学》，第121页。
② 崔大华：《南宋陆学》，第204页。

和争论放在次要的位置"①。同为唯心主义，朱熹发挥"性即理"命题，继承了二程理学中的客观唯心主义部分，陆九渊则发挥"心即理"命题，继承了二程理学中的主观唯心主义内容。分歧在于作为本体的"理"是客观的还是主观的。对"理"的不同理解，导致他们在"气"和"心"的理解上产生差异。朱熹的体系里"气"与"理"相对，构成他的宇宙生化论并解释人们气质禀赋的先天差异，而"陆九渊所能理解的'气质'，乃是指人的一种生理状况或心理状态。故陆九渊和朱熹不同，他认为人的这种生理心理品性和人的社会行为之间虽然有联系，但并不是必然的、唯一的关系，即气质并不能决定人之善恶贤愚，并不能决定人之最后归宿"②。他比较认为，"和朱熹把'气质之性'视为决定人的善恶贤愚之殊的唯一的内在因素不同，陆九渊只是把'气禀'当作造成'心蔽'的外在原因之一"③。对于"气"的不同理解，导致朱陆修养方法上的分歧，即"格物穷理"与"发明本心"的不同。但陆九渊的主观唯心主义对朱熹的客观唯心主义又构成一种互补，哲学性质上"共同构成了理学唯心主义的完整形态"④，在方法上，"程朱派强调'道问学'"，"陆派强调'尊德性'"，"他们的不同主张共同地揭示了人在修养实践中相辅相成的两个方面"⑤。这是在与客观唯心主义的比较中凸显陆九渊心学的主观唯心主义性质。

2. 儒外比较

儒外比较是陆学与禅宗的比较，重点在于说明陆禅唯心主义形似实异。形似表现在概念上有契合之处，如禅宗的"本性"与陆学的"本心"，禅宗的"心迷"与陆学的"心蔽"，禅宗的"一切经书因人说有"与陆学的"六经皆我注脚"等。这些概念乍一看非常相近，但一旦深入到理论内部，其宗旨则根本不同，他从两个方面说明。其一，二者所论心、性不同。"禅宗所论心、性，是指无任何规定性的本然的存在，特别是指无善无恶、无动无静的寂然的心理状态。"⑥ "陆学所认为的心（性）

① 崔大华：《南宋陆学》，第69页。
② 崔大华：《南宋陆学》，第83~84页。
③ 崔大华：《南宋陆学》，第84页。
④ 崔大华：《南宋陆学》，第194~195页。
⑤ 崔大华：《南宋陆学》，第195页。
⑥ 崔大华：《南宋陆学》，第184页。

是指人的某种伦理道德本能，它根本上是善的。"① 如果用生理、心理、伦理三种对于心的理解来判断，禅宗的心是生理和心理意义上的，而陆九渊则是伦理意义上的。陆九渊"心即理"的命题来自禅宗，但其关于心与性的内容却与禅宗完全不同。因此说在心、性上双方是名同实异。其二，二者的修养方法不同。就修养目标而言，佛教是为了脱离轮回之苦、清静涅槃，理学则是为了实现儒家伦理道德。目标不同，修养的内容也不同，"禅宗（南禅）否认任何伦理道德的修养，主张随缘消业，立处皆真，日常生活，本能行为即是修养，这是佛教出世性质的特殊表现"②，"陆学则肯定伦理，要求严格按照封建伦理的道德标准来进行修养，保持着儒家积极入世的特色"③。因此，不能因为陆九渊修养方法中主静、主悟这样的形式，就判断它是禅学。从修养方法来看，陆学与禅学是形似而实异，这是在与佛教唯心主义比较中辨析陆九渊儒家唯心主义的特色。

3. 中西比较

中西比较是陆学的主观唯心主义与欧洲近代主观唯心主义的比较，重点在二者名同实异。他认为，"近现代学者从新的哲学角度，将陆学与朱学而不是与禅学对比来确定它的性质，认为它是心一元论，是主观唯心主义，这无疑是正确的"④。这是用客观唯心主义与主观唯心主义区分朱熹与陆九渊之学，他不反对这种做法，但他不满足于此，而是更进一步讨论陆学的主观唯心主义有什么特色。因为他认为，"无论是主观唯心主义或客观唯心主义，在不同的唯心主义哲学体系或派别那里所表现的形态并不一样，即它所要解决的哲学问题、论证的方法和得出的结论都是不一样的"⑤。他的结论是，英国经验主义的主观唯心主义解决的是知识的本质问题，欧洲唯理主义解决的是世界的本质问题，"陆学的主观唯心主义不具有这样的认识论和本体论的性质，它主要是一种关于人的内在本质的伦理学说或人生观，它的'宇宙便是吾心，吾心即是宇宙'是通过论证天

---

① 崔大华：《南宋陆学》，第 185 页。
② 崔大华：《南宋陆学》，第 186 页。
③ 崔大华：《南宋陆学》，第 186 页。
④ 崔大华：《南宋陆学》，第 189 页。
⑤ 崔大华：《南宋陆学》，第 189 页。

人关系而得出的'天人合一'的结论，它是指一种道德境界，而不是指知识的本质或世界的本质。这就是陆学唯心主义的特色"①。崔大华用"天人合一"来描述这个道德境界，它包含两个方面的内容，即"一是指道德根源，认为人的心性禀受于天，因而人在本质上和天是相通的、一致的；一是指道德境界，认为通过心性修养（心的主观扩张），可以达到与天地一体的境地"②。他认为它们包含在陆学主观唯心主义中，并有新的发展和表现。他的结论是，"陆学主观唯心主义结论所包含的这两个方面的内容，既显示了这个主观唯心主义的中国思想特色，因为有浓厚的伦理色彩；又显示了这个主观唯心主义的儒家思想特色"③。这是与欧洲近代哲学中的主观唯心主义比较中显现陆九渊心学的特色。

　　崔大华在学术研究中重视辨异而不主张折中混同，因此比较方法是贯穿他学术生涯始终的一个方法。

　　除以上方法外，崔大华在后来经常运用的图表法，在《南宋陆学》中也已初见端倪。比如，在论及禅宗对陆九渊思想的影响时，他以表格形式先列出八组概念进行对比，以说明陆学与禅宗在概念表述上的类似，又以两组概念说明其实质上的差异。④ 这样一种表述形式，非常直观，一目了然，对于读者来说便于阅读和比较。内容涉及佛教典籍与思想内核，这背后是崔大华的广泛阅读与精心提炼。

　　宋明理学是中国哲学的高峰，也是儒学最成熟的理论形态。通过宋明理学的研究，崔大华熟悉了文献和学术史，在生活实践与对时代的观察中积累和思考问题，并在研究方法上进行实践和探索，从而为他后来系统的儒学研究奠定了坚实的基础。

---

① 崔大华：《南宋陆学》，第 190 页。
② 崔大华：《南宋陆学》，第 190 页。
③ 崔大华：《南宋陆学》，第 192 页。
④ 见崔大华《南宋陆学》，第 54 页。

第三章　庄子研究

　　崔大华的学术生涯起步于宋明理学研究，但他成名则是凭借他的庄子道家研究。崔大华从大学期间就喜爱庄子，毕业后经历人生磨难时，《庄子》也是他超脱困境、慰藉心灵的重要精神食粮。庄子之于他，重要性不言而喻。① 因此，他在来到河南省社会科学院哲学所工作后，就着手他心心念念的庄子研究。他用近十年时间②，写出两部大著，即《庄子歧解》和《庄学研究》。两部著作都很厚重而重点各有不同，在此分别阐述。

第一节　《庄子》文献学研究：歧解法的运用

　　根据崔大华的研究计划，《庄子歧解》是他为写作《庄学研究》而做的文献准备工作，但是在整理过程中发现历代诠释中存在很多问题，于是就运用歧解法，把自己整理所得汇成一部文献学著作《庄子歧解》③，先于《庄学研究》出版了。

　　在"自序"中，崔大华讲述了自己阅读庄子文本的感受，"思想艰

---

① 崔大华在 1982 年 11 月 25 日的日记中写道："今天开始研究、拟写庄子、庄学。我对庄子有种亲切的感觉，有种乡谊，他老夫子生老病死在商丘，我的青春年华也是在商丘度过的。"

② 崔大华从 1982 年 11 月着手研究庄子和庄学，1988 年 12 月出版《庄子歧解》，1992年 7 月出版《庄学研究》。

③ 《庄子歧解》1988 年 12 月由中州古籍出版社出版，2012 年 3 月由中华书局再版。这里的引用以 2012 年中华书局版为据。

深，语言晦涩"①。作为后学，阅读古代典籍时必须要借助历代注者的注释，但他发现这一百数十家注释对于同样的文本却出现众多分歧，这无疑会令读者有无所适从之感。他把这些注解按诠释方法分为两类：一是义解法，二是考据法。前者略过字句名物考证，重在发挥庄子思想，学术背景是魏晋玄学、隋唐佛学和宋明理学，以向秀、郭象的《庄子注》，成玄英的《庄子注疏》，林希逸的《庄子口义》为代表。他认为这类诠释"善窥庄子之幽深高远，但失之疏阔"②。后者重在考证文本中出现的名物，训诂和校勘其文字，这种方法发端于宋代罗勉道《南华真经循本》，至清代朴学兴起后蔚为大观，代表作品有王念孙的《庄子杂志》、俞樾的《庄子平议》和孙诒让的《庄子札迻》，晚近代表作有章炳麟的《庄子解故》、奚侗的《庄子补注》、朱桂曜的《庄子内篇证补》等。他认为这类注释"常于庄子之文字极难解处得易解，无可解处得可解；但于庄子义旨则未暇阐发"③。名物考证和文字训诂是通向文本思想的桥梁，朴学家们搭起了桥梁，但自己却没有走过去。他又将这一百数十家注解按取舍方法分为两类。一是孤解法。这种方法是在参照前人的基础上，提出自己认为最为准确的解释。所谓孤解，即于众多解释中断以己意，只取一种。代表作品有晋代郭象的《庄子注》、宋代林希逸的《庄子口义》、明代陆长庚的《南华真经副墨》、清代宣颖的《南华经解》，以及清代朴学家对庄子文字、名物的考证著作等。由于断以己意，长处在于多有独到精辟之见，不足之处在于失之于偏，难以从中见到庄子全部的、可能有的意境，因此这种方法的问题在于孤则偏。二是集解法。这种方法是汇集众家注本，代表作品有唐代陆德明《经典释文·庄子音义》称引九家之言，宋代褚伯秀《南华真经义海纂微》集十三家注，明代焦竑《庄子翼》采撷二十二家书，清代郭庆藩《庄子集释》收录郭象《注》、成玄英《疏》、陆德明《音义》三书全文，并间引清代朴学家王念孙、俞樾等人的训诂、校勘，等等。集解长于搜集，失之于冗。相比而言，孤解法是思想家的路数，集解法是整理家的路数，前者突出自己的观点，后者则把自己的见解隐蔽了。

---

① 崔大华：《庄子歧解》，中华书局，2012，"自序"，第1页。
② 崔大华：《庄子歧解》，"自序"，第1页。
③ 崔大华：《庄子歧解》，"自序"，第1~2页。

在分析前人所做的工作及其得失后，崔大华决定"对前人的庄子注解的学术事业中所取得的成就，作一全面而又简明扼要的总结"①。"全面"要求全，"简明扼要"要求精，而孤解法与集解法都只能满足其一，因此他要另选合适的方法，这种方法称为歧解法。他解释，"所谓'歧解法'，就是先寻觅出崔譔、向秀、司马彪、郭象以来历代《庄》注的分歧之处，并加以显化；然后进一步分析，指出导致这种分歧的不同的解《庄》角度或性质，诸如字读、句读的不同，词义理解的差异，思想派别或哲学立场的分歧，等等"②。歧解所指出的分歧涵盖了义解和考据两种诠释方法，同时克服孤解法与集解法取舍中存在的偏失。这实际上是替读者读书，找出各家的分歧之处，分析造成分歧的原因，引导读者深入思考和判断怎样理解才最接近庄子思想的本义。

下面从句读、字读的不同以及词义理解的差异、思想派别或哲学立场的分歧三个方面，并依笔者本人阅读《庄子歧解》所得，举例说明歧解法的运用。

一　句读、字读的不同举例

(一)《齐物论》篇题

字读有三：一是读为"齐物"之论，二是读为齐一"物论"，三是读为齐"物与论"。第一种读法，有三种理解，谓无我则物齐、谓物本自齐、谓物不能齐；第二种读法，有两种理解，谓齐一众论、谓众论本齐；③ 第三种读法，同句读之意。句读不同，导致对篇题意义理解不同，当然也可能首先是理解不同，然后反映到句读上。

这里对于篇名《齐物论》的句读歧异，实际上包含了注者对全篇内容理解的差异。我曾听崔先生说，他读《庄子》能够感受到庄子艰苦思索的过程（与《老子》书的成熟相比），而就《齐物论》全篇内

---

① 崔大华：《庄子歧解》，"自序"，第 2 页。
② 崔大华：《庄子歧解》，"自序"，第 2~3 页。
③ 崔大华：《庄子歧解》，第 35 页。由于《庄子歧解》是文献学著作，其体例不同于其他论著，故而引用时引其语而不加双引号。

容来看，其中正体现了庄子对于战国诸子争鸣、是己非人的深刻思考与理论解决，因此，以内容倒推篇题含义，这些解释中，齐一"物论"更加贴切。

(二)《天运》"杀盗非杀人自为种而天下耳"

句读有二：[句读1]杀盗非杀，人自为种而天下耳；[句读2]杀盗非杀人，自为种而天下耳①。这句是老子对孔子讲三皇五帝治天下，他认为从黄帝开始到尧舜禹，是个依次向下的曲线：民心一，民心亲，民心竞，民心变。禹的时候是"民心变，人有心而兵有顺"，兵本凶事，这里却由于人心之变而变得顺了，于是杀戮就有了正当性，杀盗的正当性就可以用非杀人来辩解，因此从上下文看，第二种句读更可取。

(三)《缮性》"缮性于俗俗学以求复其初滑欲于俗思以求致其明：谓之蔽蒙之民"

句读有三。[句读1]缮性于俗，俗学以求复其初；滑欲于俗，思以求致其明。[句读2]缮性于俗，学以求其初；滑欲于俗，思以求其明。[句读3]缮性于俗学，以求复其初；滑欲于俗思，以求致其明。②这句话落脚在"谓之蔽蒙之民"，所以前面的两句都是否定的意思，因此前两种句读都不符合这一句的结束语的态度和倾向，第三种读法是对的。

(四)《至乐》"不得则惑人惑则死"

句读有二：[句读1]不得则惑，人惑则死；[句读2]不得则惑人，惑则死。③从这个故事来看，颜回要去齐国游说齐侯，孔子非常担忧。他认为颜回讲的东西，齐侯内求而不得，则会生祸患。他后面举的例子是海鸟不理解自己受到的礼遇，不敢吃东西，最后饿死，以此反观"不得则惑人惑则死"，应该是说齐侯听不懂颜回的游说，最后疑惑致死，这样颜

---

① 崔大华：《庄子歧解》，第437页。
② 崔大华：《庄子歧解》，第447页。
③ 崔大华：《庄子歧解》，第487页。

回就会成为齐侯之死的元凶，从而为自己招来祸患。因此，句读一是正确的，"人惑则死"指的是齐侯，不是颜回或泛指。

(五)《山木》"道流而不明居得行而不名处"

句读有二：［句读1］道流而不明，居得行而不名处；［句读2］道流而不明居，得行而不名处。① 这个故事是道家人士教训孔子，讲他以往处世之道不正确（"饰知以惊愚，修身以明污，昭昭如揭日月而行，故不免也"），然后他传授正确的方法（"道流与得行相对，得者德也"），因此后一种句读正确。句意为，道流于天下而不见其迹，德行于天下而不闻其名。

(六)《庚桑楚》"道通其分也其成也毁也"

句读有二。［句读1］1. 道通，其分也；其成也，毁也。2. 句有脱漏，当为道通，其分也成也，其成也毁也。［句读2］道，通其分也，其成也毁也。② ［句读1］的第二种断句法是根据高山寺本，在"其分也"后面加上"成也"二字，且《齐物论》中亦有同样的文字，故可从。这句是说分、成、毁都是道在表现自己，不可分而视之。

(七)《徐无鬼》"下之质执饱而止是狸德也"

句读有二：［句读1］下之质执，饱而止，是狸德也；［句读2］下之质，执饱而止，是狸德也。③ 从前后文来看，这是徐无鬼在讲相狗，后面还有"中之质""上之质"，因此相对应的，这句就是说"下之质"，其句读当取第二种。

(八)《则阳》"柴生乎守官事果乎众宜"

句读有二：［句读1］柴生乎守，官事果乎众宜；［句读2］柴生乎守

---

① 崔大华：《庄子歧解》，第533页。
② 崔大华：《庄子歧解》，第626页。
③ 崔大华：《庄子歧解》，第642页。

官，事果乎众宜。① 这两句与前面"德溢乎名""名溢乎暴"等四句并列，就句式规律来看，第二种句读更顺畅。

（九）《让王》"不能自胜则从神无恶乎"

句读有二：[句读1] 不能自胜则从神，无恶乎！[句读2] 不能自胜则从，神无恶乎！② 中山公子与道家人士瞻子对话，他感到自己身与心（神）分离，身在江湖心在朝堂，问应该怎么办。瞻子让他重生，他说还做不到，瞻子就说若暂时做不到，那就顺其自然，后面又说"不能自胜而强不从者，此之谓重伤"，"强不从"与前面的"从"相对，可知[句读2] 更符合原文之意。

（十）《盗跖》"及其患至求尽性竭财单反一日之无故而不可得也"

句读有二：[句读1] 及其患至，求尽性竭财，单反一日之无故而不可得也；[句读2] 及其患至求尽，性竭财单，以反一日无故而不可得也。③ 无足把富贵视为长生安体乐意之道，道家不这样认为。富贵作为一种追求，实际上是以别人的贫贱为前提的，这意味着它是一种相对性的、压迫性的价值，与道家的基本哲学立场不一致。道家对于高高在上的地位有一种恐惧感和危机感，这种本能的东西是道家特有的。知和的回答就是讲一味追求富贵可能带来灾祸，祸患到来的时候，想求生都不可能了。因此，第一种句读近是。

二 词义理解的差异举例

（一）《逍遥游》"北冥有鱼，其名为鲲"

北冥的理解有二：一是北极，二是北海。④ 到底是北极还是北海？鱼

---

① 崔大华：《庄子歧解》，第730页。
② 崔大华：《庄子歧解》，第759页。
③ 崔大华：《庄子歧解》，第785页。
④ 崔大华：《庄子歧解》，第4页。

在水中生活，则北冥当为北海。对鲲的理解也有二：一是鲸，或大鱼之名；二是鱼子，或小鱼之名。依前后文，"鲲之大，不知其几千里也"，则鲲当为大鱼。

（二）《齐物论》"大块噫气"

对大块的理解有五：一、大块，天也；二、大块，无物也；三、大块，造物也；四，大块，天地也；五、大块，地也。① 注者对"大块"的理解各不相同。从上下文来看，"大块噫气"一段是南郭綦子对颜成子游讲何谓地籁，就其描述来看，地籁的生成是被动的（"是唯无作，作则万窍怒号"），"独不闻""独不见"讲的是大块对地籁的主动性，意思是若无大块在动、在作，则地籁不可自动、自作。因此，"大块"的意思，解为造物是比较合理的。俞樾解释为地，就地籁是南郭子綦修行中较低阶段（相对于天籁而言）来说，这个理解也有可取之处。

（三）《人间世》题意

对人间世的理解有二。一是世，世代也。此篇言在人间世变中自处之术。二是世，生也。② 此篇言在人间立生之道。这一篇内容几乎都是讲如何在乱世险境中全生存身，就内容而言，两个理解都是切题的，但就字义理解来说，还是第二种的解释更确切。

（四）《人间世》"听止于耳"

理解有三。一是止，至也。谓听觉之囿限，只能达到耳而不能入于心。二是止，停止。谓耳之为用，在于止听入心。三是当作"耳止于听"。止，仅也。谓耳之为用，只是听觉而已。③ 这段是借颜回之口讲道家工夫论即心斋（相对于祭祀之斋而言），听的哲学，听有三个层次：听之以耳、听之以心和听之以气。这是庄子中常用的层层递进的说理方法，以后者超越前者的方式讲道家的工夫修养境界和层次的提升，因此这里说

---

① 崔大华：《庄子歧解》，第 39~40 页。
② 崔大华：《庄子歧解》，第 121 页。
③ 崔大华：《庄子歧解》，第 136 页。

"听止于耳"与后面的"听之以心"一样，都是修行中的较低阶段，都是有局限的，都需要扬弃掉。俞樾改字是有道理的，从前后文来看，听的哲学是从耳到心再到气的递进，因此与"心止于符"相类比，前一阶段应当表述为"耳止于听"。以耳听，信息来自外部，所以以耳听是向外求。以感官外求，对于修行来说，是最初级和需要超越的阶段。

（五）《天地》"以道观言而天下之君正"

理解有三。一、如句。从道家角度解：言，指清静无为之言教。二、如句。从儒家角度解：言，指伦理名分之称谓。三、句或有伪。钱穆：君或名字之伪。[①] 这句与后面三句（"以道观分而君臣之义明，以道观能而天下之官治，以道泛观而万物之应备"）说以道如何则如何，其实是讲道治，大概是防止有人把君抬到道之上，以道之名搞人治。道家是道治，君是工具。以道衡量言，可以正君；以道衡量分，则君臣之义明，主逸臣劳；以道衡量能力，则可治官；以道遍观，则万物各安其分，皆为道之用。因此，钱穆的理解不妥。第一种解释，陈景元：以自然之道观世之言教，清静无为者其君必正。这个理解更合乎上下文的意思。

（六）《天运》"采真之游"

理解有二。一是采，色采。采真，谓神采不伪。二是采，采求。采真，谓探求至道。[②] 这一句的上下文是老子对孔子讲道。孔子 51 岁却不闻道，求之于"度数"和"阴阳"，皆未得，于是来向老子请教。老子讲道的特点，又讲道家工夫论，"假道于仁，托宿于义，以游逍遥之虚"，这几句是以旅游打比方说修道。"假道""托宿"是象征语，经过、暂停，而不止于是（"仁义"）之意，以"仁义"与"道"相对而言，称古之至人这种方式是"采真之游"，这个"真"当然是道家主张的"道"，因此第二种理解更可取。

---

① 崔大华：《庄子歧解》，第 356 页。
② 崔大华：《庄子歧解》，第 431 页。

(七)《秋水》"天在内,人在外"

理解有三。一是从天人对立的意义上解,内、外指天性与人事。二是从天人区别的意义上解,内、外指主次。三是从天人一致的意义上解,内、外指体用。① 从后面对于天与人的解释来看("牛马四足,是谓天;落马首,穿牛鼻,是谓人"),人与天是对立的,而不是区别,更不是一致,因此第一种理解是正确的。

(八)《达生》"故其灵台一而不桎"

理解有二。一是就心本身来解:既不分心,亦不有心。二是就心对物的关系来解:既专于物,又不囿于物。② 这段讲工匠由技而道的工夫,前面说工倕达到"指与物化而不以心稽"的地步,这是熟练到一定程度后,好像人走路时足可自行,纺线时手可自动,而不经过大脑的指令一样,所以这应该是在讲心对物的关系,即明明是在做这件事,但好像又全不用心。第二种理解近是。

(九)《山木》"有人,天也;有天,亦天也"

理解有二:一谓人、天皆自然,二谓人、天皆天所为。③ 就原文来说,其意为天与人皆天所生成,后一个"天"可以理解为自然,因此两种理解都有道理。

(十)《田子方》"夫哀莫大于心死"

理解有四:一、心死,谓丧失寂然本性;二、心死,谓丧失知觉作用;三、心死,谓丧失思辨能力;四、心死,谓丧失生理能力。④ 颜回与孔子对话,颜回无论如何也赶不上老师,问为什么会这样。孔子说"夫哀莫大于心死,而人死亦次之"。意思应当是评论颜回这样的体验近于绝

---

① 崔大华:《庄子歧解》,第470页。
② 崔大华:《庄子歧解》,第517页。
③ 崔大华:《庄子歧解》,第540页。
④ 崔大华:《庄子歧解》,第548~549页。

望心死。心死与人死相对，则四种解释里第二和第四就可以排除，第一种是以佛教思想解释，也可以排除，故第三种接近原文之意。

（十一）《田子方》"是射之射，非不射之射也"

理解有二：一是就境界解，谓有心而非无心；二是就方法解，谓用技巧而非出自本能。① 列御寇与伯昏无人比赛射箭，前者展示射箭技术，非常高超，伯昏无人则展示自己超人的勇气（"登高山，履危石，临百仞之渊，背逡巡，足二分垂在外，揖御寇而进之"），这可以解释他所说的"是射之射，非不射之射也"，因此他是以得道者的境界胜过列御寇。第一种理解较贴切。

（十二）《田子方》"凡之亡不足以丧吾存，则楚之存不足以存存"

理解有三。一是就心之角度解，意谓无心于得丧，亡亦存；有心于得丧，存亦亡。二是就道之角度解，有道为存，无道为亡。三是就身之角度解，有身为存，无身为亡。② 这个故事核心是讲外与内，凡国对于凡君是外，楚国对于楚王亦如是。外不足以丧内，因此说"凡之亡不足以丧吾存，则楚之存不足以存存"，外丧不足以丧内，这个内是指与身相对的心，因此第一种理解近是。

（十三）《庚桑楚》"是三者虽异，公族也"

理解有二。一是三者，指道或知发展的三阶段：无、有、分。二是三者，指生命发展的三阶段：无、生、死。③ 这段讲知之所至，讲了三种至，第一种至于"未始有物者"，第二种至于"有物"，第三种至于"始无有"。三者依次向下，第一种最高，第二种不俗，第三种是俗见。虽如此，作者并没有否定后两种，而是说三者虽异，公族也，公族的意思是出于一，同祖同宗。反过来，虽然同，而又有差异。这是说它们是

---

① 崔大华：《庄子歧解》，第 563 页。
② 崔大华：《庄子歧解》，第 566~567 页。
③ 崔大华：《庄子歧解》，第 629~630 页。

三个阶段，知也要分阶段的，不是一下子就知于至的。第一种理解近是。

(十四)《则阳》"至齐,见辜人焉,推而强之"

理解有二：一是辜人，刑戮而死之人也，句谓见刑死之人推而使其正卧；二是辜人，罪囚之人也，句谓见囚人而推问之。① 两种理解里，前者认为辜人是死人，后者认为辜人是活人。这句之后是老子"解朝服而幕之，号天而哭之"，若人还活着，则不需要做这些事，因此推断第一种理解是正确的。

(十五)《则阳》"鸡鸣狗吠，是人之所知；虽有大知，不能以言读其所自化，又不能以意其所将为。斯而析之，精至于无伦，大至于不可围，或之使，莫之为，未免于物而终以为过"

理解有三。一是此论万物自尔，故莫为为是。万物皆在莫为中过去。二是此论万物所自所为，皆不得而知，莫为、或使皆偏滞，皆有物累之过。三是此谓莫为、或使皆有所得。② 这段是由少知的提问引发的讨论。少知问"季真之莫为，接子之或使"这两种理论哪一种是真理。莫为是自生，或使是他生，大公调认为这两种观点各有所偏，莫为失之虚，或使失之实。可见他的态度并不是肯定的。第二种理解近是。

(十六)《则阳》"夫流遁之志，决绝之行，噫，其非至知厚德之任与"

理解有二：一谓流遁、决绝皆非有道者之所为，二谓流遁、决绝皆有道者之表现。③ 两种理解截然相反。从后面的叹息之语来看，庄子认为流遁与决绝者都不是至道者，因此前者近是。

---

① 崔大华：《庄子歧解》，第 696 页。
② 崔大华：《庄子歧解》，第 704 页。
③ 崔大华：《庄子歧解》，第 723 页。

（十七）《寓言》"卮言日出，和以天倪"

理解有四。一是卮，酒器也。卮言谓非执一守故之言，中正之言。二是卮，酒器也。卮言谓相欢之言、清淡之言。三是卮，圆酒器。卮言谓圆满之言。四是卮，支也。卮言谓支离之言。① 这一段是作者讲其言说观点的三种方式：寓言、重言、卮言。寓言是借别人之口说自己的观点，重言是借世间所重视的言论讲自己的道理，卮言则是夫子自道，其特点如卮这种酒器一样，"满则倾，空则仰，中则正"，目的是和于道。第一种理解近是。

（十八）《寓言》"既已县矣"

理解有二：一是县，系累也；二是县，揭示也。② 这个故事是说，曾参以孝闻名，亲在时出仕，俸禄虽少而心中乐，亲不在时，俸禄虽多而心中悲。弟子问孔子，这个样子是不是可以认为"无所县其罪"，孔子说"既已县矣"。原因在于曾子看待"三釜"和"三千钟"如同看到蚊虻在眼前飞过一样清晰，哀乐的同时还能做到这样，说明其心系于外物。第一种理解近是。

（十九）《盗跖》"不足故求之，争四处而不自以为贪；有余故辞之，弃天下而不自以为廉"

理解有二：一是此谓凡人与圣人对名利的不同态度，二是此谓有道者对内德与外物的不同态度。③ 从上下文来看，"无足问于知和"这段是解释知者之为，落脚在"足而不争，无以为故不求"。然后又说了另外一种态度，即"不足故求之"，可见前者是得道者所为，后者是世俗之人所为。第一种解释近是。

---

① 崔大华：《庄子歧解》，第 735~736 页。
② 崔大华：《庄子歧解》，第 741 页。
③ 崔大华：《庄子歧解》，第 783 页。

(二十)《说剑》"臣之剑,十步一人,千里不留行"

理解有二:千里不留行,此言剑士,谓所向无敌者;千里不留行,此言剑,谓剑锋利。① 赵王问庄子的剑能怎样,庄子说我的剑十步杀一人,可以千里无障碍行走。这一句的主语是剑,但导致持剑者能够千里不留行。因此两种理解可并存。

(二十一)《天下》"明于本数,系于末度"

理解有二。一是儒家观点解。成玄英:本数,仁义也;末度,名法也。二是道家观点解。褚伯秀:本数即所谓一,自一以往皆末也。② "明于本数,系于末度"的主语是"古之人",在此之前作者提到了天人、神人、至人、圣人,依次往下,"以仁为恩,以义为理"者是君子,因此"本数"不可能是"仁义"。"仁义"要被"道"统领,它本身不是本。第二种理解近是。

(二十二)《天下》"内圣外王之道"

理解有二。一是解为秉政之圣人之学:德与位也。二是解为有德之道者之学:神与明也。③《天下》开篇曾自问自答:"神何由降?明何由出?圣有所生,王有所成,皆原于一。"宣颖据之解释为"内圣即神,外王即明也"。第二种理解近是。

三　思想派别或哲学立场的分歧举例

(一)《逍遥游》三则

(1)"定乎内外之分",理解有二:一是道家解,谓重内轻外;二是佛家解,谓内外双遣。④

---

① 崔大华:《庄子歧解》,第790页。
② 崔大华:《庄子歧解》,第830页。
③ 崔大华:《庄子歧解》,第842页。
④ 崔大华:《庄子歧解》,第17页。

（2）"犹有未树也"，理解有二：一是道家解，未达逍遥，即未能无所不可；二是儒家解，未立至德，即未能至命。①

（3）"其神凝，使物不疵疠而年谷熟"，理解有二：一神凝，以道家观点解，心如死灰；二神凝，引儒家观点解，致中和。② 以儒家思想解道家，通常是援道入儒，属于以道注我（儒），崔大华将这些注解背后的思想派别立场揭示出来，实际上已经作出判别，为读者拨开迷雾。

（二）《在宥》"我守其一以处其和，故我修身千二百岁矣，吾形未常衰"

理解有三：一、解作道家修养方法；二、解作道教修炼方法；三、解作儒家修养方法。③ 这是道家得道人士讲其修身方法，故而当取第一种解释。

（三）《缮性》"以恬养知，以知养恬"

理解有三。一、玄学角度解：恬，初始之静；知，本然之知。谓以恬静本初之无为，养其本然自知之明。二、佛学角度解：恬，寂定也；知，慧也（悟解）。谓定生慧。三、理学角度解：恬，静也；知，致知也。谓主静则能致知。④ 这是讲"古之治道者"的工夫是如何做的，恬是静的意思，清静、寡欲，知是求知，向外，这个能力要服从于修道，不能逐物不反。因此"以恬养知"是给知一个方向，一个规定或限制。经过这个阶段，则可"以知养恬"，这里的知是有自觉方向的知，它能够让人不一味向外逐物，于是就能反过来让人恬静，这就是"以知养恬"。

（四）《缮性》"逮德下衰，及燧人、伏羲始为天下，是故顺而不一"

理解有二：一是引历史事实解，二是以逻辑推论解。⑤ 二者合而观之，皆有道理。可两存。

---

① 崔大华：《庄子歧解》，第18页。
② 崔大华：《庄子歧解》，第19页。
③ 崔大华：《庄子歧解》，第342页。
④ 崔大华：《庄子歧解》，第448页。
⑤ 崔大华：《庄子歧解》，第450页。

(五)《缮性》"离道以善"

理解有四。一是玄学解：道为适，故有善则过于道。二是佛学解：道为善无恶，故有善而背离道。三是理学解：道即善，故离道为善则去道愈远。四是"善"字疑是"为"字之误。① 最后一种理解大概是以为这一句应当与后面"险德以行"相对应，以"为"对应"行"，但这种猜测依据不足。从上下文来看，前面说"及唐、虞始为天下，兴治化之流，浇淳散朴，离道以善"。所谓"兴治化之流"，是说大兴治理教化的风气，教化一定是教人"正确"的东西，因此后面讲其后果时说"离道为善"，也是可以说得通的。第三种理学解更近是。

(六)《山木》"材与不材之间,似之而非也,故未免乎累"

理解有二。一是佛家观点解：此未能遣中，故未免乎累。二是道家观点解：此未能无心，故未免乎累。② 这篇记录庄子行迹，他在山中看到有大树因不材而终其天年，免于被伐，又看到大雁因不材（不能鸣）而被杀掉。弟子问他要如何自处，他先开玩笑说自己要处于"材与不材之间"。但随之就严肃地否定了这个说法，原因是这样仍旧"未免乎累"。后面他讲自己主张的处世之道，即不把心思放在让自己材或不材这件事上，而是"与时俱化""无肯专为"，外化内不化，表面上不离于物，但实际上却不为物役，不为其所累。因此后一种理解近是。

(七)《徐无鬼》"夫杀人之士民，兼人之土地，以养吾私与吾神者，其战不知熟善？胜之恶乎在"

理解有二：儒家观点解，谓丧失人心；道家观点解，谓劳损己神。③ 徐无鬼是道家人士，他这段话是在批判魏武侯，因此第二种理解更合理。

崔大华在"自序"的凡例中曾说"为能给读者提供了解庄子思想宽

---

① 崔大华：《庄子歧解》，第 450 页。
② 崔大华：《庄子歧解》，第 522 页。
③ 崔大华：《庄子歧解》，第 649 页。

广意境及其确切涵义的线索，同时鉴于在学术思想的历史研究中，即使是蔽囿失当的见解或观点也有其独特的价值，故本书对所录各家歧解异说，尽管其是非曲直、精粗深浅往往十分明显，亦不作评断，由读者揣摩自择"①。他对各种分歧造成的阅读上的困难，并不替读者作选择，而是列出差异，不下定论，由读者自行判断，这是对读者的信任，同时也决定了此书的性质，即《庄子歧解》不是一般的《庄子》注释、集注性著作，它是以崔大华对中国哲学史历代思潮、学术派别的把握为基础进行的研究性注释。崔大华在注解的过程中表现出一种理论自觉，即显化分歧产生的原因，从注解的分歧进入问题的研究。

第二节　庄学研究

在完成《庄子歧解》这部文献学著作的基础上，崔大华写成《庄学研究》一书。《庄学研究》分上、中、下三编，分别考察庄子其人其书中的疑难问题、庄子思想的诸方面，以及作为中国哲学一个观念渊源的庄子思想在中国思想演变中的作用。下面按照这个顺序阐述。

一　庄学考据：庄子其人其书释疑

庄子其人在汉代司马迁写《史记》时就不是很清楚了，《庄子》一书在漫长的流传过程中又经过整理删削，因此围绕庄子其人其书存在一些长期争论不休的问题。崔大华在前人研究的基础上，对这些问题深入辨析，一一做出解答。

（一）庄子其人考论

关于庄子其人，他辨析的问题主要包括庄子生卒于何年、庄子是哪里的人，以及庄子的身世和生平经历。这一编最见考证方面的学术功底，属于比较枯燥但又不能不做的工作。读此编可以发现，崔大华不仅考证工夫下得深，而且是怀着浓厚的兴趣在做这些与庄子有关的工作。

---

① 崔大华：《庄子歧解》，"自序"，第3页。

1. 庄子生卒年

崔大华将学术界对于庄子生卒年的五种说法按照立论依据分为三类：第一，"依据《史记》庄子本传提及的三个君王在位期间的线索来确定"①，以梁启超为代表，约前375~前300年；第二，"依据《庄子》一书中所记述有关人物、事件的年代来考定"②，以马叙伦、钱穆为代表，前369~前286年和前368~前286年；第三，"依据《史记·庄子列传》和《庄子》以外的线索来判定"③，以范文澜为代表，认为庄子与宋王偃（前328~前286年）同时。崔大华认为，"以《庄子》为线索所作的判定更为充实可信"④，也就是说他更倾向于马叙伦和钱穆的推断，但同时他也指出这只是一个大概的年代范围，不可能更具体。"这也许使我们感到遗憾，但毕竟更科学。"⑤既然没有足够的材料来求得庄子确切的生卒年（像孔子那样），那么最合理的方法就是求其大概，不中不远即可。崔大华在这个问题上的态度，一方面是重视内证，一方面是实事求是。

2. 庄子故里国属

庄子究竟是哪里人，由于《史记》语焉不详，只说他是"蒙人"，具体在什么地方，属于战国时的哪个国家，都不清楚，这就造成后人理解上的混乱。大致有两种观点，即宋之蒙地和楚之蒙县。崔大华赞成前一种观点，即"蒙为战国时宋国之地，庄子为战国时宋之蒙人"⑥。战国时代宋国蒙地，在今河南省商丘市境内。对于"庄子为楚人"这一观点，他首先反驳其立论的两个论据不能成立，即《史记》记载庄子不受楚王所聘，不能说明他是楚国人，不能因庄子垂钓于濮水得出他生于楚国的结论。其次，崔大华又从正面说明其错误之来源，即"现今之安徽蒙城，汉时称山桑，唐天宝元年始改称蒙城。宋代学者如苏轼、王安石未遑细察，竟将此蒙城认定为庄子故里，亦属疏误"⑦。就是说，这是一种考证上的疏漏

---

① 崔大华：《庄学研究》，人民出版社，1992，第2页。
② 崔大华：《庄学研究》，第3页。
③ 崔大华：《庄学研究》，第5页。
④ 崔大华：《庄学研究》，第6页。
⑤ 崔大华：《庄学研究》，第6页。
⑥ 崔大华：《庄学研究》，第9页。
⑦ 崔大华：《庄学研究》，第8~9页。

造成的错误。崔大华是安徽人，但在庄子故里问题上，他就事论事，尊重史实，态度严谨，且始终如一。1990 年他在回复一位学人的信中曾说"在（安徽）蒙城开庄子讨论会自然是可以的，但说这是在庄子的故里开会就根据不足了"。

3. 庄子身世生平

关于庄子身世生平，他主要就《史记·老子韩非列传》（庄子的传记附于老子之后——作者注）中提到的两件事进行考辨，即庄子曾为漆园吏和不愿就聘楚相。他引用云梦秦简的记录（在说明秦的制度具有普遍意义基础上），认为庄子曾为漆园吏说明"庄子是一位熟悉当时的手工生产、曾任宋国管理漆园种植和漆器制作的吏啬夫"①。他引用黄震的观点，认为"庄子拒聘楚相是寓言而不是事实"②，司马迁错把寓言当史实，虽然可以理解为印证庄子的高洁，但就战国时代的用人导向来看，庄子根本不可能进入侯王们的视野。

庄子生平事迹在《史记》中记载很少，崔大华采用内证方法，从《庄子》书中钩沉出相关记载并进行分类：贫穷、清高、交友、诲徒。他认为贫穷可能给人的精神带来两种影响，"它可能是一种沉重的压力，使人的精神萎靡、颓丧下去；它也可能是一种净化、激化剂，使人的精神高洁、超越起来"③，而庄子属于后者。庄子的清高不仅表现在对名利权势的鄙弃，"还表现在他对主张人生价值在于社会伦理道德的实现的儒家观点的否定"④。在庄子那里，"最高的精神境界不是伦理道德的实现，而是没有、不表露任何道德痕迹的自然状态，是从世俗观念中超脱，与'道'一体"⑤。崔大华认为，"这是庄子一生包括清高在内的种种行为表现的哲学观念的根源"⑥。通常认为庄子的清高主要表现在政治上，但崔大华认为还表现在对待伦理道德的态度上，并将他的思想与生活勾连起来。交友方面崔大华主要阐述了庄子与惠施的交往。主要是他们之间的三次争论。

---

① 崔大华：《庄学研究》，第 13 页。
② 崔大华：《庄学研究》，第 14 页。
③ 崔大华：《庄学研究》，第 15 页。
④ 崔大华：《庄学研究》，第 17 页。
⑤ 崔大华：《庄学研究》，第 17 页。
⑥ 崔大华：《庄学研究》，第 17 页。

第一，"'大而无用'之争"①，他认为这个争论"实际上是关于一种思想或学说的意义或价值的争论"②，惠施希望见用，庄子则相反。崔大华认为这"反映了庄子和惠施具有不同的人生追求"③。第二，"'人故无情'之争"④。崔大华认为，庄惠有情无情之争，实际上是两者不同的人生追求的另一个表现，"庄子认为人之形是'天'或'道'赋予的，人之情是由人自生的。一个人应该因任自然（'天'），保持心境或精神上恬静（'无情'），才有生命的健康，才是有道的生活。惠施则认为人之情亦为人所固有，人的欲望、感情都能被激发、被满足；才有人的生命的实现，才是人的生活"⑤。在庄子那里，生命不是"我"的生命，而是"天"或"道"赋予的，自然要循道而行，常因自然而不益生。不以生为乐，自然不以死为恶，恶与乐这些情绪都是不自然的、多余的，益生的追求也是不自然的、徒劳的。第三，"'鱼乐'之争"⑥。崔大华认为这个争论"反映了他们具有不同的审美情趣和认识方法"⑦。他认为惠施的反问"子非鱼，安知鱼之乐"是一种"理智思辨"，而庄子所言鱼之乐是一种"直观感受"，这是两种不同的认识方法，庄子"机智地避开了问题实质（异类），而在形式逻辑（类比推理）的掩护下，'跨过'了这条鸿沟：既然你惠子可以知我，那么我庄周亦可以知鱼"⑧。庄子以二人事实上的（庄子与惠施）的相知，否定了惠施逻辑上（人与鱼）的不相知。在这里，逻辑遇到生活，陷入悖论。因为它无视生活的真实，只在形式中打转，但最终行动的真实性否定了逻辑的有效性。崔大华从《庄子》中庄子与其弟子的谈话中提炼出三个主题。第一，处世。庄子在《山木》中与弟子论材与不材，讲自己的处世之道。崔大华分析认为，庄子的"这种不再以世故为计的与世沉浮的处世态度，实际也不再是一种方法，而是升华为一种境

---

① 崔大华：《庄学研究》，第 19 页。
② 崔大华：《庄学研究》，第 20 页。
③ 崔大华：《庄学研究》，第 21 页。
④ 崔大华：《庄学研究》，第 21 页。
⑤ 崔大华：《庄学研究》，第 21 页。
⑥ 崔大华：《庄学研究》，第 22 页。
⑦ 崔大华：《庄学研究》，第 22 页。
⑧ 崔大华：《庄学研究》，第 23 页。

界，一种如同造物者（'物物'）与万物一体（'不物于物'）的那种超脱的、无累的自由精神境界（'道德之乡'）"①。庄子说材与不材都不是自己的处世之道，他的正面主张是"乘道德而浮游""浮游乎万物之祖"，表面上不离于物，实际上却不为物役，不为其所累。这是将"我"扩大至与道为一的境界，看似玄虚，实际是庄子的精神体验。因此，崔大华说这"不再是一种方法"，"而是一种境界"。第二，论守真。还是《山木》中，庄子讲自己的一个经历，庄子捕异鹊，却发现了异鹊在捕螳螂，而螳螂又瞄上了蝉。异鹊、螳螂、蝉都是见利忘形，庄子省觉自己背后可能也有人拿弹弓对着自己，果然有个虞人来追他。他由此而觉悟自己也犯了错。崔大华认为，这个故事意在说明"在庄子看来，在事物关系之网的每个续结或环节中，都织进了、潜伏着难以预测的危机、厄运。因此，庄子就用雕陵之游的遭遇所得出的教训告诫他的弟子，必须摆脱物与物、人与人、人与物之间的关系之网，这就是'守真'；换言之，也就是不要为外物所扰动，迷于自身以外的追求而'忘真'"②。这个理解是非常准确的。第三，论归宿。庄子妻死，他鼓盆而歌，在他自己将死之时，也是同样的达观态度。崔大华从庄子思想的背景中考察其意义。他认为，"在庄子那时的儒家，已逐渐形成这样的观点：人的生命负载着某种使命而来，人的生命的归宿也应负载着某种社会价值的实现而去"③。在儒家那里，生命的意义在于践行道德伦理观念。但是，庄子"把人生的过程看作是纯粹的、完全的自然过程。人除了应对表现着自然的个人生命负责外，没有其他任何社会的目标、责任或义务"④。儒家的观念在人类的历史上显示出一种人的自觉，就是对于自然生命意义的思考与实践，是一种进步，但是它有一个自然限度，就是在客观上不能危及人类作为类的生存。而庄子在中国人的生存史上，探索了一种摆脱目的论的生存方式，理直气壮地不为任何（或崇高的，或世俗的）目的而活着，活着本身就是意义。

---

① 崔大华：《庄学研究》，第24页。
② 崔大华：《庄学研究》，第25页。
③ 崔大华：《庄学研究》，第25～26页。
④ 崔大华：《庄学研究》，第26页。

崔大华通过对庄子这些事迹的钩沉，对于庄子其人其思想进行一个有依据的判断，即"庄子是一个处于逆境中的、具有高深文化和深刻精神危机的人"①，他承受着物质生活的困境与精神上的痛苦，但他能够忍受和超脱，这种力量"来自他对个人的人格独立和精神的绝对自由的追求"②。这就把庄子思想与庄子的生活紧密关联起来，可以说是有理有据。

（二）《庄子》其书考论

《庄子》今天流传的版本有 33 篇，但根据《汉书·艺文志》记载，《庄子》共计 52 篇。《史记》说庄子著书 10 万余言，但宋代时学者统计其书字数不到 7 万。《庄子》从汉代的 52 篇 10 万余言，变成晋代以后的 33 篇不到 7 万言，说明有一个较今本更古的古本《庄子》存在，因此需要对这个问题作一个考察。崔大华的《庄子》考论包括三个内容。

1. 《庄子》古本到今本的演变和对《庄子》佚篇佚文的钩沉

崔大华认为，"《庄子》五十二篇本在汉代可能是通行本"③，依据是高诱注《吕氏春秋·必己》和《淮南子·修务训》，后者的"作书二十二篇"，他认为第一个"二"字可能是"五"字之缺坏。这个版本在魏晋有司马彪和孟氏作注，其篇目构成，据陆德明说是内七、外二十八、杂十四、解说三。他认为三篇庄子解说"似乎不是《庄子》固有的篇目，而是其附录"④，它们应该归属于《淮南子》而不是《庄子》。这样，古本《庄子》实际上是 49 篇。汉代的两个《庄子》注本都是 52 篇，魏晋时代则是选注本。他认为崔譔的《庄子》27 篇本是"其述尚存的最早的魏晋注《庄子》诸家中最早的"⑤，加上《天道》《刻意》《田子方》《让王》《说剑》《渔父》等 6 篇，"可能就是以后郭象确定并注解的三十三篇本"⑥。这就把《庄子》从汉代 52 篇（实际 49 篇）到魏晋 33 篇的演变简要地勾勒出来。从汉代的全注本到魏晋的选注本，被删掉的那些篇目

① 崔大华：《庄学研究》，第 26 页。
② 崔大华：《庄学研究》，第 27 页。
③ 崔大华：《庄学研究》，第 44 页。
④ 崔大华：《庄学研究》，第 45 页。
⑤ 崔大华：《庄学研究》，第 45 页。
⑥ 崔大华：《庄学研究》，第 45~46 页。

"言多诡诞，或似山海经，或类占梦书，故注者以意去取"（《经典序文·释录》）。崔大华引用日本高山寺所藏庄子残抄本《天下篇》后"跋语"，印证陆德明的说法，即《阏奕》《意脩》《危言》《游凫》《子胥》等篇就是类似山海经、占梦书而被郭象删掉的。另外，《庄子》古本中可能还有《惠施篇》，在今本中被误置于《天下篇》最后。崔大华推测其过程如下："惠施是庄子的论友，刘向编校《庄子》时，将记述惠施辩者论点的一篇文字编入《庄子》，《汉志》又在名家类重出一次；魏晋学者注解《天下篇》时，又将惠施这段言论视为和墨翟、宋钘、彭蒙、关尹、庄周争鸣的一家之言并入《天下篇》。"[1] 也就是说，《天下篇》的"惠施章"是魏晋时代的《庄子》注者因误会刘向的意思，而将篇变成章，放到《天下篇》的最后。因此，确切可考的《庄子》佚篇就有 6 篇，即《惠施》与前述 5 篇。另有 3 篇《畏垒虚》《马捶》《重言》则难以确认。在《史记·老子韩非列传》中，曾提到"畏累虚、亢桑子之属"，司马贞《索隐》里，认为既然有《庚桑子篇》，那么也应该有《畏垒虚篇》。张守节《史记正义》持异议，认为畏垒虚不是人名，而是地名。崔大华认为"比较而言，《正义》的理解为可信"[2]，则此篇可能并不存在。"马捶"的故事见于《庄子·至乐》，崔大华考证认为，"《南史·何子朗传》谓，子朗'尝为《败冢赋》，拟庄周马捶，其文甚工'（《南史》卷七十二）。孙志祖据此认为'盖《马捶》亦《庄子》逸篇也'（《读书脞录续编·庄子逸文》）"[3]。崔大华推测，"这则完整的故事，在古本《庄子》中可能是'马捶'为题的独立的一篇，或该篇的首章。郭象修订《庄子》时，正以其文短义浅，有悖于庄子本义，把它削并入《至乐篇》"[4]。若这个推测可靠，则《马捶》应该是《庄子》佚篇。但还有一种情况是，何子朗"'拟马捶'是袭取《庄子》'马捶章'的恶生乐死之义，而不是拟其篇。按照这种理解，孙氏的推断则是不确的"[5]。也就是说，《庄子》中是否有《马捶篇》，其

① 崔大华：《庄学研究》，第 48 页。
② 崔大华：《庄学研究》，第 48 页。
③ 崔大华：《庄学研究》，第 49 页。
④ 崔大华：《庄学研究》，第 49 页。
⑤ 崔大华：《庄学研究》，第 50 页。

实是有疑问的。关于《重言篇》，严灵峰认为庄子中有《寓言篇》，佚篇中的《卮言篇》其实是《卮言篇》，那么据《庄子·寓言》里所说，"寓言十九，重言十七，卮言日出"，则还应该有一篇叫《重言》。崔大华认为，"严氏推断甚是巧妙，亦不为无理。但缺乏旁证，仅此孤证则尚难成立"①。他对前人关于这 3 篇的研究进行的梳理和判断都很全面，结论也是可靠的。司马迁说庄子著书 10 万言，而今本《庄子》不及 7 万字，可见今本相对于古本删掉了至少 3 万字。由于陆德明曾见过司马彪注 52 篇本，所以崔大华推测"《庄子》古本是在唐以后遗佚的"②。"因而，从唐代以前学者著述的征引中和唐宋类书的荟萃中作搜寻，是辑录庄子佚文的主要门路或方法"③。他汇总历代辑佚成果，认为南宋王应麟（39 条），清代阎若璩（8 条）、孙志祖（12 条）、翁元圻（2 条），"这些新增缀的《庄子》佚文，因引据欠缺精确考订，故真实性亦为可疑"④。马叙伦（128 条）、王叔岷（150 多条），"然其严谨性似有所不足"⑤。就辑录的佚文内容来看，"大都是一些片段的历史故事和粗糙的博物知识，显示不出明显的理论观点或思想倾向，可能正是被郭象视为'迂诞''鄙背'的芜杂材料而删削掉的。但现在看来，它们仍具有珍贵的学术价值"⑥。思想性不足但仍是宝贵的思想史材料，这个评价应该说是很客观公允的。

2.《庄子》内、外、杂篇之分

《庄子》一书是后代学者编纂而成，今本的内、外、杂篇之分，自然成于后人之手，那么，这种划分是何时、何人所为，有何标准，目前学术界对此尚未有一致的看法。崔大华在前人研究的基础上，提出自己的观点。王叔岷认为内、外、杂篇之分成于郭象（王叔岷："今本内外杂篇之名，实定于郭氏。"《庄子校释·自序》），但是崔大华认为"《庄子》篇目的内、外、杂之分是在郭氏之前；而且是在内、外、杂篇之分以前，先

---

① 崔大华：《庄学研究》，第 50 页。
② 崔大华：《庄学研究》，第 50 页。
③ 崔大华：《庄学研究》，第 50 页。
④ 崔大华：《庄学研究》，第 50 页。
⑤ 崔大华：《庄学研究》，第 51 页。
⑥ 崔大华：《庄学研究》，第 51 页。

有内、外篇之分"①。证据是"崔譔在注解《齐物论》'夫道未始有封'一句时说'齐物七章，此连上章，而班固说在外篇'"②。班固之前就有内、外之分，那么谁人所为？崔大华分析认为有两种可能：一是刘安及其学者门客，这是张恒寿的主张，崔大华认为证据脆弱，时代错位；一是刘向，崔大华认为后者可能性更大。他认为"《庄子》内篇篇名以三字为题及其涵义模糊的特色，虽与庄子所处的那个战国后期时代的子书篇目不同，但与汉代纬书篇目的风格却极为相似"③。他由此推测，"《庄子》内篇篇名可能是由在谶纬思潮激荡下，具有符应观念和王权观念的一个十分熟悉《庄子》的学者拟定的；而曾经整理编校《庄子》的刘向最有可能"④。这个结论后来受到吴光的质疑，崔大华在给吴光的信中也承认这个观点"薄弱"和有"破绽"⑤之处。关于外、杂篇的划分，一般认为内、外、杂篇的划分同时出现。崔大华则认为，"《庄子》的篇目划分经历两个阶段：先有将全书作内、外篇的划分，这是汉代刘向所为；然后有由外篇中分出杂篇的划分，这是在魏晋时期由司马彪开始、郭象完成的"⑥。崔大华认为"从外篇中分出杂篇是崔、向以后的事"⑦，或者也可以说，司马彪是将《庄子》分为内、外、杂篇的第一人。关于《庄子》的郭象注本，他认为，"郭象注解《庄子》是在向秀的基础上进行的"⑧。在这里，他加了一个注："历史上，对向秀、郭象庄子注的关系有两种有所差别的记载。《晋书·向秀传》说郭于向《注》是'述而广之'，《晋书·郭象传》说郭于向《注》是'窃以为己注'。现代中国学术界对此亦

---

① 崔大华：《庄学研究》，第 52 页。
② 崔大华：《庄学研究》，第 52 页。
③ 崔大华：《庄学研究》，第 57 页。
④ 崔大华：《庄学研究》，第 58 页。
⑤ 崔大华在 1993 年给吴光先生的信中说："这篇书评（即《道家思想研究中的优秀成果——评崔大华著〈庄学研究〉》，《中国哲学史》1993 年第 3 期——作者注）也显示出你的功力和慧眼，凡我自觉得比较满意或妥切之处，你都给予了肯定、称赞，凡我自知是薄弱的、可能有破绽之处，也被你以十分客气的商榷的态度指出，例如你对内篇命名的质疑，对将老子书、人分开，就是不无道理的，是使得我深入考虑的。你的这种态度正表现出你在这些问题上的思考比我更高、更成熟。"
⑥ 崔大华：《庄学研究》，第 60 页。
⑦ 崔大华：《庄学研究》，第 61 页。
⑧ 崔大华：《庄学研究》，第 61 页。

有所讨论、争执（分别见侯外庐等著《中国思想通史》第三卷和冯友兰著《中国哲学史新编》第四册。本书对此不作深论）。《晋书》的两处记述措辞虽有差别，但皆可支持向《注》是郭《注》的基础的论断。"① ——崔大华似乎无意在侯与冯之间选择立场，而是用一个最大交集式的结论，避免对郭象作严厉的指控。这算是一种持平之论。郭象对《庄子》书的贡献，除了在向秀基础上作注之外，还在于在司马彪52篇本的基础上进行删削，即把28篇外篇删掉13篇，把14篇杂篇删掉3篇。崔大华认为，"郭象对《庄子》外、杂篇较大规模的删削、修订，使《庄子》更为精纯，理论思维水平更为提高，在当时这是一种学术性的创造；但庄子中的许多思想资料从此而遗佚，外、杂篇的界限也因此而模糊、消失，在今天看来，这又是一种学术性的破坏了"②。也即是说，从学术史的角度看，郭象本的《庄子》是创造与破坏并存，他删掉的自然是他认为没有价值的东西，而这个"价值"是他预定的，体现出重思想、轻方技的倾向。

关于《庄子》内、外、杂篇划分标准，历代学者观点不一。主要的标准有三：内容深浅、题目有无、作者不同。宋代以前，主要是前两个标准，其结论主要来自成玄英的《庄子注疏·序》，第三个标准出现在宋代以后。崔大华对前两个标准有不同意见。以内容深浅为划分内篇与外、杂篇的标准，曾受到宋代林希逸、明代陆长庚等人的质疑。崔大华同意他们的看法，因为"这个标准本身就是难以确定的、相对的"③。但同时也认为，"内篇与外、杂篇之间又的确存在某种在境界和风韵上的差别。内篇基本上是从整体上同时显示思想高远而不险奇幽深，语言自然而无精雕巧饰，名物古朴而并不怪僻驳杂；而这些在外、杂各篇中只是在或多或少的片段章节、段句上才具有的"④。内篇与外、杂篇相比，境界和语言风格上确实存在高下之分，因此情况可能比较复杂。张恒寿曾逐篇逐章分析

---

① 崔大华：《庄学研究》，第61页。
② 崔大华：《庄学研究》，第62页。
③ 崔大华：《庄学研究》，第63页。
④ 崔大华：《庄学研究》，第64页。

《庄子》文本，也认为外、杂篇中亦有不逊于《庄子》内篇的内容存在。①"以有无标题作为划分《庄子》内篇与外、杂篇的标准，必须有这样的大前提：内七篇的篇名是《庄子》著者自拟。这样，编校整理者才能据以把它们划为'内篇'。然而从以上的分析看，这是绝难以成立的。"②崔大华花很大力气证明《庄子》内篇的篇名是由刘向所题，在这里起了作用，即可以推翻成玄英的观点，就是郭象划分内、外、杂篇的依据，不能从有无标题来立论。宋代以后关于内、外、杂篇划分出现一个新标准，即作者不同，也即认为内篇是庄子自作，外、杂篇是庄子后学所作。这一观点后来为大多数学者所接受。但在 20 世纪 60 年代初的庄子哲学大讨论中，任继愈提出一个相反的观点，即认为《庄子》内篇为后学所作，外、杂篇是庄子自作。③崔大华对任氏所列三个论据（荀子的评价和司马迁的举例、《庄子》篇目特征、思想所反映的时代特色）逐一进行反驳。④在庄子作者这个问题上实际上就是三种观点，一种是现代任继愈的观点，还有两种是传统观点，其中一种是宋代以前始于汉代的观点，认为《庄子》一书是庄周自著；另外一种是宋代苏轼以后形成的观点，认为内篇是庄子自作，外、杂篇是后学所作。目前任继愈的观点不被接受，普遍接受的是宋代以后的观点。

3. 《庄子》真伪问题

所谓真伪问题实质是《庄子》各篇作者的问题。在宋代以前人们认为《庄子》一书是庄子自作，就不存在真伪问题，宋代以后划分《庄子》内、外、杂篇的依据新增一个作者不同的标准，于是才产生了《庄子》各篇的作者问题，而根据是否庄子所作，才有了《庄子》真伪问题。崔大华将学者们提出的判断标准归纳为三类："以思想内容判定"⑤，"以文

---

① 张恒寿认为外篇中"《秋水》《田子方》《知北游》三篇对庄子哲学思想有新的发展"，杂篇中《庚桑楚》《徐无鬼》《则阳》《寓言》四篇"都是全书中的精彩之作"，"能发内篇未发之旨"。见张恒寿《庄子新探》，湖北人民出版社，1983，第324 页。
② 崔大华：《庄学研究》，第 63 页。
③ 任继愈：《庄子探源》，《哲学研究》1961 年第 2 期。
④ 见崔大华《庄学研究》，第 65~66 页。
⑤ 崔大华：《庄学研究》，第 68 页。

体风格判定"①，"以名物制度判定"②。所谓真伪，实际是写作时代先后问题。真伪内含有褒贬之义，既不准确，意义也不大，崔大华将问题引到更有意义的方向去阐述。他认为，"传统观点用来判别《庄子》真伪的文体风格、名物制度的标准，显示出《庄子》各篇的风貌高卑不一、史实前后不合，表明《庄子》非成自一人一时。因此，如果用《庄子》各篇的不同是先秦庄子学派的著述写作年代有先后和思想演变的始末的观点来代替传统的真伪的观点，这些标准或方法仍是正确的、可以运用的"③。这是实事求是的态度，不标新立异，也有自己的见解。以上是传统的看法。近代以来学者们对于《庄子》其书的思想归属有新的理解，形成两种观点："《庄子》是先秦道家思想汇集"④ 与 "《庄子》是先秦庄子学派著述汇集"⑤。

第一种观点认为《庄子》是先秦道家思想的汇集，代表人物是罗根泽。罗氏在《庄子外杂篇探源》中将外、杂篇按内容分为 12 类。崔大华肯定这是庄学研究一个重要的进步，但也指出存在的几个缺陷："首先，是他的思想派别的划分没有统一的学术标准，因而不够准确。罗氏将道家分为'左派''右派''隐逸派''激烈派'，实际上是根据一种对儒家和社会生活之不同这个颇具政治色彩的标准来进行划分的，缺乏学术思想上本质特征的揭示，所以这种区分就可能是十分模糊的，难以确立的，并且会带来混乱的。"⑥ 因为先秦攻击儒家的不仅有道家，还有墨家、法家。"其次，罗氏划分《庄子》外、杂篇所属思想派别和确定其写作年代的判据，也有疏于考证，因而有不够坚强之处。如罗氏认为《天下篇》是庄子自撰，而他提出的论据实际上是不足以支撑这个结论的。"⑦ "最后，罗氏论述中的最大失误是以章代篇。罗氏忽视了《庄子》每篇都是集章而

---

① 崔大华：《庄学研究》，第 69 页。
② 崔大华：《庄学研究》，第 70 页。
③ 崔大华：《庄学研究》，第 73 页。
④ 崔大华：《庄学研究》，第 74 页。
⑤ 崔大华：《庄学研究》，第 86 页。
⑥ 崔大华：《庄学研究》，第 74、77 页。
⑦ 崔大华：《庄学研究》，第 78 页。

成，各章之间内容并不一致，因而其论断多有以偏概全的缺陷。"① 此外，崔大华还注意到张恒寿《庄子新探》中对《庄子》文本写作年代的探讨，认为它"实际上是把传统的用来辨别外、杂篇'真伪'的思想内容、名物制度、文体风格三个标准，推广用来考察《庄子》内、外、杂篇的各章，从而确定它们各自的思想归属和时代先后。这样，既克服了传统观点的狭隘性，又避免了罗氏论述中的以偏概全的缺陷，比较清晰地显示了在内、外、杂篇之分和篇目之名的帷幕遮掩下的庄子思想本来面目和发展演变过程，这是庄学研究的新进展"②。在肯定张氏考证成就的基础上，崔大华也指出其不足："第一，在判定《庄子》各篇章的年代先后方面，张氏用以确定《庄子》早期作品的首要标准或标志，是《淮南子》以前的典籍有明引'庄子曰'云云，而又明见于今本《庄子》者。"③ 他认为这是不正确的。因为如果依这个标准，则外篇《达生》是最早的庄子作品，因为《吕氏春秋·去尤》引用时说了"庄子曰"云云，但依同样的标准，则《韩非子·难三》也引用了《庚桑楚》里的话，而后者显然更早。"从思想内容上来说，《达生》具有明显的道术化倾向，它是对内篇提出的超脱的精神境界的解释。"④ 崔大华认为，"从思想的发展逻辑来看，它应当是在《逍遥游》论神人'大浸稽天而不溺，大旱金石流土山焦而不热'和《齐物论》论至人'大泽焚而不能热，河汉沍而不能寒'之后"⑤，而"《吕氏春秋·求人》援引《逍遥游》的'许由章'，《精通》引《养生主》'庖丁解牛'这些早期篇章的内容，却并没有冠以'庄子曰'三字，但察其大意，确实是指庄子学说，而且在今本《庄子》内无可怀疑者。但是，这种情况只是表明《庄子》早于这部先秦典籍，并不能据以判明《庄子》各篇章的早晚"⑥。"第二，在判定《庄子》各篇章的思想派别的归属方面，张氏沿袭罗氏之说，将《庄子》外、杂篇分属道家左派、右派、神仙、隐逸等等，这种对先秦学派的划分，在先秦的典籍记载上是没

---

① 崔大华：《庄学研究》，第79页。
② 崔大华：《庄学研究》，第80页。
③ 崔大华：《庄学研究》，第82页。
④ 崔大华：《庄学研究》，第83页。
⑤ 崔大华：《庄学研究》，第83页。
⑥ 崔大华：《庄学研究》，第83页。

有根据的。"① 崔大华将先秦典籍中对学派的划分列了一个表，文献依据是《庄子·天下》、《尸子·广泽》、《荀子》的《非十二子》《天论》《解蔽》以及《韩非子·显学》、《吕氏春秋·不二》。除了《韩非子·显学》里提到儒、墨两派之外，其他的典籍里提到的都是个人而不是学派。可见以学派论思想，应该比较晚。崔大华还认为，"有些派别（如神仙派、隐逸派），当时还没有形成完整的或独立的理论形态，除了《庄子》本身，在先秦其他著作中很难找到它们作为一种思想派别而存在的显著痕迹"②，因此并不存在一个在《庄子》之前的一个神仙派、隐逸派；相反，是在《庄子》中产生了这些派别的思想。《庄子》是它们的思想源头，而不是它们的归类。

第二种观点把《庄子》视为先秦庄子学派著述的汇集，"这种观点认为，对《庄子》各篇章，不仅可以从作者是庄子或其后学，时代是先或后的角度，而且还可以从内容是源或流的角度来加以区分"③。源自然在先，是庄子自作；流自然在后，是庄子后学所作。这样的判断既综合前两种标准，也更有意义。接下来就是先确认庄子自作的部分及其思想核心。崔大华同意多数学者的观点，即内篇是庄子自作，代表庄子本人的思想，是《庄子》哲学的源。他提出的根据有三，"第一，《庄子》各篇中对庄子生平言行的记述"④，其中显示庄子对无待的精神自由的追求。"第二，《庄子·天下》对庄子思想的概述"⑤，也就是齐万物与泯是非。"第三，荀子对庄子思想的评述"⑥，即轻社会伦理，向往自然本然状态（《荀子·解蔽》："蔽于天而不知人。"）。崔大华认为这些"可以比较充分地确定《庄子》内篇所反映的"基本上概括了庄子思想的主要方面和基本特征。以此为标尺，就可以确定外、杂篇中那些超出这些之外的思想，就是庄子后学发展和变异的庄子思想。由《庄子》内篇到外、杂篇，构成了庄子学派在先秦的历史发展，表现为在理论内容上向庄子核心思想以外的范围

---

① 崔大华：《庄学研究》，第 84~85 页。
② 崔大华：《庄学研究》，第 86 页。
③ 崔大华：《庄学研究》，第 86 页。
④ 崔大华：《庄学研究》，第 86 页。
⑤ 崔大华：《庄学研究》，第 86~87 页。
⑥ 崔大华：《庄学研究》，第 87 页。

扩展和吸收儒、法思想的折中倾向"①。道家学者吸收儒家思想,其道就会成为道德本体,吸收法术思想,其道就成为君主的代言人。当然,他同时也指出,以上述方法判断内篇为源,外、杂篇为流,这"也只是就大体言之,而不能说每一章节皆如此"②。

相比之下,《庄子》是先秦道家思想汇集与《庄子》是先秦庄子学派思想汇集这两个观点中,崔大华更倾向于后一种观点,即"《庄子》一书就是庄子及其后学的著作汇集"③。

关于《庄子》的真伪问题,他最后又专门讨论了《说剑篇》和《天下篇》的作者问题。他认为《说剑篇》与其他外、杂篇的不同之处在于,"外、杂各篇都能在内容上找出和内篇发生或多或少、或深或浅的相互关联、犀通的地方,唯独在《说剑》中找不出这样的地方"④。也就是说,《说剑篇》在内篇找不到源头性的内容。他罗列了前人关于此篇的考证成果,认为最大的可能是"庄子后学模拟策士之文"⑤。这个结论,既能解释为什么《说剑篇》如此与众不同,又能解释为什么它还能被放进《庄子》书中,应该是比较妥当的。

关于《天下篇》,他认为"是一篇精湛的先秦学术思想概述"⑥。《天下篇》的作者问题,前人有两种意见,一种见解认为《天下》是庄子自著。有三个方面的论据:古书通例、《天下篇》的内容非庄子不能为、《天下篇》的文辞非庄子不能为。崔大华认为,"这三条论据当然都是正确的,但不是绝对的;从逻辑上来说,是充分的,但不是必要的"⑦。这些说法虽然正确,但是正确的观点并不能支持《天下篇》为庄周自著,因为这些论据不绝对,也不必要。另一种见解认为《天下》是庄子以后人所作。⑧ 崔大华归纳这一种见解的论据有二。"第一,《天下篇》的语调

① 崔大华:《庄学研究》,第89页。
② 崔大华:《庄学研究》,第89页。
③ 崔大华:《庄学研究》,第97页。
④ 崔大华:《庄学研究》,第97页。
⑤ 崔大华:《庄学研究》,第97页。
⑥ 崔大华:《庄学研究》,第98页。
⑦ 崔大华:《庄学研究》,第98页。
⑧ 见崔大华《庄学研究》,第98页。

口气，不能是庄子自述。""第二，《天下篇》的思想和格调皆与内篇不合。"① 他认为"比较两种见解，无疑后一见解更为可信"②。至于《天下篇》是庄子之后的哪位学者所作，崔大华归纳了学术界三种不同的意见。"一是谭戒甫的观点，认为作者是淮南王刘安。"③ "二是严灵峰的观点，认为《天下》是荀卿晚年的作品。"④ "三是张恒寿的观点，认为是荀子以后、司马谈以前受老庄影响很深的儒家学者。"⑤ 崔大华认为谭氏以《天下篇》为《淮南子·庄子要略》的改名，论据最弱，不能成立。严氏则忽略了荀子与《天下篇》作者对百家的态度之不同。张恒寿的观点较为可靠，但不足之处在于"唯一地重视《天下》和儒家思想相接近的那个方面，而忽视了《天下》和《庄子》本身发生思想观念联系的那个方面，这样，就只能得出《天下》是儒家作品的结论"⑥。他列表比较《天下篇》与《庄子》内、外、杂篇的思想关联，推断"《天下篇》是庄子后学中受到儒家思想影响较多的人所作；而且，其写成可能在庄子诸篇之后"⑦。

崔大华《庄学研究》的上编，既定目标是考论庄子这个人和《庄子》这本书，说明围绕其人其书存在哪些问题、这些问题的历史状况和解决程度，以及他对这些问题的思考与结论。可以看出，这其实是一个庄子其人其书的学术史考察，它为后面研究庄子思想奠定了一个较为可靠的基础。

二　庄学之源：庄子思想诠释

《庄学研究》一书的副标题是"中国哲学一个观念渊源的历史考察"，这是因为崔大华认为庄子思想"是中国传统思想某些基本特征和内容的最早的观念根源"⑧。庄子思想中的哪些特征和内容构成了中国哲学的观

① 崔大华：《庄学研究》，第98页。
② 崔大华：《庄学研究》，第99页。
③ 崔大华：《庄学研究》，第99页。
④ 崔大华：《庄学研究》，第99页。
⑤ 崔大华：《庄学研究》，第99页。
⑥ 崔大华：《庄学研究》，第100页。
⑦ 崔大华：《庄学研究》，第103页。
⑧ 崔大华：《庄学研究》，"自序"，第1页。

念渊源？他说，"庄子那些具有源头或轴心性质的思想观念的起源，我是通过背景的分析把它显示出来的。将庄子思想的具体方面与大约同时代的先秦诸子思想，与世界思想史上那些最重要的、具有代表性的思想作对应的比较分析，庄子思想的理论特色也就清晰地显现出来了；这种特色在不太严格的意义上可以简单地归结为对自然的洞察和对自由的追求"①。从后面他的论述来看，构成庄子思想最突出特色的基本特征是庄子的自然主义立场，内容则是庄子的情态自由。这些源头性质的观念在全部中国哲学思想史中对于消化异质思想起到了无可替代的作用。《庄学研究》第二编研究庄子思想，也可以看作对庄学作为一个源头的研究。

　　崔大华对庄子思想有一个总的概括评价，他认为"《庄子》一书显示的庄子思想，从自然到人生，从万物的物质基始到宇宙的形而上的根源，涵盖着广阔的理论领域，跨越了漫长的思维历程，为先秦诸子之首"②。"广阔"形容其内容丰富，"漫长"则说明其思想有发展，这是崔大华数十年阅读《庄子》的深切体验。同时他也认为，《庄子》"理论内容是散乱的"，"发展阶段也缺乏自然的、明确的区分界线"③。因此，他在整理诠释庄子思想时，"就不再拘泥于《庄子》内、外、杂篇这种外在的、人为的分割，而把《庄子》一书作为一个整体，从中发掘、整理出庄子学派的完整思想及其发展的逻辑"④。由于《庄子》一书不成于一人，各篇章也不成于一时。作者并不是先有一部书的整体规划，然后动笔写作。它是先有章，再有篇，再有书，书其实是篇章的合集。某章某篇都有其想要表达的思想，但由于不是事前规划设计，而是由后人编辑在一起，这就会显得散乱。今人研究其思想，就需要在读懂篇章的基础上，整理出一个思想发展的逻辑。这个整理是带着"前见"的，是有一个思想框架的。关于庄学之源，崔大华要做的工作就是将庄子思想放进这个框架中进行诠释。

　　崔大华认为，"庄子思想发源于对人的精神自由（'逍遥'）的追求。

---

① 崔大华：《庄学研究》，"自序"，第 2 页。
② 崔大华：《庄学研究》，第 104 页。
③ 崔大华：《庄学研究》，第 104 页。
④ 崔大华：《庄学研究》，第 104 页。

由这个源头，庄子思想向两个方向展开去。一个方向是对永恒的宇宙根源的热烈的探索，自由就是对它的归依，与它同体；另一个方向就是对现实社会的冷峻的审视，自由就是对它的超脱，与它绝离"①。因此，人生、自然、社会组成了庄子思想主要的、基本的方面。而这几个方面与先秦诸子相比，表现出不同的思维特色与语言特色。基于这样的判断，他"就从庄子的自然哲学、人生哲学、社会批判思想，庄子思想的认识结构、文学特质和古代科学背景等方面，作为一个整理框架，将《庄子》中的概念、范畴、命题、思想贯穿起来，形成一种具有内在联系的观念体系，在一种现代的观念背景下来阐释、复现庄子学派真实的、历史的思想面貌"②。这个学术追求在我们今天看起来平平无奇，但是他的这项研究是在 20 世纪 80 年代，而新中国成立之后的前 30 年，庄子哲学研究乃至整个中国哲学研究，都笼罩在日丹诺夫模式下。具体到庄子研究，就是采用阶级分析方法，进行唯心主义批判。在这种模式下，庄子成了被批判的靶子，提供的全是思维教训，没有积极的、有价值的东西。与之相比，崔大华的研究着重从积极意义上发掘庄子哲学的价值，而不再采用唯物、唯心的概念给庄子思想贴上标签。如同对待宋明理学一样，对于庄子哲学，也给予客观评价。

（一）自然哲学

崔大华认为庄子思想的核心是他的人生哲学，那么，为什么要先讨论自然哲学，或者说，庄子自然哲学与庄子人生哲学有什么关系？庄子的人生哲学是从自然哲学中推出来的。庄子要为自己的生活方式寻找合理性依据，即他认为自己这样生活是正确的，因为这样最自然。所谓"自然"是怎样的？他通过自然哲学进行阐释。因此，崔大华认为，"从庄子的自然观开始对庄子思想全貌的分析是最为合适的，这是历史和逻辑的统一"③。他通过三个概念：气（构成万物的基始）、化（万物生成和存在形式）、道（宇宙根源）来讨论庄子自然哲学。

① 崔大华：《庄学研究》，第 104~105 页。
② 崔大华：《庄学研究》，第 105 页。
③ 崔大华：《庄学研究》，第 105 页。

关于气的概念，崔大华首先回顾了庄子之前中国哲学两种思考万物基始的观点：一是在对万物作基本分类的五行说的基础上，以其中之一的土或水构成万物的基始的观点；二是在对自然状态作基本分类的阴阳说基础上形成的以气为万物基始的观点。他认为，这两种观点"还停留在用'天地之气''人之气'解释具体事物和现象这种比较简单的、抽象的阶段。庄子的'气'论则把这一理论思索向前推进了一步"①，这就为庄子"气"论确定一个思想坐标。庄子气论有静与动两个重要方面，即"气是虚无的显现"②，"通天下一气"③。前者是就气的本质而言，说它的本质是虚无，人与自然有共同的根源，即统一于气，没有绝对的界限；后者是在引入运动观念后的世界图景。它包括两个方面，"首先，庄子认为阴阳这两种性质对立的气相互作用，天地原始的存在状态就会发生变动，就要产生万物"④，"其次，庄子还认为，正是气的运动不息所表现出的万物生成、发展、灭亡的过程，构成了全宇宙的全貌"⑤。

世界统一于气，是否意味着庄子自然哲学是唯物主义？崔大华认为，"庄子气论对世界统一性的基本理解实际上是认为物质现象和精神现象有共同的起源。这一理解和古代原子论者认为身体和灵魂都是由原子构成的观点相似，而和现代唯物主义认为世界统一性在于它的物质性的观点有所不同"⑥。这就间接否定了曾经流行的以现代哲学观念去理解和判定庄子哲学并给庄子贴上各种标签的做法，而肯定了古代中西哲学在世界观上的某种相似之处。应该说，这是一种对待古代思想的严谨求实的态度。

关于化的概念，他引用黑格尔对运动的定义⑦，认为庄子也有明确的时空观念，因此在分析庄子"化"的概念之前，他先从三个层次对庄子的时空观念进行考察。首先是"对时空的感性直观"⑧。我在无穷空间中，

---

① 崔大华：《庄学研究》，第 106 页。
② 崔大华：《庄学研究》，第 106 页。
③ 崔大华：《庄学研究》，第 108 页。
④ 崔大华：《庄学研究》，第 108 页。
⑤ 崔大华：《庄学研究》，第 109 页。
⑥ 崔大华：《庄学研究》，第 108 页。
⑦ "运动的本质是成为空间和时间的直接统一"，〔德〕黑格尔：《自然哲学》，梁志学译，商务印书馆，1980，第 58 页。
⑧ 崔大华：《庄学研究》，第 110 页。

渺小不可计，我在无限时间中，短暂不可计，这是以我来丈量时间和空间，或者说以感性的自我表象为尺度来量度时空。这是比较初级和简单的时空观念。其次是"对时空的理智思辨"①。这就不再借助有限的我来度量时间和空间，而是经由理智的合理想象来思索空间的无限和时间的无始。崔大华认为，"这种超越天地之外的无限空间的存在，庄子不仅是出于想象，而且是凭借理智的由此及彼的推论，是凭借理智的深入思索"②。我们的感性认识不足以穷尽时间与空间的无限。无限在经验之外，不可经验但又是真实的。它是一种理性的真实，需借助理智的推论来完成。最后是"对时空的概念规定"③。在庄子之前，已经有了描述时间和空间的抽象名词，即宇和宙。稍早于庄子的《尸子》说，天地四方曰宇，往古来今曰宙（《世说新语·排调》注）。天地古今都是可以经验的或通过经验可简单推论的，崔大华认为这只是名词释义，"没有揭示这一概念的本质特征"④。庄子在这个基础上作了规定："有实而无乎处者，宇也；有长而无本剽者，宙也。"（《庚桑楚》）郭象注："宇者，有四方上下，而四方上下未有穷处。宙者，有古今之长，而古今之长无极。"这就将时间与空间从可经验处推至经验不可及之境，即空间不限于天地四方而超越天地四方至于无限，时间不限于古往今来而超越古今至于无始。

在考察了庄子的时间空间观念后，崔大华分析了庄子的运动变化观念。他从三个方面阐述。一是"'化'的普遍性与多样性——'万物皆化'与'万化'"⑤。这是建立在气论"通天下一气"的观念基础上的逻辑结论。万物间表面上是物各不同，但在庄子看来却是"万物皆种，以不同形相禅"（《寓言》），"物与物间、物与人间可以无条件地自由转化"，"鱼可以化为鸟，人之肢体可以化为鸡、化为弹、化为轮……这种物与物、物与人之间无界限、无条件的自由转化，庄子称之为'物化'"⑥。因为有共同的构成物质基础，即气，所以物只是气的不同方式

---

① 崔大华：《庄学研究》，第 110 页。
② 崔大华：《庄学研究》，第 111 页。
③ 崔大华：《庄学研究》，第 113 页。
④ 崔大华：《庄学研究》，第 113 页。
⑤ 崔大华：《庄学研究》，第 114 页。
⑥ 崔大华：《庄学研究》，第 114 页。

的聚集，化了之后归于气，就可以再聚为物。二是"'化'的共同历程——'始卒若环'"①。更进一步，万物之间的无条件转化，不是线性进化，而是"始卒若环"的循环往复。"庄子认为万物从无开始，经历一、德、命、形、性诸阶段后，又返回到虚无。"② 崔大华据此分析胡适的结论，即认为《庄子·至乐》中的一段描述在进化论的思想③，他认为，"这一论断是不严肃的。庄子的这段言论的价值和意义，在于它作为整体，具体而生动地显示着、证明着一种循环论的思想，如果割取它的任何一部分，则它就既不是事实，也没有思想"④。也即是说，庄子这些论述是一种循环论，不包含进化思想。只是循环，没有进步。三是"'化'的动因——'自化'"⑤。崔大华认为这是"庄子的变化观念的最深刻的内容"⑥。物变化的原因何在？庄子认为不在外部，"决定万物存在形式和内在本性的那种原因，就是它自己"⑦。这一观念的重要性一方面在于与西方哲学比较中呈现的特色与价值，另一方面在于它将成为庄子人生哲学的自然观依据，即否定必然与规范的倾向。

关于道的概念，崔大华首先根据《庄子》文本将其概括为三类六种含义。第一类是"含有具体内容的'道'"⑧，包括天道与人道，即"自然界的内在秩序、万物的固有之理"⑨，以及"社会的法则、规范"⑩。第二类是"作为抽象的思想形式的'道'"⑪，包括道理、真理以及道术、方法两种含义。第三类是"具有总体内容的'道'"⑫，包括"宇宙万物

---

① 崔大华：《庄学研究》，第 115 页。
② 崔大华：《庄学研究》，第 115 页。
③ 胡适以《至乐篇》"种有几"一章说明《寓言篇》的"万物皆种也，以不同形相禅"，认为《庄子》中包含着生物进化论。详见胡适《中国哲学史大纲》第九篇"庄子"第一章"庄子时代的生物进化论"，商务印书馆，2011，第 204~213 页。
④ 崔大华：《庄学研究》，第 116 页。
⑤ 崔大华：《庄学研究》，第 116 页。
⑥ 崔大华：《庄学研究》，第 116 页。
⑦ 崔大华：《庄学研究》，第 116 页。
⑧ 崔大华：《庄学研究》，第 119 页。
⑨ 崔大华：《庄学研究》，第 119 页。
⑩ 崔大华：《庄学研究》，第 120 页。
⑪ 崔大华：《庄学研究》，第 120 页。
⑫ 崔大华：《庄学研究》，第 121 页。

的最后根源以及体悟这个最后根源所达到的精神境界"① 两个含义。这三类中，最后一类才是庄子正面主张的"道"，因此崔大华后面重点论述了《庄子》中的第三类"道"。他明确感知并且非常重视庄子思想形成的过程性与艰难性，在阐释作为最后根源的"道"时，他首先考察了庄子的本根哲学观念的形成。他认为，"庄子自然哲学的'通天下一气也''万物固将自化'这两个基础观念，使得世界统一性和万物运动动因的问题在庄子那里能够得到一种高于感性的理智的解释。但是，'自化'是一种无解释的解释，周延但不具体"②。自化是一个逻辑解释，能够自洽，但是却不能满足人们的好奇心。自生、自化，是一种机智的回答，在现代科学出现之前，这种回答是最智慧和深刻的，但它并不能终结问题，即世界根源问题。崔大华认为"正是在庄子这里，唯一地、然而也还是十分模糊地看到世界统一性观念上升到世界根源性观念的思想轨迹"③。崔大华以《齐物论》"非彼无我"一段为例，说明庄子思考根源问题之艰难。庄子从人类社会和人本身的经验事实推测现象界不仅是统一的，而且是有根由的。他起初以"真君""真宰"等感性色彩较重的概念表述，后来上升为"本根"这样的抽象概念。崔大华评价道，"庄子的万物最后根源的观念（'本根'），是一种超越感性认知和理智推求的关于某种世界总体、永恒的实在的思想观念，是在庄子那个时代的科学水平和理论思维水平的基础上产生的最高的哲学意识"④。实际上，在中国哲学史上，道家之所以能够自成一家且影响深远，就是因为它的哲学思维水平最高，对世界根源的思考最深，而庄子就是那个思考者。崔大华还列表说明庄子本根观念提炼为哲学概念时，经历了一个从"天"、"地"（"大块"）、"造物"到"道"的不同抽象程度的阶段，⑤ 总的表现为"具有根源性质的不同概念的感性表象逐渐消弱、理性抽象逐渐增强的过程"⑥。这是从概念的抽象程度上来说明概念本身的发展，即从形象描述到抽象表达。

---

① 崔大华：《庄学研究》，第 121 页。
② 崔大华：《庄学研究》，第 123 页。
③ 崔大华：《庄学研究》，第 123 页。
④ 崔大华：《庄学研究》，第 125 页。
⑤ 见崔大华《庄学研究》，第 125~126 页。
⑥ 崔大华：《庄学研究》，第 127 页。

崔大华归纳庄子学派的根源性内涵为四个方面。第一，自本。它是所有的原因而不是任何一种结果。它存在的原因不在外部，它自己就是自己的原因。第二，周遍。表现在"就其内容来说，它就是世界的一切、总体，无所不是"，"就其形式上来看，它就是唯一、整体，无可益损"①。"道"是一切，"道"无所不是，周遍无遗。"本根"既是自本自立，没有任何外部的原因，则它就是宇宙。至大无外的宇宙，就是整全。第三，主宰性。这是讲"道"与万物的关系。"道"在逻辑上优先于物，但这种主宰性"并不意味'道'是一种具有创造意志的实体或主体，而是意指'道'是万物自然发生的源头"②，这是强调"道"不具有人格或神格。"道"不是一个宗教哲学概念，而是自然哲学概念。第四，超越性。就是说，"'道'不是某种实体，而是关于世界万物总体或整体的实在性的那种状态，因而不具有时空形式"③。超越是指超越现象界，超越感性所及的世界。因为是超越了感官所及的存在，所以就不能用感官来感知它、到达它。那么，要用什么方法呢？要超越感性和理性，运用悟性。本体论决定方法论，在庄子这里是这样体现的。

崔大华最后论述了庄子本体论最高范畴道的思想史意义。他主要从三个方面阐释："先秦思想中第一个具有本体论意义的哲学范畴"④，"和仁共同构成中国哲学的完整境界"⑤，"与大梵、理念相比显出中国哲学的特色"⑥。对此，在本章第三节分析其研究特色时再详细论述。

(二)人生哲学

崔大华认为庄子在先秦乃至整个中国思想中都有与众不同之处：别人关注点在社会政治伦理的探讨，庄子则着眼于对自然和人生的思索；别人思考人生开始于人性，他则立足于人的困境。人性思考着眼点在于人类角度的人禽之别，人生困境着眼点在个体体验中的特殊感受。

---

① 崔大华：《庄学研究》，第 127 页。
② 崔大华：《庄学研究》，第 127 页。
③ 崔大华：《庄学研究》，第 128 页。
④ 崔大华：《庄学研究》，第 130 页。
⑤ 崔大华：《庄学研究》，第 132 页。
⑥ 崔大华：《庄学研究》，第 134 页。

所谓人生困境，崔大华描述为"围域着人的生活展开的障碍，人的难以逾越的界限"①。他将庄子所感受到的人生困境按性质分为三类：自然的、社会的、自我的。

自然的界限是生死。根据庄子自然哲学，人作为自然的一部分，人之生是气的一种聚集形式，人之死则是回到气，没有人能够逃脱"始卒若环"的循环。崔大华将庄子自然困境归纳为三个方面。"第一，他认为对任何个人来说，'人'的这种存在形式终将泯灭（'形化'），这是人生的大限。"②"第二，庄子为大限的必然到来，表现出一种深情的悲哀，这是对生的眷念而产生的一种感情，所以不是悲观主义。"③"第三，庄子具有极其强烈的要从这种大限中、这种人的根本的困境中超脱出来的意向。这种超脱不是企求人的感性存在的永生，而是对人的感性存在的运动趋向和最终归宿的理解、认识。"④ 人思考死亡，可能就是出现了生存意义危机——我不愿意与当权者同流合污，我要选择另外一种生活，它有意义吗？从庄子的思考透露出的信息来看，他首先对生死进行一个事实判断，即所有人都终有一死。他的情感倾向是对现世生活持积极肯定的态度，他的应对方法是视死若生，死生一体。不以生为乐，不以死为苦，不对生死进行这样的价值判断，就不会恐惧死亡，不会为了多活一段时间而去戕害生命甚至伤天害理。

社会的界限是时与命。自然之限具有必然性，社会之限在庄子那里也是必然的、外在的。崔大华认为，庄子的时与命具有以下特征。"第一，时同命一样，是制约、围限人的本性得以充分发挥，'足以逞其能'的一种客观力量，一种外在的必然性，一种构成人生困境的因素。"⑤"第二，时、命虽然同为一种外在必然性，但它们的表现形态却有不同。""'命'这种必然性是诸种社会的、自然的力量的凝聚、蕴积，是一种内在的决定性；'时'的必然性则是这些力量整体的展开、显现，是一个时代包括政

① 崔大华：《庄学研究》，第 142 页。
② 崔大华：《庄学研究》，第 143 页。
③ 崔大华：《庄学研究》，第 143 页。
④ 崔大华：《庄学研究》，第 143 页。
⑤ 崔大华：《庄学研究》，第 146 页。

治、经济、道德各方面的全部的社会环境。"① 最后，崔大华认为，"庄子摆脱这种人生困境的意向"是"一种'圣人之勇'"②，但是，"在庄子那里，这种'勇'不是对命运、时势的抗争、战胜，而是对它的承认、顺从"③。他将自己的社会性削减到最低限度，他不主动追求名利，甚至还断然拒绝入仕，将其视为精神自由的对立面和负面因素，这不能简单地说是不由自己决定，而是说他主动地决定不追求，并接受由此而来的一切结果。这个结果就成了他的"时"与"命"。因此，这种客观外在的必然性，是通过庄子的主动选择而呈现的。

　　自我的界限是情与欲，即人的"哀乐之情和利害之欲"④，庄子视之为与生俱来的自由之累。情与欲都是向外的追逐，人为外物所役，自由就无从谈起。外部诱因无法铲除，只能从自身的应对方式和理论基础来着手。崔大华认为，"这样，庄子就把对人生困境的分析、认识，引向了更加深入的、幽奥的人的心理领域——人的情感和意志的心理过程。在这里，庄子的思想又一次表现出作为中国先秦思想发展中的理论方向转机的深刻性的优点"⑤。这是一种内观的自我修养方式，是精神层面上的镜子。崔大华一方面指出这种向内观察的精神史意义，另一方面也指出其特点，即庄子否定了情感、意志在人的精神生活中的积极意义。⑥ 对于很多人，甚至可以说对于大部分人来说，情感、意志是活着的动力，是活力的来源。但是庄子不需要这个来源，他有另外的来源，一种否定式的来源：我活着，与你们无关。活着本身就是一种态度，活着本身就是意义，不需要在活着之外寻找意义。庄子虽然否定情感、意志的积极意义，但却并未走向出世和厌世，崔大华认为，"因为在先秦，庄子思想始终都是单纯地处在以儒家思想为背景、为基础的文化环境中，精神生活总是在现世的画面上展开。汉魏以后，在一种以庄子思想和佛家思想互为背景、互相渗透的

----

① 崔大华：《庄学研究》，第146页。
② 崔大华：《庄学研究》，第146页。
③ 崔大华：《庄学研究》，第146页。
④ 崔大华：《庄学研究》，第146页。
⑤ 崔大华：《庄学研究》，第147页。
⑥ 见崔大华《庄学研究》，第148页。

理论观念或生活情境中，来世、永生的理论主题出现了，这种情况就发生了"①。始终关注庄子思想在历史中的展开，这是崔大华庄学研究中最独特和精彩的地方。

人生困境虽然无法消除，但可以超越。超越所达到的目标与方法就是庄子理想人格的精神境界和人生实践。崔大华认为"理想人格是一种人生哲学中体现人生价值、完成人生目标的人物形象，是一种人生哲学理论宗旨的标志"②。《庄子》中理想人格的称谓与相应的境界比较复杂，崔大华整理出真人、至人、圣人、德人、大人、天人、全人等几种称呼，并将他们达到的境界归纳为两方面内容："超脱与神异"③，这或许可以理解为道家的境界与巫师的神通。不同的名号所达到的境界究竟是相同还是不同？关于这个问题，有两种不同的观点，即同一说与不同说。不同说认为每一种理想人格代表一种精神境界，圣人不是最高境界。同一说的特点是"认为只存在'圣人'（'至人''神人''真人'）和'众人'两种精神境界"④，即众人的境界和得道人的境界。"这种得'道'人的名号有'真人''至人''神人''圣人''大人'，等等。其名虽异，而实相同。"⑤ 崔大华认为，两种观点皆可成立，因为这不是学者主观造成而是由《庄子》文本本身带来的问题。"这一矛盾不是二律背反的理性思辨性质的矛盾，而是一种客观地存在于庄子中的两种理论事实之间的矛盾，它是庄子学派或庄子思想在先秦的历史发展中前后期理论观点发生演变的反映。"⑥ 这是一种合理的折中，看似调和，实则求实。因为"同一说"反映庄子本人的观点，"不同说"则是庄子后学的观点。

在此基础上，他进一步探析文本的矛盾所反映的理论发展问题，即庄子本人和庄子后学在思想上的差异。集中在两个点："境界的如何划分和'圣人'是否属于最高境界"⑦，其实质在于庄学与儒学的关系。早期庄学

① 崔大华：《庄学研究》，第 148 页。
② 崔大华：《庄学研究》，第 149 页。
③ 崔大华：《庄学研究》，第 150 页。
④ 崔大华：《庄学研究》，第 155 页。
⑤ 崔大华：《庄学研究》，第 154 页。
⑥ 崔大华：《庄学研究》，第 154 页。
⑦ 崔大华：《庄学研究》，第 154 页。

或者说庄子本人对于儒学的态度比较持中，"一方面把它作为批评对象，另一方面又常以它为理论背景和观念渊源"①。"圣人"本来是儒家思想中的一个人格概念，被庄子移用，加以改造，与"至人""神人"同义。在庄子那里，人的精神境界分为两种即有待和无待，也就是得道者与未得道者两种境界。"在庄学后期，有了自己的观念体系，庄学与儒学的关系以相互对立为主，后学就把自己的理想人格（'神人''至人''天人''全人'）置于儒家理想人格（'圣人'）之上，人生境界也不再简单地分为两种，而是具体地审视和描述了人世各种不同的生活情境或生活方式，认为它们一方面是各自独立的精神境界，另一方面又共同构成了多层次的人生精神境界。"② 后学既与儒学对立，又有入世倾向，这导致其精神境界不再截然二分。因此，可以认为"同一说"与"不同说"反映的是庄学与儒学关系的变化。

崔大华提炼出庄子理想人格精神境界的三个本质特征，即"真实性、理想性和幻想性"③。所谓真实性，"它实际上是指一种安宁、恬静的心理环境"④。当庄子超脱了生死、时命、哀乐的囿限，这些客观存在的东西就不再对他造成困扰，达观坦然的态度就能使人心境平和宁静。这是庄子的生活，是一种真实不欺的精神状态。具体而言，它是通过超越生死、世俗、哀乐实现的，崔大华从《庄子》中抽绎出三个命题来加以说明："死生无变乎己"⑤"游乎尘垢之外"⑥"哀乐不入于胸次"⑦。他引用黑格尔对伊壁鸠鲁的评价称赞庄子，同时也指出其消极作用，即"对被奴役状态的麻木"⑧。这大概可称为求仁得仁、求逍遥得逍遥。这种麻木状态应该是自由的代价，也是时代的悲剧——对于人类精神世界有巨大贡献的人，却不能免于饥寒。所谓理想性，是说"庄子理想人格精神境界的本质内

① 崔大华：《庄学研究》，第155页。
② 崔大华：《庄学研究》，第156页。
③ 崔大华：《庄学研究》，第156页。
④ 崔大华：《庄学研究》，第156页。
⑤ 崔大华：《庄学研究》，第156页。
⑥ 崔大华：《庄学研究》，第158页。
⑦ 崔大华：《庄学研究》，第159页。
⑧ 崔大华：《庄学研究》，第159页。

容是对一种个人精神的绝对自由的追求，因而具有理想的性质"①。庄子追求的逍遥自由，他认为，"这是一种理想中的主观与客观无任何对立或矛盾的个人的自由自在的存在，一种一切感性存在皆被升华为'道通为一'的理性观念，因而无任何人生负累的心境。显然，这种自由的理想——无人生之累——在现实世界中是不可能真实地和完全地存在着的，而只能以想象的形态在观念世界里表现出来；这种'逍遥'心境的形成——一切感性、情感的理性、理智升华——也不是一般的思维认识过程，而是一种特殊的、对万物根源'道'的直观体悟"②。庄子似乎是修炼出一个超我来，能够俯瞰人间芸芸众生，甚至也包括混迹其间的自己，因此说他的自由是主观上超脱人生负累的精神上的自由。它并不能解决现实中的问题，它处理的是自己应对现实问题的方式。崔大华说，庄子描述这一境界时，"想象的翅膀总是翱翔在人世之外（'游身世外'），而理性直觉则总是系着于万物根源之上（游心于'道'）"③。当身在世外、心在道中，这种自由才能存在，这就是为什么说庄子的自由具有理想性：它能够安顿此心却无法安顿此身。所谓幻想性，是指"一种异于、超越世人的神奇性能"④。他认为这其实是"在远古社会生产力低下的情况下，人们对征服限制、威胁人类生存的自然力的幻想"⑤。他列表从四个方面将《庄子》的描写与《九歌》和《山海经》比较：生活资料的匮乏、自然力（火、水）的伤害、山川海河之险隔、死亡。⑥他还讨论了这种幻想性的思想来源，一是"庄子思想的文化背景"⑦，即楚文化背景，二是"庄子人生哲学本身"⑧，即以神话表述理想性质的心境。哲学思想通过神话表达出来，这是哲学发展早期会有的情形，但是分离也是必然的。这一过程在庄子中的具体表现，就在于对理想人格的神异性以理性的解释。崔

① 崔大华：《庄学研究》，第160页。
② 崔大华：《庄学研究》，第161页。
③ 崔大华：《庄学研究》，第161页。
④ 崔大华：《庄学研究》，第165页。
⑤ 崔大华：《庄学研究》，第166页。
⑥ 见崔大华《庄学研究》，第167页。
⑦ 崔大华：《庄学研究》，第166页。
⑧ 崔大华：《庄学研究》，第168页。

大华认为按理性程度不同可分为三个层次。第一，"这种神异性是最高道德境界的体现或象征"①，也就是说，真人"'入水不濡，入火不热'（《大宗师》）不是实指一种特异功能，而是意味一种主观与客观没有任何对立、'不将不迎，应而不藏'（《应帝王》）的精神境界的象征，是最高精神境界'登假于道者'的心境状态"②。第二，"这种神异性是喻指某种精神修养方法或理智的生活态度所带来的生存的安全和精神的安宁"③。它类似于一种生存智慧，因为掌握了这种智慧，火不能热，水不能濡。第三，"这种神异性是可以通过某种方术修炼获得的特异功能"④。崔大华认为与前两种表现不同，"这是通过'守气''守全'等的修炼工夫而获得的一种真实的特异功能，一种特殊的'藏于天'的生理状态。这可能是最早的气功理论了"⑤。但他认为气功理论"确有真实的、合理的、可行的成分"，并由衷感叹"人是一个多么宽广而深邃的领域"⑥。道家对人的探索，不仅有精神层面的，还有物质层面的，也就是人的身体的极限与不可能的功能，后者至今仍然笼罩在神秘面纱之下，不亲身实践则不可知不可信。崔大华之所以会对这种不可思议的现象作出上面的评价，一个重要原因就是他本人也练习气功。据他日记所说，还没有"气感"⑦，但是练习中还是有收获和体会的，这就是他的生活实践对其学术研究的影响。

庄子实践理想人格的方法即修养方法，崔大华认为庄子追求的自由不可能通过社会实践所获致，只能通过个人精神修养获得。其修养方法归纳起来有三："无欲、去智、体'道'"⑧。

---

① 崔大华：《庄学研究》，第 169 页。
② 崔大华：《庄学研究》，第 169 页。
③ 崔大华：《庄学研究》，第 169 页。
④ 崔大华：《庄学研究》，第 170 页。
⑤ 崔大华：《庄学研究》，第 170 页。
⑥ 崔大华：《庄学研究》，第 170 页。
⑦ 他在 1998 年元旦的日记中说："早七时起床，去对面工业大学（即郑州大学工学院，位于金水区文化路 97 号，在河南省社会科学院家属院对面，崔大华生前常在校园内锻炼身体——作者注）校园内做了一套鹤翔庄动功。自（19）84 年即学做此功，好走神，从未有过'气感'，如同做广播操，活动全身关节。"
⑧ 崔大华：《庄学研究》，第 172 页。

关于"无欲",崔大华从《庄子》中梳理出三个方面的论述。"首先,庄子从心理的层次上来论述"无欲"对人的精神生活的意义。"① 他认为"庄子追求的无待无累无患的精神境界,就其心境特征来说,是一种安宁恬静的心理环境。所以恬淡无欲的精神修养,是形成这种心理环境、精神境界的基础"②。因为欲望会使人有待、有累、有患。为了满足欲望,则追逐名利,趋炎附势,同流合污。所有庄子厌恶的事情,都必须去做,以自由作代价,跟人进行交易。庄子不肯作这样的交易,所以他必须要对自己有办法,不允许欲望主导自己的行为。怎样实现? 就要做工夫。首先在精神上自觉到"去欲"的必要性。其次是从心理的层次上论述"无欲"对人的生命机体的重要。人之为人不在形而在神,没有神,则形不足以使人成为人。养神则需要恬淡去欲。最后是从功利的层次上,论述"无欲"对于人在社会生活中的益处。"在庄子看来,在社会生活中,一个'心若死灰'的、没有嗜欲的人,必能与世无争,必能得到和享受安全。"③ 富贵险中求,名利场也是是非之地,争夺则必有矛盾怨恨,就可能带来冲突和祸患。庄子一定见过、听过非常多的事例,所以他选择了一种避祸的心态,避祸比求福更重要。求安全则必抑制多余的欲望。崔大华还区分两种"无欲"的理论与实践上的不同。以那种麻木而不动心的"无欲"为参照,他认为庄子的不动心是以理性为基础的,是一个自觉的过程。④ 它基于庄子的三个觉悟。"第一,对个人在自然中的位置或与万物关系的觉悟。"⑤ 崔大华认为,"人的欲望本质上是自我对其自身以外的存在的一种要求,是自我与外界分离、对立的反映。在庄子看来,如果一个人能体悟到并能够形成'天地与我并生、万物与我为一'(《齐物论》)的观念,'得其所一而同焉',那么,这种分离、对立就不再存在;由这种分离、对立而产生的嗜欲也就会泯灭"⑥。这可以视为庄子自然哲学对庄子人生

① 崔大华:《庄学研究》,第 172 页。
② 崔大华:《庄学研究》,第 172 页。
③ 崔大华:《庄学研究》,第 173 页。
④ 见崔大华《庄学研究》,第 173~174 页。
⑤ 崔大华:《庄学研究》,第 174 页。
⑥ 崔大华:《庄学研究》,第 175 页。

哲学的指导。"第二，对个人在社会中的位置或与他人关系的觉悟。"①
"庄子认为人是生活在一种外在的必然性——时、命中。因此，既没有必
要、也没有理由为自己的遭遇怨天尤人或欣喜雀跃。……庄子主张对这种
必然性采取承诺、顺应的态度，并且认为由这种态度产生的那种宁静的心
境，那种深厚的慰藉力量，能将人的最牢固的物欲悬结融化、解开。"②
因为既然是外在的必然性，超出了个人的能力和意愿所能掌握的范围，
那么就要接受它。所谓求仁得仁，在庄子则是求逍遥得逍遥。"第三，
对个人心境中的嗜欲形态的认识。"③ 崔大华认为，庄子对于嗜欲的分
类，"用现代心理学的眼光看，是不科学的、混乱的，但它却表现了庄
子试图努力发掘出那些掀起心境波澜的属于个人的精神性因素，认识
它，自觉地剔除它"④。崔大华从大学时起就非常重视学习现代科学，包
括现代心理学。知识结构全面合理，用于分析传统哲学，就会有不同的
诠释角度。

关于"去智"，也就是"去知与故"，崔大华将其具有的精神方法意
义归纳为两个方面，即"精神的和功利的"⑤。"去智"在精神方面的意义
在于，"在庄子看来，人的智巧、作为都会给最高的、完满的道的本然状
态带来破坏……从而也给自己本来是自然纯粹的心境带来纷扰不宁"⑥。
功利的层面上，"智巧、作为带来的弊害是体力和精力的消耗"⑦。他还分
析了庄子这个观点的理论根据，认为这"是以他的自然观中的天人关系
思想为基础的"⑧。"自然"被庄子赋予了价值，并成为"人为"的对照
组。以"自然"来批判"人为"，这就形成一种对立。但这种对立不具有
本体意义，而只具有存在意义，它是事实但却是可以改变和必须改变的事
实。崔大华认为，作为精神修养方法的"去知与故"，"在其人性'反真'

---

① 崔大华：《庄学研究》，第 175 页。
② 崔大华：《庄学研究》，第 175 页。
③ 崔大华：《庄学研究》，第 175 页。
④ 崔大华：《庄学研究》，第 176 页。
⑤ 崔大华：《庄学研究》，第 176 页。
⑥ 崔大华：《庄学研究》，第 176 页。
⑦ 崔大华：《庄学研究》，第 176~177 页。
⑧ 崔大华：《庄学研究》，第 177 页。

和行为'合天'的基本要求中，包含着明显的对人类的智慧和创造的否定性意向"①。知与故即知识文化，是人在生产生活中创造出来的、体现人之为人的东西，但被庄子以自然为标尺否定掉了。这是庄子思想兼具深刻与消极双重特征的表现。

关于"体道"，崔大华认为它"是庄子最艰深的一种精神修养方法，它既有理性基础，又有超理性成分，因而具有某种神秘的色彩。在庄子思想里，体'道'一方面是精神修养终极的、最高的阶段，一方面也可以说是贯穿精神修养的全部过程"②。因为"道"不是可以经验到的存在，本体论决定方法论，因此对于"道"就不能用认识普通事物的方法去达到它。崔大华引用《知北游》（"无思无虑始知道"）、《让王》（"致道者忘心矣"），认为"在庄子思想那里，'知道''致道'已不再是逻辑思维的认识活动了，而是一种整体直观的、总体全息的感受——体验了"③。这像是禅宗顿悟的方法，前期所有的疑惑，一下子就解开；苦苦追求的目的，一下子就到达。这样的精神历程不是一两句话能够说得清的，所以只有默然。崔大华把庄子的"体道"概括为"对作为宇宙最后根源'道'的那种世界总体实在性的理性直观或体认"④，还分析它有精神扩张与感性否定两个阶段。⑤ 这是对个人的有限性与感性的超越，由此才能得道。

庄子的人生理想在生活实践中的表现是他对世俗生活的态度，崔大华将其概括为"超世——不随物迁，游乎尘外"⑥"遁世——不与物撄、陆沉世寰"⑦"顺世——虚而待物，与世沉浮"⑧。这几种态度从表面上看似乎是矛盾的，但经崔大华的阐释，它们之间却又是一致的、自洽的。

第一是超世的态度。所谓超世，崔大华认为"其主要的思想内涵是对人间世务的鄙弃和世俗道德的否定；而这两点都正是庄子关于宇宙最后

---

① 崔大华：《庄学研究》，第 178 页。
② 崔大华：《庄学研究》，第 180 页。
③ 崔大华：《庄学研究》，第 181 页。
④ 崔大华：《庄学研究》，第 181 页。
⑤ 见崔大华《庄学研究》，第 181~182 页。
⑥ 崔大华：《庄学研究》，第 185 页。
⑦ 崔大华：《庄学研究》，第 186 页。
⑧ 崔大华：《庄学研究》，第 189 页。

根源道的本体论观点的逻辑发展"①。既然"道"是超越任何个体存在的自然整体实在，那么将人与人、人与物相隔离的世俗生活，从本体论意义上就是对"道"的背离，庄子作为一个已经"得道"的人，他对世俗事务表现出不以为然的态度，也就自然而然了。同时，以"道"为准，是非善恶也不具有绝对意义，则世俗道德对于人而言，其合理性也就是历史的、可以悬置的，而不是绝对的、不容置疑的。

第二是遁世的态度。崔大华认为庄子的遁世表现为"浪迹于山林，潜隐于人世"②，表面上看很消极，但却是庄子从现实生活中悟出的生存之道。在《人间世》中，庄子以孔子为教训，说明在一个"仅免于刑"的险恶环境中，遁世是安全的。崔大华感叹道，"庄子在这里总结的是在一个悲惨世界里的悲惨的经验，一种渗透着悲凉凄苦的智慧，但并不是悲观的经验和智慧。悲观是认为苦难不可被克服、被战胜的观点，这在庄子中是不存在的。庄子中有苦难、困境，但它们是可以被克服、被超越的，这既是指前面已多次论及的那种充满自信的、返归自然而获得精神自由的人生理想，也包括这里经历人世艰难而得到的处世经验"③。庄子演示了一个在精神上直立行走的人的样子，崔大华对此有惺惺相惜之感。他在感叹之余还从两方面分析庄子对于遁世的理论论证。"第一，从基本的哲学观点来看，'道流而不明居'。"④ 陆沉于世，是一种清醒的自我放逐，"乃是一种彻底的自觉的表现，若非具有极高境界的'至知厚德'者，是难以做到的"⑤。崔大华认为这与道周遍无迹的性质一致，"是得'道'的行为"⑥。"第二，从实际的功用观点来看，'无用'可为'大用'。"⑦ 遁世意味着不见用，但在庄子看来，"无用"即是"大用"——对统治者无用，对于个人的生存而言却是大用。对自由有用，对生存有用，没有比这更大的用处了。崔大华分析道，"庄子认为，在社会生活中，任何显露个

① 崔大华：《庄学研究》，第 185 页。
② 崔大华：《庄学研究》，第 186 页。
③ 崔大华：《庄学研究》，第 187~188 页。
④ 崔大华：《庄学研究》，第 188 页。
⑤ 崔大华：《庄学研究》，第 188 页。
⑥ 崔大华：《庄学研究》，第 188 页。
⑦ 崔大华：《庄学研究》，第 188 页。

人存在和能力的表现都是有害的，而使个人不被发现的那些行为则是有益的。在这里，庄子运用极高的心思洞察世态，所要维护的只是最基本的、作为感性的自然的人的存在。这是庄子那个多艰的时代在庄子思想上烙下痕迹的最深之处"①。作为感性的人存在，说白了就是活着——以自己的方式活着，不为人、不为物所役地活着。庄子用最深刻的智慧，实现的却是最基本的目的。崔大华这个观察极其深刻和准确。

第三是顺世的态度。崔大华认为超世与遁世"这两种态度都是以个人可以完全脱离社会而孤立存在为前提，因而皆具有理想主义性质"②。在不得不应付的日常生活中，庄子表现出与世周旋的顺世态度。这即是说，庄子在精神上凌驾于时代和众人之上，在生活中则顺世而为，隐于众人之中。他感受到自己与这个世界格格不入，他认为自己的追求是无可厚非的，甚至是正确的。那么如何说明呢？他是思想者，就用思想来证明。崔大华将其论证分为社会功用与哲学本体两个层面。前者是避害全生，后者则是"得道"的表现。虽不认同那些世俗的规矩，但是如果非如此不能生存，则虚与委蛇又如何？"在庄子那里当顺世态度作为一种得'道'的精神境界的'虚'和'化'的体现时，就不再是对外在力量的被动的顺从和由此而换得的生命的安全；而是在与这些外在力量消除了主观上的对立情况下的自然的吻合和精神上的宽裕自如。"③ 所谓外化内不化，就是这种生活态度。不认同它的绝对合理性，但也不会为了反对它而作无谓的牺牲。顺从它不代表认同它，不过是一种权宜之计而已。

最后崔大华说明这三种处世态度的同一性。他认为，超世、遁世、顺世"在哲学本体论上是同一的，都是体现庄子思想人格的得道的精神境界。换言之，三种态度可以是理想人格一身同时所具有的"④。他不认为这三种态度是矛盾的，他用"道"无所不包来解释三种貌似矛盾的处世态度。他说，"理想人格的精神境界可因环境的不同而呈现不同的形态——'与物化者'，但其内在'道'的本质却不会改变——'一不化者

---

① 崔大华：《庄学研究》，第 189 页。
② 崔大华：《庄学研究》，第 189 页。
③ 崔大华：《庄学研究》，第 191～192 页。
④ 崔大华：《庄学研究》，第 192 页。

也'。就处世态度而言，它是超世的，也是遁世的，又是顺世的，然而它精神上的自由感，即心境上的那种逍遥自在、安宁恬静的感受却是如一的"①。表现形式不同，实质却是一样的，就是自由感。从主观上消解掉负累，求逍遥得逍遥。他还将庄子的生活态度与庄子自然哲学与社会批判思想关联起来，认为三种态度"都有一个共同的逻辑思路或内容构成，即以自然（'道'）为精神追求或理论观察的起点，通过对现实社会的政治、道德状况的否定性洞察审视，而归宿到个人精神自由的获得或生命的保障。完全可以说，自然的观念、社会批判的观念和个体的观念是构成庄子人生态度的基本特质和支撑点"②。这样，庄子思想的不同方面就不是平行并列的，而是有着内在的逻辑关系。

在论及理想人格时，崔大华就指出其中包含着庄子本人与庄子后学思想上的差异，在对庄子人生哲学主要方面的考察告一段落后，他把目光转向庄子后学，分析他们在人生哲学上表现出的新倾向。他将这种新倾向概括为两个方面，即折中与入俗。

首先是折中倾向。他认为庄子后学人生哲学上的折中倾向表现为"在理想人格的精神修养和修养方法中都渗入了儒家的思想观点"③。在理想人格精神境界上增加的新内容是肯定事功，消除内外动静对立，将内与外、动与静统一起来，由此对儒家的内圣外王观念给予肯定，提出道家的内圣外王之道（《天道》《天下》）。崔大华认为，"这是庄子后学的思想里渗入了儒家思想的最明显的表现"④。这是将庄子后学的折中理解为一种横向的融合。这也可能是思想的一种纵向的发展。因为庄子人生哲学实现的自由主要仍然停留在主观层面，后学要将其落地，则接近政治、养生长生这种世俗化倾向就是一种可能的出路，即不是仅停留在精神层面的修养，而是向外（社会现实）、向内（自己的身体）投注目光。庄子后学在修养方法上增添的新内容是"知恬相养""借托仁义"。在庄子修养方法中，"去知"是重要的方面，但在后学这里，知不再是被全然否定的方

① 崔大华：《庄学研究》，第 193 页。
② 崔大华：《庄学研究》，第 193 页。
③ 崔大华：《庄学研究》，第 195 页。
④ 崔大华：《庄学研究》，第 196 页。

法。崔大华认为，"庄子'知者忧'（《列御寇》）与庄子后学的'知与恬交相养'（《缮性》）是根本不相容的；庄子后学认为'知恬相养'是一种'和理'（即'道德'）的境界；'天下治'的局面就会产生，这同庄子'忘形去知'方可达到'大通'，返归本然的观点也是相悖的"①。求知识意味着精神向外求索，这个过程无际无涯，庄子不愿意把生命耗费在这个方面，后学则承认了知识对于修道的积极意义，这是一个重要的转向。崔大华认为这"背离了庄子的思想路线，却和儒家路线接近起来"②。因为儒家要入世，要参与社会活动，就必须具备相应的知识。虽然儒家将伦理道德的践履置于知识的学习之上，但从孔子到孟子再到荀子都是重视知识的，知与仁相养，庄子后学则把仁换成恬，将知识引入工夫修养论中。"仁义"曾被庄子视为戕害本然、约束自由的桎梏而否定，到了庄子后学，却作了相反的肯定式的评价，认为"仁义"是达到"道"的逍遥境界的必由的途径。③"庄子后学借儒家的仁义之路，走进庄子的逍遥之墟的观点，是一种折中的表现，是在一个学派的末流那里往往都会发生的受到对立学派的思想影响而不自觉的浅薄的表现。"④

　　其次是入俗倾向。这种倾向总的来看是从精神修养扩展到身体养护，从个人修养扩展到政治追求。崔大华将其归纳为三个方面。其一，"修养的目标：养生、长生"⑤。从达到宁静的心境变成长生不死，从心灵修养到身体养护，这是从形而上到形而下、从超脱到功利的转变。"庄子后学认为'道'的内在本质和价值在于能'完身养生'。因此，善养生者乃是'通道'的表现；'达于至道'即'可以长生'。"⑥ 崔大华分析后学转变的原因，认为在庄子那里"得道"确实可进入不死不生境界，但这是一种以庄子自然哲学为基础的精神修养状态，个体生命融入宇宙中，自然就是不死不生，这并不是指特定的个体生命永远保持存在。他认为，"庄子后学这种养生、长生观点的形成，是由于对庄子理想人格精神境界的理想

---

①　崔大华：《庄学研究》，第 197 页。

②　崔大华：《庄学研究》，第 197 页。

③　《天运》：古之至人，假道于仁，托宿于义……古者谓是采真之游。

④　崔大华：《庄学研究》，第 199 页。

⑤　崔大华：《庄学研究》，第 199 页。

⑥　崔大华：《庄学研究》，第 199～200 页。

性不理解，而迷执于其所固有的幻想性"①。这表现出个体哲学修养差异所引起的学派发展方向的变化。其二，"处世的态度：避患全生"②。与精神修养上长生完身相应，处世态度上也为避害全生的目的所左右。后学总结的原则或经验有三："一曰存身之道""二曰观人之术""三曰行为之则"③。乱世中求生存，为了生存，需要极其聪慧机智。入世深则与人发生利益冲突的机会就多，因此，需要有更多的办法防范化解矛盾冲突，庄子不入世就不用面对这些事情。应该说，不重生就不是道家，但把重生看得高于一切，则不是庄子道家。其三，"道之用：治身、治世"④。入世的表现向内是治身，向外就是治世。对此，崔大华评价道，"在庄子后学看来，世俗生活的完善合理，也正是'道'（'真'）的体现，也需要'道'的运用。庄子后学的入俗倾向在这里已越出了人生哲学思想的范围，进入了社会政治思想的领域"⑤。也许庄子开辟的那条路太过冷清难走，后学难免半途而废。

崔大华还分析了庄子人生哲学的独特性，他从庄子哲学与先秦其他学派人生哲学的比较，以及显示于世界哲学舞台的特色来说明，这涉及他的比较研究方法，将在本章第三节进行集中述评。

（三）社会思想

崔大华将庄子社会思想的特色与内容概括为破和立两个方面——破即批判当时的社会现实，立即提出自己的理想社会目标。他认为《庄子》一书中反映出的社会现实较为显著的有"政治环境：频繁的战争和暴虐的统治"⑥"经济现象：农业、手工业生产和商业贸易"⑦"社会生活：风俗人情、人众之分、学术形势"⑧。崔大华认为，"所有这些，与庄子追求

---

① 崔大华：《庄学研究》，第 200 页。
② 崔大华：《庄学研究》，第 202 页。
③ 见崔大华《庄学研究》，第 202~204 页。
④ 崔大华：《庄学研究》，第 204 页。
⑤ 崔大华：《庄学研究》，第 205 页。
⑥ 崔大华：《庄学研究》，第 218 页。
⑦ 崔大华：《庄学研究》，第 222 页。
⑧ 崔大华：《庄学研究》，第 225 页。

永恒自然和自由人生的生活观念都是格格不入的，于是引起了庄子对当时社会的激烈批评和对远古生活的无限憧憬"①。

在列举了当时的社会现实之后，崔大华论述了庄子的社会批判。他认为，"社会批判思想是人类思想史上非常珍贵的、表现人的觉醒的一种意识"②。这种自觉的批判是基于人意识到一个凌驾于人之上的组织的存在，这个存在对于人而言造成了压迫。庄子不是第一个意识到这种压迫的人，但是作为思想家，他用自己的方式将这种批判推向深入。他"从一个特殊的自然主义理论立场上判定，与无阶级的、自然的、原始社会相比，这是一个不合理的、堕落中的社会"③。这即是说，庄子的社会批判是有理论依据的。崔大华将庄子批判思想分解为"无君论"④ "无为论"⑤ "返朴论"⑥。

君主制是当时社会"最重要的、最根本的制度"，庄子的无君论是"对战国时期的现实社会的根本性否定"⑦。崔大华举《齐物论》"君乎，牧乎，固哉"说明。这一句郭象解释为"所好为君上，所恶为牧圉"。崔大华不采纳这种解释，他认为这一句是庄子对君主制贵贱等级的"轻蔑和否定"⑧。君主制意味着等级、贵贱的制度化、合理化，而庄子根本不承认这种所谓的合理性。在等级制之下，人都是制度的附属物，人不是他自己，庄子的自然主义肯定不能接受。庄子还否定了君主对臣民的主宰行为，即专制，认为这是"欺德"（《应帝王》）。"庄子认为人类在其最后的自然本性上，如同鸟、鼠之类自知逃避伤害一样，是完全有能力自己保护自己、治理自己，自由自在生存而不需要君人者以经式义度规范制约的，也就是说，君主和一切制度的存在都是多余的、不必要的。"⑨ 与庄子相比，老子对君主制是一种戒惧警惕的心理，由于害怕底层的怨毒目光

---

① 崔大华：《庄学研究》，第 233 页。
② 崔大华：《庄学研究》，第 233 页。
③ 崔大华：《庄学研究》，第 233 页。
④ 崔大华：《庄学研究》，第 233 页。
⑤ 崔大华：《庄学研究》，第 237 页。
⑥ 崔大华：《庄学研究》，第 244 页。
⑦ 崔大华：《庄学研究》，第 233 页。
⑧ 崔大华：《庄学研究》，第 234 页。
⑨ 崔大华：《庄学研究》，第 235 页。

和嫉妒心理，因而采取示弱、处下、不争的策略，来冲淡、减缓君主制给人带来的压迫感。庄子这里就直接得多，他不作人君之师，不搞君人南面之术，因此态度就犀利而深刻。崔大华以墨子、荀子为例，比较庄子无君论中表现的道家与儒、墨的理论差异。墨、荀都认为人在自然状态下是有不足的（自是、好争），会引起天下大乱的，因此君主是必要的制度安排，以定分止乱。而庄子则认为"人在本性上不是贪婪的，而是自足的，或者说容易满足的；人类在自然状态下不是互相依存而又纷争不已的，而是和平地、独立地存在着的"①。人在自然状态下是自足的、和平的，没有君主也是可以很好地生存的。基于此，他将君主出现之前的自然状态视为理想状态，则君主制就是对理想状态的破坏，它的存在就是不合理的、应该从根本上予以批判和否定的。于是，"庄子表达了这样的愿望：无君无臣的自由生活最快乐"②。在当时视君主存在为天经地义的背景下，庄子能提出这样的思想，是极为难能可贵的。崔大华还从理论与情感两方面指出庄子无君论思想对后世的影响，即"它为后代，如晋代鲍敬言的比较完整的无君论思想提供了最初的理论的胚胎"，"它是以后历代抨击君主专制制度的战斗檄文的激情的源泉"。③

崔大华认为，"庄子的无君论思想是情感因素多于理论因素"，"一般说来，庄子学派并没有否定君主的存在，而是给君主提出了一个根本性的行为规范：无为"。④ 他引用《天地》中"天地虽大，其化均也；万物虽多，其治一也；人卒虽众，其主君也。君原于德而成于天，故曰玄古之君天下，无为也，天德而已矣"一段话，认为"无君论还不能构成庄子对现实社会批判的理论基础，庄子对战国社会的全面批判是在无为论基础上展开的"⑤。在这里，他并没有人为地拔高庄子思想，而是实事求是地以文本为依据阐释庄子思想。他从无为的理论论证与无为的批判指向两个方面，论述了庄子无为论思想。他认为在庄子那里，"无为就是天地万物的

① 崔大华：《庄学研究》，第 235~236 页。
② 崔大华：《庄学研究》，第 236 页。
③ 崔大华：《庄学研究》，第 237 页。
④ 崔大华：《庄学研究》，第 237 页。
⑤ 崔大华：《庄学研究》，第 237 页。

存在方式"，"无为也是天地万物生成方式"，"作为万物之一的人，其存在方式、行为方式也应该是无为"。① 因为人是自然的一部分，人应该顺应自然的法则。道家认为自己掌握了自然法则，也即在思想上占领了至高点，于是就据此放言政治，批判现实。无为是基于人的自然本性，则任何破坏它的行为都是应该受到反对和批判的，"而只有虚静无为才能恢复、保持人的本性"②。庄子的无为论批判矛头所向，包括道德和知识，而首要的是"仁义"的社会道德。指向"仁义"实际上就是指向儒家，因为"'仁义'是儒家思想的核心观念"③，崔大华在前面已经指出，儒家学说在战国时代已经见用于各国，"'仁义'也成了当时人们的一种普遍的道德追求……在不太严格的意义上说，'仁义'代表了、体现了当时的社会制度和社会意识。不满意于当时社会现实的庄子很自然地把社会批判的矛头道德指向'仁义'"④。准确地说，庄子是把矛头指向被当权者利用和扭曲了的儒学。从《庄子》内篇来看，庄子本人对孔子还是很尊重的。庄子对"仁义"的批判是基于他的自然主义立场，他的批判着重在两个方面。一是善不是人的本性，"人的本性是一种没有任何是非、善恶的本然存在（'常然'），而'仁义'就是对这种本然的破坏"⑤。二是利义无高下，"他把利、义都看成是丧失人的本性（'常然'）、背离'道德'的精神状态"⑥。崔大华认为庄子对"仁义"的批判既是道德批判，也是政治批判。⑦ 他评价这种批判既有积极意义，又存在理论上的弱点，前者在于它的深刻性，它"毕竟是对人类的阶级统治制度最初的攻击，是对人类的文明制度最初的反思"⑧；后者在于它的片面性，它"所能观察到的主要是人性的自然状态被破坏，而不能看到这种破坏中也有人性提高、发展的内容"⑨，

---

① 崔大华：《庄学研究》，第 238 页。
② 崔大华：《庄学研究》，第 238 页。
③ 崔大华：《庄学研究》，第 239 页。
④ 崔大华：《庄学研究》，第 239 页。
⑤ 崔大华：《庄学研究》，第 239 页。
⑥ 崔大华：《庄学研究》，第 240 页。
⑦ 《胠箧》：诸侯之门，仁义存焉。
⑧ 崔大华：《庄学研究》，第 240 页。
⑨ 崔大华：《庄学研究》，第 240 页。

"庄子'无为'论的批判矛头也指向'好知'的社会行为"①。除了生产活动中需要智巧，阴谋算计中往往也包括着智慧。庄子认为都是在破坏本然之性，对社会和个人都将带来灾难。②崔大华批评其片面性时说，"智慧，不仅是人类社会进步的必要杠杆，而且也就是人类社会生活本身。庄子对现实社会统治者好知的抨击，必然要自觉或不自觉地导向对人类社会行为本身的否定。这也是庄子社会批判思想中的一个根本性的弱点"③。自然主义背后是虚无主义，它否定一切文明成果。虚无主义最终导致庄子否定的东西变成他的理论前提，离开这个前提，他甚至都不可能有虚无主义的思想。

无为论用于批判社会现实，返朴论则是正面论述其政治主张。庄子批判的深刻性同时也内蕴着片面性——他看到了文明的危机，但却找不到解决的办法。向前看不到出路，只有掉头返回，他的返朴论在政治上就表现为复古论。崔大华引用《缮性》《天运》中庄子对社会历史演进的判断，认为虽在大的方向上与历史运动轨迹相符，"然而，庄子的自然主义立场使他判定人类历史由自然状态向社会状态的变化进程，或者说人的自然本性被文明异化的过程，是一种每况愈下的堕落过程，人类踏着这个路程已经走到'无以反其性情而复其初'的境地"④。庄子看到的是历史运动的一个侧面。他是一个悲观主义者，他给出的是否定的判断。但这是第一次的否定，还要再经过一次否定，才能是一个完整的过程。

复古是一个方向性选择，那么庄子的复古，其具体内容是什么，特色何在？崔大华随后在"庄子的理想社会"一节里进行了阐述。他认为庄子的理想社会是"至德之世"和"建德之国"⑤。返朴之人是"得道"者，返朴之人组成的国家就是理想之国。《庄子·马蹄》中描述的"至德之世"，崔大华将其归纳为三个明显的目标："无政治的和道德的规范的约束（自由），无人与人的互相倾轧（平等），无沉重的生活负累（快乐）"⑥。这看

---

① 崔大华：《庄学研究》，第 240 页。
② 见《胠箧》《在宥》。
③ 崔大华：《庄学研究》，第 241~242 页。
④ 崔大华：《庄学研究》，第 246 页。
⑤ 崔大华：《庄学研究》，第 249 页。
⑥ 崔大华：《庄学研究》，第 250 页。

起来像是真空中的自由、平等和快乐，悬浮在现实社会之上的理想。崔大华概括"至德之世"的特点有三："物质生活的原始"① "精神状态的蒙昧"② "所处时代的古远"③。他总结庄子理想社会具有双重性质，即"强烈的现实性"④ 和"明显的、远离实际的幻想性"⑤。现实性指的是庄子在理想社会中投注的对于现实社会的"积极的批判精神"⑥，幻想性这一特点，崔大华则引用人类学家列维-布留尔的研究成果，说明"原始人的精神世界绝不是平静的"⑦。事实上，平静与其说属于原始人，不如说属于（特定的）文明人。他说，"本来，自觉的、被感受到的心境宁静是经过复杂、漫长的修养训练才能达到的一种精神境界，它本身就是一种彻底的、全面的、清醒的知觉，它和伴随蒙昧无知而产生的那种不能丰富而敏锐地感受外界事物的浑噩麻木的精神状态有本质的不同。应该说，庄子对这相距甚远、有质的不同的两种精神状态没有作严格的区分，而是将它们混同。因此，庄子赞颂蒙昧的精神状态，赞颂原始生活，并不意味着他邪恶地主张向那可怕的野蛮倒退，而是表明他总是幻想地认为这样就能向无道德约束、无政治倾轧、生活安闲的最美好的、自然的生活接近"⑧。这是一段极为精当的评价。对于庄子理想社会的幻想性，即它的不符合历史、不切合实际，崔大华在引用人类学家的研究进行一个基本判断后，又对庄子的主张作了合乎实际的分析，避免对其作武断的评价。读他对庄子的评析，总让人感叹他真是古人最好的对话者、解释者。"建德之国"出自《山木》，它在主要社会目标方面与"至德之世"一致，其特色在于，"第一，与对'至德之世'生活状态的原始性的描述不同，庄子对'建德之国'主要是描述它的道德精神面貌，这是以愚朴寡欲为其精神道德特征的社会；第二，'至德之世'在古远的过去，'建德之国'则在遥远的边陲"⑨。"至德之

---

① 崔大华：《庄学研究》，第 250 页。
② 崔大华：《庄学研究》，第 251 页。
③ 崔大华：《庄学研究》，第 251 页。
④ 崔大华：《庄学研究》，第 252 页。
⑤ 崔大华：《庄学研究》，第 253 页。
⑥ 崔大华：《庄学研究》，第 252~253 页。
⑦ 崔大华：《庄学研究》，第 253 页。
⑧ 崔大华：《庄学研究》，第 254 页。
⑨ 崔大华：《庄学研究》，第 255 页。

世"与"建德之国"相比，一个是生活状态的原始，一个是精神面貌的原始；一个是时间上的远方，一个是空间上的远方。边陲被儒家视为蛮夷，庄子却认为这里才有真正的建德之邦。崔大华认为，"在这里，庄子以他的'建德之国'理想社会，又一次顽强地表现他的批判现实社会和与儒家对立的自然主义的立场，显示他的没有政治压迫和精神奴役的社会理想"①。理想是对现实的批判，在这里是建设性的批判。关于庄子理想社会的独特性，崔大华以儒家（孟子）和墨家（墨子）的描述为参照，认为"和儒墨相比，庄子的理想社会既不是伦理的或爱的道德完备，也不是财产均等、政治清明，而是从政治压迫、道德约束、财富积累等等一切精神和物质的奴役中彻底地摆脱出来。如果说人们在墨家的理想社会里，能够得到生活的温饱和爱的感情的温暖，在儒家的理想社会里，能够得到比生活温饱和爱更多一点的物质享受和天伦快乐；那么，进入庄子的理想社会里则得到另外性质的东西，这是一种自我不存在的感受，置身于空旷的自然，溶入无边的荒芜的那种感受。换言之，庄子理想社会所提供的不是世俗的、人类的、物质性的东西，而是某种超俗的、超人类的精神性的东西"②。它既超世俗，又不是宗教性的东西。崔大华认为这种幻想是某一类人特有的，他们对于自由和压迫都极度敏感，因此他们最先发出反对异化的声音。他说，"从中国历史上和世界范围内来看，庄子以后，从社会生活中感受到这种压抑感、危机感的人在不断增加，这似乎表明人类至今的生存方式潜伏着某种巨大的、根本性的缺陷"③。进入现代社会以来，我们越来越深刻地感受到，人类在发展中忘记了发展是为了更好地生存。一味地为发展而发展，将最终以发展之名行毁灭之实。崔大华对于人类的现实处境总是有着深刻的忧虑。

社会思想的最后部分是庄子后学在社会思想方面表现出的新特色。他将其概括为"折中的倾向"④ 与"治世的理论"⑤ 两个方面。庄子后学的折中倾向表现，其一是"吸收对立思想派别的社会政治思想"⑥，他列表

---

① 崔大华：《庄学研究》，第 255 页。
② 崔大华：《庄学研究》，第 258~259 页。
③ 崔大华：《庄学研究》，第 259 页。
④ 崔大华：《庄学研究》，第 260 页。
⑤ 崔大华：《庄学研究》，第 265 页。
⑥ 崔大华：《庄学研究》，第 260 页。

从十个方面说明折中的立场与庄子自然主义立场的差异。① 其二是"调和对立的社会行为"②，比如"有为"与"无为"、"天"与"人"。他引用《天道》中的描述，认为"在这里，'无为'并不是所有人的行为标准，而只是'上'者、'主者'的行为标准；'下'者、'臣者'的行为标准应该是和'无为'相对立的'有为'"，"这种将无为、有为调和的观点，正是先秦道家和法家政治观点相融合的一种转机"。③ 在庄子那里"无为"适用于所有人，即普遍的人和普遍的"无为"，这是思想在野派的思路。当后学试图站在当权者的立场考虑政治设计，则君臣之分就要提出来，"无为"就不再是所有人的行为标准，它变成君主的专利，这就向黄老道家转向。天人对立在后学那里也被天人统一取代，变成普遍存在的本末关系。④ 道家一直在淡化权力的等级性、强制性，强调自然而然、自生自化，这里却强调权威、强化等级，还用"道"论证之，这可能既不是庄子，也不是老子，更像是对老子的歪曲式发展。庄子后学的治世理论，表现为论证"'道'是伦理秩序的根源"⑤，"'时'是治世方略的根据"⑥。前者是用道家最高的智慧论证儒家的伦理秩序，填平儒道之间的鸿沟，以便为入世开理论上的方便之门。崔大华认为，"庄子后学赋予自然现象以社会伦理的特征，是观念上的重大变化，是在对早期庄子思想自然主义立场的背离或修正中，根本地转变了对现实社会的否定的政治态度"⑦。崔大华对庄子思想特色的最重要判断就是自然主义，在分析后学与庄子的不同时，仍然是以自然主义为标准。庄子后学为治世方略提出"时"的原则，要求治世要应时而变。把庄子人生哲学中外在必然性观念应用到治世中，"'时'作为构成人生困境的消极因素之一，变为一种被肯定的形成一代社会行为方式的客观依据；'环中'由一种精神境界，变为具有功利价值的行为准则，这正是庄子后学从狭隘的个人精神领域走向宽广的社会

---

① 见崔大华《庄学研究》，第261页。
② 崔大华：《庄学研究》，第263页。
③ 崔大华：《庄学研究》，第263页。
④ 《天道》：本在于上，末在于下；要在于主，详在于臣。
⑤ 崔大华：《庄学研究》，第265页。
⑥ 崔大华：《庄学研究》，第266页。
⑦ 崔大华：《庄学研究》，第266页。

生活的表现。在性质上，这与庄子后学从幻想的原始自然状态走进现实的文明社会所发生的社会政治观念的变化是一样的"①。庄子思想根本上是一种人生哲学，他的自然哲学、社会思想，都是围绕着"为什么我要过这样的生活"这个问题而来的。当后学把他人生哲学中的思想要素应用到社会政治领域，就变成支持入世的积极的思想资源。出世是客居于世的姿态，入世则必须肯定世俗的价值，庄子后学要做主人，不甘于为客，故而就需要思想右转。

（四）庄子思想的认识结构

前面自然哲学、人生哲学、社会思想，是庄子眼中的世界景象，或者说是庄子认识到的世界的面目，那么他是怎样实现这样的认识，运用什么方式，达到什么程度？这就是庄子思想的认识结构。崔大华在这一章里，将庄子认识对象按性质、形态分为三类，即"万物、万事""理""道"。对这三类事物的认识方式分别是"感知、思辨、理性直觉"②。其认识结构也相应分为三个层次。

1. 感知的相对性

针对具体事物，人类的感知存在相对性。崔大华认为，"庄子认识论给人最鲜明、最深刻的印象是它对具体事物认识的相对性的充分揭示，及对其引起的困惑的相对主义的解决"③。他以古希腊哲学（智者派、柏拉图）为参照，说明庄子所发现的认识的相对性，不仅在于主观性，还在于事物本身。崔大华从"自然性质的囿限"④ 和"社会性质的囿限"⑤ 两个方面阐释庄子在具体事物认识方面遇到的相对性困惑。自然性质方面他举了"类的本性"和"时空"。所谓"类的本性"，崔大华认为，"不是在人与人的感觉的主观性差异中，而正是在人与其他物类的感知主体的感知能力的差异中，庄子发觉人的认知能力在本性上是亏缺不全的，人所能

---

① 崔大华：《庄学研究》，第 267 页。
② 崔大华：《庄学研究》，第 268 页。
③ 崔大华：《庄学研究》，第 269 页。
④ 崔大华：《庄学研究》，第 270 页。
⑤ 崔大华：《庄学研究》，第 272 页。

认知到的是极为有限的、相对的，这是无法改易的"①。感性认知是通过人的感觉器官进行的，而人的感官所能感知的范围是有限的，这是人作为类的局限性。但人的局限性，在其他物种那里，可能就不复存在。庄子将认知的主体从人扩展到人之外的动物后，认知结果也发生了变化。这是主体转换带来的变化，说明认知对象性质的客观性是相对于主体而言的。至于时空的限制，由于"人的存在是有限的、局部的，因而人的认知内容，或者说人所能认识到的对象及其性质必然是相对的、部分的"②。相对于无穷的宇宙而言，个体生命的有限性和个体活动范围的有限性，都决定了个体认识的有限性、片面性，而认识到这一点，却正是一种大智慧。庄子对于人类无知的认识，就是这种大智慧。社会性质的限制是指作为认识主体的人的社会性与历史性带来的限制。崔大华从时代与立场或角度两个方面来说明。"时"在庄子人生哲学里是不可逾越的人生困境之一，在庄子认识论里也是制约因素。他举《秋水》中"帝王殊禅，三代殊继，差其时、逆其俗者，谓之篡夫；当其时、顺其俗者，谓之义徒"，说明"相同事物的意义和价值不总是一样的，而是因'时'而变的、相对的"③。这里体现出一种历史感，把人与事作纵向的对比，得出一个结论。关于立场或角度差异对认识的影响，崔大华举《秋水》《德充符》《骈拇》为例，说明在庄子那里，"贵贱、大小、有无、是非、同异、利义，所有这些对具体事物存在状态和价值的认知、判断都是相对的，随着观察的立场不同而不同、视角的变化而变化"④。不同的立场和角度下，事物会呈现不同的侧面，会产生不同的判断。崔大华认为，"在庄子思想中，认识的相对性是被在较高的层次上发现和论述的。庄子把认知相对性由对个人的感觉器官的生理特性形成的现象的描述，推向对人的自然本性和社会制约的因素的探寻"⑤，即把感性的人推向自然与历史的深处，在一个更加广阔的场景下显现认识相对性的成因。而庄子如果停留于此，就只能做一个彻底

---

① 崔大华：《庄学研究》，第 270~271 页。
② 崔大华：《庄学研究》，第 271~272 页。
③ 崔大华：《庄学研究》，第 273 页。
④ 崔大华：《庄学研究》，第 273 页。
⑤ 崔大华：《庄学研究》，第 274 页。

的否定主义者、怀疑主义者、不可知论者，则他唯一能肯定的就是对于正确性的否定，而不敢肯定除此之外的任何东西，包括他自己的人生哲学、他的道论，因此他必须超越相对主义、怀疑主义。

　　崔大华接下来讨论了庄子认知相对性困惑的解决。在讨论之前，他先设两个对照组，看看哲学史上解决认知相对性的两个方向与两个结局。"一种是在感性、经验的方向上前进，由对事物确定性的否定（相对性），最后走到对事实存在的真实性的否定（不可知论），这是怀疑论的方向和结局。"① 由于无法解释认识的不确定性，最后走向对认识对象的真实性的否定，变成怀疑论，如此则连自己的存在也要怀疑，自己将无所措手足。"另一种是认知相对性中所固有的那种感性的、经验的因素被理智所淡化、抑制；并且通过某种理论的中介，相对性本身被上升为可把握的、具有确切性的理性观念，这就是相对主义。作为认识过程中的相对主义，而不是作为认识终点的相对主义就是辩证法。它不是在否定客观真理的意义上，而是在我们的认知向客观真理接近的界限受历史条件制约的意义上，承认我们一切认知的相对性。"② 这是承认有真理、有确定的东西，只不过我们暂时还达不到。那么庄子如何处理相对性困惑？"他既不是直接地用怀疑主义或不可知主义的彻底否定（一切都不是真的）来铲除的，也不是用辩证法的认识发展过程（认知向客观真理接近）来消解的，而是从本体论的意义上，对认知相对性作出一种确定性的解释的。即在庄子看来，相对性是世界本然的存在状态，而不是我们认识上的谬误。这是彻底的相对主义的观点。"③ 认知相对性固然有人的有限性的原因，但更深刻的原因在于世界本身就是相对性的存在，或者说世界本身就是发展的、变化的、不确定的。这当然还是基于人类认知能力和框架有限性的一个结论，但它却接近真理。崔大华认为，庄子借助"万物殊性"④ 和"万物同'机'"⑤ 两个"中介性的理论观念"⑥ 实现理论升华，把认知相对性升

---

①　崔大华：《庄学研究》，第 275 页。
②　崔大华：《庄学研究》，第 275 页。
③　崔大华：《庄学研究》，第 275~276 页。
④　崔大华：《庄学研究》，第 276 页。
⑤　崔大华：《庄学研究》，第 277 页。
⑥　崔大华：《庄学研究》，第 276 页。

华为具有实在性内容的相对主义。"万物殊性"是讲事物的差异存在的客观性，不因认识主体的差异而存在的那种确切无疑的差异性。"万物同'机'"是说事物形态上有差异，但却有相同的最后的根源。如此，差异不仅是确切存在的，还是相对的，因为万物从本源上是可以相互转化的。这就勾画出一幅相对主义的世界图景来。由此千差万别的事物就不是孤立存在的个体，而是有着内在关联的、有着共同来源和归宿的，万物的差异也就不再是绝对的了。世界本如是，则认知相对性就是基于世界本身的相对性，就是有客观实在内容的了。"这样，在庄子认识论中，认知，特别是感性认识的相对性所引起的困惑，就在'万物殊性''万物皆一'两个对立的理论观念的叠合中，因获得一种理解、一种解释而消融。在庄子看来，万物存在都是相对的，它不仅是我们认识的感性表象，而且也是世界的真实状况。这种相对性，一方面涵蕴着万物殊性的那种经验的确切性，另一方面涵蕴着万物皆一的那种理智的实在性。在庄子认识论中，对具体事物认知的相对性，就上升为一种理论观念——相对主义。"① 因此，相对地去认识万物，就是合于它们本来面目的，就是正确的。以本体的确定性理解事物的相对性，这是庄子解决认知相对性困惑的方式。

庄子在解决了这个问题之后，就运用相对主义立场去处理世界与人生问题。第一是"齐万物：'无方'"②。"以相对主义的理论立场要求对待事物的基本态度是齐一万物的，'旁礴万物以为一'（《逍遥游》），泯除和兼容事物之间观念上的界限和实际上的对立，在《庄子》中称之为无方。"③ 这要求面对纷繁的现象世界，不要过分执着于事物的差异，更要意识到它们深刻的同一性。第二是"等贵贱：'反衍'"④。以"道"观物，物无贵贱。"在《庄子》中，这种以相对主义态度在观念上泯除贵贱的差异和对立界限，被称为'反衍'。"⑤ 在贵贱分明的等级社会里主张等贵贱，不言而喻具有反叛性和批判性，但崔大华也指出这种观念的无力。

---

① 崔大华：《庄学研究》，第 277 页。
② 崔大华：《庄学研究》，第 278 页。
③ 崔大华：《庄学研究》，第 278 页。《秋水》：兼怀万物，其孰承翼，是谓无方。
④ 崔大华：《庄学研究》，第 278 页。
⑤ 崔大华：《庄学研究》，第 278 页。《秋水》：以道观之，何贵何贱，是谓反衍。

因为它不能解决物质上的匮乏，不能养身与家，则它一定是观念的和无力的。第三是"一生死：'悬解''撄宁'"①。"'万物为一'的相对主义使庄子成功地跨越了构成他的人生哲学中人生困境的首要的界限：生死。"②死亡对于人而言是一个结束吗？死亡之后是什么？如果认为死亡是生命的终结，死亡之后是空寂，那么死亡就是恐怖的，是要竭力避免的。但据庄子自然哲学，人的生存是气之聚拢，人的死亡是气之消散，个体生死不过是气的聚散，死亡只不过是气的形态变化，对于个体而言不过是换一种方式存在。因此，在宇宙尺度上，只有气的无尽循环，它不增不减，无生无死。当人能够在这样的高度去看待自己的肉身的存在与消亡，则死亡就不再是可怕的和需要极力回避的事了。崔大华认为，"死亡，不再存在，是人的一切哀伤痛苦心理的最后的渊源。从这个意义上说，庄子用相对主义从观念上突破了、跨越了生死界限，是具有某种精神解放的作用的。它从人的本身开发出一种理智的、理性的力量，对生死作出一种新的、自然的理解，帮助处理这种可怕的情境，消解长期的经验事实的心理积淀。齐一生死，从由生死对立而产生的恐惧的精神奴役中解放出来，从由这种对立而激起的精神骚动中平静下来，庄子中称之为'悬解'、称之为'撄宁'"③。不借助于宗教而借助于理性思辨摆脱对死亡的恐惧，这是庄子对人类的一个重大贡献。第四是"和是非：'天倪''道枢''以明'"④。"在认识论领域本身，相对主义将庄子认识论由作为认识开始的感知相对性，推进到作为认识终端的真理（是）或谬误（非）的可兼性（和是非）。即在庄子看来，是与非是无法客观地、绝对地判定的。庄子找到一个包容、超越是与非的相对主义立场。"⑤ 他用庄子的三个术语来表述，即天钧或天倪、道枢、以明。钧、倪，即磨盘，前面加上"天"字，形容自然如同磨盘，无始无终。人休于天钧，即不持是非立场。枢本是户枢，中空转而不滞，前面加上"道"字，形容"道"不滞于物，运转无

---

① 崔大华：《庄学研究》，第278页。
② 崔大华：《庄学研究》，第278页。
③ 崔大华：《庄学研究》，第279页。
④ 崔大华：《庄学研究》，第280页。
⑤ 崔大华：《庄学研究》，第280页。

穷。"天钧""天倪""道枢"都不在对立面之间作选择，而是兼而容之。这种立场基于事物本身合理性的片面性，无法以是与非来作简单的判断。崔大华通过精解"天倪""道枢"，来理解庄子的两行之道。①"以明"是一种正面的态度，即应当以"明"处理儒墨是非之争，"这个'明'实际上就是'道'，就是'天'"②。本然的"道"是整全的，是全部的历史，特定时代特定学派的是非之争在它那里没有绝对性。庄子相对主义立场在处理物论不齐时的特点，是以本体论层面上的确定性消减认知相对主义带来的困惑。

2. 理性观念的确定性

本体论的确定性将庄子认识论引向新的更高的层次，这就是庄子认识结构的第二个内容——"天理固然：理性观念的确定性"③。庄子认识论上的相对主义并没有走向本体论层面上的怀疑论，这是庄子作为一种古代思想不同于近代怀疑论的特点。作为一个有着丰富知识的思想家，庄子对于事物的内在规律性有着深刻的体察，他称其为"天理"或"物理"。崔大华认为庄子天理具有四个性质："客观性""超验性""恒定性""共有性"④。当事物的确定性被发现，原先杂乱无章、似乎处处与人作对的世界，变得井井有条、处处可行，困惑消解了，自由增加了。崔大华进一步解析庄子理性认识的特征和方法。首先，他举《养生主》《庚桑楚》《则阳》中"以神遇而不以目视""知者，谟也""恃其知之所不知而后知"为例，说明庄子理性认识的三种表述。"神遇"相对于感官接触（"目视"），"谟"相对于与事物接触（"接也"），"知之所不知"相对于知的自觉（"知之所知"），都是借助于超越感官、经验的理性抽象的方式去接近事物的本质规定性。其次，由于常人很难超越经验去认识事物，庄子提供了超越狭隘经验的方法，即"近似形式逻辑的归纳的方法"和"属于辩证逻辑（辩证法）的理性思辨的方法"⑤。这些在《庄子》中还

① 见崔大华《庄学研究》，第 280~281 页。
② 崔大华：《庄学研究》，第 282 页。
③ 崔大华：《庄学研究》，第 284 页。
④ 崔大华：《庄学研究》，第 285~286 页。
⑤ 崔大华：《庄学研究》，第 290 页。

只是个别性地采用，尚未提炼为概念，这些方法犹如散落的珍珠，被他串了起来。

3. 道：理性直觉的整体性

庄子认识结构中第三层面或等级上的认识对象即"道"，如何被认识？崔大华认为，它"表现出一种新的理论特色，一种在理性认识基础之上的以实践体验为本质内容的理性直觉"[1]。采用理性直觉的方法，原因在于方法要匹配对象。"道"作为认识对象，不是物，不是物理，无法借助感官与思虑达到它。"道"是整体，是无限。以有限认识无限，靠感官不可能，靠理性也有局限。理性的局限在于它缺少想象力，缺少自我否定、超越的能力。庄子所描述的通向"道"的途径，崔大华将其归纳为两个方面。其一是"直觉：'睹道'"[2]，即以直觉"看见"道（"睹道"）。他举《则阳》中一段对话，认为"睹道""不是分析的、逻辑的认识方法，而是整体直观的方法，越过对认识对象的起始原因、发展过程、局部特征等的认识，而把认识对象作为包含着全部内容的整体全观地、全息地予以把握"，"这种整体直观不是在感性认识基础上的，排斥理性认识的非理性的表象直观，而是建立在对万物外在特征（'名实之可纪，精微之可志'）、内在秩序（'随序之相理'）、相互转化（'桥运之相使'）等理性认识基础之上的对'议之所止'的世界总体内容或精神的最高境界（'道'）的直观，它是一种超理性的理性直觉"[3]。直觉通常是感性的，但这里崔大华用理性直觉来描述庄子认识"道"的方法，这既反映了"道"的特性，也体现了庄子的特色。理性直觉超越感性和理性，但绝不是不要感性和理性。直觉并非凭空而来，它是在感性与理性认识的基础上形成的。但是否有感性认识和理性认识就一定能达到理性直观？并不是。因为"这种'道'被直觉而整体显现的过程，充满着、凝聚着个人的独特的精神经历和生活经验，无逻辑的、固定的轨迹可循，因而在他人的眼光中闪现出神秘的色彩"[4]。达到"道"的那种个人体验，

---

① 崔大华：《庄学研究》，第 292 页。
② 崔大华：《庄学研究》，第 295 页。
③ 崔大华：《庄学研究》，第 295 页。
④ 崔大华：《庄学研究》，第 297 页。

在理论上是超理性的，但形态上则是个体性的、经验性的和千差万别的。这也提醒人们，对于认识世界的方法，要保持开放性。其二是"体验："守道''体道'"①。从不太严格的意义上说，道家的著作就是"得道"者闻道经验的汇集。直觉睹道是一种闻道经验，守道体道也是一种闻道经验。崔大华将这种实践活动与认识活动区分开来，因此庄子的认识论就与西方哲学的认识论存在一种根本方向上的不同。《齐物论》说"有真人而后有真知"，他解释为"在庄子看来，首先有'道'的精神境界（'真人'），然后才有'道'的观念意识（'真知'），'道'的真正被认识、被接近是在精神修养领域而不是在认识领域"②。这即是说，"道"是由被实践而显现自己的，"道"不外于人而存在。这个观点透露出庄子哲学乃至中国哲学的特色——通往"道"的实践是一种生活实践，甚至是一种生活方式。若将他们的生活当成外在的知识对待，则无法与之对话，只能在文字上打转。

崔大华最后总结庄子认识结构三个层面在表述上的特点，他认为"比较而言，庄子中对其认识论的第一层面的论述是最充分的，第三层面的特色也还是很突出的，而第二层面则是不太清晰的。所以庄子认识论给人显著的印象是鲜明的相对主义和某种神秘主义，而它的理性主义则不易引起注意"③。具体事物的认知与生活联系最密切，世界总体的把握则是庄子认识论的目的，因此这两个方面最突出。庄子哲学不是为了求知识，物理只是"道"的桥梁，庄子对沉溺于物理保持警惕，因此第二层面显得不太突出。崔大华指出这一点，是很客观和实事求是的。

（五）庄子思想的文学特质和古代科学背景

在先秦诸子中，庄子不仅以思想深邃著称，还以文字奇诡见长，崔大华引用前人的评价，认为"庄子作为灿烂的中国文学的重要源头应该说是确凿无疑的"④。他从三个方面说明庄子哲学的文学特质。

---

① 崔大华：《庄学研究》，第298页。
② 崔大华：《庄学研究》，第301页。
③ 崔大华：《庄学研究》，第303页。
④ 崔大华：《庄学研究》，第305页。

第一是"思想以寓言的故事情节展现"①。他以《逍遥游》《齐物论》《大宗师》中的相关描写为例，说明庄子逍遥自由的境界与本质。他选取浑沌之死（《应帝王》）、黄帝遗玄珠（《天地》）、泽雉（《养生主》）、海鸟（《至乐》）为例，说明"这四个一正一反的寓言故事，无一不是导引出常因自然而不益生的结论，无一不是去知与故修养方法的例证"②。他以《至乐》（"庄子之楚"）与《外物》（"儒以《诗》《礼》发冢"）为例说明庄子社会批判思想也是以寓言形式展现。他饱含情感地评价说，"在《庄子》中的每一个寓言后面都站着一个哲学结论，蕴涵着一种哲学思想。在它那对人生和社会的严肃的理性思考中，总是妙趣横生地闪现着文学的光彩"③。现代人文学科割裂了经典的不同方面，将其分属于不同的学科，结果把原本是一个整体的古代经典生生分解掉。崔大华用他的博学和兴趣，将《庄子》这部经典在现代学科背景下还原其本来面目。《庄学研究》这部著作受到高校文学院系师生的欢迎，并非偶然。

第二是"概念、范畴、境界的形象表述"④，即拟人化和感性化。《庄子》中最高范畴"道"，还常常被称为"真君""真宰""造物""宗师"等，崔大华形象地比喻庄子这种表述方式，"在《庄子》中，那些已具有抽象理论形态的概念、范畴，常被拟人化、人格化。它们似乎获得了一种生命，从思维世界的逻辑运行轨道上跳到人间舞台上，像人那样活动着"⑤。对"道"的认识过程也被拟人化，他举《大宗师》为例，女偊讲自己的闻道经过，从副墨之子到洛诵之孙到瞻明到聂许到需役到于讴到玄冥到参寥到疑始，"这俨然是一个九代祖孙相传的世家"⑥。闻道的过程"本来是一个连续的、整体的、难以清晰表述的理性直觉过程，庄子却巧妙地、别出心裁地分离出九个阶段，赋予人格的表征，形象地表述为如同是一个九代世家授受的过程"⑦。女偊作为"得道"者，他讲述自己通往

① 崔大华：《庄学研究》，第306页。
② 崔大华：《庄学研究》，第309页。
③ 崔大华：《庄学研究》，第312页。
④ 崔大华：《庄学研究》，第313页。
⑤ 崔大华：《庄学研究》，第313页。
⑥ 崔大华：《庄学研究》，第314页。
⑦ 崔大华：《庄学研究》，第314页。

"道"的过程时，如何将个人经验表述出来，使尚未经历过的人能够理解，已经经历过的人能够参验。在表达方式上，他采用了拟人化的方式，将体验过程描述成父子相传授的过程，这个传授过程又是一个向上追根溯源的过程，它每个阶段都更接近"道"的根本，直到最后的"疑始"。

第三是"精神境界的感性显现"①，即以形象化语言描述逍遥自由的境界。包括以"悬解"（解除倒悬之苦）形容超越人生困境的精神境界，以"方外""陆沉""游刃"形容超世、遁世、顺世三种人生态度。庄子形象大于理念的表达方式，借助语言而又超越了语言。在语言风格上，崔大华认为"和其他先秦诸子著作不同，《庄子》不是词意相接的、逻辑严谨的论述性的语言，而是意接词不接或词虽接意已变的、跌宕跳跃的诗性的语言"②。他以《达生》的一段文字为例，颜渊问操舟是否可学，操舟者的回答是游泳学得越好，操舟学的难度越低，颜渊觉得自己的问题没有得到正面回答，这是一个断裂，表现为一种跳跃，即从游泳到操舟的跳跃。颜渊以此问孔子，孔子解释了操舟者的话，将第一个断裂填上，然后他的结论"凡外重者内拙"，则将操舟者所述技巧"忘水"推到"忘境"的境界，这就出现第二个断裂，借助语言的诗性跳跃，实现思想意境的飞越提升。这是"意接词不接"。关于"词接意已变"，他举《山木》市南宜僚与鲁君的对话，鲁君说去往遥远的建德之国存在困难，市南宜僚则回答他除去物累心累，寡欲知足，就不会有有舟车和无口粮的问题了。他还举《天运》庄子答商太宰问仁时说"虎狼仁也"，《说剑》庄子答赵文王问三剑时说"有天子剑，有诸侯剑，有庶人剑"，也都是"词接意已变"的例子。"正是在这词、意跌宕跳跃的间隔中，形成具有诗性特征的、可供想象和思索驰骋的广阔空间。"③ 词与意的距离，是理解的距离、心灵的距离，它可以很远，也可以很近。崔大华理解庄子，自然就觉得是接近和相似的。他是打心眼儿里热爱庄子的文字和思想。

关于庄子思想的古代科学背景，他引用波普尔的论断"哲学植根于

---

① 崔大华：《庄学研究》，第 314 页。
② 崔大华：《庄学研究》，第 316 页。
③ 崔大华：《庄学研究》，第 319 页。

哲学以外的科学认识之中"①，并"考察反映在《庄子》中的构成萌芽状态的古代科学的三个主要方面：巫术、工艺技巧、经验知识的状况"②。

第一是巫术背景，崔大华认为在《庄子》中表现了"对巫术神秘性的否定"，他认为壶子故意显示的神态，从有迹可循，到无任何具体形相可捕捉，最后迫使季咸逃之夭夭，这表现出"人的理性的觉醒"③。神龟不能左右自己的命运，他认为这是"对宗教或巫术所内蕴着、依凭着的某种神秘的、非人的力量的至上性、全能性的否定"④。他据此认为庄子思想发展进程经历两次选择：第一次"是在宗教性的巫术的'神'与理性的人之间，庄子选择了人"；第二次是"在本然存在的'天'和体现人的创造性、主动性的'人'之间，庄子选择了'天'"⑤。"通过这样的两次选择，庄子思想的基本性质、主要色彩就是属于非宗教的、自然主义的了。"⑥ 这两次选择，第一次选择属于轴心时代，第二次选择属于庄子道家。理性是诸子共同的思想特征，自然主义则是庄子道家的思想特征。崔大华这个提示既精准，又有启发性。他还引用《人间世》《天地》《列御寇》相关描述，认为作为职业的医已从巫中独立出来。他还引用庄子佚文《游凫》，认为"在巫祝看来是神圣、神秘的送鬼敬神的禳解、祭奠典礼，在医家的眼光里却认为是强身、健心的卫生活动，获得了科学因素的医术就是这样从迷信性质的巫术中独立出来，这则庄子佚文在一个具体问题上清晰地反映了这个过程"⑦。他曾说《庄子》被删削的内容"仍具有珍贵的学术价值"⑧。这个判断在这里就体现了出来。

---

① 原文是"我的两个论题总起来说是，哲学深深扎根于哲学之外的问题中，维特根斯坦的否定判断总的说来，就已经忘却其哲学以外源的哲学而言是对的；这些根源很容易被'研究'哲学、而不是受非哲学问题的压力被迫钻入哲学的哲学家忘掉"。见卡尔·波普尔《猜想与反驳：科学知识的增长》二、哲学问题的本质及其科学根源，上海译文出版社，1986，第 102 页。
② 崔大华：《庄学研究》，第 320 页。《应帝王》中大巫季咸与壶子斗法失败，《外物》中神龟被剖腹剔骨而死。
③ 崔大华：《庄学研究》，第 321 页。
④ 崔大华：《庄学研究》，第 322 页。
⑤ 崔大华：《庄学研究》，第 322 页。
⑥ 崔大华：《庄学研究》，第 322 页。
⑦ 崔大华：《庄学研究》，第 324 页。
⑧ 崔大华：《庄学研究》，第 51 页。

第二是"高超的工艺技巧及其经验"①。《庄子》中提到的手工业包括"金工、木工、陶工、漆工、屠宰、洗染、缝纫、织屦等等"②。庄子描述高超精熟的手工业技巧，还总结出独特的经验，崔大华认为是"一种不能上升为科学却能升华为哲学的经验"③。这一点在庖丁解牛（《养生主》）、轮扁斫轮（《天道》）、梓庆削镰（《达生》）等中有形象而深刻的表现。技术不通向科学，而通向"道"的境界。他还比较《庄子》与《考工记》，说明二者取向的差异：一个重"主观体验"④，一个重"工艺规范"⑤。庄子的描述和总结，不能成为当时技术发展的阶梯，却是指向"道"的那个手臂。他认为，"这表明，正是庄子那个时代的手工劳动技巧、工艺体验，形成了庄子思想中'道'的修养方法和精神境界的经验来源或科学背景"⑥。《庄子》中的拥有高超技术的人，他们的"技"是为了通向"道"，因此它是经验的，但又不可经由听闻而得，它需要每个人去亲身实践。

第三是"广泛的经验知识"⑦。崔大华从天体、万物和人三个方面说明庄子为什么是"包罗万象，涵盖天地，为诸子之首"⑧。庄子对天体的认识，首先是基于感官描述它的广袤，其次是基于理性思辨明确它并不是"至大之域"（《秋水》），最后他凭借想象描述"至大之域"，并由形象上升为概念，也就是气、宇宙。这是庄子从感性经验到哲学概念的过程。庄子对万物的记述之多，堪称博物志。崔大华着重整理分析了构成庄子哲学思想的知识背景两方面内容。"首先，是对动物习性的真实记述。"⑨《马蹄》讲马，《至乐》讲鸟，《人间世》和《德充符》讲老虎，除了讲习性，还讲心理。崔大华认为，"由于庄子将动物和人放在自然界的同等

---

① 崔大华：《庄学研究》，第 324 页。
② 崔大华：《庄学研究》，第 324 页。
③ 崔大华：《庄学研究》，第 325 页。
④ 崔大华：《庄学研究》，第 325 页。
⑤ 崔大华：《庄学研究》，第 326 页。
⑥ 崔大华：《庄学研究》，第 326 页。
⑦ 崔大华：《庄学研究》，第 326 页。
⑧ 崔大华：《庄学研究》，第 326 页。
⑨ 崔大华：《庄学研究》，第 329 页。

的位置上"①，其写动物就同时通向人，"总是印证着或内蕴着某种有关于人的哲学思想"②。他认为以动物的知识为背景的哲学思想包括"因任自然的观点"和"相对性的观点"③。前者是说动物本性是自然的，任何改变都是伤害；后者是说不同的动物习性各不相同，其优劣长短难以比较。"其次，是对生物演变过程的经验描述。"④ 他仔细分析《至乐》中"种有几"一段文字，认为其基本思想是"物种皆出自某个原始东西（'种有几'或'万物皆出于机'），最后又返归这个原始的东西（'万物皆入于机'）"⑤。针对胡适 1917 年发表的《先秦诸子进化论》文章的观点和引起的争论，崔大华以原文为据进行辨析。胡适以《至乐》"种有几"一段文字为据，认为它是"描述自然界中由某种原始的微生物（几），经过植物、动物等阶段，演化到人的生物是进化论"⑥。崔大华细读原文，认为这段文字中进化论与循环论并存⑦，其材料来源既包括观察，还包括传闻和想象。"从庄子自然哲学思想的这个基本点上来看，庄子这段文字中记述的生物演变现象或事例，显然不能被认为是'生物进化论'思想的最早觉醒或原始形式，而只能是庄子'万物皆种也，以不同形相禅，始卒若环，莫得其伦'（《寓言》）的观点，即万物循环变化的自然哲学观点的经验事例的说明或印证。"⑧ 那个时代的学者普遍具有文化焦虑症，下意识地试图从科学的角度理解古人的思想。他们是以西释古，崔大华是以古释古，不为了某种非学术的目标而选择性地诠释经典，把诠释变成过度诠释。

庄子对人的内在世界有细致的观察。崔大华认为庄子"对作为个体的人的生理与心理的揭示，和对作为群体的人的社会心理或世态的观察"，"直接构成庄子人生哲学和社会批判思想的知识的、经验的基础"⑨。

---

① 崔大华：《庄学研究》，第 330 页。
② 崔大华：《庄学研究》，第 330 页。
③ 崔大华：《庄学研究》，第 330 页。
④ 崔大华：《庄学研究》，第 331 页。
⑤ 崔大华：《庄学研究》，第 332 页。
⑥ 崔大华：《庄学研究》，第 332 页。
⑦ 见崔大华《庄学研究》，第 332 页。
⑧ 崔大华：《庄学研究》，第 333 页。
⑨ 崔大华：《庄学研究》，第 334 页。

生理方面，他将庄子自然哲学中关于世界统一性的解释，运用到个体与群体的生理解释上，即"人的生命、肌体在本质上是'气'的聚合、变现"①。阴阳失衡，人的身体健康就受到损伤。心理方面，"庄子经常把某些社会、人生的问题还原到、归结到心理的层次或角度上加以论述"②。他列表对比现代心理学描述的心理现象与庄子的具体描写事例，举出思维、想象、记忆、注意、快乐、悲哀、恐惧、个性八个方面。③ 他还讨论了庄子发现并描述的某些为现代社会心理学所研究的对象，如"情境对心理发生影响的事例"④ 和"典型的社会心理现象的事例"⑤。这不是科学而是经验观察，目的是说明修养方法和处世态度。这样的类比实事求是，不强行把庄子作现代化的理解，而是尽量接近庄子的原意。最后是关于庄子中描述的"变态性质的心理现象——梦境和逆境"⑥。他以现代心理学知识为参照，认为"从变态心理学的角度来看，庄子的人生哲学和社会批判思想烙有明显的挫折情境的心理痕迹。正是从这个意义上说，庄子中对逆境心理的描述，构成了庄子思想的古代科学背景的极重要的部分"⑦。崔大华对庄子中的变态心理描写以现代心理学为学术背景，这就为我们理解庄子思想提供了一个现代学科的知识背景与诠释视角，拉近经典与我们的距离。

三　庄学之流：历代思潮中的庄子因素

崔大华认为，庄子思想有一个非常特别的地方，"作为一种理论形态、思想体系，它在先秦以后就停止了发展，已经终结；但是，庄子的思想观念、庄子的语言，仍然生机盎然地生长在魏晋、唐宋迄至今天的我们的生活和思想之中"⑧。与庄学之源相对，这个内容可以称为庄学之流。

---

① 崔大华：《庄学研究》，第 334 页。
② 崔大华：《庄学研究》，第 335 页。
③ 见崔大华《庄学研究》，第 336 页。
④ 崔大华：《庄学研究》，第 336 页。
⑤ 崔大华：《庄学研究》，第 337 页。
⑥ 崔大华：《庄学研究》，第 338 页。
⑦ 崔大华：《庄学研究》，第 341 页。
⑧ 崔大华：《庄学研究》，"自序"，第 2 页。

沿着中国历史发展的方向，他探讨庄子思想在从先秦到近现代的中国思想发展中，究竟起到了什么样的独特作用。这是全书最后也是最有特色和价值的部分。

（一）庄子思想与先秦子学

关于先秦诸子学派划分，他依据《庄子·天下》，将其分为三家（儒家、墨家、道家）五派（儒家是邹鲁之士、搢绅先生，墨家分为墨翟、禽滑厘派和宋钘、尹文派，道家分为彭蒙、田骈、慎到派以及关尹、老聃派和庄周派）。他认为"这是先秦思想的根本三家和主导派别，先秦子学中其他各家各派都是此后在此三家基础上衍生、发展起来的"①。

1. 庄子与先秦儒家

崔大华的问题是，儒学的产生早于庄学，那么，儒学对于庄子学说来说，它是一种学术背景还是一个学术渊源？庄学在产生后，对于儒学是否发生过影响？如果发生，是怎样的影响？这是他要讨论的问题，也是学术界有争议的问题。

关于儒学与庄学的关系，曾有人提出庄子学说渊源自孔子儒学之说。② 崔大华对这种观点进行历史回顾，并作出自己的判断。以唐代韩愈提出的从孔子到子夏到田子方再到庄子的学术传承顺序为开端，在儒家内部有人将庄子纳入儒家后学之列。崔大华认为《庄子》中田子方的故事具有"寓言性质"，"不能据以判定庄子和田子方有师承关系"③。"姚鼐援引《礼记·孔子闲居》记载的孔子对子夏所论述的'中'的礼乐本原和'志气塞乎天地'的礼乐境界，认为这就是庄子的'恶知礼意'（《大宗师》）的礼乐境界，'与造化为人'（《应帝王》）的思想源头"④，崔大华认为，这一论断"是一种界线模糊的混淆之辞"⑤，"他把庄子的本然的自然（'真'）与儒家的经过'礼义'调节的'中和'混同起来，把

---

① 崔大华：《庄学研究》，第 344 页。
② 见崔大华《庄学研究》，第 344~346 页。
③ 崔大华：《庄学研究》，第 345 页。
④ 崔大华：《庄学研究》，第 346 页。
⑤ 崔大华：《庄学研究》，第 346 页。

庄子的'返其真'（《大宗师》）的自然境界与儒家的'横行天下'（《礼记·孔子闲居》）的伦理道德境界混同起来"①。章太炎认为庄子本是颜氏之儒，郭沫若在《十批判书·庄子的批判》中发挥这一观点，一是认为庄子书有很多颜孔对话，二是认为颜回有出世倾向。②崔大华认为前者是"率尔之辞"，后者是"混淆之辞"③，皆不足为论。他摘出《论语》中记录的颜渊片段，认为"这些记述，富有特征地、本质地表现了颜渊是一个谦恭循礼、坦荡本分的人，在极为平庸的现实人生追求中显出高大、完满的道德人格。来自生活中任何一个方面的纷扰而带来的精神上的困惑、痛苦，对于颜渊来说都是不存在的，都被他伟大、宽容的'仁'所消化。这不是麻木，而是一种充分的人的道德自觉，这正是儒家的道德境界"④。与之形成对比的是，他将《庄子》中出现的颜渊的部分以表格形式列出来，认为《庄子》中的"孔颜对话，多数是借孔子之口表述一种庄子的而不是儒家的观点，唯一的一次借颜渊之口表述的'坐忘'的观点，也显然是庄子特有的思想，而和《论语》中颜渊'请事斯语'的内容正相反对"⑤。他还认为"孔颜之乐"也是一种自由，但它"性质上是属于康德所描述的那种意志自由"⑥，与庄子的"逍遥的情态自由和快乐是不同的"⑦。他认为郭沫若混淆了两种不同境界的自由。他的结论是，"对于庄子思想来说，在其先形成的儒学思想只能构成一种学术的观念背景"⑧。

在这个结论的基础上，他进一步讨论儒学如何构成庄子思想的观念背景。他的基本观点是，"在先秦，儒家思想最先形成，它是殷周之际被改造的宗教观念和新产生的道德观念的继承和发展"。庄子思想"有自己独立的精神根源——自然"，但它"是在对儒家思想的理论观点和它所产生

---

① 崔大华：《庄学研究》，第 346 页。
② 见崔大华《庄学研究》，第 346 页。
③ 崔大华：《庄学研究》，第 346 页。
④ 崔大华：《庄学研究》，第 347 页。
⑤ 崔大华：《庄学研究》，第 348 页。
⑥ 崔大华：《庄学研究》，第 349 页。
⑦ 崔大华：《庄学研究》，第 350 页。
⑧ 崔大华：《庄学研究》，第 350 页。

的社会后果的直接的、批判性的反应中形成"①。庄子思想有自己独特的观念系统，"但其基本的思想资料仍然和儒家有十分密切的关系"②。他从四个方面进行说明："对孔子的借重"③"对儒学基本命题的改造"④"对《论语》思想资料的承接"⑤ "《论语》中显现了庄子思想先驱——隐者"⑥。

第一个方面，对孔子的借重。他列表显示在《天地》《达生》《知北游》《则阳》《外物》《寓言》《渔父》中借助孔子之口所讲的道家观点，并认为这些立论内容的基调是主张清静无为、返归自然，它和儒家一贯的积极入世的态度，以仁义礼乐规范现实生活的思想是相悖的。因此，"在这里孔子虽然是被尊重的，但也是被歪曲的"⑦。这个点评可谓一针见血。他还指出内篇与外、杂篇在批评孔子时的不同之处，即内篇中以旁人之口讥嘲孔子不理解逍遥境界（《齐物论》《德充符》《人间世》），外、杂篇中通过老子和其他隐者剽剥儒家，讥评孔子本人甚至诋毁孔子的为人（《天地》《天道》《天运》《山木》《外物》《盗跖》《渔父》）。对于外、杂篇与内篇的这种不同，崔大华分析认为，"《庄子》外、杂篇借老聃等人物之口对孔子的激烈批评，当然也是一种寓言性质的，但它反映了庄子道家学派已完全形成，和儒家处于更加的对立和争鸣之中。一个学派的确立，需要有理论，也需要有领袖。庄子还是坦诚的，他论述了自己的游乎尘垢之外高超于儒家的'世俗之礼'，但对孔子却自认'不得及彼'；庄子后学则甚为放肆，无所顾忌，他们抛开庄子，拥戴老聃，杜撰许多他教训、凌驾孔子的故事，确立了他作为道家领袖的地位。庄子后学的此种做法，实际上也是借重孔子来表明道家高出于儒家"⑧。也就是说，庄子后学认可并利用了孔子曾师事老子这个事实，来说明道家高于儒家，并同时

---

① 崔大华：《庄学研究》，第 350 页。
② 崔大华：《庄学研究》，第 350 页。
③ 崔大华：《庄学研究》，第 350 页。
④ 崔大华：《庄学研究》，第 353 页。
⑤ 崔大华：《庄学研究》，第 357 页。
⑥ 崔大华：《庄学研究》，第 361 页。
⑦ 崔大华：《庄学研究》，第 351 页。
⑧ 崔大华：《庄学研究》，第 352~353 页。

确立老子作为道家学派宗师的地位。

第二个方面，对儒学基本命题的改造，包括对"仁"和"孝"的改造。《论语》中的"仁"，一是"克己复礼，天下归仁"（《颜渊》），"孝悌也者，其为仁之本与"（《学而》），二是"能行五者于天下为仁——恭、宽、信、敏、惠"（《阳货》），"刚毅木讷近仁"（《子路》），即"仁"是个性的品性修养。到了庄子这里，就是"虎狼，仁也""至仁无亲"（《天运》）。在孔子那里，"仁"是属人的行为规范和道德境界；在庄子这里，"仁"的属人的特性消失了，变成人与动物共同具有的自然本性。崔大华还是从庄子自然主义这一思想特色出发，分析这种区别。他认为，"在这里，庄子把儒学以人的现实社会生存方式为前提的立论基础，置换为、还原为人的抽象的自然状态，显示了庄子思想和孔子儒家思想在人生价值观念、精神追求上的根本分歧是人性的提高与人性的复归之间的对立"①。自然人性是改造的对象还是复归的目标，这是孔子与庄子的重要区别。庄子的主张显然是基于对自然状态的人的肯定，由此那种试图改变这种自然状态的将人"文明化"的做法，在他看来就都是反自然的，都是必须反对的。庄子对于儒家"孝"的改造，崔大华举出"庄子居丧"这一行为说明其截然不同的态度和理论。儒家论"孝"，讲究生前敬养，死后丧葬，临丧必哀，这是最实质的内容，就是要有真情实感。他以《阳货》中孔子与宰我论三年之丧为例，认为"儒家的临丧悲哀的感情，居丧三年的礼制，其最后根源乃是一种心理性质的'心安'；而这种'心安'的心理内容，又完全是社会性质的人与人之间的爱的伦理感情的交换、偿还。这样，在儒家那里，在理论上，临丧之哀、居丧之礼，都不是短暂的、自发的自然情感的外泄，而是持久的、自觉的道德理念的表现，所以也是人性自觉和提高"②。这即是说，人对于自己是人而不是动物的一种自觉，是一种不容己的迫切而真实的感情，不这样做就不能宽恕自己。它完全是内发的、自觉的行为，不需要外在约束，因此说它是一种"人性的自觉和提高"。而在《庄子》中，子桑户死时孟子反、子琴张相

---

① 崔大华：《庄学研究》，第353~354页。
② 崔大华：《庄学研究》，第356页。

和而歌（《大宗师》）和庄子妻死庄子鼓盆而歌（《至乐》），与儒家的表现截然相反：临丧不哀，居丧不礼。庄子和他的朋友们的表现既惊世骇俗又理直气壮。他们是具有高度文化修养的士人，这样做必然有自己的理论依据。崔大华分析认为，"在这里，庄子和儒家分歧和对立的本质在于，对于亲体、同类的死亡而必然会产生的悯哀的自然感情，儒家是用人与人的社会伦理关系来深化、提升这种感情，将它道德化、规范化；庄子则是用人与自然的关系来淡化、消解这种感情，以一种冷峻的理智和逆反的行为来泯除它。这样，儒家把以敬、爱为内容的'孝'当作'为仁之本'，庄子却认为'孝'对于'至仁'来说，南辕北辙，相距弥远"①，这两种对立的思想在历史中却呈现出一种合作关系。"中国思想史的事实表明，在人的精神经历或道德生活中，儒家以道德改造、提高人的自然本性和庄子在人的自然本性中寻找、确定道德终极，是两种基本的价值取向和理论走向，它们的对立和反复更迭出现，反映了社会生活的发展，带来了道德内容的增新。"② 这也许就是在人性提高与人类生存之间，反复地探索、试探边界，走到头就再走回来。在这个过程中，庄子的自然主义具有理论储备和纠错的功能。

第三个方面，对《论语》思想资料的承接，包括对《论语》中记述的故事、人物、命题、思想等的承袭。他选取"夫子步亦步"（《子罕》《田子方》）、"在陈绝粮"（《卫灵公》《让王》）、"楚狂接舆"（《微子》《人间世》）、"直躬证父"（《子路》《盗跖》）、"探病论命"（《雍也》《大宗师》）、"天地不言"（《阳货》《知北游》）等材料，并分析其内容与思想上的差异，认为"《庄子》的作者熟悉《论语》中所记述的人物、故事、思想或论题，从而得到了启发，并吸收了其中某些题材加以润色、修改和发挥，用来表述自己的思想，但这只是一种思想资料的借用、承接，而不是思想学说的继承、发展"③。

第四个方面，《论语》中显现了作为庄子思想先驱的隐者。孔子的时代有一些家世经历和社会背景都不太清楚的隐者、逸民。崔大华引用

---

① 崔大华：《庄学研究》，第356~357页。
② 崔大华：《庄学研究》，第357页。
③ 崔大华：《庄学研究》，第360~361页。

《左传·昭公三年》叔向的话，认为"这些隐者可能正是破落的贵族后裔"①。他认为，"《论语》中的这些隐者正是庄子生活和思想的原型，庄子在生活方式上也正是个隐者。和《论语》中的这些隐者相比，庄子在家世渊源（可能是贵族后裔）、对现实社会和孔子的态度（否定的和批判的）、生活处境（低贱而贫困）等方面都十分相似。不同在于，《论语》中的隐者'隐居放言'，对社会生活和孔子的批评，只是停留在个人经历的感性水平上，还没有形成超出生活经验本身之上的一种哲学意念，缺乏一种深刻的、具有内在逻辑的根据。而庄子却有自己的思想体系，形成了一种超越感性表象之上的、关于自然和社会统一的根源性观念——'道通为一'（《齐物论》），从而有自己对社会事件、人物作出判断、评价的理论标准——'仿德而行，循道而趋'（《天道》）。这样，《论语》中隐者的生活感受、政治观点，在庄子中就被哲学地深化了、升华了"②。隐者当时采取的生活方式是不为孔子所认同的，但隐者没有自己的理论根据，说明这样生活是正确的，无可非议的。到了庄子，就发展出一套成体系的理论，来说明隐者生活方式的合理性。也就是说，庄子为他们这类隐士的生活方式从哲学高度进行了辩护，其理论成果就是庄子哲学。他比较《论语》中的隐者接舆与《庄子》中的体道者的接舆的不同，结论是"经过'道'的自然主义哲学观念升华的隐者，就是庄子"③。由此他判定，"在先秦，庄子思想的主体部分是一种具有原生性质、独创性质的思想理论"④。这就与他前面的观点相互印证，即孔子儒学构成庄子思想的背景而不是渊源。

庄子思想形成后，不仅对儒学构成挑战，还对它产生影响。崔大华以《荀子》《易传》《礼记》为例进行阐述。首先是"荀子对庄子思想的反应"⑤。他认为在中国思想发展史上，儒家对庄子的批评"在广度和深度上都未能超过子路对隐者（后来的庄子）的批评（'欲洁其身而乱大

① 崔大华：《庄学研究》，第 362 页。
② 崔大华：《庄学研究》，第 363 页。
③ 崔大华：《庄学研究》，第 364 页。
④ 崔大华：《庄学研究》，第 364 页。
⑤ 崔大华：《庄学研究》，第 365 页。

伦’）和荀子在此处的这个批评（即'庄子蔽于天而不知人'——作者注）"①。他们分别从伦理角度和哲学层面上作评，相比而言，荀子的评价更深刻。不过他同时也指出，"在理论的独立性和深刻性上，诸子中真正能和儒家匹敌的只有庄子，所以他（即荀子——作者注）把庄子思想混同一般，置于诸子之中而加以评论，未能特别地予以考察"②。他还进一步指出，"事实上，庄子或道家具有比先秦其他诸子学说更强的理论生命力，在中国思想中，它和儒家形成既对立又互补的学术格局，不是在先秦，而是在其后的中国思想发展中逐渐地形成和显示出来的，这是荀子未能预见到的"③。这大概是因为荀子要对付的异己学说太多，庄子只是其中之一。对荀子而言，更重要的是儒家内部的异端学说。因此，可以说庄子思想的重要性是在历史中显现的。他认为荀子所受庄子影响包括以下三个方面。"第一，援用《庄子》的概念、名物。"④ 他举出至人（《应帝王》《解蔽》）、彭祖（《逍遥游》《修身》）、井蛙（《秋水》《正论》）这几个名物概念，认为荀子的至人概念来自《庄子》，因为"儒家一般是以'圣人'来表示自己的理想人格"，"而'至人'则是《庄子》思想所特有的理想人格"⑤。与孟子相比，荀子的圣人不仅是道德典范，还是智慧典范，而"荀子援用了《庄子》的'用心若镜'、'无己'、能'定'于本末的'至人'来表述'圣人'的这一品质"⑥。也就是说，荀子将庄子"至人"的品质移植到他的理想中的智慧与道德兼备的"圣人"身上。"第二，接受庄子自然哲学的基本观念。"⑦ 荀子作为儒家学者，他依然重人道而不是天道，但是在庄子影响下，他"开始了对人道之外的更广阔更深邃世界的形而上性质的理论思索，形成了某些体现着儒家思想重要发展的新的理论观念"⑧。这些新的观念包括"总体性的道的观念""万物的

---

① 崔大华：《庄学研究》，第 365 页。
② 崔大华：《庄学研究》，第 365 页。
③ 崔大华：《庄学研究》，第 365 页。
④ 崔大华：《庄学研究》，第 366 页。
⑤ 崔大华：《庄学研究》，第 366~367 页。
⑥ 崔大华：《庄学研究》，第 367 页。
⑦ 崔大华：《庄学研究》，第 367 页。
⑧ 崔大华：《庄学研究》，第 368 页。

形成的观念"①"人的自然本质观念"②。崔大华认为，荀子"万物为道一偏，一物为万物一偏"（《天论》），"夫道者，体常而尽变，一隅不足以举之"（《解蔽》），"大道者，所以变化遂成万物也"（《哀公》）。"这里的道与庄子'道通为一'、'道未始有封'（《齐物论》）、'道覆载万物者也'（《天地》）的观念是相通的、相承的。"③ 这意味着"在基本上是伦理性质的'天命''性'之外，一个具有自然性质的最基本的、最高的哲学范畴已经产生，儒家思想新的自然观从这里开始形成"④。荀子自然观最突出的地方在于，它不是儒家伦理道德的投射，它不是一个伦理道德本体，而是一个自然本体。关于万物生成，荀子说"天地合而万物生，阴阳接而变化起，性伪合而天下治"（《荀子·礼论》）。崔大华认为"荀子的'天地合而万物生'的命题中，显然是在庄子'天道运而无所积，故万物成'（《天道》）的思想影响下产生的，虽然其确切性的内容还很少，但毕竟表明儒家思想中增进了一个新的自然方面的内容"⑤。关于人的自然本质的观念，崔大华认为庄子的"对世界统一性的'气'的说明影响了荀子，使他在对'人'的本质内涵的全面的规定中吸收了'气'的观念"⑥。《荀子·王制》中说"水火有气而无生，草木有生而无知，禽兽有知而无义；人有气有生有知亦且有义，故最为天下贵"，这就把人与动植物在气的层面上统一起来，崔大华判断"人具有'气'的自然本质是儒家思想中'人'的观念的重要发展"⑦。

庄子思想对儒学最初的影响还表现在"《易传》《礼记》中《庄子》的痕迹"⑧。首先，他认为《易传》关于万物化生的观点来源于《庄子》，"《易传》的基本观点是天地（阴阳、日月、四时）的交相作用产生万物"⑨。这一观念源自"天道运而无所积，故万物成"（《天道》）。《易传》

---

① 崔大华：《庄学研究》，第 368 页。
② 崔大华：《庄学研究》，第 369 页。
③ 崔大华：《庄学研究》，第 368 页。
④ 崔大华：《庄学研究》，第 368 页。
⑤ 崔大华：《庄学研究》，第 369 页。
⑥ 崔大华：《庄学研究》，第 369~370 页。
⑦ 崔大华：《庄学研究》，第 370 页。
⑧ 崔大华：《庄学研究》，第 370 页。
⑨ 崔大华：《庄学研究》，第 370 页。

中最高哲学范畴"太极"则来自《大宗师》中"夫道，在太极之上而不为高"。其次，《礼记》中超越人性之上的伦理道德根源不同于孟子和荀子，它不在人自身之内和经验之中，而在人性之外的天之中。崔大华认为"这种变化显然是受到庄子思想的有力的挑战和影响的缘故"①。庄子的礼在自然之下，儒家找到最高根源天，庄子的天是自然的，"儒家的'礼本于天'之'天'是'有序'的，即具有伦理性质的，所以才能是人的社会伦理道德的根源"②。也就是说，儒家学者在这里先将庄子的自然之天伦理化，再以天为礼的根据。最后是《易传》和《礼记》显示的儒家最高精神境界"由基本上是'修己以安百姓'的'尽伦'的道德境界，升华为'赞化天地'的超人伦的天地境界"③。《易传》和《礼记》中发生的儒学理论发展，即以伦理道德为特质的儒学变得形而上，理论在更广阔的世界展开，崔大华认为"是庄子思想砥砺了儒家思想的这种品格，促进了儒家思想在这个方向上的成长"④。庄子的自然主义，被儒家拿来论证伦理道德的根源，将儒家伦理道德变得天经地义，可以说，这是利用了庄子而又反对了庄子。

2. 庄子与墨家

庄子与墨家的关系，崔大华总的判断是"比较浅"⑤。他主要从三个方面阐述它们的关系。

第一是"庄子对墨家的批评"⑥。崔大华认为，"和儒家、庄子相较而言，墨家学说的主要之点是生的实现，这是从最简单、最基本的人的生存的层次上作出的观察，客观上把人的生活贫瘠化了，这与庄子在超越世俗道德、追求精神上'无己''无功''无名'，即绝对自由的'道'的立场上所作出的观察当然相距甚远"⑦。这个比较很有启发性。庄子提出一种生存哲学，而墨家重生存的实现，在这一点上似乎相同，但庄子持自然主义立场，是为隐士的生活方式立论，墨家持功利主义立场，是为平民的

---

① 崔大华：《庄学研究》，第 372 页。
② 崔大华：《庄学研究》，第 371 页。
③ 崔大华：《庄学研究》，第 373 页。
④ 崔大华：《庄学研究》，第 374 页。
⑤ 崔大华：《庄学研究》，第 374 页。
⑥ 崔大华：《庄学研究》，第 374 页。
⑦ 崔大华：《庄学研究》，第 375 页。

基本生存张目。前者重精神，后者重物质。以庄子对生死的超然态度，墨家这种重生思想就属于不见道，与儒家形异实同，"在庄子看来，儒家的'礼乐'道德规范如'凿枘'，墨家用功利'以绳墨自矫'（《天下》），都是对人性的戕伤，都是自以为是而对道的背离，所以他总是将二者放在一起不加区别地进行批评"①。而形成鲜明对比的则是《天下》中对墨家的评价，崔大华认为在《天下》中，"不是从道的角度，而是从学术史的角度对墨家思想作了概括和评价"②，认为它虽难为世人接受，但自苦救世精神则值得称赞。《天下》作者的口气俨然超越百家，而隐隐以正统官学自居，视百家为家学、私学，叹息百家的出现将导致道术为天下裂，因此他的称赞背后是深刻的忧虑。

　　第二是"《庄子》与《墨经》的关系"③。崔大华的基本判断是，"《墨经》中也有承接《庄子》中的命题和反驳庄子思想的情况，这既是《墨经》成书时代较晚这一判定的证据，也是庄子思想对后期墨家发生影响的证据"④。儒墨在战国并称"显学"，是较早发生影响的学说。庄子中多次儒墨并称进行批评，甚至庄子思想的成熟也与齐儒墨之论有关。可见，首先是儒墨影响了庄子，而在庄子思想形成后又反过来影响了儒墨。他认为《墨经》的时空、变化、认知的观念或命题承袭《庄子》，包括宇、宙、知、谟，观念与例证都相同。⑤　"《墨经》对《庄子》的反驳或批判主要是在认识论的两个具体问题上：'辩无当'和'学无益'。"⑥《庄子》认为辩论没有意义，因为没有判定正确的标准。《墨经》则反复反驳这一观点，认为有胜利者，胜利则是因为正确。《庄子》认为"道"是由体或守（修养实践、直觉体验）而达到的，不能由学（读书言教）而认识的这个观点可表达为"学无益"。《墨经》则认为当持此观点的人在表达这个观点时，就是在教，就反过来说明学是有益的了，因此其观点与其行为构成悖论。崔大华认为，"《墨经》对庄子思想的批判，只是在经验的、形式

---

① 崔大华：《庄学研究》，第 375 页。
② 崔大华：《庄学研究》，第 375 页。
③ 崔大华：《庄学研究》，第 376 页。
④ 崔大华：《庄学研究》，第 376 页。
⑤ 见崔大华《庄学研究》，第 376~377 页。
⑥ 崔大华：《庄学研究》，第 377 页。

逻辑的层次上进行的，而且只是在这个层次上它的反驳才是正确的，可成立的，而未能触及庄子思想更深层的内容"①。这个评价很公允，《庄子》的具体观点都有其本体论根据，《墨经》的反驳没有上升到这个高度。

第三是"庄子思想对宋钘思想的吸取与超越"②。关于宋钘的学派归属，荀子将他与墨子并举，班固将他归入道家，崔大华赞成荀子，但《天下》将宋钘与墨子分列，说明他们还是有重要不同。崔大华认为，"在一个根本之点上，即立论的最终根据，宋钘不同于，或者说超越了墨子"③。墨子学说立论都是植根于经验和功利，宋钘则进一步提出"情欲固寡"的命题，"这样，他的宽容、不斗、自足等等的立论都获得了一个具有稳定性、必然性的人的内在本性基础。应该说这是一种较高理论层次的结论，它舍弃、超越人的情欲的社会性内容而返归和附着到它的自然本原，因为人的情欲在社会生活中总是不断地变化、丰富着，只有其基本的自然方面的内容才是恒定的、有限的"④。这即是说，墨子立论缺少一个向内的维度，它以为事实就是真理，但事实是可以也应该被解释的。墨子关于欲望的主张，"一方面肯定作为个人的情欲的丰富社会性内容的正当性，另一方面又用多数人的、劳动者的单一的生存的功利来压抑它、限制它，实际上否定了它。在这里，宋钘立论的自然本性立场和墨子的社会功利原则的差异是很清晰的"⑤。这说明宋钘的思想具有折中融合的特征。孟子与庄子都视其为前辈，对他很尊重，《天下》的作者对它也很重视和尊重，说明他在战国时代影响很大。崔大华以简短而精准的分析指出宋墨之同与异，通过比较彰显宋钘之学的特点。他还进而认为荀子忽视了宋钘与墨子思想的这个不同，而这正透露出宋钘离开墨家而走近道家。⑥ 当考察宋钘与道家的思想关联时，他注意到"宋钘的'情欲固寡'是他的社会政治主张的立论前提，而道家（黄老）的'寡欲'是精神修养的目标或要求，两者的理论宗旨是迥然异趣的。从历史上看，宋钘与道家既有某种

① 崔大华：《庄学研究》，第 379 页。
② 崔大华：《庄学研究》，第 379 页。
③ 崔大华：《庄学研究》，第 381 页。
④ 崔大华：《庄学研究》，第 381 页。
⑤ 崔大华：《庄学研究》，第 381 页。
⑥ 见崔大华《庄学研究》，第 381 页。

相近而又根本异趣的这种特殊关系，最先是在庄子这里形成，具体表现为庄子既接受了宋钘的影响，又对他有所超越"①。宋钘与道家的异趣之处，正是他受墨家影响的结果，也就是积极入世和热心救世。这种连续比较中显现某个学派思想的独特面貌的方法，显现出崔大华敏锐的洞察力。宋钘对庄子的影响主要在于他的两个观点："情欲固寡"和"接万物以别宥"。崔大华认为，庄子自然主义哲学关于人性的理论观念是，"人性在最初的、本然的状态下是无任何情欲骚动的恬静状态。宋钘的'情欲固寡'正是这一理论观念的一种明确表述；这一表述提供了对人性之初是本然、恬静状态的观念的一种具有启发性的理解途径：抛开人的情欲的社会性内容，它的自然本性内容是极为有限的，'五升之饭足矣！'由这种理解进一步，自然要推出这样的结论：人的欲望越大、需求越多，离开人的本性就越远。庄子正是行进在这样的逻辑思路上"②。"'鹪鹩巢于深林，不过一枝；偃鼠饮河，不过满腹'是对宋钘情欲寡浅命题涵义的最为确切生动的注解；'耆欲深者天机浅'则又把宋子这个原是社会政治主张立论基础的观念，移植运用到精神、性命修养范围内。可见，庄子思想中的一个主要理论观念源自宋钘，这是庄子思想接受宋钘影响而又有所超越的第一个表现"③。宋钘的别宥是不以成见待人接物，而"在庄子这里，从'崖涘'中走出来（'别宥'），就可以认识'大理'。'别宥'获得了认识论意义"④。崔大华总结宋钘对庄子的影响，"宋钘是庄子从同时代的思想家中唯一地接受了重要思想影响的人，所以庄子也对他奉献了除孔子之外的别人所没有的尊敬"⑤。这是一个很重要的论断。关于庄子思想渊源，崔大华受其师侯外庐和古史辨派影响，认为《老子》其书晚出，在《庄子》内篇之后。这样，庄子思想的来源，就成为一个问题。这里他指出宋钘对庄子的影响，这个观点既有依据又有意义。

3. 庄子与道家学派

关于先秦道家诸派，他以《天下》为依据，列出三派：彭蒙、田骈、

---

① 崔大华：《庄学研究》，第382页。
② 崔大华：《庄学研究》，第382页。
③ 崔大华：《庄学研究》，第382~383页。
④ 崔大华：《庄学研究》，第383页。
⑤ 崔大华：《庄学研究》，第384页。

慎到，关尹、老聃，庄周。他列表说明《天下》所概括的三派理论宗旨和身世背景，认为彭蒙、田骈、慎到派的理事原则是任法，身世背景是不治而议之士，关尹、老聃派的经世原则是守本，身世背景是史官，庄周派的超世原则是忘物，身世背景是隐者。① 他不认为先秦道家诸派是一个以老聃或黄老为思想渊源的统一的派别。他认为，"在《天下篇》中道家三派的关系，或者说界限，还是清晰的、简单的，虽然还不能据以断定他们是同时并出、一时共存，但他们之间的师承或渊源关系肯定是不存在的，只有'道'（在这里或称之为'太一''天地精神'）是烙在他们思想上的一个共同标记。秦汉之际，沿着彭蒙、田骈、慎到理论倾向发展起来的黄老之学，又从庄子和老子中吸取了很多思想资料和理论观点，就搅乱了、模糊了先秦道家三派的理论界限"②。"搅乱"理论界限的是汉代司马迁（他认为慎到、田骈、环渊和庄子的思想皆可归本于黄老或老子），因此，崔大华就以司马迁的论断为标靶，来讨论庄子与道家其他学派的关系。

关于庄子与老子、关尹、列子的关系。这里的难题是老子其人其书的年代问题。崔大华认为，"这个难题的产生来自《庄子》"，"这个难题的解决，也要依靠《庄子》"③。他认为老子"最早就是在《庄子》书中出场。老子即老聃"④。他列表显示《庄子》中记述老子生平行迹、言谈举止的有十五六处，最多最核心的是他作为孔子的师长，对儒学或孔子的批评、教训。⑤《庄子》中显示老子先于孔子，且借助寓言形式来说明这个事实，儒家也不避讳这一点。但崔大华将《庄子》中最明确的地方，即老子年辈先于孔子推翻，他不仅否定《庄子》的记述，还否定了《史记·老子韩非列传》老子传主体部分的记述。他的依据是《史记》中老子家世中有残缺，据此他断定老子晚于孔子百年左右，且《庄子》中记述老子西游于秦并死在那里，《史记·老子韩非列传》中又提到一位太史儋，他以这两点为据，认定老子就是太史儋。⑥ 他的结论是"《庄子》中老子是个真实的、但又装

---

① 见崔大华《庄学研究》，第 385 页。
② 崔大华：《庄学研究》，第 385 页。
③ 崔大华：《庄学研究》，第 386 页。
④ 崔大华：《庄学研究》，第 386 页。
⑤ 见崔大华《庄学研究》，第 387 页。
⑥ 见崔大华《庄学研究》，第 388~390 页。

饰着'孔子之师'面具的人，卸下这个面具就可以看出，老子大体是生活在孔子死后百年左右而在庄子之前的一位新思潮人物，他运用作为享年甚高的史官所具有的广博的历史经验、社会生活经验和自然知识开始从异于墨家的理论立场来批判儒家"①。但他所认为的那个老子，据《史记》的描述，是个纵横家式的人物，不像个思想家，距离老子真实面貌恐怕更远。关于《庄子》中所记《老子》其书，他认为，"从今本《庄子》的全部内容看，内篇中的庄子思想完全是离开老子而独立地甚至是在老子之先形成，而外、杂篇中老子的语言和思想烙印则每每可见"②。也就是说，关于成书年代，他认为其先后顺序是《庄子》内篇—《老子》—《庄子》外、杂篇。但是，郭店楚简《老子》的出土，说明《老子》的成书是一个非常漫长的过程。崔大华考察庄子生卒年的三种说法，他更肯定第二种，即前 369~前 286 年和前 368~前 268 年③，而郭店楚墓，据考古学者的研究，"从墓葬形制和器物特征判断，郭店 M1 具有战国中期偏晚的特点，其下葬年代当在公元前 4 世纪中期至前 3 世纪初"④。关于其中的《老子》简文，作者认为"最引人注意的是部分简文与今本《老子》相似。自从马王堆帛书《老子》甲、乙本问世后，学术界对《老子》的成书年代及作者等问题的看法渐趋接近，普遍认为《老子》是东周时期的作品，老子也应是此时之人。但是，对于《老子》成书之前的流传情况，人们一直知之甚少。由于简文是不同于已知《老子》各种传本的另一种尚未见过的传本，因此，它可以帮助我们深入了解战国时期道家学说的概貌，对研究《老子》的流传及成书过程有更直接的作用，其学术价值是不言而喻的"⑤。最晚的下葬年代早于庄子卒年，据常理推断，抄写年代肯定早于下葬年代，成书时间则早于抄写时间。这样，简本《老子》要在《庄子》内篇之后，时间上就显得很仓促，而且"竹简本是更完整的《老子》的摘抄本"⑥。因

---

① 崔大华：《庄学研究》，第 391 页。
② 崔大华：《庄学研究》，第 392 页。
③ 见崔大华《庄学研究》，第 3 页。
④ 湖北省荆门市博物馆：《荆门郭店一号楚墓》，《文物》1997 年第 7 期。
⑤ 湖北省荆门市博物馆：《荆门郭店一号楚墓》，《文物》1997 年第 7 期。
⑥ 刘笑敢：《老子古今——五种对勘与析评引论》（上卷）导论一"版本歧变与文本趋同"，中国社会科学出版社，2006，第 2 页。

此，判断《庄子》内篇在《老子》成书之前，依据显得薄弱。他举出几个论据证明《庄子》内篇早于《老子》。如他说庄子的"道"是苦苦思索的结果，老子似乎跨越了艰难的思索历程。① 但这不是确凿的论据，因为有人会把思考过程呈现，有人则只把结果呈现，不能据此作为思想先后的证据。他认为"'道'生万物的过程，在《庄子》内篇还是象征性、隐喻性的描述，《老子》则是一个十分明确的逻辑过程的表述；《庄子》内篇对其理想人格（'真人'）状貌和精神境界的描述比较含糊、混乱，《老子》对'为道者'的表述则是明确、井然有序。《老子》简洁的表述似乎是对《庄子》杂乱描述的条理"②。但正如前面所述，道家著作是道家人士闻道经验的记录，则它们必然具有个人经验性，既是经验，则不同是正常的，因此并不能从他所列现象唯一地得出那个结论。他的另外一个论据是，"《庄子》内篇称引在其先的典籍中没有《老子》；引述老聃（老子）的语言，也不在《老子》中"③。但是，《老子》书也几乎没有引用在先的文献，因此这可能只是这个学派的特点，是其思想创造性的表现，而未必可以当成庄先老后的证据；后者更无法证明《老子》书不在《庄子》之前。钱穆的《关于〈老子〉成书年代之一种考察》，论述《老子》书出《庄子》内篇七篇之后。④ 崔大华深受古史辨派影响，他这里发挥的正是钱穆的这个观点，但很明显他们都犯了错。⑤ 关于《庄子》外、杂篇引用《老子》的地方，他列表说明并分析认为，引用的内容与庄子后学新的理

---

① 见崔大华《庄学研究》，第 392 页。
② 崔大华：《庄学研究》，第 393 页。
③ 崔大华：《庄学研究》，第 393~394 页。
④ 见《古史辨》第四册，上海古籍出版社，1982，第 391 页。
⑤ 关于钱穆的老庄研究，据徐复观的观察，钱穆先生有意"建立一个庄学的道统"。他说："我读钱先生（指钱穆——作者注）这几年的著作，似乎钱先生抱有一个宏愿，即是要建立一个庄学的道统。钱先生认庄子为道家之祖，不仅老子由此出，《易传》《中庸》《大学》及有思想性之小戴记等亦皆认为出自庄、老。宋明理学，若仅从文献上的根源说，则《中庸》《大学》《易传》实为其不祧之宗，至此则亦成为老、庄思想的转手。生于庄子之前之孔子，在钱先生'能实有其好恶谓之仁'的新异解释之下，也变成具体而微的庄子。此说如能成立，诚为研究中国思想史上的一大革命。但由钱先生新考据方法所得之结论，千百年后所不敢知，当前则是很难取信的。"见徐复观《有关思想史的若干问题——读钱宾四先生〈老子书晚出补证〉及〈庄老通辨自序〉书后》，载徐复观《中国思想史论集》，上海书店出版社，2004，第 70~95 页。崔大华并无此种"宏愿"，但在老庄先后问题上，他深受钱穆影响。

论特色相吻合，即"庄子追求'无待''逍遥'的精神自由的人生哲学主旨，被庄子后学改变为意在长生、全身的修炼、避患之术；庄子后学也弃置了庄子无君返朴的社会思想，而采取了以'王天下'为目标，执'无为而无不为'的权术以治世的政治态度"①。这种变化表现出庄子与老子思想存在差异，他由此转向分析老庄思想异同。

崔大华认为庄子与老子思想相同之处有二。第一，"道"为世界万物最后根源和具有超验性质的观念。这是"道家各派对'道'的共同的、基本的理解"②。第二，社会批判的立场和返归自然的社会理想。批判矛头指向两个对象："一是当时的统治者，一是为当时统治者推崇、采用的儒家思想。"③ 自司马迁以来，传统的观点重视老庄之同，但崔大华则更重视老庄之异，他认为它们"是理论宗旨和内容皆有不同的两个思想体系"④。他将老庄差异归纳为三。

第一，自然哲学："道"的本体论性质。他认为"老子的'道'是具有某种实体性质（并不是实体）的实在"。庄子的"道"则是"某种既内蕴于万事万物之中，又包容一切事物和状态的世界总体性实在"⑤。这个差异导致它们在两个问题上的分歧，即世界有无开始，以及万物如何运动。在前一个问题上老子的回答是肯定的，即世界有开始，庄子的回答是否定的，即世界无始无终。他认为，"这样，有始或无始就成了区分老子和庄子自然观的标志，甚至也可作为区分老、庄认识论、人生哲学的外在标志"⑥。由于"道"的性质不同，"道"与物的关系也不同，表现在万物在老子那里是对立性质的存在的相互转化，在庄子这里万物是独立地自由地变化着。他将老子"道"的运动方式称为"反"，庄子"道"的运动方式称为"化"，"把反与化加以形式的、几何学的简单描述，可以说，老子是有两个端点的线段，庄子是无端点的圆"⑦。他认为本体论性质的

---

① 崔大华：《庄学研究》，第 396 页。
② 崔大华：《庄学研究》，第 396 页。
③ 崔大华：《庄学研究》，第 397 页。
④ 崔大华：《庄学研究》，第 397 页。
⑤ 崔大华：《庄学研究》，第 398 页。
⑥ 崔大华：《庄学研究》，第 398 页。
⑦ 崔大华：《庄学研究》，第 400 页。

差异，即"道"是实体性的与总体性的不同，"是老子思想和庄子思想差异的最深刻的一个理论因素"①。这种差异形成的原因，可能在于老子与庄子理论立场的不同，老子想为人君支招，庄子则只想活得逍遥自在。

第二，人生哲学：人生追求和处世态度。他认为庄子追求逍遥自由，老子的追求则在于人的存在本身，也就是说，庄子重精神超脱，老子重全身长生。"庄子和老子在人生追求上的精神自由与健全生命之间的不同，决定了他们在处世态度上超脱世俗与谦退自处之间的差异；而这种差异又显示出，在庄子和老子的人生哲学中，目的和手段这对价值范畴之间的关系有所不同。"②即庄子人生追求的目的和手段是统一的、一致的，老子则出现分离。庄子是以正求正，老子则往往以反求正。比如，"无为"在庄子是境界，在老子是手段，因此他判断"庄子和老子人生哲学上的这种差异，在某种程度上也就是庄子、老子思想在总的内容特色上的差异：一个显示出高远超脱的精神境界，一个充盈着丰富深刻的生活智慧"③。二者相比，老子的"道"会被统治者篡夺、独占，走向法家，庄子的"道"似乎不会发生这种情况。

第三，认识论：感性对象（万物）的相对性和最后根源（"道"）的超验性。崔大华从两个方面论说，一是对于感性对象不确定性的处理方法，庄子用相对主义加以解释，老子用辩证法消除困惑。庄子认为差别是相对的，"通天下一气"，以"道"观之，万物齐一。老子则在差别对立本身中揭示其内蕴的辩证法，说明对立面可转化为对方，以此消除相对性困惑。关于知"道"的方法，庄子是体道，老子是静观。方法的性质，庄子是超理性的，老子是理性的。④ 总结老庄异同，他认为"在先秦，庄、老异同构成一种甚为奇特的理论现象：从其和儒、墨相对立的学术背景上看，庄、老之同大于异；就其各自的学说思想内容看，庄、老之异大于同"⑤。关于老庄思想，崔大华更重视差异，这是正确的，因为只有明

① 崔大华：《庄学研究》，第 400 页。
② 崔大华：《庄学研究》，第 401 页。
③ 崔大华：《庄学研究》，第 402 页。
④ 见崔大华《庄学研究》，第 402~404 页。
⑤ 崔大华：《庄学研究》，第 404 页。

确了不同之处，才能辨别他们各自的特色所在。

关于庄子与稷下道家和黄老之学的关系，崔大华认为《天下》中的田骈、慎到"是稷下诸多学派中的道家学派"①，它与老子和庄子似乎都没有什么关系，"由这个学派的不同于老、庄思想的那个方面，产生出一种新的理论发展方向，即由'道'而引申出'法'，由'法'而肯定'礼'。沿着这个理论方向的进一步发展，就出现了'黄老'之学。具有折中、综合的思想特色的黄老之学，又从《庄子》中吸取了很多的概念、命题等思想资料"②。也就是说，稷下道家在异于庄子的方向发展到一定阶段（黄老之学）后，又吸收了庄子。崔大华主要考察了庄子与慎到和早期黄老思想的关系。他认为慎到与庄子在"'道'的周遍性"③上相同，而异于老子。由"道"的周遍性出发，慎到派得出两个结论：其一是万物齐一，无分别的观念（《天下》："齐万物以为首"）；其二是因循事物固有之理，弃绝人为（《天下》："弃知去己而缘不得已，泠汰于物以为道理"）④。这与庄子思想是一致的，但是再向前一步，他们的思想的差异就暴露出来。崔大华将其概括为两点。第一，在人生哲学观点上：自由的获得与自由的丧失。即庄子的自由是真实获得的超然心境，而慎到派的自由则是"完全丧失了人的自觉存在的一种精神状态，贫瘠的死寂的人生表现"⑤。第二，在社会政治思想上：否定礼义与推崇法、礼。庄子否定礼义而慎到派推崇法与礼。这主要是因为慎到派站在治理者的立场，认为"天道——因人之情，人情——每狎于私"⑥，故而需要引入法来治私。另外，以重势著称的慎到派，由于其主张的势"是权力带来的一种特殊的社会效应，不具有'公'的法的本性，所以荀子批评慎到'尚法而无法'（《荀子·非十二子》）。在黄老之学中，'势'的思想没有发展而被弃置"⑦。关于庄子与早期黄老之学，崔大华认为早期黄老之学由慎到开启，

---

① 崔大华：《庄学研究》，第406页。
② 崔大华：《庄学研究》，第406页。
③ 崔大华：《庄学研究》，第406页。
④ 见崔大华《庄学研究》，第406～407页。
⑤ 崔大华：《庄学研究》，第407页。
⑥ 崔大华：《庄学研究》，第408页。
⑦ 崔大华：《庄学研究》，第409页。

融合了被老子、庄子否定的法、礼的观念，作为一个学派，其名在汉代出现，其实则在战国后期、秦汉之际就产生了。① 他以《管子》中的《枢言》《心术》《白心》《内业》为代表，比较庄子与黄老异同及其受到庄子的影响。他认为黄老之学有两个基本观念与道家相通。其一，"道"为万物根源并具有周遍、超验的性质。其二，清静无为的心性修养方法和目标。道家之所以为道家，源于他们对政治与人生的独特观念，升华为理论，就是道论和修养方法，因此这两个共同之处应该是同为道家的应有之义。其差异有二。其一，"道"与"气"的界限。"在庄子思想中，'道'与'气'是两个属于不同层次，有不同内涵的，因而界限可以清晰区分的哲学概念或范畴。……在《管子》四篇中，'道''气'的界限已经模糊，已经混同，出现可以以'气'释'道'、以'道'释'气'的情况。"② 庄子的"道"是世界总体性存在，"气"是自然哲学概念，构成万物基始的物质因素。"气"是庄子为解释"道"如何"通天下"的工具，他克服感性事物的相对性，就用气相通来说明。《管子》中"气"的道化，说明这个"道"是实体性存在，"道"被实体化。他评价这种差异，认为"《管子》四篇作者的哲学意识或理性抽象程度有所降低，他把作为世界根源的抽象的理性观念（'道'）和作为万物最后构成的具有某种感性表象性质的观念（'气'）混同起来。这是此后黄老之学的自然哲学共同具有的一个理论上的弱点"③。在哲学史上，理论发展不一定是直线上升的，还有可能反复，甚至倒退。理论上的倒退，在实践上就会表现为保守甚至反动。其二，"天"与"人"的关系。在庄子那里，天与人完全对立，"'天人对立'是庄子所认识的生存环境的基本格局，而'天而不人'则是庄子思想的基调"④。到了《管子》，就不再有这种对立，"而是天、地、人这三个主体和谐一致的共存"⑤，人与天、地形成"一种既有差异又相辅助的关系"⑥。庄子所说的人，泛指人为，包括一切人类文

---

① 见崔大华《庄学研究》，第 409 页。
② 崔大华：《庄学研究》，第 410 页。
③ 崔大华：《庄学研究》，第 411 页。
④ 崔大华：《庄学研究》，第 411 页。
⑤ 崔大华：《庄学研究》，第 411 页。
⑥ 崔大华：《庄学研究》，第 412 页。

明创造，他对其持悲观主义立场。《管子》四篇的作者显然比庄子积极，认为人创造的东西是正面的、好的东西，与天并不矛盾和对立，而是人成其为人的规定性的东西，人以此而与天、地并立。这就与儒家可以沟通，就能够入世。这两个深刻差异产生另外的观念差异。其一，"道德"与"礼法"对立的消除。"在《管子》四篇的作者看来，礼、法之属，根源于'道'，符合于'宜'（人之自然情性），是人得以和天、地并立的致静、立德、求治等生存内容所绝对必需的。早期道家在'天'与'人'之间、'道德'与'礼法'之间用较高的理性抽象凿下的深邃鸿沟，被作为新道家开始的《管子》四篇一下就用富有感性经验内容的事实填平了。"① 庄子否定人类文明成果的观念，逻辑上存在悖论，事实上也将否定人类存在的意义。《墨经》从前者、黄老从后者解构了庄子的极端和片面。其二，名与实（形）对立的消除。庄子将名视为人为、人欲的表现，而与实即自然处于对立的位置，因此"庄子思想中的'名'与'实'对立是'天'与'人'对立的一种具体表现"②。"在《管子》四篇中，'名'和'礼''法'一样，是人得以和天、地并立的一种自治能力的表现。早期道家名实对立的观念被形名合一（'名正'）的新观念代替了。"③ "名"在道家观念中，从人欲、人为的代表变为人类的积极的创造，则它与"实"之间就不是一种对立，问题就转向"名"应当与"形"相符。这个"形"不仅是指形状、外形，还可能是指型范，也就是事物应该有的样子。崔大华认为"正是这些差异构成新道家——黄老之学的主要理论特征"④。他还列表说明《管子》四篇与《庄子》思想资料的承接关系，他认为"这种承接只能是《管子》四篇对《庄子》的承接，而不能是相反"⑤。

（二）庄子思想与儒学的三个理论形态

儒学在先秦以后继续发展，其典型的理论形态有汉代经学、魏晋玄

---

① 崔大华：《庄学研究》，第413页。
② 崔大华：《庄学研究》，第413页。
③ 崔大华：《庄学研究》，第413页。
④ 崔大华：《庄学研究》，第414页。
⑤ 崔大华：《庄学研究》，第414页。

学、宋明理学。崔大华认为，"庄子思想与这三个儒学理论形态都有密切的而又各不相同的关系"①。

1. 庄子与汉代经学

崔大华认为，经学"是对儒家经典（从汉代的五经、七经，到唐代的九经、十二经，再到宋代的十三经）所蕴涵的固有的思想内容的阐发及其文字、名物的训诂考证"②，这是对经学所作的一个十分恰当的界定，包括经典的范围和解经的内容（思想阐发与名物训诂）。经学贯穿了从汉代到清代的儒学学术史，但是他认为虽然清代经学复兴，"但只是考据方法更趋细密，思想意蕴的发掘则无多新进"③。因此，关于庄子与经学的关系，就主要考察庄子对汉代经学的影响。汉代经学有今文经学与古文经学之分，他认为庄子同时影响了今古文经学，"他的某些思想观念渗透进了今文经学家的'大义微言'中，而《庄子》中丰富的博物、历史材料常为经学家的'章句训诂'所援用"④。

崔大华从三个方面说明庄子对汉代经学的影响：汉代经学在哲学思想上和庄子思想的对立与承袭，汉代经学对《庄子》思想资料的援用，汉代经学将《庄子》作训诂根据的引证。

第一，思想上的对立与承袭。崔大华认为，"汉代经学的义理内容可以归纳为两个方面：一个是社会伦理道德最高本原的论证，一个是自然和社会整体的内在秩序的探索。用董仲舒的话，前者叫'求王道之端'，后者是'观天人相与之际'（《汉书·董仲舒传》）"⑤。后者也是汉代易学"最主要的理论追求和理论创造"⑥。他认为，"汉代《易》象数学家'天人相与'的观念，即自然和社会具有整体的内在秩序的信念，实际上是把六十四卦内含的用初等数学排列组合所揭示出的数的内在逻辑，移化为宇宙万事万物的内在逻辑，本质上是一种经验性质的必然性的信念"⑦。

---

① 崔大华：《庄学研究》，第 416 页。
② 崔大华：《庄学研究》，第 416 页。
③ 崔大华：《庄学研究》，第 416 页。
④ 崔大华：《庄学研究》，第 417 页。
⑤ 崔大华：《庄学研究》，第 417 页。
⑥ 崔大华：《庄学研究》，第 417 页。
⑦ 崔大华：《庄学研究》，第 417~418 页。

这当然是牵强附会，为了让自己的政治主张以必然的、天定的面目出现，他们采用了这种阐释经学的方式。而在《庄子》中，不存在这种"万物之间的内在秩序性和必然性"①，万物是自在的、自然的，没有什么东西去控制、宰制。庄子思想反政治权威的一面是易学家所没有的。他的结论是"汉易象数学的哲学观念和庄子思想之间除了个别概念用语稍涉姻联，在根本思想上是完全对立的"②。也就是说，二者形式上有关联，但思想上相反。汉代经学中对伦理道德本原的论证，他选择《春秋》公羊学为代表，认为"公羊学家的'天'实际上是一种有意志的人格神"，"从'天'那里寻找一切社会政治行为的最后根据是汉代公羊学家的最重要的原则"③。公羊学家对"天""元"的性质，"主要是从伦理、宗教的方面加以论述和规定的"④，他认为这与《庄子》在思想上对立，"而且相比之下，公羊学家的哲学观念显得粗糙、肤浅"⑤。公羊学家在天人感应的论证中，"既有神学内容，也有自然主义的内容"⑥，前者与庄子思想对立，后者"却和《庄子》的'同类相从，同声相应，固天之理也'（《渔父》）的自然哲学观点相符"⑦。崔大华认为，"在这里董仲舒对庄子思想有所承袭"⑧。

第二，对庄子思想资料的援用。崔大华以《韩诗外传》为代表从三个方面说明。其一，增益《庄子》中故事的情节内容。《寓言》中的一个故事"曾子再仕而心再化"，讲曾子俸禄增加而父母不在其心境的变化，没有更多信息。到了《韩诗外传》，加了具体的时间、地点这些新内容。《山木》中讲"庄周游于雕陵之樊"，是一个庄子本人的故事，在《韩诗外传》中，则是以楚庄王将伐晋为背景，通过孙叔敖之口讲的故事。"《庄子》中本来是很简单的寓言、孤立的事件，在《韩诗外传》中和真

① 崔大华：《庄学研究》，第418页。
② 崔大华：《庄学研究》，第418页。
③ 崔大华：《庄学研究》，第419页。
④ 崔大华：《庄学研究》，第419页。
⑤ 崔大华：《庄学研究》，第419页。
⑥ 崔大华：《庄学研究》，第419页。
⑦ 崔大华：《庄学研究》，第420页。
⑧ 崔大华：《庄学研究》，第420页。

实的人物活动结合起来，从而获得了一种社会的、历史的背景，变得更生动丰富，更有教益意义。应该说正是通过这样的形式和途径，《庄子》不断地渗透进历代文学、历史作品中去，在中国文化整体中的许多方面表现出来。"① 经过思想材料的承接改写与在历史中的场景重现，将故事的意义从另外的维度显现出来，从修身启示转变为政治智慧。其二，重新组合庄子中的故事、意境。"戴晋生弊衣冠而往见梁王"（《韩诗外传》卷九第二十二章）是由《庄子》中《则阳》《山木》《养生主》的三段材料组合而成。他分析认为，"《韩诗外传》的作者将《庄子》中超脱的庄子和魏（梁）国贤人戴晋人的形象融合于'戴晋生'一人之身，并将戴晋人开导魏侯心胸通达的'蜗角战争'的寓言替换成体现追求个性自由的'泽雉觅食'的寓言。这样的剪裁改塑，当然更符合戴晋生作为'士'的人物性格，看不出明显的移花接木的斧凿痕迹，表明《韩诗外传》作者文学技巧的高超，并且十分熟悉、贯通《庄子》"②。这个评价应该说既高且准。他认为《韩诗外传》"孔子抱圣人之心，徬徨乎道德之域"（卷五第二章）是使用了《庄子》的《应帝王》《山木》《逍遥游》《秋水》《田子方》中的话语，"《韩诗外传》用《庄子》中的这些概念、意境重新加以组合，构筑的乃是儒家的理论领域和精神境界，是'兴仁义'的道德之域，而不是庄子的'无累'的'道德之乡'"③。这是用道家的概念、术语来描述儒家。作者熟悉庄子和儒家，崔大华亦然，所以他能对经学家的这种嫁接手法信手拈来。其三，改变《庄子》中故事的主题思想。他举了两个例子。一是《让王》"屠羊说不受封赏"，有功不受赏，道家肯定其态度，到了《韩诗外传》，同样的故事，作者却评价"是厚于己而薄于君，狷乎非救世者也"（卷八第三章），经学家持否定态度。叙事视角转换，从屠羊说转到君主，认为屠羊说的好名声奠定在贬低君主权威的基础上。二是《人间世》"螳臂当车"的故事，贬斥其不自车力，自找死路，在《韩诗外传》中作者称赞"此为人必为天下勇士矣"（卷八第三十三章）。这种相反的评价，崔大华认为"由表现同庄子'安时处顺'相对

---

① 崔大华：《庄学研究》，第 422 页。
② 崔大华：《庄学研究》，第 423 页。
③ 崔大华：《庄学研究》，第 424 页。

立的'积伐自是'的行为态度，改变为体现勇敢无惧、可以同儒家'君子之道'相一致的精神品质"①。道家重生，不愿为天下、道义牺牲自己。儒家虽也重视生命，但他们愿意为这些牺牲，因此同样的故事，道家否定，儒家肯定。

第三，将《庄子》作训诂根据的引证。在这方面以郑玄为代表，因为郑玄虽然兼采今古文，但他"主要学术倾向还是古文经学的路数。这样，他对于博物的《庄子》也就自然会时有所征引"②。比如《毛诗·大雅·卷阿》"凤皇鸣矣，郑玄笺，凤皇之性，非梧桐不栖，非竹实不食"，孔颖达疏："庄子文也。郑玄注来自《庄子·秋水篇》。"还有《礼记·哀公问》"君行此三者"，郑玄的注，孔颖达认为来自《庄子·让王》，《论语·微子》楚狂接舆歌过孔子，刘宝楠引郑玄注，认为下是"下堂出门"，并指出此注是根据《庄子·人间世》的记述。③ 他还整理唐代陆德明、贾公彦、刘炫、杜预等人注释引用《庄子》的例子，说明"经学家，特别是古文经学家训诂儒家经典时，经常是把万象毕罗、无所不闚的庄子中记述的博物和历史作为一种具有权威的根据加以援引的"④。汉代经学家看到的《庄子》应该还是五十二篇的版本，其中包含的材料更加丰富。《庄子》对于古文经学来说，文献价值更大。

2. 庄子思想与魏晋玄学

魏晋玄学就其理论性质而言究竟是儒家还是道家思想，学术界有不同观点。崔大华倾向于前一种观点，他说："就其产生根源或理论思维发展的逻辑必然性来说，玄学是在魏晋时期门阀士族制度高度发展和充满政治动乱的独特社会背景下，儒家学者引进道家思想，用以解决汉代经学所不能解决的理论问题和精神危机，本质上仍是一种儒学思潮。"⑤ 汉代自以儒术取士之后，学者以通经而入仕，出现"累世经学"与"累世公卿"。⑥ 到了魏晋时期，公卿罕通经术，汉代经学的烦琐导致学风转变。崔大华将

---

① 崔大华：《庄学研究》，第 425 页。
② 崔大华：《庄学研究》，第 426 页。
③ 见崔大华《庄学研究》，第 426 页。
④ 崔大华：《庄学研究》，第 427 页。
⑤ 崔大华：《庄学研究》，第 428 页。
⑥ 钱穆：《国史大纲》，商务印书馆，1994，第 184、185 页。

其归纳为两个方面。其一，在学术形态上是由繁芜的汉代经学转变为简约的魏晋新经学。其二，就其学术的理论内容而言，则是由汉代的主要吸收阴阳五行学说对儒家伦理道德的最高根源（"天"）和伦理规范的合理性（"王道之三纲可求之于天"）等经学的理论主题作感性的、经验的论证，转变为吸收道家思想（主要是庄子思想）对万物最后本源的本体论性质（"无"或"有"）和人生根本问题（人的自然本性和道德规范之间的关系、人的生与死）作一种抽象的理性思考。这说明这一阶段儒学的思辨程度增强，理论结构也完善了。

崔大华从三个方面具体论述庄子思想对魏晋玄学的影响。

第一，玄学理论主题中显现的庄子思想。首先是本体论性质，即本体的性质是"有"还是"无"。何晏、王弼持"无"论，"认为世界最后本源是'道'，'道'的本体论性质是'无'"①，崔大华认为，"王弼援依庄子思想，用'一''全'来论证、表述最后本源的本体论性质，把魏晋玄学理论的抽象性、思辨性推向高峰"②。针对"无"论回答万物发生和存在的根本性质、状态实际是怎样的观点，称为"有"论，代表人物是裴頠、郭象。裴頠认为万物自生而体有，有不是生于无，而是自生。崔大华认为，"裴頠的万物'自生而体有'这个思想观念《庄子》中已经出现并有明确的表述：'无问其名，无闚其情，物固自生'（《在宥》）、'扁然而万物自古以固存'（《知北游》）。这表明，裴頠《崇有论》所表现出的政治立场、理论意图是儒家的，但其根本的哲学观念、概念却是来自庄子思想"③。这仍是以庄子为理论工具论证儒家主张。"郭象'有'论的基本观点是万物'自生'而'独化'。"④ 独化的主要内涵，"一是绝对性，一是总体性"⑤。绝对性是说，"从实体的意义上推寻万物的根源，最后必然要追溯到绝对的（无待）独立自生自存，这就是'独化'"⑥。这似乎是从老子到庄子再到郭象。另外，"从时间的意义上看，万物没有

---

① 崔大华：《庄学研究》，第430页。
② 崔大华：《庄学研究》，第432页。
③ 崔大华：《庄学研究》，第433页。
④ 崔大华：《庄学研究》，第433页。
⑤ 崔大华：《庄学研究》，第434页。
⑥ 崔大华：《庄学研究》，第434页。

‘未有’之时，‘独化’是没有‘开始’的”①。认为宇宙有开始，是以思考部分、个体的方式思考全部的存在，属于工具错用。“所谓总体性，是就万物相互关系来说又是‘相因’‘俱济’的，共同组成‘天’（自然）之总体。”② 因此，事物的关系就可描述为个体无待、整体相因，如此就不需要一个万物最后的本源。崔大华认为“郭象独化所内含的无待绝对性和相因总体性观念都正是渊源于庄子”③，其差异在于“庄子思想中的绝对性（‘恶乎待’）、总体性（‘道通为一’），是指一种精神修养或认识上所达到的最高境界，郭象改造了庄子思想，把这种人的最高精神境界移化为万物存在的真际状态，从一个特殊的方面或角度回答了玄学中的‘本源’问题”④。他的结论是，“无派关于无的一、全的总体性论证，有派独化所内含的无待、相因的绝对性、总体性思想观念，都是庄子思想在一种新的思潮或理论形态中的再现”⑤。这里崔大华揭示出郭象对庄子的继承与发展。庄子思想以玄学的形态再现，但学术立场不是道家而是儒家。其次是“名教”与“自然”的关系问题。在玄学中有三种不同的回答，其一，“名教”与“自然”合。以何晏、王弼为代表。何晏主张“圣人无情”，王弼主张“圣人有情”，看起来观点对立，但二人“都认为‘名教’与‘自然’是调和的、谐和的，并且何、王所论都可以追溯到《庄子》。所以他们的对立实际上并不存在，他们的对立在庄子思想的背景中消失了”⑥。庄子的自然主义如何实现“名教”与“自然”的调和？庄子是自然主义的哲学渊源，当“自然”被儒家拿去之后，其内涵就道德化，就离开庄子了。其二，“名教”与“自然”离。以嵇康、阮籍为代表。嵇康提出“越名教而任自然”（嵇康《释私论》），阮籍提出“礼岂为我辈设也！”（《世说新语·任诞》）崔大华认为，“在魏晋玄学中，嵇、阮思想中的庄子思想烙印是最为清晰、最少变形的”⑦。其三，“名教”与

① 崔大华：《庄学研究》，第 434 页。
② 崔大华：《庄学研究》，第 434 页。
③ 崔大华：《庄学研究》，第 435 页。
④ 崔大华：《庄学研究》，第 435 页。
⑤ 崔大华：《庄学研究》，第 435 页。
⑥ 崔大华：《庄学研究》，第 437 页。
⑦ 崔大华：《庄学研究》，第 438 页。

"自然"同。以郭象为代表。郭象认为二者是"一体之两面，一身之内外"①。"任何人（甚至物），在任何境况下，只要能任性守分，都是逍遥自得的。"② 崔大华认为，"庄子所特有的总体性的哲学观念，启迪和形成了郭象以'任性''当分'来齐一'名教'与'自然'的思想观点"③。郭象不是在天人对立的基础上而是在齐一天人的基础上提出任性、守分。观念基础改变，理论结局就不同：庄子要求无为，郭象主张自为；庄子彻底否定人类文明，郭象则为其合理性辩护。可以说，郭象既继承了庄子思想的深刻性，又否定了庄子思想的片面性。崔大华比较三种观点，认为"何晏、王弼敏感，率先跨出名教向自然接近的第一步，认为两者可以调和；嵇康、阮籍急切，弃置'名教'而倒向'自然'；郭象精巧，以为'任性'则两者可以兼得"④。关于生与死的问题。传统儒家与魏晋玄学对待生死有不同，崔大华以"道德层次上的人性充分觉醒的表现"与"在自然层次上的人性自觉"⑤ 作区分，玄学解决死亡问题的办法有二，"一是生活实践意义上的'养生'，一是观念认识意义上的'齐生死'。前者以嵇康为代表，后者以郭象、张湛为代表"⑥。嵇康撰《养生论》，其"养生理论中有秦汉以来神仙家的某些观念内容，但其基本概念和思想都是《庄子》中的"⑦。"郭象把死也作为人的存在形式之一，这个'我'就发生了一种超越，它不再是个体的、肉体的'我'，而是和某种永恒的、总体的存在——'造化'结合在一起的精神性的、'玄通合变'的我了。"⑧超越个体和有限，通向总体和无限，从小我变成大我，生命就从点滴汇入河海。郭象的生死观有变化而无死生，在观念上超越对死亡的恐惧，而不是事实上摆脱生死之困。到了张湛，郭象的"我"在张湛变成"气"，造化变成不化者，其观念中的感性因素增加。⑨ 崔大华认为，"这似乎表明，

① 崔大华：《庄学研究》，第 438 页。
② 崔大华：《庄学研究》，第 439 页。
③ 崔大华：《庄学研究》，第 439 页。
④ 崔大华：《庄学研究》，第 441 页。
⑤ 崔大华：《庄学研究》，第 441 页。
⑥ 崔大华：《庄学研究》，第 442 页。
⑦ 崔大华：《庄学研究》，第 443 页。
⑧ 崔大华：《庄学研究》，第 443 页。
⑨ 见崔大华《庄学研究》，第 444 页。

魏晋玄学在其理论主题的论证中所显示出的理论思维能力和水平，在郭象那里达到了高峰，此后则渐趋衰退"①。郭、张的处理生死的思想来源，"一是超越个人之上的、世界总体的思想观念（'造化''虚'），一是将个人归附于、溶解于这一总体中去的悟解或自我体验（'与造化为一''暂灵者归虚'）"②。他总结魏晋玄学引进庄子道家所解决的理论问题，认为有无之争"暂时离开以伦理道德为中心的理论轨道，但是它提高了儒学的理论思维水平，使得以后的宋明理学能在更高的理论层次上返回到这个问题上来"③。"有"与"无"的争论，显示出儒学本体论建构的理论需要，其实是要回答儒家的伦理道德其天经地义性何在的问题。孟子走向内心，但他还不是主流，心还没有成为本体。"名教"与"自然"之争是当时士族面对的特殊的时代问题，"当儒家的人伦道德思想（'名教'）不能满足门阀士族阶层的精神需要，玄学就在道家那里寻找了一种对于'名教'的补充——'自然'。这个问题鲜明地表现了玄学思潮的本质上仍是儒学性质的"④。也就是说，玄学家引进庄子，并不是回到庄子，而是借助庄子来更新儒学。关于生死问题，"玄学借助庄子的理论观念对这个问题的解决充满理性思辨色彩，这对当时正在兴起的佛教思想的以'神不灭'信仰为基础的'轮回'生死观的漫延浸染，在理论观念和心理情态上都具有强有力的抵御、免疫作用；同时，也是对儒学理论空白的重要补充"⑤。在人们关切而理论疏忽的地方，宗教就会进入，占据人们的精神领地。道家重视生死问题，正好可以弥补儒学之不足，二者共同构筑起反宗教入侵的防线。

第二，玄学的思维方法源出《庄子》。这是指庄子认识方法中的理性思辨与理性直观。与汉代经学论证道德根源的感性、经验性的方法相比，其理性程度和思维水平都更高。崔大华分析认为，魏晋玄学的言意之辨中有三种观点在表述时正是运用这样的方法。其一是"言不尽意"⑥，代表

---

① 崔大华：《庄学研究》，第 444 页。
② 崔大华：《庄学研究》，第 444~445 页。
③ 崔大华：《庄学研究》，第 445 页。
④ 崔大华：《庄学研究》，第 445 页。
⑤ 崔大华：《庄学研究》，第 445 页。
⑥ 崔大华：《庄学研究》，第 446 页。

人物是荀粲。崔大华认为，"荀粲'理在象外'或'言不尽意'的观点和论证，实际上都是脱胎于《庄子》"①，也就是《天运》《天道》《知北游》中的相关内容。"'言不尽意'论是魏晋玄学从汉代经学的经验的、感性的论证方法中跨越出来的第一步。"② 这里触及语言的限度。语言产生在人类思考最高存在之前，它最擅长描述的对象就可能不是整全的"道"，而是具体的物。不过这里是说魏晋玄学在思维方法上超越了汉代经学，因为对象的性质发生了改变。其二是"得意忘言"③，提出者是王弼。王弼在《周易略例·明象》中辨析言、意、象的关系，结论是"得意在忘象，得象在忘言"。崔大华认为它有两层意思："一方面，言、象生于意，蕴涵着意，故可由言、象寻得意，不可离言、象而得意；另一方面，言、象不是意本身，不可执着于言、象，只有忘言、忘象，才能得意。"④ 它的方法论意义在于，"要在具体的、感性的表象中，揭示其抽象的、普遍的意蕴"，他认为"这是一种理性思辨的方法"⑤。王弼这段言、象、意的论辩中，包含着深刻的认识论问题。言用来描述、刻画象，象与言之间是可通的，象由意生，这里似乎有唯心之嫌，但却正是其深刻之处。意的对象是什么？意—象—言，在意与言之间，有一个象，王弼的意思似乎是说，意不可直接宣之于口，要有一个象的过程。言是表达象的，象是刻画意的，象是一个传导器，将意传导出来，用言表述出来。说明言与象具有同质性、可沟通性，而言与意就不是这样。崔大华的分析得其大意，不过没有深究传导问题。玄学家"得意忘言"的理性思辨方法，在他们注解经典时表现得最为突出。王弼注《周易》，指导方针是"忘象以求其意"，崔大华称赞王注《周易》"廓清汉《易》浓厚的象数雾霾，树立由汉代经学转向魏晋新经学（玄学）的第一块碑石"⑥。郭象注《庄》，也说"求道于言意之表则足，不能忘言而存意则不足"（《则阳注》）。"十分显然，魏晋玄学中'得意忘言'的观点乃至其语言都是沿袭《庄

---

① 崔大华：《庄学研究》，第 447 页。
② 崔大华：《庄学研究》，第 447 页。
③ 崔大华：《庄学研究》，第 447 页。
④ 崔大华：《庄学研究》，第 447 页。
⑤ 崔大华：《庄学研究》，第 445 页。
⑥ 崔大华：《庄学研究》，第 448 页。

子》。差别在于,《庄子》的得意忘言是指一种精神境界,魏晋玄学把它浅化、泛化为一种思辨方法,在注解儒家经典和老、庄著作中作了很成功的、出色的运用。"① 从精神境界变为思辨方法,从一种个体修养经验变为一种普遍的思维方法,这可能是方法创造者与再现者的不同。其三是"超言意以冥合"②。崔大华先提出结论,"魏晋玄学理论思维的最高的、最后的层次,是由'忘言得意'进入'无言无意'。在魏晋玄学中,郭象进入了这个层次"③。郭象注《齐物论》"天地与我并生,而万物与我为一""完整地表述了郭象的、也是魏晋玄学的认识的三个层面"④。一是就形而言,大山大于秋毫。二是理性思辨则得出另外的结论,即天下莫大于秋毫之末而大山为小。三是理性直观,则无大无小,万物为一。就形的比较,是一种绝对尺度下的比较,大山肯定比秋毫大。理性思辨则是相对尺度的比较,即以各自应当多大("性分")为尺度来衡量事物,这就有可能得出相反的结论,即山与它应该有的大小相比,不够大,就是小,秋毫与它应该有的大小相比是大的,就是大。最后,由于前面的结论,说明大小这样的绝对尺度不足以描述事物、比较事物,因此结论就是无大无小,去掉感性经验(或者说以我为尺度)的标准去看待事物。从第二到第三,就是"由智入道,与变化为一、与万物冥合的那种境界"。"魏晋玄学能将超言意(理)的,也就是超理性的世界总体观念作为对象纳入自己的理论思维,是受到庄子思想十分透彻的浸润的结果。"⑤ 它的代表人物是注释《庄子》的郭象,所以这个结果也可以说是必然的。崔大华比较汉代经学与魏晋玄学思维水平的高下之别,认为"这种差别在一定意义上决定于、也反映了它们与庄子思想的关系:汉代经学只是从庄子思想中摄取了某些具有感性经验内容的思想观点或思想资料,魏晋玄学则不仅消化吸收了庄子思想的基本理性观念,而且消化吸收了它的理性思辨和理性直观的思维方法"⑥。这即是说,对《庄子》的接受程度决定了汉代经学与

---

① 崔大华:《庄学研究》,第 448 页。
② 崔大华:《庄学研究》,第 448 页。
③ 崔大华:《庄学研究》,第 448 页。
④ 崔大华:《庄学研究》,第 449 页。
⑤ 崔大华:《庄学研究》,第 449 页。
⑥ 崔大华:《庄学研究》,第 450 页。

魏晋玄学的理论思维程度的高低，魏晋玄学的高度是经由理解和诠释《庄子》到达的。

第三，与魏晋士风的关系。儒家的道德规范进入社会政治实践中，发生了许多扭曲，一方面说明以儒术取士，必然会出现弊端；另一方面也暴露出儒学自身理论的薄弱问题。"魏晋士风的主要特色和本质是对传统的儒家伦理道德规范的漠视和对它的约束的冲决。"① 这些表现与庄子相通而不同。就魏晋士风与庄子精神的相通而言，"魏晋士风表现出乖离儒家'名教'而攀缘庄老'自然'，从某种意义上说是必然的"②。"名教"表现出的虚伪、庸俗、残酷，把精英推向对立的思想阵营中，寻找喘息的空间。崔大华观察到，士族政治经济地位有保障，儒学对他们的"激励作用、规范作用已经削弱或丧失"③，他们感受到的只有约束，这是就功利意义上而言；就理论本身的内容而言，"儒学对人的精神世界的观察也过于简单"，"通向最高境界的途径是否如先秦、汉代儒学所认定的这样只有践履道德规范这一条？……道德的实现能否是人类精神追求的最后满足？阮籍的话实际上对这个问题作了否定的回答"④，"他们既然放弃了作为儒学核心的道德实践，也必要轻蔑和突破儒学本来就甚为薄弱的义理内容"⑤。魏晋门阀士族的先祖应该都是儒术取士的受益者，但他们在世袭官职、垄断学术后，反过来质疑礼教的合理性，逃出儒学的桎梏，这不仅是士族的危机，也是儒学的危机。儒学的永恒性在社会实践层面是通过家的延续获得的，人与祖先和子孙的不间断的血缘宗法关系，这当然是一种由个体有限上升到整体无限的方式，但仍是较狭隘的。在庄子自然主义影响下还有另外一种永恒的实现方式，它超越了血缘宗法的局限。在先秦和汉代儒家理论中他们的精神需求得不到满足，"在这样的学术的和精神的背景下，高文化而深危机的魏晋士族名士从理性思维程度更高、理论内容更广泛的道家思想中，特别是从'因自然''任性情'的庄子思想中找寻

---

① 崔大华：《庄学研究》，第451页。
② 崔大华：《庄学研究》，第451页。
③ 崔大华：《庄学研究》，第451页。
④ 崔大华：《庄学研究》，第451页。
⑤ 崔大华：《庄学研究》，第451页。

新的理论观念、新的精神追求，则是自然的和必然的"①。魏晋士风与庄子思想的差异，在于精神境界的不同。崔大华认为，当时士人表现出的放达作风有两种情况，"一种是出于真实的、深刻的精神危机，一种则是浅薄的、做作的无病呻吟"②。前者是真实的痛苦，后者是模仿痛苦的样子。玄学思潮影响下的名士文人，属于前者。阮籍制止儿子阮浑的放达举止，因为儿子不知为什么要放达，只能东施效颦。玄学家似庄子而不是庄子，崔大华分析其中原因，"他们多是门阀士族阶层的人物，门阀士族特殊的政治经济地位和文化传统，使他们在精神生活和物质生活上都不可能挣脱与儒家名教、贵族礼俗牢固相连的根系；尽管他们的识解甚为高远，但精神的负累依然十分沉重，而超脱仍是极为有限的，最后的结局还是落入世俗礼仪法度的樊篱羁绊之中"③。他们的矛盾表现说明，"魏晋玄学家的精神之根仍然是深深地扎在儒家名教的土壤里"④。魏晋士风与庄子境界的根本差异就在于，"它只是援引庄子思想的自然、任性来缓解儒家名教、礼义的激越、规范力量丧失后引起的精神危机，而不是如庄子思想中理想人格的精神境界那样，是在儒家思想观念之外的另一种精神生活。魏晋士风的这种性质，是从一个新的、本质的方面表明魏晋玄学的学术特色或理论性质是引进道家庄子思想以补充儒学的某种缺弱，因而是儒学发展的一个新阶段"⑤。也就是说，玄学家的物质与精神之根都在家中，不在家外，都在儒学，不在道家。他们的理论也是儒学发展的一个阶段。道家被利用，当然也被发展，也可以说他们发展了道家，但就其成果的价值指向来说，玄学是儒学，不是道家学说。崔大华这个判断很精准，也很明确。

3. 庄子与宋明理学

宋明理学是中国哲学的高峰，崔大华认为这是因为它吸收了"比它理论思维水平要高的庄学和佛学"⑥，与汉代经学和魏晋玄学相比，"不再带有汉代经学中那种粗浅的感性经验色彩和魏晋玄学中那种明显的异己思

① 崔大华：《庄学研究》，第 452 页。
② 崔大华：《庄学研究》，第 453 页。
③ 崔大华：《庄学研究》，第 455 页。
④ 崔大华：《庄学研究》，第 456 页。
⑤ 崔大华：《庄学研究》，第 456 页。
⑥ 崔大华：《庄学研究》，第 457 页。

想的痕迹"①，显得理性而圆融。庄子思想与宋明理学的关系，崔大华从三个方面阐述。

第一，理学基本思想理论中的庄子思想因素。崔大华认为理学的核心是关于"性与天道"，即"自然哲学与社会伦理哲学"②。自然哲学方面，庄子对理学的影响体现在理学的宇宙图景上。理学的自然哲学"包括了宇宙构成和万物化生两层内容的宇宙图景"③，以周敦颐"无极而太极"说与张载的"太虚"说为代表，"这两幅宇宙图景的不同之处在于，第一，作为周敦颐自然哲学的宇宙起始'太极'是指一种状态（'无极'）；而张载的宇宙起始'太虚'则是一种实体（'气'）。第二，周敦颐自然哲学中的万物，是由'太极'中生出的两种实体（阴阳二气）交感而成；而在张载自然哲学中，万物是'气'的对立状态（二端）交互作用而成"④，"在宇宙构成的理论层面上，'无极而太极'说具有较高的水平和丰富内涵，'太虚即气'说感性经验的成分较多。在万物生化的理论层面上，'二气交感'是感性经验的命题，'二端故有感，本一故能合'（《正蒙·乾称》）却是非常深刻的理性判断"⑤。崔大华在比较中见出二者在不同层次上的异同高低，客观公允。朱熹认为两个层次上周敦颐的"无极而太极"说都优于张载"太虚"说，"朱熹的学术权威地位和详尽明白的阐释，确立了周敦颐的《太极图》所描绘的宇宙图景在理学自然哲学中的主导地位，并且构成此后中国各种学术思想共同的自然观背景；而张载《正蒙》的宇宙图景就被遮掩，处在虽未被遗忘，但并不重要的位置"⑥。崔大华对理学的历史非常了解，因此能够在一个问题上纵贯始终。他认为，这两个宇宙图景有一个共同的观念来源即庄子思想，"追溯思想的历史渊源，理学中的两个哲学性质、理论命运都不相同的宇宙图景，却有共同的观念来源，都滥觞于庄子思想"⑦。张载的气论从庄子"通天下

① 崔大华：《庄学研究》，第 457 页。
② 崔大华：《庄学研究》，第 458 页。
③ 崔大华：《庄学研究》，第 458 页。
④ 崔大华：《庄学研究》，第 458 页。
⑤ 崔大华：《庄学研究》，第 458~459 页。
⑥ 崔大华：《庄学研究》，第 459 页。
⑦ 崔大华：《庄学研究》，第 459 页。

一气耳"的观念发展而来,"太虚""太和"这些概念最早也出现在《庄子》中(《知北游》《天运》)①。他比较周敦颐《太极图》与道教《太极先天图》,认为它们在思想观念上有层次上的或理论性质上的差异,后者仍停留在"'天地生万物'的朴素思想"②,前者"在'万物生化'之上还有一个更高、更深邃的万物根源、宇宙总体的理论观念层次('太极'或'理')"③。崔大华认为,这个理论观念"正是与庄子用以同老子划分区别的那个'道'的思想观念"④。"庄子认为'道'既是万物的共同根源、世界的总体,也同时存在于每个具体事物之中。理学的宇宙图景中为朱熹所明确阐释的'太极'的思想观念就是来源于此。"⑤ 他认为朱熹可能是不自觉地蹈袭了庄子,但他忽视了庄子与老子"道"的差别,因此他认为自己与老庄同时对立。⑥ 对于朱熹这个误会,他用一种诗意的方式进行描述:"先前的一种具有深刻内容的思想观念像种子一样撒下后,在后代的思想土壤里以新的形态长出来,往往是在潜移默化中发生,并不总是在自觉的状态下发生;但不管在哪块土壤上,以何种形态长出来,它总是那颗种子的后代。理学图景中的太极理论观念也正是这样由庄子道的观念衍生而来。"⑦ 庄子的种子在理学的土壤中长出来,就算不是有意种下,但仍然是种子的后代。这真是一个诗意的想象和精妙的比喻。关于这个问题他最后的结论是,"在理学的自然哲学中,或者说在理学的宇宙图景中,充实着的实际上是源自庄子的思想观念"⑧。庄子思想作为中国哲学史上自然主义的源头,后世学者在探讨宇宙生成这类自然哲学问题时,很难不受其影响。

庄子对理学理论主题的影响,与理学的两个理论任务有关,即"一是探究儒家所主张的伦理纲常、道德规范的最后根源,从而证明它们的合

---

① 见崔大华《庄学研究》,第459~460页。
② 崔大华:《庄学研究》,第460页。
③ 崔大华:《庄学研究》,第460~461页。
④ 崔大华:《庄学研究》,第461页。
⑤ 崔大华:《庄学研究》,第461页。
⑥ 见崔大华《庄学研究》,第461页。
⑦ 崔大华:《庄学研究》,第461~462页。
⑧ 崔大华:《庄学研究》,第463页。

理性、永恒性；一是探寻践履这种纲常规范，进而达到最高道德境界的方法、途径"①。也就是本体与功夫的问题，这两个问题都是老问题，但在理学中得到新的理性程度更高的解决。关于本体，程朱一派与陆王一派有不同回答，前者根源在我之外的"理"，后者根源不在外而在我"心"之中。由于本体论差异，他们在修养方法、境界实现途径上也有明显差异。概括来说程朱派是"格物穷理"的渐进过程，陆王派是"发明本心"、不假外求、整体了悟的过程。崔大华考察了这两派在论述理学主题时与庄子思想的关联。一是"理一分殊"。它历来被认为是来自佛家的理论，但崔大华认为，"'理一分殊'表达的是一种超越感性经验之上，具有独特理论洞察的理性观念，即认为宇宙的总体根源和宇宙的具体存在之间既非先与后的关系，又非全部与部分、一般与特殊的关系，而是总体根源溶入每个具体存在之中的关系。这是中国传统思想中出现的一个极为深刻地认识和把握世界的哲学智慧"②，"'理一分殊'的理论观念实际上也正是庄子'道'的思想观念，是庄子的'道通为一'（《齐物论》）和'道无所不在'（《知北游》）两个观念的叠合"③。当然，二者的理念内涵是不同的，"庄子的'道'是一种纯粹的本然、自然，理学中的'理'最主要的内涵是伦理道德"④。也就是说，形式上有借鉴，内容上则予以置换。二是"存天理灭人欲"⑤。"理学在论证伦理道德的人性根源时，把人在社会环境中形成的伦理感情和道德行为说成是'善'的、固有的，而把人追求满足根源于自然本性的诸多欲望说成是'恶'的。理学中称之为'天命之性'与'气禀之性'，或'天理'与'人欲'。"⑥ 这与先秦儒家相比，对人的欲望否定程度大大增加。崔大华认为"理学这一理论观念的形成显然是感受了庄子'其嗜欲深者，其天机浅'（《大宗师》），即'无以人灭天，无以故灭命'（《秋水》）的思想观点影响的结果，所以二程曾赞叹说'庄子言其嗜欲深者，其天机浅，此言却最是'（《河南程氏

---

① 崔大华：《庄学研究》，第 463 页。
② 崔大华：《庄学研究》，第 465 页。
③ 崔大华：《庄学研究》，第 465 页。
④ 崔大华：《庄学研究》，第 465 页。
⑤ 崔大华：《庄学研究》，第 466 页。
⑥ 崔大华：《庄学研究》，第 466~467 页。

遗书》卷二上）"①。不过它们否定的东西相同，肯定的东西却不同，因为儒道理论性质上不同。理学对人欲的否定，埋下理学走向自己反面的伏笔。对于人类而言，个体可以为实践道德放弃生命，但就群体、类而言，生存高于一切。这里其实包含着一个道德适用范围、道德合理性区间的问题。道德要从整体上促进人类更好地生存，而不是死亡。个体、部分的牺牲，能够促成这样的目标，这就是道德的意义。道德也是生成的、变化的，在人类历史某个阶段，男女自由恋爱是不道德的、不为社会所容许的，但是有人为爱殉情，以个体死亡为后来的人们争取到自由恋爱的权利，推进自由恋爱的合理化，使其成为新的道德，这是以牺牲推进道德的发展。这样，原来的道德就变成不道德，因为它令人宁可去死，也不要遵循它。当这种道德或者自由权利超出界限，向着影响人类存续的方向发展时，它就又走向自己的反面。历史地看，道德是被人类的生存这个总目标所指引和矫正。道家思想对于儒学似乎总是具有托底、纠偏的功能，防止儒学的发展走到极端，也就是走向无视人的欲望、降低人的生机、影响人的生存这个最基本的类目标。

第二，理学家对庄子思想的批评。崔大华认为，庄子与儒学就其基本主张而言是对立的，因此，"对于儒家学者来说，接受庄子影响，儒学基本观念中渗透进庄子思想可能是不自觉的，而批评和援用庄子却完全是自觉的"②。他首先回顾理学以前儒家学者对庄子的批评。主要是先秦荀子、汉代扬雄、魏晋王坦之。荀子说庄子"蔽于天而不知人"（《荀子·解蔽》），扬雄批评庄子"荡而不法"（《法言·五百》），王坦之作《废庄论》，从伦理与功利两个方面批评庄子。崔大华认为"这也是荀子以后、理学以前儒学对庄子的批评所能达到的高度"③。它"缺乏理论的深度和力量"，"深刻有力的学术理论批评应是一种能够消化掉批评对象的批评。《废庄论》甚至不得不借用被批评者《庄子》中的思想观念、名物概念来表达自己的批评的思想，就是因为还没有形成足以能否定、消化庄子思想的新的理论观念。这一情况表明，在理学产生以前，对于儒学来说，庄子

---

① 崔大华：《庄学研究》，第 467 页。
② 崔大华：《庄学研究》，第 467 页。
③ 崔大华：《庄学研究》，第 468 页。

思想还是一个不能完全消化的、坚硬的理论果实"①。哲学史不能是一个堆满尸体的战场，不能由一个又一个的否定构成，绝对的否定不能驳倒对方，也不能提升自己。理学家在这方面就超越了此前的儒家学者。"理学家对庄子思想的批评，最主要之点，也是较多的方面，是用将儒家传统的伦理道德原则升华了的理学伦理道德哲学来否定庄子的自然主义的人生哲学。"② 理学家的批评涉及"庄子的人生追求、精神修养方式与处世态度"③，也就是从理论上用儒家的生活方式否定庄子的生活方式。崔大华认为，达到庄子精神自由境界的《逍遥游》中的"神人"，其"超越人的德行和智能之上的境界，其幻想的甚至是虚妄的性质是十分明显的"④。张载从理论上批评了庄子理想境界的虚妄性质，其一，"神"不是人所具有的，而是"天"所具有的性质。张载的逻辑是，神是宇宙万物总体"气"的一种变化不居的性质，这个总体是天，则神、化就是天的性质，不属于人，因此说庄子的所谓神人，在现实中根本不存在，只是他的幻想。⑤ 其二，"穷神知化"，即达到"天人合一"的最高境界，不是凭借智能，而是通过道德践履才能实现。二者的差异在于是否肯定人类文明创造的成果，庄子是不肯定的，儒家是肯定的。因此，虽然它们同样站在一个起点，即克服情欲的宰制，但离开这个起点，他们就掉头向相反的方向而去，一个回归自然，一个践履道德。庄子的修养方式，"心斋"（《人间世》）、"坐忘"（《大宗师》）、"形如槁木，心如死灰"（《齐物论》），"在理学家看来，这种修养方法不仅对于作为只有最贫乏内涵的人——有生命的人来说是荒谬的……对于具有理性自觉的，以道德实现为人生目标的人来说也是无可取的"⑥。儒家想要成为道德的人，而不是"心如死灰"的活死人。庄子超世、遁世、顺世的处世态度，也受到主张修齐治平的理学家尖锐批评。朱熹认为超世的追求很荒唐，顺世则是乡愿，遁世则是逃

---

① 崔大华：《庄学研究》，第469页。
② 崔大华：《庄学研究》，第469页。
③ 崔大华：《庄学研究》，第469页。
④ 崔大华：《庄学研究》，第469页。
⑤ 见崔大华《庄学研究》，第469页。
⑥ 崔大华：《庄学研究》，第470~471页。

避义务和责任。① 崔大华认为，"人生哲学是庄子思想坚实的核心，庄子人生哲学在理学中被批判、被否定，是儒学从玄学到理学的理论进展的一个最重要表现"②。这就是说，就吸收庄子以补儒学之不足而言，理学超越了玄学。理学接续玄学未竟的事业，实现儒学在近代以前最重要的一次理论更新。魏晋玄学中的"有""无"之争，"有"与"无"都没有包含伦理道德，不是道德本体。玄学家对庄子思想的援藉停留在清谈上，没有落实到伦理道德根源的改造上，"这样，玄学就不能把人们的道德实践提升到一个更高的理性自觉层次，不能不断地补充和保持人们的道德热情。所以玄学尽管思理高迈，仍然不能克服、摆脱那种深刻尖锐的、本质上是伦理道德的精神危机，只好借助'自然'来填补'名教'的缺隙，由醉心庄老蔚然而成'放达'的士风"③。庄子成为他们逃避现实的一剂药，溺水时抓到的一根可供喘息的气管。"从人生哲学的理论和实践上来看，玄学没有做到的，理学做到了；玄学中发生的，理学避免了。也就是说，理学将儒家传统的伦理道德观念由主要是社会生活经验的概括提高到具有永恒的理性根源（'理'）的伦理哲学水平上，从而能够在同一理论层次上批评魏晋玄学曾不得不有所依藉的中国传统思想中固有的庄子（道家）人生哲学，以及由异国传入的在玄学以后方臻于鼎盛的佛家人生哲学。"④批评不够深刻，则消化也就不够彻底。崔大华同时也指出，理学的批评、否定"在伦理道德哲学的理论层面上说是周延的、彻底的了。但是，从更广泛的人类精神生活来看，它又是狭隘的、偏颇的了，因为很难从理论上证明真、善、美的至高的精神境界只会出现在、存在于理学家的道德实现之中。事实上，纯洁至诚的科学的、宗教的追求，都能产生这种境界。因此，庄子人生哲学所描述的也可能是属于道德之外的另一种至高的精神境界"⑤。这是说不能因为理学批判庄子的周延性，就判定庄子人生哲学没有意义了。庄子的人生追求在对儒学的托底纠偏方面仍然具有不可替代

---

① 见崔大华《庄学研究》，第 471~472 页。
② 崔大华：《庄学研究》，第 472 页。
③ 崔大华：《庄学研究》，第 472 页。
④ 崔大华：《庄学研究》，第 472 页。
⑤ 崔大华：《庄学研究》，第 472 页。

的作用，它还开辟和提供了与践履道德平列的另一种生活方式。理学家对庄子的批评还在于他们"以'理一分殊'的理论观念批评、否定了作为庄子思想中的两个基本观点——天人对立和'齐物'的观点"①。崔大华认为，天人关系在宇宙总体层次上"没有天与人之分""在庄子思想的自然哲学里，有了天与人之分"②，但又将人溶入天，"然而在庄子的人生哲学和社会批判思想里，天与人却始终是处在分裂的、对立的状态"③，"理学家从'万事皆出于理'（《程氏遗书》卷二上）即'理一'的立场对此进行批驳"④。崔大华分析道，"理学主要是以一种理性的总体观念——'理一'（'心一'）来批评庄子分裂天人的观点。应该说，从庄子思想的全部内容来看，理学的这一批评有某种错位现象，它是用最高层次上的哲学观念来批评较低层次上的一个具体观点"⑤。因为最高层次上庄子也是没有天人之分、也是"理一"的，天人分裂在他的思想中是结构的和历史的。前者是理论的结构性表现，后者是思想在历史中的分工。理学家还用"分殊"批评庄子齐"物"或齐"物论"的观点。程颐批庄子齐物，说"物理从来齐，何待庄子而后齐？若齐物形，则物形本不齐，如何能齐？"（《程氏遗书》卷二十二上）崔大华认为理学的批评与庄子《齐物论》"有某种哲学意念上的差别"⑥。庄子认为万物在认识中，以"道"观之则一体，以物观之则多样，因而不齐是相对的；理学家的批评，则"把万物看作一种独立于人的认识过程之外的实体，因而它作为宇宙总体（'理一'）的构成和作为个体（'分殊'）的存在是同样确定性的、无矛盾的"⑦。在认识论上，庄子发现主体的主动性，人的认识的相对性，理学家则把事物视为不受认识主体影响的客观实在，没有相对性视角。"虽然如此，毕竟曾经极大地困扰庄子的认识相对性在理学中是被消除

---

① 崔大华：《庄学研究》，第 472~473 页。
② 崔大华：《庄学研究》，第 473 页。
③ 崔大华：《庄学研究》，第 473 页。
④ 崔大华：《庄学研究》，第 473 页。
⑤ 崔大华：《庄学研究》，第 473 页。
⑥ 崔大华：《庄学研究》，第 474 页。
⑦ 崔大华：《庄学研究》，第 474 页。

了，庄子思想中的一个坚硬的理论苦果在理学中被消化掉了。"① 意义世界是属人的，但人不应该只有意义世界，还要有宇宙视野。人之外的视角，能让人"看到"一个广阔得多的世界，发现宇宙的丰富性，意识到人的认识的局限性。这是庄子道家的贡献。

第三，理学家对庄子的援用。崔大华发现理学虽然批判庄子道家，但理学家批判矛头所指，更多的是指向佛教和功利之学，他们在批判后者时，援用了庄子思想。他从三个层次进行阐释："在最低的层次上，理学家常把《庄子》的名物典故作为文学素材引进自己的诗文中"②，"较高层次是援引和改造庄子概念、观念、意境，用来表述说明自己的思想观点"③，"在最高的层次上，自觉把庄子的理论观念或思想作为自己可以认同的思想观点直接地加以援用"④。最重要和有理论意义的是第三个层次上的援用。他判定"佛家思想的主要之点正是通过细腻的心理分析，最后彻底否定世界一切客观存在"⑤，"因此，理学家对释氏之学在伦理道德之外的理论批判，就是集中对'空寂'的批驳"⑥。理学的批驳大体上可以归纳为两个方面，"一是从认识方法上指出释氏'空寂'之论的迷误，一是以世界本体之实证明释氏'空寂'之论的虚妄"⑦。张载要批判佛家"不知天命，以心法起灭天地"（《正蒙·大心》）时，以夏虫语冰来形容佛教的虚妄之见的来源，这个比喻来自《庄子·秋水》。朱熹的批判，"乾坤造化如大洪炉，人物生生无少休息，是乃所谓实然之理，不忧其断灭也。今乃以一片大虚寂目之，而反认人物已死之知觉谓之实然之理，岂不误哉！"（《朱文公文集》卷四十五《答廖子晦》）。崔大华认为"大洪炉"这个说法来自《庄子·大宗师》"以天地为大炉，以造化为大冶"。他的结论是，"理学是借助了庄子思想中的理性观念，才得以能在更高的

---

① 崔大华：《庄学研究》，第 474 页。
② 崔大华：《庄学研究》，第 475 页。
③ 崔大华：《庄学研究》，第 476 页。
④ 崔大华：《庄学研究》，第 476 页。
⑤ 崔大华：《庄学研究》，第 477 页。
⑥ 崔大华：《庄学研究》，第 477 页。
⑦ 崔大华：《庄学研究》，第 477 页。

理论层次上批评和消化佛家思想的"①。在批判当世功利主义时，理学家援用庄子自然主义观点，批"嗜欲""机心"。功利之学重视历史经验，主张读史，受到朱熹的批评，"看此等书，机关熟了，少间都坏了心术，庄子云，'有机械者必有机事，有机事者必有机心，则纯白不备，纯白不备，道之所不载也'，今浙中于此二书（按：指《左传》及《东莱大事记》）极推尊，是理会不得"（《朱子语类》卷一百二十二）②，"这些都表明，理学在对功利之学的批评中援用庄子的思想观点，是很自觉的、明显的"③。这就是非常自觉地运用庄子思想批判异己之学。当然，在对待嗜欲方面，庄子与理学家在起点上是相同的，但方向不同，因为一个出世一个入世。崔大华考察《庄子》之所以对理学发生作用，认为"由于庄子思想是一个理性思辨高于传统儒学的思想体系，它的许多理论概念或思想观念自觉或不自觉地被儒家学者所汲取，从而渗透进儒学的历次思潮中。在庄子思想影响下，儒学的理论背景变得广阔，理论内容渐趋高深，发展到了理学阶段，甚至具备了批判、消化庄子思想的理论思维能力和理论观念"④。作为理论工具，庄子哲学是一把趁手的武器，而理学家似乎用而不知，崔大华将其揭示出来，还庄学一个学术史地位。

（三）庄子思想与道教、佛学

庄子思想就其理论性质而言不是宗教，它追求的自由虽然有幻想的甚至神异的性质，但始终属于此世。崔大华在前面曾提及，道家与儒家一起构成防范宗教的樊篱，构筑周延的人生境界。⑤ 虽如此，"庄子思想与中国传统思想中的两个宗教观念体系——道教和佛教也有极为密切的关系，而且，其明显和深入的程度甚至还在它和儒家思想的密切关系之上"⑥。

1. 庄子思想与道教的理论基础

"道教是古代巫术、方术依托道家在汉代形成的、以追寻长生不死成

---

① 崔大华：《庄学研究》，第477页。
② 崔大华：《庄学研究》，第478页。
③ 崔大华：《庄学研究》，第478页。
④ 崔大华：《庄学研究》，第478页。
⑤ 见崔大华《庄学研究》，第117~118、第134页。
⑥ 崔大华：《庄学研究》，第480页。

为神仙为主要目标的人为的世俗宗教。"① 这种世俗追求与道家不同而相关。崔大华判断,"道教作为一种宗教的确立和发展,在三个重要的理论观念上是攀缘着道家思想,特别是庄子思想的"②。

第一,道教宗教目标的论证借助于庄子相对主义。老子追求"长生久视"(《老子·五十九章》),庄子追求逍遥自由,这些都不同于道教的长生不死目标。老庄的目标都是可以理论上成立、经验中验证的,道教的目标则无法在经验中验证,只有依靠理论思辨。这自然需要求助于理性思维程度最高的庄子思想。"道教理论家摆脱了依靠纯粹的经验事实,而从庄子思想那里援引事物的特殊性和人的认识的相对性的理论观念,用以论证虽然凡人的经验中没有神仙的存在,但是也不能因此就否定它的存在。从形式逻辑的角度看,道家理论家援引庄子相对主义所作的这番论证还是坚强的,是向前跨进了一步。但是,就理论的实际内容来看,道教理论家的相对主义论证中有一个根本的弱点,就是他把人的认识中未知的,与客观世界中根本不存在的混同了。在相对主义中是无法对此作出区分的。同时,认识论中的相对主义总是内蕴着怀疑主义性质的理性因素,这和宗教观念所固有的确定性信念、信仰因素是相悖的。所以,道教理论家还必须再向前跨进一步,从怀疑的或两是的相对主义中走出来。"③ 也就是先用相对主义挽救经验之外、信念之中的东西,再用"诚"的观念因素将经验之外的东西变成不可怀疑的、确定的东西,这就从道家跃出,再甩掉道家的怀疑主义,其宗教目标就可以证成了。对于庄子思想,道教也是利用了庄子而又反对了庄子。他分析吴筠《神仙可学论》的论证过程,认为"吴筠的死(凡人)与不死(仙人)两有的观点和庄子的是与非两行(《齐物论》)的观点在理论性质上是相同的,都是相对主义的"④。庄子相对主义进一步发展,进入"天理固然"(《养生主》)的科学性质的层次。吴筠"由'两有'再向前跨进一步,引进了具有人格神内涵的'真君'的信念——真君也是《庄子》中的概念,只是在那里没有人格神的

① 崔大华:《庄学研究》,第 480 页。
② 崔大华:《庄学研究》,第 481~482 页。
③ 崔大华:《庄学研究》,第 484 页。
④ 崔大华:《庄学研究》,第 484~485 页。

内涵——笃信'感则应，激则通'，只要'精诚'在焉，则'不死之阶立致'，努力于修炼'神仙'，迈入在思想观念上和生活实践上都是属于宗教性质的领域"①，这就从相对主义转入信仰主义。信仰也是意识形态，而意识形态是不被经验所穿透的，它是信以为真，即真实地相信，而不是相信真实。因此，崔大华说，"由道家（庄子）的哲学思想蜕变为道教的宗教思想的过程中，诚即信仰的观念因素的注入是最有决定意义的"②。两步论证，最重要的一步是靠信仰，前面的思辨部分则是靠庄子，而宗教与哲学的不同，就在于最后那一步。崔大华的辨析非常细致，《庄学研究》是他在国家课题基础上修改完成的，但他的功夫绝对不是在中标课题之后才开始下的，他是在此前数十年的积累满溢状态之下写出的这本书。

第二，道教最高人格神的观念脱胎于庄子自然哲学。道教最高人格神观念是元始天尊，"《隋书·经籍志》：道经者，云有元始天尊，生于太元之先，禀自然之气，冲虚凝远，莫知其极"。崔大华认为，"构成这一最高人格神的主要观念有二：一是在天地万物之先，一是禀自然之气。这种神的观念，实际上是由道家或庄子的世界最后的（也是最初或最高的）根源道和万物基始气的观念蜕变而来"③。观念（"道"）与实体（"气"）结合起来，塑造出道教最高人格神。

第三，道教修炼方术的理论基点潜生于《庄子》。崔大华对道教修炼方法进行了解之后，评价其"诡异而怪诞"，"即使是在一种宽容的理解精神下，也只能说这些方术激发了人的某种生理的或心理的机制，影响或改变了人们周围的生物场、物理场，但其实际过程、本质内容都是尚不得而知的，这是深奥的人的科学之谜"④。崔大华对于道教与科学的关系一直持积极的、开放的态度，并不一概将其视为封建糟粕。他力图理解道教方术消灾祛病、长生不老的世俗目标存在的理论基点，即"皆是从神、气（精）、形（身）等构成人的生命的基本的生理、心理要素方面来养

① 崔大华：《庄学研究》，第 484~485 页。
② 崔大华：《庄学研究》，第 485 页。
③ 崔大华：《庄学研究》，第 486 页。
④ 崔大华：《庄学研究》，第 488 页。

护、延续作为感性的个人存在"①。延续生命的物理存在，提高生存的质量，这是道教着重用力的地方。在如何看待人的生命构成这个理论基点上，它与庄子思想有密切关联。崔大华认为，道教对生命内涵的认识可归纳为两种，"一是将人的生命整体分为'形''神'两个对立又统一的方面"②，而"道教的'形神相守''身神并一''守神''守一'等观点也都可以在《庄子》中寻觅到它的观念根源"③。这即是来自庄子而又从庄子的立场向右转，崔大华评价其为"理论观念的理性抽象程度削弱和修持方法的具体化的过程"④。《庄子》中的修形长生的相关描述，是巫史传统的遗存，它并不是庄子思想的主体，道教选择性地继承了这个传统，"庄子守其一，是道通为一的道，道教浅化为形神并一的身；庄子守一是精神修养方法，道教里具体化为念而不休、精神自来的养神除病方法"⑤。与庄子相比，关注点从精神自由变成身体长存，从精神到肉体，从观念到实践，从主观到客观，其中包含着智慧、知识、技术。庄子开创了一种生存方式，道教将其从精神领域发展到物质领域。道教对人的生命要素的第二种划分"是将人的生命整体分为气、形、神三种或气、精、神、形四种既有区别又密切相关的组成部分"⑥。崔大华认为，"道教的这些观点在三个基本思想观念上相同于、来源于庄子思想"⑦：一是"气"为生命的基础的思想观点，二是"神"（"精神"）是生命的主宰的思想观点，三是由养生而得长生的观点。战国时代道家有一系，可称之为卫生之道家，重身轻天下，还有一套养生的方法，上可追溯至老子、杨朱，下及子华子、瞻何，在《庄子》中也有体现。从《庄子》中的养生之道到道教的变化，崔大华认为有两点，其一，在道教理论中构成人的生命要素的"神"（心智）被实体化，"形"（生理器官）被人格化。无形被有形化，有形被人

---

① 崔大华：《庄学研究》，第488页。
② 崔大华：《庄学研究》，第488页。
③ 崔大华：《庄学研究》，第489页。《在宥》：女神将守形，形乃长生。《在宥》：我守其一，以处其和，故我修身千二百岁矣。《刻意》：纯素之道，唯神是守，守而勿失，与神为一……是谓真人。
④ 崔大华：《庄学研究》，第489页。
⑤ 崔大华：《庄学研究》，第489页。
⑥ 崔大华：《庄学研究》，第489页。
⑦ 崔大华：《庄学研究》，第490页。

格化，总之是实体化、拟人化，"这样，庄子自然哲学中具有理性内涵的无形的'神'，在道教的宗教观念中就被彻底改造为是一种感性实体的存在"①。其二，养生的重点由精神修养移向形体（气、精）修炼。他引用《庄子·刻意》，讲导引之士、养形之人的方术，与养神之道相对而立。崔大华认为，这说明"在庄子思想中，养神的精神境界高于养形"，"庄子思想的养生，正是指与自然为一，保持心境恬淡的精神修养——养神"②。而道教的养生实践虽说养神重于养形，但其主要内容仍是养形，"道教养生理论的独特方面和难以胜计的具体方法都是围绕养形——守气、保精而滋生、发展起来的"③，"可见，发源自庄子的养生思想，其内容特质在道教理论中发生了巨大的变迁"④。从道家到道教，表面上似乎是道家的宗教化，就其思想实质而言，似乎是道家的功利化，或者说庸俗化。

2. 庄子思想与佛学

佛教兴起于公元前 6 世纪的古代印度，约公元前 1 世纪两汉之际传入中国。此时的佛教已经由原始佛教经部派佛教进入大乘佛教时期，大乘佛教也经历了空宗（中观学派）到有宗（瑜伽学派）再到密宗的发展时期。佛教理论都是围绕着根本教义四谛、基本观点三法印来发挥，四谛是指苦、集、灭、道，三法印是指一切有为法，念念生灭皆无常；一切法无我；寂灭涅槃。⑤ 崔大华讲庄子与佛教，就去了解佛教的历史与理论发展，讲得非常精准，是能够与佛教学者对话的程度。⑥ 在考察庄子对中国学者接受佛教的影响之前，他先指出佛教与中国以儒道为主的传统思想之间巨大的观念差异："一是在社会生活的层面上对人的观察。""中国传统

---

① 崔大华：《庄学研究》，第 492 页。
② 崔大华：《庄学研究》，第 493 页。
③ 崔大华：《庄学研究》，第 494 页。
④ 崔大华：《庄学研究》，第 494 页。
⑤ 见崔大华《庄学研究》，第 494~495 页。
⑥ 他在 1990 年给李存山先生的信中说："得知贵刊（指《中国社会科学》——笔者注）拟刊用拙稿《庄子思想与中国佛学的独立发展》（发表在《中国社会科学》1991 年第 1 期——笔者注），我感到很荣幸！当然我首先应该感谢您和方立天教授对我在这个十分艰难的论题上的论述所给予的肯定。"

思想总是在血缘的和宗法的观念背景中观察人"①，人人都处在伦理关系网之中，人生目标是道德的践履与实现。印度佛教则从超越血缘宗法的角度观察人，或者说是"从某种自然的、平等的角度来观察人"②，它的理论背景是婆罗门教的神创观念和种姓观念。"佛教将人的存在看成是由五蕴假合的一种不真实的（幻有）的痛苦的过程（苦谛），佛教提倡的人生目的，实际上也就是它的宗教生活实践，就是要通过宗教的修持（道谛），认识造成这种痛苦的原因（集谛），从而能解脱这一切，达到没有痛苦烦恼的涅槃境界（灭谛）。"③ 四谛的关系基本上可以理解为事实（苦）—原因（集）—对策（道）—目标（灭）这样一个逻辑进路，可见佛教与中国传统思想之间的观念差距是巨大的。中国是世界上最大的世俗文化区域，它由儒道共同塑造而成，在全世界独树一帜。"二是在更广泛的、更深入的宇宙层面上对一切事物的观察。"④ 他引用《中阿含经》《杂阿含经》《中论》，说明佛教以缘起的理论解释事物（法）的出现，任何事物都只是因缘的组合，无自性，不自生。而"中国传统思想却一直在思索着、追逐着一个事物的本质和作为一切事物最后根源的宇宙本体。道家'气''道'的思想是这一观念最典型的形态。道家认为，'道生万物'（《老子·四十二章》）、'道无所不在'（《庄子·知北游》），认为'气变而有形'（《至乐》）、'物固将自化'（《秋水》），也就是说，宇宙间的一切事物皆是'道'的体现、'气'的变化"⑤。关于世界的真实性，两者的观念有巨大差异，最后导向对此世生活的价值的不同判断。佛教认为世俗生活是权宜之计，最终要实现涅槃清净、不死不生。中国传统思想则坚持世俗生活的终极价值，哪怕是想要"陆沉"（《庄子·则阳》）的隐士也不例外。中国思想主流是世俗的。崔大华从道家着眼，在这种差别上会看得更加清楚。佛教进入中国，作为一种精深而异质的思想，如何消化它？不同于那种调和而不深辨的态度，崔大华认为，"中国佛学的一

---

① 崔大华：《庄学研究》，第495页。
② 崔大华：《庄学研究》，第495页。
③ 崔大华：《庄学研究》，第495页。
④ 崔大华：《庄学研究》，第496页。
⑤ 崔大华：《庄学研究》，第496页。

个深刻的理论特色，表现为它对于印度佛教中那些艰深的、迥异于中国固有的传统思想的宗教思想的理解，和在某种意义上是离开了印度佛学的固有理论轨道的独立的发展，都是在道家思想，特别是在庄子思想的影响下发生的；这种影响在一定程度上显化了或表征着中国佛学按其理论内容深浅程度不同可划分的三个阶段：理解、消化、创新，并大体上对应着佛教初传（汉魏）、漫延（两晋）、鼎盛（隋唐）三个历史时期"①。

他从三个方面阐述《庄子》对中国士人消化佛教的作用。

第一，《庄子》与对印度佛学名词概念的认同。理解佛教首先遇到的就是术语翻译问题，他举例"实相"这个概念，"道安的弟子慧远就是援引《庄子》来疏解的"②，他猜测慧远"可能是以《大宗师》'道，有情有信，无为无形'来比拟解释（'连类'）'无相之相，名为实相'（《涅槃经》卷四十）的"③。他认为格义之后的差异仍然存在，"在庄子思想中，'道'是一个关于万物最后根源、世界总体实在的哲学观念，同佛学'实相'观念把宇宙的一切视为是'空'与'幻有'的总体有根本的差别"④。以"有"解"无"、以我解他，始终是存在隔阂的。他举例安世高译《安般守意经》，把安般守意译为"清静无为"、解气的观念，认为"气灭为空"，与原始佛教"诸阴因缘合，假名为众生"（《杂阿含经》卷四十五），"已有所差别，而染上了中国思想的特色"⑤。气灭为空与缘起性空相比，后者是空，前者是有。现象界的现象是变化的、相对的，与认为现象是假象、性空，这是两种性质截然不同的思想。用庄子译佛教，就是以有论译空论，则空论就被理解为有论，空论被有论化了。支谶翻译《般若道行品经》诠释佛学空的观念时说"般若波罗蜜，于一切法悉皆自然（《泥犁品第五》），一切诸法亦本无（《照明品第十》）"，"佛学对世界本来面目的般若波罗蜜（智慧）观察，就是认为世界的一切皆本无，即一切皆自然。支谶这种以自然释本无、以本无释佛学空的译解，与庄子

---

① 崔大华：《庄学研究》，第 497 页。
② 崔大华：《庄学研究》，第 498 页。
③ 崔大华：《庄学研究》，第 498 页。
④ 崔大华：《庄学研究》，第 498 页。
⑤ 崔大华：《庄学研究》，第 498 页。

思想最为接近"①。本然状态是一个有能指、无所指的概念，任何思想都可以说自己所认为的世界是它的本然状态，但实际上他们的世界观的性质是不同的。"尽管如此，庄子思想的'无有''自然'仍然是通向艰深的佛学'空'观的最初的观念的桥梁。"② 以我解他，我也在丰富着、变化着，这个"我"可以说是当时的中体，其中就包含着庄子思想。佛教入华对于中国思想而言，是一个冲突、接受、调整的过程。庄子作为中国思想的重要构成部分，在接受外来思想时，起到一个桥梁、缓冲作用，它缓和了佛教的异质感。

第二，庄子思想与对印度佛学般若、涅槃观念的释义。"般若思想的基本内容是对世界本相的一种超越经验、理性之上的直观——空。"③ 两晋佛学对般若的理解，"史有'三家'、'六家'或'六家七宗'之称"④，崔大华认为，最有影响的"应该说是为僧肇所批评的心无、即色、本无三家"⑤。心无宗的主要代表是支愍度、竺法温，主要观点是"心无者，无心于万物，万物未尝无"（僧肇《不真空论》）。就是说，无只是在心中的无，而不是真实的无。它们自有，而我视之如无。这不是彻底的否定世界的有，而是主观地否定其有，这距离佛教的空观还是很远的。崔大华评价这种理解道："心无宗的观点是认为外界事物是真实存在的，是'有'；佛经上的'法空'，是要求人们保持一种恬淡的不执着、不滞情于外物的虚无的心境，因而是'无'。十分显然，心无宗的'空'观与般若'空'观相距甚大，它的结论不是'诸法皆空'，而是'心空物不空'。另外，就理论性质而言，'心无'实际上是一种收敛内心、屏除外惑的精神修持方法，也不同于空假兼蕴、亦有亦无的'中道'般若认识方法。从大乘佛学的一般理论立场看，心无宗'内止其心，不滞外色'的精神修持，虽然不是般若观，但也还可以视为是一种止观，因而还是可以肯定的，但其'不空外物'则是不能许诺的了。"⑥ 也就是说，心无宗实际上

---

① 崔大华：《庄学研究》，第 499 页。
② 崔大华：《庄学研究》，第 499 页。
③ 崔大华：《庄学研究》，第 500 页。
④ 崔大华：《庄学研究》，第 501 页。
⑤ 崔大华：《庄学研究》，第 501 页。
⑥ 崔大华：《庄学研究》，第 502 页。

是一种有论，并不是空观。从理论性质上看，它是中国思想而不是印度思想。它是割裂主观与客观、自欺欺人的一种精神修持方法，其世界观与方法论似乎存在一种分裂。崔大华指出："'心无'义之所以背离般若的根本观点，这是因为它的观念根源深深地扎在庄子思想的土壤里，实际上是一种中国思想。"① 这个判断极为恰当。这种有论就是中国思想，从它的精神修养方法看，它是中国思想中的庄子道家思想。即色宗的代表人物是支道林，他的观点主要是"夫色之性也，不自有色。色不自有，虽色而空。故曰色即为空，色复异空"（《世说新语·文学》注引支道林《妙观章》）。现象不是自体，故曰空，但它与般若实相本体的空并不相同。这个解释仍然近庄子而远佛教。现象是空，可以用庄子相对主义来解释，而世界仍然是实在的，并不是空，这更符合庄子之意。"色复异空"的解释，崔大华举出两种：一是色是因缘而成，故不自有，是空；二是色由心计而成，故不自有，是空。他认为"后一种解释较符合支道林思想实际"②。他比较即色论与心无论，"即色论与心无论的'空'观有所不同，它不是通过精神修持而达到的一种能在万物纷纭中保持淡泊忘物之心的境界，而是对认识过程的分析得出的一个认识结论：万物皆我心中的现象，不是本来面目"③。万物是现象，在它背后还有一个更本质的存在，这是有论，不是空观，这就还停留在中国思想的领地上。"从大乘的一般立场上说来，即色论没有乖离破'法执'的大乘宗旨；但是，从最成熟的即中观学派（《中论》）的般若立场上看，即色论不但没有破掉'法执'，反而陷入'法执'。"④ 因为它还有着本体论层面上的执着。僧肇批评支道林即色论的两个破绽，其一，在即色论"色不自有"的言下，意念中肯定了、追寻着一种自体、自性，陷入了"法执"，这是批评他本体论层面上的有论。其二，就得出结论的观察、认识过程而言，即色论只观出"空"（"色不自色"），而没有指出"假"（"色之非色"），缺乏"中道

---

① 崔大华：《庄学研究》，第 502 页。
② 崔大华：《庄学研究》，第 503 页。
③ 崔大华：《庄学研究》，第 504 页。
④ 崔大华：《庄学研究》，第 504 页。

义"。崔大华认为支道林"可以推脱掉僧肇对即色义的第一点批评"①，因为他主观上仍然是追求空，主观上没有离开佛教，但"僧肇对即色义的第二点批评，是他再也推脱不掉的了"②。因为他仍然"是用'心计'观'万法'，而不是用'因缘'观'万法'，只能形成'心'与外物（即'色''空'）对立的观念，而形成不了'空'与'假'（幻有）并存的观念，也就是说形成不了外物（'法'）兼蕴'空''假'的'中观'"③。因为心亦是法，亦是现象。崔大华分析认为，支道林即色论空观之所以呈现出这样的特色，是因为他十分熟悉庄子、理解庄子。他引用《庄子》的《齐物论》《德充符》《秋水》等篇，认为"支道林即色义的空观，主要是从庄子思想中感受了它那种深刻的、强烈的事物在人的认识过程中的主要由人的主观因素造成的不确定性、相对性的观念"④。支道林沿着熟悉的庄子思想路径走到这里之后，将这一观念引入佛教，认为这种不确定性就是不自有，就是色空，"这就跨出了庄子思想的范围而进入了佛学的领域"⑤。本无论的代表人物是道安。本无宗'空'观主要有两层意思：一是就每一呈现在眼前的具体事物的性状来说，都是五阴聚合；二是追溯每一具体事物的原始状态，也只能归宿到廓然空无。也就是说，本无宗是以性空、本无为其思想特色的。崔大华认为本无宗在两个基本点上偏离了中观：一是认识过程中，执着于空而未悟假有，缺乏兼容空、假的中道义；二是认识结局上，落脚在最原始的无的状态。⑥ 前者对事物只有现象上的否定，没有达到本体层面的否定；后者是对真实世界的态度，而不是对虚妄世界的态度。佛教的空观，到无这个层次还不够，还进一步无无，否定无这个执念。佛教的对立观念不是有与无，而是真与妄，但它不让人执着于妄，也不让人执着于真。执着于妄，则错了方向；执着于真，则无立足之地。崔大华引用庄子，认为"庄子的'无'也是'道'

① 崔大华：《庄学研究》，第 505 页。
② 崔大华：《庄学研究》，第 505 页。
③ 崔大华：《庄学研究》，第 505 页。
④ 崔大华：《庄学研究》，第 505 页。
⑤ 崔大华：《庄学研究》，第 506 页。
⑥ 见崔大华《庄学研究》，第 507 页。

的一种表现或存在形式"，它是"烙在道安本无般若思想上的中国思想痕迹"①。

比较三种理解般若空观的思想，"心无、即色、本无三家般若空观的理解有分歧，但受到庄子影响却是共同的；而且这种分歧，从某种意义上说正是由于它们感受的和接受的庄子思想影响有所不同的结果。概言之，'心无空'直接导源于庄子'吐尔聪明，伦与物忘'的精神修养方法，'即色空'中具有庄子认识论中经验层次上的主观认识的相对性和事物感性表象的不确定性的观念因素，'本无空'和庄子关于世界根源（'道'）的本体论特征（'无'）的思想观点在观念上是相通的"②。它们分别以庄子思想的不同方面即精神修养、认识论、本体论去格佛教空论之义，因而烙上了庄子思想的印迹。用庄子理解佛教的空观，就难免会把它实在化为一种有论，因为中国本土没有彻底否定世界存在真实性的思想。

除了这三种被僧肇批评的思想，还有僧肇本人的般若空观。他的空观是不真空观。他在三个基本点上完全符合中观思想。首先，在对事物（"法"）的观察、认识方法上，他运用的是因缘"中道义"。其次，在认识的最终结论上，得出的是"空"相。最后，能由中观认识升华到"涅槃与世间，无有少分别"（《中论观涅槃品》）境界。崔大华提示他受庄子影响的两点表现。一是在他具体论证"非有不无"的"中道义"时，除运用印度佛学传统的从事物构成角度来观察的"诸阴因缘"说外，还援用了中国思想，特别是庄子思想中的从认识角度来观察的"名实"说。庄子视名为主观人为，物并没有和其名相符的实，物（名称谓的实）也是主观假相。崔大华认为庄子的名实论可能影响了僧肇，他更进一步，"由'名实无当'，名号是假，更跨进一步，认为到万物亦非真"③。二是在般若思想总的观念背景上，僧肇在印度佛学固有的"诸法缘起"观念上，又增添了庄子思想的"齐物"观念。庄子齐物之论是以气论为基础的相对主义认识论，要达到的是"一视万物境，不为生死利害之所动的

---

① 崔大华：《庄学研究》，第509页。
② 崔大华：《庄学研究》，第509页。
③ 崔大华：《庄学研究》，第511页。

精神境界"①。僧肇的理论目的则是"由齐是非而证得兼容空（无）、假（幻有）世界'空'的本来面目（中观般若的'实相'）"，"进而达到与这种'空'相为一体的个人的一切思虑皆熄灭的，即所谓'彼此寂灭，物我冥一'（《涅槃无名论》）的'涅槃'境界"②。他从庄子出发，走向佛教。

庄子思想还影响了两晋佛学对佛教涅槃概念的消化、理解。"涅槃（也音译为'泥曰''泥洹'，罗什意译为灭、灭度，玄奘意译为圆寂），其义是指一种无烦恼、断思虑的寂灭状态，这是佛教宗教实践的最终目标，本质上是一种精神境界。"③"两晋时第一个提出具有中国思想特色的理解的是慧远，他著有《法性论》，认为涅槃就是皈依一种具有本体意义的、不变的'法性'。"④ 慧远"实际上是将这种'无自性'本体化了，而涅槃就是对这种不变本性（本体）的体认、皈依"⑤。崔大华认为，"这种涅槃观念是在印度佛学的思想母体上又嫁接了庄子思想的新内容"⑥。僧肇的涅槃境界不是法性（无自性）而是实相，达到的境界不是本体性质的不变的空，而"是融入万有齐一的根本的、'无朕'状态的'空'，而不是慧远那种皈依万有共同的、具有本体性质的'不变'的'空'"⑦。崔大华判断，慧远与僧肇涅槃境界的区别，在印度大乘佛教的般若立场来看是不存在的，⑧ 因为它们都不算是真正的开悟。但在庄子思想中，这种区别则是明显的："慧远的涅槃思想中显然是感受了庄子自然哲学的'道'的本体论思想观念，而影响了僧肇的涅槃思想的则是庄子的'万物皆一'（《大宗师》）的相对主义的认识论观点和由此而导向的'万物与我为一'（《齐物论》）、'而游乎无何有之乡'（《应帝王》）的精神境界。"⑨ 另一种涅槃的理解出自竺道生，他认为"涅槃是对'佛性'

---

① 崔大华：《庄学研究》，第 511 页。
② 崔大华：《庄学研究》，第 511~512 页。
③ 崔大华：《庄学研究》，第 512 页。
④ 崔大华：《庄学研究》，第 513 页。
⑤ 崔大华：《庄学研究》，第 513 页。
⑥ 崔大华：《庄学研究》，第 514 页。
⑦ 崔大华：《庄学研究》，第 515 页。
⑧ 见崔大华《庄学研究》，第 514 页。
⑨ 崔大华：《庄学研究》，第 514 页。

的返归或实现"①。何为佛性，众说纷纭。竺道生"从相、性两个方面理解和规定佛性"②。相即无之相，性则包括了三个方面：佛性本有、佛性自然、佛性即理。佛性本有源于《涅槃经》"一切众生，悉有佛性"，"但是把这种佛性客观化、实体化，进而提出返性而得本，却是印度佛学所没有的"③。庄子认为"性者，生之质也。性之动谓之为，为之伪谓失"（《庚桑楚》），"修浑沌氏之术者……无为复朴，体性抱神，以游世俗之间者"（《天地》），"可见，认为人具有某种内在的、固有的本然之性，主张'返其性情而复其初'（《缮性》），正是庄子思想中的人性论内容"④。孟子说"收放心"，其实也是回到本心之善，儒、道共同具有"我固有之"的观念，只不过内容不同。崔大华认为竺道生的学术背景中有小乘一切有部教义、般若中观学、涅槃学，他还广搜异闻，熟悉《周易》与《庄子》，"是位佛教义学思路极为开阔同时具有异学观念背景的佛家学者，容易越出传统佛学的樊篱。因此可以推断，竺道生'佛性本有'中的新的思想观念是受到庄子人性论感染的结果"⑤。他从思想关联与学术经历推断出这个结果，是较为可信的。佛性自然，源于竺道生释"非因果故常恒无变"时引用道家自然观念所作的诠释，"作有故起灭，得本自然，无起灭矣"（《大般涅槃经集解·师子吼品》）。《涅槃经》中说"非因非果，名为佛性"，这里的佛性"乃是指一种超脱因果轮回关系的常住不变状态，这基本上也是大乘佛学实相、法性的涵义。但竺道生却援用了道家思想中关于事物固有性质的自然观念予以诠释，并且进而认为能和这种本然的、无作的自然冥合，就是达到佛性境地：夫体法者，冥合自然，一切诸佛，莫不皆然，所以法为佛性也（《大般涅槃经集解·师子吼品》）"⑥。这就与《庄子》"顺物自然而无私容"（《应帝王》）、"莫之为而常自然"（《缮性》）有了某种契合。"不难看出，行进在追寻常住的涅槃的宗教修持途径上的竺道生不自觉地踏进了庄子为避免嗜欲伤性而提

① 崔大华：《庄学研究》，第516页。
② 崔大华：《庄学研究》，第516页。
③ 崔大华：《庄学研究》，第516页。
④ 崔大华：《庄学研究》，第517页。
⑤ 崔大华：《庄学研究》，第517页。
⑥ 崔大华：《庄学研究》，第517页。

出的一种精神修持方法的轨道上。"① 当然，这里他只是不自觉地借用了庄子的话语，他要实现的目标与达到的境界与庄子还是不同的。佛性即理，这种观念认为，"佛性虽是无相，但具有确定的内在的性质，即是众生皆有之性（竺道生释为'本有'），是超因果的常住状态（竺道生释为'自然'），佛性的这种确定性，竺道生称之为'理'"②。这是把佛教内容装进中国传统术语中，是理解佛教重要概念的一个抓手。"这样，在竺道生那里，'归极得本'，返归或复现'佛性'的涅槃宗教修持过程，就转变为一种'明理''悟理'的认识过程"③，它包含的理性因素，"显然是与印度佛学传统不相协调的，它只能在中国固有的传统思想中，更具体地说在庄子中寻觅到最初的观念渊源"④。当然，这种借鉴实际上是借用了一个思想的外壳，内里的东西是变了的，但这个外壳既用来表述了佛教的内容，又增加了一层中国色彩，是一种中国式的表述。竺道生在佛教的中国化过程中一个最为人所称道的事迹是，"他不是凭借佛教经典或单纯的佛教信念，而是根据庄子思想中'气'的观念和理性的逻辑力量对'阐提成佛'的论证：禀气二仪者，皆是涅槃正因，三界受生，盖唯惑果，阐提是含生之类，何得独无佛性？盖此经（指由法显翻译的六卷本《大般泥洹经》，认为一阐提不能成佛）度未尽耳（日僧宗法师《一乘佛性慧日钞》引《名僧传》）"⑤，这是中国平等观念（众生皆禀气）对他理解佛教的影响。"竺道生的涅槃学说开始显现了中国佛学有可能离开印度佛学的固有理论轨道而独立发展的前景。"⑥ 古代中国因为经历过轴心时代，有自己的思想，这就成为接纳、吸收、改造外来思想的桥梁、工具，佛教的中国化（而不是中国的佛教化）才有可能。崔大华用这个极为重要的事例说明佛教中国化过程的一个重要转折点与庄子的关系。

第三，庄子思想与中国佛教的独立发展。隋唐时期佛教出现宗派，佛学独立发展，开始佛教中国化进程。所谓中国化，就是"成为中国的"。

---

① 崔大华：《庄学研究》，第 517 页。
② 崔大华：《庄学研究》，第 517 页。
③ 崔大华：《庄学研究》，第 518 页。
④ 崔大华：《庄学研究》，第 518 页。
⑤ 崔大华：《庄学研究》，第 518~519 页。
⑥ 崔大华：《庄学研究》，第 519 页。

"成为中国的"表现在什么地方，如何"成为中国的"？崔大华从佛教对庄子思想的接受这个角度来说明。他具体考察的内容与结论是"构成或体现这种独立发展的主要理论内容——天台、华严的判教；天台性具实相和华严法界缘起的新的佛学本体论观点，以及禅宗识心见性的独特的佛教修持理论，都在不同程度上感受或接受了庄子思想中的历史观念、总体观念和自然观念"①。

首先是判教中体现的历史观念。任何事物都有历史，但并不是任何人都有历史感。崔大华认为"在中国传统思想中，历史感是一个十分活跃的精神因素和理论支点"②。儒、道思想皆有较强的历史感，而在《庄子》中则包括了自然史、生命史、社会生活的演变和人的精神史等广阔的内容。就人的精神史而言，崔大华观察到庄子学派揭示的三方面内容：其一，作为个体的人的精神境界由低到高的发展历程；其二，作为群体意识的百家学说由一到多的繁衍过程；其三，认为庄子思想所具有的那种境界和学说内容，无论就个人的精神发展或群体的百家之学来说，都是最高的、最后的层次。中国佛学的判教，就是在庄子精神史观念的影响下形成的，"判教就是对传入中国的佛教经典和佛学思想作系统的、历史的条理、分析"③，也就是将学说视为历史发展的结果，对其进行思想内容梳理与价值判断。在佛学发展中形成的小乘与大乘之间、大乘内部的理论差异和矛盾，困扰着中国学者，他们需要将其作为一个整体给予分析与解释，以历史的、发展的观念消弭佛教前后经论中的矛盾。较为成熟的判教理论在隋唐时期天台宗"五时八教"和华严宗"三时五教"，崔大华认为它们"在三个主要之点上都和庄子思想的精神史观念相应合"④。其一，佛教学说有一个从元点而有序展开的历史过程。其二，佛家的觉悟或境界有一个逐步升高圆融的过程。其三，皆以自己崇奉的经典为佛教理论和境界的最高阶段。他认为，"这些，与庄子中对学道的精神境界提高过程的

① 崔大华：《庄学研究》，第520页。
② 崔大华：《庄学研究》，第520页。
③ 崔大华：《庄学研究》，第522页。
④ 崔大华：《庄学研究》，第523页。

描述，对先秦学术的判析和自我尊崇的表现，都有某种类似、应合"①。他将庄子中揭示的人的精神发展史在个人与学术发展中的表现和隋唐时期各教派判教实际作对比，认为其中存在一种关联。这样，理论上的矛盾就转化为时间上的发展，这是一种中国式的解决矛盾的方式。它可能是以庄子为参照，去整理外来理论。

其次是佛教理论中国化时的总体观念，表现在天台宗的性具实相和华严宗的法界缘起理论。"由智顗完成的天台宗的理论核心'性具实相'，实际上是由两个理论观点组成：'一念三千'和'圆融三谛'。"② 天台二祖北齐慧文禅师从《大智度论》中悟出"一心三智"（道种智、一切智、一切种智，三智一定时候可同时兼有），提出"一心三谛"（"一心三观"），三谛即真谛（空）、俗谛（假）、中谛（中），天台宗四祖智顗的"圆融三谛"来源于"一心三观"，从全智变成不仅是观，还是境。③ 也就是说"圆融三谛"不仅是一个目标，还是一种境界，由此"圆融三谛"就是世界实相，也就是世界总体。"将世界总体纳入实相观念中，不同于印度佛学把实相解作空的涅槃境界，而与庄子'道通为一''道覆载万物者也'的总体观念却是一致的。"④ 另一个观点是"一念三千"。三千是由印度佛学中的十界、三世、十如三个内涵并不相同的宗教观念组合而成，分别表示众生、众生所生存的条件和事物的全部性状，"智顗在佛学理论上的一个巨大创造或发展，就是认为十界、三世、十如同时在一心中显现"⑤。"从一般的哲学理念上审视，'一念三千'蕴涵着一种关于世界全部存在的总体的观念，在中国思想中，它相通于《庄子》中'道之所一'（《徐无鬼》）、'道无所不在'（《知北游》）所体现的思想观念。"⑥ 庄子在这里又成为理解的基石和桥梁，有助于消除理论的外在感、陌生感。华严宗的法界缘起论，其逻辑发展不同于天台宗。它将法界客观化为世界总体，再进一步实在化为本体。崔大华认为"它的真正的理论创造是在

---

① 崔大华：《庄学研究》，第524页。
② 崔大华：《庄学研究》，第524页。
③ 见崔大华《庄学研究》，第525页。
④ 崔大华：《庄学研究》，第525~526页。
⑤ 崔大华：《庄学研究》，第526页。
⑥ 崔大华：《庄学研究》，第526页。

迈出的第一步，即在印度佛学思想中融进一种中国观念，由华严经的'海印'境界客体化出世界总相（总体）；而不在第二步，即沿着《起信论》的中国思想观念走得更远"①，而这第一步实际上就是借由庄子这条熟悉的路径实现的。"'六相圆融'是华严宗对作为世界总体的'法界'的一种相观，这一观点的提出和运用，也表现了华严宗人的理论创造性。"② 六相（总、别、同、异、成、坏）"在其最初乃是对佛家心态的表述"③，世亲"一切十句，皆有六相"将其普遍化，即《华严经》中每个十句经文中，内容皆有六相，第一句是总相，其余九句是别同异成坏相，这扩大了六相的运用范围。"华严宗人则跨出了更大的一步，实现了更大的思想观念的跳跃，把'六相'由原来作为心态、意识的相观，改变为是事物（法）、世界总体（法界）的相观"④。从主观意识变为客观实在，将主观的客观化，将虚的实化。在中国思想背景下，这种事物整体与部分之间的总别同异成坏关系，在庄子中可以很清楚地感受到。⑤

佛教在中国独立发展中对庄子思想的接受还表现在自然观念上。这个问题我们放在本章第三节再详述。

崔大华选取三个方面论述庄子对佛教这种异质文化进入中国，被接收、消化过程中庄子的作用，认为"这是中国文化和思想对异质文化和思想的消化、改造能力的具体表现"⑥。《庄子》是中国哲学自然主义的观念渊源，它考察人的精神活动和历史，具有丰富性和思辨性，因而中国士人在接受艰深的佛教思想时，庄子就成了桥梁或渡船。崔大华在对庄学与佛学深刻了解的基础上，深入思想内部，将这个过程描述得具体且有说服力。

（四）庄子思想与中国近现代思潮

鸦片战争以来，中国由于在国家竞争中失败，深陷政治危机和文化危

---

① 崔大华：《庄学研究》，第 527 页。
② 崔大华：《庄学研究》，第 529 页。
③ 崔大华：《庄学研究》，第 529 页。
④ 崔大华：《庄学研究》，第 529 页。
⑤ 《齐物论》：道通为一，其分也成也，其成也毁也，凡物无成与毁，复通为一。
⑥ 崔大华：《庄学研究》，第 537 页。

机。与此同时，西方思想文化输入中国，形成中国近现代思潮，其特色是
"努力摄取西方的科学观念和哲学思想，以重新评估中国传统思想，建构
中国新的文化"①。

1. 庄子思想与近代思潮

崔大华认为近代思潮的理论特色是"凭借中国传统思想来理解、容
摄、消化西方思想的精神历程"②，其哲学理论基础是进化和个性，也就
是以中释西。但是具体的过程是怎样的，哲学理论基础如何确定，他主要
就这两个方面与庄子的关系进行考察。

第一，"庄子'齐物论'思想提供了近代思潮的容摄背景"③。关于西
方思想文化，他有一个基本判断，即它是"以有神宗教、科学理论为观
念基础而发展起来的"，并且"与以天道自然、伦理道德为观念基础的中
国传统思想是迥然异趣的"④。由于中国此前已有过消化异质思想（佛学）
的历史经验，他判定这一过程"也一定和历史上的佛教文化和思想的溶
入一样，是一个长期的过程，是至今仍在进行中的我们民族的精神成长过
程"⑤。他将西方思想文化的基础提炼为宗教与科学，这恰好都是古代中
国所缺乏的，而中国思想的观念基础则是道德与自然，这一概括则容纳了
儒家与庄子道家。

他以章太炎与康有为作为典型例子，说明近代中国思想家消化西方思
想的方法，"他们往往是从中国固有思想中，寻觅出某种深刻的哲学立场
和宽广的观念背景，用来消弭中西异质文化和思想间的观念隔阂，认同西
方思想的哲学真理性质，以实现对西方思想的吸取、摄入"⑥。这种方法
暗含一种观念，即中国古代思想在深刻程度上不输西方，而最深刻的思想
往往具有理解和容摄一切思想的能力。康有为在《自编年谱》中回顾自
己 27 岁时的思想经历，讲述自己读书的类别与心得，崔大华认为，"康有
为哲学世界观、人生观的确立，从理论观念上说，具有决定意义的乃是一

---

① 崔大华：《庄学研究》，第 538 页。
② 崔大华：《庄学研究》，第 539 页。
③ 崔大华：《庄学研究》，第 539 页。
④ 崔大华：《庄学研究》，第 539 页。
⑤ 崔大华：《庄学研究》，第 539 页。
⑥ 崔大华：《庄学研究》，第 540 页。

种能容摄多种思想体系的宽广的观念背景或者说能蕴涵多种理论观点的基础观念的形成，这就是庄子的齐物论思想"①，"康有为因显微镜、因电机光线，也就是借助西学（西方的技术和知识）悟解的大小、久速·'齐同之理'，就是庄子的'万物齐一'（《秋水》）的思想"②。庄子令人宽容，易于接纳不同思想，因为他有齐同物论的哲学。理解庄子思想，就很少会对异质思想感到惊讶，感到不可理喻。庄子思想高度的思辨性和他的两行之道，也确实能够让人以更宽广的视野和更宽容的心胸，与异质文化沟通。崔大华认为，近代中国在政治与思想上都与康有为匹敌、形成奇特对称的是章太炎。虽然对立，但是两人相同之处在于"章太炎也是援用庄子的齐物论思想为观念背景、为哲学立场，以吸取、容摄和中国固有的或已有的传统思想异质的西方思想"③。他引用章太炎《菿汉微言》中所述自己之不同于"东西学人"，"余则操齐物以解纷，明天倪以为量，割制大理，莫不孙顺"，认为章所达到的效果"并不是经验层次上的相对主义和对立思想观点的折中，而是由一种深刻的哲学洞察而形成的对异己思想的理解、消化能力和宽容态度"④。经验层面上的折中是对具体观点的包容，并不是对对方立论基础的包容。崔大华认为章太炎以天倪包容各种理论，承认其皆有其真，"这正是《庄子·齐物论》中'物固有所然，物固有所可，无物不然，无物不可，道通为一，唯达者知通为一'的思想和态度；正是庄子'何谓和之以天倪？曰是不是，曰然不然'的齐一物论的方法的具体运用"⑤。以天倪量之，儒墨之是与非皆是有限的、相对的，故而是己非人是可笑的、不可取的。同样的，中西之间的差异，也可作如是解。它们也不是是与非的关系，而是各有其是，亦有其非。如此，则对于西学就能坦然承认其优长，对于传统之学，可以承认其短缺，"哲学思想愈是深刻、本质，就愈是趋于相互接近"⑥。崔大华认为《齐物论》揭示人类思想的这种性质，"这样，当中国固有的传统文化、思想同一种外来

---

① 崔大华：《庄学研究》，第 541 页。
② 崔大华：《庄学研究》，第 541 页。
③ 崔大华：《庄学研究》，第 541 页。
④ 崔大华：《庄学研究》，第 542 页。
⑤ 崔大华：《庄学研究》，第 542 页。
⑥ 崔大华：《庄学研究》，第 542~543 页。

的异质文化、思想接触、发生观念冲突时，宽广深邃的庄子思想总可以浮现出某种与这种外来的异质文化、思想体系对应的、接近的、相同的观念或思想，形成最初的共识、认同，沟通进一步去理解、消化的观念渠道"①。深刻的思想总是相近的，用深刻的思想去理解另一种深刻的思想，总是会找到接近对方的办法。崔大华指出章太炎的这种实践，"以道家庄子之'道'诠释佛家的'真如'，接着又用'真如'去解释柏拉图的'理念'（idea）和康德的'物自体'。他还以《庄子》的'无物不然，无物不可'转译黑格尔的著作命题'凡是现实的都是合理的，凡是合理的都是现实的'"②。

第二，近代思潮与庄子思想的关系还表现在近代思潮的主要论题攀缘着庄子的思想观念。崔大华认为，近代思潮在理解西方思想时，认识到对方与自己的不同，其哲学的升华就是进化论和个性人性论。这是通过对方反观自己，发现对方在这两个问题上与自己差异甚大。这里的进化论，不是指生物进化论，"而是指一种社会发展理论，一种哲学世界观和方法论"③。它包括两种形态，"最初出现的是经学形态的进化论，它以《周易》《公羊传》等儒家经典为理论根据，主要内容是'更法'的政治主张和'三世'（据乱、升平、太平）的社会进化理论"④，代表人物是康有为等改良派和龚自珍、魏源等人。另一种形态是"在达尔文生物进化论基础上吸收斯宾塞和赫胥黎社会进化学说以及牛顿力学而形成的哲学形态的进化论，它以严复《天演论》为代表，用物竞天择、质力翕辟来解释自然界和人类社会的发展过程和机制"⑤。这两个阶段、两种形态的进化论，其形成都与庄子思想有关。"经学进化论的自然观十分相似于也可以说是直接来源于庄子的自然哲学，因为它的万物形成的观点，实际上就是庄子的'通天下一气耳'（《知北游》）；它对天地生物之序的描述，也完全应合《庄子·至乐篇》中的植物—动物—人的生物变化次序。"⑥ 而严复则评价《庄子·至乐》"种有几"与西方生物进化论的不同，一方面

① 崔大华：《庄学研究》，第543页。
② 崔大华：《庄学研究》，第543~544页。
③ 崔大华：《庄学研究》，第544页。
④ 崔大华：《庄学研究》，第544页。
⑤ 崔大华：《庄学研究》，第544~545页。
⑥ 崔大华：《庄学研究》，第546页。

"《天演论》所依据的达尔文生物进化论的科学事实和物竞天择理论已经远远超越《至乐篇》中这些零碎的经验事实和模糊的出机入机观点"①，另一方面"严复《天演论》在追寻生物进化的物竞（生存竞争）、天择（自然选择）两个根本机制的最终根源时，回答有无创造者这一更深刻的、具有哲学性质的问题时，却借助了庄子的一个重要的思想观念——'咸皆自己'"②。庄子自然哲学的科学意义比较有限，但其本体论却极为深刻，正如崔大华所言，"以生存竞争和自然选择为主要动力和机制来说明生物进化的天演理论，在逻辑上必然要导致对神创论、目的论的否定"③。这就是从根本上否定西方宗教与西方哲学，而这是借助庄子而完成的。

近代思潮中另一个攀缘庄子而生的论题是人的觉醒。崔大华将其概括为两个问题，即人（人性和个性）和人心（道德情感和知觉能力）。"中国近代思潮的人论，其基本出发点是把人作为孤立、自然的存在来考察的；它的理论矛头主要指向封建的专制制度和理学思想，唤醒、恢复在这个制度和思想压抑下已经扭曲变形，已经丧失了的那种作为人应有的精神自觉和对生活的追求。"④ 也就是将人"还原"为感性而抽象的人。感性则会抨击存天理灭人欲的口号，抽象则不是历史的、社会的人，而是孤立的个体。他还以康有为、章太炎为代表来说明庄子在其中的作用。康有为主张的自然人性论，否定禁欲主义，主张平等。崔大华认为"康有为自然人性论中用以定义'人性'的两个主要的内涵——'生之质也''求乐免苦'，其观念根源都可以追溯到《庄子》"⑤。康有为从性相近得出人人平等的结论。⑥ 崔大华说康有为的自然人性论"受到告子人性论观点影响"⑦，他还认为，"把性理解为事物的本然状态，把人性理解为无善无恶的自然状态，正是庄子的观点"⑧。以生为性是一种古老的自然人性论，

---

① 崔大华：《庄学研究》，第 546~547 页。
② 崔大华：《庄学研究》，第 547 页。
③ 崔大华：《庄学研究》，第 547 页。
④ 崔大华：《庄学研究》，第 548 页。
⑤ 崔大华：《庄学研究》，第 549 页。
⑥ 见崔大华《庄学研究》，第 549 页："人人既是天生，则直隶于天，人人皆独立而平等。"（《中庸注》）
⑦ 崔大华：《庄学研究》，第 549 页。
⑧ 崔大华：《庄学研究》，第 549 页。

不仅告子持此观点，《性自命出》的作者也如此，但将自然人性视为本然如此、当然如此，进行一种正面的价值判断的，不是儒家而是道家，在庄子那里尤其突出。章太炎则"从个人与周围世界构成的关系的性质（'独生'与'他生'）来界定人的本质"①。他认为，"人就其自然本质来说，是没有任何责任义务、唯一地以'无害'为原则的完全独立、自由的个体存在（《四惑论》）"②。崔大华评价道，"这是中国近代思潮中最彻底的个性自由观点，是对政治上和思想上乃至一切社会领域内的隶属关系的否定"③。这就把中国人从儒家编织的伦理之网中解放出来，这是最彻底的个性解放思想。人独生而免于任何责任，他应该成为他自己而不是任何别人的愿望投射。这种观念与严复传播的西方自由主义原则完全一致，但是，崔大华认为，"构成章太炎个性自由原则的理论基础——'人本独生''本无责任'，却仍然属于中国固有思想，源自庄子思想"④，"章太炎的个性自由观点较之康有为的自然人性论，蹈袭庄子的形迹更为明显，观念上的联系也更为深切。但用以消化西方思想，推演出近代的社会政治观点却是相同的"⑤。深刻的思想总是会一再地在后世的新思想中被唤起、被再现。庄子思想在先秦之后就以这种方式活跃在思想舞台上，活在中国人心中。

近代思潮中对人心的重视，是由于中国现代化转型需要最大限度调动人的主观能动性。崔大华仍以康、章为例考察他们的人心论。"康有为观察到的'人心'是'不忍之心'"⑥，他分析认为，"康有为以'仁''不忍'定义的'心'具有两个理论性质不同的内容或层次：一是'心'的宇宙本体性质，'仁'如同'电''以太'是万物万化的'一切根'；二是'心'的道德情感性质，'不忍'是'仁政''人道'的母体"⑦。心是

---

① 崔大华：《庄学研究》，第 550 页。
② 崔大华：《庄学研究》，第 550 页。
③ 崔大华：《庄学研究》，第 550 页。
④ 崔大华：《庄学研究》，第 551 页。《齐物论》：咸其自取，怒者其谁；《在宥》：物固自生；《秋水》：固将自化。
⑤ 崔大华：《庄学研究》，第 551 页。
⑥ 崔大华：《庄学研究》，第 552 页。
⑦ 崔大华：《庄学研究》，第 552 页。

宇宙本体和道德本体，这是接续宋明理学的传统。崔大华引用孟子、王守仁、梁启超说明改良派的救世思路，仁—勇—救世，近于思孟、王学和佛学而不是庄子。不过，他们宣扬这一思想的理论动因却源于庄子一个重要命题"哀莫大于心死，而人死亦次之"（《田子方》）。"康梁都把对国家民族危亡和被奴役地位毫无知觉的精神麻木状态，视为最大的、最可悲的危险和耻辱。'哀莫大于心死'，康梁'激厉心力，增长心力'的'人心'理论观念，无疑是感应了庄子的这个惊警的呼号而开始形成。"① 这里主要是讲庄子思想对改良派的影响，心死与身死的主次关系，以心来规定人，则心死当然最可悲。虽然心指向的内容不同，不过形式是可以借鉴的。崔大华敏锐地捕捉到庄子这一精神因素对改良派的启发。关于章太炎的人心论，崔大华先介绍章太炎心论的要点和理论渊源、理论宗旨，然后再讲庄子的作用。章太炎用唯识宗的观点构筑心的理论，他还试图建立宗教，以唤醒民众，挽救危亡，但"并没有得到革命派和民众的理解和响应"②。中国毕竟没有那样的社会基础，如果有的话，也就不是中国了。章太炎人心论与庄子的关系在于，他引用《庄子》来理解他的心论中丰富而晦暗的概念，即阿赖耶识。"他说：'庄生言灵台（自注：庚桑楚篇），台有持义，相当于梵语之阿陀那。又言灵府（自注：德充符篇），府有藏义，相当于梵语之阿罗邪（亦作阿赖耶、阿黎邪），此则意相会者尔。'（《齐物论释》）"③ "章太炎还认为阿赖耶识作为世界万物缘起之主因的本源性质，可在《庄子》中找到说明"，即真如"是可以用庄子的'以不知知之'的方法来认识的"④。可见，庄子不仅在佛学独立发展中起过作用，还在后世人们理解佛学中继续发挥桥梁作用。它是中国思想活的源泉。他们要消化的思想是西方的，他们使用的工具是中国的。崔大华分析认为，这是因为他们这一代思想家"对于中国传统文化的谙熟和掌握，远远高于他们对西方文化的粗浅了解"⑤。对于他们而言，中国是天然的

---

① 崔大华：《庄学研究》，第552页。
② 崔大华：《庄学研究》，第555页。
③ 崔大华：《庄学研究》，第555页。
④ 崔大华：《庄学研究》，第556页。
⑤ 崔大华：《庄学研究》，第557页。

"体"，与佛学不同，此时西学尚未融入这个"中体"中。

2. 庄子思想与现代思潮

崔大华以 1919 年"五四"新文化运动为分水岭，界定中国近代思潮与现代思潮在时间上的先后，并判断它们的重大不同在于立论基础的转换，即从以中释西转为以西释中。他说，"以康有为、章太炎为代表的近代思想家，基本上还是立足于中国传统思想的土壤上，容摄西方思想而作出他们对社会、人生的观察；他们思想中核心的、作为出发点的理论观念，不约而同地都是从中国传统思想中理论最为艰深的佛学、庄学中吸取哲学智慧而凝聚成的。'五四'以来的现代思潮，尽管也是形形色色，但它们却一致地不再从传统思想中寻找理论支点，而是依据西方思想某一学说或理论观点来对中国传统文化、社会现实问题作出观察和评断"①。由于所援引的西方思想理论的不同，学者们展开了关于中国文化、历史与发展道路的论争，其实都是西方思想理论在中国思想舞台上的交锋。崔大华分析认为，现代思潮希望输入西学，再造文明，对于传统思想表现出"隔膜、疏远"，"被移植的西方学理，除马克思主义之外，实际上多游离于中国传统思想和社会生活之外，没有获得重要的理论发展和实践成果"②，这就与中国自己的思想与中国社会的实际变成两张皮。指出这一点相当重要，它让我们思考这样一个问题，即如何在挽救国家危亡的同时又能免于文化灭绝，它对于所有（尤其是拥有深厚文化传统的）后发现代化国家都是一个不能回避的问题。说得更直白一点，现代化首发于西方，某种程度上是带有西方文化烙印的新的文明形态。我们被迫现代化，在这个过程中，我们可以学习西方的语言文字、科学技术、文学艺术，但在灵魂深处我们是中国人，我们不可能变成西方人。如此，则我们对西方的接受与对自身传统的批判之间就有一个分寸界限，批判、否定应当止于何处，就是一个严肃的问题。由于现代思潮理论特点是以西释中，庄子思想的影响更多是在"深层的理论结构中"③，崔大华从三个方面进行阐释。

---

① 崔大华：《庄学研究》，第 558 页。
② 崔大华：《庄学研究》，第 559 页。
③ 崔大华：《庄学研究》，第 560 页。

首先，"庄子思想的特征构成五四文化反思的主要对象"①。当现代思潮将中国的落后从器不如人、制不如人推进到人不如人时，新旧文化之争进入决战时刻，崔大华认为，"五四新思潮在这里出现了两个误区：一是在对儒家思想的看法上，一是在对道家特别是对庄子思想的看法上"②。现代思潮对中国传统思想主流的儒学，表现出彻底决裂的态度，这就是第一个误区。它之所以是误区，崔大华的解释是"以儒家思想为主体的中国传统思想的基本精神是一种在理性的道德自觉基础上而产生的对国家、民族、家庭、他人真诚的、热烈的责任感和义务感。被中国悠久历史一代代传递的和在'见危授命，见利思义''天下兴亡，匹夫有责''先天下之忧而忧，后天下之乐而乐'的高尚心灵中鼓动着的正是这种精神，甚至五四传统本身也表现着和蕴涵着这种基本精神"③。也就是说，他们批判传统越激烈，则越说明他们这种精神越强烈，这就是在表征着儒家精神的合理性。他们的行为本身与他们的批判内容形成一种奇特的悖谬，也内含着一种反转的可能。崔大华还充满同情地分析这个误区产生的原因，"在长期的封建专制的社会制度下，中国传统思想中的这个儒学基本精神，经常被封建专制的政治制度和宗法观念扭曲变形，理性的道德自觉变成卑俗的宗法的、政治的屈从，本来是对人性的一种提高的伦理道德变成了无人性的吃人的礼教。在西方民主、自由观念映照之下，五四青年对此有更为深切的感受。五四新思潮否定、抨击以儒学、孔子为代表的传统思想文化是完全可以理解的"④。他总是这样客观公允，不管对传统思想文化有多深的感情，都不会干扰他的理性判断。除了儒家和孔子，现代思潮还把道家思想特别是庄子也作为传统的一部分进行批判。他引用李大钊《东西文明根本之异点》、胡适《我们对于西洋近代文明的态度》、梁漱溟《东西文化及其哲学》第三章说明，"十分显然，五四新思潮在这里所观察到的和界定的中国文化、东方文明，其主要内容和特征，诸如主静、无

---

① 崔大华：《庄学研究》，第 560 页。
② 崔大华：《庄学研究》，第 560 页。
③ 崔大华：《庄学研究》，第 560~561 页。
④ 崔大华：《庄学研究》，第 561 页。

知、知足、自然无为等正是道家思想、庄子思想"①。在这里，道家与儒家一起成为传统的代表被审视和批判，而它们之间的差别对立则消失了。这说明儒道的对立在西方文化背景下已经消失，它们的共同的特性显现出来，就是对自然界的物理的淡漠。以科学为追求目标的现代思潮，将其视为一个整体来批判，也有其逻辑在。没有意识到儒家与道家在传统社会是一种对立互补的关系，这是一种误区。它是古今差异，不仅存在于古代中国与近代西方，同样也存在于古代西方与近代西方，因此被忽略了。另外，他认为"中国现代思潮的主流所依据的西方科学，实际上是以经验主义（归纳）和理性主义（演绎）为主要认识论因素的近代实证科学"②，也就是尚未进入对于宇宙的整体直观阶段，因而未能发现庄子认识论中超越经验和理性之上的理性直观方法的价值，不仅如此，还对其予以彻底否定。庄子的方法指向的不是科学真理，不是物理，那是被他认为是无涯而令人疲惫的、不应当追逐的东西。他指向的是一种高远的精神境界，达到无待无累的精神自由。与现代物理学整体直观的方式虽然相同，但指向目标不同，自由的性质也不同，需要经过文化方向性调整之后，它的正面积极的作用才能显现和发挥出来。

其次，"庄子思想的认识结构蕴涵着思想论战中的三种哲学认识论立场"③。他认为从西方输入的理论"归属于三种不同的、对立的哲学认识论立场：经验主义、理性主义、直觉主义（非理性主义）"④。这三种立场在 20 世纪 20 年代的科玄论战中得到集中体现。崔大华以三种人生观所显示出来的哲学立场，说明它们与西方哲学派别的关系，以及在这种接受中与庄子认识结构的关系。他认为以梁启超、张君劢为代表的玄学派持直觉主义（非理性主义）哲学立场，认为人生观就其哲学性质而言是"人的自由意志"，"一种内在的、绵延的、整体的'生之冲动'所外现出的变动不居的心理状态，一种'美'与'爱'的情感。它是不能用理智的

---

① 崔大华：《庄学研究》，第 562 页。
② 崔大华：《庄学研究》，第 564 页。
③ 崔大华：《庄学研究》，第 565 页。
④ 崔大华：《庄学研究》，第 565 页。

科学的因果律来分析、揭示,而只能用直觉来体验、把握的"①。他引用张、梁的论著说明他们的思想来源是柏格森生命哲学。以丁文江、胡适为代表的科学派,其哲学立场是经验主义,丁文江的存疑唯心论,"实际上就是西方哲学中行进在经验论路线上的马赫主义"②。这里的经验是一种心理现象,它只对感官所触及的东西负责,而触不到感官之外的东西,因前者而唯心,因后者而存疑。理性主义代表是陈独秀。他引用陈独秀《科学与人生观序》说明其科学理性主义立场,"即认为客观实际不依人的感觉或经验而独立存在,科学理性的目标就是要和这一客观实际的内在本质相符合"③。这是一种机械的唯物主义,即认为有一种不依赖于人的主观而纯粹客观的东西,排除了主观因素在认识中的作用,或者说他将其视为一种干扰因素而试图排除之。他从旁观的角度去观察人生观,认为"'人生观'是客观存在的人的一种社会意识,应该而且可以从社会环境中寻找到它形成的原因。这样,在这场论战中最后便导引出马克思主义的历史唯物主义的观点"④。概而言之,人生观是由客观环境造成的主观意识。

崔大华对此三种立场的基本判断是,"从世界范围内来看,发生在中国本世纪(即20世纪——作者注)20年代的这次思想论战,实际上是整个现代西方哲学思潮基本理论格局的模型或缩影。那就是以直觉主义、非理性主义为认识论基础的人本主义思潮与在经验主义认识论基础上而演变发展起来的科学主义思潮的对立,以及对黑格尔的理性主义进行了唯物主义改造的马克思主义在更深刻和广泛的意义上与非理性主义、经验主义的对立"⑤,也就是人文主义与科学主义的对立,以及马克思主义与人文主义和科学主义的对立。而它们之所以能为中国现代思潮所接受,庄子在其中起到了桥梁作用。如前所述,庄子认识结构中有三个层面:对具体事物感知的相对性、理性观念的确定性、理性直观(超理性)的整体性,分

---

① 崔大华:《庄学研究》,第565页。
② 崔大华:《庄学研究》,第566页。
③ 崔大华:《庄学研究》,第567页。
④ 崔大华:《庄学研究》,第567页。
⑤ 崔大华:《庄学研究》,第568页。

别对应着经验主义、理性主义、直觉主义三种哲学立场。现代思潮尽管对传统思想表现出疏远和批判态度，但是却无法将自己抽象成与历史文化积淀无关的自然人。他们在消化异质文化时，仍然要借助于传统思想。就像人走不出自己的皮肤一样，就像人不可能抓着自己的头发上天一样，无所逃于天地间的文化传统，会潜在地影响着他们接受异质思想的方式，那是他们无意识的思想工具。

最后，"庄子思想孕育了新哲学体系中的宇宙本体和人生极致观念"①。他认为现代思潮中体系性建构有代表性的是熊十力的新唯识论和冯友兰的新理学，"一个是以柏格森直觉主义为认识方法的主观唯心主义体系，一个是运用新实在论的逻辑分析方法建立起来的具有客观唯心主义性质的体系"②。冯友兰是"接着"宋明理学中的程朱理学讲，有继承有发展，"这个发展就是新理学思想体系赋予传统的程朱理学一个具有层次性的逻辑构架，一个达到理学中具有世界本体性质的形而上学对象（简称为'理'，分别称之则为'理''气''大全''道体'）的理智性的阶梯，而异于传统理学在达到这个端点所依凭的直观跳跃"③。这似乎是在经验与"道"之间架起一个梯子——通向"道"的梯子。传统的方法是要凭个体的悟性去跃过屏障，现在则可以用新理学提供的梯子去达到"道"了。熊十力的发展是一种改造，这一改造的主要之点，"是将传统唯识论对心理现象（'八识'）的细腻的理智的分析，改造为对世界本体（'本心'）的整体的直观体认"④。这似乎是一种视野转换，由针对自我心理的客观分析变为对整体存在的直观体认。崔大华认为，"熊十力的'本体'观念与庄子'道'的观念完全吻合"⑤，"道"既是唯一，又无所不在。庄子对"道"的表述，也被熊十力引用，以说明功能之于事物是如何作用的。"可见，熊十力新唯识论的'本体'观念实际上是孕育于庄子思想之中。"⑥他认为冯友兰的新理学体系是用四个主要观念——理、

---

① 崔大华：《庄学研究》，第 572 页。
② 崔大华：《庄学研究》，第 572 页。
③ 崔大华：《庄学研究》，第 572 页。
④ 崔大华：《庄学研究》，第 573 页。
⑤ 崔大华：《庄学研究》，第 574 页。
⑥ 崔大华：《庄学研究》，第 574 页。

气、道体、大全对世界一切事物作出形式说明的，这是冯友兰所理解的形上学的工作，即对事实作形式的解释。冯友兰界定理时，完全使用朱熹的话，"事物之所以然之故，当然之则"（《大学或问》卷一）。崔大华认为这"应该追溯到《庄子》中的'依乎天理，因其固然'（《养生主》）、'四时有明法而不议，万物有成理而不说'（《知北游》）"①，而"冯友兰'真元之气'的逻辑观念，植根于庄子的'气'的经验观念基础之上"②。冯友兰还援引《庄子》中的语言和思想对"道体"和"大全"加以说明（《齐物论》、《天下》"惠施章"），他认为这显示"新理学思想体系的形而上学探索中所充盈着的对世界本体的追求，与庄子思想有十分密切的观念联系"③。他们在描述最高精神境界时都援引或追溯庄子，"冯友兰的天地境界与庄子的'与道相辅而行'（《山木》）、'与道徘徊'（《盗跖》）的'至人无己'（《逍遥游》）境界是相同的。冯友兰明确地说，'《庄子·山木篇》说'乘道德而浮游''浮游乎万物之祖，物物而不物于物'，此是'道德之乡'。此所谓道德之乡，正是我们所谓天地境界'（《新原人》，《三松堂全集》第四卷，河南人民出版社，1986，第554页）"④，而"新唯识论的人生极致、人生理想实际上就是由'吾与万物同体'和'万物皆备于我'这两个相异而又相通的思想观念构成的一种精神境界"⑤。熊十力援引《庄子·德充符》中的"官天地，府万物"加以概括。这两个理论体系是锻造新的中体的努力，但在锻造中都使用了庄子这个工具，再一次说明没有自己的思想积淀，是没有能力消化外来思想的。

第三节　崔大华庄子研究的特色

崔大华的《庄学研究》是在 20 世纪 80 年代庄子研究佳作迭出、成果

①　崔大华：《庄学研究》，第 575 页。
②　崔大华：《庄学研究》，第 576 页。
③　崔大华：《庄学研究》，第 577 页。
④　崔大华：《庄学研究》，第 578 页。
⑤　崔大华：《庄学研究》，第 580 页。

涌现时期写作的。此前已有张恒寿《庄子新探》（1983）、陈鼓应《庄子今注今译》（1983）和《老庄新论》（1983）、刘笑敢《庄子哲学及其演变》（1988）等著作问世。《庄子新探》是张恒寿先生积 50 年之功（他"自序"里说他 1934 年秋开始研究《庄子》书的考证）写成的考证、研究《庄子》与庄子思想的专著。他着重考论《庄子》一书各篇章的时代与真伪问题，对于自宋代以来至新中国成立以后学术界关于《庄子》其书的争议问题作了较为全面的梳理与回应。他还在考论基础上研究庄子思想，他不赞成庄子是代表没落奴隶主阶级和彻底主观唯心论的说法，但也不同意庄子是唯物论的意见。他认为"在《庄子》各篇的时代真伪没有初步解说以前，径谈他的哲学思想，总不能避免矛盾混乱的缺点"[1]。这一著作受到学术界高度评价。陈鼓应《庄子今注今译》广泛搜罗古今中外庄子注释翻译著作，充分吸收既有成果，将《庄子》全文进行注释与翻译，为读者阅读《庄子》打开方便之门。《老庄新论》"新"在敢于提出和坚持自己的观点，包括认为老、庄所创始的道家是中国哲学的主干；中国传统哲学的主要概念和范畴多渊源于道家；老学先于孔学，老子与孔子是师友关系；老子的思想视野和哲学的深刻度远胜于孔子等。其中第一个观点非常具有冲击力，后来引起学术界的论辩。刘笑敢的著作是由他的博士论文修改而成，书中提出一些重要的论断，如根据汉语词汇单纯词在先、复合词在后的规律，证明《庄子》书中内篇在前，外、杂篇在后的历史顺序；庄子哲学的特色是追求超现实的精神自由；从哲学史上看，庄子是第一个提出自由与必然关系、探索自由与必然统一性的哲学家；庄子后学分为述庄、无君、黄老三派。他还比较了庄子与萨特的自由观异同。可见在《庄学研究》撰写与出版之前，学术界已有多部高质量的佳作问世，崔大华的研究如何在前人基础上做出令人耳目一新的成果，就是一件极为关键也极其困难的事。他不仅做到了，而且还独具特色，令人读后思想与情感上都产生激荡与愉悦之感。这里概括为如下三个方面。

---

① 张恒寿：《庄子新探》，"序言"，第 5 页。

一　活化庄子及庄子思想

阅读经典是一个与作者跨越时空交流对话的活动。崔大华除了在文本本身下苦功夫之外，还通过对庄子其人其书的考证和庄子在中国思想史上的表现，将庄子和庄子思想鲜活地呈现出来。

（一）史料活用与场景想象

庄子生活在距今 2000 多年前，他还是一位远离政治、淡泊名利的隐士，关于他的身世与生平的大部分信息都已湮没无闻。了解一个思想家的出身与经历有利于我们了解思想形成的具体条件与思想个性特色的来源。因此，虽然史料匮乏，庄子的身世相关问题仍吸引历代学者的关注，并产生许多歧异之见。比如庄子曾任漆园吏问题、庄子与楚文化的关系问题。对于前一个问题，崔大华比较几种看法后，同意汉代学者的观点，认为"蒙为战国时宋国之地，庄子为战国时宋之蒙人"①。关于漆园吏，他不赞成前人"漆园为其宦游地"（阎若璩）和"管漆树的小吏"（杨宽、张恒寿）的说法。② 他从 1975 年湖北云梦睡虎地十一号秦墓出土《秦律杂抄》竹简的记录中推测秦国的漆园不可能只是种植漆树的漆树园，可能更主要的是制作漆器的作坊。原因可能在于秦律中对于漆园管理不善的处罚：漆园长官交一付铠甲，属下吏员交一张盾牌，工徒交二十根穿甲绦带。他认为这说明"漆园啬夫不是行政长官（大啬夫、人啬夫），而是工官（官啬夫、吏啬夫）"③。这个推测是合理的。从给他们的处罚来看，铠甲、盾牌、穿甲绦带都是军事用途的物品，因此漆园可能不仅是种植漆树，更可能是官办的手工业作坊。这个推测应该说也是合理的。下一个问题就是，战国时代秦国的官制适用于宋国吗？他认为，春秋时代秦国在政治、经济、文化上落后于中原诸国，但战国时代经过秦孝公改革后迅速赶上中原各国，各国间阶级结构、国家制度、社会生活方面呈现趋同现象。从这个

---

① 崔大华：《庄学研究》，第 9 页。
② 见崔大华《庄学研究》，第 10 页。
③ 崔大华：《庄学研究》，第 11 页。

一般的历史事实出发，他推测"庄子所任宋之漆园吏，相当于秦的漆园啬夫"①。为补充论据，他还列出《左传》《韩非子》《战国策》《鹖冠子》等书中出现的"啬夫"一职，说明这一官职在战国时代应当是通行于各国的，如此则宋国也不会例外。他还考证了我国漆的用途与漆树的栽培历史，确认漆器用途广泛，漆树的种植与漆器的制作已具有重要地位，因此，"国家设置这方面的工官来管理经营漆林的生产和漆器的制作是很自然的"②。另外，《庄子》中多次提到漆器的生产或用途（见《人间世》《骈拇》），"这些都可以印证庄子是一位熟悉当时的手工生产、曾任宋国管理漆园种植和漆器制作的吏啬夫"③。庄子的这个职务，除了司马迁一句"曾为蒙漆园吏"（《史记·老子韩非列传》）外，没有更多的材料记录，因此后世学者理解不一，观点歧异。崔大华则另辟蹊径，从考古出土的文献中辗转论证庄子此职的实质内容，穿过厚厚的历史尘埃，让我们得以窥见庄子生活的一个阶段、一个方面。庄子做过吏，在等级社会，做官为吏是特定阶层的事，他能做宋国漆园吏，说明他还是有点出身的。就像孔子，也做过乘田吏这类小官。孔子在鲁国是低级贵族，底层的士。庄子大概也是这种贵族社会边缘人，而且很明显属于破落户，没有土地，也不种地。他自己有手艺，会做一些手工艺品，并不鄙视劳动，这一点与孔子不同。从秦律的惩罚措施来看，考核很严格，就庄子的洒脱性格而言，他可能不会长时间地做这个漆园吏，因此后来就做手工编织活计维持生活，这一点就与孔子后来的逐步高升不同。这种不同，既是机遇不同，也与性格有关。崔大华通过活用史料考证出来的这个结果，当我们将它与庄子的性格结合起来、与孔子作比较时就能更好地理解庄子的思想了。

庄子与楚文化的关系也是庄子身世中一个引发无数遐想与猜测的问题。就崔大华而言，他需要解释的一个问题是，他已考证庄子是战国时代宋国人，他也承认庄子的文字与思想中有楚文化痕迹，那么这两个观点如何同时并存？他认为二者并不矛盾。这中间失落的环节"可能藏匿在已

---

① 崔大华：《庄学研究》，第 12 页。
② 崔大华：《庄学研究》，第 13 页。
③ 崔大华：《庄学研究》，第 13 页。

经模糊了的庄子的身世中"①。他的推测是，庄子可能是楚国贵族的后裔，可能是在楚国吴起变法期间（约在楚悼王十五年到二十一年，即前387～前381年），被迫迁移到楚国北陲，最后流落到宋国的楚国公族后裔。②春秋时代四大强国齐、晋、秦、楚，其中齐国被田氏夺权，晋国被韩、赵、魏三分，这对于秦、楚公室具有极强的震撼力，此后它们都开始了抑制世卿贵族的改革。秦国是秦孝公任用商鞅变法，楚国则在楚悼王时期用吴起变法。崔大华认为，吴起变法的措施很多是针对贵族的，如"废公族疏远者"（《史记·吴起列传》）、"三世而收爵禄"（《韩非子·和氏》）、"贵人往实广虚之地"（《吕氏春秋·贵卒》）。他引用《吕氏春秋·淫辞》《新序·义勇》及郑樵《通志·氏族略》的有关记述，确认庄氏是楚国贵族之一，在吴起变法引起的贵族叛乱中，一些楚国贵戚畏罪逃往他国。有记载是阳城君（《吕氏春秋·上德》），他推测庄子的父祖辈可能也像阳城君一样，为脱罪而携家避居宋国的萧蒙，并定居下来。③这样，庄子就成了宋人，而他所受的教育中又渗透着楚文化的因子，这就解释了他文字与思想中奇诡浪漫的楚文化印迹。因政治斗争失败而逃往外国，这在春秋时代是很正常的事，孔子的先祖就因为得罪华父督而被迫逃往鲁国，从而失掉原有的地位，逐渐沦为低级贵族。庄子可能也是这样，没有封地，没有爵位，只能凭借曾经的贵族身份与良好的教育在异国勉强得到一个低级职位，还因政治不合作态度而彻底与当权者对立起来，成为一个生活贫困而精神富足的隐士。崔大华这个论证，应该说猜测的成分居多，但是面对庄子的宋人身份与《庄子》中楚文化影响的事实，他的猜测又似乎是最有可能发生的事实。这个推论将庄子置于战国时代无数政治倾轧与高岸深谷的变迁中，经由真实的历史场景去想象庄子思想与身世之间的关联，尝试将他的面貌刻画得更加具体，将庄子之所以为庄子的原因揭示出来，如此，人物就鲜活起来。以往我们是由其书想象其人，现在则还可以由其人反观其书。我们说崔大华的庄子研究活化了庄子，就在于他竭力穿透掩盖在庄子身上的历史迷雾，窥探真相并展示出来之后，给予人们的感觉。

---

① 崔大华：《庄学研究》，第29页。
② 见崔大华《庄学研究》，第29页。
③ 见崔大华《庄学研究》，第29页。

（二）活在佛教禅宗中的庄子思想

《庄学研究》初版时有一个副标题，即"中国哲学一个观念渊源的历史考察"，崔大华认为中国传统思想中的自然主义观念最早渊源于庄子①，他在研究庄子思想时，就从不同方面揭示出这一点。在第三编考察庄子思想与中国历代思潮时，他特别注意到这一观念所发生的思想史影响。以佛教为例，它是近代西方思想进入中国之前对中国传统思想最大的挑战，但是最终还是被中国化了。

佛教中国化最重要的成果和最突出的体现是唐代慧能开创的禅宗。他们的经典仍是印度传统佛学经典《楞伽经》和《金刚经》：《楞伽经》的如来藏自性清净，提供了本体论的观念基础，《金刚经》则构成禅宗顿悟的方法论基础。"禅宗在中国传统思想观念背景影响下的宗教理论创造，归结于一点，就是对自性的诠释。"② 它用具有中国特色的观念——"自然"来诠释"自性"，让人们回到自身去理解自性，而不是陷入烦琐的概念辨析中。"自然"相对"人为"而言，崔大华判定，"禅宗这一自然观念，在中国传统思想范围内和庄子思想的自然观念完全一致"③。《庄子·马蹄》说："马，蹄可以践霜雪，毛可以御风寒，龁草饮水，翘足而陆，此马之真性也。"在被人类修治之前的状态就是马的自然之性，或者真性。崔大华认为，"禅宗在中国思想观念背景下，以'自然''本心'来理解、诠释传统佛学中深奥的'佛性''自性'，在中国佛学中启动了一个巨大的理论转变，即以对人的本然状态的整体直观代替对人的心理状态和认识过程的具有神秘性质的细腻分析和烦琐论证"④。理论上的转变带来实践中的新变化，他认为有两个方面，一是独特的宗教实践内容——自然的生活，二是独特的顿悟本心的方法——禅机。佛教信徒的修行生活是

---

① 见崔大华《庄子：中国传统文化的自然主义源头》，《教学与研究》1999 年第 5 期。文中"从三个具体的方面论述了作为中国传统文化中自然主义源头的庄子，对于中国传统思想中诸如非宗教性等特征的形成和人生价值、社会理想的选择所具有的作用"。
② 崔大华：《庄学研究》，第 531 页。
③ 崔大华：《庄学研究》，第 523 页。
④ 崔大华：《庄学研究》，第 532 页。

怎样的？禅宗有独特的理解，他们不在经论教律中寻找而是融入自然，回到自身。当然，这个前提是要先去诵读经论教律，有这个基础，才有资格说这种话，进行这种实践。它是在破，但破之前先要立。崔大华认为，禅宗的（蔑视佛教经典的）"某些具体说法或做法可能失当，但总的来说，禅宗摆脱教典束缚是建立在一个深刻的理解的基础上的"①。慧海回答"何故不许诵经"时说"经传佛意，不得佛意"。也即是说，经传是传达佛意，但它本身不是佛意，它是一个阶梯、一只手臂，通向最终的目的，但不能将其本身视为目的。就其本质而言，它们也只是前人开悟的经验总结，具有个别性、经验性，未必人人适用，所以不可迷信之。"禅宗对纯粹本然的本心的追求，一方面导致它对宗教理论的热情和信心的衰退，另一方面也促使它对自然流露或表现本心的日常生活本身的自觉的亲近和融入，并且把这种生活实践上升为宗教实践。"② 修行实践与日常生活不即不离，"不即"是说目的不在日常生活，"不离"是说不将日常生活与修行割裂开。崔大华认为"禅宗对佛教经典的否定和对本然状态的追求，都可在庄子思想找到它的观念根源"③。对于依靠文字而到达"道"的不信任，这个观念被禅宗从形式上吸收了，但修行内容和目标上二者是不同的，"禅宗毕竟在本然的、自然的生活中又融进了一种超越生活的宗教精神，即自我最终消失在、寂灭在本然中的涅槃的追求；而这是庄子所没有的"④。庄子思想虽然有遁世超脱的一面，但并没有走向否定世俗生活。禅宗修行方式上重顿悟，而顿悟在实践中往往由某个契机触发，这个被称为禅机，崔大华解释为"用语言，兼用动作，以疏导和堵截的方式，使被接引者的思绪唯一地、始终地指向'本心'，并最后觉悟'本心'（即'自性''佛性''真如'等）"⑤。顿悟不是指向知识，因此只能整体直观地了悟。崔大华将其与庄子比对，"在庄子思想中，作为万物最后根源和世界总体的'道'就具有这样的性质"⑥。庄子认识论最高层次上对

① 崔大华：《庄学研究》，第 532 页。
② 崔大华：《庄学研究》，第 532~533 页。
③ 崔大华：《庄学研究》，第 533 页。《知北游》：道不可言，言而非也。
④ 崔大华：《庄学研究》，第 534 页。
⑤ 崔大华：《庄学研究》，第 534 页。
⑥ 崔大华：《庄学研究》，第 536 页。

"道"的认识正是一种整体直观。这种极高的精神体验，其内容指向虽不同，但在形式上禅宗与庄子有契合之处。崔大华的这个分析可说是有理有据。庄子自然主义观念被禅宗用来阐释佛性与成佛方法，可以说是既将佛教的本体论与工夫论中国化；反过来也可以说，禅宗把中国传统思想重要内容的庄子思想活化了。崔大华的研究结论让人们看到庄子思想鲜活的生命力。

二　凸显中国哲学思想

崔大华研究中国传统思想时，特别重视比较方法的运用。他经常用来与中国思想作比较的对象是古希腊哲学与古印度宗教哲学。有了参照系、对照组，才会凸显庄子作为中国思想的不同之处与独特贡献。

（一）道与大梵、理念

庄子的"道"是总体性的自然实在，这是庄子对于世界根源与本质这一问题的回答，或者说是经由崔大华的研究而呈现给我们的一个结论。那么，这个"道"的特色是什么，它的中国性在哪里？崔大华将它与古印度与古希腊哲学的最高范畴作了一个比较。他认为，在《奥义书》中，大梵（Brahman）是关于世界根源或本质的哲学本体论范畴。它"是一种具有实体性，但又不能为感官直接感知的无限、永恒的宇宙创造者"①。它与物相对，又要通过物来显现自身的存在。这即是"万物皆大梵"的观念。那么如何认识或达到大梵？答案是"自我即大梵"。这是与本体论相匹配的方法论。"一种哲学的特点或特色，本质上就是认识或达到这种哲学的最高范畴的方法或途径。《奥义书》中'自我即大梵'的观念，就把对世界本质大梵的哲学认识，推向了唯一的、具有神秘色彩的自我体验的道路。"②"万物皆大梵"与"自我即大梵"，这样的观念和方法"一方面阻碍了、隔绝了印度哲学对古代哲学的最高问题——世界的最后根源或最高本质作进一步的理智的、理性的探求，另一方面则是将人们的精神生

---

① 崔大华：《庄学研究》，第135页。
② 崔大华：《庄学研究》，第135页。

活有力地引向对最高实体的皈依，引向宗教的实践"①。始于理性探求，终于宗教信仰，古印度思想走了这样一条道路。而"在庄子这里，因为作为世界根源、本质的'道'是一种总体性的自然实在，而不是'大梵'那样超自然的实体，所以这种生活实践，不是表现为对超自然的神秘力量的信仰而形成的宗教幻境，而是表现为对自然本身的哲学理解而达到的超脱的精神境界"②。超脱世俗而又不否定世俗生活，这是庄子思想中国性的一个表现。与"道"和"大梵"不同，"柏拉图的'理念'是指和事物外现的特殊性、可感性相对立的事物内涵的共相、本质"③。比如美的理念，它加到任何事物上，就使其为美，如石头、木头、人、神、动作、学问。即是说，神的美也要经由美的理念才成其为美。美是客观的，是被赋予的。先有美的理念，它加诸万物之上，才有美的外现。因此要接收到美，需要接近理念，理念进入你心中，你才会有美的观念。因此，美不是感性的，美是理性的。美不是主观的，美是客观的。而事物的理念构成理念世界，它与现象世界相对立，后者是模仿理念的结果。"可见，柏拉图的'理念'是一种先于自然、先于万物创造者的最初的、固有的存在。"④庄子的"道"是自然的总体实在性，"大梵"是超自然的实体性，而"理念"则是独立存在的真理性。理念并不是与生俱来、无差别给予人的，它是需要人去主动地去认识、追求，才会进入人的心中，成为我的理念，这就是理念论的认识论。有什么样的本体论，就有什么样的认识论，因为理念论是一种独立存在的真理性，不在人自身之内，需要向外求，这就会导致一种外求的知识论倾向，这就与"大梵"和"道"的实现方法不同了。理念不是由现象界的具体事物抽象而来，而是自己独立存在的。它与现象界的关系是单向的，不是双向的。它规定现象界，而不被现象界规定。认识理念共相的方法，是对立统一。所谓对立，是说理念世界单方面地决定现象世界，理念世界是真实，现象世界是摹本。所谓统一，是在认识中的统一，这个统一的结果是使现象世界从属于理念世界。这种对于理

---

① 崔大华：《庄学研究》，第 136 页。
② 崔大华：《庄学研究》，第 136 页。
③ 崔大华：《庄学研究》，第 136 页。
④ 崔大华：《庄学研究》，第 138 页。

念或者说真理的追求，崔大华认为"基本上是和科学实践中的对必然性或规律的理论追求相吻合的"①。相比之下，庄子追求的自由不是通过理性而达到的，它是通过超理性的理性直观达到的。崔大华最后总结这种差异，认为"今天生活在不同文化类型中的人们的精神生活的显著差别，在相当程度上正是肇端于人类文明源头时期在这个哲学问题上的观念或观点的差异。也就是在这个意义上完全可以说，庄子思想中的'道'的观念，无疑地是中国思想在世界思想、文化中显示出自己特色的基本因素"②。起点上看似微小的分歧，在后来可能会导致巨大的差异。庄子思想作为中国思想的代表，与印度、希腊鼎足而三，表现着中国思想的特色。

(二)情态自由、意志自由、理性自由

庄子思想的核心是人生哲学，他的人生哲学的目标是实现绝对自由，一种无待、无累、无患的逍遥。相应的，庄子自然哲学是自由的理论基础，社会批判是自由观念的社会背景，认识论是他到达自由的方法，文学性语言是自由的表现形式，经验知识是由技而道的阶梯。可以说，崔大华为庄子哲学所搭建的理论框架的每个部分看似独立，实则都是围绕着这个思想核心展开的。自由之于庄子，犹如水之于鱼，那么这种穷尽庄子智慧所追求的东西，在世界哲学舞台上处于何种地位，有怎样的特出之处？

崔大华将庄子逍遥自由称为情态自由，与两种具有典型意义的自由观进行比较，即卢梭、康德等的意志自由以及斯宾诺莎、黑格尔等的理性自由。他认为，意志自由"贯穿着卢梭政治理论和康德道德哲学的全部"③。卢梭认为自由是属人的，"在禽兽的动作中，自然支配一切，而人则以自由主动者的资格参与其本身的动作。禽兽根据本能决定取舍，而人则通过自由行为决定取舍"④。他断定"人是生而自由的"⑤，他区分"天然的自

---

① 崔大华：《庄学研究》，第 140 页。
② 崔大华：《庄学研究》，第 141 页。
③ 崔大华：《庄学研究》，第 162 页。
④ 卢梭：《论人类不平等的起源和基础》，商务印书馆，1962，第 82 页。
⑤ 卢梭：《社会契约论》，商务印书馆，1980，第 8 页。

由"与"约定的自由"，认为"约定的自由"是人们进入政治社会接受社会契约而获得的自由。卢梭的道德自由是以动物为参照系的，受本能驱使是一种奴隶状态，自由让人区别于动物，是人之为人的规定性。政治权利所保障的也是这种自由。意志自由是康德道德哲学（实践理性）的三个基本悬设之一（意志自由、上帝存在、灵魂不朽）。他说，"自由概念的实在性既然被实践理性的一个必然法则所证明，所以它就成了纯粹的甚至思辨的理性体系整个建筑的拱心石，而且其他一切概念，原来当作理念在思辨理性中没有根据的、到了现在也都附着在这个概念上，而借它稳定起来，并得到客观实在性；那就是说，它们的可能性已由自由确系存在这件事得到证明，因为这个理念已被道德法则所揭露出来了"①。崔大华由此判断，"康德的'自由'就是一种道德自由，就是人作为自己道德法则立法者的那种意志自由"②。用人的意志自由为前提，证明上帝的存在，则自由的价值高于上帝。康德以这种方式处理上帝的存在。欧洲在基督教化之后，人的道德是基于宗教的教条教理要求，道德是外在于人的，人是被要求如此，而不是自己要求自己如此。康德则将人解放为具有自由意志的人，道德就不再是基于宗教的强制性的规范，而是变成一种自律性的、内生的行为规范。同样主张意志自由，崔大华还比较二人的自由观区别，认为"卢梭主要是从一种比较具体的社会政治角度来论述人的自由，认为社会契约是人的自由意志的表现；而康德则是从一种比较抽象的、道德哲学的角度来论述人的自由，提出'一个只能以准则的单纯立法形式作为自己法则的意志，就是一个自由意志'（《实践理性批判》，第28页）的一般性原则"③。这可能是因为卢梭要求的自由是针对世俗权力，而康德则针对宗教，"卢梭和康德的意志自由论所揭示和坚持的是认为人的行为其根源上是独立自主的，因而人是社会立法的主权者，人是道德法则的主体"④。意志自由有独特的宗教背景，相比之下庄子哲学没有那种宗教背景，他所感受到的困境，既有特殊的时代性、个体性，也有超越时代的普

---

① 康德：《实践理性批判》，商务印书馆，1960，第1~2页。
② 崔大华：《庄学研究》，第163页。
③ 崔大华：《庄学研究》，第163页。
④ 崔大华：《庄学研究》，第163~164页。

遍性,而更加世俗,也更加深沉。理性自由者认为"自由是对必然的认识"。他分析斯宾诺莎这个结论的推演过程是这样的:斯宾诺莎认为世界是必然性统治的世界,而自由从必然性中生成。从必然走向自由的桥梁是理性,自由就是对必然的认识。① 获得自由的前提是认识必然,让那些外在的东西不再是自在的、盲目的规定性。"自由就是对必然的认识这一思想,在黑格尔那里获得了一个确切的命题形式:'必然性的真理就是自由。'(《小逻辑》,第322页)"② 必然性构成了自由所涵盖的内容。就好像一个人要复仇,他首先要知道仇人是谁,才能去复这个仇。认识仇人,就是复仇的前提。自由也如此:既然自由是对必然的认识,那么,必然就是自由的内容,或者说认识必然就构成自由的内容。自由是一个后起的、相对性的概念,是人类觉醒、进步的表现。崔大华认为,"理性自由论所揭示和坚持认为的自由是人的理性的自觉,与庄子所追求的那种精神上无任何负累的、逍遥情境的自由也是不同的"③。理性自由以近代科学发展为理论背景,它的获得不诉诸个体神秘的体验,而是公开的、可知可学的。这就与庄子超理性的、直觉体悟式的自由路径截然不同。经过比较,崔大华评价庄子的自由观,"在古代的哲学世界中,特别是在中国哲学中,这是一种人的自我觉醒,一种重要的精神觉醒。恩格斯曾说:'文化上的每一进步,都是迈向自由的一步。'(《马克思恩格斯选集》第三卷,第154页)反过来也可以说,自由观念的觉醒,是重要的文化进步。因此,庄子的自由的理想应该被视为中国文化中的进步现象;庄子对情态自由的描述应该是人类自由思想史的初章。"④ 这里通过对比,给庄子自由观一个历史定位,即"中国文化中的进步现象""人类自由思想史的初章"。这个评价今天看来平淡无奇,但是庄子思想曾被评价为是没有任何积极意义,而只有思维教训的哲学,几乎是文化糟粕一样的东西。但是,经过崔大华有理有据的分析比较,庄子思想的地位与特色被展现出来,成为宝贵的、有价值的思想。

---

① 见崔大华《庄学研究》,第164页。
② 崔大华:《庄学研究》,第164页。
③ 崔大华:《庄学研究》,第164~165页。
④ 崔大华:《庄学研究》,第165页。

（三）世俗的思想与生活

庄子自然哲学的变化观念中，关于变化的动因，庄子的观点是"自化"①。在阐释这一思想时，崔大华以古希腊亚里士多德为参照，揭示庄子哲学的特色。他承认庄子"自化"观念还不是建立在科学基础上的思想，"庄子以'自化'来解释万物运动的最后动因，当然还是很抽象、很模糊的，但是能够更加深刻和正确地回答万物运动这一问题的科学和哲学条件，对于古代思想家来说是不存在的"②。虽然如此，它却是彻底理性的、能够自圆其说的。而亚里士多德，他批评原子论者没有说明运动原因，为解决这个问题，他提出第一动因说。崔大华认为，"对于亚里士多德来说，这是合乎逻辑的。亚里士多德认为运动和时间一样是连续性的，在宇宙事物的运动系列中，找不到一个事物是推动他事物运动而自己是不被另事物推动者。所以，亚里士多德只好在这个运动系列之外设定一个不动的第一推动者——永恒不变动本体（《形而上学》，商务印书馆，1981，第 244~246 页）"③。第一动因说能够解释一切运动的原因，唯独不能解释自己，于是它只好变成一个特例——万物都在运动，只有它永远不动。它不在经验之内，也不接受质疑，它不是理性的对象，它只能基于信仰，并且它也服务于信仰。因此崔大华说："从科学的角度和历史的事实来看，亚里士多德的这个设定为自然哲学的发展所提供的理论因素等于零，但对宗教哲学的意义却极大。例如 13 世纪的托马斯就是援用这个观点为上帝的存在进行了新的哲学论证，从而完成了以柏拉图思想为理论基础的教父哲学到以亚里士多德思想为基础的经院哲学的转变。"④ 庄子则不然，他将理性贯彻到底，不留死角，"他巧妙地把这个运动的驱动者，设定在运动系列自身之中——'自化'"⑤。自己运动，无需外因，没有特例，没有第一推动者，这样的观念就是自洽的。就这个思想的理论结果而言，

---

① 崔大华：《庄学研究》，第 116 页。
② 崔大华：《庄学研究》，第 117 页。
③ 崔大华：《庄学研究》，第 117 页。
④ 崔大华：《庄学研究》，第 117 页。
⑤ 崔大华：《庄学研究》，第 117 页。

"庄子自然哲学中的'自化'观点的理论意义超出了庄子思想本身范围，它和儒家伦理思想中的'为仁由己'（《颜渊》）的观点，共同地和自然地筑成了中国传统思想中防范宗教的、主宰世界的神或上帝观念越入的观念屏障"①。没有产生皈依宗教，没有宗教传统，是中国传统社会的一大特色，而将中国塑造为世界最大的世俗文化区域的，不仅有儒家，还有道家。崔大华通过比较，从一个具体而重要的角度，揭示出发生这种差异的哲学根源；而当差异被彰显，特色也就由此而呈现。

既然人生哲学是庄子思想的核心，那么庄子哲学的特色就需要通过人生哲学的独特性展现。崔大华除了将它与先秦儒家、墨家以及道家中的贵生派比较之外，还将其置于世界哲学舞台上，与佛教和存在主义哲学进行比较。这"实际上是对人类全部精神生活所作的历史检阅和考察"②。为了能在尽可能广的背景下显示庄子人生哲学的独特性，崔大华选出人生哲学完备的、具有典型意义的代表古代和近代、涵盖哲学与宗教的这两种理论形态。这需要极其广泛的阅读和人生体验，才能找到这样的比较对象。他从三个方面进行比较：人生困境、人生追求及其实现方法。佛教认为人生是一场苦难，四谛说中的苦谛将人生之苦归纳为八种，集谛则分析产生人生苦难的原因，十二缘起说分析苦的形成过程。崔大华总结道，"佛教把人生的整个过程和全部内容都溶化为一种痛苦的心理感受，这本质上就是佛教思想中人生困境的性质；而这种痛苦，这场苦难，又都是由人的主观意识（'爱与欲'）和认识（'无明'）引起的"③。把人生说成苦，将人生终极价值置于彼岸世界，则此岸的追求抗争都是没有意义的。如何超脱苦难？"就是通过某种宗教修持，即'四谛'说的'道谛'（'八正道'——正见、正志、正语、正业、正命、正方便、正念、正定），断灭一切意欲，达到一种绝对清净的境界——'涅槃'，即是'四谛'说的'灭谛'（'尽谛'）。"④ 相比而言，庄子虽然生平寂寞，自我放逐一般地生活着，但是他非常超然地面对这一切。他将自己的人生，活成一种抗争

① 崔大华：《庄学研究》，第 117~118 页。
② 崔大华：《庄学研究》，第 210 页。
③ 崔大华：《庄学研究》，第 211 页。
④ 崔大华：《庄学研究》，第 211 页。

的姿态。他为后人开辟一条生存之道，就是不在乎世俗价值的评判，不出卖自己的灵魂与当权者作交易。与儒墨相比，他是出世的，但与佛教相比，他又从未出世。关于庄子人生哲学与存在主义人生哲学的比较，崔大华承认其难度要高于庄子与佛教的比较。因为"在诸如人生追求这样具体的人生哲学问题上，存在主义并没有一个统一的、完全一致的理论和态度"①。他以海德格尔和萨特为代表寻找他们对于上述三个人生哲学问题的回答。当然，他很清楚存在主义人生哲学有自己的逻辑和结构，他的比较只是从一个特定的角度和有限的意义上进行的。他在学术上非常严谨和诚实，这一点是特别值得赞赏的。佛教认为活着是苦，存在主义认为活着就是烦。以庄子人生哲学的框架来理解烦，"存在主义同庄子、佛教人生哲学的第一个差别，就是存在主义的这种'烦'或人生困境，并不是起源于人的主观意识（如佛教的'无明'），也不是某种客观的外在必然性（如庄子的'死生''时命'），而是人的存在（'亲在'）在世界本然（'在'）中涌现出来的一种实际的存在状态，即具体的生活形态。这种状态，海德格尔称之为'跌落''沉沦'"②。似乎在生活之外还有一种生活，人只是不得已而进入生活而产生烦，由此，这种烦才是可以克服的。"在存在主义看来，人的存在状态的内容，或'烦'的构成，本质上是偶然性的总和。这样，对于存在主义来说，烦恼、忧虑不再仅是一种主观感受，而实际是全部的现实存在，是世界本身；在存在主义哲学中，'烦'也不是作为构成人类困境的否定因素被克服、被超越，而是作为人类生活本身被实践着、发展着。"③ 由偶然性构成的全部生活，就是存在主义哲学的存在。它属于每个人，因人而异，因时而变，世界因此而丰富起来、不确定起来，各种可能性涌现出来，重新定义着世界的本质。这就是存在主义追求的自由。"存在主义自由的特殊性在于，这个在别的哲学思想体系需要经过艰苦理论过程和实践奋斗而才能长成和获得的果实，在存在主义哲学的开端就长成和被摘下了。存在主义从存在先于本质的基本

---

① 崔大华：《庄学研究》，第 212 页。
② 崔大华：《庄学研究》，第 213 页。
③ 崔大华：《庄学研究》，第 214 页。

理论前提出发，一下就推出了人是自由的结论，一下就长出了自由的果实。"① 这是一个充满善意的戏谑的表达，意在将它与庄子哲学对于自由的艰苦追索相比。"在存在主义那里，甚至可以说自由没有产生、成长的过程，他们认为自由就是存在本身。"② 自由不是一个悬在远处的目标，而就在当下的行动中。"存在主义的自由，就是存在和人本身，就是无决定论的世界中的人的行动：任意的自我设计、自我选择。这是一种意志的绝对自由。"③ 自由不经努力即可得到，这就取消了自由的目标的必要性。自由是现成的、人人可及的，它的过于容易的自由导致了悖论，取消了自由的目标，这就是只追求形式上的自由、绝对意志自由所导致的理论结果。

在与佛教和存在主义人生哲学比较之后，崔大华总结道，"庄子人生哲学在世界哲学舞台上显示的独特性，就是与把人生追求的完成放在彼岸的、'涅槃'境界的佛教相比，它是现世的；与把人生追求的实现视为世俗生活本身的存在主义（萨特思想）相比，它是超脱世俗的。而这种超脱世俗以返归自然的理性自觉为其途径，又使庄子的人生哲学在中国先秦思想中显出独特性"④。他总是在不断地比较中透显出庄子思想的特别之处。就人生哲学而言，庄子既是超脱的（与存在主义相比），又是世俗的（与佛教相比）。

三　理性中不失真情

崔大华的庄学研究另一大特色是虽然理性与情感交织，但他其实是一个大理性主义者，只在很少的时刻他才会放任情感流露。

（一）理性至上

由于早年的兴趣与青年时代的遭际，崔大华对庄子有很深的感情，但严格的哲学与史学训练，又让他的研究始终是客观的、理性的，称他为大

---

① 崔大华：《庄学研究》，第 214 页。
② 崔大华：《庄学研究》，第 214~215 页。
③ 崔大华：《庄学研究》，第 215 页。
④ 崔大华：《庄学研究》，第 217 页。

理性主义者也不为过。崔大华在评论庄子"道"的思想史意义时，以儒学为学术背景，认为孔子学说的基本的、中心的范畴是"仁"。它所关注的是社会伦理纲常、个人道德修养。"对于自然的思索和永恒的追求，都是为孔子所淡泊的。"① "庄子思想或学说正是在这两个主要方面（自然和永恒）弥补了孔子学说的不足。"② "庄子思想中作为宇宙根源的'道'，一方面是他对自然的哲学认识的结果，这一范畴溶进了他的自然哲学诸如'气''万化''自化'等概念所包含的全部观念或思想；另一方面，也是他对人的自我认识的结果，他把人看作是活跃在'万化'中的自然的一部分。这样，'道'为根源的观念，就将个人的存在和一种永恒的自然实在联结在一起，人在自然中获得了不朽，人在精神上得到了一种深厚的依托、慰藉和保障。"③ 庄子创造一个概念，又将它作为自己的依靠。他所追求的不囿于世俗、不在乎生死的生活方式，那种无所负累的精神自由，在当时应该是一种破天荒的行为，他要给自己一个最强大的根据，来证明自己这样生活是正确的、无可非议的，也给那些自由的灵魂一个出口，让那些不愿意为物所役的人有另外一种生活方式可以选择。崔大华给出结论，"在中国先秦思想中，庄子的'道'和孔子的'仁'共同构成了中国哲学的一个周延的人生境界：人在自然和社会、现世和永恒中，都有了自己的立足点，自己的存在方式"④。

　　他在评论庄子社会批判思想时，认为"庄子自然主义的无为社会批判思想在这里表现了明显的反人类、反文明的倾向"⑤。我们现在都很少作这样的直言不讳的表达了，但崔大华不是这样的，他在环境紧张的时候敢讲积极面，在环境宽松的时候敢说消极面。不论外部环境如何，始终坚持实事求是，不害怕刺别人的耳，这才是真正的学者风范。深厚的情感下，依然理性诚实，这样的研究成果才经得起检验。他没有停留在简单的批判，接下来他又分析道，"也应该看到，庄子的具有反人类、反文明倾

① 崔大华：《庄学研究》，第 133 页。
② 崔大华：《庄学研究》，第 133 页。
③ 崔大华：《庄学研究》，第 134 页。
④ 崔大华：《庄学研究》，第 134 页。
⑤ 崔大华：《庄学研究》，第 242 页。

向的无为社会批判思想，在其理论形式后面，实际上蕴藏着强烈的人性的、人道的感情内容。不难想象，在战国这样一个充满残酷的压迫和剥削的阶级社会里，文明带来的快乐享受，只会被统治者占有，而创造文明所需要付出的艰苦的体力和智力劳动，只能落在劳动者身上。庄子所抨击的根本上正是这样不合理的、不平等的社会现象"①。在以理性态度给出结论之后，又以同样理性的态度分析庄子这样极端主张的社会原因，这就会使人对其发生同情的理解。

在评价庄子的时空无限性观念时，崔大华称它是黑格尔所谓的"坏的无限性"②。因为，"《庄子》理解的'无限'是'至大不可围'（《秋水》），所以它的理智推论进程，必然会呈现出黑格尔所说的那种'永远不断地规定界限，又永远不断地超出界限，而并未进展一步的厌倦性'（《小逻辑》，商务印书馆，1980，第229页）"③。由于无限不在个人的经验之内，但又是通过经验的事物来推论其至小与至大，那么，随着经验事物的变化，即向无限大和无限小推进，宇宙就显得在不断扩大。如果像黑格尔那样，用运动变化的存在与否界定空间，这种规定性就会是确定的、肯定的、好的无限性。在这个评价之后，他又分析产生的原因，"虽然时空无限性的问题已被庄子理智地意识到，但他依然是在离开感性的、直观的认识不太远的地方来解决的。这是很自然的，因为时空性质问题，无论是在科学领域或哲学领域都是一个十分艰难的、至今仍然困惑着人类的智力和理性的问题"④。他还列举三种代表性的解决办法，即康德式的（认识能力）、费尔巴哈式的（认识对象）、黑格尔式的（认识方法）。在此基础上，他得出总的评价，"庄子的时代，还没有这样的科学和这样的哲学，但他思考并提出了这个问题，这是他的伟大"⑤。对于庄子思想，他既不拔高，也不贬低，始终是客观、公允地分析、判断。

---

① 崔大华：《庄学研究》，第242页。
② 黑格尔：《小逻辑》，商务印书馆，1980，第206页。
③ 崔大华：《庄学研究》，第111页。
④ 崔大华：《庄学研究》，第112页。
⑤ 崔大华：《庄学研究》，第113页。

（二）真情流露

崔大华考证庄子身世，判断他可能是楚国贵族后裔之后，又作了如下说明："庄子家世的面目已被世代久远的历史风尘剥蚀、覆盖得无法辨识了。但是，庄子超脱世俗、追求精神自由的思想中所内蕴着的那种袭人心扉的没落感，想象神奇、变幻无端的汪洋文字，特殊的楚方言，等等，却又清晰地显示出他与衰落了的楚国公族及具有浪漫主义特质的楚国文化，有完全可以肯定的、很近的亲缘关系。"① 作为一个大理性主义者，这种措辞华丽、饱含深情的文字并不多见，他对庄子其人既遥远又亲近的感觉，同样袭人心扉。他在《自序》中说明研究庄子思想的现代意义时说，"在比较更加一般的意义上说，庄子思想展示了人类精神现象中的一个经常发生的、具有危机性质的方面。庄子在这方面提供的个人体验，成为庄子以后，乃至今天人们精神生活中的仍在被咀嚼着的经验和教训。这也许是庄子思想中最深奥、感人的方面"②。可以说，如果没有切身的体验，他写不出这段话，这应该是他人生最灰暗最难熬的岁月中与庄子相遇形成的体验。

此外，他的庄子研究中还大量使用图表，比如第二章考论《天下篇》的作者时，他列表显示《天下篇》与《庄子》外、杂篇内容的关联③，第三章说明庄子理想人格境界的神话性质，从四个方面列表将《庄子》与《山海经》《九歌》进行比较④。2007 年我国台湾著名学者丁原植先生曾到河南省社会科学院访问交流⑤，座谈时他特别称赞《庄学研究》中表格的应用。这也是崔大华《庄学研究》的一大特色。

经典作品的研究，也是一种历史研究，但探究历史往往是为了启示现实。在《庄学研究》的最后，他道出庄学研究与当下的相关性："庄子思

---

① 崔大华：《庄学研究》，第 30~31 页。
② 崔大华：《庄学研究》，"自序"，第 3 页。
③ 见崔大华《庄学研究》，第 101~103 页。
④ 见崔大华《庄学研究》，第 167 页。
⑤ 2007 年 9 月 8 日上午，我国台湾辅仁大学教授丁原植先生到河南省社会科学院作《中西哲学的交会点——从海德格尔与老子谈起》的学术报告，报告结束后与哲学所同仁座谈。

想以它深邃而众多的概念、命题、观念在中国传统思想的演变、发展中，确实地成为一种最活跃的观念或理论的因素，在不同的理论思潮中和在不同的理论层次上皆发生了不同程度的影响，是中国哲学中的一个重要的观念渊源。即使在当代，我们在实现理解、吸收世界最新的思想和智慧，以创造自己国家的现代文化的历史任务时，庄子思想内蕴着的并且在历史上不止一次表现出来的那种对异己思想或异质文化具有容摄、消化能力的宽广的观念背景、观念系统，仍然是有积极的、实际的意义的。"① 中国社会在西方强势文明冲击下，已经发生历史上最大规模的转型，中国传统思想文化如何在这样的转型中再生、重塑，这是每个理论工作者都需要思考的问题。"中体""西体"这类说法，都缺乏历史感，缺少变化的观念。因为这个"体"并不是恒定不变的，而是随着时代需要而更新变化的。崔大华以庄学在中国思想史上的表现为切入点，考察了这种更新，这启示我们，在现在和将来"中体"的更新中，庄子仍将发挥作用。因此，轴心时代的思想永远不会过时，庄子永远值得亲近。

---

① 崔大华：《庄学研究》，第 581 页。

第四章　儒学研究

　　如果说崔大华的庄子研究主要是契合他热爱自由的个性，那么他的儒学研究则更多地表现出他高度的责任感与使命感。笔者曾不解地问，在《庄学研究》之后为什么不继续研究老子，而是转向儒学？他回答说，因为中国传统思想的主流是儒学。也就是说，作为普通人的崔大华可以终生热爱庄子，但是作为学者，他希望自己的研究能够正面回应他身处的时代的理论关切，也就是儒学的历史与未来。他用两部厚重的著作给出自己的回答，这就是《儒学引论》和《儒学的现代命运——儒家传统的现代阐释》。

第一节　儒学基本问题研究：作为学术思想的儒学

　　崔大华的儒学研究不是著作或人物、范畴研究，而是问题研究。他首先从年代上将儒学的历史分为先秦与汉代以后，然后再进入不同的问题研究：先秦部分包括儒学理论特质的形成、儒学理论层次以及儒学在先秦的发展；汉代以后则包括两大部分，即儒学的学术基础（经学）和儒学的理论形态（哲学）。这项研究称为"引论"，是因为它研究的是作为学术思想的儒学，而这只是他宏大的儒学研究计划的基础和开端。

一　孔子儒学：特质、结构与发展

　　崔大华判断儒学的理论特质在于伦理道德，那么这个特质是如何形成

崔大华学术思想初探

的？关于孔子思想的核心，到底是"礼"还是"仁"？崔大华认为这些问题非常重要，但学术界要么尚未深入研究，要么意见不一。经过长期思考，他对这些问题给出了自己的回答，并在此基础上考察孔子儒学在先秦的发展。

（一）伦理特质

崔大华引用先秦和汉代典籍，对于儒学的内涵与外延作了界定，即认为"儒学是以孔子为开创者的、以阐发和践履社会伦理道德为其思想学说核心或特色的学术派别"①。儒学作为思想体系的特色在于，与百家之学比较时，它"是关于人的伦理道德的理论和实践"②；与异质文化比较时，其特色在于"相对于古希腊哲学对外界自然的追求，它是对人的生命自身的追求，相对于西方宗教信仰观念产生自一种恐怖、敬畏意识，它的道德观念根源于一种忧患意识"③。也就是说，儒学的特色相对于百家之学，在于伦理性；相对于古希腊哲学，在于人文性；相对于宗教信仰，在于理性。这些特异之处是如何形成的？他指出，"人类现存的几种主要的文化形态或思想传统，其显现的不同特色之根源，都可以追溯到它们成型时期由某种特殊的甚至是唯一的生存环境、历史契机等所形成的独特的观念生长空间和精神因素"④。在中国，这个"唯一的"历史契机就是殷周之际的政治变革。崔大华判断这一时期出现巨大的"观念变迁"，也就是"社会精神之主体或重心，由宗教观念向道德观念的转移"⑤。他认为，根据甲骨文材料提供的信息，殷人的精神世界充斥着对某种超人的异己力量的依赖恐惧而产生的崇拜，其行为规范完全来自外部，来自自然的、超自然的压迫，没有来自对自己的要求，没有反思，也不可能有自律。"也就是说，殷人难以产生、事实上也没有关于人的道德品行的意识。"⑥ 他们对于最高神的崇拜，是基于神的力量，而不是

---

① 崔大华：《儒学引论》，人民出版社，2001，第4页。
② 崔大华：《儒学的现代命运——儒家传统的现代阐释》，人民出版社，2012，第2页。
③ 崔大华：《儒学的现代命运——儒家传统的现代阐释》，第2~3页。
④ 崔大华：《儒学的现代命运——儒家传统的现代阐释》，第4页。
⑤ 崔大华：《儒学的现代命运——儒家传统的现代阐释》，第4页。
⑥ 崔大华：《儒学引论》，第7页。

神的德行，其情感性质是恐惧而不是感激。崔大华列举卜辞说明，"卜辞中的先王庙号无道德内涵"①"卜辞中的'德'字无精神性内容"②。这种性质的宗教信仰，在古代世界是普遍的，若按一般的发展路径，应该走一条从祭祀宗教到皈依宗教的道路，但是这条道路在古代中国没有走通。崔大华分析认为，这导因于殷周之际"一个巨大的政治变迁"③，即殷周鼎革。

他回顾殷周之际的政权鼎革，小邦周打败大邑商，这个巨大的胜利带来的不仅有欣喜，更有忧虑。政权鼎革是天命转移的结果，既然能够对殷商予之夺之，那么对于周人而言，天命也不会是一劳永逸的了。周人在巨大的胜利面前亦喜亦忧，崔大华认为，"周人的这一观念表现着一种历史觉醒，蕴涵着相当成熟的政治经验"④。周初统治者深入思考的结果是，天命可因人为而改变，殷人失去天命，乃是因为自己放纵无度，属于咎由自取。如何避免走上殷人的覆辙？就需要从自身做起，道德观念即由此而生。"这是西周统治者最重要的精神觉醒：只有敬德，才能长久维系自己国家的命运。"⑤ 道德是内生于人、属于人的一种品质。道德观念的产生，意味着一种向内观照、自我约束的自觉。

观念的转向在实践中，表现为"道德实践高于宗教实践"⑥。相对于殷人政治生活的宗教化，在周人的政治活动中，宗教活动的迫切性下降，而"敬德"成为主旋律。"'德'作为一种人的、而不是'帝'的品性，周人十分自然地把'德'的典范投射在、凝聚在自己先王先公的身上。这样，在周人的社会生活中，在其维护政治统治的实践中，对自己祖先的追恭、效法，比起对'帝'或'天'的崇拜、祭祀就更加重要，更为实际。"⑦ 这个判断非常准确。周人政治道德的典范是周文王，文王之德是天命转移的关键因素，因而效法文王就是保有天命

---

① 崔大华：《儒学引论》，第 7 页。
② 崔大华：《儒学引论》，第 8 页。
③ 崔大华：《儒学引论》，第 10 页。
④ 崔大华：《儒学引论》，第 11 页。
⑤ 崔大华：《儒学引论》，第 11 页。
⑥ 崔大华：《儒学引论》，第 12 页。
⑦ 崔大华：《儒学引论》，第 13 页。

的不二法门。当然，他也注意到"周人的思想观念中仍有很浓厚的宗教色彩"①，表现为依然相信天命和保持宗教虔诚。这也是符合历史与思想实际的，但他没有停留于此，而是在观念转向这个结论上，揭示周人宗教信仰与殷人宗教信仰的不同："在殷人的宗教观念和祭祀行为中，对人世之外的某种超越的力量（对帝或先王的恐惧是个重要因素），这正是原始宗教观念的基本特征。但在周人的宗教观念中，却逐渐补充了、增生了道德的内容，即认为祭祀对象都有某种'善'的品质。"② 当恐惧变为倾慕，世界在眼前就不再是异己的、可怖的，天就被道德化、有常化了，这就形成两者崇拜对象与情感性质的差异。祭祀的功能也从供奉神转变为教化人。"不同于古代印度思想发展，中国古代思想沿着殷人的祭祀宗教向对某种超越性实在的虔诚信仰的皈依方向发展的路线被遏制、阻止了，而转向一种新的伦理道德的方向。"③ 他认为这一观念变迁具有方向决定意义，"此后，伦理道德思想就逐渐成为中国文化和思想中的主导成分，而宗教思想只是作为伦理道德思想的补充和附庸"④。由此，儒学形成的一个历史条件，即宗教观念的蜕变就发生了。这一蜕变与孔子儒学有什么关系？西周初年的道德观念，经由春秋时代的理性精神，其道德走向进一步确立，"孔子儒学就是在这样的观念背景下或精神土壤里产生。孔子儒学的出现使中国古代思想的道德走向巩固了下来，儒学本身的道德特质也因此形成和凸显"⑤。道德走向的转变并不意味着不再有祭祀，而是说由于理性精神的注入，祭祀对象和祭祀行为发生了异于宗教的改变。崔大华认为其变化在于，第一，祭祀对象的非宗教性；第二，祭祀行为的非宗教性。祭祀对象从具有人格特质的实体性存在，变为无人格的必然性。对于超越性的想象发生了理性升越，由外在于我向内在于我的方向转变。于是祭祀行为的性质也发生内向式转变，"儒家的祭祀行为完全不具有如宗教祭祀行为或其他修炼方式之沟通神我、触发神我一

---

① 崔大华：《儒学引论》，第 14 页。
② 崔大华：《儒学引论》，第 15～16 页。
③ 崔大华：《儒学引论》，第 16 页。
④ 崔大华：《儒学的现代命运——儒家传统的现代阐释》，第 17 页。
⑤ 崔大华：《儒学的现代命运——儒家传统的现代阐释》，第 10 页。

体之灵感的意蕴或精神内容，而只是一种心怀诚敬、慎终追远、培厚德性的道德实践行为"①。宗教仪式的功能似乎是令人暂时脱离世俗生活而超凡入圣，而儒家则就在此岸使人完成德性的自我提升，"与宗教的祭祀不同，儒学的祭祀不是引人进入神灵的神秘世界，而是走向世俗的道德生活"②。自我认识总是以他者为参照进行的，崔大华自觉运用比较的方法，提炼出中国文化特色，说明在世界广大的由宗教塑造的区域映衬下，中国思想文化的世俗性来源。他认为开启这一转向的主体是西周贵族阶级，他们不同于古印度婆罗门祭司和犹太与基督宗教的创造者们，"这是一个富有理性和历史意识的阶级，在殷周之际政治权力变迁中获胜的历史经验中，看到人自身的力量，看到道德的力量；于是在神和人之间、宗教和道德之间，作出了道德和人的选择。这一选择的理性精神，在主导着春秋时代社会生活的大夫与士的阶层中得到进一步的扩张。先秦儒家也正是在巩固、充实这一选择所含蕴的道德理性精神走向的过程中，形成了自己的理论品质或特色。并且，随着儒家思想在中国文化中主体地位的确立，儒家疏离宗教倚重道德的思想特质模塑出或吸附了诸多制度的、观念的生活形态，也就成为中国文化的特色"③。

西周初年发生的伦理道德思想转向，在后世的中国文化和思想中的主导地位是经由孔子儒学而确立的，孔子儒学是在春秋时代宗法观念蜕变的背景下继承和发展这一伦理道德特色的。宗法观念是宗法制度的产物，它以嫡庶之分、大小宗之分将氏族成员纳入血缘性关系之中，并作为政治性关系的基础，形成一种既有等级差异又有相互认同的观念意识，就是宗法观念。崔大华认为有两个方面，第一，差序——尊卑和亲疏的观念；第二，认同——义务责任的观念。宗法观念所体现的是以氏族贵族为主体的政治与伦理生活。其特色在于，"在宗法制度下的社会生活中，每个成员都处在伦理序列的不同位置上，只有在这个共同体的伦理网络里，才能定位自己作为一个社会角色的存在；只有在对这个伦理共同体的认同中，才能实现个人价值的存在"。离开这个网络，人就失去社会身份，变成自然

---

① 崔大华：《儒学的现代命运——儒家传统的现代阐释》，第14页。
② 崔大华：《儒学的现代命运——儒家传统的现代阐释》，第14页。
③ 崔大华：《儒学的现代命运——儒家传统的现代阐释》，第15页。

人，即仅以自身品质、才能表现自己的人。但是，崔大华认为，宗法制度中的等级性并不是不可逾越的。它与古代希腊视奴隶为财产、古代印度将一生族与再生族区分开来的差别观念不同，宗法制度下各阶层的差异，"是一种由经济生活条件不同而造成的伦理生活实现程度的差别"①。他们之间在人格人性上是没有区别的。这种自然意义上的平等观念使贵族阶层间存在着跨越的可能，在此基础上，"西周宗法观念也因此潜存着蜕变的空间"②，春秋时代的社会变迁实现了阶层跨越，而孔子儒学则实现了宗法观念的蜕变。他指出蜕变的三点表现，第一，伦理生活范围——礼的实践范围，由贵族或士以上阶层向士以下的阶层扩展。礼的适用范围原本只在贵族阶层，即所谓"礼不下庶人"（《礼记·曲礼上》）。儒学的扩展，其实质是"将建构伦理道德生活的基点，从周人宗法观念下大宗和小宗关系为主要内涵的宗族，转换为以父母、夫妇、兄弟为主要内容的家庭"③。在春秋时代，卿大夫的家也是一个政治单位，与诸侯之国、天子之天下并称，儒学则使家从政治单位变为生活单位。第二，宗法观念中的权位——等级性族权、政权中的尊卑关系被淡化，伦常秩序性被凸显。基于出身不同的尊卑观念转变为基于自我的道德要求。"在孔孟儒学这里，尊卑观念已转化为、内化为对自我伦理秩序中所处位置的道德自觉。所谓卑让，德之基也，卑微感是这种伦理秩序中先人后己、尊贵事长的道德感情和行为。"④ 名为卑微，实际上是一种尊重他人、自尊自重的表现。相比于古代印度和希腊的尊卑观念，更加重视人们后天的努力，承认教化的可能。第三，较之西周宗法观念，在孔孟儒学中由于道德伦理生活的扩展和尊卑观念的变化，作为涵盖这一切的礼之观念本身，也有重要的蜕变。这表现在淡化礼的强制性，探求礼的内在根源，为礼注入情感的内容，强化它的内在性、合理性。

简言之，儒学的伦理道德特质是宗教与宗法观念蜕变的结果，外部条件是殷周之际的政治变迁，内部因素是理性精神和平等观念的出现。

---

① 崔大华：《儒学的现代命运——儒家传统的现代阐释》，第19页。
② 崔大华：《儒学的现代命运——儒家传统的现代阐释》，第19页。
③ 崔大华：《儒学的现代命运——儒家传统的现代阐释》，第20页。
④ 崔大华：《儒学的现代命运——儒家传统的现代阐释》，第22页。

（二）理论结构

周初的观念转向，到孔子这里得到发展和定型。崔大华认为，孔子在伦理道德这个方向上的进展主要在于两个方面。第一，儒学对这种以"礼"为主要内容的伦理道德观念进行了适当的改造和充实，从原来主要是贵族阶级的行为规范向全体的平民阶级中扩散开来。第二，孔子思想或儒学使这些道德规范获得了一种以共同的、一般的"人"为根源的统一基础，在儒学中被称为"仁"。也就是说，一方面扩展范围，即把德的载体"礼"从贵族扩展到平民；另一方面寻根溯源，即把"礼之本"归为"仁"。儒学由此成立。

孔子思想的核心是"礼"还是"仁"，这个问题曾引起争论。① 崔大华没有陷入仁礼之争，他用结构的方式来回应这个争论。他认为儒学"是由三个既相互联系的、但又有所区别的层面构成的，这就是超越的层面、社会的层面和心性的层面，其主要的思想范畴分别是天命（天、命）、礼、仁"②，"'仁'是个体心性道德修养，'礼'是社会的典章制度、行为规范，'天命'是超越于个人和社会之上的某种外在客观必然性"③。

1. 超越的层面（天命）：理性主义的天命观

天命即天之命令，本是一个宗教和政治范畴，主要与朝代更替、政权转移有关，天具有人格化特征。在孔子这里，命则成为一种人力不可控的超越性存在。崔大华判断，儒学超越理论的任务在于消解"命之异己性——外于、高于人的超越性和必然性"④。由于"在儒学中被解释为是人的一种异化形态或自然的某种性质，并不具有真正的超验、超时空的超越性质"⑤，这个任务是可以完成的。对于异己性的消解，是将命的外在性作内在化的处理，其理论基础在于天命观的转变。崔大华着重讨论了周

---

① 见《哲学研究》编辑部编《孔子哲学讨论集》，中华书局，1963；向世陵主编《"克己复礼为仁"研究与争鸣》），新星出版社，2018。
② 崔大华：《儒学引论》，第23页。
③ 崔大华：《儒学的现代命运——儒家传统的现代阐释》，第24页。
④ 崔大华：《儒学的现代命运——儒家传统的现代阐释》，第51页。
⑤ 崔大华：《儒学的现代命运——儒家传统的现代阐释》，第51页。

人的天命观与孔子天命观的不同。他的结论是周人的天命观具有宗教神学性质，天有人格神特征，而孔子的天则是一个可以理性认识、体悟的对象。这种理性主义立场，表现在对鬼神的态度上，即"祭如在，祭神如神在"（《论语·八佾》）。他认为，"孔子对这种异己的、超自然的实体所表现出的回避的态度，实际上就是一种深刻的怀疑的态度"①，而怀疑态度就是理性主义的表现。对于鬼神，既不否认其存在（"祭神"），也没有真诚的信仰（"如神在"）。祭祀与其说是宗教性的，不如说是教化性的（"以神道设教"）。崔大华给予孔子理性主义天命观很高评价，"一方面，'天命'的超越性质使中国思想始终保持或潜存着对某种高远的精神追求，不会枯竭在现实的、世俗的层面上；另一方面，'知天命'的理性主义特质又阻止了这种追求驰进宗教的樊篱，使儒学或中国思想至极的发展，即在其终极的关怀中，也总是葆有非信仰的理性性质"②。根据崔大华的诠释，孔子的天命观既超世俗，又非宗教，这是中国式的超越性追求的特征。

2. 社会的层面（礼）：活化与平民化的礼

孔子儒学中的礼包括"国家的政治伦理制度和社会成员的行为规范"③两个方面。崔大华认为孔子的礼出现了理论上的发展，表现在三个方面。第一，"礼"的实质，即从人自身内部寻找礼的根源。他答宰予问三年之丧的由来，即是从对父母的爱来讲它的根据。没有真挚的感情，礼就是僵化的形式。第二，"礼"的范围，即扩大礼的适用范围。礼作为政治伦理规范与社会成员行为规范，最初都具有等级性，专属于贵族阶层。周礼是以天帝鬼神信仰为基础，贵族才有资格与天帝鬼神沟通，"孔子把礼所具有的那种属于人性的道德自觉赋予了每个人，并把这种道德自觉作为全部社会生活的基础，'不知礼无以立也'（《尧曰》）。所以，在孔子这里，礼已经开始了从贵族走向平民、从单纯的道德规范走向和法制融合的过程"④。第三，"礼"的实践标准。礼的实践标准，崔大华认为"孔子

---

① 崔大华：《儒学引论》，第25页。
② 崔大华：《儒学引论》，第26页。
③ 崔大华：《儒学引论》，第26页。
④ 崔大华：《儒学引论》，第29页。

的'中庸'和'仁'的思想从外在形式和实质内容两个方面确定了'礼'的实践标准"①。形式上不偏不颇，不走极端，内容上"仁"是精神性实践标准。它消除了礼的外在强制性质，将礼的实践内化为一种自觉的行为。这是从内外两方面应对礼的形式化弊病。他认为"人的道德自觉是全部社会生活的基础。这是孔子思想最具特色的一个基本观点。孔子提出的这个礼的实践的标准，是春秋时代礼的观念的重要发展"②。"仁"是全部社会生活的基础，即以"仁"为礼奠基，他认为这是孔子思想最具特色之处。因此，不能简单地说孔子思想的核心是"仁"或"礼"。

3. 心性的层面（仁）：一种道德自觉

在礼中注入道德理性、道德情感，就是将礼的根源内在化、情感化，这就涉及个体修养问题，因此儒学的理论层面就从社会的转入心性的。崔大华认为"仁"这个道德概念在孔子之前就出现了，它在孔子这里获得了三个方面的重要发展。

第一，"仁"由殊德演变为一种总德。孔子从众多的道德规范中突出了智、仁、勇三个，又进一步归束于仁。以仁统领众德，德就不再是一种基于等级原则的政治道德，而变为一种普遍的基于情感的道德。崔大华认为，"这一理论观念的形成，正是孔子思想的主要内容、主要特色"③。

第二，"仁"的本质内涵被确定。《论语》中孔子弟子一再问"仁"，要求孔子解释什么是"仁"、怎样做算是"仁"，孔子也因人因情境不同而给予不同的回答。崔大华认为"仁"最基本的内涵是"爱人"。仁者爱人，就是把别人当成另一个自己来爱，视人若己。爱别人是如何可能的？崔大华认为"仁"的发育基地是家庭，"孔子儒家的仁之爱人，首先表现为对建立在血缘关系上的父母兄弟之爱，即孝与悌的亲亲的道德感情与道德行为"④。血缘关系是一种事实，以情感为中介，将事实上升为价值，从"是"到"应如是"——子女对待父母应如是，兄长对待弟弟应如是，

---

① 崔大华：《儒学引论》，第 29 页。
② 崔大华：《儒学引论》，第 30 页。
③ 崔大华：《儒学引论》，第 32 页。
④ 崔大华：《儒学引论》，第 34 页。

这就是孝与悌。血缘关系以外的道德情感，则通过拟伦理认同来生成。"仁"不仅是主观的情感，还要表现为客观的功利或事功。孔子许管仲以"仁"，就表现着"仁"的这个内涵。崔大华认为孔子"仁"的爱人内涵包含两个原则，即"孕育在血缘的亲亲尊尊道德感的伦理原则和根源于群类的泛爱众的道德理性基础上的功利原则"①。也就是说，"仁"不仅是善的，还是利的。这两个原则，"在儒家的道德实践中，前者产生道德义务，它是指自觉地去履行的一种被理解为是本有的、自然性质的（固然的）行为（'行其义也'）；后者产生道德责任，它是指自觉地去履行一种被理解是应该的、具有高尚性质的（应然的）行为（'仁为己任'）"②，"在孔子看来，只要真正地践履了这两个原则中任何一个，都可以说是达到了仁的标准"③。"仁"的实践，除了内在的修身实践，比如颜渊这样的，自己修身成仁，还有一种是做成了事，让族群得以存续，这也是"仁"。

第三，"仁"的实践方法。关于"仁"的实践，以往只有经验，没有自觉的实践，因此孔子及其弟子频繁地讨论如何践履"仁"。崔大华认为这意味着"道德实践完全具有了理性自觉的性质"④。其实践方法分为"修己与待人两个方面"⑤。修己，从孔子回答颜渊来看，方法是"克己复礼"（《论语·颜渊》）；待人则是实践恕道，"己所不欲，勿施于人"（《论语·颜渊》）。成仁是一种责任，人不仅对自己有责任，还对别人有责任，所以"己欲立而立人，己欲达而达人"（《论语·雍也》）。

崔大华以结构的方法整理孔子儒学的理论内容，具有很强的概括力和解释力。他认为"三个层面构成了一个十分周延的人生范围和哲学领域"⑥。儒学在孔子之后的发展，也都是对于这三个层面的发展。汉代以后儒学从子学上升为官学，儒学也就从一种观念体系转变为一种生活方式。"孔子作为一种文化、一种生活方式的精神源泉的开拓者，也

---

① 崔大华：《儒学引论》，第36页。
② 崔大华：《儒学引论》，第36页。
③ 崔大华：《儒学引论》，第36页。
④ 崔大华：《儒学引论》，第37页。
⑤ 崔大华：《儒学引论》，第37页。
⑥ 崔大华：《儒学引论》，第39页。

在中国历史上占据了一个没有其他任何历史人物可以替代的特殊的历史地位"①。孔子自此成为一个符号式的人物，或者说成为中国文化的形象代表。

（三）最初的发展

崔大华以儒学三个理论层面是否有增新或变异为标准，判断孔子及门弟子并没有实质性推进儒学的发展。他认为，"先秦儒学在孟子、荀子和秦汉之际儒家学者的《易传》和《礼记》中才得到真正的发展"②。

1. 孟子的发展

崔大华认为，"孔子之后，第一个真正推进了儒学理论发展的是孟子"③。孟子以孔子继承人自居，而他也确实从三个层面推进了儒学的发展。崔大华认为儒学在诸子百家之中能够避免衰亡的命运，孟子功不可没，他说"孟子是第一个对儒学的久远存在贡献新的理论活力的人"④。一个学派要有生命力，理论创新不可缺少。这种创新是发展，不是背离；是完善，不是否定。孟子一方面卫道，一方面创造。没有他，儒学可能早就分崩离析而不成其为一个独立的学术流派了。

孟子在心性层面上的贡献最为突出，崔大华将其归为"道德根源的追溯与修养实践的转变"⑤。具体而言，"就是他对作为儒学道德实践主体的个人的内在精神世界作了深入的发掘，深化和扩展了孔子思想学说中心性层面上的'仁'的观念或范畴"⑥。孟子认为"仁义礼智根于心"（《孟子·尽心上》），它不是从外部被给予的，它是"我固有之"（《孟子·告子上》）。"在孟子看来，人的道德行为的根源就存在于人自身之中，就是人心。孟子的这一思想观念，十分自然地要导引出性善的道德信念。"⑦在人自身之中，也就意味着如同人的动物性本能一样，善是与生俱来的、

---

① 崔大华：《儒学引论》，第39页。
② 崔大华：《儒学引论》，第47页。
③ 崔大华：《儒学引论》，第48页。
④ 崔大华：《儒学引论》，第48页。
⑤ 崔大华：《儒学引论》，第48页。
⑥ 崔大华：《儒学引论》，第48~49页。
⑦ 崔大华：《儒学引论》，第49页。

先天的，告子说"食色，性也"（《孟子·告子上》），对于孟子来说，则可以说是"善者，性也"。孟子用事实和逻辑两种方法论证性善的结论。前者"将人的道德行为追溯到、还原为人的某种固有的心理现象，显示具有不学而能的自然本能的性质，具有不为某个外在目的而存在的绝对的性质"①。他把经验的道德上升为先验的道德，变成是与食色一样的动物性本能的东西。后者是用人心皆同的类的逻辑推断——人心皆同，其内容是善。善将人与动物区分开来，则善不仅是事实，还是必需，因为非如此就不是人了。基于经验的论证是一种片面抽象，基于类比推理的论证是结论先行的独断，因此不能认为孟子的论证是无懈可击的。崔大华也承认孟子的论证并不坚实，但他同时又指出，"在历史上，一个深刻的哲学思想或道德信念，往往都有超越逻辑的内容，既不是逻辑所能完全证明的，也不是逻辑所能彻底驳倒的，它发挥某种精神作用的历史远远大于、重要于它是如何被证明的历史"②。论证不完美，并不意味着它不合理，因为善首先是一种道德实践，逻辑的合理面对生活的真实时需要退让。崔大华认为它的积极作用有二。首先，孟子的"性善"论是对人的存在的价值的最充分的肯定，赋予以"仁"的道德理想和实践为根本内容的孔子儒学一个绝对的前提。善是一个自我要求，孟子的性善论非常能够感奋人，它鼓励人成为一个高尚的人。其次，孟子"仁义礼智根于心"的思想也启动了儒家道德实践中的一个重要转变，这就是儒家的道德完成，更多地借重于自我的精神反思，这是一种自我完善的过程，孟子称之为"养心""尽心""求放心"。孔子那里以礼的践履为主要方法方式，就是有一外在的依恃，可以用力的地方，到了孟子这里，就变成一种精神修持，内在用力了。正面的方法是"养心""尽心"，养心是保持固有的善性，尽心是扩充四端；反面的方法是"求放心"，把跑掉的心收回来。这是自我反思的精神过程。

　　崔大华还比较了孟子与孔子道德实践的一个重要差异，即对待功利的态度。前面说过，孔子"仁"的实践中既有道德义务，又有道德责任，

---

① 崔大华：《儒学引论》，第 50 页。
② 崔大华：《儒学引论》，第 50 页。

后者表现为事功。但在孟子这里，两个原则的排序不再是平行的，他把义务原则置于责任原则之上，从而变成彻底的道义论者。"在孟子看来，即使是仁义的实践，也只是把仁义当作目的本身，而不是当作为实现某种功利目的的手段时，这样的实践才是有价值的；由这种实践自然和必然地要产生某种具有功利性的社会后果，才是有善的价值，才是可被接受和肯定的。"① 也就是说，利是实践仁义的副产品，它本身不是目的。如果行仁义能够带来利，那就接受；如果行仁义不能带来利，甚至还会带来伤害牺牲，那也要接受。功利只是行仁义或由仁义行的自然结果，不是一种主动的追求。可以看出，经过崔大华的诠释，确认在心性层面上孟子主要在三个方面发展了孔子：确认和论证人性善，发展出内向的修养方法，将孔子的道德实践由双原则并立改为道义支配论。他并指出，"这样，相对于原始儒家思想，孟子思想表现出了自己新的特色、新的方向，我们将会看到，在以后儒学思想的存在和发展中，在相当程度上这个特色逐渐成为儒学的基本特色；修正、摆脱这个方向或者坚持并深化这个方向，在不太严格的意义上说，也正是儒学思想发展的一种内在动力和理论表现"②。孟子的发展将儒学理论深刻化、系统化，同时也窄化、极端化，这必然丧失掉一种包容性、一种适用性。彻底的道义论者，更适合成为思想在野党、政治理想主义者。因为不求功利意味着可以接受死亡，这对于个体而言是可以接受甚至尊重的，但是对于族群而言，生存是第一位的，"杀身成仁"不能成为所有人的行为原则，因此，必须给异己思想留下空间。孟子的发展既确定了儒学的新方向，也构成儒学内部的思想张力。

孟子在超越层面上的发展，崔大华将其归纳为"行法俟命"③。他认为孟子心性层面上的结论用于超越层面，就构成他对孔子超越层面的发展，"就是由'知天命'到'行法俟命'"④。"在孟子思想中，'天''命'都指一种独立于人的主观努力之外的、超越于人之本性固有的外在

---

① 崔大华：《儒学引论》，第 52~53 页。
② 崔大华：《儒学引论》，第 53 页。
③ 崔大华：《儒学引论》，第 53 页。
④ 崔大华：《儒学引论》，第 54 页。

客观必然性。"①"孟子认为，固有各种善的那种状态、那种存在是天，践履实现着各种善的是人。这样，在孟子这里，'知天命'就不再是单纯理性的认识过程和结果，而成为一种道德实践的过程和结果。"② 天是客观必然性的实在，命是客观必然性的表现。天是善的，但又是非人格的。"知天命"不是一种知识性的知，而是一种实践性的行，这种道德实践，是孟子式的向内用力的修身工夫。崔大华认为，孟子继承孔子天命观的理性主义特质，增加了世俗特质，"儒学的非信仰的宗教性和非宗教的伦理道德色彩都同时更加巩固和鲜明起来"③。对超越的追求既让人远离世俗，但内在超越的特性，又让人不离开世俗而追求。崔大华对于儒学超越层面的理性且世俗的特质，有着非常高的评价，他说："对超越的存在作理性的诠解和以道德实践来回应，是儒学最重要的、最本质的内涵和特征，在人类的文明史上，这是有效地、较好地解决引起人类最深刻的精神困惑或危机的方式或观念体系之一，是儒学对人类的重大贡献。"④ 儒学超越层面的理论与实践，实际上构筑起反宗教侵袭的一道防线，也塑造了中国文化的底色，即理性的和世俗的。

孟子在社会的层面上对孔子的发展，表现为"'仁政'的原则"⑤。孔子主张礼治，并围绕着礼来创新观念，扩大适用范围。孟子身处战国时代，周礼已被破坏殆尽，因而他的社会层面上的理论就不再强调礼的形式与实质的符合，而是要求当政者要行仁政，将心性层面的"不忍人之心"落实在施政上，表现为"不忍人之政"，即"仁政"。因为不以仁心施仁政，政权会崩溃，权力会转移，而且还是合理的转移，即不是弑君、不是篡位。⑥"显然，孟子的这个仁政思想蕴涵着某种具有批判的和民本的精神的内容。"⑦ 崔大华归纳孟子批判和民本精神为三个原则。第一，定位

---

① 崔大华：《儒学引论》，第 54 页。
② 崔大华：《儒学引论》，第 54 页。
③ 崔大华：《儒学引论》，第 55 页。
④ 崔大华：《儒学引论》，第 55 页。
⑤ 崔大华：《儒学引论》，第 55 页。
⑥ 《孟子·梁惠王下》（孟子）曰："贼仁者谓之'贼'，贼义者谓之'残'。残贼之人谓之'一夫'。闻诛一夫纣矣，未闻弑君也。"
⑦ 崔大华：《儒学引论》，第 56 页。

原则——在位者当有仁，即仁者为王，对于当权者不仅要有外在约束，更要有内在的自我约束。第二，变位原则——失职者则变位。这赋予革命以合理性，是孟子思想中最具冲击力、最富批判性的思想。第三，异位关系原则——义务对等。当君不把臣当臣时，臣也不把君当君。臣子的行为某种程度上是君所自取，是自己行为的结果。"应该说，孟子思想在社会层面上的这些思想观点，是儒家思想中最富有批判性和民主性色彩的理论观点，并且也是以后在儒家思想指导下的中国社会政治实现成长变迁和自我调节机制的理论原点。儒家思想的生命力和实践范围都从孟子这里得到进一步的开拓。"① 孟子的理想主义与批判精神，是孟子赋予儒学的鲜明特征，也是儒学史上的思想高峰。

2. 荀子的变异

崔大华认为，荀子与孟子一样，也以孔子事业继承人自居，但他将孟子视为论敌，排斥和批判孟子，"正说明他是从与孟子不同的和对立的方面来发展孔子儒学的"②。

荀子在社会的层面上对孔子的发展，表现为他对"礼之人性根源及功能"③ 的探讨。崔大华认为，荀子也是从人自身寻找礼的根源，但与孔孟不同，"荀子是从人的自然本性（人性）和人的社会特性（人类）两个不同的层次或方面探索了'礼'的根源"④。这一探讨产生三个观点。一是人的自然欲望与社会生活，是礼产生的最终根源。二是礼的本质内涵是"分"。三是礼是人为的，先王制礼以控制欲望，维持秩序。⑤ 崔大华认为，"荀子关于礼的这些思想观点，使从殷周之际观念变迁中形成和在孔子儒学中丰富发展起来的思想观念，获得了新的理性自觉内容"⑥。荀子是从人作为感性存在的生存需要出发，探讨礼产生的根源，这就不是一种玄虚的、脱离生活实际的说辞，因此是一种儒家理性自觉的表现。作为事实的礼早已存在，但如何理解这种存在？它是如何产生的？荀子的探讨是

---

① 崔大华：《儒学引论》，第 57 页。
② 崔大华：《儒学引论》，第 59 页。
③ 崔大华：《儒学引论》，第 59 页。
④ 崔大华：《儒学引论》，第 60 页。
⑤ 见崔大华《儒学引论》，第 60 页。
⑥ 崔大华：《儒学引论》，第 60 页。

对事实的一种理论解释，是一种带有理论假设的探索。崔大华评价荀子的礼的理论"是对孔子思想社会层面上的礼的思想观念的一种深化"①，这是完全符合事实的。同时，他也指出，这种深化，又是对孔子礼的思想的变异和修正，因为"他把礼的最后根源追溯到人的物质欲望"②。孔子追溯礼之本，是从人的情感入手，向内发掘，荀子则从人的动物性与社会的秩序性寻找答案，则礼就不是基于情感的自律，而是基于欲望的他律。荀子是以孔子继承人自居的，既如此，那么他一定要在孔子最重要（他所认为的）思想方面有所发展，在他看来（其实也是战国时代普遍的观点），礼是儒家最重要的思想旗帜，而他要说清楚礼为什么是必需的，礼治为什么是合理的。他预设了一个人人为利驱使的自然状态，以此为前提去说明礼为什么对于人类的存续是必需的。崔大华指出，"在荀子这里，礼义的本质内容和功能是确定人伦秩序，节制人的欲望本性"③。这就是荀子所坚信的礼治的合理性所在。在"礼之本"上的歧异，导致了荀子对孔子儒学的重要转变。崔大华认为有两个方面。其一，礼在荀子那里是作为统治者治理的工具提出来的，因此"'礼'实现的价值追求不再主要是一种伦理道德性质的，而是一种功利性质的了"④。其二，"荀子把'礼'视为一种'正国'的工具，这样，在荀子思想里，另一种治理国家社会的手段、工具——'法'就突出并与'礼'接近起来"⑤。礼的工具性、功利性被突出出来，礼治接近法治，而"在理性自觉基础上的伦理道德实践是孔子儒学最基本的社会实践和理论方向，荀子思想在社会层面上的礼的观点，具有明显的功利主义、法治主义倾向，离开了孔子儒学的这个实践和方向，而走近了法家的樊篱"⑥。在战国末期思想舞台上百家争鸣仍在继续，而政治舞台上秦国一统大势所趋的情况下，荀子要思考的问题是，儒学如何能够既保持自己的面貌，又能够见用于即将完成统一的秦国当权者。他的理论修正有着明确的现实依据和目标：依据是秦国虽然

---

① 崔大华：《儒学引论》，第61页。
② 崔大华：《儒学引论》，第61页。
③ 崔大华：《儒学引论》，第61页。
④ 崔大华：《儒学引论》，第62页。
⑤ 崔大华：《儒学引论》，第62页。
⑥ 崔大华：《儒学引论》，第62页。

强大，但是没有以礼治国，不重视儒者，从而潜藏着危机；目标是使儒学在秦国实现统一后接替法家，成为新官学。

在心性的层面上，崔大华认为荀子也表现出对于孔子儒学歧异性的发展。荀子能称为儒家，因为他对于道德伦理实践与孟子一样，也有着极大的热情与坚定的信念，但与孟子主张"性善"相反，他主张"性恶"。崔大华认为，荀子所理解的性是"人的初始的、自然性质的本能"①。这种本能就是人作为动物的欲望，称为情。情是性的外在表现，因此荀子就以情定义和说明性。他认为荀子对于性恶的论证较之孟子性善的论证，"在经验基础和逻辑论证上都要确实些、坚强些"②。虽然如此，但也有不足，他认为如果说孟子性善论的问题在于"僻而无类"，那么荀子性恶论的问题在于"曲而不全"。③ "他把人性在初始的、自然的、生理性的一些表现当作人性的全部内容。"④ 崔大华认为，这个判定的弊病在于，它没有认识到人的初始和自然表现在不同环境、不同历史阶段会有不同，具体到个人，这种初始状态也不是一成不变的，而是会发展变化的，"这些就人类来说是进化着的，就个人来说是生长着的内容，也是人性的固有成分"⑤。也就是说，他的人性论存在着片面和僵化的弊端，并且理论内部也难以自洽。因为恶只是初始状态，他还是主张化性起伪的，他认为"涂之人百姓，积善而全尽，谓之圣人"（《荀子·儒效》），若人性中没有善的根由，则如何无中生有？

由于主张人性恶，在道德实践中，荀子与孟子的方法也截然不同。性恶是事实，善是目标，则"善的实现过程，就是对人性进行人为的改造过程"⑥。这个实践荀子称为"化性而起伪"（《性恶》），伪"就是指礼义等社会伦理道德规范"⑦。孟子是向内用力，扩充四端，荀子则向外求取，强调学与积。在人性论上，孔子主张"性相近，习相远"（《阳

---

① 崔大华：《儒学引论》，第 66 页。
② 崔大华：《儒学引论》，第 66 页。
③ 见崔大华《儒学引论》，第 66~67 页。
④ 崔大华：《儒学引论》，第 67 页。
⑤ 崔大华：《儒学引论》，第 67 页。
⑥ 崔大华：《儒学引论》，第 67 页。
⑦ 崔大华：《儒学引论》，第 67 页。

货》），孟子与荀子都以孔子继承人自居，但他们在人性论上观点相左。崔大华认为，以孔子为原点，则"荀子和孟子的距离相等，但方向相反"①。表现在工夫修养论上，孟子要养性，荀子要化性，孟子要收回放逸的心，荀子要远离人之本性。② 从理论的彻底性来看，孟子在理论上更能自洽，从实践层面来看，荀子的理论可操作性更强。

崔大华还比较了荀子对于人心的观察和分析。主要有三个方面：第一，"心"为"天君"；第二，"心"如"盘水"；第三，"心有征知"与"心可知'道'"。总的来说，从荀子对于心的这些观点来看，他的心"不是一个道德属性的实体，而是一个知觉属性的实体"③。既然如此，他衡量人格发展和成熟的尺度，就不是道德，而是知识或智慧。他所理解的圣人，就不同于孟子。孟子的最高人格表现为道德的践履与完成，荀子的圣人"实际上是最高的智慧人格，而不是最高的道德人格"④。儒家圣人的特征是仁且知，孟子抓前一个，荀子抓后一个。孟子教人信任自己的良知，荀子教人尊师隆道。崔大华对于孟荀圣人观的差异的判断非常重要，孟荀的差异在儒学史上具有划时代意义。

崔大华分析了荀子心性层面上与孔子儒学产生差异的原因，他认为是因为荀子"在两个基本观念上感受了道家思想影响的结果"⑤。第一，"心"的本然的、自然的性质。第二，"心"的最高认识对象，"只有知道才是最高人格的精神境界"⑥。荀子的心是生理之心，不是道德之心，道是心的最高认识对象。荀子主观上是儒家伦理道德的拥护者与实践者，但在客观上，他的理论不能完全支持他的主观愿望。这种偏离是儒家浸染道家思想的结果。

在超越的层面上，崔大华认为荀子对孔子儒学的变异更大，大到是一种将"天命完全消解的变革"⑦。儒学深层结构中的宗教性内容，在荀子

---

① 崔大华：《儒学引论》，第 68 页。
② 《荀子·不苟》：长迁而不反其初。
③ 崔大华：《儒学引论》，第 70 页。
④ 崔大华：《儒学引论》，第 71 页。
⑤ 崔大华：《儒学引论》，第 71 页。
⑥ 崔大华：《儒学引论》，第 71 页。
⑦ 崔大华：《儒学引论》，第 72 页。

这里几乎被清理净尽，荀子是古代的大理性主义者。崔大华认为，天命是儒学思想中最高的理论层面，它"是对决定人生命运的那种客观必然性的觉悟"①，对天命的体认兼具理性与超理性因素。他认为"'知天命'是儒学理论和实践上的最大疑难点和空白点。儒学的历史表明，怀疑和创造都在这里滋生"②。也就是说，"知天命"既是个体真实的经验，但又无法直接传授。就算听了无数人的经验，也无法直接化为自己的体验，而只能靠自己亲身去实践。因此，对于天命的体认既是真实的，又带有神秘色彩。他认为，孟子"是用天人合一的理论、道德实践的方法来填补这个空白，解决这个疑难的"③。荀子则是以取消问题的方式解决了这个问题。崔大华指出，荀子"从两个基本点上变异了、修改了原始儒学的'天命'或'天'的观点"④。第一，以自然性的"天"代替了超越性的"天命"。超越性的天命是由人来承担的，它的内容是伦理道德。人作为伦理道德的化身、代言人，而承担起传承它的使命。荀子的天是自然之天，自然之天是公共的、可以理性认识的，那些认识是可以传授的，这就消除了天命的神秘感与实践中的个体性，则所谓超越性的层面，也就不成其为超越性的了。第二，以可被经验科学认识和利用的"天"的规律性（"常"或"道"）代替作为哲学理性和道德实践对象的、不可驾驭的"天命"之必然性。相比而言，孔孟的"知天命"是理想主义者处理理想与现实差距的理性自觉与精神境界。而荀子作为现实主义者，他认为个人行为的结果是由行为本身导致，由个人负完全的责任，不将失意归之于天。他没有把天拟人化，他似乎是中国古代最接近于近代科学对于天人关系理解的思想家。崔大华认为荀子天的观念受到道家"道"的思想影响，荀子"从道家思想中获得一种世界最高本质或根源的理性观念"⑤。天是不以人的意志而变化的客观存在，它可以为人所认识和利用。崔大华高度评价荀子的天论，称其"是对人的伟大的礼赞，是对人的理性最充分的肯定"⑥。他

---

① 崔大华：《儒学引论》，第 72 页。
② 崔大华：《儒学引论》，第 72 页。
③ 崔大华：《儒学引论》，第 72~73 页。
④ 崔大华：《儒学引论》，第 73 页。
⑤ 崔大华：《儒学引论》，第 75 页。
⑥ 崔大华：《儒学引论》，第 75 页。

还充满感情地说，"在人与自然的关系这个论题的范围内，荀子的论证和论断所显示的精彩而深刻的智慧实在令人神往、折腰"①。但同时他也指出，荀子思想作为儒学在先秦的一个发展，无法得到肯定的评价。也就是说，荀子思想本身具有高度的理论价值，但荀子之于儒学，则是一种歧异式发展，甚至是异端，而不是一种发展。荀子是别宗，不是正宗的儒学。他引用朱熹和陆九渊对荀子的评价，认为他们的否定式评价，是"因为荀子思想的确深刻地动摇、破坏着儒学"②。他列出两点说明。一是荀子消解天命，也消解了儒学的意义空间。它使儒学失去了现实之外的高远追求，"儒学不能提供具有深厚渊源的精神动力时，它就要消亡"③。儒学滞于现实而不能有更高追求时，它就会功利化，而在这方面它无法与墨家和法家竞争。二是他的天论导致他的修养目标指向智慧而不是道德，"这与孔子'知天命'或孟子'修身以俟命'所体现的那种始终把伦理道德的意识深化或自觉践履放在人生首要位置的儒家的生活方式，存在着对立与冲突"④。因此，崔大华判断荀子虽自称孔子追随者，但"他的思想之深层观念却发生了偏离孔子儒学的变异"⑤。

崔大华以三个理论层面上的发展，分析孟子和荀子思想，判断孟子对孔子是继承性发展，荀子对孔子是歧异性发展；孟子是儒学正统，荀子则是别宗。这样，儒学的理论结构就不仅是一个结论，还是一个方法，或者是一个标准，用它可以解析、判断儒学的发展。可以说，这也是崔大华儒学研究中的一个创造。

3. 《易传》的思想

崔大华考证《易传》的年代，认为"解说、阐发《易经》的著作，在战国中晚期就已经出现，但流传下来的今本'十翼'《易传》是秦汉之际的作品"⑥。这就是说，他把《易传》思想置于荀子之后来讨论。《易传》对于儒学的发展，崔大华认为首先是建构宇宙图景，弥补儒学之不

---

① 崔大华：《儒学引论》，第75页。
② 崔大华：《儒学引论》，第76页。
③ 崔大华：《儒学引论》，第76页。
④ 崔大华：《儒学引论》，第76页。
⑤ 崔大华：《儒学引论》，第77页。
⑥ 崔大华：《儒学引论》，第80页。

足。他判断"《易传》的宇宙图景是通过解说八卦或六十四卦这个独特的逻辑框架而表述出来的,并且显然是感受了道家思想的影响"①。他将《易传》的宇宙图景归纳为三个内容:其一,宇宙本源;其二,万物的生成与变化;其三,宇宙的构成或结构。崔大华认为,"在道家思想影响下而形成的《易传》的宇宙图景,改变了孔子儒家自然哲学思想十分薄弱的状况,无疑地,这是先秦儒家思想的重要发展"②。它拓展了儒家的观念背景,儒学的三个理论层面上的内容"在《易传》中也获得了具有新的理论观念内容的解释"③。

在心性修养论方面,他认为《易传》有两点不同。其一,关于道德根源和道德成长的观点。他认为与孔孟从内在找根源不同,"《易传》则在更宽广的宇宙背景中追寻德性根源并推演道德行为"④,道德有了来自自然的解释和理解。就道德实践而言,则"在儒学固有的践履社会伦常之道德情操外,更增益了对全部人生的进取态度和全体事物的宽容精神"⑤。《易传》提供了一个整体的观念,天地与人之间是息息相关的。它把人的道德观念投射到天地,把属人的东西赋予了自然,将其道德化,同时道德也反过来自然化。崔大华还特别指出,《易传》对于人的道德成长一个独到的观察,"即认为忧患意识在道德的形成中有重要意义"⑥。这就与孟子的不忍之心相区别,他认为"这是对儒学道德思想及其实践的一个有深远意义的发展"⑦。其二,关于最高道德境界的观点。《易传》中对"大人""圣人"的描述,崔大华认为是"智慧的化身"⑧,那种神乎其神的描述,更像是大巫的样子,不过崔大华认为虽然有幻想色彩,但却是"一种具有理性特质的哲学思想"⑨。

《易传》对儒学在社会层面上的发展,他从《易传》的伦理观与宗教

---

① 崔大华:《儒学引论》,第80页。
② 崔大华:《儒学引论》,第84页。
③ 崔大华:《儒学引论》,第83页。
④ 崔大华:《儒学引论》,第85页。
⑤ 崔大华:《儒学引论》,第85页。
⑥ 崔大华:《儒学引论》,第86页。
⑦ 崔大华:《儒学引论》,第88页。
⑧ 崔大华:《儒学引论》,第89页。
⑨ 崔大华:《儒学引论》,第89页。

观说明。《易传》在社会层面上将行为追溯到天地之道，不同于孔孟和荀子主要从人自身或人的本性来追溯，"可见，《易传》是以一种万物生成论和宇宙结构论的自然哲学观点来考察人类社会的"①。它把天地伦理化，则伦理也就自然化了，或者说是沾染了自然的必然性和合理性。他认为"在儒学理论的社会层面上，《易传》还有一个和先前儒学不同的思想观点，即在'礼''法'之外，《易传》还明确地、突出地提出了另一个维持、巩固社会伦理秩序和政治制度的手段——宗教，《易传》称之为'以神道设教'"②。《易传》肯定鬼神的存在，这与孔子的存疑态度大不相同。崔大华分析认为，"在像孔子儒学这样一个理性主义的但又缺乏自然哲学观念的思想体系里，鬼神是不能存在的。一方面，它既不能得到来自某种自然观的实在的说明；另一方面，理性的排斥也使它不可能作为一种信仰的对象而存在。这种情况在《易传》中有所改变"③。也即是说，孔子的理性主义思想体系没有自然哲学的支持，不能包容鬼神的存在，《易传》则把鬼神视为气的一种存在形态。鬼神是自然的一部分，这就在承认它的存在的同时，又否定了它的神圣性，"鬼神与天地、人是同一层面上的气的不同表现或存在样式"④。《易传》本来就是对《易经》的解释，《易经》是巫觋与鬼神沟通的产物，所以《易传》对《易经》就算是有改造，也是一种将鬼神理性化的改造，而不是否定鬼神。崔大华认为，《易传》宗教观念的特色，"既与非宗教的孔子儒学不同，又与以对某种超越的信仰为特征的典型宗教有区别"⑤，即呈现出功利性与非信仰的特征，这也是中国本土宗教的特色。

在超越的层面上，崔大华认为，"《易传》对儒学真正具有创造意义的发展，是它完全自觉地力图为认识孔子儒学超越层面上的天命提供一种逻辑方法或工具——易"⑥。如何"知天命"，孔子未能明确说明过程，孟子是通过道德实践，荀子是取消问题，《易传》则走了另外一条路，就是

---

① 崔大华：《儒学引论》，第90页。
② 崔大华：《儒学引论》，第91页。
③ 崔大华：《儒学引论》，第91页。
④ 崔大华：《儒学引论》，第91页。
⑤ 崔大华：《儒学引论》，第92页。
⑥ 崔大华：《儒学引论》，第92页。

"用《易》这个逻辑推演的工具"①，来认识天命。崔大华认为其中的原因在于，在《易传》作者那里，"世界的总体的存在状态和规律性，世界的一切可能性和必然性，是可以通过《易》来认识和掌握的，在《易传》作者看来，也就是'知命'"②。这是《易传》的知命逻辑。《易传》充实发展了孔子儒学的"天命观"，表现在三个方面。第一，《易传》的"命"（"天命"）乃是一种包容阴阳（天道）、刚柔（地道）、仁义（人道）的世界总体的存在，因而也是在任何个体之上的超越性质的存在。命是世界总体，是无法改变的必然性力量。第二，《易传》的"知命"或"至于命"，是指一种"不违""不过""不忧"的极高的智慧程度和精神境界。知命意味着极高的知识与境界。第三，《易传》的最为特出之处，是在于将孔子儒学"知天命"的理性过程具体化了，甚至可以说是程序化、术数化了。《易传》的天命论，虽然有许多新的发展，但是崔大华认为，由于它既是世俗的，又是超越的，因此它表现的仍是"以儒学为主体的中国传统思想文化的根本特色"③。

4.《礼记》的思想

崔大华认为《礼记》是"秦汉之际和汉代初期的儒家学者的著述"④，因此是荀子之后形成的儒家思潮。它在儒学的三个理论层面上"都有与孔子儒学及孟子、荀子儒学思想不同的变化、发展"⑤。

在社会层面上，《礼记》从宇宙背景中追溯礼的根源。《礼记》将礼的合理性归于"天之道""大一"，崔大华认为这"显然具有在人之外、之上的作为万物最后根源的某种最高存在的性质"⑥。这是对礼的神圣性、合理性的一种论证。荀子和孟子虽然方向不同，但都给自然留下了独立空间，《易传》援道入儒，自然就被伦理化，就可以成为伦理的根源了。崔大华判断，"先秦儒学关于'礼'的产生根源的思想这种变化，反映了'礼'作为一种道德规范或行为规范在当时的社会生活中

---

① 崔大华：《儒学引论》，第92页。
② 崔大华：《儒学引论》，第94页。
③ 崔大华：《儒学引论》，第96页。
④ 崔大华：《儒学引论》，第99页。
⑤ 崔大华：《儒学引论》，第99页。
⑥ 崔大华：《儒学引论》，第100页。

逐渐被强化的历史过程"①。这一变化在礼的社会功能中也反映出来。他观察到三个方面，可概括如下：一是礼的社会功能扩展，几乎囊括了社会生活的方方面面；二是最重要的功能是维持政治制度稳定；三是礼的功能具有工具性，是君之大柄。② 这样一来，在孔子那里的践行礼的自觉精神，就消失了。礼就变成生活习俗、思想传统，成为人们被动服从的规范，"最终形成一种儒家文化的礼的生活方式的特征——似法而非法，无法而有法"③。这就是将礼法制化、礼、法同质化，与孔子的主张大不相同。崔大华还注意到《礼记》对社会生活实践的全面观察和概括。他认为有三个方面，可概括如下：一是礼与乐构筑一个周延的实践领域；二是礼作为治理工具，要与乐、政、刑一起发挥作用；三是《礼记》将血缘宗法之外的关系纳入伦理关系之中，包括非血缘的人伦关系，以及人与自然的关系。④ "《礼记》确定的伦理范围，使儒家的以伦理道德实践为主要内容的社会生活也具有某种向人自身以外开放、发展的内在因素。"⑤ 将自然纳入伦理关系中，这意味着自然不是一个征服对象，而是人的责任的对象。《礼记》在社会层面上的发展，还体现在它描述了"人类的历史图景"⑥。与孔子、孟子、荀子相比，《礼记·礼运》中的历史图景的不同之处在于，第一，《礼记》明确地以"天下为公"与"天下为家"，或者说从禅让制（选举制）或传子制（世袭制）作为一种标志，将"三代"与"五帝"俨然划分为两个完全不同的时代、不同的社会，但《礼记》以前的儒学没有这样的思想观念。第二，《礼记》明显地是将有无礼法规范制度、有无私人财产作为区分"大道之行"与"大道既隐"两个不同时代社会的两个实际标准。但这一思想观念也是《礼记》以前的儒家所没有的。崔大华认为，《礼记》之前的儒家也有历史感，但他们关于礼的观察限于有礼之后的变化，而《礼记》则观察到礼从无到有的变化。这似乎也表明，以主张等级制度著称的儒家，也赞赏没有等级制度的社会。崔大

---

① 崔大华：《儒学引论》，第 100 页。
② 见崔大华《儒学引论》，第 101 页。
③ 崔大华：《儒学引论》，第 102 页。
④ 见崔大华《儒学引论》，第 102~104 页。
⑤ 崔大华：《儒学引论》，第 104 页。
⑥ 崔大华：《儒学引论》，第 104 页。

华将这种历史图景与庄子的描述对比，认为《礼记》这一历史图景"相似于道家"①，并为后来的儒家所接受。

《礼记》在心性层面上的发展，崔大华认为是在孟子和荀子之外，"确定了另外一个原点，另外一条修养路线"②。《礼记》不对道德情感表现作价值性判断，它作出的是静、中的存在性描述。在这个描述里，人性在未受外物诱发时的情感和欲望是无所谓善或恶的，而当感物而动之后，所发的喜怒哀乐，合于规范的就是正当的，不合规范的就是有害的。这更近于《性自命出》的人性论。《礼记》的修养方法，与孟子和荀子的不同之处在于，第一，如果说在完成道德修养中，孟子强调对道德感情的培养、触发，荀子强调知的认识能力的运用，那么，《礼记》则强调一种信心或信念的确立——"诚"，其最高境界是"通过成己、成物的诚而达到与天地参的圣人境界"③。孟子强调道德情感的培养，重仁，荀子强调认知能力的运用，重智，孟子天人合一，荀子天人相分，《礼记》则似乎综合了孟荀，人与天既不是合，也不是分，而是相参，人是万物生成发展的一个因素。第二，《礼记》的精神道德修养方法途径与先前儒学相比的另一个显著不同或发展之处，是它更周延地提出或者说规划了完成道德实践或提高道德修养——修身的阶段或过程，即把修身的阶段性或过程性明确表述出来。它表现在《大学》的修齐治平和《中庸》的修身事亲知人知天，这些都增强了儒家修养方法的可操作性。崔大华认为《礼记》修养方法的特色有三。一是理性的特色。因为它修身的起点是"格物致知"，这是对事物的一种理性认识。二是功利的特色。它从修身开始，指向齐家治国平天下，表现出功利追求。三是开放的特色。它的修养方法由近至远、由低到高，表现出从个体修养到社会功利再到超越性追求的不断升越的历程。如同高山吸引人攀爬一样，这样的实践目标也会是人们精神动力的来源。崔大华认为《礼记》中的重要篇目如《乐记》《大学》《中庸》，它们的性情论、修养方法和精神境界，"构成了此后儒学心性理论的主要论题"④。

---

① 崔大华：《儒学引论》，第 107 页。
② 崔大华：《儒学引论》，第 109 页。
③ 崔大华：《儒学引论》，第 110 页。
④ 崔大华：《儒学引论》，第 114 页。

第四章 儒学研究

289

《礼记》在超越层面上的发展，崔大华认为，《礼记》中"'命'（'天命'）的超越性质似乎是削弱了、消失了"①。《礼记》中的命是事物固有的本性、本分，命是客观的实在性。孔子和孟子的天命都需要个体体验和承担，具有个人经验性，难以学习和复制，《礼记》则似乎将它客观化，同时也普遍化了，"它不仅是指从人的社会经历中升华出来的某种非人力所能左右的客观必然性，也是从人的生存自然环境中升华出来非人格的永恒的根源"②。这个过程就是把属于人的情感、意志向外投射给天，把天变成可以理解、沟通的存在，即把天义理化，然后再把这个义理之天作为伦理观念的根据，天或天命就被赋予自然性、客观性，就是不可置疑的了。如果完整考察这个过程，它其实是一种循环论证。

崔大华将儒学的理论结构作为一个分析方法，讨论孔子之后儒学的发展，认为其意义有三。第一，孔子儒学三个理论层上的问题都得到了具有新的理论深度、新的理论内容的探讨。第二，原始儒学的理论空缺得到填充。第三，显示儒学理论的三个方向。儒学的理论思维向人本身（人心、人性）深入、向社会深入、向超越（"天道""天命"）深入。也就是在儒学的三个理论层面上深入发展，从而为儒学以后的发展奠定基础。

二 儒学的学术基础：经学

孔子儒学经由战国至秦汉之际，理论得到发展，并留下典籍资料，这是后来儒学发展的经典基础。秦汉之后以经学为基础，吸收异己思想，不断进行理论更新，形成几个思想体系，即汉代儒学、魏晋玄学、宋明理学，崔大华分别称之为汉代天人之学、魏晋自然之学、宋明性理之学。儒家经学是儒家哲学的学术基础，在哲学之前，他首先考察了经学的历史与内容。

（一）经学的历史发展

崔大华首先考察了儒家经典从战国时代的六经（诗、书、礼、乐、

---

① 崔大华：《儒学引论》，第115页。
② 崔大华：《儒学引论》，第117页。

易、春秋），到南宋孝宗时的十三经（六易、书、诗、三礼、春秋三传、论语、孝经、尔雅、孟子）的发展，认为经学就是"历代儒家学者围绕经典所作出的汪洋浩瀚的诠释（传注、经疏、考论等）"①。经学的历史最为清晰的三个阶段是汉代、宋代、清代。

1. 汉代今古文经学

汉代经学最引人瞩目的是今文经学与古文经学之争。今古文之争最初缘于文字差异，即书写文字是古文（古籀文）或今文（隶书）的不同，后来被总结为六个方面的差异。② 另外，在名物制度的训释上也有不同③，但到东汉郑玄时，今古文之间的界线变得模糊起来。他认为"郑玄注经，兼采今古文字，兼援今古文义"。他特别以郑玄笺注《仪礼》和《毛诗》为例说明。④ 郑玄之后的王肃也是"兼采、混和今古文"⑤，但却故意与郑玄反着来，造成经学史上的郑、王对立。这是立场先行的结果。他认为"南北朝时的南学与北学的对立也具有这样的性质"⑥。"唐代是经学的汉学阶段的最后时期，其特色是经学的今古文对立和南北学对立渐趋消失而归于统一。"⑦ 其主要表现有二：一是五经正义中既有古文、北学，也有今文、南学的成果；二是唐人的义疏中对古今文歧异之处进行融汇或给予公允评断。⑧ 也就是说，经学的汉代阶段，时间上是从汉代到唐代，其历程则是经学的今古文从对立到融合的过程。

2. 宋学

经学到了宋代，呈现出与汉代截然不同的时代特色，崔大华将其归纳为两个方面。第一，宋学中弥漫着对儒家经典本身的神圣性及汉儒经说的权威性表示怀疑的思潮。他举出大量例子说明宋人是如何疑经、删经、改经、裂经的。⑨ 第二，宋学经说中的义理充斥着极度强化了的伦理观念。

---

① 崔大华：《儒学引论》，第 127 页。
② 见崔大华《儒学引论》，第 128 页。
③ 见崔大华《儒学引论》，第 129 页。
④ 见崔大华《儒学引论》，第 130 页。
⑤ 崔大华：《儒学引论》，第 130 页。
⑥ 崔大华：《儒学引论》，第 131 页。
⑦ 崔大华：《儒学引论》，第 131 页。
⑧ 见崔大华《儒学引论》，第 131~132 页。
⑨ 见崔大华《儒学引论》，第 133~135 页。

这是因为宋代的经学家很多是理学家，以伦理观念看待经典，是当然之义。宋代经学伦理特色的表现，可归纳为两个方面：其一是对文王称王、周公摄政的解释，理学家认为都是以臣犯君之举，不予认可，不接受这种理念，因而就不承认那个事实；其二是对《诗经·国风》中一些爱情诗篇的诠释，汉学对于那些不符合伦理的诗，会说那是讥刺之诗，理学家则板起脸来，说这是淫奔之诗。① 崔大华认为宋代经学的这两个特点根源于宋代理学的特色，即"理学是理性程度很高的学术思潮""理学也是伦理道德观念极强的儒学思潮"②。这个解释是符合事实的。

3. 清学

崔大华判断经学的清代阶段是一个"新的繁荣阶段"，"也是一个空前绝后的阶段"。③ 它的特色有二：第一，经疏中博引广征，务求实据；第二，经疏中以文字学，特别是以音韵学为基础。王引之的《经义述闻》，用这种方法破解 2000 余条汉代以来的经文和传注中的疑难，崔大华称赞其"堪为清代经学最重要收获"④。他认为清代经学分为三个阶段：清初重心在考证辨伪，乾嘉时期吴派与皖派像是汉代古文与今文的对立，嘉庆、道光之后庄存与、刘逢禄、陈乔枞等人的学术则向西汉今文经学回归。⑤ 近代经学最后的代表人物是康有为和章太炎，"他俩不仅在政治上，而且在学术上都是对立的"⑥。崔大华认为他们学术上的对立没有越出今古文之争，但也不是今古文之争所能容纳的。⑦ 这是因为学术因应时代需要而有了新的发展。

（二）经学的学术内容

崔大华认为，经学在全部中国传统学术中规模最大，《四库全书》中经部占了一半多，其内容分为四个层次，即本经、传注、疏解、经传衍生

---

① 见崔大华《儒学引论》，第 135~137 页。
② 崔大华：《儒学引论》，第 137 页。
③ 崔大华：《儒学引论》，第 138 页。
④ 崔大华：《儒学引论》，第 141 页。
⑤ 见崔大华《儒学引论》，第 141~145 页。
⑥ 崔大华：《儒学引论》，第 145 页。
⑦ 见崔大华《儒学引论》，第 145 页。

作品。清代经学数量多，内容既广且精，空前绝后。① 他介绍经学内容时，主要注意力放在"经学中存在的儒学理论生长点"②，而从训诂、诠释、考辨三个方面入手考察。

1. 训诂

训诂，就是用今人通晓的语言来解释经典中古人的语言，包括字的音义，以及名物、制度的意思。

（1）字词训解

对于字词的训解，主要是"注其音，训其义，辨其误"③。崔大华总结出几种正音读的体例，如用"读如"比拟其音，用"读为"破其假借，用"当为"定其形音之误。④ "经典中的语言声误，有时是属于方言、方音的语言现象，这一点也为经学家所破释。"⑤ 它说明文字记录语言，若不辨其正读，就会将方言书面化，带来阅读和理解上的障碍。解释字词之义的方法包括"形训、音训、义训三种"⑥，即以形定义、以音见义、以义训义，其中以义训义又包括了以同义词训释和下定义的方式训释。⑦

（2）名物、制度训释

名物、制度训释即对专有名词的解释，"名物是含有特定内容的事物名号，制度是具有制约性的各种社会规范、规则"⑧。崔大华总结经学家的训释依据有三：第一，儒家先师之言；第二，古代典籍；第三，时制世俗。在遇到疑难的时候，他们的处理办法有二：一是绝训，用"未闻"⑨来处理，不作解释；二是有歧异，需要"对这种歧异作出解释，消解矛盾"⑩。他举出重要的歧异有封国之制、畿服之制、庙制。⑪ 这一小节内容

---

① 见崔大华《儒学引论》，第 146~147 页。
② 崔大华：《儒学引论》，第 147 页。
③ 崔大华：《儒学引论》，第 148 页。
④ 见崔大华《儒学引论》，第 149 页。
⑤ 崔大华：《儒学引论》，第 149 页。
⑥ 崔大华：《儒学引论》，第 149 页。
⑦ 见崔大华《儒学引论》，第 149~150 页。
⑧ 崔大华：《儒学引论》，第 150 页。
⑨ 崔大华：《儒学引论》，第 154 页。
⑩ 崔大华：《儒学引论》，第 154 页。
⑪ 崔大华：《儒学引论》，第 154~156 页。

中他列出大量例子印证自己的结论，显示出深厚的经学素养。他曾花费大量时间钻研经学，他在这里举的例子既丰富又很典型，可见他的功夫没有白费，对于后学来说，这也是一个重要启示，即儒学研究的基础在经学。

（3）训诂进展之表现

训诂如何推进经学发展？崔大华认为有三种学术现象可以说明，即歧解、盈解、确解。

歧解即对同一字句有不同的解释。形成歧解的原因有四个方面："句读""读音""歧义"①"异据"②。盈解是在原有的解释之外"增益新的、更丰富的内涵"③。他认为，形成盈解的原因在于"更广泛的文献典籍材料或更细密的文字音韵理论"④。确解是以往经学家的误解和绝训"在后代经学家那里被纠正、被破释，得到确解"⑤。

2. 义理诠释

义理诠释即以微言阐说经典之大义。

（1）基本模式

崔大华将诠释模式归约为三点：指示宗旨、发明条例、注入义理。⑥"指示宗旨"是指出某部经典的著作宗旨，比如《礼记·经解》《荀子·儒效》中对于六经宗旨的说明，他还将《五经正义·序》中各经的内涵和功能列表说明。⑦"发明条例"是归纳各经内容，提出"具有规律性的范式和原则"⑧，以方便阅读经典时理解作者的意图。

除了以上总体和规律性的方法外，还有随文注释时注入义理这个方法。崔大华认为包括三类观念："道德义理"⑨"阴阳五行"⑩"天人相

① 崔大华：《儒学引论》，第 157 页。
② 崔大华：《儒学引论》，第 158 页。
③ 崔大华：《儒学引论》，第 159 页。
④ 崔大华：《儒学引论》，第 159 页。
⑤ 崔大华：《儒学引论》，第 160 页。
⑥ 见崔大华《儒学引论》，第 163 页。
⑦ 见崔大华《儒学引论》，第 164～166 页。
⑧ 崔大华：《儒学引论》，第 166 页。
⑨ 崔大华：《儒学引论》，第 174 页。
⑩ 崔大华：《儒学引论》，第 176 页。

应"①，也就是始于孔子的道德义理观念、孔子以后形成的阴阳五行观念、沟通天人的天人相应观念。崔大华认为，经学家诠释经典时的注入义理，与纬学、玄学、理学，也就是儒学的理论形态之间，存在着"可以作出区分的界限"②。他的论述可归纳为两点，一是儒学理论形态主要是引入儒外观念更新儒学的结果。二是对于经学而言，这些理论观念只是解释经典的工具，并不对它们本身作诠释。儒学理论形态则是引入儒外观念诠释这些理论观念。③ 注入理论观念的三类观念，其实是"我注六经"时的那个"我"。当注者带着道德义理、阴阳五行、天人相应的"前见"去读经典时，就会将这些观念注入经典中，经典就烙上了"我"的印记。

以上三种方法是经典诠释的共通方法，但各经典在诠释中，由于经学家的理论立场不同，又有不同的义理内容或特色，这在《诗经》《春秋》《周易》三部经典中较为典型。崔大华以之为例进行说明。

（2）《诗经》之义释模式

崔大华认为，《诗经》的释义存在三种理论立场，即"伦理的、历史的、文学的"④。《毛诗》较多地从伦理的和历史的角度诠释，朱熹《诗集传》又有文学视角。不过他认为，在《诗经》的诠释中，往往三种角度并存，而"由这三种立场的主次强弱的不同，产生不同的观念内容，显示出不同的学术特色"⑤。

（3）《春秋》之义释模式

崔大华认为《春秋》诠释模式有两类："历史角度与书法原则"⑥"记实原则"⑦。《春秋》三传中，《左传》侧重历史角度的记事，《公羊传》和《穀梁传》则更偏重书法原则，注重修辞和褒贬。"唐宋的经学家又补充了一个新的记实原则"⑧，它是唐宋经学家在批驳《公羊传》

---

① 崔大华：《儒学引论》，第 178 页。
② 崔大华：《儒学引论》，第 179 页。
③ 见崔大华《儒学引论》，第 179 页。
④ 崔大华：《儒学引论》，第 180 页。
⑤ 崔大华：《儒学引论》，第 184 页。
⑥ 崔大华：《儒学引论》，第 186 页。
⑦ 崔大华：《儒学引论》，第 187 页。
⑧ 崔大华：《儒学引论》，第 189 页。

《穀梁传》过于重视书法原则基础上增加的一个解释原则，即据实成文。

（4）《周易》之义释模式

崔大华总结为三个诠释角度："一曰义解"① "二曰象解"② "三曰数解"③。关于象解，他认为易学的理论系统虽然庞大，但其理论内容可归纳为三个方面：其一，建构具有内在联系、内在逻辑的六十四卦框架结构；其二，引进义理内容；其三，创拟体例。崔大华列出自汉代至宋代学者建构的四种逻辑框架，即八宫卦、虞翻卦变说、李之才卦变说、伏羲六十四卦次序图。④ 他们都致力于以六十四卦显现和推演万事万物，并且要清晰而严密。崔大华钻研了这些逻辑系统，并评价了它们各自的优长与不足。引进义理内容包括引入五行思想观念，天文、历律等科学知识。⑤ 创拟体例旨在沟通和解释六十四卦和一卦内各爻之间的联系，如汉易中的飞伏、旁通，还有互体、升降、半象。崔大华认为，这些创造都是为了使《周易》经传的"全部内容都能统一地被规则化地解释"⑥。也就是用自创的规则将《周易》的内容自洽起来，以达到解释和预测万事万物的目的。

数解主要是解释《易传》中关于揲蓍成卦操作中的几个数字。主要有三种解释。其一，五行生成说。这是郑玄提出的解释，他用阴阳五行和四时四方观念解释五十五这个数字与万物生成的关系，以金木水火土配一二三四五，称五行生数，以金木水火土配六七八九十，称五行成数，分别置于北南东西四方和中央。这样一来，天地万物就由五气（五行）生化出来了。⑦ 其二，太极图。把文字描写图示化，从无极而太极到阳动阴静再到五行，乾道成男，坤道成女，生化万物。其三，河图洛书。汉代学者一般以八卦为河图，五行为洛书，北宋刘牧则提出"图九书十"说，即

---

① 崔大华：《儒学引论》，第 189 页。
② 崔大华：《儒学引论》，第 189 页。
③ 崔大华：《儒学引论》，第 190 页。
④ 见崔大华《儒学引论》，第 191~201 页。
⑤ 见崔大华《儒学引论》，第 202 页。
⑥ 崔大华：《儒学引论》，第 210 页。
⑦ 见崔大华《儒学引论》，第 210~212 页。

九宫说的九个数为河图，五行生成说的十个数为洛书。朱熹、蔡元定则提出图十书九说。① 崔大华认为，宋易的河洛之学，是试图在其中"追寻《易传》中数的根源并给予一种天道的解释"②。

义理解以西汉费直、三国魏王弼、北宋程颐为代表。崔大华认为，"易学义理派用以注入义理、诠释《周易》经传的体例，基本上是沿袭《易传》的卦体、爻位等占筮体例，但对其也有所改造，主要是将其显化、规则化"③。这在王弼《周易略例》中有集中的表现，主要内容有二。第一，确定卦义。一卦中有一主爻，以其定该卦之义。第二，区分爻位，包括位、承乘、相应等体例。王弼《周易注》中所注入的义理，包括"事理与物理"④。程颐的《伊川易传》则"较多地从伦理的角度，较多地援引历史事实来诠释《周易》经传"⑤。因此，可以说，"事理、物理、伦理、史实是易学义理派注入《周易》经传的主要义理内容"⑥。

崔大华还比较了象数解和义理解的差异，他认为二者在"诠释方法和理论目标"⑦ 上存在差异，"象数派努力于在其所建构的逻辑框架中和诠释体例中，使《周易》经传中所描述的万种事象和吉凶判断，自动地合乎逻辑地显现出来；而义理派则借助基本上是《易传》中所已有的体例，通过理性推理，解释、说明《周易》中的事象和各种判断"⑧。他进一步分析二者的不同，认为"象数派追求的是一种对外在的必然即'天命'的把握，即通过《易》的周延的内在联系，逻辑地显示人世将发生的一切。义理派则是攀缘《易》中的几乎是全观的万种事象，全面地提高人对生活的理性自觉，臻于'仁'的实现"⑨。若从这个角度观察，则它们的差异又是相对的。正因为如此，在易学经学家那里，往往是两种方法兼而用之，比如郑玄和朱熹。崔大华总是能透过繁杂无比的经学诠释模

① 见崔大华《儒学引论》，第 214~217 页。
② 崔大华：《儒学引论》，第 217 页。
③ 崔大华：《儒学引论》，第 218 页。
④ 崔大华：《儒学引论》，第 219 页。
⑤ 崔大华：《儒学引论》，第 219 页。
⑥ 崔大华：《儒学引论》，第 220 页。
⑦ 崔大华：《儒学引论》，第 220 页。
⑧ 崔大华：《儒学引论》，第 220~221 页。
⑨ 崔大华：《儒学引论》，第 223 页。

式，以简驭繁，给出精准的评析。这个"简"就是他对儒学结构与特色的准确把握。

3. 考辨

考辨即考证和辨析经典的作者或编者是谁、篇目的真伪、文字的遗佚等，这也构成经学的一个内容。

（1）五经作者

对此问题经学家没有一致的答案，今人所能做的就是将以往的考证进行综合考察。关于《诗经》的作者，宋代以前认为是孔子，宋人疑经变古，还特别严肃，认为国风中有"淫诗"，说明《诗经》不是孔子删削的。关于《诗序》的作者，郑玄认为《大序》是子夏所作，《小序》是子夏、毛公合作。《诗经》三百篇的作者，可明确指出作者的有三十篇。①

《尚书》的作者问题，宋代以前认为是孔子编定，宋人疑古，朱熹认为孔子没有删，清人认为孔子作《尚书》。《书序》的作者，东汉马融、郑玄认为《书序》是孔子所作，朱熹则前后说法不一。②

三《礼》的作者问题，《仪礼》的作者，有孔子所作和周公所作两种看法，《礼记》的作者，有七十子后学所作和叔孙通所作两种说法，后者论据薄弱。《周礼》的作者，历代经学家质疑《周礼》不是周公所作。③

《周易》的作者问题，传统的观点，卦画方面是认为伏羲作八卦，六十四卦则有四种说法（伏羲、神农、夏禹、文王），文字方面是文王作卦辞，周公作爻辞，孔子作《易传》。崔大华认为，"在经学范围内，经学家关于《周易》之作者的这样三个问题的分歧，是无法消解的"④。因为这主要来自经典内部自身的矛盾。他们各取所需，可以立论，但不足以驳倒对方。宋代疑经变古，认为《易传》并不全由孔子所作，《彖》《象》为孔子所作，其余六篇为孔门弟子所作，但思想属于孔子。⑤

《春秋》及三《传》的作者问题，孟子和司马迁说孔子作《春秋》，

---

① 见崔大华《儒学引论》，第 224~227 页。
② 见崔大华《儒学引论》，第 228~229 页。
③ 见崔大华《儒学引论》，第 229~232 页。
④ 崔大华：《儒学引论》，第 233 页。
⑤ 见崔大华《儒学引论》，第 232~234 页。

指的是《春秋经》，宋代以后认为是编定，不是作。《公羊传》的作者，有两种说法：一种是经学家的说法，即认为作者是公羊寿；另一种是《春秋纬》的说法，认为是公羊高，后世主要采纳后者。《穀梁传》的作者，说法不一，有穀梁喜、穀梁淑、穀梁赤三个说法。《左传》的作者分歧更大，崔大华总结认为，关于《左传》作者的传统观点，实际上有三项内涵：一是《左传》为左丘明所作，其人姓氏为左，其名为丘明；二是左丘明是鲁之君子、鲁之太史，亦是孔子弟子辈；三是《左传》为解经（《春秋》）而作。传统的观点从唐代开始受到质疑，其论据归纳为四点。一是作者姓氏，到底是左还是左丘？他们认为作《国语》的左丘明姓左丘，《左传》的作者姓左，这两个不是同一个人。司马迁一边说"左丘失明，厥有国语"，一边又说"左丘明作《左氏春秋》"。这是自相矛盾的，左丘明不可能同时是《国语》和《左传》的作者。二是作者时代，他们根据《左传》所记史事，认为《左传》的作者是六国时人，不是春秋时代的人。三是书中名物，出现了很多春秋以后的名物、制度。四是书中之预言，多有应验在战国时代的预言。尤其是田氏代齐和三家分晋。这很明显是战国时代的人追溯春秋时代的事时的眼光，是后人视角。关于《左传》的作者，经学家们长于破而短于立。如果不是左丘明，那么《左传》的作者是谁呢？有人说是刘歆，有人则对传统观点修修补补，说六国事乃后人所续，说左是官名、地名等。[①] 与前面《周易》的作者问题相同，在经学领域内无法解决作者的问题。

（2）文字订正和篇目辨伪

关于文字订正，崔大华总结了三种情况：一是形近而误，如裸与貍；二是音近而误，如相近与禳祈；三是剥蚀而误，如《礼记·礼运》"其居人也由养"，"养"为"羲"字之误。

辨伪是考辨经典中的作假之处，指出原因，还原真貌。崔大华以《尚书》为例来说明。包括两类情况，一是考辨字句之伪。《尚书·酒诰》中"成王若曰"，马融认为"成"为衍字。二是考辨篇目之伪。《尚书》在流传过程中，经历了三次劫难：秦始皇焚书后，先秦《尚书》原本被

---

① 见崔大华《儒学引论》，第 235~242 页。

毁；西晋末年永嘉之乱（311 年）以后，西汉初年所出现的今文《尚书》丧失；唐代前期颁布新定五经（贞观七年，633 年）和五经正义（永徽四年，653 年）后，西汉中期出现的古文《尚书》又逐渐丧失。现存的只是东晋、南朝间出现的伪《孔传古文尚书》。① 始皇焚书，《尚书》被毁，但是经过口授流传下来。战乱丧失，应该是传授今文《尚书》的人或家族灭亡，造成失传。唐代官定版本流传，未被收录的版本就失传了。所以他总结的这几次劫难其实是几种典型的古书版本失传的原因。从宋代到清代，《孔传古文尚书》经过众多学者的艰苦努力才判定其中二十五篇为伪文。依据有三：一是文体之差异，二是内容之矛盾破绽，三是文献之渊源。崔大华最后作一总结，即经学中的辨伪，"唯有在这里所取得的成绩是突出的、独一无二的"②。

（3）佚文逸篇的钩索纂辑

这个工作是在比较中完成的，崔大华列出两种比较方法：一是现存某一典籍的篇目、篇数少于历史文献记载的同一典籍的篇目、篇数；二是秦或其他古代典籍中，出现了现存某一典籍中没有的文句、篇名。这种情况在《诗》《书》《礼》三经中较为突出。

逸《诗》，就是汉代以后失传的齐、鲁、韩三家诗说和三百篇外的逸《诗》。从南宋王应麟到清代陈乔枞再到王先谦，三家《诗》的辑佚完成，范家相则完成了逸《诗》的辑录。③

逸《书》，就是汉代确认有而此后逸失的篇目，因此《逸周书》不是逸《书》。它包括逸文的辑录和逸篇的补缀。清代孙星衍集大成。④

逸《礼》，就是佚失的《仪礼》和《周礼》中缺失的《冬官》。清代刘师培辑录的逸《礼》最多。《周礼》的残缺有三种补缀方法，就是从既存的《周礼》中割取一部分来补足，但更多的经学家承认《冬官》亡佚的事实。⑤

---

① 见崔大华《儒学引论》，第 244 页。
② 崔大华：《儒学引论》，第 247 页。
③ 见崔大华《儒学引论》，第 248~249 页。
④ 见崔大华《儒学引论》，第 249~252 页。
⑤ 见崔大华《儒学引论》，第 252~254 页。

崔大华对于经学历史和基本内容作了全面而具体的考察，这些"构成了儒学历史发展中贯穿始终的、稳定的学术基础"①。而当它发生变化，则意味着儒学的更新和发展。

三　儒学的理论形态：哲学

经学是儒学的学术基础，但并不是儒学的全部，儒学更重要的内容是在经学基础上的理论发展，崔大华将其按不同的理论主题和运思方法分为三个形态，即天人之学、自然之学、性理之学。

（一）天人之学

汉代处于主流地位的儒学思潮，崔大华称之为天人之学。

1. 内容与学脉

崔大华认为天人之学是响应汉武帝的理论号召发展起来的，它最初是以策论的形式表述的，目的是回答皇帝的关切，以求见用。② 汉武帝关心汉代的天命如何能够保持，想知道政治变迁的根源与征兆何在。策问很像是针对大巫的神通进行的提问，这也预示了汉代儒学的理论底色。崔大华将汉代儒学的特色归纳为两点：一是构造一个有机宇宙系统，二是在宇宙图景中凸显出规律性的天人感应结构，汉儒称为天人之际。③ 这就是承认天人之间存在感应，天有意志、有人格特征，其意志能够通过特定的形式表达，并被儒者解读出来，以备人间帝王之需。由于关注点在"天人之际"，崔大华称其为"天人之学"④。

汉代儒学的纵向历史发展过程，崔大华认为"当以前汉武帝前后伏胜《洪范五行传》、董仲舒《春秋繁露》、翼奉《齐诗》为开端，两汉间蔚为壮观的纬书将其推向高峰，后汉章帝时白虎观会议产生的《白虎通义》则是其理论的终结"⑤。

---

① 崔大华：《儒学引论》，第 254 页。
② 见崔大华《儒学引论》，第 257 页。
③ 见崔大华《儒学引论》，第 258 页。
④ 崔大华：《儒学引论》，第 258 页。
⑤ 崔大华：《儒学引论》，第 259 页。

在经学中伏胜《洪范五行传》、董仲舒《春秋繁露》、翼奉《齐诗》都属于齐学，不能归入正统的经学。但是，作为一种理论思潮，它仍属于儒学范围。纬书是相对于经而言，但又不同于传。传是解说经书，纬则是比附牵合经书。纬书围绕经书，但不是经学，而是儒学的一种形态。《白虎通义》以官方权威裁定今古文争议，裁定依据是纬书，以纬统经，弥合今古文之争。但是，它只是把既有的东西拿出来编排整理一番，并没有增加什么东西，因此崔大华认为到这里汉代儒学走到了终点。①

2. 基本观念

崔大华认为汉代天人之学的内容包括三个方面。

第一，"有机自然观"②。"它包括两个分别以阴阳五行和八卦为框架而建构的、既有联系亦有区别的宇宙系统，其中阴阳五行的宇宙系统在汉代儒学中更显重要"③。阴阳五行理论是战国中晚期阴阳家的理论创造，代表人物是邹衍。根据这种理论，天有意志，会释放某种信号，以自然现象的方式呈现，某些具有特殊才能的人，就会接收到这种信号，然后解读出来，向帝王示警。崔大华用翔实的材料说明，"汉代儒学自然观的宇宙图景基本上是沿袭了、雷同于《吕氏春秋》《淮南子》《黄帝内经》中以五行为框架的宇宙系统"④，当然"也有所不同，也有所增益和发展"⑤。其不同在于汉代儒学作为万物之本的"元""不同于也可以说完全不是《吕氏春秋》《淮南子》中所表述的那种作为万物生成的具有实在性的最后的唯一的根源'道'"⑥，其特色或发展在于"系统的构成因素之间结构关系更紧密了，在这种结构关系内又增添了伦理道德的内容"⑦。关于八卦的宇宙系统，崔大华认为它"主要是在《易传》所确定的八卦空间结构（方位）内，填入时令等内容，并给予万物发生过程一个更细致的描述"⑧，也就

① 见崔大华《儒学引论》，第259~262页。
② 崔大华：《儒学引论》，第262页。
③ 崔大华：《儒学引论》，第262~263页。
④ 崔大华：《儒学引论》，第268~269页。
⑤ 崔大华：《儒学引论》，第269页。
⑥ 崔大华：《儒学引论》，第269页。
⑦ 崔大华：《儒学引论》，第274页。
⑧ 崔大华：《儒学引论》，第274页。

是将空间时间化，以更加细致地描述万物发生的过程。

第二，"天人感应"①。有机自然观承认天人相通，如何沟通？就是通过感应来沟通。崔大华认为天人感应观念"是汉代最发达、最活跃的思想观念"②。天人感应具体表现为，"人的善与恶的不同行为，会得到来自天的祥瑞和灾异的不同反应；天的某种兆象，预示着、对应着人世的某种事态的发生和结局"③。在三代和更早以前，天意是被天学家（巫史）垄断的，到了汉代，儒家士人将天意解释权掌握在了自己手里。崔大华将天人感应观念追溯到殷周之际的政治权力变迁，并认为"这种最早的天人感应观念是由宗教的和道德的两重观念叠加合成"④。汉儒描述的天人感应，崔大华将其归纳为两个方面：一是人（君王）的作为引起天——阴阳、五行、八卦的反应，二是天的迹象（日月星辰、风雨寒温）预兆或直接带来人世的某种事件发生。他们的理论解释是基于两个观念。其一，"天有意志"之目的论观念。天是人格神，会对人间事务发生反应。其二，"物类相召"之机械论观念。万物皆同类相召、同类相动。机械论为目的论的实现提供了依据。这些观念牺牲了先秦儒学的理性主义精神，用巫史传统包装儒家的伦理与政治主张。大一统的背景下士人想要建立一种与政治权力相抗衡的思想权力，汉儒制造的天人之学就是他们的一种思想权力。

第三，"思维方式"⑤。主要是类比推理，即在天人之间运用类比推理方法证成天人之间可感可通。天数与人身、阴阳与贪仁、情绪与四季、人身与天地五行、生理心理、道德规范与自然现象进行类比推理。这样就把杂乱的世界秩序化，互相联系起来、结构起来。崔大华分析这种思维方式的理论结果，认为它"使汉代儒学中的自然和社会这两类事物或现象都获得了新的哲学内涵"⑥，包括"自然现象具有社会伦理性质属性"和"社会生活中的伦理道德规范和政治制度皆具有自然性质的根源"⑦，也就

---

① 崔大华：《儒学引论》，第 279 页。
② 崔大华：《儒学引论》，第 279 页。
③ 崔大华：《儒学引论》，第 279 页。
④ 崔大华：《儒学引论》，第 280 页。
⑤ 崔大华：《儒学引论》，第 286 页。
⑥ 崔大华：《儒学引论》，第 288 页。
⑦ 崔大华：《儒学引论》，第 288 页。

是造成了自然与伦理之间的双向互塑。它表面上看具有粗浅的感性经验性质，但是，崔大华却透过这种简陋的思维方式，看到它的深层内涵。他认为，"这是汉代儒学哲学理性的一种特殊的反映"①。他引用董仲舒《春秋繁露》中关于阴阳四时的描写，认为其追求是理性的，也就是志在知天道，"以阴阳、五行等具有感性经验特色的现象，以易见难地推知天道、天意，是汉代儒学十分自觉地运用的一种认识方法。所以，在汉代儒学类比推理的感性经验的外表后面，是一种理性的觉悟"②。打一个不恰当的比方，就好像一个演员演一个疯子，他（她）模仿的是非理性的行为，但这种模仿本身是理性的。崔大华同时也指出，由于汉代儒学的理论思维水平不高，限制了它的思辨能力和认识水平，"这是汉代儒学走向衰落的因素之一"③。

3. 功能

汉代天人之学的功能包括理论和实践两个方面，前者表现为诠释儒学三个层面的内容，后者表现为渗透进社会生活。

对原始儒学三个理论层面的诠释，首先是对命的解释。在儒学超越的层面，由于汉代天人之学的天具有人格特征，命就是天的意志和行为。崔大华特别强调"汉代儒学中的'天'（'天命'），本质上仍是一个表示某种在个体之上的必然性实在的哲学观念，而不是人格神的宗教观念"④。汉儒对命的新诠释有两个方面，一是根据生活经验将命分为三种形态，即"大命（受命、寿命、正命）、随命、遭命"⑤。这是讲人的遭遇与环境的关系，不受影响的称为大命，行善得善、行恶得恶的称为随命，行善得恶的称为遭命。⑥ 二是对于客观必然性的命具有更大的主动性。主动性的表现，其一是认为人可以"施德变命"⑦。崔大华认为这与孔孟的观念很不同，"原始儒学把个人的道德实践看得很重，对命运结局甚为淡然；汉代

---

① 崔大华：《儒学引论》，第 289 页。
② 崔大华：《儒学引论》，第 289~290 页。
③ 崔大华：《儒学引论》，第 290 页。
④ 崔大华：《儒学引论》，第 291 页。
⑤ 崔大华：《儒学引论》，第 291 页。
⑥ 见崔大华《儒学引论》，第 292 页。
⑦ 崔大华：《儒学引论》，第 292 页。

儒学的施德则有一个自觉的变命的目标"①。他据此分析,"这在一定程度上似乎表明儒学从先秦到汉代,理论重心发生了从个人道德修养向进一步与政治结合的转变"②。这种转变大概是儒学从子学到官学转变的一个结果。其二是天命可在阴阳和八卦宇宙系统内推知,也就是以有机自然观为观念基础,创造了另一种"知天命"的方法。崔大华认为这一方面显示它的"理性品质"③,通过认识而不是道德实践来"知天命";另一方面也暴露了它"思辨力的贫弱"④,也就是未能区分天的自然义与超越义。这也许是汉代儒学为了见用而作出的理论牺牲。

其次是对礼的诠释。崔大华认为汉儒对礼的诠释很广泛,但主要和有特色的部分在三个方面。其一,对礼的本质的训释。关于礼的本质,孔子是追溯到人的道德感情,荀子是追溯到人的欲望。崔大华认为汉儒如董仲舒的训释"基本上是承袭了先秦原始儒学,特别是荀子的观点"⑤,但又有所不同,即在人之身外,"还追溯到天地、阴阳五行"⑥,如五刑对应五行之类。其二,汉代儒学所涵盖的、规范的伦理关系中,对"孝"予以特别突出的论证。先秦是在一般意义上界定孝,汉代则具体给予不同阶级的人的孝以不同的界定,这其实也同时在要求不同阶级的人按这个界定去践履孝。崔大华认为汉代的孝"几乎包容了全部的社会生活"⑦,或者说是被肿胀了的概念。它在逻辑上不周延,但是反映了汉代伦理实践的特色,即孝具有特殊重要的地位。其三,对于作为典章制度的礼,"创造了一种新的理论和逻辑来描述制度形态的历史演变"⑧。他们认为王者必改制,且"有改制之名,无易道之实"(《春秋繁露·楚庄王》)。道不变而政权会更迭,政权更替也有规律可循,是一个循环往复的过程。汉代儒学以三正(黑白赤)、四法(商夏质文)的框架来解释历史的演变。崔大华

---

① 崔大华:《儒学引论》,第293页。
② 崔大华:《儒学引论》,第293页。
③ 崔大华:《儒学引论》,第293页。
④ 崔大华:《儒学引论》,第293页。
⑤ 崔大华:《儒学引论》,第294页。
⑥ 崔大华:《儒学引论》,第294页。
⑦ 崔大华:《儒学引论》,第296页。
⑧ 崔大华:《儒学引论》,第296页。

认为，儒家经典中的礼制存在混乱和矛盾的情况，但是汉儒的这个框架则用历时性的演变消除了共时性的差异带来的疑惑，"这是汉代儒学的具有历史感的礼的思想所产生的一个特殊的理论意义"①。

最后是心性层面上的新论。汉儒的心性论在阴阳五行背景下有新的论说。崔大华将其归纳为三点。其一，性与情之分。汉代儒学继承的是先秦经验主义人性论传统，即以生言性，并在阴阳观念的基础上，将人性区分为性与情两个部分，以阴阳区分性情之善恶，主张性阳情阴。崔大华认为，"汉代儒学对人的本性的观察比原始儒学要细致，即在阴阳观念的基础上，将其区分为性与情两个部分"②，即注意到人的自然情感与道德情感的不同。前者是基于动物本能，后者则是后天培养而成。其二，"善质"说与"三性"说。善质说是认为性有善质而未能为善。前者区别于荀子，后者又不同于孟子。汉儒否定性善论与性恶论，提出性三品说，将人分为上人、中人、下人，而性有善质说是就中人而言的。这似乎又继承和发展了孔子。崔大华认为，"'三性'说离散了统一的、整体的人性。人性的这种状况，似乎难以得到根源性的、逻辑上的解释，但却容易得到经验的说明"③，即以牺牲逻辑的方式符合了经验。其三，仁义内涵与义利之辨。汉儒对仁和义作出不同的解释，以爱释仁，以宜释义。所谓宜，就是对人伦关系秩序的遵循。爱是向外的付出，宜是对自己的要求。仁者，人也，义者，我也。汉儒以"爱人"与"正我"区分仁与义的道德功能④，崔大华认为，"这种对立的逻辑性质，使'仁'与'义'在汉代儒学这里共同构成了一个周延的道德领域，内蕴着周延的道德行为、道德功能，而这种情况在先秦原始儒学那里是不存在的"⑤。关于义利关系，汉儒继承了原始儒家的态度，即以义制利，重义轻利，但又增加新的论证。董仲舒认为相对于利来说，义对于人是更重要的，他提出的义利观是正其道不谋其利，修其理不急其功。崔大华评价，"经过汉代儒学的强

① 崔大华：《儒学引论》，第 300 页。
② 崔大华：《儒学引论》，第 302 页。
③ 崔大华：《儒学引论》，第 303 页。
④ 《春秋繁露·仁义法》："仁之法在爱人，不在爱我；义之法在正我，不在正人……"
⑤ 崔大华：《儒学引论》，第 305 页。

化，在义利问题上儒家将道义置于功利之上的思想特色更加鲜明了"①。

汉代儒学对社会生活的影响，崔大华认为发挥重要作用的是两个观念，即天人感应和孝观念。他从三方面阐述，首先是"政治生活中的自律因素与判断原则"②。汉代历史上重臣因天相原因被革职或被迫自杀，其中一个有力的助推因素是"应天救变"③。这在一定程度上能够制约统治者的行为。另外，以天人感应解释政事，打击政治对手，这是以思想观念作为政治判断原则。其次是"祭祀的兴旺"④。崔大华认为，"在全部儒学中，汉代儒学崇拜鬼神的宗教色彩是最鲜明的"⑤。祭祀是为了与鬼神沟通而获得福佑，它以天人感应为观念基础。崔大华比较汉代祭祀与先秦儒家祭祀的不同，认为"祭祀对象（鬼神）已由一种道德精神的体现，转变为某种超人的实体性存在"⑥。与先秦儒家的祭祀相比，理性主义减弱，非理性的、功利的倾向增强。最后是"孝的风尚"⑦，表现为皇帝的谥号中有"孝"字，乡官中有"孝悌"一职，察举中有"举孝廉"一项。汉代风俗推崇同居，鄙视分居，特别是在父母还在的时候，兄弟分居会受到舆论指责。丧礼推崇三年之丧。汉代儒学在理论上重视孝，实践中也有广泛表现，理论与生活相互支持。⑧

汉代社会生活的这些特色，都有汉代天人之学的观念根源或影响，因此，崔大华判断，"汉代的天人之学理论上虽然粗糙，但在汉代却充分发挥了作为一种哲学的社会功能"⑨。

4. 衰落

崔大华分析汉代儒学衰落的原因，认为有三个方面。其一，"儒士成长环境消失"⑩。朝廷以儒术取士，儒学客观上就成为仕途晋升的工具，

---

① 崔大华：《儒学引论》，第 306 页。
② 崔大华：《儒学引论》，第 306 页。
③ 崔大华：《儒学引论》，第 307 页。
④ 崔大华：《儒学引论》，第 309 页。
⑤ 崔大华：《儒学引论》，第 309 页。
⑥ 崔大华：《儒学引论》，第 310 页。
⑦ 崔大华：《儒学引论》，第 310 页。
⑧ 见崔大华《儒学引论》，第 310~311 页。
⑨ 崔大华：《儒学引论》，第 312 页。
⑩ 崔大华：《儒学引论》，第 312 页。

当学术工具化，其生命力也就快到尽头了。就东汉而言，起初是帝王提倡，儒士用心，但后来权贵垄断仕途，下层士人的上升通道就被堵塞了。党锢之祸打击名士，伤害的却是儒士阶层和儒术。鸿都门学以经术之外的技艺招揽人才，加速了儒学的衰落。其二，"经学衰微"①。经学是儒学的学术基础，当经学衰微，则儒学的根基就动摇了。崔大华认为，"导致汉代经学衰微的自身因素，在前是今文经学的烦琐，继后为今古文经学的混杂"②。汉代的天人之学主要生长在汉代今文经学之上，当今文经学衰落，天人之学也随之衰败。其三，"新的自然观出现"③。崔大华认为，天人之学的衰败是缘于两个因素。第一，认识方法或思维方式的局限性。王充以其人之道还治其人之身，用同样的推理方法，得出相反的结论。第二，有机自然观动摇。以经验事实批判否定有机自然观，并提出一种新的元气自然观。有了它，"王充得以能在更高的理性层次上用天之自然无为的观点，对天人之学的天有意志目的的感应谴告之说进行了批判"④。王充说他的自然观来自黄老道家，这预示着一种儒外思想在儒学衰落时活跃起来，有可能成为儒学更新的契机。⑤ 他以此巧妙地转入儒学的下一个理论形态，即魏晋玄学。

（二）自然之学

1. 界定

关于玄学的学派归属，学术界有不同意见，因此，崔大华首先回答的问题是，玄学能否作为或者在什么意义上可以作为儒学的一个理论形态来考察，简单说就是玄学是不是儒学。他首先列出否定性回答所依据的事实，即玄学崇尚老庄而与儒学相对立，玄学依据的经典是三玄（《老子》《庄子》《周易》），而主要不是五经。⑥ 他判断玄学是儒学，他的理由是，第一，玄学思潮崇尚老庄思想并不是适应道家思想发展的内在需要，

① 崔大华：《儒学引论》，第 315 页。
② 崔大华：《儒学引论》，第 315 页。
③ 崔大华：《儒学引论》，第 317 页。
④ 崔大华：《儒学引论》，第 320 页。
⑤ 见崔大华《儒学引论》，第 320~321 页。
⑥ 见崔大华《儒学引论》，第 322~323 页。

而是回应儒学摆脱危机的要求。第二，在玄学中，儒学的基本范畴、命题、思想都获得了一种新的援引道家思想的解释。也就是说，玄学产生的动力、目的，不是解决道家的问题，而是回应儒学的危机，这是从思想产生的原因来讲。从思想内容来说，玄学也是在用道家哲学解释儒学的命题，这个思潮最终是推进了儒学的发展，因此说它是儒学的一次理论更新，"正是在这个意义上，我们将玄学作为儒学的一个特殊形态来考察"①。至于为什么称之为自然之学，他解释是由于"这个儒学的新诠释、新形态中，'自然'的观念是最根本的观念"②。崔大华关于玄学是儒学的一个理论形态的观点，在学术界可能还会有不同意见，但是他对此提出了自己较为充分的论据，是值得重视的。

2. 兴起与内容

玄学思潮是如何兴起的？崔大华从思想的外在原因与内在原因两方面说明。玄学思潮出现的外在原因是动荡的政局和门阀士族制度。魏晋时期国家分裂，朝代更迭，战乱不断，曹魏代汉、典午篡魏、八王之乱、荆扬之争、五胡乱华。儒学在乱世通常会被暂时搁置，人才流向其他领域。学术失去继承，就要衰落。门阀制度由九品中正制形成，九品中正制本来是乱世选人的权宜之计，后来被篡改成一种垄断性的选举制度。互相抱团的豪门世族，排挤有能力有学问的人，堵塞下层的上升通道。③ 崔大华在这一小节中引用的材料极为丰富。他早年读二十四史，做过上百万字笔记的功夫在这里就起作用了。他认为士族轻易地获得地位和财富，"这样，兼有伦理和功利性的儒家'名教'的人生目标的实现，在门阀士族这里是缺乏内在精神运动过程的；如同平夷的路途，难有动人的景色，他们感受不到这种目标所具有的意义和价值"④。没有过程，直接就到达终点，这样的人生毫无疑问是无聊乏味的。过于动荡的政局与过于容易的生活，引发了士人的道德精神危机。玄学思潮出现的内在原因，崔大华认为是"经学衰微和思潮变迁"⑤。

① 崔大华：《儒学引论》，第 324 页。
② 崔大华：《儒学引论》，第 324 页。
③ 见崔大华《儒学引论》，第 324~328 页。
④ 崔大华：《儒学引论》，第 328~329 页。
⑤ 崔大华：《儒学引论》，第 330 页。

汉代经学有两大特色：一是有严格的今古文之分和以家法传授，一是有发达的经义诠释和章句训诂。这既是特色，也是缺陷，因为它窒息了经学的发展。崔大华认为，郑玄注《论语》"夫子言性与天道章"，性的解释与道家"性者，生之质也"一致，"这一例证具有代表性地显示出从汉代儒学到魏晋玄学嬗变的依稀可辨的轨迹"①。这就是说，援道入儒，不始于玄学家，而始于东汉的经学大师郑玄。这也从另一个方面有根据地说明玄学的理论性质。

关于玄学的理论内容，崔大华将其分解为三个层面。其一，"人生实践的价值取向——儒道兼取"②。因为玄学的理论实质是儒学而不是道家思想，从实践层面上，其人生实践不是道家的而是儒道兼取。兼取的表现，"一是玄学家在生活作风虽表现为追慕、仿效道家的任情自然、放达不羁，但内心深处仍牢固地依恋着、盘踞着世俗的或属于儒家伦理规范性质的情结和识解"③。放达是姿态，是暂时的逃避之举，而不是最终的态度。身在家外，心在家中。他们的倾慕道家，犹如一个人旅游散心，但心还在家中。"二是魏晋时代的儒家学者，普遍地具有'博览经籍百家之书''精通庄老'的学术修养，普遍地获得在诠释儒家经典的同时兼注《老子》《庄子》或立著阐述道家思想的学术成就"④，也就是在学术上儒道兼修，向道家寻找生存智慧和学术生长点。道家的生存智慧与儒家的事功追求、伦理实践，是两种生存方式，当后者难以实践时，只好暂时采取前者以自我保存。其二，"新自然观"⑤。他放在后面玄学对儒学的新诠释中详细讨论。其三，"新本体论"⑥。他认为魏晋玄学家通过注释道家著作（《老子》《庄子》《列子》）丰富和深化了道家本体论，主要表现为三个方面：一是"道的最基本形态是'无'"，二是"'道'作为本根的量的表述是'一'"，三是"'道'作为本根的存在状态是

---

① 崔大华：《儒学引论》，第 332 页。
② 崔大华：《儒学引论》，第 333 页。
③ 崔大华：《儒学引论》，第 335 页。
④ 崔大华：《儒学引论》，第 336 页。
⑤ 崔大华：《儒学引论》，第 336 页。
⑥ 崔大华：《儒学引论》，第 337 页。

'静'"①。关于道与万物的关系，他列出三种表述方式："本末关系""母子关系"② "体用关系"③。他认为魏晋玄学在本体论上的新阐发，"特别是以体用关系诠说的新本体论进入儒学，才有宋明理学的出现"④。也就是说，汉代儒学的有机自然观不可能产生理学这样高度理性和思辨的儒学形态，玄学阐发的新本体论才使之成为可能。玄学诠释儒学理论层面的理论工具是不同于汉代有机自然观的新自然观，崔大华称之为"天道无为自然观"⑤，他认为玄学从道家引进自然观念，来对儒学进行新诠释。

3. 玄学思潮中的儒学诠释

崔大华认为玄学的天道自然观是玄学对儒学进行新诠释的理论基础，因此他在讨论玄学在三个理论层面上对儒学的新发展之前，先考察玄学的天道自然观。他认为，与汉代有机自然观相比，天道自然观在三个方面有显著差别。一是"万物之本——'无'"⑥。他比较董仲舒的"元"与玄学的"无"，认为二者"分别指称万物在形成之前的状态（无形无名）和万物在时间上的开端（原始）"⑦。玄学的"道"来自道家但又不是照搬道家。他认为，"自《易传》开始，儒家自然观就再也没有摆脱掉道家的影响，但是，道家的具有实在性宇宙根源或宇宙总体的观念，始终没有被儒家真正理解与接受，这是儒家与道家自然观上的差别的一个最重要的划界标准"⑧，即在自然观上既摆脱不了道家，但又始终没有接受道家的实在性或总体性的"道"。二是"天道无为"⑨。天的性质，汉代的天是有意志有目的的德性之天，魏晋玄学的天则是自然无为之天。三是"宇宙结构：'万物自生'与'共成一天'"⑩。在汉儒那里宇宙处处弥漫着因果

---

① 崔大华：《儒学引论》，第 337 页。
② 崔大华：《儒学引论》，第 338 页。
③ 崔大华：《儒学引论》，第 339 页。
④ 崔大华：《儒学引论》，第 339 页。
⑤ 崔大华：《儒学引论》，第 341 页。
⑥ 崔大华：《儒学引论》，第 341 页。
⑦ 崔大华：《儒学引论》，第 341 页。
⑧ 崔大华：《儒学引论》，第 342 页。
⑨ 崔大华：《儒学引论》，第 342 页。
⑩ 崔大华：《儒学引论》，第 343 页。

与必然，在玄学家那里则是"一幅由气构成的简单混一的宇宙图景，万物自生自成，没有制约决定因素"①。他在这里阐述郭象"独化"理论的意义，"避免了魏晋玄学中的一个根本命题'有生于无'可能带来的并且实际上已经发生了的理解上的混乱"②。因为有生于无，则无不可能是绝对的无，一定包含着有，这就会陷入无穷追问与无穷后退之中，自生则可克服之。万物自生之后，它们的关系如何？这就是郭象"独化"理论的另一个意义，"弥补进了魏晋玄学'气'的单一宇宙图景中所缺乏的整体或结构的理论观念因素"③。郭象有一个"相为而不可以相无"的观念，这应该也是继承庄子的总体性观念。他认为，"这样，郭象的'独化'理论就十分巧妙地包容了'万物自生'和'共成一天'两个对立的方面，'万物虽聚而共成乎天，而皆历然莫不独见'（《齐物论》），为魏晋玄学建造了一个周延的宇宙结构"④。总之，根据他的分析，魏晋玄学的自然观既与汉代儒学对立，又与先秦道家有关而不同，其重要概念如"无""独化"都是状态而不是实体、实在。这些判断既有历史感，又有说服力。

以自然天道观为理论工具，玄学对儒学三个理论层面上的诠释，浸透了源自道家的自然观念。首先是心性的理论层面。他认为有三个命题：其一，"性静情动"；其二，"静以正情"；其三，"圣人无情"与"圣人有情而无累"。关于性与情，此前有三种区分性与情的标准，孟子和荀子结论不同但都以善恶区分，《礼记·乐记》以动静区分，性静情动。汉代以阴阳表述善恶动静，认为善为阳，恶为阴，动为阳，静为阴，这与《礼记·乐记》相反。崔大华认为，魏晋玄学选择了《礼记》的动静说，"可见，魏晋玄学理解、诠释性与情的理论立场同于《乐记》，其渊源出自道家"⑤。由以上性情论，其修养方法就是"静以正情"。他认为"这是魏晋玄学心性修养的基本观点"⑥。如何将不善之情调理、消解掉，崔大华比较了孟子与荀子的工夫修养论。他认为二者既有明显差别，又有内在的相

---

① 崔大华：《儒学引论》，第344页。
② 崔大华：《儒学引论》，第344页。
③ 崔大华：《儒学引论》，第346页。
④ 崔大华：《儒学引论》，第347页。
⑤ 崔大华：《儒学引论》，第349页。
⑥ 崔大华：《儒学引论》，第349页。

通，"孟子的'求放心'和'以性正欲'，实际上也就是用道德、制度来制约、规范自己的行为和意欲，与荀子'以礼制欲'有内在的相通。孟荀之相通，是儒家阵营以外的观察者判定他们同出孔门的主要理由；孟荀之相异，却又使得在儒家内部孔孟正统派排斥甚至视荀子为异己亦为有据"①。荀子的问题在于不承认人内在的向善的可能，只承认外在的制约规范、圣人的示范，这就让他的理论无法自洽，因为它需要回答外在的东西最初从何而来，圣人若与众人一样，其内在的善又是从何而来。王弼提出以静正情，崔大华认为它"援引自道家"②。他认为汉代儒学的修养论"折中孟子和荀子"③，魏晋玄学则是儒道兼收，且"道家的观点要更鲜明突出一些"④。魏晋玄学对理想人格精神境界的描述有两种，即"圣人无情"与"圣人有情而无累"。魏晋玄学中正始时期的何晏、钟会和永嘉时期的郭象都持"圣人无情"之说。崔大华认为，"玄学的'圣人无情'论与儒学心性层面上的圣人观念甚有不同"，"儒家认为人皆有情，只是圣人之情能'发而皆中节'，能'达道'"⑤，王弼的看法是"圣人有情无累"。这就是说，圣人自然也有情，但是他们又能超脱情造成的负担，能够消化掉，不会变成包袱。把自己的情感变成观照的对象、反思的对象，这同时也是一种修养方法。崔大华分析了王弼与郭象的异同，认为他们表面上不同，境界上又相同，他们"援依《老子》而立论，运思《庄子》而获悟"⑥。他认为"王弼的'圣人有情无累'命题典型地显示了魏晋玄学援引道家思想对儒学传统观念的诠释或改造"⑦。

在社会的理论层面上，魏晋玄学用自然观念诠释儒家相关观念和社会理想。"其一，'礼''孝'之界说。"⑧ 儒家的礼，最突出的特色是秩序、等级因素。礼以别异，礼是等级制度的外在表现。"魏晋玄学则主要从对

① 崔大华：《儒学引论》，第 350 页。
② 崔大华：《儒学引论》，第 350 页。
③ 崔大华：《儒学引论》，第 351 页。
④ 崔大华：《儒学引论》，第 351 页。
⑤ 崔大华：《儒学引论》，第 352 页。
⑥ 崔大华：《儒学引论》，第 353 页。
⑦ 崔大华：《儒学引论》，第 353 页。
⑧ 崔大华：《儒学引论》，第 353 页。

人本身的、人的自然之情的显现（情）的调理、节制的意义上来界定礼之内涵及功能。"① 崔大华认为，魏晋玄学的礼观念，隐藏着一个不同于先秦儒学的观念，就是关于礼的根源，由于持人性自然论，礼既不源于人性之善，也不缘于人性之恶，因此"玄学所确认的礼是为顺应人之情的表现所必须的或应有的那些行为规范"②。情与礼相比，位于更优先的位置，因此他们也没有把礼看成神圣的、永恒的规范。魏晋玄学对于孝和忠也是从人之情上进行界定。他认为玄学与先秦儒学关于孝和忠的观念差异，在于后者具有明确的伦理内容，且有一个培育过程，"但在魏晋玄学看来，孝、忠的主要内涵、特质是情，发于天成，无须这样一个社会培育过程"③。魏晋玄学继承的是先秦至汉晋儒家人性论的大传统，即以生言性，而崔大华说的儒学实际上指的是这一时期思孟一系的以理言性的小传统。他既以孟子为孔子正统继承人，就会有这样的判断，因而这里他的判断是有前提的。玄学对孝和忠的理解在实践中，就表现为对孝、忠的道德内容的漠视甚至否定。因为道德规范若不合情则不合理，以情的天然合理性裁判伦理的合理性，这是以情判礼。崔大华认为，"魏晋玄学将'孝''忠'剔除其内蕴的社会伦理因素而作纯粹自然之情的考察、界定，十分显然，道家思想是其观念来源"④。玄学对于儒家理想社会的理解和描述的不同，崔大华从汉儒孔安国和玄学家王弼注解《论语·泰伯》中"唯天为大，唯尧则之"一句的不同来说明，即汉儒赞颂其道德教化之广与深，玄学家则以自然观念注解说明其特色。关于如何实现理想社会，儒家重教化，道家重自然。他判断"魏晋玄学中所显示的理想社会，其面貌虽然还不够完整、清晰，但是道家思想色彩却是鲜明的"⑤。因此，玄学家的理想社会近于道家而不是儒家。

在超越的理论层面上，崔大华判断玄学家所理解的天命也是"一种人无法驾驭、改变的外在客观必然性"⑥，但又与先秦和汉代儒学不同。

---

① 崔大华：《儒学引论》，第 354 页。
② 崔大华：《儒学引论》，第 354 页。
③ 崔大华：《儒学引论》，第 356 页。
④ 崔大华：《儒学引论》，第 357 页。
⑤ 崔大华：《儒学引论》，第 359~360 页。
⑥ 崔大华：《儒学引论》，第 360 页。

其表现在三个方面。"其一，命之内涵：'气'成之性分。"① 命的内涵中引进气和自然观念，命是"气"成之性分。崔大华将其与孟子和汉儒的命相比较，认为孟子的命是包含在性中的，"性的实现是命的作用，命的表现中有性的因素"②。在孟子那里，性是我固有的，命是修身而待的。这两个观念都是思孟一系的思想创新。性本意是生，禀天而生，是人的自然性，也可以说是动物性。命本意是令，即来自上天的命令。孟子的人性论，则把传统的观念重新给予解释，即判定性是应然之道德性，不是实然之动物性；命是客观必然性，不是上帝之令。命是我做了我应该做的一切之后，综合各种因素得到的结果，它是能动性发挥的结果，不是什么也不做、躺平得到的结果。而我做我应该做的一切，就是尽己之性，因此说命的表现中有性的因素。汉儒把命说成受之于帝的天命，这就退回到殷周时期的宗教思想。魏晋玄学援道入儒，"给予命、性（性分）以具有新的观念因素的解释"③。万物由气构成，万物具有统一性，万物又各有不同，其差异性也在于气，这个差异是先天的、不可选择的，这就是性分，就是命。崔大华认为，"魏晋玄学这些思想渊源自道家对'命'的理解，即将'命'的本质内涵确定为是在一个完全自然的过程中，由'气'形成的不同的、不可改变的'性分'，既改变了先秦儒学的'性命'观念，也否定了汉代儒学的'天命'观念。'命'的超越性质在这里被大大削弱了"④。人的主观能动性发挥的余地，在这个命的内涵中似乎消失了，这可能是士族的保守性在思想上的表现。"其二，'知天命'新说：'自审其分'。"⑤先秦至汉代有两种"知天命"的方式：孟子是尽心、知性、知天，是道德实践的终结；《易传》则是通过易的方法，通过观象、揣辞、演数，洞察、把握世界的全部状况，达到知命。孟子的命是成仁，是性的实现；《易传》的命其实还是鬼神天帝之令，知天命基本上是知祸福。汉儒继承《易传》，在五行八卦框架内搞得更加细密，将理性过程具体化、程序化、

---

① 崔大华：《儒学引论》，第360页。
② 崔大华：《儒学引论》，第361页。
③ 崔大华：《儒学引论》，第361页。
④ 崔大华：《儒学引论》，第362页。
⑤ 崔大华：《儒学引论》，第362页。

术数化。魏晋玄学中命的超越性削弱，不依赖人的能动性，因此走不了孟子的路，同时弃象数而谈玄理，《易传》的路子也走不通。崔大华认为玄学家是在道德践履、逻辑推演之外，走了经验主义的路子，"自审己分"，就把"知天命"这个任务交给了时间和阅历。他认为，"这一经验的方式、途径，与在魏晋玄学中超越性质被大大削弱的'命'（'天命'）的理论观念，也是正相适应的"①。"其三，对命之回应：'任命'。"② 他还是先设置对照组，讲孟子和汉儒对命的回应。"在命的面前，在生死、穷达这些人生最重要的遭遇、处境、结局已经被确定的情况下，也不改变、放弃自己的道德原则和道德实践，这种依凭着充分的道德觉醒而在某种超越的、不可制约的客观必然性面前保持人的独立和追求的精神，就是孟子所表述的先秦儒家回应命的态度。"③ 孟子是由仁义行而非行仁义，至于结果，这样做的本身就是结果，所谓求仁得仁，这就是结果。孟子的回应，他称之为"立命"。汉儒则是"施德变命"，带有强烈的政治功利性。变命与立命相比，有深刻的差别。立命的道德实践是目的，人在命的面前具有独立性，道义在功利之上。变命的施德实践是手段，类似于巫师的娱神手段，人对于命失去独立性，"同时，'立命'中始终保持着一种对'命'的超越的客观必然性的承诺，并以人的道德实践为对'命'的实现的唯一的途径。儒家实现超越的方式之本质内容和特色就是从这里开始形成"④，这是孟子对儒学命论的贡献。"'变命'的理论观念中有个破绽，这就是在得出'施德变命'这个结论前，其前提中的'命'的观念已经变更，即作为儒家传统的'命'的观念中的那种绝对的外在客观必然性已被修改，不再存在。"⑤ 在汉代儒学中，命是天的意志的外化，它是可变的，因为天人之间相互感应。汉儒与孟子命的观念不同，源自他们天的观念不同，因此可能也不是破绽，只是理论基础不同造成的误读。"立命"与"变命"虽然方式不同、理论基础不同，但相同之处在于有为的

---

① 崔大华：《儒学引论》，第 365 页。
② 崔大华：《儒学引论》，第 365 页。
③ 崔大华：《儒学引论》，第 365 页。
④ 崔大华：《儒学引论》，第 365 页。
⑤ 崔大华：《儒学引论》，第 365 页。

态度。这一点在魏晋玄学那里消失了，魏晋玄学对于命的态度是"任命"，崔大华认为，"'任命'的态度不是否定'命'的存在，而是使人不去感受'命'的存在；不是在'命'的面前显示人的独立或主动，而是表明人的存在可以与'命'无关"①。既然命是先天的，那么人能做什么呢？任情而为，做个逍遥的自然人。显然这种任命态度更近于道家。崔大华总结魏晋玄学对儒学理论层面的诠释，它"本身也构成具有新的理论特色和相对独立的思想体系"②。它的理论工具是道家思想，理论目的却是儒学的更新。

如果说汉代儒学的衰落是与汉代经学的衰落同步，那么魏晋玄学的衰落则与佛教的兴盛同步。经学是儒学的学术基础这个结论对于玄学不完全适用。这一点崔大华没有点出，不过却是符合事实和逻辑的。

（三）性理之学

崔大华认为理学诠释儒学的三个理论层面，旨在实现两个理论目标：一是探寻儒家所主张的伦理纲常、道德规范的最后根源，从而证明它们的合理性、永恒性；二是探究践履和完成儒家所主张的伦理纲常、道德规范的方法或途径③，也就是论证儒学的本体的合理性与工夫的合用性。在阐述理学内容之前，他较为具体地考察了理学发育的理论环境，简言之是佛道的挑战、三教的冲突与融合以及唐代儒学的新觉醒。

首先是"佛教、道教的理论挑战"④。隋唐时期佛教兴盛，崔大华举出两个事实加以说明，即佛教经典被大量翻译，佛教赢得从士人到普通百姓的崇奉。⑤ 从南北朝到五代十国，除三武灭佛（北魏太武帝拓跋焘、北周武帝宇文邕、唐武宗李炎）的短暂时期外，其余时间佛教都得到统治者的尊重。唐代寺院经济雄厚，支撑起唐代佛教的繁荣。他认为佛教在中土生长和发展的原因主要有两个方面，第一，佛教具有某种是中国文化所

① 崔大华：《儒学引论》，第 366 页。
② 崔大华：《儒学引论》，第 366 页。
③ 见崔大华《儒学引论》，第 368 页。
④ 崔大华：《儒学引论》，第 369 页。
⑤ 见崔大华《儒学引论》，第 369~371 页。

缺乏的思想理论内涵，也就是对于中国文化有独特的补足之处。他认为以儒学为参照，佛教思想的显著特异之处有三："生命观——'三世'"①"世界观——'三科''五位''三界'"②"运思方式——'八不''三是'"③。佛教的生命观是三世轮回观念，即认为"同一个生命主体，以因果报应而在三世中以六道不同形态轮回出现"④。这实现了生命的不朽，但在佛教看来却是人的大不幸，因此摆脱轮回就成为其宗教目标。他认为，"佛教的这些思想观念在中国固有的富有理性特质的传统思想看来，是十分怪诞的"⑤，因为活着竟然是为了不再活着，这当然是荒谬的。中国是世界上最大最典型的世俗文化区域之一，对于这种观念就会有这样的观感。所谓怪诞，就是异类感、不可理喻之感。崔大华没有停留在这个观感的层面上，他进一步分析认为，"佛教三世生命说关心了、回答了最使人生困惑而又畏惧的、被中国传统思想特别是儒家思想淡然处之的终极问题：死亡"⑥。他并不信仰宗教，也不认为其理论是完美无缺的，但是他总是用理性主义的态度去理解和评价宗教，不存偏见。佛教的世界观包括三科、五位、三界。三科（五蕴、十二处、十八界）分类，以我为中心，我和我对世界的认识、想象构成了世界。五位即色法、心法、心所有法、不相应法（以上四种合称为有为法）、无为法。三界即三种居住的世界，分为欲界、色界、无色界。他认为"将人的认识活动和宗教修持视为宇宙构成和宇宙结构中核心的、主导的成分或因素，是佛教世界观的最重要的特色"⑦。在佛教的世界观中，世界是主客交织、互相生成的。它是唯心主义，甚至是唯我主义。它有片面的真理性，因为世界总是通过我的认知而呈现的，纯粹客观、不经由我而呈现的世界是无法想象的。运思方式是"八不""三是"。以般若智慧观照万物，万物虽有但假，虽空但真。这大概就是崔大华曾说的，理论到了极深处，就会回向生活，栖息在温暖

---

① 崔大华：《儒学引论》，第373页。
② 崔大华：《儒学引论》，第375页。
③ 崔大华：《儒学引论》，第377页。
④ 崔大华：《儒学引论》，第374页。
⑤ 崔大华：《儒学引论》，第374页。
⑥ 崔大华：《儒学引论》，第374页。
⑦ 崔大华：《儒学引论》，第376页。

的生活土壤中，① 而不是飘向虚空，那在理论上不自洽，在实践中无法普及。"八不"即不生（无）亦不灭（有）、不常（无）亦不断（有）、不一（无）亦不异（有）、不来（无）亦不出（有）（《中论》卷一《观因缘品》）。②"八不"兼万物之有与空。因为对立的双方互为前提，根源在于我，有我所以有这些区别，这些区别不可视为绝对，也不可抹杀之，应中道而行。"三是"即因缘所生法，我说即是空（真谛），亦为是假名（假谛），亦是中道义（中谛）。"三是"兼万物之真假。因为没有绝对的否定，自然不会有绝对的肯定，最后就走向中道。崔大华评价说，"佛学的空观有其感性经验的和理性思考的来源，更有超越认识的真理性要求之上的某种人性的企望、祈求，是十分深刻的、感人的。中论所发挥的般若观是在这个逻辑大前提下，对空的最好的论证和最好的结论"③。毕竟理论讲得再天花乱坠，还是要应付此身的需求。崔大华认为佛教以其独特的思想和高超的思辨能力，成为儒学理论更新的工具。因此，"对中国传统思想来说，异己的佛学理论既是挑战，也是资源"④。第二，佛教的宗教功能和非宗教功能的充分发挥。三世因果报应教义，在民间被接受，成了佛教广泛传播的助力。非宗教的功能即功利的原因，可以不纳税不当差，逃避为人臣、为人子的世俗义务。⑤ 崔大华为研究汉代儒学，下了苦功研究经学，为研究宋明理学，又下了苦功研究佛学。当然这些功夫在研究《庄子》时就开始做了，但到了《儒学引论》，则更加全面扎实，这让他的研究基础深厚，论据充分。

在佛教繁荣的同时，道教也走向鼎盛。崔大华分析认为原因有二：其一是道教追求长生的宗教目标容易被下层和上层接受，在乱世中尤其如此；其二是道教与国家权力之间关系较为协调，⑥ 即道教一方面专注于修

---

① 他在 1989 年 3 月 21 日的日记中说："只有生活本身是最深邃宽广的。任何一种极高深的哲学思想和哲学家，当它在理性的思维的世界里发展到了极致，走到了尽头，都要返向生活，紧密地栖存在温暖的生活的土壤里。印度佛教的中观，中国哲学的庄子，现代的现象学和维特根斯坦，都是这样。"
② 见崔大华《儒学引论》，第 377~378 页。
③ 崔大华：《儒学引论》，第 378 页。
④ 崔大华：《儒学引论》，第 380 页。
⑤ 见崔大华《儒学引论》，第 379~381 页。
⑥ 见崔大华《儒学引论》，第 381~382 页。

炼长生之术，一方面担当起权力的附庸而不是权力争夺者的角色。道教的理论发展，主要不在于数量的增多，而在于确立内容和形式的规范，如三洞、四辅、十二部的分类方法，扩展了道教理论内容，兼容儒释，更加周延。它还把承负、重玄思想嫁接到佛学三世之说和般若理论上。这就从理论与实践、民间与官方等多方面说明了道教兴盛的原因。

其次是"三教的冲突与融合"①。三教之间，儒家与道教之间无直接冲突，冲突主要发生在儒释和道释之间。道教与佛教之间的关系是既互相冲突，又互相渗透。冲突在于"三武法难"时道教的作用，互渗表现为道教借鉴佛教理论，抄袭佛教概念，道教的成仙目标和方法影响了佛教。② 儒学与佛教的关系是既冲突又融合。崔大华认为，"一般说来，在儒、佛冲突中，佛教的态度是比较温和的"③。也就是说，在冲突中儒家的态度比佛家激烈。儒家批判佛教，主要从它的社会功能入手，即它对社会政治经济和伦理制度具有破坏性。理论冲突方面，理学之前还没有有力的理论批判，主要是为排佛之论提供理论支持。佛家对于儒家批判的申辩有二：一是佛教教义并不违背儒学伦理，二是佛理有不同于或超越于儒学的内容和功用。④ 佛教人士在儒佛之争中表现出主动缓和冲突、极力申辩自己于治有补的一面。所有的宗教要在中国生根，就必须过儒家这一关，或者说是伦理关，即不能否定儒家伦理。佛教人士的态度有利于佛教融入中国文化。崔大华认为，三教融合的表现有三。"其一，三教作为三种具有影响、塑造社会精神生活功能的观念形态，共同地被国家权力所承认和采用。"⑤ 也就是以道修身，以儒治世，以佛修心。"其二，三教作为三种理论观念内容有重要差别的思想体系，在为数甚多的思想观念发源于或植根在儒学基础上的中国学者士人那里，其相互间的观念界线，已被模糊、混淆，甚至不再存在，出现了以兼容综合三教思想为特色的新的学术思潮或风气。"⑥ 当时出现儒释兼通的学者，佛学观念进入儒家经典的注释之

---

① 崔大华：《儒学引论》，第 385 页。
② 见崔大华《儒学引论》，第 386~388 页。
③ 崔大华：《儒学引论》，第 390 页。
④ 见崔大华《儒学引论》，第 391 页。
⑤ 崔大华：《儒学引论》，第 392 页。
⑥ 崔大华：《儒学引论》，第 395 页。

中。崔大华以王通、柳宗元为例，说明儒佛融合的新特色。他们从功能互补上认可佛教的存在，但在理论上以儒释佛，没有触及本质差异的融合，"实际上这是以儒学来解释、改造、同化佛学，儒佛的理论界线在这里完全消失"①。"其三，在社会生活的层面上，出现了由三教思想观念互相渗透、混合而组合、凝结在一起的新的文化现象。"② 崔大华举出民俗、祭祀方式上融合的例子。如为亡夫亡子造老君像一事，为亡灵超度，观念是佛家的，但造的像却是道家的，妻子为丈夫造像、父亲为儿子造像体现的又是儒家伦理，这就把三者融合在一起了。再如亲人死后的七七斋，其观念来源于佛家，北朝时就开始进入儒家丧礼中。这些都表明佛教的影响笼罩了南北朝以来的社会生活。③ 儒学若要实现自身的更新发展，必须冲破这种笼罩，把自己的主张挺立起来，而不能被同化掉。

最后是唐代儒学的新觉醒。崔大华认为，儒学的特质是认为伦理道德实践"具有人生全部的、终极的意义"④。隋唐儒学的觉醒就表现在对这个理论立场的坚持，并以这个立场"评汉代天人之学的诬妄"⑤ "判魏晋玄学为'旁行'"⑥ "破佛老思想之笼罩"⑦。他认为，汉代儒学的观念和方法"离开了先秦儒学从殷周帝、天的宗教观念中摆脱出来时的那种道德觉醒"⑧。汉代天人之学某种意义上可以视为前轴心时代的宗教性思想回潮的表现，隋唐学者如王通、柳宗元的批评，则是儒家理性主义传统的回归。崔大华还认为，同样是批评汉代儒学，王充是援引道家思想，隋唐学者是回到孔孟，以先秦儒家的伦理道德思想为渊源。⑨ 魏晋玄学既在理论上更新了儒学，却又在实践中鄙弃儒家伦理，反映出儒学的发展和危机。崔大华认为，"隋唐儒者没有注意或认识到魏晋玄学对儒学理论的发展，因而也没有建立能消化、超越魏晋玄学的、具有新的理论内容和特色

---

① 崔大华：《儒学引论》，第 404 页。
② 崔大华：《儒学引论》，第 404 页。
③ 见崔大华《儒学引论》，第 404~409 页。
④ 崔大华：《儒学引论》，第 409 页。
⑤ 崔大华：《儒学引论》，第 410 页。
⑥ 崔大华：《儒学引论》，第 413 页。
⑦ 崔大华：《儒学引论》，第 415 页。
⑧ 崔大华：《儒学引论》，第 411 页。
⑨ 见崔大华《儒学引论》，第 411 页。

的儒学理论形态或体系"①。所谓"没有注意到"，其实是对它持一种否定的态度，不视其为儒学而视为异端的态度。视为异端，自然不会继承它。同时他们回到孔孟，则对于魏晋玄学家们鄙弃儒家伦理的行为自然格外不可忍受，由此也自觉地在批判中正面挺立了儒家伦理的价值。"破除佛老思想的笼罩"主要由韩愈和李翱完成。韩愈观察到儒学与佛老的差别，即佛老中没有儒家的伦理道德内容，这就抓住了儒佛差别的实质。李翱则进一步与佛学争夺心性高地。两人的儒学意识都非常准和深，但韩愈尚未触及世界观层面的差异，李翱则未能完全摆脱佛教的影响，理论结构的内容与外貌上与佛学特别是禅宗相似。崔大华认为，韩、李未能更进一步推进儒学的发展，原因在于"在由儒、佛、道多元理论根源形成的唐代文化和社会生活中，儒家伦理特质并未得到特出的显现，儒家道德境界未能实现'佛境'那样的理论升华，真正独立于和超越于佛道的那种儒家的生活感受和理论观察，是难以形成的"②。也许更具体的原因在于他们没有真正地实践儒家的伦理道德。没有深造而自得，自然不会有相应的理论总结。

为考察理学形成的学术背景，崔大华花费大力气研究唐代佛教、道教与儒学，从而较为具体地说明了理学出现的条件与面临的问题。

1. 理学的形成

理学作为儒学的一个理论形态，其学术基础也是经学，因此理学的形成也要从经学说起。朱熹认为理学始于北宋五子（周敦颐、程颢、程颐、邵雍、张载），崔大华则采用黄震的观点，认为三先生（胡瑗、孙复、石介）是理学之始。③ 这里的逻辑应该也在于儒学与经学的关系，即理学的形成是基于宋代经学的发展，而三先生于此有开创之功。

关于理学是如何形成的，崔大华认为外在条件可以有很多，"但就儒学本身的理论发展逻辑来说，只有两个支撑点是最重要的：超越经学和消化佛老。并且这两个支撑点之间是互融互动的，即超越经学的理学观点正是在消化、吸收佛老的理论观点的基础上形成的；而理学却也正是凭藉这

---

① 崔大华：《儒学引论》，第 413 页。
② 崔大华：《儒学引论》，第 420 页。
③ 见崔大华《儒学引论》，第 422~423 页。

样的理学观点去批判、消化佛老"①。超越汉唐经学，用什么超越？用理学超越，即用理学重新阐释儒家经典，将儒家经典理学化，用它来反观佛老之说，这是理论的逻辑的顺序；从理论产生的历史来说，超越经学的理学观点是如何形成的？是从消化吸收佛学和道家之学而来的。用吸收了佛老的理学阐释经学，再反过来去抗衡佛老，这就是理学产生的逻辑和历史。

首先是超越经学。崔大华认为，"疑经变古是宋代经学的首要特色"②。这一特色是唐代以来儒学觉醒的一个表现。宋代儒家学者对于异己思想占据思想舞台和充斥社会生活深感忧虑和不满，他们试图从经学中寻找消除儒学危机的方法，但却失望而归。因为汉唐经学"以章句训诂为主要内容而义理薄弱"③，不具有对抗佛老的理论力量。宋代儒学的理论更新就从怀疑和变革汉唐经学开始。崔大华从几个经学结论说明宋代经学是如何疑经变古、增益义理的。首先是从疑经的五个论据："一曰语言不类圣人之作"④，"二曰自相矛盾"⑤，"三曰不合情理"⑥，"四曰有违史实或经典"⑦，"五曰伦理评价的不同分寸或角度"⑧。他认为，上述五个论据，运思方式仍然停留在经验的、例证的水平，理论观念仍在儒内，没有形成可以解决儒学问题的理论力量，但是却为后人引入儒外理论重新解释经典，超越汉唐经学，更新儒学提供了可能。⑨ 因此他说，"当然，并不是所有的宋代经学家都迈出了这一步，但一般说来，理学家却正是实现了这一超越的经学家"⑩。可见，理学的学术基础也是经学，而且是在疑经变古基础上，继承发扬儒家理性精神，消化吸收儒外思想的结果。三先生是经学家而不是理学家，五子则是经学家，同时也是理学家。他从两个方面举例说明面对同样的经学问题，理学家与经学家的处理有何不同。

---

① 崔大华：《儒学引论》，第 423 页。
② 崔大华：《儒学引论》，第 423 页。
③ 崔大华：《儒学引论》，第 424 页。
④ 崔大华：《儒学引论》，第 425 页。
⑤ 崔大华：《儒学引论》，第 426 页。
⑥ 崔大华：《儒学引论》，第 426 页。
⑦ 崔大华：《儒学引论》，第 427 页。
⑧ 崔大华：《儒学引论》，第 428 页。
⑨ 见崔大华《儒学引论》，第 429 页。
⑩ 崔大华：《儒学引论》，第 429 页。

"其一，经学的具体学术问题演变为、升越为一般的儒学理论问题。"① 就是从就事论事到因事言理。他比较胡瑗和程颐对《系辞》中"河出图，洛出书"的解释以显现这个理论升越过程。胡瑗取"仰观俯察"之说，不取河图洛书之说，体现出理性精神。程颐则认为，不过是正好见到河图洛书，所以作了八卦，并不是非得见河图洛书才能作八卦。他认为见任何东西都可以画八卦，因为万物皆为理之体现。将经义作理学的理解和阐发，这就是理学家的经学解释。胡瑗取八卦为人所作，不取天降之说，体现出理性精神，而程颐则没有如此处理，他承认圣人是见河图洛书而作八卦，这看似退了一步，但他进而又否定了见河图洛书的必要性，而认为见万物皆可作八卦。崔大华认为，程颐第一层意思还在经学范围，第二层就跨出了经学领域，即河图洛书与万物一样，都是理的表现。"理（天理）的观念的确立，是超越了宋代经学的理学形成的标志。"② "其二，理之内涵由认知向本体性升越。"③ 他认为，"代表着宋代经学的胡瑗的理的观念，基本上保持着传统经学的特征"④。也就是说，"理"在他那里还是一个次级概念，不是最高哲学范畴，不能用来概括对世界的总的看法。程颐的"理"观念则增益了本体性内涵，认为万象皆是作为本体的"理"之显现；作为本体的"理"是世界万象存在的内在的根据、根源。理、象不可分，理必显于象，象必含有理，"这是一种可为理性所表述的形而上的存在的观念，不同于能在人的认知中显现的具体事象的理念"⑤。"理"从认知对象变为体悟对象，从一种结果变为最终原因，理学家在这里实现了对经学的超越。"理"在成为最终原因后，又把传统儒家思想中的基本范畴吸纳进来，构成一个以"理"为最高范畴的概念体系。

接下来，崔大华给自己提出两个问题。一是为什么三先生没有形成而五子形成了理的观念。他们同属于一个时代，共同生活在疑经变古时代，为什么出发点相同，终点却不同？二是能否认为凡是形成了本体性观念的

---

① 崔大华：《儒学引论》，第 430 页。
② 崔大华：《儒学引论》，第 431 页。
③ 崔大华：《儒学引论》，第 431 页。
④ 崔大华：《儒学引论》，第 432 页。
⑤ 崔大华：《儒学引论》，第 433 页。

都可称为理学。王安石和二苏都有自己的本体性概念，他们跟五子一样超越了经学，形成了本体性概念，他们的学说能否称为理学，他们能否称为理学家？（关于崔大华对这两个问题的考察我们放在本章第三节阐述——作者注）这就把理学的形成引向另外一个支点，即消化佛学，崔大华认为这是形成理学的过程中最为艰难和最有决定意义的一步。他首先分析了佛教漫延之势的成因。他认为有三个方面。一是佛教有高于中国传统思想的心性理论，吸引着文化精英。这样，精神世界的至高点就被佛教占领，精神的归宿就去往西方，向往天竺，身在中华而心在西域。二是佛教的终极关怀对不同精神层面的人都有吸引力。对于俗人来说，理性不足，功利心切，则容易被吸附进它的场域；对于精英而言，佛教并不是普通的宗教，它具有自我怀疑的精神，它向世俗挑战，向科学提问，与哲学切磋。三是佛教在数百年的时间中已经进入中国的社会生活，作为异质文化的隔膜感逐渐消解。① 这些判断都是有根据，符合事实的。这就是理学家要面对的现实。崔大华接下来分析理学家如何分辨儒学与佛教的差异。他认为可归纳为三点。"其一，世界之总观：实与虚。"② 佛教认为世界是虚、空。他评价"佛家的这一空或虚的结论并不是浅薄、简单的妄论，而是注入了它的从感性经验到本体论证的全部的非常细密的理论智慧，是一个非常坚实的理论核心，一直是先前儒家对佛学的批判中所无力触及的"③。对此理学家从认知和本体两个层面上提出批判，"张载和二程都认为，释氏视世界为空、无，如同夏虫疑冰，乃是出于一种认识上的狭隘与谬误，即以个人的有限的认识能力，否定、妄议个人所认识不到的事物为'空'、为'幻'"④，这是从认知层面的批判。"佛家认为世界变动不居即是一切皆空的本质的表现或证明，二程则指出变动不居的背后是不变之理，虚空的背后有虚空之理。因此，世界无处无理，天下无处是虚"⑤，这是以本体之论对阵本体之论，与对手站在了同一高度上。崔大

---

① 见崔大华《儒学引论》，第437~438页。
② 崔大华：《儒学引论》，第439页。
③ 崔大华：《儒学引论》，第439页。
④ 崔大华：《儒学引论》，第439~440页。
⑤ 崔大华：《儒学引论》，第440页。

华评价说，"二程这种在本体意义上的批判是具有决定意义的批判，是在同一理论层面上的或者说同一识解度上击中要害的批判，完全避免了简单地以经验层面、认知层面上的概念语言，去数说本体层面上的观念的那种无谓、无力的妄议"①。经验层面、认知层面的论说都是物论而不是道论，它不能彻底驳倒对方，因为不在同一层面，驳倒的是影子，不是实体。崔大华认为，"虚实之别是理学在儒佛之间划出的最重要的理论分界"②。确实如此，因为它涉及世俗生活是否具有终极意义这个重大问题。"其二，终极追求之本质：公与私，或义与利。"③ 二程认为释氏以生死吓唬人，其实生死本为自然之事，何必恐惧。崔大华认为，"儒佛之间的这种歧异，理学家一般是以公与私或义与利来分判的"④。理学家认为佛教的终极追求是为一己之私而逃避责任，浸透了自私自利。儒家的追求则不回避个体对于他人的责任，而尽己本分。与佛教的追求相比，这就是公和义。活着是为了不再活着，与活着本身是一种责任，这就是前面关于世界是实还是虚的分歧在人生意义上的表现。"其三，境界之培壅：敬与静或止与定。"⑤ 崔大华认为，修养方法的差异缘于前面所述世界总观和终极追求上的差异，"在理学家看来，佛家的静是体认无物、忘境的那种修持过程和精神状态。而儒家的敬则是专一地践履伦理道德规范的行为和心态"⑥。相比而言，敬有内容，它通向伦理，静无内容，以知觉为性，这就与动物性混同了。定是止外定内，止是止于伦理本分。二者修养形式似同，内容则异，目标亦不同。可见，终极价值追求在此世还是彼岸，世界是实还是空，这样的差异必然会造成修养方法的不同。

理学家消化佛学的另一个方法是"'小佛'之论"⑦。崔大华将其概括为观点和境界两个方面，即"一曰见其小，一曰不为所乱"⑧。"见其小"，

---

① 崔大华：《儒学引论》，第 440 页。
② 崔大华：《儒学引论》，第 440 页。
③ 崔大华：《儒学引论》，第 440 页。
④ 崔大华：《儒学引论》，第 440 页。
⑤ 崔大华：《儒学引论》，第 441 页。
⑥ 崔大华：《儒学引论》，第 442 页。
⑦ 崔大华：《儒学引论》，第 443 页。
⑧ 崔大华：《儒学引论》，第 443 页。

小就是欠缺和谬误。理学家认为佛教有上达而无下学，不像儒家下学而上达，既有心性修养，又有事功。无下学意味着它脱离主流社会，不负责维护和保证社会的存续。"在理学家看来，社会生活的伦理纲常的理论及其实践，是一种周延的理论和完满人生所不可或缺的，佛家于道体上及人生实践上的不全、不足皆在于此"[①]，这是儒家的主观判断，事实上儒家的合理性在于它对于族群生存需求的系统性回应，而当它不能在事实上回应时，也就失去了自己的合理性。理学家的"小佛"之论，是在批判佛教轮回之说基础上得出的。佛教认为生命无常，存在业报，二程则认为生命有始则有终，是为有常。张载用气观念批评业报之说，认为只有气的聚散，而无个体生命前后的流转。崔大华评价道，"张载的这一观点，无论是在经验的或理论的层次上，都是全部理学中回应、破解佛学'轮回'等基本观念的一个最好的、最有力的结论"[②]。同时他也并不简单地认为，理学家的批判能够彻底否定佛教的理论价值。他说，"佛教赢得众多信徒，凭藉的正是它的理论中所特有的；而它的理论中所没有的并不重要"[③]，此为卓识。信仰之所以为信仰，就是因为它具有经验、理性无法穿透的特质。因为相信而真实，不是因为真实而相信，此即所谓信以为真。它满足的是一种心理需要，当然也不排除有人打着信仰的旗号博取世俗名利。崔大华深刻地指出，"佛学有它自己的理论的逻辑，这种逻辑也是人类精神全部可能性中的一种表现、一种实现。因此，作为历史上理学形成条件之一的对佛学的消化就并不是也不可能是破碎掉、取消掉这种理论的逻辑本身，而只能是消解、转变这种理论所塑造的那种是异己性质的生活方式及其影响，在这个意义上，理学辨析了儒佛的根本差异，揭示了佛学理论的缺弱，从而摆脱与突破了佛学笼罩，无疑地皆可以说是对佛学的一种消化"[④]。佛教的理论与实践自有其价值所在，理学家的批判并不能灭佛，而是消解它的异己性和影响，这意味着让它回归到非主流，而不能弥漫在整个士人精神世界中，充斥在社会生活中，占据舞台中心。"小

---

① 崔大华：《儒学引论》，第 444~445 页。
② 崔大华：《儒学引论》，第 445 页。
③ 崔大华：《儒学引论》，第 446 页。
④ 崔大华：《儒学引论》，第 446 页。

佛”是消化佛学中破的一面，除此之外，最重要的还要有立的一面，它要求儒学"升越自己精神境界中所固有的理性的伦理道德自觉，形成不弱于佛学的那种属于信仰性质的精神力量，来回应人生最高的、即终极追求或归宿的问题"①。有破有立，把自己的主张变成可以与对方比肩的东西，也就是与佛教争夺心性至高点，或精神世界的至高点。自己有自信，别人自然乱不得。崔大华认为，理学家能够做到不为佛教所乱，是在儒家的精神境界中注入了两个精神因素，即"'乐'与'化'"②。这是要让儒学具有不弱于佛教的吸引力，特别是对士人阶层。抓住士人的心，儒学就能重新回到思想舞台中心。崔大华分析宋代理学家所寻的"孔颜乐处"，即是"一种在最广阔的范围内对自己的生命存在的价值、意义的自觉，是一种将自己完全融入境遇中的忘我的体验，一种与天地同流的境界"③。这似乎是一种融入文化生命体中的体验，个体因此而不朽。它不同于佛教的无我，而包含着"仁"的道德内涵。这个生命体是一个以道德为标识的生命体，它的合理性在于守护人类生存的这个底线。他认为，"当理学家将对'孔颜之乐'的这种理解，移植到儒家的伦理道德实践中时，也就升越了这个实践的精神境界"④。这要求儒家对自己的伦理道德有最充分的自觉和完全融入的投入。求仁得仁是为乐，如何让人去主动地求仁？这需要把日常生活中的伦理践履由被动变为主动，将它与生命的意义结合起来，不是一种包袱而是本分，不是为了别人，而是为了自己。崔大华认为，"化"是一种超理性的精神境界，这个境界"乃是一种与天地、与理融为一体的精神境界"⑤。个体融入本体之中，就是本体化，儒家之道就以肉身的形式呈现出来。崔大华认为"化"的境界具有超理性的特质，也就是说，它不是仅通过感性或理性就可以达到的，"实际上，这是一种容纳、凝结一个人的包括感性经验、认知理性在内的全部经历的精神总体。从理论的逻辑上说，立在理学家的化的境界上，精神上会感受

① 崔大华：《儒学引论》，第 446 页。
② 崔大华：《儒学引论》，第 448 页。
③ 崔大华：《儒学引论》，第 449 页。
④ 崔大华：《儒学引论》，第 449 页。
⑤ 崔大华：《儒学引论》，第 449 页。

到与天地同流、与理为一的广阔和自如，困扰佛家或世人的那个苦根、那些人生难题，在这里也就不为艰难地消解掉"①。达到化境，个体的孤独感和恐惧感就会消除，个体的自我中心主义也会消解，与此同时，个体的意义感却由此而生。达到这个境界的儒者，活着就不是苦，不是权宜之计，而充满着欣慰与充实感，崔大华认为"由于这种自信，在遭遇佛氏之论时，就能'见其小''不为所乱'，佛学投射下的笼罩与影响被消解了，这是在真正的、实际意义上的儒学对佛学的消化"②。在世俗中实现着超世俗的价值，平凡而又高明，这是儒家伦理实践的特色。以往只见平凡，不见高明，故而在佛学的高明面前自惭形秽，现在发掘出自己的高明来，就能与佛学在心性领域争胜了。站在不低于佛教的高度，才有自信吸收佛教，化为己用。

崔大华最后分析理学消化佛学的理论表现，即"援佛而非佛"③。在理学家之前，儒者对于佛教，有批判而无援用，或有援用而无自见。佛学成为一个坚固的果实，啃不动，吃不下，不能为我所用。在克服掉之后，就能借鉴之、援用之。崔大华说"理学援佛而非佛，这不仅是理学消化了佛学后的一个效应，也是理学消化佛学的一个表现"④。消化佛学与援用佛学是一种互为因果的关系：消化它才能超越它，超越它才能消化它。这个理论过程在现实中可能是同时发生的，应该是一个往复的过程。崔大华从理学家对"理"的本体性内涵的界定入手，说明理学如何吸收佛学的观念。他以老庄道家的观念为例，显示中国传统思想中的本体论的特点，即"根源性和超验性是中国传统思想中本体观念的基本内涵"⑤。这样，在"道"与物之间，就存在先与后、主与次、显与微的区分。理学家则强调本体与现象之间的不可分离性，即在根源性、超验性之外注入了总体性因素。这本来是在道家本体论中的因素，也是老子与庄子本体论的重要区别。他认为，《易传》在吸收道家本体论观念时，选择性地丢掉了

---

① 崔大华：《儒学引论》，第 451 页。
② 崔大华：《儒学引论》，第 452 页。
③ 崔大华：《儒学引论》，第 452 页。
④ 崔大华：《儒学引论》，第 452 页。
⑤ 崔大华：《儒学引论》，第 453 页。

总体性内涵。理学家将其重新拾起，其思想渊源不是来自庄子，而是来自佛学。具体而言，思想来自禅宗，语言来自华严宗。思想方面，程颐的洒扫应对与尽性至命为一事，与马祖道一的"平常心是道"之间有着形式上的契合；语言方面，崔大华认为，法藏所谓"体用一际""理事互融"，所表述的正是本体论的总体性观念，即认为本体与现象是不可分离的世界整体、总体。① 另外，理学以一个标志性的概念"理"来统领其他概念，将先前儒家分散的概念整合为一个观念体系，实现儒学历史中一个重要的理论观念转变。② 崔大华认为，"从包括中国佛学在内的完整的中国思想背景中观察，理学对'理'的本体性这一论证，就其运思方式和表述形式而言，也是接近于佛学或感悟于佛学的"③。佛教在印度有一个发展历程，入华后又经历了很长时间的被接受过程，对于最高宗教目标涅槃及其性质，有不同的理解和表述。崔大华认为"本体'实相'从不同的角度来界定，也就是涅槃、中道、妙有、虚空等。在宽泛的意义上，这一解说也适用于华严宗的'法界'和禅宗的'本心'。这是一种具有辩证色彩的，从不同的甚至是对立的方面来界定、表述一个整体、总体的思维方式"④，这对理学家应该是有启发的。他认为，"理学从天、命、性、心等不同方面对'理'的界定、表述，近似于或者正是蹈袭了佛学的这条逻辑思路"⑤。儒学在此前有很多概念，到这里要给它们一个位置，"理"是本体，是总概念，它们是子概念。它们不是在"理"之外存在，而在"理"之中，是"理"在不同场景下的化身。当然，这种近似只是形式上的，就内容而言，仍然是儒家的伦理道德。这就是理学对待佛学的态度，即援佛而非佛。

理学由于消化了佛学，它就不仅超越了经学，还超越了汉代天人之学，也超越了魏晋玄学，成为儒学的一个新的形态。

2. 内容与功能

宋明理学规模宏大，内容细密，崔大华的阐释依照前例，仍然集中在

---

① 见崔大华《儒学引论》，第453~456页。
② 见崔大华《儒学引论》，第456~457页。
③ 崔大华：《儒学引论》，第457页。
④ 崔大华：《儒学引论》，第457页。
⑤ 崔大华：《儒学引论》，第457页。

儒学三个层面上的理论更新与其社会功能上。但在此之前，他先介绍了理学的理论主题及其演变，也就是首先对理学作一个纵向的历史考察。他将理学分为四个阶段，即创立、成熟、变异（突破）、衰落，"北宋五子初步确立了理论主题与学术规模；朱熹对理学作出成熟的、完成性的发展；此后，则是在朱学笼罩下的理学变异和衰落"①。

第一个阶段是理学的学术规模和主题的确立。他认为理学的论题主要有三个方面：万物生化（天道观或宇宙论）、宇宙本体（本体论）、为学或修养方法（工夫论）。② 其中后两者是理学标志性的理论主题。第一个理论主题，宇宙论。理学的宇宙论主要由周敦颐、张载、邵雍建构。周敦颐的生化理论应该来自《易传》，气来自实体性的本体，故而感性较多，而张载的气论，气具有本体性质，生化过程自然是气自身的变化，而不能在气外寻找一个什么东西。邵雍则用数建构一幅宇宙图景，"企图用数来掌握宇宙的全部必然性"③。崔大华认为，"邵雍的'数'所判定的'必然性'，离真正的必然性相距甚为遥远"④。第二个理论主题，本体论。理学的本体论有三个基本内涵。其一，根源性，即"理"是事物的根据，"理"在物先。其二，总体性，即"理"不遗物，"理"与物的区分是在观念中，不在实际中。其三，形上性，即本体不同于万物，它是一切有形的原因，因而它本身就不能是有形的。崔大华判断，北宋五子的本体论按理论归属可分为理本体论与气本体论，二者在根源性、总体性上没有对立和冲突，在形上性上则出现了对立和冲突。⑤ 他以程颐和张载的本体论差异来说明这两种本体论的差异。张载的形上是看不见的物，程颐的形上是非物的概念，因此张载的宇宙论就是从看不见到看得见，气自己在运动，程颐的宇宙论则是以理驭气。从他们形上观念的差异可见其本体论的差异，"在任何理论层面上，作为张载的宇宙本体之'气'，都是具有感性经验的物态内涵的实体，而二程的'理'则是非物态的实在。可以说，

① 崔大华：《儒学引论》，第 472 页。
② 见崔大华《儒学引论》，第 473 页。
③ 崔大华：《儒学引论》，第 476 页。
④ 崔大华：《儒学引论》，第 477 页。
⑤ 见崔大华《儒学引论》，第 482 页。

基本上或是实在性的'理'（包括宽泛意义上的'心'）本体，或是实体性的'气'本体笼罩着全部宋明理学"①。他评价说，"根源、总体、形上，理学本体的三个基本内涵是从不同方面对同一本体的哲学性质的显示，是不可分离和或缺的。就理学理论本身的完备性、不矛盾性而论，即就对本体三内涵所具有的周延性程度而论，理学确立时期的理本体论优于气本体论"②。为什么这么说？从二程对张载的批评可知有二。一是气本体概念带有洗不掉的经验性成分，形上与形下其实无严格的区分，则形上也就无所谓形上了，这说明他的本体论在形上性内涵上不周延。二是张载对形上作了解释，清、无碍、神的太虚本体才是无形。③ 这避免了本体中有形下的东西，"但是按照这一解释，本体太虚不能再拥有与清、虚相对立的浊、实的性质，本体总体性内涵却因此动摇了、丧失了"④。也就是说，本体的整全性被破坏了，有些东西不在本体所包含的范围之内，它们被抛弃了、遗漏了。崔大华认为理学本体观念还有一个特色，即本体的"可认知性"⑤。他认为这区别于道家。对于形上本体的认知是如何可能的，理学家提出两个论据：一是心智，即德性之知可以形成总体性观念；二是修养，即践履道德可与本体为一。这种理论上的自信，使儒学的两个基本问题在本体层面上得到回答。一是伦理道德的根源问题。确认"伦理道德本身就是理，就是本体"⑥，将儒家伦理上升到本体高度，就论证了它的永恒性和合理性。二是圣人的精神境界。实践了"理"的人，就是圣人。第三个理论主题，工夫论。理学的工夫论即达到与"理"为一境界的方法论。主要有两种，一是尊德性—涵养的路子，二是道问学—致知的路子。前者重内在存养，后者重外在学习。在尊德性的方法中，需要区别主静与主敬的差别：主静是"排除欲念，直至无欲，保持心的清静而又具有伦理自觉状态"⑦，由周敦颐主张；主敬是"以本然的心为理之

---

① 崔大华：《儒学引论》，第 484 页。
② 崔大华：《儒学引论》，第 484 页。
③ 见崔大华《儒学引论》，第 484~485 页。
④ 崔大华：《儒学引论》，第 485 页。
⑤ 崔大华：《儒学引论》，第 485 页。
⑥ 崔大华：《儒学引论》，第 489 页。
⑦ 崔大华：《儒学引论》，第 491~492 页。

本体在人身上的体现，因而具有善的性质，需要以一种'敬'的、'主一'即专一的态度保护、捍卫之，以免遭物或邪的侵扰"①。崔大华辨析二者的差异，认为一是达到的境界不同，即一个是中正仁义，一个是涅槃清静；二是修养方法也不同，即一个是无欲，一个是无念。前者是针对生理欲望对天理的遮蔽，后者是扫除一切，连道德也是杂念了。② 另外，他还辨析了张载的"无意"与程颐的"无私意"的区别，程颢的"莫非己"与程颐的"无己"的区别，以及二程在"定"和"心即理"诠释上的区别。③ 总的来看，程颐在抓住修养方法中的儒家内容方面极为自觉，特别警惕与佛教混为一谈。理学修养方法中的道问学重视认知，这一方面通常也被称为"格物穷理"。二程和张载对这一方法的共识有二。"第一，穷理的途径——多端。"④ 它包括认知活动和道德实践活动两个方面。既要知其然，又要上手去做。做了之后，这个理才落到实处，才是真知。"第二，穷理的过程——由积累而贯通。"⑤ 也就是"由对一事一物的个别认识，逐渐积累最后达到对总体的、全体的'理'的贯通的体认"⑥。这个工夫过程是渐进式地、由部分到整体地达到对"理"的认知。这符合人们的认知规律，不过也需要说明的是，这个方法并不能保证所有人都能成德，它也并不适合所有人。它是一个最普遍和相对可靠的进德方法，但不是唯一的和绝对的，否则陆九渊就不用和朱熹死磕，王阳明也不会那么痛苦了。崔大华判断，"本体的可被认知性是理学本体论在中国传统哲学中显示的最重要特色，而这种可认知性，正是在这里、在理学的修养工夫中被实现的"⑦。理性贯穿理学的本体论与工夫论中，这应该也是它与宗教相区分的一个重要方面。二程与张载在道问学方法上也存在分歧，就是对《易传·说卦》"穷理尽性以至于命"的诠释不同。张载是说先穷理，再尽性，最后至于命，把这一命题理解为修养逐渐提高的过程，即渐进式、

---

① 崔大华：《儒学引论》，第 492 页。
② 见崔大华《儒学引论》，第 492~493 页。
③ 见崔大华《儒学引论》，第 494~500 页。
④ 崔大华：《儒学引论》，第 501 页。
⑤ 崔大华：《儒学引论》，第 502 页。
⑥ 崔大华：《儒学引论》，第 502 页。
⑦ 崔大华：《儒学引论》，第 503 页。

阶段式的过程，二程则认为三者只是一件事，穷理即是尽性，尽性即至于命，即不是三件事，没有两阶段之分。张载批评二程失之太快，不穷理哪里有道问学可说，二程批评张载把命视为源，穷理尽性是渠，后者把前者引出来，这个说法一定要改正。① 崔大华分析认为，分歧的原因在于他们对"理""性""命"的理解不同。"在二程看来，'理''性''命'是从不同意义上对同一本体的界定，因而，'穷理''尽性''至命'所表述的也就是无任何差别的同一儒家最高境界。"② 也就是说，这个理解是与"理"这个范畴的整合功能相互关联的。因为用"理"去统合了性、命等范畴，所以在二程看来，穷理就是尽性至命，不可能断成几截，否则理论就会自相矛盾了。张载则认为至命是终极境界，有本体意义，穷理尽性则是知的过程，是宇宙论层面的概念。双方的分歧，似乎在于张载没有像二程那样用一个本体论概念整合此前的儒学概念。这是表面的原因，崔大华认为，更深刻的原因在于双方本体论的差异，也就是理本体论与气本体论的差别。"在张载气本论中，理与性只能作为气的表现显现在低于本体的层面中。"③ 因此在他的本体论中，命高于理和性。

第二个阶段是朱熹实现的"理学的完成性发展"④。理学的历史发展就是前述理学论题、主题的发展历史，崔大华从这个角度评价说，"南宋朱熹的理学思想无疑是理学形成后的第一次的发展，也是全部理学中的最重要、最成熟的发展"⑤。他认为两个方面的贡献确立了朱熹在理学发展中的地位，"朱熹理学的理论进展主要是将北宋五子理学论题中的非儒的、不纯的部分及相互矛盾的部分改造过来或消解掉，并且深入而周延地论述了旧有的和他新提出的全部理学论题"⑥，即一是消解差异，二是周延论述。这些都是在前人基础上做的创新性工作，他被称为理学集大成者，是名副其实的。理学论题主要有三个方面，即宇宙论、本体论和工夫

---

① 见崔大华《儒学引论》，第 503 页。
② 崔大华：《儒学引论》，第 503 页。
③ 崔大华：《儒学引论》，第 504 页。
④ 崔大华：《儒学引论》，第 504 页。
⑤ 崔大华：《儒学引论》，第 504 页。
⑥ 崔大华：《儒学引论》，第 504 页。

论，朱熹的完成性发展也主要集中在这三个方面。

第一，朱熹在宇宙论（或天道观）上的统合与改造。崔大华认为理学确立时期的理学家天道观中有两个问题需要统合改造：一是周敦颐太极图说"无极而太极"命题去道家化，二是周敦颐《太极图说》和张载《正蒙》中描述的宇宙图景需要统一起来。①朱熹对于前一个问题的处理，在于"从思想内涵上辨析，周敦颐《太极图说》的'无极'不同于道家之'无极'"和"从词义上辨析，周敦颐'无极而太极'命题中的'而'字，无转折次序之义"②。其实就是重新解释，说明道家的无极与儒家的无极意思不一样，儒家的无极是对太极的解释，道家的无极是一个形容词，不是本体性概念。从无极到太极，不是一个因果先后关系，因此无极不是太极之先、之上的概念。朱熹说："'无极'者无形，'太极'者有理也。"（《朱子语类》卷九十四）"无极者无形"，是以肯定的语言来作否定式的表达，即太极不是有形之物；"太极者有理"，是以肯定的语言作肯定的表达，即太极有内容，不是空洞的概念。崔大华认为，"朱熹对'无极而太极'命题的辨析、解说，最终地、主要地是将一个具有道家思想特色的、具有表述自无生有的宇宙生成过程的理论内涵的命题，改造成为一个表述道体、界定宇宙本体理的命题，一个纯粹的理学命题"③。朱熹对于后一个问题的处理，是弥合太极与太虚的差异。崔大华分析认为，"太极"与"太虚"两个概念最初都来自道家，汉唐经学中将其解释为气、元气，作为万物原始来理解，邵雍开始把"太极"与"道"联系起来（《观物外篇下》："太极，道之极也"），"太极"从宇宙生成论概念向本体论概念转变。张载沿袭汉唐经学，而不同于邵雍。④"理学早期发生的这种分裂与对立，在理学走向成熟时，即在朱熹理学中被消弭。"⑤朱熹沿着邵雍的路子，将"太极"作本体来理解，对于"太虚"也作一样的处理，"按照朱熹的理解和划分，张载所述的宇宙构成实际上是两

① 见崔大华《儒学引论》，第505页。
② 崔大华：《儒学引论》，第506、507页。
③ 崔大华：《儒学引论》，第508页。
④ 见崔大华《儒学引论》，第508～509页。
⑤ 崔大华：《儒学引论》，第509页。

个层面：'太虚'（虚）是'本'，是'总体'，这是'理'；其他则属事、物、人"①。"太极"和"太虚"都是"理"，而与万物相对。经此改造，周敦颐和张载宇宙图式的差异就消除了。张载的本体论要么沦为物（气），要么遗漏物，都不足以为本体。因此，这里的改造表达的是朱熹的思想，而不能说就是张载的思想，也不说明周、张的理论差别就不存在，张载的理论就周延了。

第二，朱熹在本体论上的综合与创新。崔大华认为，朱熹的贡献在于将理学确立时期两个有差异的本体论，即二程的理本体论与张载的气本体论"综合成一个无矛盾的、自洽的理本体论，或者说理气本体论"②，在这个过程中，他提出和论述了一系列本体论论题，如理气先后、动静、一殊等。朱熹的综合首先是把气本体论的本体（"太虚"）诠释为理本体论的理（"天理"），从而消解掉气本体论，同时确认理不能离气，避免理的空洞化。崔大华认为，这两点"清晰地显示出对先前理学本体论观点的扬弃与综合"③。也就是说，朱熹既继承了二程的理本体论，又充实了它；既否定了张载的气本体论，又吸收了它。这就是一个理论上综合创新的典范。崔大华接下来论述朱熹这样的综合与创新的理论结果，除了"丰富发展了先前理学所确立的本体论思想，同时也埋下了引起以后理学纷争的种子"④。它包括三个方面：理气先后、理之动静和理一分殊。"其一，理气先后。"⑤崔大华认为，朱熹的本体论中，存在一个容易被人误解的地方，就是一方面确认理为本体，一方面理又不能离气而显现自身，所以他有时说"必有是理而后有是气"（《大学或问》卷一），有时又说"理与气本无先后之可言"（《朱子语类》卷一），这就容易令人产生疑惑。崔大华认为这两个说法是分别从本体论和宇宙论角度立论，"始终保持理论逻辑上的一致，并无矛盾发生"⑥。他以结构的方式解释朱熹的立论。一是从本体论的观察角度与宇宙论的观察角度。从本体论的角度，本体具

---

① 崔大华：《儒学引论》，第 509 页。
② 崔大华：《儒学引论》，第 511 页。
③ 崔大华：《儒学引论》，第 512 页。
④ 崔大华：《儒学引论》，第 512 页。
⑤ 崔大华：《儒学引论》，第 512 页。
⑥ 崔大华：《儒学引论》，第 512 页。

有总体性，无所谓先后、始终、离合，从这个角度观察得出的结论，就是理气无先后。而所谓理与气的先后、离合是在宇宙论层面上的问题。二是宇宙论中万物生成过程的观察角度与万物存在状态的观察角度。从生成过程看，存在时间先后，即理先气后。从存在状态看，则理不离气、气不离理，二者又是不可分的。这就是结构的方法在解析朱熹哲学时的运用。"其二，理之动静。"① "动静被朱熹视为宇宙间一切存在所具有的最基本性质。"② 朱熹辨析太极与动静，认为说太极含动静、有动静都可以，但不能说太极是动静，因为这样就把太极形下化了。崔大华分析太极与动静的三种关系"是在本体（本体论）与流行（宇宙论）两个不同的理论层面上分别发生的"③，太极含动静、有动静都是从宇宙论层面来说的，太极是动静则是从本体论层面来说的。"理"包含着动静之理，但不能用动静来描述"理"。"理"是本体性概念，包含一切而不能用具体的某种属性来规定它。理有动静则是说，"理"是概念，它实现自己需要材料，气就是材料，所谓理有动静就是说"理凭借阴阳或气实现动静之理"④。朱熹对于不同层面的表述和含意始终是清楚的，但后世学者则时常感到困惑和混乱。"其三，理一分殊。"⑤ 崔大华认为，"理"的先后、动静论题表达的是时间、运动方面的性质，"理一分殊"表述的则是量的性质。⑥ 朱熹对"理一分殊"的内涵有三种解释。一是复述程颐的观点。程颐说，"《西铭》明理一而分殊，墨氏则二本而无分"（《程氏文集》卷九《答杨时论西铭书》）。程颐的意思，墨家有理一而无分殊，视陌生人如亲人，则亲人不就跟陌生人一样了吗？这就是有理一而无分殊，就是没有分出亲疏来。儒家则不同，儒家是主张"亲亲仁民爱物"（见《孟子·尽心上》），有普遍之爱，但又有层次区分，这更符合实际情况。这是伦理原则的理一与分殊。朱熹的第一种解释基本同于这个观点。二是本体之理一与万物之分殊，就是把"理一分殊""作为对本体之理与生成之万物之间

---

① 崔大华：《儒学引论》，第514页。
② 崔大华：《儒学引论》，第514页。
③ 崔大华：《儒学引论》，第514~515页。
④ 崔大华：《儒学引论》，第516页。
⑤ 崔大华：《儒学引论》，第516页。
⑥ 见崔大华《儒学引论》，第516页。

关系的一种表述"①。理一是本体，分殊是万物。在这个理解中，"理一分
殊"是一个跨越本体论和宇宙论的命题。三是"万物共具之理，万理同
出之源是一理，此一理在万物处显现为万理，即是分殊"②。"理"的显现
即是分殊。他评论说，"困难在于，在理学中作为本体的理，是一种总体
性的实在，不是实体。因而万物之统体太极与一物之各具太极间不具有可
被分割的那种总体与部分的关系，也不同于宇宙生成层面上的那种实体性
的基本元素与万物的关系"③。朱熹这个解释将世界统一起来，即统一于
"理"。"理"又不悬空，在分殊之万物中显现自己。崔大华认为，这三种
解释是三个角度，"不是思想上的游移不定或矛盾混乱的表现"④。

第三，朱熹在工夫论上的承接与发展。朱熹在工夫论方面继承和发展
了程颐。崔大华从三个方面说明朱熹的继承：一是将修养工夫分为涵养与
进学两个方面；二是重视敬的修养方法，视之为最重要的甚至是涵盖全体
的方法；三是沿袭程颐格物穷理之说。⑤ 他对程颐的发展在两点：一是辨
析涵养与进学的关系，他认为是相互包容、相互促进的；二是重新解释
"静"与"定"，消解程颐与周敦颐的差异与对立。⑥ 朱熹解释的重点在
于，把"静"诠释为有伦理内容的精神状态，而不是一种无思无虑的断
灭空无状态，这就能够把"静"这种修行方式也纳入儒家工夫修养论
中。另外，他把"定"与"止"的内涵统一起来，都是"当"或
"理"。在修行中知止而定，这就让"定"不至于沦为佛老的无内容的
"定"。总之，都是把可能与佛、道修行方法混同之处先加上儒家的内
容，然后再将"静""定"作为一种循理的状态来描述，这就消解掉它
可能的异质性。崔大华还顺便比较了陆九渊与朱熹的工夫论差异，认为
陆九渊较多继承程颢，并把心提升到本体层面，由此，其工夫论自然也
不同于朱熹。他认为，这两种工夫论在实践中不构成对立，但在理论上
则难以弥合，因为其分歧是本体论层面上的。他还指出二人的分歧在后

① 崔大华：《儒学引论》，第 517 页。
② 崔大华：《儒学引论》，第 518 页。
③ 崔大华：《儒学引论》，第 519 页。
④ 崔大华：《儒学引论》，第 520 页。
⑤ 见崔大华《儒学引论》，第 520~521 页。
⑥ 见崔大华《儒学引论》，第 521~522 页。

世的回响，"一当理学家强调某种理学本体论立场时，这一对立与争论就要浮现出来，而当某学者凸显儒学的纲常立场，模糊其理学本体论态度时，这种对立就潜隐下去，甚至不再存在。鹅湖之会使后人追思不已，朱陆在这里播下的是一粒既使理学产生纷扰，又使理学具有活力的理论种子"①。这个判断从儒学史的发展来看是符合事实的，他的比喻也一如既往地非常精妙。相比他在《南宋陆学》中对朱陆之争理论意义的分析，这里更加深刻了。

第三个阶段是明代理学对朱学的离异与突破。崔大华以朱熹为中心，将理学分为前朱熹理学、朱熹理学与后朱熹理学三个阶段。这里考察的就是后朱熹理学时期明代理学的流变。他从四个方面考察，第一个方面是"朱学笼罩之势的成因"②。他提出两个论据说明：一是朱熹论著丰富，论学广泛，学术规模宏大壮观。二是朱学在明代是官学，士人必读其书、必习其学。③ 因此，继承也自他继承，突破也自他突破，无法摆脱朱熹的笼罩。崔大华说，"构成明代理学主要理论内容的，实际上正是在三个不同理论层面上或不同的理论深刻程度和学术规模上对朱熹理学的怀疑和离异的观点"④。当朱学成为标准答案，它就失去了理论生长的动力与活力；若不再被实践，则更成为具文。第二个方面是"最初的怀疑"⑤。明初大儒曹端和薛瑄在崇朱的前提下，提出自己的怀疑，其实是困惑。曹端的怀疑主要是在太极之动静这一具体问题上，他认为"理是'活理'，理自会动静"⑥。崔大华说它"没有越出朱学范围，但是曹端活理之论，在理论的观念中注入了自主、自为的意蕴，这是某种具有实体性的主宰或根源才有的特征，则迥异于朱熹理本体的哲学性质"⑦。他变异了理本体的性质，将其从实在的变为实体的，由此，理本体就有可能从本体地位上被拉下来，这就越出了朱学的范围。薛瑄主要是就理气先后问题提出了对朱熹理

① 崔大华：《儒学引论》，第526页。
② 崔大华：《儒学引论》，第526页。
③ 见崔大华《儒学引论》，第526~528页。
④ 崔大华：《儒学引论》，第528页。
⑤ 崔大华：《儒学引论》，第528页。
⑥ 崔大华：《儒学引论》，第539页。
⑦ 崔大华：《儒学引论》，第529页。

学怀疑的或者说是对立的观点。崔大华认为薛瑄主张理气无先后、理气无缝隙的这些观点并没有越出朱学的范围，是在朱熹理学的宇宙论层面上的结论。① 他评价他们的怀疑，认为这"是其未能深入朱学的本体论理论层面，理论思维呈衰蜕之势的一种表现"②。也就是说，他们的思维水平没有达到与朱熹一样的高度，因此只能从宇宙论层面上理解朱熹提出的命题，而不能深入到本体论层面。打个比方说，他们没有攀上朱熹缔造的哲学高峰，而在半山腰停下来，然后折往别的地方，这"别的地方"就是气本论。第三个方面是"气本论再现"③。沿着最初的怀疑，"明代理学对朱熹理学更深刻的一种怀疑或离异，是在本体论层面上发生的，这就是在罗钦顺、王廷相等那里表现出来的由朱熹所坚持的理本论转到为朱熹所反对的气本论"④。罗、王气本论的主要观点有二，"其一，气为实体性之本体"⑤。崔大华判断，"作为本体的气之实体性与作为本体的理之实在性，是明代理学气本论与朱熹理学理本论的最重要的理论界限"⑥。朱熹曾弥合张载气本论与二程理本论，到了明代，被朱熹扬弃的道家的本体论，又被明代理学家请回来了。"其二，理为气之理。"⑦ "理"是气所具有的、所显现的某种特定性质。理气关系中，气似乎处于主宰地位：因为气需要"理"，所以才有了"理"。在理本体论中，理气在本体层面上是理主宰气，理先气后。以气为本体，则在人性论上也不同于理本体论：前者无天命之性与气质之性的区别。理学在人性论上既要有明确的主张，即性善论，又要解释现实中人性之恶，前者用天地之性或义理之性来表述，后者用气质之性来表述，这就比较周延地解决了孟荀以来人性论中的诸多争论。但从气本论而言，没有离开气的天地之性。"在气本论这里，如同无气外之理，亦无气质之性之外的本然之性，在逻辑上是很自然的、必然

① 见崔大华《儒学引论》，第530页。
② 崔大华：《儒学引论》，第531页。
③ 崔大华：《儒学引论》，第533页。
④ 崔大华：《儒学引论》，第533页。
⑤ 崔大华：《儒学引论》，第533页。
⑥ 崔大华：《儒学引论》，第533页。
⑦ 崔大华：《儒学引论》，第533页。

的。"① 只有气质之性，没有天地之性，则人性论就缺乏一种规范性，也就是说，不能表达出儒家的主张。气本身是没有价值取向的，如何规定它的取向？理附着于气，没有独立地位，则如何处理人性论上的方向性问题？因此，气本论在理论上有不周延之处。可能也因为这样，它没有独立的工夫论，而是同于理本体论的心性修养论。第四个方面是王阳明心学对朱学的全面突破。崔大华认为，"明代理学同时在本体论、工夫论上全面地否定了朱学观点，突破了朱学笼罩的是王守仁"②。这就不同于气本论者，也预示心学是一个理论自洽的学说。崔大华从三个方面考察王学的内容，即破解朱学、理论特色、流弊与衰落。第一，"破解朱学"③。它包括本体论与工夫论两个方面，即主要是消解朱学本体"理"（"太极"）的客观性，并逻辑地破除朱学工夫论中的内外之分。④ 客观性就是外在性，在我之外、我心之外的那个本体、那个规范性，而王守仁要把它置于我心之中。被心认知到的理，才是理，被心知觉到的事，才是事。这就把世界限定在我的认知、体悟范围之内了。正如崔大华所说，"在王守仁这里，'理'实际上是心之认知、知觉功能的产物，不再是如朱学所认定的那样心之外的、高于心的作为某种'万物之根''本然'的独立存在"⑤。当在本体论上破了外在性之后，工夫论随之也破了外在的工夫，这是理论内在一致性的表现。"在朱学中作为一种实践过程来理解的行，在王守仁这里被理解为一种认识过程；在朱学中作为对外界事物认识过程的格物，在王守仁这里被解释为内心修养过程；在朱学中是'交相发''两轮'关系的两种修养工夫，在王守仁这里被解释为一种修养工夫中的目标与过程，或目的与手段的关系。而正是这三个创造性的解释破除了朱学有内外、先后、本末之分的工夫论，工夫只是一个'知行合一'，一个'存心'，一个'不失德性'。"⑥ 第二，王阳明心学的理论特色。他从两个方面阐发，即阳明心学与陆九渊、湛若水心学的差异、阳明"良知"三义显现的理

---

① 崔大华：《儒学引论》，第 535 页。
② 崔大华：《儒学引论》，第 536 页。
③ 崔大华：《儒学引论》，第 536 页。
④ 见崔大华《儒学引论》，第 536~537 页。
⑤ 崔大华：《儒学引论》，第 537 页。
⑥ 崔大华：《儒学引论》，第 537~538 页。

论特色。在崔大华看来，王守仁的心学特色，不仅在与程朱理学的比较中，而且在与心学阵营内部（陆九渊、湛若水）的比较中，也别具一格。他的特色来自他"对朱学的破解是相当彻底的"①。王守仁批评陆九渊心学有"沿袭之累"（《阳明全书》卷五《与席元山》），也就是说，陆学的最高范畴仍是"理"，不是"心"，仍认为"理"乃宇宙所固有。这种沿袭在王学这里不复存在。"理"与物的客观性都被否定，格物也被解释为格心。崔大华判断，"正是在这新的心学角度上，王守仁观察到并判别出陆九渊的'沿袭'和'未精'之处，宋明理学中的心本论获得了真正突破朱学的最重要的理论进展"②。这是对朱学真正的破坏，它不仅破旧，而且立新。王守仁与湛若水心学的不同可归约为"'心无外'与'心包内外'之间的差异"③。在湛若水这里，外在的世界仍然存在，不过我心可以完全包容和认知它，但在王守仁这里，我心所识即为世界，不为我心所识者，不可称为世界。"在湛若水心学中，就本体论而言，心虽然体万物而不遗，但万物与天理作为被体，即被感知的对象，其客观性并没有被消融。"④ 湛若水的理论存在缺陷，就是如何确认人能够体万物而无遗漏。若有遗漏，则心之外仍有物、仍有理存在，这就是他心学理论的不周延之处。这似乎也说明心学理论的周延与彻底是一个问题的两个方面。由于本体论上唯心得还不彻底，工夫论上也未能跨越朱学的笼罩，学术归向要么回到朱学，要么走向王学。王守仁心学则由于其彻底性，而完全突破了朱学的笼罩，并将心学推向更高的发展。它"将理学中的工夫论观念转变为、升越为本体论观念，'一悟本体，即是工夫'（《阳明全书》卷三《传习录下》），形成了'本体工夫合一'（《阳明全书》卷三《传习录下》）的王学根本特色和门徒遍天下的风靡之势"⑤。心是本体，又是做工夫的主体。本体即主体，则本体与工夫就合而为一了。崔大华还从王守仁"良知"三义显现其心学特色。三义包括三个方面，"一是本体"⑥，人人

---

① 崔大华：《儒学引论》，第 538 页。
② 崔大华：《儒学引论》，第 539 页。
③ 崔大华：《儒学引论》，第 540 页。
④ 崔大华：《儒学引论》，第 540 页。
⑤ 崔大华：《儒学引论》，第 541 页。
⑥ 崔大华：《儒学引论》，第 541 页。

皆有，不假外求。"二是工夫"①，本体即主体，则达到本体即回到自身。"三是境界"②，由经历而达到的道德理性自觉，把践履道德变成一种本能。这只能由个人体验而生，不可教不可学。王守仁自己蹚出一条路来，并根据自己的实践创立一种学说，但后人并不能因为读了他的书，学了他的学说，而自动就能成圣了，还是需要自己上手去做。他只是肯定地告诉人们"不跟着朱熹，也可以成圣"，但如何做成，每个人要自己去走，去探索。第三，王学的流弊与衰落。王守仁心学由于全面突破朱学而引起理学的巨大变革，在明代中后期占据思想舞台。若以成圣为治学的目标，王守仁是走不通朱熹的路，自己开辟了另一条路来走，可实际上他的路更难走，也更易生流弊。崔大华认为，这种流弊表现为王学"非但不能指导、激励人们的伦理道德实践，反而破坏着这种实践"③。他指出王守仁心学的流弊有两方面，一是"王守仁以空泛的'本然'、本然之'无善无恶'来界说心之本体，这就使王学最高的精神追求和境界中的儒家善的伦理价值取向被模糊、被取消"④。王守仁的本然应该是说不在我心之外，而不是说实然即应然，但他的表述却容易混淆二者，让人不知目标何在，以为这样就可以了。二是"达到良知境界所需经历的道德实践过程被削弱了，甚至被取消了"⑤。达到良知境界本是一个极难的过程，当阳明自己站在峰顶眺望时，他讲出的是他自己拼尽生死得来的见闻，而后学则以为我眼前所见即是阳明所见，当下具足，一下子就到达了峰顶，这就把一个艰难的过程变成了神奇的魔术。崔大华在研究陆学时就曾指出陆九渊心学在实践中类似的流弊，说明这不是偶然现象，而根植于心学自身之中。

第四个阶段是理学的衰落。崔大华说，"明代理学在对朱熹理学的怀疑和离异中，充实和展示了理学理论主题的全部内涵"⑥。如前所论，发展理学的明代学者大致可分为两类：一类是理论思维不及朱熹，而对朱熹理学本体论发生怀疑的人，他们就回到张载，走了气本论的路子，但工夫

---

① 崔大华：《儒学引论》，第 542 页。
② 崔大华：《儒学引论》，第 542 页。
③ 崔大华：《儒学引论》，第 543 页。
④ 崔大华：《儒学引论》，第 543 页。
⑤ 崔大华：《儒学引论》，第 544 页。
⑥ 崔大华：《儒学引论》，第 547 页。

论还追随朱熹；另一类是从朱熹工夫论走不通，于是由工夫而本体，走向了陆九渊心学一路，这就从本体论和工夫论都背离了朱熹。"这样，从理论的逻辑上说，在理学的观念系统中，明代理学的三种本体论、两种工夫论和两种导致这种理论结局之形成的、发生在不同理论层面间的观念运动，既展现了也耗尽了理学理论发展的全部可能性。"① 走遍了所有可走的路，最后若还走不出新路，则理学的生命力就终结了。崔大华选取清代前期孙奇逢、陆世仪、李颙、陆陇其、李光地等人为代表，从他们所代表的三种理论倾向上说明理学的衰落之象。

第一种理论倾向是"和会程朱陆王"②，以孙奇逢、陆世仪、李颙为代表。崔大华指出这种倾向的两个表现。一是认为程朱陆王等人的本体论和工夫论具有同等的理论和实践价值。③ 他认为，这种不作分辨的判断"表明他们不再具有处于理学进程中的那种历史的和理论的感受，而是站在理学进程的终点上，将理学作为一个已完成的、成熟的整体来认识和接受的"④。当理论不需要发展了，就不需要批评，只需要兼收并蓄和各取所需就可以了。那些差异仍然客观存在，只是它们不再成为理论争论和发展的动力。这要求后学具有辨异的能力，而清代理学显然缺乏这种能力，就是思维能力不足以驾驭理学与心学的差异与对立。崔大华判断，"理学演流至清代，其观念渊源已经枯竭"⑤。二是和会宋明理学对立派别的理论观点或论题。⑥ 对于对立的观点，不察其对立，而是毫无障碍地将其混合起来，构筑自己的理学思想。这令人联想到唐代的三教合一，但三教也并未变成一教，仍然是三教并立，说明这种融合没有出现新的独立的理论体系。这里也一样，说明不以辨异为前提的融合，都是折中、杂糅，而不是创新。以孙奇逢、李颙为例，孙在修养工夫上吸收陆、湛、王，在本体论上又离开心学一派而同于程朱，李的本体论是心学而工夫论则是来自程朱。而在朱熹和王守仁那里，其本体论与工夫论在逻辑上是一致的，即有

---

① 崔大华：《儒学引论》，第 547 页。
② 崔大华：《儒学引论》，第 548 页。
③ 见崔大华《儒学引论》，第 548~549 页。
④ 崔大华：《儒学引论》，第 550 页。
⑤ 崔大华：《儒学引论》，第 551 页。
⑥ 见崔大华《儒学引论》，第 551~556 页。

这样的本体论，就有这样的工夫论。"孙、李的本体论与工夫论理学思想，实际上是将对立的朱、王的本体论、工夫论观念错位地拼接、混合，其间就失去了、不存在这种逻辑联系。这里映现出清代理学的肤浅和辨析力的衰蜕，他们没有感到自己和会朱、王的理学思想中存在着逻辑混乱，没有发觉其在观念源头上的深刻矛盾。似乎他们都没有真正地、深入地涉入朱熹或王守仁的各自独特的理学境界。"① 在程朱陆王那里，理论的后面是他们的生活，是他们实践的总结与提炼，而不是一种文字、概念游戏。失去生活的活水源头，理论也就成了干尸，没有生命力和感染力。崔大华认为陆世仪的和会程朱陆王发生在本体论层面和宇宙论层面之间。他坚持理本论立场，认为就本体论层面而言，理在阴阳之先，就宇宙论层面而言，理在阴阳之中，并批评薛瑄和罗钦顺的气本论，"曾经是困扰全部明代理学一个疑团在清代理学中却化解了"②。但是，在理气关系上，陆世仪又落入气本论之中。他主张离气无性，在这里他离开了朱子的两性之说，即天地之性与气质之性的区分。他认为"禅和方外固非，分性为二者亦非"（《思辨录辑要》卷二十六），认为"离气质而论性，必至入禅"（《思辨录辑要》卷二十六）。崔大华辨析道，"陆世仪的逻辑混乱与矛盾发生在未能自觉两个理论层面间的论题性质的差异与转换，即当陆世仪论说'理气为二'论题时，他是立在理先气后的本体论的立场上；而当他论说'不落气质，不可谓之性''性无气质，无所附丽'，从而认定只有一气质之性时，他的论题已转移到本体之理落实到宇宙论的层面上了；陆世仪的混乱与矛盾还不在于在这个宇宙论层面上得出的这个结论本身，而在于以这个结论去否弃本体论层面上的结论"③。陆不赞成两性论，可能是他担忧两性说会沦于佛老，这导致他以工夫论上矫枉过正式的坚持，否定本体论上的合乎逻辑的结论。朱熹认为宇宙论层面上，可以说只有一性。工夫论的主体是心，只有一性就是就心这个主体而言的。在观念中可以分知觉之心、道德之心，在现实中其实是同一个心。但在本体论层面上，本体是特定的目标，它对现实是有承诺的，因此它要求一个目标性的

① 崔大华：《儒学引论》，第 552 页。
② 崔大华：《儒学引论》，第 553 页。
③ 崔大华：《儒学引论》，第 554 页。

存在，即应然之性（天地之性）。朱熹在本体论上分理与气，在同一层面上分出天地之性，而与气质之性相对。崔大华认为陆世仪的混乱和矛盾"源于他对朱熹理学中'理先气后'与'理气无先后'两个命题理解上的不准确，或者说是错误"①。朱熹理气观的两个层面上的命题，"是朱熹理学对世界总体、对世界统一的全部过程所作的深刻的、具有辩证色彩的哲学思考"②。也就是说，在朱熹那里，这些命题是对于自身实践作哲学反思的结果，它来源于生活，但又转化为观念。对于后学而言，它是前人实践的结论，是待实现的存在。陆世仪认为性是天地已生之后发生的问题，是宇宙论层面的问题，本体论层面上不存在性的问题。"从理学的理论逻辑来观察，陆世仪对世界状态作'天地未生之前'与'天地已生之后'的实质性的、但也是经验性的区分，致使他的理学本体论与宇宙论之间的理论联系断裂，因而感受不到、更消除不了他在宇宙论层面上的论断与其本体论观念发生的矛盾、产生的悖论。"③ 所谓断裂，就是本体被他悬置了，与现实之间隔绝了，似有而实无。本体论是对现实世界作承诺的，他在人性论中丢掉了这个承诺，则本体论存在的意义何在？

　　第二种理论倾向是"笃守朱学"④，以陆陇其为代表。其表现有二：其一，对朱学历史地位的判定；⑤ 其二，对异于朱学的理学派别之批评，⑥ 主要指向心本论、气本论、和会朱陆论。陆陇其对于朱学不仅是笃守，还有捍卫。他的批评矛头主要指向心学。"他观察到王学以知觉为性的观点中潜伏着一种理论倾向，一种逻辑必然，即将人伦物则视为人之性的束缚、负累；会导致'自放于准绳之外''不复有所忌惮'，即对伦理道德实践的削弱与破坏。"⑦ 知觉即感官，发而为情，以情为性，失去目标和规范性，就容易偏离儒家的修行目的。由于笃守朱学，陆陇其还批评气本

---

① 崔大华：《儒学引论》，第 556 页。
② 崔大华：《儒学引论》，第 556 页。
③ 崔大华：《儒学引论》，第 556 页。
④ 崔大华：《儒学引论》，第 557 页。
⑤ 见崔大华《儒学引论》，第 557 页。
⑥ 见崔大华《儒学引论》，第 558 页。
⑦ 崔大华：《儒学引论》，第 559~560 页。

论，但由于不能区分朱熹两个层面上的命题，并不能真正批倒气本论。[①]陆陇其对和会朱陆、朱王之说深感忧虑。和会朱陆的论点主要包括朱陆始异而晚同、朱陆虽异而互补、朱陆论见异而旨归同。[②]陆陇其一一驳斥。第一种观点是牵强附会，结论先行，拼凑证据。[③]第二种互补之说，陆陇其认为朱学方法自足，无须外求于陆王。“朱陆、朱王的工夫论各在自己的本体论基础上形成，其间的对立确是不可消融的，其间的互补或相济在理论上和实践上都是不可能实现的，也是完全没有必要的。因为朱陆各有自己的道问学，各有自己的尊德性。”[④]这是深刻之论。第三种是以其宗旨相同而判断学说一致的观点。陆陇其不赞成，“在他看来，朱陆王之间虽同出孔孟，但在其理学观念源头处的细微差别，却最终导致在其整个理学思想体系上的明显的、不能相容的对立”[⑤]。他看到了朱熹与陆王本体论上的差异。具体而言在于道德心与心理心的差别，犹如孟子与荀子的心的差别；由此而造成的修养方法的差别，朱学践履道德，王学流于禅宗。崔大华认为，陆的毫厘之差的辨析是符合实际的，但由此而断定王学为禅，则只是程朱派的卫道结论，不能成立。陆的批判不仅显示出朱学在清代理学中的统治地位，而且显露出清代理学的衰落之象。[⑥]视王学为禅，实际上就是认为“朱学以外无理学”“理学以外无儒学”[⑦]。而对儒外学说的宽容，是儒学发展的一个重要原因。封闭意味着僵化，意味着衰落，这是珍贵的历史经验。

第三种理论倾向是“创新的努力”。衰落也意味着创新的契机，清代理学创新的努力以李光地为代表。“他（李光地——作者注）认为理学中的众多命题、论题，其不明白者尽多，难理会处无限，理论发展有很多的可能、很大的空间。”[⑧]这是后学应该有的态度。理论是前人的生活总结，

---

① 见崔大华《儒学引论》，第561~562页。
② 见崔大华《儒学引论》，第564页。
③ 见崔大华《儒学引论》，第564~565页。
④ 崔大华：《儒学引论》，第566页。
⑤ 崔大华：《儒学引论》，第568页。
⑥ 见崔大华《儒学引论》，第568页。
⑦ 崔大华：《儒学引论》，第568页。
⑧ 崔大华：《儒学引论》，第570页。

对于自己只能是参考，而不能代替自己的理解与实践。而当自己有了体悟，就可以与前人印证，可以诠释和更新前人的理论。这也许是儒学理论更新的秘密。崔大华将李光地创新的努力归为两个主要之点，其一，本体观念的变异。① "在程朱理学中从理论层次上分辨，大体上可以说，理是本体论层面的范畴，性是宇宙论层面的概念。"② 在李光地这里则打了个颠倒，即他认为"性"是本体，"理"是表现、流行。崔大华分析其理论实质，认为"李光地的性、理论题完全是在宇宙论层面上展开，不再具有程朱理学中的那种本体论义蕴"③，其实是取消了本体论，不再对世界作本体承诺。"'理'不是作为万物根源之本体，而只是具体事物秩序性、共同性被界定、被确认的，同时在李光地看来，这种'条理'构成了事物的内在确定性，也就是'性'。"④ 他所谓的性，是事物之所以如此的原因，"在李光地理学中，性之为'生物之本''性为之主'的真实涵义，也正是指使具体事物保持稳定不变的那种固有性质、本性，而不是朱学理本体的那种形上意义上的根源性"⑤。他不是从"事物之所以有"这个意义上来讲他的观点，他是从"事物之所以然"这个角度讲他的观点，他的性，在朱熹理学中，应该是宇宙论层面上的分殊之理。其二，经典诠释的分歧。⑥ 崔大华认为"最重要的地方在于对理学渊源的《大学》和《中庸》的不同诠释"⑦。其包括两个方面，一是文本结构之解释。⑧ 朱熹将《大学》分为经与传，认为经是第一章，思想是孔子，记录是曾子，另外十章是传，思想是曾子，记录是曾子门人，他又补以"格物致知章"的传。李则认为《大学》是完整的一篇文章，不分经传，不需补传。朱熹将《中庸》分为子思立论与子思引孔子之言，把它分为三十三章，变成子思引述孔子之言和对孔子之言的创造性发挥。李则以《中庸》的论题

---

① 见崔大华《儒学引论》，第 570 页。
② 崔大华：《儒学引论》，第 571 页。
③ 崔大华：《儒学引论》，第 571 页。
④ 崔大华：《儒学引论》，第 571 页。
⑤ 崔大华：《儒学引论》，第 572 页。
⑥ 见崔大华《儒学引论》，第 573 页。
⑦ 崔大华：《儒学引论》，第 573 页。
⑧ 见崔大华《儒学引论》，第 573 页。

性、道、教展开来研判其结构,即第一句概括全篇宗旨,其后申述其义。① 二是文义主旨。② 朱熹认为《大学》是用来修身治人的,重视格物。李则援引郑玄,有不同的解释。第一,不以八条目(格物、致知、正心、诚意、修身、齐家、治国、平天下)而以知止、有定、能静、能安、能虑、能得为《大学》的为学次序,将其视为单一的心境修养升越完善的过程,而不是一个阶段性的过程。第二,他认为阐明能虑能得的格物与诚意是《大学》的中心主旨,但他的格物不是穷理,而是据郑玄,界定为知本。"物格而后知至"一段就是格物的完整内涵。③ 总的来看,李光地对《大学》的诠释是回到汉学而离开宋学。关于《中庸》,崔大华认为,"李光地对《中庸》主旨的判定与朱熹的分歧比较简单,但理论内涵却较深刻"④。朱熹复述程颐"不偏之谓中,不易之谓庸"(《中庸章句》),李光地认为需要加上一个头,而"人性便是道理的头"(《榕村语录》卷七《中庸一》)。"分歧在于朱学是在修养方法、境界的意义上界定'中庸',而李光地则是从本体论的意义上予以诠释的。这一分歧在对于《中庸》中的两个极重要的命题——'自诚明,谓之性;自明诚,谓之教'的诠释中,表现得最为分明。"⑤ "自诚明,谓之性",这是前贤的经验变为先验的结果,这个"性"是有道德内容的;"自明诚,谓之教",这是读前贤之书,见前贤之修行实践,而明诚之者之道,这就称为教,或者说是自教。朱熹将前者诠释为本体,将后者诠释为工夫,而李光地则将前者诠释为性,将后者诠释为教。崔大华认为,李光地对朱熹的变异标新,原因在于两个方面,第一,在儒学的立场上,对儒学外的理论思想和朱学以外的理学思想,皆采取了宽容的、为我所用的态度。⑥ 儒学理论更新,通常会有很多原因,学术方面的因素就是儒外学说的挑战与刺激。李光地认为儒与释道宗旨异而方法相通,朱学与王学的对立发生在心性观念中,不

---

① 见崔大华《儒学引论》,第 573~574 页。
② 见崔大华《儒学引论》,第 574 页。
③ 见崔大华《儒学引论》,第 574~575 页。
④ 崔大华:《儒学引论》,第 575 页。
⑤ 崔大华:《儒学引论》,第 575 页。
⑥ 见崔大华《儒学引论》,第 576 页。

在修养形式或方法上。① 此为卓识。由于于己道有所见，自然就有了宽容异己的自信。第二，接触、吸纳了理学或儒学以外的广泛的学术思想或经验的、科学的知识。② 这应该是明末以来西学东渐的结果。"他与当时理学之外的儒学思潮（清代经学）和儒学之外的广泛的学术领域（如清代史学、数学、天文、地理）中的主要代表人物，都有密切的关系，并且从他们那里吸取了理学、儒学以外的知识和理论，……这样，李光地就成了可能是第一位援引某种西方科学观念来诠释儒学命题的理学家。"③ 如他解《易经·坤六·二》："直、方、大，直即线，方即面，大即体。惟直而后可方，惟方而后可大，故象曰'直以方也'，直了才能方，既直方，自然大，故曰'敬义立而德不孤'。"（《榕村语录》卷九《周易一》）崔大华列出此前的解释。《易传·文言》："直其正也，方其义也，君子敬以直内，义以方外，敬义立而德不孤。"以地之形喻人之性。《周易正义》："生物不邪谓之直也，地体安静是其方也，无物不载是其大也。"以人之道德性界定地之自然性。相比之下，李光地的诠释"显然是从一个完全新的观念系统中导引出的新释"④。但是，李光地能吸收儒外之学却不能创新儒学，崔大华认为这也是清代理学衰落的一种表现。

在对宋明理学的理论主题及其演变进行历史考察之后，崔大华开始对这一时期理学的理论结构进行考察，即理学在儒学三个理论层面（心性的、社会的、超越的）的新诠释。

首先是心性的层面。他列举理学面临的心性论方面的历史遗留问题，主要有两方面：一是关于性的善恶问题，二是与人性论相关的心的诸多命题的阐释。⑤ 对于性之善恶问题，"理学家的理论目标是既要维护孟子的仁义为人之所固有的性本善说，又要对何以人的行为中每有发自情欲的恶之显露予以解释"⑥。理学家们提出了三种解说，崔大华比较之后认为，二程性论较好地完成了上述理论目标，不过二程又有所不同。他们都赞成

---

① 见崔大华《儒学引论》，第 577 页。
② 见崔大华《儒学引论》，第 577 页。
③ 崔大华：《儒学引论》，第 578 页。
④ 崔大华：《儒学引论》，第 578 页。
⑤ 见崔大华《儒学引论》，第 580~582 页。
⑥ 崔大华：《儒学引论》，第 582 页。

性善论，引入气解释恶的形成，但在界定性的内涵和区分性的善恶时角度不同。① 崔大华的结论是，"程颢似乎是以'人生而静'之前与之后的状态，来界定性之善与恶的"，"程颐是以性之理与气的不同内涵来界分性之善恶的"②。程颢讲性，说"气即性，生之谓也"（《程氏遗书》卷一），其实就是以气质之性为性，这是实然之性。他的理本体对儒家道德有规定，但却没有体现在性的规定上，就是没有天地之性。这样的话，善的根源何在？只能在我心之中。程颐的天命之性是"理"这个道德本体在人性论上的体现是应然之性，气质之性则是实然之性，这样就既保证理论上的周延，又能如实反映现实中的人性之不善。程颐由此提出总结性结论："论性不论气，不备；论气不论性，不明。"（《程氏遗书》卷六）"不备"是不完备，不能完满地说明现实；"不明"是没有明确的标准，则容易让人无所适从，以实然为应然，流于狂禅。朱熹阐发程颐的观点，"突出和显化了程颐性论中的两个支撑点——'性即理'论和气质论"③。"性即理"是说性之根基，而气质之性则能说明性之不同者。孟子的性论是论性不论气，不备；荀扬的性论是论气不论性，不明。朱熹还把程颢的性论统一到程颐的观点上，以此消除二人的差异。"传统儒学的性善论在程朱这里获得了一种新的既与理学立场一致又符合经验事实的回答，这是理学性论的完整内容与理论模式——性之理、气两层面。"④ 胡宏以超善恶的本然为性，王守仁以知觉为性，与程朱对立，而近于佛教禅宗。关于心的诸命题，包括性情、天理人欲、人心道心、已发未发，主要由朱熹阐发。朱熹对心的界定有三个角度：气之精爽；人之知觉，主于身而应事物者也；统性情该体用者，心也。⑤ 崔大华认为这三个角度的界定，其意义有三：其一，确定心是形而下的存在，因此"对于心之诸存在样态的诠解，皆当立足于宇宙论的理论层面上"⑥；其二，确定心是知觉实体，心主宰

---

① 见崔大华《儒学引论》，第 582~583 页。
② 崔大华：《儒学引论》，第 583 页。
③ 崔大华：《儒学引论》，第 584 页。
④ 崔大华：《儒学引论》，第 584 页。
⑤ 见崔大华《儒学引论》，第 586 页。
⑥ 崔大华：《儒学引论》，第 586 页。

身并应接万物；其三，"心是性与情两种因素构成的统一体"①，"他的基本观点是性无不善而心有善恶"②。此前的学者将性与情作善与恶的理解，性善情恶，二者是对立的关系。朱熹在性与情是心之体用关系中，对情与欲皆作出某种新的解释。在体用结构下，他就能既坚持性善论，又说明性之不善的现实。朱熹还在确定心的内涵基础上，诠释三个相关命题，即人心道心、天理人欲、未发已发。他的处理方式是将它们置入体用结构中，诠释为心的某一具体存在样态。崔大华认为，"将人心道心、未发已发归属为心的一种存在样态，并分别从知觉功能与意念结构的角度加以界说是朱熹成熟的思想"③。他还用这个结论考察朱熹与湖湘学派在心的界说与诸样态上的争论。对于心的界定，湖湘学者的以觉和爱为仁与朱熹的心统性情观念形成对立。他分析认为，"湖湘学者坚持以爱为仁，以觉为仁，其咎在心之理论观念上不辨性与情，不分心与性"④。在朱熹那里，心是一个夹杂的存在，它既是工夫主体，又是工夫对象，既有天理，又有人欲，既是人心，又是道心，端看由哪个作主宰。朱熹看到心的复杂性，这也许是他本人做工夫的经验之论。湖湘学者的观点则容易与禅宗混为一谈。在心的诸样态上，湖湘学者有两个重要观点不同于朱熹，即"未发是性，已发是心"，"天理人欲同体而异用，同行而异情"。崔大华认为，前者"是曾被朱熹接受而随之又放弃、超越了的观点"⑤。朱熹对此观点的批评有二，一是此论在指导实践时，会出现一个弊端，即"只承认有心动而后的察识，否认有其先的静中涵养"⑥。也就是说，这种观点下，客观上让人失去了做工夫的空间。这里的未发与已发是一种体用关系，心是知觉之心，则性实际上是自然人性，是没有规定性的实然之性，如此则儒家的伦理道德就不是本体层面的规定性。以自然人性发而为喜怒哀乐之情，则工夫又做在哪里？因此，朱熹批评它只有事后的省察，没有事前的工夫。二是修正此观点的方法是把性体转到心体上。这是因为心是工夫的

---

① 崔大华：《儒学引论》，第587页。
② 崔大华：《儒学引论》，第588页。
③ 崔大华：《儒学引论》，第590页。
④ 崔大华：《儒学引论》，第593页。
⑤ 崔大华：《儒学引论》，第593页。
⑥ 崔大华：《儒学引论》，第593页。

对象，需要通过做工夫，以道心统人心，则性自然就是义理之性，情自然就会发而皆中节了。崔大华认为后一个观点"实际上分属于本体论与宇宙论两个不同层面。从朱熹的理学立场看，一个是可被接受的，一个是不能成立的"①。因为天理人欲同行异情，这是就流行而言，属宇宙论层面，但说天理人欲同体异用，则是把人欲置入本体论里，这就破坏了本体的规范性，本体就成为一个自然本体，有实然无应然了。朱熹亲自回应同时代湖湘学派的异见，而朱熹之后的异见，崔大华则代替朱熹来作回应了。他提出明代理学家罗钦顺和刘宗周对朱熹心论的质疑，他认为都不能成立。罗的问题在于"混淆了朱熹心之观点的立论角度"②。理本论的本体是纯粹的善，是一个修行目标，不夹杂气，而气本论在诠释性论时，事实上只有宇宙论层面，也就是说他将道心人心、天理人欲、未发已发视为一事，在事实上缺少一个规范性的角度。"如果将道心人心（天理人欲）也作体用性情的解释，就会发生朱熹批评胡宏'天理人欲同体异用'时所指出的那种情况，即在本体论的理论层面上或性体中出现理学悖谬——性之体中有恶。"③ 性体有恶，则性就是自然之性、实然之性，而不是一个伦理本体。刘的问题在于"变换了朱熹心之观点立论的本体论基础"④。刘宗周说"人心一气而已矣"（《刘子全书》卷十二《学言下》），"在这个立场看来，心之本质是气"⑤。道心是气之理，已发未发是或流或止的四季之气。在他的诠释中，看不到规范性的道心和待实现的未发，只有实然之心、已发之情。他是儒家学者，他自然持守儒家伦理道德，但是这在他的理论中没有显示出来。崔大华总评二人的质疑，认为罗的思维高度不及朱熹而可被消解，刘则越出了朱学范围而不能为其所消化，但他们的观点在后世都没有得到发展和响应。⑥ 实际上，他们的理论都不如朱熹的周延，而真正对朱熹理学构成挑战的，是心学。

其次是社会的层面。此前关于这一方面的论述通常围绕着"礼"来

① 崔大华：《儒学引论》，第 594 页。
② 崔大华：《儒学引论》，第 595 页。
③ 崔大华：《儒学引论》，第 596 页。
④ 崔大华：《儒学引论》，第 596 页。
⑤ 崔大华：《儒学引论》，第 597 页。
⑥ 见崔大华《儒学引论》，第 597 页。

阐发，由于理学家完成了对先前儒家概念的统合，"礼"也被整合进"理"概念中，因此儒家理论结构中社会层面的新诠释，也具有了新的特色，即围绕着理学的伦理观念阐发，包括"儒家伦理观念的本体性升越"①"伦理观念向生活层面的浸润"②"伦理观念向人与宇宙万物间关系拓展"③。在先秦，礼是社会伦理制度和行为规范，根源是人之常情，理学继承之而进一步追溯其根源，"判定其为在人性、人情之上的本体之理（天理）"④。这就把本体论贯彻到对礼的诠释中，礼就是天经地义、不容置疑的规范，"理学家认为人之社会层面上的伦理典章制度、道德行为规范即礼，皆是理之表现"⑤，"儒学之伦理道德观念在理学这里获得了具有本体性内涵的论证与界定：礼即是理也"⑥。崔大华认为，先秦儒家的礼观念，在汉代以后每个儒学理论形态都有过本体论意义上的诠释，如天地之体，如自然，理学在逻辑上与之相同，"即为礼寻觅一比人自身更深刻的根源"⑦，但内容有异。崔大华比较三种理论形态论证的不同，汉代以实体性的万物根源说明礼的根据，魏晋以无任何规定性的本然状态来诠释礼，理学则"以伦理道德规范涵蕴着必然、当然、所以然的性质，将其升越到理之本体层面上，论证其即是理"⑧。在理学家那里，礼的比人自身更深刻的根源是"理"，具体而言即儒家伦理道德。"比人自身更深刻的根源"是什么，它在人之外吗？似乎也不是。它与人自身之间，应该是不即不离的关系：不离是基于个体，不即是超越个体，上升到族群。比如婚姻制度，古代的制度要保障家族的利益，这在古代以家族为单位的生存环境中，是合理的，自然也是道德的，此时个人的情感需求是被压抑的。当进入现代社会，国家对个体的生存保障作用越来越大的时候，个人的自由意志、情感需要就会受到尊重，基于自由恋爱的婚姻就是合理的、道德

---

① 崔大华：《儒学引论》，第 598 页。
② 崔大华：《儒学引论》，第 602 页。
③ 崔大华：《儒学引论》，第 604 页。
④ 崔大华：《儒学引论》，第 598 页。
⑤ 崔大华：《儒学引论》，第 598 页。
⑥ 崔大华：《儒学引论》，第 599 页。
⑦ 崔大华：《儒学引论》，第 599 页。
⑧ 崔大华：《儒学引论》，第 599 页。

的。因此，礼最深刻的根源其实可追溯到人类的生存需要，从这个角度来说，封建婚姻制度与现代婚姻制度都有其合理性，但也都是历史的合理性。理学家将礼的论证上升到本体层面，礼就是天经地义、亘古不变的规范，这就是一种非历史的观念，是哲学上形而上学的表现。崔大华比较魏晋玄学与理学的论证，认为玄学否定了礼的神圣性、永恒性，削弱了道德实践，"理学恰相反，理学家对儒家所主张的伦理制度、道德规范之具有必然、当然、所以然的本体性特质的论证，实际上也正是对其永恒性、合理性的论证，对儒家伦理道德实践自觉性的论证"①，"理学家所谓无私意，则是表明此种合理性本质上是个人主观意愿之外、之上的固然"②。理学家是在实践中诚实地践行了儒家道德，在理论上才能这样自信地将儒家伦理天经地义化。这种"固然"应该是一定时期内族群生存的需要，个体要服从这个需要，服务于这个需要，这个要求被理学家接收到，并以哲学本体论的方式进行表述。最后，崔大华对于理学家礼的论证给予一个总的评价，"应该说，对儒家所主张的伦理制度道德规范的永恒性、合理性及其实践过程中应有充分自觉性的论证，是理学最根本的、最终的理论目标，理学的全部论题都直接或间接地支撑着这一目标，然而直接显示此目标的命题却是礼即理，直接阐释论证此命题的理论观念却是理之必然、当然、所以然。这一命题及其论证，使儒家伦理观念在理学中获得了丰富的本体性内涵"③。当礼被天理化，对礼的论证也达到了无以复加的地步，它的成就也是它的限度。虽然上升到本体层面，但在合理性追问上仍然不彻底。永恒性论证本身就是缺乏历史感的表现，合理性又缺乏限定条件，这就陷于独断论。由此，对于道德实践的自觉性的要求其实在现实中也可能会是不合情理的。理学伦理道德不仅停留在观念上，还向生活层面渗透，这"使理学的生活方式中处处充盈着伦理的特质"④。子游曾讥讽子夏门徒在"洒扫应对进退"上下工夫，是"末"学⑤，二程却在其中注入

---

① 崔大华：《儒学引论》，第 600 页。
② 崔大华：《儒学引论》，第 601 页。
③ 崔大华：《儒学引论》，第 602 页。
④ 崔大华：《儒学引论》，第 602 页。
⑤ 《论语·子张》：子夏之门人小子，当洒扫应对进退则可矣，抑末也，本之则无，如之何？

形而上的内涵，赋予礼以伦理的性质。可见它的浸润社会生活不仅塑造人的生活，更可塑造人，即用伦理来教化人，使人长成伦理的样子。崔大华认为，"从理论的逻辑上说，二程将全部生活实践皆注入伦理的特质，是其'万事皆出于理'（《程氏遗书》卷二上）、'天地之间无适非道也'（《程氏遗书》卷四）的理学本体论观点的必然结论"①。当伦理浸透人的生活，日常生活与修行活动就打成一片，就不再是两件事，而是一件事。"理学将生活实践伦理化的理论观点，较之以前的儒学理论形态，更充分地凸显和增强了儒学的伦理特色，以及儒学生活方式的伦理特质，就其后果而言，用伦理道德观念检验、筛滤生活中的一切方面，固然能升华、净化人的生活，这是理学家真诚希望和相信的；但实际上也会戕伤、扭曲人的生活，这则成为明清理学批判者审视理学时的一个焦点。"② 这个评价是符合事实的。伦理道德之于族群的生存而言，是手段而不是目的，若将其视为目的，且天经地义、亘古不变，就会走向自己的反面，必然受到批判。理学的伦理观念除了向生活深处渗透，还越过人向自然拓展。当伦理上升为本体，人们在修、齐、治、平外，还要完成尽己性之后的尽物性、赞天地化育、与天地参，"换言之，理学还需要给人在人际之外的天地万物间以一个伦理的安排"③。在理本体观念中，自然不是客观外在之物，而是伦理关系网的一个环节，是人尽其本分的伦理责任。理向自然的拓展，在程颢那里是"人与万物浑然溶为一体"④，而认为所谓"赞天地之化育"之说是分裂天人；而在程颐那里，天人合一是在本体论层面上、在宇宙论层面上"人与万物各有其所"⑤。"既然人道与天道在本体论层面上是'一道'，为'一理'，所以尽人道亦终是尽天道，亦即是尽物性、赞化育，程颐之论是对人与万物关系作出的哲学理性的分析。此观点拓展了人的伦理道德实践范围，在践履人际的修身、齐家、治国、平天下的伦理纲常外，'万物无一失所'，亦被纳入人的全部伦理实践之中。"⑥ 人为

---

① 崔大华：《儒学引论》，第 602 页。
② 崔大华：《儒学引论》，第 604 页。
③ 崔大华：《儒学引论》，第 604~605 页。
④ 崔大华：《儒学引论》，第 605 页。
⑤ 崔大华：《儒学引论》，第 605 页。
⑥ 崔大华：《儒学引论》，第 606 页。

了生存，需要对自然有一个正确的态度以及相应的行为规范，它会以礼的形式规定下来，人守此礼，即是循理而行。这是最基本的解释。朱熹继承并发展程颐的论点，此外，"在理学中，张载的《西铭》于人的伦理实践范围拓展，有最重要而清晰的显示"①。崔大华提出两个方面的拓展。其一，张载以"乾父坤母"将人与万物所共处的宇宙环境定性为一个具有伦理特质的整体结构，"混然中处"的人，因此与万物间有了广泛意义上的伦理关系、伦理责任。② 以对待父母的态度、情感去对待天地，这是一种精神境。当资源制约着人们的生存时，人们会以损害自然的类自杀式行为，去做损害自然以求生存的事，这是行为背离目的的表现。其二，张载以气本论为根据，认为人与万物都是气之聚散，本质相同，性质相通，"在此基础上，张载提出他拓展理学伦理观念的一个最重要的命题——'民吾同胞，物吾与也'"③。这样，将人的伦理责任推扩到自然中去，就是必然和当然的了。将万物纳入伦理之网中，自然也就成为伦理实践的对象了。

最后是超越的层面。崔大华判断，理学对于"命"的诠释，既有继承传统的一面，也有新的观念增新。前者在于认定命具有不可被驾驭、改变的客观必然性的品质，后者在于对命的两种内涵界定。"其一，单一内涵：命与理、性为一。"④ 这是以理本体整合先前儒学观念的一个结果，"理"是伦理本体，"命"是穷理尽性之后的结果，不是异于己的不可理喻的东西。"在程颐看来，心、性、天（命）是从不同角度对理之表述，是理在不同情境下的表现。"⑤ "程颐之论，使儒学传统的命之观念在理学这里发生了一个重大转变，原来客观地存在于人之外的异己性质的命，被内化为人之生命存在中的一个因素。命即性，故他说：'在天曰命，在人曰性。贵贱寿夭，命也；仁义礼智，亦命也。'（《程氏遗书》卷二十四）命获得了是人之内在因素的品性，命之外在性、异己性消失了；但命仍是

---

① 崔大华：《儒学引论》，第 607 页。
② 见崔大华《儒学引论》，第 607 页。
③ 崔大华：《儒学引论》，第 608 页。
④ 崔大华：《儒学引论》，第 615 页。
⑤ 崔大华：《儒学引论》，第 615 页。

某种'不得免'，仍是客观的、必然的，即仍是超越的。这种理学中的命，本质上是一种内在性的超越。"① 这是以高度的理性自觉将外在性转化为内在性，去完成自己，而不是去改变它。"其二，双重内涵：命兼理气。"② 这是张载的观点，"气构成命之不可变的必然性的特质，而理则是表明命中可渐次完善的方面，存在着'敬德修业以成性'（《横渠易说·乾》）的自由空间"③。朱熹发挥了张载此论，既巩固了理学初期的内在超越转向，又引入气的概念解释命的必然性。④ "根据这种解释，此种必然性实际上也是人自身中的某种因素。传统儒学的命之异己性在理学中又一次被消解了。"⑤ 朱熹认为气禀既是先天的，又是偶然的。气有厚薄清浊之分，在起点处就是不相同的、不平等的，但这种不同不是特意安排的，因此又是公平的。崔大华比较认为，张载、程颐、朱熹三人的命论观点中，朱熹的理论内涵最丰富、逻辑最严密。"朱熹之论所要表述、解说的命之必然性，似乎是处在因素极为众多、关系极为复杂的生存环境中的人之生命活动、过程的一次不可逆性，朱熹此种哲学观察和结论虽然仍是立足于经验基础上的，但本质上是属于科学理性性质的。儒学传统命之观念的必然性所内蕴的形上性、超越性在此被削弱了，儒学传统命之观念在理学中发生的变化，于此处最为深刻，最为重要。"⑥ 不可逆性，也可以说是必然性，但它是在终点上的观察，在过程中，则人是可以有自己的自由空间，有自己的能动性。只要循理而为，则命就是求仁得仁，不需要抱怨、恐惧。由于命的外在异己性被消除，理学对命的回应，崔大华认为也要从人的生命活动特别是道德实践本身去寻求。他总结了回应的三种方式。其一，"惟义无命"⑦，这是程颐的主张。其中的逻辑在于，不由我控制的东西，不需要去浪费时间精力，只要在我能控制的正确的方向上努力，求仁而得仁，这就可以了。他认为"'惟义无命'是理学在人生实践

---

① 崔大华：《儒学引论》，第 616 页。
② 崔大华：《儒学引论》，第 616 页。
③ 崔大华：《儒学引论》，第 617 页。
④ 见崔大华《儒学引论》，第 617 页。
⑤ 崔大华：《儒学引论》，第 617~618 页。
⑥ 崔大华：《儒学引论》，第 619 页。
⑦ 崔大华：《儒学引论》，第 620 页。

中对于命的最基本的态度"①。"惟义无命"的态度，其中包含着人格平等的观念，就是出身不由个人做主，但是在践履道德这个问题上，人人平等。各尽其分，就能尽其性，尽性则命在其中。这种自信的、理性的态度，是儒家特别令人钦佩的地方。崔大华认为，"这种能在儒家思想体系和生活方式中的最崇高的、超越的实在面前，显示出作为人的理性尊严和自主的人生态度，在理学家看来，就是具有最高的儒家精神觉醒——圣人境界的表现"②。其二，"天命可易"③。"理学家认为人的行为，特别是道德修养实践，对于命的形成或命之显现，能有某种移易的作用。"④ 程颐、张载、朱熹持此主张。三人的立论基础不同，程颐源自"皇天无亲，唯德是辅"（《左传·僖公五年》）的传统观念，他不满于汉儒的经验论、目的论论证，但也没有提出新的论证。张、朱用理气观念阐发，但有差异，因为他们在理气关系上观念不同。朱熹认为，命中可变者，并非是由气禀决定的死生富贵之必然，而是修德行义的主动性；人之修德行义并不能改易已成之气禀，但可改善气禀所形成的品性、行为。⑤ 气禀与生俱来，无法改变，但是皆可修德为善。张载认为气质可以移易，因为他的本体论是气本论，则变化气质在他这里就是本体论层面上的变化。三人的最大公约数是践行儒家的伦理道德和思维方式上的理性主义态度。其三，"人事尽处即是命"⑥。与前两种方式（悬置与超越）不同，"'人事尽处便是命'则是将命消解在人生实践中，命体现为生活中的人伦物理，就是人生实践本身"⑦。拼生尽死去实践，最后的那个结果就是命。我国台湾地区有个相声演员，在谈到相声的生存危机时，曾以唐代参军戏和元杂剧这些艺术瑰宝的湮灭为例说明自己的态度。他说，我们干这一行的，肯定是爱它，不希望它消亡，但我们能做的，也只能是尽我们最大的努力去弘扬它，延长它的生命。如果我们做了所有能做的事之后，它还是消亡了，

---

① 崔大华：《儒学引论》，第 621 页。
② 崔大华：《儒学引论》，第 621 页。
③ 崔大华：《儒学引论》，第 623 页。
④ 崔大华：《儒学引论》，第 623 页。
⑤ 见崔大华《儒学引论》，第 624 页。
⑥ 崔大华：《儒学引论》，第 626 页。
⑦ 崔大华：《儒学引论》，第 627 页。

那只能说是命该如此。这就是"人事尽处即天命"。因此，这其实是一种理性和积极的态度，并不是从一开始就躺平任命的态度。崔大华肯定理学命观念的特色在于两点，即"以理性辨识和以德行回应"①。这是分别与汉代儒学变命论和魏晋玄学任命论比较而得出的结论，我们在本章第三节再作阐述。

由于理学是中国封建社会后期的官学，崔大华在对理学作出历史的和结构的考察之后，转入对理学社会功能的描述。他总的判断是，理学"通过不同的方式、途径渗透到社会生活中去，塑造了一种十分具体的、以理学为特质的儒家生活方式———一种被强化了的伦理道德的生活方式。反过来，这种生活方式又支持和巩固着理学的理论统治地位；而这种生活方式的衰蜕，必然带来理学的没落"②。他从理学进入社会的途径与理学在实践中的表现两方面来说明理学的社会功能。他观察到的进入途径有三个：理学成为国家政权的意识形态③、理学浸染蒙学④、理学进入文学⑤。其中第一个途径是最为重要和关键的方面，"理学融入社会具有决定意义的契因，是其被国家政权所认可和推崇，成为具有权威地位的国家意识形态"⑥。其具体过程是，"理学在迈过南宋之宁宗、理宗两朝后，其在学术思想上的统治地位就逐步确立。元明两代，以程朱理学所训解的四书五经为科举考试及学术著述的义理标准，则进一步巩固、加强了程朱理学的学术统治地位"⑦。第二个途径，他以《三字经》的理学立场（性善论、伦理道德观）、《千字文》中"女慕清洁"到"女慕清贞"再到"女慕贞洁"为例，说明"在不知不觉中，这些读物中的儒家的、理学的观点在一代又一代人的破蒙时期就浸入了心田"⑧。第三个途径，崔大华以元明戏曲中最为著名的元代杂剧《窦娥冤》和元代南戏（传奇）《琵琶记》主

① 崔大华：《儒学引论》，第 627 页。
② 崔大华：《儒学引论》，第 634 页。
③ 见崔大华《儒学引论》，第 634 页。
④ 见崔大华《儒学引论》，第 638 页。
⑤ 见崔大华《儒学引论》，第 642 页。
⑥ 崔大华：《儒学引论》，第 634 页。
⑦ 崔大华：《儒学引论》，第 636 页。
⑧ 崔大华：《儒学引论》，第 643 页。

人公所代表的道德观念为例，说明理学以文艺为载体，对于理学传播的作用。用戏曲这种通俗文艺形式创作人物，主人公要代表最广泛的社会伦理共识，同时也承担着传递共识的功能，这样才能令人产生共情，在商业上获得成功。他还注意到戏曲家们自觉承担起传播教化的职责（举元末夏庭芝的《琵琶记》开场戏文为例："不关风化体，纵好也徒然""休论插科打诨，也不寻宫数调，只看子孝共妻贤。"），认为"凡此皆可见元明戏曲具有较自觉地阐扬儒家或理学伦理观念的创作意识；此种意识及其在《窦娥冤》《琵琶记》和夏庭芝所列举的剧目中的表现，既显示了理学对社会生活的笼罩，也显示了理学通过文学艺术向社会生活的渗透、融入"①。崔大华从中学时代就热爱文学，还曾有过成为文学家的梦想，后来虽未成真，但他终生保持着对文学的兴趣，他的读书笔记中也有很多关于戏曲文学的内容。这些积累在撰写这部分内容时就派上了用场，显得驾轻就熟。理学进入社会的表现，主要体现在面临伦理困境时的选择。他从"理学道德理念的悲壮实现"② 和"理学道德选择的惨烈表现"③ 两个方面说明。关于前者，他举出宋末和明末两次朝代更替时士人的生死选择（文天祥、谢枋得、刘宗周）来说明。他评价刘宗周的绝食而死，"并非因为生死本轻、本无，而是因为践履君臣的伦理纲常高于、重于生死，显示了一个理学家的终极追求之道德内涵及其与佛家、道家的本质上的区别"④。对刘宗周来说，只有一死，才能作为一个儒者而存在，一种精神性的存在。关于后者，他以为父母而毁体舍身、为未见过面的未婚亡夫终身守寡为例说明。⑤ 称其为"惨烈"，是因为其中包含着伦理观念对个体生存本能的扭曲，某种意义上这种实践把人变得非人化了，就是自行舍弃了自己作为一个感性人的需要，把人活成了伦理的样子。它压抑人们的自然需求，窒息人们的活力，包含着自我否定的因素，并且在历史中也最终被否定了。

---

① 崔大华：《儒学引论》，第 646 页。
② 崔大华：《儒学引论》，第 647 页。
③ 崔大华：《儒学引论》，第 651 页。
④ 崔大华：《儒学引论》，第 651 页。
⑤ 见崔大华《儒学引论》，第 651~654 页。

3. 衰落与回应

理学为什么衰落？崔大华提出两个原因：一是成为官学之后理性自觉精神被窒息；二是理论停滞僵化，道德功能衰弱。① 更深刻的原因，也许在于理学走向了自己的反面。它最基本的合理性在于它对于维护社会秩序的作用，但这种作用同时是以牺牲个体自由为代价的，而后者往往又是人们活力与社会进步的来源。理学将伦理道德实践视为人生唯一和最高的目标，这就既窒息了活力，又阻碍了进步。于是，它就变成反动的观念，而受到历史的制裁。衰落就是历史的制裁。崔大华同时还指出，理学的衰落"并不就是作为一种文化类型或生活方式的儒学的消亡。相反，理学的衰落内蕴着儒学新的发展的契机"②，这就是他对理学衰落的回应。

关于理学衰落的表现与原因。理学衰落的表现有二，即"学术基础的动摇和社会功能的衰蜕"③。第一，理学学术基础的动摇。理学是儒学的一种理论形态，它的学术基础是经学，也就是宋明理学家对儒家经典的诠释。就像汉代今文经学的衰落引起汉代天人之学的衰落一样，理学家的传注受到指摘、质疑，必然动摇理学的学术基础。崔大华提出三个方面的证据。其一，文字音韵的谬训。④ 杨慎批朱熹注《诗经·棠棣之华》、顾炎武举《周易》三例说明因不通古字音韵导致改字而不通的例子。崔大华评价道，"看起来，顾炎武揭发出的宋儒经解中音读之讹，似乎是末节小疵，未足挂齿，但实际上却是在理学传注之基础上凿开了使之动摇的缺口"⑤。学术基础，就是立论的基础。如果对经文不能完整准确地诠释，那么在这个基础上的理论，就不是圣贤之意，而是自己的意思，就是"六经注我"。经解一旦与思想之间脱节，思想就只能以独立的面貌去获得合理性，而不能附着在经典上，注者也不能以圣贤传人自居了。"理学传注多以既立之义理为基点，以己之深味体会所得为定解，而对于经典中的具有实证性的文字音韵的考辨确证，则甚为鄙薄。而新的经学思潮一个

---

① 见崔大华《儒学引论》，第 654 页。
② 崔大华：《儒学引论》，第 654 页。
③ 崔大华：《儒学引论》，第 655 页。
④ 见崔大华《儒学引论》，第 656 页。
⑤ 崔大华：《儒学引论》，第 657 页。

基本的学术特色，正是将对经典中字之音义的确解，置于经解的起点上。"①"新经学在这个方向上获得的每一个新解，都是理学传注浅陋或谬误的一个新证，都是对理学基础的一次撞击。"② 其二，名物制度考释之疏陋。③ 朱熹是理学家兼经学家，但是崔大华举出例证，说明他不重视《诗经》中的草木考证，对《周礼》中的郊祀，到底是天地合祭还是冬祭天夏祭地，他不作深究，只是游移其说。④ 朱熹视考据为末流，但是"明后期出现的考据学术思潮，其推陈出新的特质，恰是将名物制度的考释，由居于经学末流移至经学的起点上"⑤。这个判断非常精准。朱熹犯了一个大错，他忽视了其学说的根基是经学，他不重视经学注释的准确性，就埋下理学衰落的隐患，就会被人从正统地位上推下来。其三，义理之可疑。⑥《论语·颜渊》记载孔子弟子司马牛问仁，孔子先说"仁者，其言也讱"，司马牛再问，讱就是仁吗？孔子又回答"为之难，言之得无讱乎？"孔子本意是提醒司马牛，就他的性格来说，要戒掉急躁，要稳重踏实，做在说之前，敏于行而讷于言。朱熹解释就是"心存不放"（《论语集注》卷六），崔大华认为"此解与《论语》本文之义有所离异，而呈现明显的理学色彩"⑦。这就是以己意解经。自己的想法太突出，把这个突出的想法附着在古人话头上，这是解经的大忌。"在新经学思潮的审视下，理学传注既贫乏于考证，又己意于义理，其方法和内容都已陈旧、枯竭，理学传注的权威因此被动摇，甚至被鄙弃。"⑧ 经学的问题暴露出来，动摇理学的根基，这也印证了崔大华关于经学与儒学关系的结论。第二，理学社会功能的衰蜕。理学衰落的另一个表现是社会功能衰蜕。明代程朱理学是正统，程朱理学出现理论僵化之弊，阳明心学救助朱学之弊，但是其结果却是破坏了理学的道德实践。救正成了催命，反而加剧了理学的衰

---

① 崔大华：《儒学引论》，第 657 页。
② 崔大华：《儒学引论》，第 658 页。
③ 见崔大华《儒学引论》，第 658 页。
④ 见崔大华《儒学引论》，第 659 页。
⑤ 崔大华：《儒学引论》，第 659 页。
⑥ 见崔大华《儒学引论》，第 660 页。
⑦ 崔大华：《儒学引论》，第 661 页。
⑧ 崔大华：《儒学引论》，第 661 页。

落。顾宪成评王阳明"无善无恶",断定其"以学术杀天下万世"(《证性编》卷三《罪言上》)。如果一个学说,实践的结果是背离了这个目标,则它的理论一定是有极大弊端的,也必定是要受到批判和矫正的。清初学者普遍认为明亡于王学,崔大华认为原因很复杂,"作为由理学的道德观念和实践所形成的伦理秩序和社会秩序的瓦解,则确如清儒所论,既是在王学剥蚀下理学道德功能衰蜕带来的结果,也是这种道德功能丧失的表现"①。他还特别注意到理学道德功能衰蜕导致道德实践总是在虚伪不实与残忍无情两个极端之间摆动,"非荡即拘,非拘即荡"②。儒者本当经天纬地,长于治世,但很多人却是"无事袖手谈心性,临危一死报君王"(颜元《存学编》卷一《学辨一》)。理学作为理论形态成了僵尸,作为意识形态成了教条,连经世精神也丧失掉了。儒学成为社会的赘物,"于天下事懵然无识,置四海困穷不言、不为,是理学社会功能衰蜕的最终的表现"③。如果儒学聚拢和塑造出的是这样一些人,那么它如何可能不衰落?可以认为,当儒学不能吸引到社会中最聪明最有抱负的人时,它的生命力就会枯竭,这是一个观察点,今天依然如此。

关于理学衰落的原因,崔大华主要讨论了理学内在观念因素这个方面的原因。他认为,"就理学本身而言,主要有两个分别存在于它的本体论和工夫论或修养方法中的内在的理论观念因素促成了这种衰落"④。本体论因素是天理人欲的对立,工夫论中的因素是知识与道德的对立。第一,本体论因素。内在性论证也是一种必然性论证,这个判断本身就说明,理学的衰落不始于理学之末,而始于理学之始。⑤"理学从二程开始,在论证伦理道德的人性根源时,把人在社会环境中形成的道德感情、伦理行为界定为是善,称之为天命之性或天理;把人产生于生理本能的诸多欲望说成是恶,称之为气质之性或人欲。"⑥ 在理学中对立的观念,在崔大华看来,却并不是完全不相干的,"人的社会伦理道德感情和行为,总是在一定的自然

---

① 崔大华:《儒学引论》,第 664 页。
② 崔大华:《儒学引论》,第 666 页。
③ 崔大华:《儒学引论》,第 668 页。
④ 崔大华:《儒学引论》,第 668~669 页。
⑤ 参看崔大华《二程与宋明理学》,《中州学刊》1984 年第 5 期。
⑥ 崔大华:《儒学引论》,第 669 页。

本性的基础上形成和表现出来，两者是不能分离的。理学却将这两者置于尖锐的对立状态中"①。朱熹说"饮食者，天理也；要求美味，人欲也"（《朱子语类》卷十三），似乎更合情理，缓和了对立，但是他认为这个说法"实际上是把这一对立推向更高的层次上，具有更加深刻的哲学意义"②。把饮食的合理性上升到天理高度，则饮食与美味之间的对立，就不是一种普通的口味、俭奢之争，而是人的超越性与动物性之争。难道人的本性中没有对美味的追求吗？当然不是，但朱熹却否定了这一追求，这就把人们改善生活的追求的合理性从根源上否定了。对于朱熹这个观点，很多人用来说明朱熹并不反对美味追求，但是崔大华不从流俗之见，他提出了自己的看法，有根据且有说服力。他认为这一主张在实践中会催生"拘"与"伪"，"是理学道德实践'拘'与'荡'弊端发生的观念源头"③，也是符合事实的。第二，工夫论因素。理学工夫论中知识与道德的对立，是理学衰落的另一个因素。在理学家的价值排序中道德排第一，自然就会排斥道德之外的东西的价值。程颐说"有高才能文章"，是人生"三不幸"（《程氏外书》第十二）之一，"此后的宋明理学，承二程的余绪，经常是把儒学之外的文化知识、学术思想，放在和理学的道德实践、理论建设对立的位置上，警告知识的增长会带来道德的破坏"④。朱熹博学，但他也特别警告弟子们少读史书，要先读经书。崔大华指出，理学家这种重道德轻知识的倾向，原本是维护理学朝着正确方向发展，但却埋下了衰蜕的种子。"知识是人类精神进步中最活跃的因素，就像一个生命系统，如果不和外界进行物质交换，不断摄入新的能量，就必然要趋向无序、死寂一样，一个观念系统，如果不增进、摄取新的文化观念，也必然要逐渐萎缩、枯竭。"⑤ 崔大华中学时代就文理兼优，在中国人民大学读书时，哲学系的教学学习苏联，特别重视理科知识的学习。他本人一生对于科学技术的发展特别敏感，思想始终与时代平行，因此对于理学衰落的

① 崔大华：《儒学引论》，第 669 页。
② 崔大华：《儒学引论》，第 670 页。
③ 崔大华：《儒学引论》，第 670 页。
④ 崔大华：《儒学引论》，第 671 页。
⑤ 崔大华：《儒学引论》，第 672 页。

这个原因，感触也特别深。他关于知识与道德的关系，有一个平衡的观点，"就知识与道德的关系而言，从人类精神生活的经历来看，理学家的担心也并不是毫无根据的，然而毕竟是片面的。因为没有道德的提高，固然是驾驭不住知识的增长；但是，没有知识的增长，道德也就会凝固僵化"①。这个结论是他 20 世纪 80 年代一篇长文②中的话，可见是他长期思考的结论。今天的科技发展较他生前更加迅猛，对于道德的挑战与考验也更加严峻。他的观点在今天仍然是有价值的。

关于对理学衰落的回应，也就是理学衰落引起的时代反响，崔大华认为主要有两次：一次是明末清初的理学批判思潮，一次是现代新儒学。这两次的背景与性质皆有不同，他的判断是，"前一次主要是援依原始儒学中已有的理论观念，对理学进行了否定性批判；后一次则是引进欧美的哲学观念，对理学给予基本上是肯定性的新的诠释"③。

关于明末清初的理学批判思潮，崔大华从四个方面作了考察。

一是立场。批判理学的学者，是站在什么立场上批判理学的？他认为有三种立场，即"反儒"④"子儒"⑤"原儒"⑥。"反儒"以李贽为代表，他认为李贽思想浸透了佛学观念，是最激烈的儒学反对者，"以自然人性（'童心'），否定理学（道学）所主张的伦理道德规范"⑦，即以人心私欲之真断定理学为伪。这个观念就是在价值排序中将生存置于道德之上，则理学扼杀人的生机，就是极大的罪恶，就像当初理学家断言佛教不守人伦就是极大罪恶一样。理学走到了自己的反面，从人类生存的维护者变成了人类生机的扼杀者。"子儒"以傅山和唐甄为代表。"子儒"即以儒学为诸子学，"将诸子、释道置放在与儒学平等的学术地位上加以评量"⑧。

① 崔大华：《儒学引论》，第 673 页。
② 即《试论中国传统思想伦理道德特质的形成、价值和缺弱》一文。该文写于 1986 年，2 万余字，后被收入深圳大学国学研究所主编《中国文化与中国哲学》（1988 年号），生活·读书·新知三联书店，1990。
③ 崔大华：《儒学引论》，第 673 页。
④ 崔大华：《儒学引论》，第 674 页。
⑤ 崔大华：《儒学引论》，第 674 页。
⑥ 崔大华：《儒学引论》，第 675 页。
⑦ 崔大华：《儒学引论》，第 674 页。
⑧ 崔大华：《儒学引论》，第 675 页。

儒学在汉代获得官学地位后，就从子学中超拔出来，成为正统，这里将儒学与诸子平列，就是一种不以异学为异端的态度。唐甄说三教的关系，"老养生，释明死，儒治世，三者各异，不可相通，合之者诬，校是非者愚"（《潜书·性功》）。"显然，傅、唐是认为诸子与儒学（经）具有同等的理论价值，儒学与释道各有独立的理论体系和功能，其间不存在因而也不应该分辨谁是谁非。"① 以儒学为诸子学，而与诸子平等视之，这就不是严格的理学立场，它更加宽容，这样就能把知识精英吸收到儒家阵营中，扩大自己的社会基础。"原儒"代表人物为陈确、黄宗羲、顾炎武、王夫之、颜元、戴震等人，"他们总是直接援依原始儒家经典，或者根据对其作出的新诠释来审视理学的弊端，驳论理学的理论观点"②。所谓"原儒"，从经典注释角度来说，就是我注六经，而理学则是六经注我。

二是理学理论主题的批判。理学两大理论主题是论证儒家的本体论和工夫论。"这一批判思潮对理学理论主题的否定不仅是明确而坚定的，而且也是具体而充分的，是以新的、和理学对立的儒家学术基础、修养方法和生活实践为标准而渐次展开的。"③ 崔大华将其提炼为三个方面。其一，"确立新的学术基础"④。崔大华研究儒学，将汉代以后的儒学按内容将其分为两个部分，即经学与儒学。前者是学术基础，后者是理论形态。理学是儒学的一种形态，其基础是理学家的解经之说，他认为"理学家是以经为发挥义理的工具"⑤，"理学家解经之传注、语录虽然不失为理学的主要理论载体，但并不追求，也不具有严谨训释经文、经旨的学术品质"⑥。解经本身不是目的，而是发挥义理的手段，这就容易观念先行，六经注我。相比之下，理学批判思潮则用力于经学诠释本身。崔大华认为他们的经解增加了两项内涵："经学的历史追溯"与"经典的文字音韵的考

---

① 崔大华：《儒学引论》，第 675 页。
② 崔大华：《儒学引论》，第 676 页。
③ 崔大华：《儒学引论》，第 678 页。
④ 崔大华：《儒学引论》，第 678 页。
⑤ 崔大华：《儒学引论》，第 678 页。
⑥ 崔大华：《儒学引论》，第 678~679 页。

核"①。理学批判思潮虽然有实事求是的特色，但是目的却在于回归儒学经世致用的功能，"新经学与古学，其形态和内容虽皆有所不同，但内在精神却是一致的，即要以有丰富学术内涵的经术或诸如'三事''三物'的经世实务即实学，来救正置四海之困穷不言，而终日讲危微精一之说的蹈虚的理学"②。其二，"改变修养途径"③。解经既然是为了经世致用，则修养途径也要服务于此目的。理学批判者由此而批评理学家不是真正的儒者，理学不是真正的儒学。他以颜元为例，说明在理学批判者看来，"理学缺乏践行，理学不肯也不会作实事"④。"应该说，这是理学批判思潮用以批判理学的一个重要而严厉的判据，理学批判者甚至以此评定在宋明理学笼罩下的中国无学、无儒。"⑤ 这里体现出理学批判者的思想倾向：没有实学，就没有儒学；没有事功，就没有儒者。其三，"标举新的'真儒'尺度"⑥。由于强调事功在修养中的重要性，他们批判理学用心力于的"天理""敬""静"于世无用、于身无补，并批判否定功利的论调是腐儒。⑦ "在理学批判者看来，功利是人的实践活动的基本动力，是完全合理、正当的目的和应自觉积极追求的目标；而道义或道德行为实际上只是实现功利目标的手段。"⑧ 这就回到经验论、功利论，以救助儒学空疏无用之弊，也能扩大儒学的学术基础，吸引更多的精英人才到这个阵营中来。崔大华认为，理学批判者对事功的向往虽然完全没有实现过，"但是这个精英群体的思想——以实学、实行、实功之新内涵建构的儒学，彻底否定了、跨越了以论说'天理'和'敬'、'静'为主题的理学，成为儒学发展进程中的一块新的里程碑，在一种特殊的、对历史之贡献的意义上，这也是他们所向往的事功的实现"⑨。历史地看，学术也是事功，立言也可不朽，这个评价可以说相当精彩。

① 崔大华：《儒学引论》，第 679 页。
② 崔大华：《儒学引论》，第 681 页。
③ 崔大华：《儒学引论》，第 681 页。
④ 崔大华：《儒学引论》，第 683 页。
⑤ 崔大华：《儒学引论》，第 683 页。
⑥ 崔大华：《儒学引论》，第 683 页。
⑦ 见崔大华《儒学引论》，第 684 页。
⑧ 崔大华：《儒学引论》，第 684~685 页。
⑨ 崔大华：《儒学引论》，第 686 页。

三是理学主要理论观念的破解。理学批判思潮对理学的批判还在于对理学观念的破解。理学理论主题不符合"真儒"标准，那么观念本身的合理性能否成立呢？这是理学批判思潮要解决的一个关键问题。崔大华以"观念破解"来概括，认为他们完成了这一关键任务。这些批判包括三个方面，第一个方面，"'理'本体之批判"①。崔大华认为破解方向有两个，即"语言的和哲学的"②，他分别举戴震和王夫之为代表来说明。戴震辨析《周易》"之谓"与"谓之"的意思，认为"一阴一阳之谓道"，是以"一阴一阳"界定道。"形而上者谓之道"，则是以"道"表明什么是"形而上者"。在这里，"道"是名，"形而上者"是实，"道"这个名也可以换成别的名。"形而上"，是指形质形成以前，"道"与"器"都是形容词，用来形容"形而上"与"形而下"。这样一来，"理"就是"一阴一阳"，不是"形而上"，这就从语言的层面上将理学本体论的形上性解构了③。崔大华认为"朱熹的论说是相当严密而清晰的，是很难从逻辑进程中将它击破的。戴震的机智和巧妙在于他从逻辑的起点上来破解朱熹之论"④。"戴氏之论在语义学上应如何评价并不重要，重要的是在儒学历史上，出现了一个前此未有的可以否定传统理学观点的新的理论立足点。"⑤ 戴震还通过对"理"字本义的训释，破解了理本体的根源性、总体性。⑥ 哲学层面上，则是由王夫之"援依宋明理学中的气本论，直接地否定、摈弃了理本论"⑦。明代理学中的气本论，其理论不彻底，因为他们的气本论相当于朱熹理学中的宇宙论，本体是感性实体，理论有身无头。"理学批判思潮较之明代理学气本论在理论上的发展，就是在气观念中增益了本体性的内涵。"⑧ 气既是质料，又是事物形成之功能和机制。气不是死的质料，而是具有理则的实体。第二个方面，"理与欲对立之破除"⑨。"程朱理学

---

① 崔大华：《儒学引论》，第 686 页。
② 崔大华：《儒学引论》，第 686 页。
③ 见崔大华《儒学引论》，第 686~687 页。
④ 崔大华：《儒学引论》，第 687 页。
⑤ 崔大华：《儒学引论》，第 687~688 页。
⑥ 见崔大华《儒学引论》，第 688 页。
⑦ 崔大华：《儒学引论》，第 689 页。
⑧ 崔大华：《儒学引论》，第 690 页。
⑨ 崔大华：《儒学引论》，第 692 页。

中，天理与人欲的对立，是其本体论层面上理与气决是二物观点的逻辑延伸"①，而在气本论下，理与欲具有共同的根源，即气，则它们在本体论层面上并不对立，这就不同于理学的基本结论。"当理学批判思潮以气本论破解、否定了程朱理学之理本论后，这种根源于'理气为二'的天理人欲的对立，也就不能再成立，而天理人欲不相外则成为理学批判者的一项基本的共识。"② 这是其本体论在这个问题上的逻辑结果。崔大华进一步指出，破除对立还不足以显示理学批判思潮理欲观的特色，他认为其特色在于对人欲作出肯定性评价。其主要观点有二，第一，人欲是正当的。理学家虽不否定欲望，但人欲的正当性不在本体层面，天理与人欲在价值上有高低之分。理学批判思潮则"认为饮食男女之理或甘食悦色之欲，皆是天之赋予，'皆有所贞'——皆有其应当存在的那种品格和意义"③。自然欲望的满足在很多人而言，是生活的乐趣、动力所在，这无可厚非，也是应当承认的，而在理学严苛的标准下，人的自然欲望被窒息，人的生机活力、生活乐趣也被扼杀，它就变成反动的教条了。承认人欲的正当性就会将人们从理学的桎梏中解放出来，回到道德合理性的最深刻的根源。第二，人欲是积极的。理学家对于人的欲望始终是警惕的，工夫修养也主要针对欲望。程颐就十分赞赏《庄子》中"其嗜欲深者天机浅"（《庄子·大宗师》）这样的话，其工夫修养论有禁欲主义倾向。"在理学中，人欲是被作为一种在现实生活中具有破坏性的且是难以克服的恶来界定的。"④ 这显然是片面的，因为对于大多数人来说，生存的动力就是本能欲望，并不是所有人都是靠信仰和梦想生存的。人欲之恶往往也是推动历史前进的动力。⑤ 理学批判者看到的正是这一点，他们认为"欲是人生实

---

① 崔大华：《儒学引论》，第 692 页。
② 崔大华：《儒学引论》，第 692 页。
③ 崔大华：《儒学引论》，第 695 页。
④ 崔大华：《儒学引论》，第 695 页。
⑤ 恩格斯说："在黑格尔那里，恶是历史发展的动力的表现形式。这里有双重的意思，一方面，每一种新的进步都必然表现为对某一神圣事物的亵渎，表现为对陈旧的、日渐衰亡的、但习惯所崇奉的秩序的叛逆；另一方面，自从阶级对立产生以来，正是人的恶劣的情欲——贪欲和权势欲成了历史发展的杠杆，关于这一方，例如封建制度和资产阶级的历史就是一个独一无二的持续不断的证明。"见《路德维希·费尔巴哈和德国古典哲学的终结》，《马克思恩格斯选集》第四卷，人民出版社，1995，第 237 页。

践中的一种动力因素、创造性因素，是人心中的一个最活跃的、不可能也不应该被熄灭的精神因素①"。由此正面评价，他们尖锐批判理学的理欲观带来的后果，即"缺乏责任、进取的生活态度和戕害人性的残忍、虚伪行为"②。崔大华对此表示赞同，他深刻指出，"人类的社会生活实践表明，一个人获得功名利禄，一般情况下，都不能简单地看作仅仅是人欲的实现，而必然先有某种社会责任、义务，即某种具有社会公益价值的作为的完成。理学对功利之心、之为的苛刻谴责，……自然会削弱人们对功名利禄之人欲的道德正当性、合理性的信念，但同时也会冷漠其对社会事务的热情和责任感。显然，这种人生态度如果汇成潮流，一个社会的生长活力就会被消融掉"③。饮食男女也是人们热爱生活、具有生命活力的表现，并不应该一概斥责之、贬低之，而应该予以承认和理性对待。理学将正当的人欲视为见不得人的东西，甚至是洪水猛兽，在实践中就会让人经常处于天人交战之中，忍受痛苦或变得虚伪。"在理学笼罩之下，特别是在理学衰落中其理性自觉蜕变为名教教条的情况下，人们为断灭这种常情隐曲之感，而忍受精神痛苦，甚至损弃生命的生活悲剧，或为掩饰这种人欲感情，觅得躲闪处而施展欺伪的人格扭曲，就发生了。"④ 崔大华还回到原始儒家，以孔子称赞子夏将学礼比喻为"绘事后素"（《论语·八佾》）为例，认为人性的完善也是一个改造人欲的过程，相比之下，"'人欲'在理学批判者这里却从本体论的层面上获得了某种正当的、具有创造力的品格，因此，这一理论观点对儒学传统的人性论观念来说，也是一个新论，一个异论"⑤。理学的天理人欲对立观和理学批判者的新论，都有具体的历史情境，后者是对前者的矫正。但他们毕竟是儒者，并不否定道德的合理性。天理与人欲之间仍然是有区别的，并不主张放纵人欲，而主张用理性去分辨和实现。崔大华评价说，"理学批判思潮的理欲观在实践层面上不同于理学的'存天理灭人欲'，而比较接近传统儒学的'绘事后

---

① 崔大华：《儒学引论》，第 695 页。
② 崔大华：《儒学引论》，第 696 页。
③ 崔大华：《儒学引论》，第 696 页。
④ 崔大华：《儒学引论》，第 697 页。
⑤ 崔大华：《儒学引论》，第 697 页。

素’，仍然保持着儒家特色"①。第三个方面，"命之新论——'命日受日新'"②。崔大华认为朱熹的命论既承认命的客观必然性，又论证命的无主宰的非决定性，理论上很周延，难以破解。他认为理学批判者中只有王夫之实现了对朱熹命论的突破。王夫之从气本论出发，认为命是"人受之于天的气化状态，是人的全部存在状况"③。而这种禀受不是一次性完成的，而是动态的、日受日新的，"在他看来，'天之与人者，气无间断，则理亦无间断，故命不息而性日生'（《读四书大全说》卷十《孟子·告子上》），即是说，天之气化不息，因而，人之生命状态也就迁流不止，人之命也在变化更新"④。命在尽头处是不可移易的，而在过程中却是时时变易的。他似乎是把人的成长变化解释为天的动态性赋予。崔大华认为，"命日受日新之观点，否定、消解了命为既定的、必然性之存在的观念，不仅与理学，而且与传统儒学的命之观念，都是有歧异的、相冲突的"⑤。王夫之为了不使自己的思想显得很异端，就拉先贤给自己背书。⑥"事实上，王夫之由气本论立场推出的命日受日新观点，完全是一个从理学和先前儒学理论立场上无法作出解释的新论。"⑦ 他判断这一新论给儒学和理学的理论影响有二，第一，实现了对宿命论的彻底消解。⑧ "宿命论认为人之命运、生平遭际是既定的，并最终要必然地、不变地实现的。命日受日新之命的观念，在理论的逻辑上恰好将宿命论的这两项主要内涵否定、消解掉。"⑨ 宿命论将终点上的确定性视为过程中的必然性，从而否定后天努力的必要性。王夫之的新论则认为命是动态日新的，不存在过程的必然性，终点上的确定性则是动态变化的一个结果。崔大华对于王夫之的天命新论给予高度评价，他认为"命日受日新说能将宿命论完全消

---

① 崔大华：《儒学引论》，第 699 页。
② 崔大华：《儒学引论》，第 699 页。
③ 崔大华：《儒学引论》，第 701 页。
④ 崔大华：《儒学引论》，第 701 页。
⑤ 崔大华：《儒学引论》，第 702 页。
⑥ 见崔大华《儒学引论》，第 702 页。
⑦ 崔大华：《儒学引论》，第 702 页。
⑧ 见崔大华《儒学引论》，第 702 页。
⑨ 崔大华：《儒学引论》，第 702 页。

解，对于儒学来说应是个极有价值的理论贡献"①。儒学既不承认世界有主宰，但命又不由个人主宰，那么那个必然性从何而来？"这主要是因为儒学缺少一种理论观念，来对人生命过程或人生实践的一次性、不可逆性作出解释，并误以此即是既定性、必然性。王夫之的命日受日新之观念认为，人的生命过程或人生实践，时时处在随机的形成更新中，因而，命运虽然永远表现出为一次不可逆的唯一性，但实际内蕴着全部可能性的不确定性，似是必然，实是偶然。虽然是偶然因素只使某一可能性实现，但此却是有理的，有缘由的，可解释的，偶然中又内蕴着某种必然。"② 这种一次性、不可逆性，确切地说是由多种因素综合而成，有了动态生成的观念，既定性、必然性这些静态的结论就被破解了。他还比较朱熹与王夫之，认为"朱熹曾在人之生命的源头处引入偶然性，而王夫之则在其整个过程中都注入了偶然性，完全实现了儒学对宿命论观点的破解"③。第二，改变了对命之回应的性质。④ 理学在承认命的必然性前提下回应命，王夫之在命中加入动态生成的因素。命的性质发生变化，回应的性质也随之变化。"在王夫之看来，人之甚至包括一饮一食、一言一动的一切生存状态，无不是命之表现；命之内蕴正是以人之仁义礼智为首的一切人生实践。"⑤ 当然，朱熹提出的"人事尽处便是命"（《朱子语类》卷九十七），也是以全部的人生实践回应命，对此，崔大华指出二者的差异，"就理学的意义上说，此种命之实现，本质上是一种哲学悟解，一种道德境界。而在王夫之这里，一饮一食皆命，无时无地不当顺受，则是可以由气化无心不息，命日受日新之命的观点逻辑地推衍出的结论，属于一种科学理性性质的生活态度"⑥。理学的实践是求仁得仁式的主观精神层面上的实现，而王夫之则兼顾实践的效果，不是那种"我只做我该做的，结果如何我不去管"的态度。

四是评价。他从历史地位、两个误区和成因三个方面评价明末清初的

---

① 崔大华：《儒学引论》，第 703 页。
② 崔大华：《儒学引论》，第 703 页。
③ 崔大华：《儒学引论》，第 703~704 页。
④ 见崔大华《儒学引论》，第 704 页。
⑤ 崔大华：《儒学引论》，第 704 页。
⑥ 崔大华：《儒学引论》，第 705 页。

理学批判思潮。他认为理学批判思潮在当时震动思想界，并在后世发挥了思想启蒙的作用，"这一批判精神和思想甚至还融入了近代的启蒙思潮中"①。这个思潮的不足之处，他也如实指出。他认为理学批判者只是提出了不同于理学的儒学理论，"还不具备真正能否定、消解掉理学的那种理论力量"②。原因在于理学批判思潮存在两个误区，第一，理学批判思潮未能识别理学理论观念具有不同理论层面和同一理论层面上的不同立论角度。③ 这是说理学批判思潮的气本论缺乏结构性的方法，不能理解和消化朱熹理学，自然也不能真正驳倒它。理学的结构性体现在，从本体论层面确认理具有形上性、根源性、总体性，理对气具有优先性、主宰性；在宇宙论层面上肯定理气不可分，离气则理无从挂搭。"程朱理学因此而具有一种很特殊的、难以逾越的理论周延性。"④ 第二，理学批判思潮未能辨析理学与释老的差异。⑤ 这表现为理学批判思潮视理学为释老，不承认理学是儒学。崔大华认为，原因在于"理学批判思潮为理学末流人物的某些混淆儒佛的个人表现所眩惑，加以其在气本论立场上对理学本体之理和与理为一或全体大用之精神境界，皆不能作出解释和认同，在理学理论的最高层次上失去了分辨理学与释老的理论标准"⑥。理学从佛教那里夺回的心性高地，在理学批判思潮这里似乎又失去了，或者说是主动还回去了。崔大华把朱熹理论的周延性对后世批判者和超越者的影响称为"'佛手'现象"⑦，也即"当一个理论体系的思想观点蕴涵在另一个理论体系中时，就难以完全摆脱它的笼罩、羁绊"⑧。作为理学学术基础的理学传注虽然受到很多指摘，但作为儒学一种理论形态的理学，并没有因为经解的不严密失去理论自身的周延性。这似乎也说明理学有独立于经解之外的理论自洽性。

对理学衰落的另一次回应是对理学的肯定性诠释，即现代新儒学。

---

① 崔大华：《儒学引论》，第 706 页。
② 崔大华：《儒学引论》，第 706 页。
③ 见崔大华《儒学引论》，第 706 页。
④ 崔大华：《儒学引论》，第 707 页。
⑤ 见崔大华《儒学引论》，第 708 页。
⑥ 崔大华：《儒学引论》，第 708 页。
⑦ 崔大华：《儒学引论》，第 709 页。
⑧ 崔大华：《儒学引论》，第 710 页。

崔大华认为"五四"之后的现代中国学术舞台上有三种主要的思潮，即马克思主义、西方哲学和政治理念（西化派）以及现代新儒学。它们共同塑造了现代中国的面貌，这一进程仍在进行。① 他判断现代新儒学的真正内涵有三个：一是认为儒家思想是中国传统文化的核心、主要内容；二是企望通过对儒家学说的现代观念的诠释和改造，使其继续能在中国的现在和未来的社会生活建设、发展中发挥核心的、基础的作用；三是相信以儒家思想为核心的中国文化在未来的世界文化格局中，应有、会有自己的重要位置。② 第一个是事实，第二个需要实践验证，第三个则有待于中国成为无可争议的世界强国。现代新儒学对理学衰落的回应，他以两个代表性人物冯友兰和牟宗三为例，来说明现代新儒学是如何诠释已经衰微的、凝固了的宋明理学。③ 冯友兰的新理学是"接着"宋明理学讲，牟宗三对宋明理学的研究也非常深入和有特色，因此这个选择是十分恰当的。

关于冯友兰新理学对理学衰落的回应。根据冯友兰自述，"新理学工作，是要经过维也纳学派的经验主义，而重新建立形而上学"④。也就是说，他以西学为石，攻理学之玉。崔大华称新理学是"程朱理学的新诠释"⑤。他分析认为冯友兰的理论进路是，界定属于宇宙论和认识论的四个概念（真际、实际、共相、殊相）—提出解释性观念（理、气、道体、大全）和解释四个概念的四组命题—用上述理论创造诠释程朱理学。⑥ 在这个过程中，儒学伦理本体的内容消隐了，新理学试图以客观真理的面貌出现在现代中国思想中。关于新理学对理学衰落的回应，崔大华从三个方面进行阐释，即新理学对程朱理学的新诠释、新理学对传统儒学三个理论层面的新诠释、新理学实现的观念变革及其内在困难。

第一，新理学对程朱理学的新诠释。崔大华判断新理学对程朱理学的

① 见崔大华《儒学引论》，第710~711页。
② 见崔大华《儒学引论》，第711页。
③ 见崔大华《儒学引论》，第712页。
④ 冯友兰：《新知言》，载《三松堂全集》第五卷，河南人民出版社，1986，第223页。
⑤ 崔大华：《儒学引论》，第712页。
⑥ 见崔大华《儒学引论》，第713~714页。

新诠释大体有两个方面。其一，"理学根本观念——理、气之逻辑层面界说"①。据前所论，程朱理学的"理"，是从本体论和宇宙论两个层面上进行界定的。作为本体的"理"，具有根源性、形上性、总体性；作为存在的"理"，是指事物所以然之故、当然之则。前者是应然，后者是实然。新理学的"理"是指"某种事物之所以为某种事物者"②。"显然，新理学的理之观念，是属于宇宙论层面上的观念。新理学也正是在这个理论层面上认同了程朱理学之理。"③ 程朱在宇宙论层面上的论说，是以本体论为前提和归宿的，新理学拒绝本体论，则宇宙论层面上的论说就只能以客观事实的面貌出现，则人与社会应当是怎样的，他又如何表达主张？"新理学认为哲学只对真际有所肯定，而不特别对于实际有所肯定。所以新理学的理之观念只是对事物之所以然作出形式的界说、逻辑的表述，无任何实际的内容。"④ 冯友兰说朱熹混淆逻辑的与伦理的，这是批判朱熹本体论承诺，即关于世界应如是的主张。崔大华认为，"冯氏正是以此种逻辑的、形式的理观念与有实际内容的理观念之间的差别，在新理学与程朱理学之间划出界线"⑤。理学如何在现代中国和世界仍有其价值，冯友兰似乎在做一个去其内容、取其形式的工作。这也导致了他在气的观念上"与程朱理学就完全无可沟通之处了"⑥。程朱理学的气是构成万物的质料，这当然也是一种虚构，在现代科学背景下，类似于文学家的想象，自然不为冯友兰所取。他的气只是一个逻辑概念，而不是一种实指。他不对事物由什么构成作任何肯定性表述，气只是一个空洞无物的概念。他沿用了理学的概念，但抽掉了其中的内容。其二，"程朱理学三个重要命题之逻辑层面解说"⑦。新理学在理与气的内涵上都发生了变化，在变化了的内涵基础上，冯友兰重新解释了朱熹的三个命题。一是理气先后。朱熹在本体论层面上主张理先气后，在宇宙层面上主张理气无先后。"程朱理学

---

① 崔大华：《儒学引论》，第 714 页。
② 冯友兰：《新原道》，载《三松堂全集》第五卷，第 148 页。
③ 崔大华：《儒学引论》，第 714 页。
④ 崔大华：《儒学引论》，第 714~715 页。
⑤ 崔大华：《儒学引论》，第 715 页。
⑥ 崔大华：《儒学引论》，第 715 页。
⑦ 崔大华：《儒学引论》，第 716 页。

此两个命题，是依据理为根源性的实在和气为构成万物的原初实体之观念而建立的。"① 朱熹的"理"是实在的观念，气是实体的观念。新理学无本体论，宇宙论层面上的理和气也是抽象的逻辑概念，因此，它就不可能从两个层面上认同程朱理学的这两个主张。但是，它也有自己的理气关系描述，"任何一个实际事物总是有其开始的，在此开始之前，此事物之理（真际）在逻辑上已是存在的了，或者说潜存的了"②，这是新理学观念体系中的理先气后的表达。二是"理一分殊"。朱熹在体用结构中解释"理一分殊"，"新理学没有本体论的观察视角，对以体用关系诠释理一分殊的程朱理学观点自然要表示不能认同、不能接受"③。因为没有理一，冯友兰不赞成朱熹"人人有一太极，物物有一太极"（《朱子语类》卷九十四）的说法。崔大华认为，这显示出二者的深刻分歧：朱熹视太极为本体，冯氏的太极只是认识论层面而不是本体论层面的概念。在朱熹那里太极与事物是体用关系，冯友兰则认为"相互分离"，"只是一种并无内在联系的外在关系"④。因为没有本体，就没有规定性，没有应如是的概念，事物之间就没有了在理这个本体规定之下的统一性，就是一种各自存在的外在的关系。他更进一步探讨冯氏此说的理论根源，"新理学的此种理论立场显然是接受了维也纳学派排斥本体和新实在论以认识对象间及认识主体与认识对象间为外在关系的思想观点影响的结果"⑤。不对世界作本体论承诺，在西方哲学传统中可能是一剂解毒药，是一种与"本体先于存在"相对立的观念，起到思想解放的作用。用在中国哲学中，也有解毒剂的作用，但似乎也牺牲掉了理论的周延性。冯友兰将"理一分殊"解释为共类与别类的关系，崔大华判断这种"接着讲"的理论特色"是将程朱理学的本体论、宇宙论层面上的命题、观念，转移到认识论的、逻辑的层面加以解说"⑥。三是无极而太极。这个命题是朱陆之争的内容之一。陆九渊认为这是描述宇宙万物由无到有的生成过程，朱熹则认为"无极"

① 崔大华：《儒学引论》，第 716 页。
② 崔大华：《儒学引论》，第 717 页。
③ 崔大华：《儒学引论》，第 718 页。
④ 崔大华：《儒学引论》，第 719 页。
⑤ 崔大华：《儒学引论》，第 719~720 页。
⑥ 崔大华：《儒学引论》，第 720 页。

是对"太极"这个本体的描述。"新理学排斥本体观念,自然也就不能形成本体理论层面的观察角度,所以虽然他宣称是'接着程朱理学'讲,但在此论题上他却不能认同朱熹,而附和了陆九渊。"① 不过,由于新理学没有本体论,他的新解仍然是去内容的过程,"新理学剔除了理学关于宇宙生成过程的具体的、经验的内容,而赋予完全逻辑形式的解释——从'无名'到'有名',用'无极而太极'的命题将理学宇宙论中的理论内容转移到逻辑的层面上加以解说"②。朱熹说的气还是感性的实体的气,新理学的气就只是气的概念,跟我们经验中的气没有关系,只是借用一个名词。崔大华评价说,"新理学对程朱理学理论观念的此种变异、改造,也是实现理学现代转化的一种尝试"③。

第二,新理学对传统儒学三个理论层面的新诠释。崔大华还考察了新理学对儒学三个理论层面的新诠释。他的总判断是,新理学"新"在"理学中心性的道德性内涵、道德的绝对性、命的超越性之品性,在新理学中被消解了"④。也就是说,新理学的新诠释包括三个方面,其一,对性与心作形式化的诠释。在心性的层面,崔大华比较了二者善的观念,结论是"新理学排除了传统儒学或理学中的善的具体的、道德性质的内涵,将其凸显为、界定为一种中性的、属于任何一种事物(好或凶)所具有的形式的标准"⑤。简言之,新理学认为事物符合理念即是善,比如方的物很方,这就是善。可见,新理学将善这个伦理概念转化为一个事实描述概念。善本是属人的,这里将其泛化到所有的物。朱熹认为性在本体意义上是善的,新理学对于性只有宇宙论层面的界说,认为从真际言之,性无善无恶,从实际言之,人之性是至善。程朱将恶之根源归于气,新理学则将恶归为理念或真际的不充分实现,就是不达标准。程朱理学的恶是相对于本体之善,新理学的恶是相对于理念之完美。⑥ 崔大华评价说,"新理

① 崔大华:《儒学引论》,第721页。
② 崔大华:《儒学引论》,第723页。
③ 崔大华:《儒学引论》,第723页。
④ 崔大华:《儒学引论》,第723页。
⑤ 崔大华:《儒学引论》,第723页。
⑥ 见崔大华《儒学引论》,第724~726页。

学与程朱理学的此种差异，可以说是形式的解释与实质的解释之间的差异"①。冯友兰自称不用"实际底、科学底"方法，而是用"形式底、逻辑底"② 方法。为什么他称孟荀的方法是实际的和科学的？崔大华将程朱的解释称为"实质的解释"，因此实际的和科学的，是指有实质内容的方法，形式的和逻辑的就是无特定内容的。关于心的论题，新理学依然坚持去伦理化的路子，剔除了心的道德性内涵，心只是一个知觉实体。"新理学只表述了人心、道心的存在形式，完全避开了对其内容作是道德性的或非道德性的判定。"③ 人心是人之性未符合理念的行为，道心是从人之性发出的行为，至于这些行为的内容是什么，不做判定。其二，对道德作形式化的界定。在道德的论题上，理学的一个历史成就是论证儒家道德的绝对性和永恒性，这是全部理学的一个基本观点。但这不能为新理学所接受。崔大华指出新理学的两个论据，一是"立于历史事实的评断"④。冯友兰认为道德是历史的、变化的，在这个社会中是道德的行为，在另外的社会中可能就是不道德的，因此道德是相对的、变化的。这是他接受马克思主义的一个表现。二"是立于方法论上的批评"。⑤ 在新理学看来，程朱理学的伦理立场，其实就是将它的理论与某种特定的社会制度绑在一起，而缺少理论的容纳空间、适用范围。"新理学从其逻辑分析的、形式的立场认为，所谓'人伦'，应是任何社会的'人之关系'，所谓'道德'，应是任何社会的'人之理'，因而程朱理学以'五伦'为全部、永久的人伦，'五常'为全部、永久的道德，是说得太多了，肯定得太多了，'可以不必'。本体性地论证、升越三纲五常，充盈着浓厚的伦理道德观念色彩，原是程朱理学也是全部理学的主要理论特质和特色，新理学却以一种特殊的逻辑的方式使其淡化了，隐退了。"⑥ 新理学并不反道德，而是反对将特定时期的道德绝对化、永恒化，他只承认它们的历史的合理性，因此他在"五四"时期曾给予辩护。其三，对命的超越性的消解。

① 崔大华：《儒学引论》，第 726 页。
② 冯友兰：《新理学》，载《三松堂全集》第四卷，河南人民出版社，1986，第 101~102 页。
③ 崔大华：《儒学引论》，第 727 页。
④ 崔大华：《儒学引论》，第 728 页。
⑤ 崔大华：《儒学引论》，第 728 页。
⑥ 崔大华：《儒学引论》，第 729 页。

在超越的层面，新理学以运命说、境界说消解了命的超越性。"新理学以遭遇界说命，其意旨即在以不期然而然的偶然性否定传统的命之思想观念的必然性。"① 遭遇是一种偶然发生而不可改变的必然性。崔大华认为它没有完全消解命的超越性，新理学最后是以境界说实现了这种消解。"境界说是新理学的重要的理论创造。""境界是人对于宇宙人生意义的觉解程度。"② 人为什么活着，人活着的动力是什么，生命的意义何在，这是只属于人的问题。"新理学认为人所可能有底境界，可以分为四种：自然境界、功利境界、道德境界、天地境界。"③ 用冯友兰的话来说，就是顺才顺习、功利、行义、事天四个境界。④ 顺才顺习，应该是吃饱就行，身是目的；功利则以身谋利，身成了工具；行义是儒家的境界，道义是目的；事天是什么境界？高于儒家的境界，"以利害、得失、贵贱、祸福、生死为一体"⑤。崔大华认为，在对道德境界、天地境界的追求中，"命（或才）对人的限制被超越了，或者说命之超越性被消解了"⑥。它似乎不是一种世俗意义上的成功，而是一种主观上的感受，崔大华称之为"人生的哲学理性觉醒而带来的一种自由感，一种精神上的超越"⑦。理学对命的回应是一种道德实践，新理学则增加了天地境界，这是一种理论上的增新。崔大华评价新理学与理学的这种差异，认为"理学家那里，自觉地践履世俗伦理与'浑然与物同体'（《程氏遗书》卷二上）不是两种境界，而是同一种境界在不同境遇下的不同回应，不是高低之别。新理学将其裂为两种境界，以天地境界高于道德境界，应该说是背离了纯正的儒学理论立场，是受到道家思想感染的结果"⑧。为什么会有这种区别？因为理学家有本体论，且本体是伦理本体，其最高境界自然是道德境界，而道德被推扩到天地万物，则达到这个境界时，人也会有大其心而与天地同的

---

① 崔大华：《儒学引论》，第 731 页。
② 崔大华：《儒学引论》，第 731 页。
③ 崔大华：《儒学引论》，第 732 页。
④ 见冯友兰《新原人》，《三松堂全集》第四卷，第 551～553 页。
⑤ 崔大华：《儒学引论》，第 733 页。
⑥ 崔大华：《儒学引论》，第 732 页。
⑦ 崔大华：《儒学引论》，第 732 页。
⑧ 崔大华：《儒学引论》，第 734 页。

感受。而新理学受道家影响的天地境界，类似庄子的情态自由，对于限制是忘却，而不是尽人事以消解。

第三，新理学实现的观念变革及其内在困难。崔大华最后评价新理学的观念变革和理论困难。他认为，新理学对理学的诠释，在观念上发生了重要变迁，其理论根源有二："一是新理学援用了一个经过它改造的现代西方的（新实在论）哲学概念共相来诠释理学的'理'之观念，将理学之'理'中被朱熹'以本体言之'和'以流行言之'所留下的那些实际的、冯氏称之为'不免著于形象'（《新原道》，《三松堂全集》第五卷，第 146 页）的内容全部剔除，转变成'以逻辑言之'的表示'同'或'类'的形式的概念。但是从宇宙论（存在论）的意义上说，它却是'潜在'的，是'真际''本然'。一是新理学运用逻辑分析方法（主要是援依逻辑概念的蕴涵关系），从'事物存在'这一唯一的经验事实出发，逻辑地分析出'理''气'这两个概念，又逻辑地综合出'道体''大全'两个概念，进而在此四个观念的基础上重新解释了程朱理学的主要观念、主要论题。"① 这是一个去本体化、去结构化的理论过程。经此诠释，"新理学就将宋明理学中的两个基本观念——理与气，从原是通过经典诠解和经验体认而预先设定的哲学本体论或宇宙论实在，转换为可以逻辑分析出的宇宙论实在"②。这是以他山之石攻儒学之玉的一个尝试，"是儒学或理学由传统观念向现代观念转变的一种尝试"③。关于新理学的理论困难，崔大华指出，"这种困难主要是来自新理学的形式的、逻辑的形上学与程朱理学的形上学有巨大的理论层面之间的差距"④。所谓差距，也可以说是用不合用的工具对程朱理学进行了裁剪。如前所述，理学的本体之理具有根源性、形上性、总体性特征，而经过新理学的诠释，只剩下形上性。理学的最高精神境界需要通过本体论层面的超理性的体悟才能达到，这也是新理学无法把握的。因此，冯友兰虽然提出了天地境界，但是却不在他

① 崔大华：《儒学引论》，第 735~736 页。
② 崔大华：《儒学引论》，第 736 页。
③ 崔大华：《儒学引论》，第 737 页。
④ 崔大华：《儒学引论》，第 737 页。

的经验中，他称之为"不可思议底"和"神秘主义底"①。崔大华分析认为，"冯氏的意思是，只有是一个人的存在（包括人之思维本身）之外的对象，才能被观察、言说、思议。所以当人言说、思议气、大全、道体时，实际上就跨越出了气、大全、道体，就破解了具有总体性的气、大全、道体；所以是'拟议即乖'。但人可以在直觉、体验中融入大全、道体，形成一种精神境界，新理学称之为'天地境界'或'同天境界'。显然，在只有逻辑分析方法的新理学看来，此种境界亦是不可思议、不可了解的，因而是'神秘主义'的"②。因此，虽然提出天地境界，但实际上这是一个与他的体系有矛盾的概念。但是冯友兰后来提出"负底方法"③，做减法的方法，崔大华认为这说明"新理学最终还是认肯了直觉，认肯了神秘主义境界之可求"④。但这似乎只是一种观念上的到达，而不是真切的经验的表达，因此崔大华认为"新理学虽然认肯了超理性的整体直觉方法，但实际上此方法在新理学中并未获得真正的方法论意义，并未显示其有诠释理学观念，建构神秘境界之功能；新理学虽然认肯了直觉或负的方法可显现的境界，但实际上此境界在新理学中只是正的方法的终点与结局，亦未能显示其为直觉所创造的精神历程。这样，以形式的、逻辑的分析为理论特质的新理学，在理学的与时代诠释中显露出的缺弱就是，未能对理学本体层面的观念作出分析，未能对理学中超理性直觉方法作出分析——而这种方法正是理学中心学一派基本的、唯一的方法"⑤。新理学对于理学的诠释，在本体与方法上都有遗落，并且两者是因果关系：有前者故而有后者，并不是并列的两个问题。

关于牟宗三对理学衰落的回应。被冯友兰遗落的，正是被牟宗三发扬光大的。这就是肯定性诠释的另一个代表性体系，即道德的形而上学，崔大华将其概括为"宋明理学的形上学重建和派系重组"⑥。崔大华从四个方面对牟宗三"道德的形上学"进行阐释，即"道德的形上学"的理论

① 冯友兰：《新原人》，《三松堂全集》第四卷，第634页。
② 崔大华：《儒学引论》，第738页。
③ 冯友兰：《新知言》，《三松堂全集》第五卷，第173页。
④ 崔大华：《儒学引论》，第739页。
⑤ 崔大华：《儒学引论》，第739~740页。
⑥ 崔大华：《儒学引论》，第740页。

立场、"道德的形上学"对宋明理学的派系重组、"道德的形上学"对宋明理学各派的诠释、"道德的形上学"中的新与旧。

　　第一，"道德的形上学"的理论主场。"道德的形而上学是牟氏创造的一种独特的理论模式，即是要用道德的方法、途径来证成某种超越的、形上的本体性对象。"① 牟宗三比较道德底形上学与道德的形上学的不同：前者理论落脚在道德，道德是目的，形上学是工具；后者则相反，道德是方式，形上学是目的。他以此区别古希腊以认知方式建构的形上学。② 崔大华指出，"牟氏的道德的形上学作为一种理论模式是基于他对中国哲学（儒学）的独特性和宋明儒学的理论主题的感悟、体认而建构的。儒家道德追求所指向的、所由根据的形上的根源就成了牟氏理论探索或儒学诠释的目标"③。牟氏认为中国思想文化的重点是"生命与德性"，"它的出发点或进路是敬天爱民的道德实践，是践仁成圣的道德实践"④。这个确实是事实，它最深厚的合理性基础就在于它是特定技术水平下有利于人类存续的一种思想和生活方式。牟先生以此为建构形上学的依据，确实对中国思想特色有深刻的体悟，并且自觉使用比较的方法以突出之，这样建构的形上学，就是与生命有关、与人类生存有关，其合理性当是不言自明的。崔大华进一步指出，"实际上，牟氏所建构的道德的形上学，也只是在他的宋明儒学诠释中才唯一地得以实现或完成"⑤。这就与本部分内容联系起来，也就是现代新儒学对理学衰落的回应。崔大华认为道德的形上学的主要内容有本体与工夫两个方面，"其一，道德超越根据之本体性质"⑥。关于形上学的道德根据，牟宗三选出心性这个理学的核心概念，"通过本体论陈述和宇宙论陈述的贯通，将其升越为形而上的实体性之本体，证成其为道德实践之所以可能的先天根据"⑦。人因为有心性，所以有可能性，

---

①　崔大华：《儒学引论》，第740页。
②　见崔大华《儒学引论》，第741页。
③　崔大华：《儒学引论》，第740页。
④　牟宗三：《中国哲学的特质》第二讲"中国哲学的重点何以落在主体性与道德性"，上海古籍出版社，1997，第10页。
⑤　崔大华：《儒学引论》，第741页。
⑥　崔大华：《儒学引论》，第741页。
⑦　崔大华：《儒学引论》，第741页。

可以不局限于自然本能而自我提升、自我超越。关于牟宗三的论证，崔大华认为牟氏利用了中国传统哲学和康德哲学两种资源进行论证。第一种资源的论证是以儒家经典证成心性之可以为本体。牟宗三利用的经典主要是二诗（《颂·维天之命》《大雅·烝民》）和四书（《论语》《孟子》《中庸》《易传》），经过诠释，"完成了心性的形上的、本体的升越（心体性体），赋予了心体性体之所以可作为道德之超越根据的那种内涵或功能——道德创造之实体与生化创造之实体"①。心体和性体使道德和生化创造成为可能。他的论证逻辑链条是：天命实体—性体—心体，天命实体是最后的根源。他的论证过程是，"维天之命，於穆不已"中的天不是人格神的天，而是"於穆不已"的实体义之天。孔子言仁，孟子言尽心知性，《中庸》言"天命之谓性"，《易传》说"乾道变化，各正性命"，此是承认性体通于天命实体，并以天命实体说性体。② "这样，性之本体性就得到了证明：性体即天命实体。"③ 关于心体的本体性论证，根据崔大华的分析，"牟氏是认为，如果就宇宙总体而论，天命实体是就统天地万物而言（牟氏亦称之为'道体'），性体是就具于个体而言；那么，就一个体而论，其客观方面是性体，主观方面就是心体。这样，在牟氏的道德的形上学中，传统理学中的性因性体与天命实体通而为一完全具备了本体性的品格，心亦因心性为一而不二地完成了由形下向形上，即由宇宙论层面向本体论层面的升越"④。他的文献依据是先秦经典，论证逻辑则是宋明理学。根据经学与哲学的关系，这也是一种解经基础上的哲学创造，或者说是以哲学创造来解经。崔大华判断，"作为道德超越根据之道体、性体、心体是道德创造的实体，是宇宙生化的实体。这是道德的形上学的最基本的理论观念"⑤。创造性也就是发展性，这是区别于理学的重要方面。何谓创造性？崔大华指出其特定内涵有二，一是"作为道德超越根据（道体、性体、心体）的两种创造性功能（宇宙生化与道德创造）本质上

---

① 崔大华：《儒学引论》，第 743 页。
② 见崔大华《儒学引论》，第 743 页。
③ 崔大华：《儒学引论》，第 743 页。
④ 崔大华：《儒学引论》，第 744 页。
⑤ 崔大华：《儒学引论》，第 744 页。

皆是人的道德创造性"①。以往关于宇宙生化的根源有两类：自然发生或上帝创造。但是，自然发生是一种实然，实然因何而来？需要一个活的源头。上帝创造其实是人想象中上帝的创造，根源仍在于人。总之，生化的源头必然是活的和善的，牟宗三将其归为人的道德创造性。崔大华的理解是，"在道德的形上学中，道体宇宙生化实际上是指人的（性体）道德创造性向宇宙范围的拓展，是人之道德精神在宇宙范围的映现"②。二是"道德的形上学中的道德创造过程本质上是一种道德自觉不断展现、道德境界不断升越的过程"③。这个过程分几个阶段，首先是消化掉非理性成分，不让感性欲望支配自己。道心胜人心，显化到身上，有了圣贤气象，去做事则成就圣贤德业。最终成圣，"与天地合德"，神通类似上古的大巫。④ 第二种资源的论证是以康德哲学诠释心性的本体性。前面是以中证中，这里则是以西证中。牟宗三从古希腊柏拉图到现代存在主义，遍考西方哲学主要思潮和人物，认为除了康德，没有人有性体观念，"在牟氏看来，唯有康德哲学中作为意志自由之物自体可以用来诠释性体，而康德认为意志自由、灵魂、上帝等具有物自体性质的存在，只有在实践理性中始有意义的观点，和美学判断可以沟通自由与必然的论证，也分别显示出以道德实践接近本体的路数和道德界与自然界可以贯通合一的思绪，所以，可以借助康德哲学给予宋明儒学的心性之学以新的现代观念的解释"⑤。纯粹理性可获致知识，实践理性才有可能到达本体。牟宗三从康德哲学中看到一个理论诠释与发展的可能，也是一个可以以西证中的可能。崔大华分析认为，"牟氏认为可援依康德哲学中的'物自身'等三个理论观念来'规定''道德的形上学'，其意是谓可借'物自身'来界定性体之本体性质，以'意志自由自律'来显化性体之内涵，用'道德界与自然界合一'来印证性体作为创造实体之功能"⑥。以康德证成心性本体性，本体观念和陈述方式发生了变化。传统理学中本体论与宇宙论的心性有界限，在牟

① 崔大华：《儒学引论》，第744~745页。
② 崔大华：《儒学引论》，第745页。
③ 崔大华：《儒学引论》，第745页。
④ 见崔大华《儒学引论》，第746页。
⑤ 崔大华：《儒学引论》，第746~747页。
⑥ 崔大华：《儒学引论》，第747页。

氏这里，这种界限消失了。"按牟氏之理解，所谓'物自身'，即是'物之在其自己'之概念，这是'一个有价值意味的概念，不是一个事实之概念；它亦就是物之本来面目，物之实相'（《现象与物自身·序》）。即是说，以'物自身'来诠解、界定的'本体'，即是物之真正的、现象背后的'自己'。"① "这是一种本体宇宙论的陈述方式，即在'物自身'之本体观念下，消融了本体层面与宇宙（存有）层面界限的陈述方式。"② 本体与存有层面的区别是一种观念上的区别，在现实中则是合一的，这种陈述方式似乎是一种对世界的如实呈现。由于牟宗三既利用康德哲学又不满足于康德哲学而有自己的特色，崔大华继续深入探讨牟氏与康德的不同之处。他认为关键在于牟氏有"智的直觉"而康德没有。由于有"智的直觉"，在康德那里不可到达的物自身，在牟氏这里则可以实现。也就是说，康德只说了目的地，但是他找不到到达的工具，而牟氏则找到一个到达的工具，即"智的直觉"，这是中国哲学的特色。③ 另外，"在康德的道德哲学中，作为道德超越根据或根源的意志自由，只是一种观念上的假定、准设；在牟氏看来，作为道德超越根据的性体，完全是真实的、实体的存在，即是道德实践中的呈现"。④ 康德作为观念假设的东西，在牟氏这里以真实的经验取代了。这可能不仅是观念上的差异，而且是生活的差异。牟宗三将性体的内涵分解为道德理性三义："第一义，性体具有自主自律自由的主宰性——截断众流；第二义，性体之道德本性向宇宙层面渗透，亦为宇宙实体、形上本体——涵盖乾坤；第三义，性体道德本性即是生活实践中的具体的真实的呈现——随波逐流"⑤。用这三义衡量康德道德哲学，认为只在第一义上有充分展现，而在第二义第三义也就是落实到生活实践方面，完全没有展开。"在牟氏看来，康德道德哲学中虽然潜在着道德的形上学的理论胎形，但他并未能育成，即未能由道德的进路（道德实践的、智的直觉的）证成道德超越根据之形上性与

---

① 崔大华：《儒学引论》，第 747 页。
② 崔大华：《儒学引论》，第 748 页。
③ 见崔大华《儒学引论》，第 748~749 页。
④ 崔大华：《儒学引论》，第 748~749 页。
⑤ 崔大华：《儒学引论》，第 749 页。

实体性（真实性）。"① 没有方法，则本体就不能被证成，就不是一种生活，只是一种设想。"其二，道德超越根据之证成方法。"② 关于证成方法，也就是说明"智的直觉"如何可能。牟宗三以逆觉体证和道德实践来证成。据牟氏自述，"逆觉即反而觉识之、体证之之义。体证亦函肯认义。言反而觉识此本心，体证而肯认之，以为体也"③。崔大华判断"此是宋明儒学中陆王一派的理学观点，即'发明本心''体认良知'的修养工夫"④，牟宗三称之为"本心仁体之明觉活动"⑤。"牟氏之论揭示：逆觉体证是纯智活动而不是感性活动，是智的自我反思、表象、判断自己；此种反思不是可以区分出能、所的认知活动，而是自我之体的呈现。"⑥ 这是一种以自己为对象的活动，反观自己，如同看到镜中的自己。我既是主体，又是客体，不区分能所。不是"我达到了那个地方"，而是它就在我自身之内。这是真实的经验，先贤曾有过且记录下来，称之为工夫。显然，道德超越根据的证成，"是一个实践问题，不是一个知识问题"⑦。崔大华这个总结非常准确贴切。他还把牟氏的实践解析为两层含义："第一，此种实践，实际上即是指对心体、性体的体证""第二，此种体证的表现形态或结果，不是对任何一对象的认知，而是性体本身之体状的呈现"。⑧ 这是区别于主客二分式向外求知的实践路径。性体在道德实践中的呈现，包括个体境界升越（从消化生命中非理性成分到与天地合德）和融通道德界与自然界。在他那里，自然界的道德性质不是人将自己的观念投射的结果，而是从源头处就具有的，它来自这个道德本体的生化创造。"在牟氏这里，'寂感真几'作为性体之体状，兼有道德的与宇宙生化的两种性质的内涵，自然界与道德界的融通，就是性

---

① 崔大华：《儒学引论》，第 749 页。
② 崔大华：《儒学引论》，第 749 页。
③ 牟宗三：《心体与性体》第二册第三章胡五峰之《知言》第九节逆觉之工夫，载《牟宗三先生全集》（第 6 册），联经出版事业有限公司，2003，第 494 页。
④ 崔大华：《儒学引论》，第 750 页。
⑤ 《智的直觉与中国哲学》十八"智的直觉如何可能？儒家'道德的形上学'之完成"，载《牟宗三先生全集》第 20 册，第 252 页。
⑥ 崔大华：《儒学引论》，第 751 页。
⑦ 崔大华：《儒学引论》，第 751 页。
⑧ 崔大华：《儒学引论》，第 752 页。

体的实践呈现，此种呈现内蕴着性体的本体论与宇宙论陈述的全部内容，是道德的形上学的完成。"① 这是崔大华对牟氏道德的形上学的总结，非常简练。"形成这些理论观念后，变成基本的理论原则，用来判分、诠释宋明儒学。在这种诠释中，道的形上学更充实、具体了，成为现代新儒学的一个重要理论体系。"② 牟氏对世界应如是有了自己的独特观念，即有了一个自己的世界观，他用这个世界观来回观宋明理学，就有一个合观性判断，即哪个符合这个世界观。

第二，"道德的形上学"对宋明理学的派系重组。关于宋明理学的判系，传统的做法是将宋明理学分为理学与心学，牟宗三则以他的标准重新划分组合。崔大华认为，由于判断理论角度不同，出现三个结论。"其一，两系之分：形上本体之哲学性质的不同理解。"③ 即根据形上本体性质不同分为两系：以周敦颐、张载、程颢、陆九渊、胡宏、王守仁、刘宗周七人为代表的一派，与以程颐、朱熹两人为代表的一派。④ 本体性质也就是是否具有活动性，理或气是否有不同于既成状态的可能性、发展性。用牟氏的语言来说，就是"存有而不活动"和"即存有即活动"⑤，程朱属于前者，周张等七人属于后者。"心升越为本体（心体），或者说本体（性体）具有心之活动义，这一理论体系就具备了本体宇宙论的陈述方式，本体不再是静态的实在（实有、存有），而是动态的创造实体，即存有即活动。"⑥ 这一系的本体具有生成性、能动性。而程朱一系"由于没有心之形上本体性升越，程朱本体之理只是静态的形上的'所以然'实在，不是超越的道德创造和宇宙生化实体，是只存有不活动"⑦。也就是说，在程朱的本体论下，能活动的都是形下的、宇宙论层面的气，而形上的理不具有活动义。本体不活动，形下的活动就是被规定好的活动，而

---

① 崔大华：《儒学引论》，第 753 页。
② 崔大华：《儒学引论》，第 754 页。
③ 崔大华：《儒学引论》，第 754 页。
④ 见崔大华《儒学引论》，第 754~755 页。
⑤ 《心体与性体》第一册第一部综论第一章"宋明儒学之课题"第四节"宋、明儒之分系"，载《牟宗三先生全集》第 6 册，第 62 页。
⑥ 崔大华：《儒学引论》，第 756 页。
⑦ 崔大华：《儒学引论》，第 757 页。

不具有创造性。就理学的实践目标而言，这似乎意味着"理"是经由先贤验证过的，后学只要向他看齐，再次验证就可以了。两系理学在工夫论上的差异，牟氏称之为"横摄系统"与"纵贯系统"①，前者是顺取、静摄，后者是逆觉、直贯。"在牟氏看来，'即存有即活动'的本体观念兼有本体论层面的存有与宇宙论层面的活动之内涵、性质，呈现为以道德实践为内涵的'道德创造'与'宇宙生化'，故两层是融一的、无隔的'直贯'。在'只存有不活动'的本体观念中，本体'只是理，神义脱落，是即丧失其直贯义'（《心体与性体》第三册，第55页），本体之理被'棚架'在本体论层面上，而不能直贯宇宙论层面而呈现，只能是静态的'所以然'被人主观认知，'静摄乃认知的综函摄取之意'（《心体与性体》第三册，第48页）。"② 儒家的工夫修养论，其目的是成圣，两系的区别在于是"学为圣人"还是"自成圣人"。朱熹是学为圣人的路子，因此他虽然也讲向内用力，但其实眼睛还是向外看着孔子来学的。陆九渊比他自信就在这里，就是向内用力，当达到那个境界时，就可以用自己的经验与孔子进行比对。这是一个互证式的成圣之道，而不是单向的模仿式的成圣之道。用理论语言来说，就是"对外在的'所以然之知'的追求与对内在的'道德创造实体'的体证之不同的表现"③。"其二，三系之分：心性关系之不同解说。"④ 即根据对心性关系的不同解说，将宋明理学分为三系：陆九渊、王守仁是一系，程颐、朱熹是一系，胡宏、刘宗周是一系。陆王是心性一，程朱是心性二，胡刘是先心性分设，最后仍旧合一。崔大华评价这个判系，"无论是'化气成性'或'尽心成性'的理论立场，在程朱理学中都是被破解、消化了的。但是，在道德的形上学中，牟氏独特地以'物自身'贞定宋明理学之'本体'，自觉地采取'本体宇宙论'的陈述方式诠释之，这一'以心成性'的立场就特别凸显、挺立起来，它既与程朱派的'心性二'差异显然，

---

① 《心体与性体》第一册第一部综论第一章"宋明儒学之课题"第四节"宋、明儒之分系"，第63页。
② 崔大华：《儒学引论》，第757~758页。
③ 崔大华：《儒学引论》，第758页。
④ 崔大华：《儒学引论》，第760页。

与陆王派的'心性一'亦微乎有别"①。也就是说，牟宗三的判系存在一种"六经注我"的倾向。"其三，'正宗'：主观性、客观性与拣择和圆融。"② 即根据合观性进行理学的正宗性判断。"牟氏认为，在儒学承传中，宋明儒学的陆王、胡刘两系共同构成儒家正宗；而在宋明儒学中，胡刘一系是宋儒正宗，朱子是别子为宗。"③ 传统的观点认为程朱是宋明理学的正统，到牟宗三这里则被完全推翻。牟氏的判断遵循这样的逻辑。首先，他认为，"中国哲学（孔孟儒家哲学）的特质是对生命、德性的关怀，因而以持守、昂扬人之心性（主观性）为主导的儒学思想，应是儒学正宗"④。其次，他判断先秦儒家经典中的《论语》《孟子》重主观性，而《中庸》《易传》重客观性，能将二者圆满融合的就是正宗，陆王与胡刘都是正宗，而胡刘一系又是正宗中的正宗。崔大华不是很认可这样的判断，"将先秦儒学重镇《论语》《孟子》与《中庸》《易传》作'主观言与客观言'的笼统解释，将宋明儒学发展历程作由'客观'向'主观'转动的模糊观察，都忽略了许多具体而重要的情况，可以被许多事实所质疑和否定，牟氏'正宗'的判定会因此难以坚强挺立"⑤。

第三，"道德的形上学"对宋明理学各派的诠释。牟宗三还以他的标准对各派理论进行诠释。"以'即存在即活动'与'只存在不活动'之对立的本体观和逆觉（体证）与顺取（认知）之对立的工夫论两项理论标准，来解析、判别宋明诸儒的主要范畴、命题、观念，并分别使之归入既已判定的两系之一中去。"⑥ 两系共九人，分为四组：周敦颐、张载、程颢一组，程颐、朱熹一组，胡宏、刘宗周一组，陆九渊、王守仁一组。他的理论变成一个模型和框架，用来加工和摆放各种观念。崔大华认为其中有"卓见"也有"曲解"⑦。其一，对于第一组周敦颐、张载、程颢的诠释，"主要是将其原具有本体性质的观念——太极（诚）、太虚（气）、天

---

① 崔大华：《儒学引论》，第 762 页。
② 崔大华：《儒学引论》，第 762 页。
③ 崔大华：《儒学引论》，第 763 页。
④ 崔大华：《儒学引论》，第 763 页。
⑤ 崔大华：《儒学引论》，第 764 页。
⑥ 崔大华：《儒学引论》，第 764 页。
⑦ 崔大华：《儒学引论》，第 764 页。

理，诠释为具有超越性（形上义）和创造性（活动义）的实体（道体），在全部宋明儒学的道德的形上学诠释中，其独特的本体观念——心体与性体由此确立"①。这是一种六经注我式的诠释，把对方刻画成自己的样子。崔大华注意到牟宗三诠释周敦颐的太极与诚时，将作为修养工夫的诚转变为本体（诚体），"诚之作为工夫论、宇宙论观念向本体论转变、升越的理路或诠释方法，是向一主观的、道德的观念中注入某种客观的天道自然内涵，使之成为一本体宇宙论陈述的、主客观融一的对象"②。这显然是牟宗三的观念，而不是周敦颐的观念。对张载哲学的处理，转折最大、最明显，主要在于对气和性、心的阐释。张载的气本体，一般理解为形下的、自然性质的实体，这显然不符合牟氏的判系结论，因此"要求变更这种传统观点，即必须对张载的本体之气（太和、太虚）作出是形上的、有创造性和道德性内涵的诠释"③。牟氏"以《正蒙》中'野马絪缊'体证'太和'之创生性"④。把自然性升越为道德性，把形下的气升越为形上的本体。"这种以本体层面（太虚神体）与宇宙层面（气）为即体即用的'圆一'，正是道德的形上学的本体宇宙论陈述方式。惟其理路是在一自然实体中注入道德性内涵，恰与其对周敦颐之诚作本体性升越时所选择的理路方向相反。"⑤对于张载的心的解释，"主要是将知觉的宇宙论层面上的人之认知底蕴剔除，代之以本体宇宙论意义上的神体（性体）的呈现"⑥。把心的经验义去掉，代之以规范义，心就不是经验的、生理的，则它就是有价值取向的，这就是本体宇宙论意义上的神体，或者说性体。在这个意义上，自然性体的呈现即是心，心的客观内容即是性，"心性完全合一""完全是一"⑦。"牟氏对北宋三儒的本体宇宙论的诠释，确立了超越的道德创造和宇宙生化实体（道体、性体、心体）的观念，确立了心性是一的观念，

---

① 崔大华：《儒学引论》，第 765 页。
② 崔大华：《儒学引论》，第 767 页。
③ 崔大华：《儒学引论》，第 769 页。
④ 崔大华：《儒学引论》，第 769 页。
⑤ 崔大华：《儒学引论》，第 770 页。
⑥ 崔大华：《儒学引论》，第 771 页。
⑦ 《心体与性体》第一册第二部分论一第二章张横渠对于"天道性命相贯通"展示，载《牟宗三先生全集》第 7 册，第 558 页。

为对其后各派诸儒的诠释奠立了理论观念的基础。"① 在他的诠释中，能不能实现"心性是一"这个理论目标，就成了一个正宗与否的判断标准。其二，对于第二组程颐、朱熹的诠释，这两人被判定为"别子歧出"，因此所谓诠释主要是批判，崔大华将其分为分辨性诠释和驳辩性诠释。关于分辨性诠释，牟宗三判断程颐、朱熹理学的本体观念是只存有不活动，但是在程朱思想中有些概念、命题有可能被认为是即存有即活动的，对这些概念、命题，牟宗三要证明它们仍然是只存有不活动的。崔大华指出牟氏的论证逻辑，首先，明确两系本体论的判断标准。他论证程朱系的有活动义的寂感、性动、心生不在本体层面上，而正宗派的这些概念则被他诠释为本体层面上有活动义，"以维护住划分两系本体论差别的那条活动与不活动界线"②。崔大华认为，"在牟氏看来，正宗派言寂感是自本体之自身说即寂即感；程朱派论寂感是从气上说，故每有感与应、内与外之分。客观地说，牟氏对程朱寂感说的解析与定性都是符合实际的；但正宗派的寂感观，则是经过他的道德的形上学改造增益了的"③。也就是说，牟氏的这个判断有着结论先行的问题，在两系之间带着倾向性。他客观地对待了程朱，但主观地对待了"正宗派"。就好像给两个人比身高，对待一个人是如实丈量，对待另一个人则给脚下垫箱子，这个人自然就更高了。关于性动、心生命题，也是同样的处理。得出的结论就是印证他的两系的判断。④ 其次，维护两系本体论在工夫修养上的区别，"牟氏辨析了程朱系中的心与理一与性之有形谓心两观念之命题，并显化其与正宗派的差异，以维护其对宋明儒学逆觉与顺取两种修养工夫的区分"⑤。牟氏说"性体之全幅具体内容即是心，心体之全幅客观内容即是性"⑥，心性是一，这与程朱所说"心与理一"（《朱子语类》卷五）、"性之有形者谓之心"（《程氏遗书》卷二十五），从表面上看有相似之处，但牟氏认为并不相

---

① 崔大华：《儒学引论》，第 772 页。
② 崔大华：《儒学引论》，第 772 页。
③ 崔大华：《儒学引论》，第 773 页。
④ 见崔大华《儒学引论》，第 773~774 页。
⑤ 崔大华：《儒学引论》，第 774 页。
⑥ 《心体与性体》第一册第二部分论一第二章张横渠对于"天道性命相贯通"展示，载《牟宗三先生全集》第 7 册，第 558 页。

同，二者是"本体固有之'自一'与认知过程中实现之'合一'之间的差别"①。本体固有的一，与外在关联的合一，不同之处何在？比如说成圣，在前者是成为自己最好的样子，在后者是成为孔子的样子，二者在成圣问题上是自我成圣与学为成圣的不同。崔大华认为这两种工夫"一种是本体直贯的、道德实践的形著，即心之觉识活动，即是性体之呈现；一种是上溯本体的认知（穷理）的形著，即是通过觉识活动对性理有所认识而形著之。亦不难看出，此种不同的'形著'，犀通着'体证'与'穷理'两种不同的修养方法"②。前者所实践的目标是本体内在具有的，由形上而形下的，即是所谓本体直贯的，其活动有价值取向，故而是道德实践，外在表现即是形著；后者的本体所承诺的东西不在我而在外，需要自己去认知式地追寻探求，其工夫就类似求取知识了。"牟氏对性动与性形所作的分辨性诠释，应该说是准确而深刻的，分别巩固了从本体论观念和工夫论方面判分两系的界线，在道德的形上学中是极其重要的，是其他全部命题分辨性诠释的基础。"③ 关于驳辩性诠释，就是那些说明程朱派为"别子"的观点，崔大华举出中和、仁、性三个观念。道德的形上学不赞同程朱派关于中、中和的理解。"程朱派将'中'诠释为心之一种本然状态（就语言学意义说，是形容词或副词），不是某一本体或独立物（就语言学意义说，不是一名词或概念）；所以程朱反对'求中'之说。"④ 中是形容词，没有实质内容，尤其是没有伦理内容，"牟氏却认为，如同《中庸》之'诚'字可由形容词转为实体字成'诚体'一样，'在状道状性处，'中'亦可转为名词，成实体字，即可代表道或性'（《心体与性体》第二册，第361页）"⑤。牟氏的逻辑是，作为形容词的"中"不可求，作为名词的"中"可以求，因此可以仿效"诚"从形容词转变为名词"诚体"之例，将"中"转变为名词"中体"，这样就可以求了。"显然，是'心性一'与本体宇宙论陈述的道德的形上学的理论立场，使牟氏认为可以而且应该从心境中（喜怒哀乐）

---

① 崔大华：《儒学引论》，第775页。
② 崔大华：《儒学引论》，第776页。
③ 崔大华：《儒学引论》，第776页。
④ 崔大华：《儒学引论》，第776~777页。
⑤ 崔大华：《儒学引论》，第777页。

升越出某种本体（性体、中体）。这样，'中体'作为一种实体性真实存在被思（'求中'）亦是可以的。"① 这种升越应该是道德的形上学的工夫。把情从宇宙论层面上升到本体论层面，这就是可以且应该做的工夫。在中和论题上，牟氏对朱熹中和旧说与新说都不赞成。② 中和旧说与牟氏合者，在于把已发未发界定在两个层面上，但是两个层面的关系，却有分无合。如何将已发之情升越为未发之性体，没有下落，而他的情则可以通过工夫升越到本体层面，情与中体之间既异质又可通，相比之下，他的理论更合理。崔大华分析朱熹中和旧说转为新说的原因，认为是心性两分会在做工夫时只重事后纠正，而不重事前涵养，是一种被动做工夫的情形，"而在牟氏看来，其弊是理论观念上的将情之发与心之发混同"③。牟氏这里特别强调心与情的异质之分，由此，"朱熹中和新说在同一心之层面上界说已发未发，自然与道德的形上学的异质两层论相距更远，故牟氏说：'旧说新说之别，乃是两系义理之别。旧说仍是孟子系之义理，而新说则是朱子本人顺伊川之纠结所清澈成之静涵静摄之系统。'（《心体与性体》第三册，第78页）而且在牟氏看来，此心是定位在宇宙论层面上的实然的气之心，因而完全失去超越的道德根据的性质"④。中和新说的心落到形下层面，是为实然之心，则它就失去本体性、理想性、超越性。在朱子，心是做工夫的工具，在牟氏，心是本体，因此新说较旧说相距更远。这是两类本体论的差距，"道德的形上学与中和新说的分歧是根本的，因为它最终归结或表现为'心性自一'观点及本体宇宙论陈述方式与'心性可一'及本体论宇宙论分别陈述两种儒学立场的分歧"⑤。关于仁说，

---

① 崔大华：《儒学引论》，第777页。
② 旧说：已发者人心，未发者其性（《朱文公文集》卷三十三《答张敬夫四》）。新说：未发心之性，已发心之情（此由崔大华概括而来，见崔大华《儒学引论》，第778页的页下注）。"在牟氏看来，喜怒哀乐是情，即使其未发时，亦只能映照出'中体'，本身并不是'中体'，需要'异质跳跃'方是中体、性体。朱子中和旧说以心与世界分已发未发，未能在情之未发已发间作出区分，与在中体（性体心体）与哀乐之情间作出区分不同，结果导致观念上的混乱。"（崔大华：《儒学引论》，第778页。）
③ 崔大华：《儒学引论》，第778页。
④ 崔大华：《儒学引论》，第778~779页。
⑤ 崔大华：《儒学引论》，第779页。

牟氏批评程朱三个观念，"一是仁之界定"①。程朱派认为仁是人固有的根本的道德品性，仁的表现形式是爱，仁可分解出理、性、情三个内涵，"牟氏则在仁之观念中注入具有活动义的内涵，将其界定为具有创生意义的实体"②，也就是认为程朱派的仁是只存有不活动，而道德的形上学的仁则是即存有即活动，将仁一分为三，"此是非孟子言本心之骨干，此合下是实在论之心态，分解对列的思考方式之所凝结，乃渐教、他律、重智之道德系统也"③。这也是只存有不活动本体论在工夫修养方法上的表现。"二是'觉'之理解"④。程朱派反对程颢等以知觉来界定仁，这里牟氏替程颢辩解，认为"自程颢以来以觉释仁之'觉'，并非是认知之觉，而是道德觉醒之觉；是道德实体之呈现，而并非是认知"⑤。显然这只是牟氏自己的理解，而不是程颢等人的本意。他这里是替程颢辩解，但其实是一种基于对程朱偏见的辩解。他在这个问题上的观点应该近于程朱而不同于程颢，但是他出于既定立场，就选择站在程颢一边为他辩解。"三是'公'之理解"⑥。在程朱那里，"公"是"'仁之理'实现所凭借的某种外在的方式或方法、轨道。牟氏驳议此见，认为'公'是仁体之呈现，是境界"⑦。程朱视公为工具而不是价值，应当是出于与佛教区隔的考虑。牟氏从仁之结果来理解公不是单就一个公字而与佛教区隔，他将这个区别推及二者工夫上之不同。"总之，牟氏围绕仁说与程派的论辩，又是从一具体论题上展示了道德的形上学与传统理学在本体论、工夫论及陈述方式上的区别。"⑧ 关于性说，即枯槁有性无性说，"程朱派认为枯槁有性，其逻辑是万物皆有其理，理落于形气之中而成性（性即理），则万物皆有其性"⑨。这是理作为本体，为保证其周遍性的必然结论。"道德的形上学不是将性作为静态之理来界定的，而是作为动态的、具有道德创造和宇宙生

---

① 崔大华：《儒学引论》，第 779 页。
② 崔大华：《儒学引论》，第 780 页。
③ 崔大华：《儒学引论》，第 780 页。
④ 崔大华：《儒学引论》，第 780 页。
⑤ 崔大华：《儒学引论》，第 780 页。
⑥ 崔大华：《儒学引论》，第 781 页。
⑦ 崔大华：《儒学引论》，第 781 页。
⑧ 崔大华：《儒学引论》，第 781 页。
⑨ 崔大华：《儒学引论》，第 782 页。

化功能的实体来解说的。按照这种解说，十分自然地，可以而且应该判定枯槁无性。"① 枯槁之物只是实然之存在，无道德性，无创造性，故而说它们无性。但这里就破坏了本体的周遍性，就是有一些存在被排除在本体之外，如此则本体不是周遍无遗漏的。它们作为人类生存的环境而有其意义，其意义不在其自身，而在于其与人类生存之关系，这可以作为一个解释，既不排除它们存在的意义，又不在本体层面承认它们自身有意义。牟氏的解释有两个要点，一是创造性是本体所具有，而并不保证能赋予所有个体。② 这似乎是说，创造性并不是无条件而可拥有的，或者说创造性其实只为人类所有。但这只能解释枯槁无性这个事实，却不能解决本体不周遍的问题。二是创造性不能为人之外的万物所有，是现阶段事实上不可能，并不是逻辑的不可能。③ 但这只是一个遁词，因为道德本来就是只属于人的，枯槁之物如何有道德？怎样的条件下才会有？真乃不可思议至极。他应该是对于自己理论的合理性缺乏深刻的自觉。崔大华向牟氏提出疑问："牟氏的解释虽是很明白，即超越实体对于个体而言，为其体与内在地为其性是不同的；超越实体的道德创造之性不能为枯槁所生，只是实然的不能，并非逻辑的不能。但这一解释等于没有解释。牟氏在原地踏步，他只是在说枯槁无性，但并没有回答为何枯槁无性。"④ 最深刻的道理往往是不言自明的事实，无法回答可能也不意味着理论是错误的，因为追问到最后，就是公理式结论。崔大华正确地指出牟氏这个看似不周延的驳论，其在牟氏理论中的合理性，"在牟氏看来，朱熹之论正是将道德实体对于一个体之'为其体与内在地为其性两者完全同一化'（《心体与性体》第三册，第495页），而以'存有论的解析'意义下的性（即理，枯槁有性之性）同化自觉地作道德实践而说的那道德创造之性（即性体，枯槁无性之性），就会带来'道体性体之为"道德创生的实体"义之丧失'"⑤。如果承认枯槁之物有性，则道德的形上学本体的活动义、创造

① 崔大华：《儒学引论》，第782页。
② 见崔大华《儒学引论》，第782页。
③ 见崔大华《儒学引论》，第782页。
④ 崔大华：《儒学引论》，第782页。
⑤ 崔大华：《儒学引论》，第783页。

性、道德性就被无活动义、无创造性、无道德性的枯槁之物破坏掉了。由于理学本体论具有周遍性而道德的形上学不具有，崔大华认为，"就此而言，较之传统理学，道德的形上学作为儒学的一种理论体系或诠释模式是新的、独特的，但并不一定是更高的、更优的"①。这似乎意味着崔大华主要是在否定的意义上认识道德的形而上学。其三，对于第三组胡宏与刘宗周的诠释，崔大华认为牟氏对他们既有诠释又有辩护，他以四个论题为例说明，即"天理人欲同体而异用""性无善恶""盈天地间一气""性无性"。一是"天理人欲同体而异用"。朱熹判断同体之体是以本体言之，同行之行是以流行言之，从而将胡宏此命题纳入自己的理论结构中，而本体中有人欲，这就破坏了本体的规范性，因而他断定在流行层面上可以说天理与人欲同时发用，但在本体层面上不可言天理与人欲同体。牟氏则认为体不是本体而是事体之体，用也不是本体之发用，而是表现之用。"换言之，'天理人欲同体异用'也是属于宇宙论层面上的论断，'同体异用与同行异情完全为同意语'（《心体与性体》第二册，第 457 页）。"② 二是"性无善恶"。胡宏曾说："性也者，天地鬼神之奥也，善不足以言之，况恶乎哉？"③ 这就是所谓性无善恶说。朱熹批评这种观点出于禅宗而同于告子。牟宗三为胡宏此论进行辩护。崔大华认为牟氏的申辩从三个方面立论：胡宏谓性，是性体，是超越的形上实体；此性体或绝对性之善是至善，既非相对善，亦非中性义；牟氏追溯胡宏性论渊源，判定其源头不是东林禅师常总，而应是程颢。④ 这是将性界定为本体层面的概念，其善为至善，不是相对善，不与恶相对。这样，胡宏这句话就可以诠释为：性乃粹然至善，不可以相对的善与恶来理解。崔大华认为牟氏的驳论没有超越朱熹，"天理人欲同体异用与性无善恶是胡宏的两个遭到朱熹最多最重批评的理学命题或观点，牟氏为之申辩，充分显示了道德的形上学之独立的、独特的理论立场。但是，客观地说，牟氏之辩仍未能摆脱朱熹所论的笼罩。其同一事体，溺则为人欲，不溺则为天理，正是朱熹在心之层面上

---

① 崔大华：《儒学引论》，第 783 页。
② 崔大华：《儒学引论》，第 784 页。
③ 见朱熹《胡子〈知言〉疑义》。
④ 见崔大华《儒学引论》，第 785 页。

对天理、人欲的解说，其至善之说，实际上也已在朱熹理论视野里出现并被破解过"①。牟宗三若对其理论的自觉程度更高一些，则对于朱熹之说的真正问题与其价值也许认识更深，批评亦不至太过，也不须如此曲解。

三是"盈天地间一气"，这是刘宗周受气本论影响的命题。对于刘宗周思想，崔大华曾有专文进行深入讨论，结论是他是明代理学两种思潮（气本与心本）的融合，也是明代理学的终结。② 刘宗周说："天地之间一气而已，非有理而后有气，乃气立而理因之寓也。"（《刘子全书》卷五《圣学宗要》）崔大华认为这说明刘宗周思想确实受到气论影响，而牟氏的诠释，"其意图恰是要将其从与气本论的关联中剥离出来"③。牟宗三将刘宗周的气本之论称为"滞词"，非其实意。"他认为，刘宗周关于气包蕴数、象、名、物、性、道的表述，只应是一种境界的显示，而不能视为是对本体的实际陈述……而刘宗周的不足，即其'滞辞'所由生，就在于他缺乏这种'圆融化境'的自觉，将圆境中的形上形下无别，作了有分别的、对立的、凝固的陈述。"④ 也就是说，刘宗周气本之论是一种词不达意的表现，牟氏领会其意，用恰当的语言表述出来。显然，这不是事实。崔大华评价说，"牟氏'圆融化境'之说应是他自己的一种独特的体悟，用以诠释刘宗周之'一气''理气一'是否真的吻合于、圆满了蕺山之所思，姑且不论，但将其与被他视为是浅陋的气本论区别开来，却是实现了"⑤。牟氏的申辩将刘宗周的思想牟宗三化了。四是"性无性"，这是刘宗周受气本论影响的命题。刘宗周说："告子曰'性无善无不善也'。此言似之而非也。夫性无性也，况可以言善恶。然则性善之说，盖为时人下药云。"（《刘子全书》卷七）崔大华认为，"这反映了他的理学思想是在王学风靡的观念背景下形成的。同时，刘宗周的性论也表现出与告子界线不清，和某种与孟子不一的倾向，这正是牟氏所要厘清的。牟氏认为，指谓上的不可以善或恶称谓，与质地上的无善与恶之性质，是两种不可混同的无善无

---

① 崔大华：《儒学引论》，第 785～786 页。
② 见崔大华《刘蕺山与明代理学的基本走向》，《中州学刊》1997 年第 3 期。
③ 崔大华：《儒学引论》，第 787 页。
④ 崔大华：《儒学引论》，第 787 页。
⑤ 崔大华：《儒学引论》，第 788 页。

恶"①。牟氏确认刘宗周的性论是前一种无善无恶而不是后一种无善无恶。他不赞成刘宗周视孟子性善论为时人下药之论，"在本体宇宙论立场上观察，天命流行之无性奥体（至善），在人的内在道德性（孟子之善）呈现中被证实被贞定，所以无性之奥体固是第一义，此内在道德性之性体亦是第一义"②。人性之善乃是天命至善的呈现，二者是一非二。"'孟子道性善，犹落第二义'的观点，在牟氏看来是宋明儒学发生流弊的观念上的根源，因为这一观点'未能正视、切视道德实践中内在道德性挺立之实义……'"③ 没有贞定本体层面上的至善与流行层面上的性善是一非二的关系，将理论与实践断为两截，要么将道德目标视为身外玄理而空谈之，要么失去道德追求而流于俗。崔大华认同此观点，并判断"道德信念的衰蜕是理学衰落的一个重要表现。牟氏在对刘宗周的批评中，用他的本体宇宙论陈述的理论进路，破解了这一遗留在宋明理学终点上的王学观点"④。其四，对于第四组陆九渊与王守仁的诠释。崔大华认为牟氏的诠释中"较为具体而重要的是辨析了在牟氏看来是一个为人所误的问题和自有其误的问题"⑤。一是"陆学是禅"。他分析牟氏从两个方面为陆九渊申辩。首先是立论方式。陆学发明本心，以牟氏的术语来讲，就是逆觉体证，而不是渐进求知式的实现。⑥ 其次是立论内容。牟氏认为陆九渊所言"万物森然于方寸之间满心而发，充塞于此，无非此理"乃孟子学大义，与禅宗无关，"而朱子必以觉悟、大悟、顿悟为忌何耶？禅不禅只当看义理骨干，岂决定于名言耶？儒释道讲到心性之学，自有其共通处。盖同以主体性为主，故其表现之方式、思路，以及发展形态自不能免乎有相似也。只要真能见到其义理内容不同斯可矣"⑦。崔大华学术生涯起步于陆学研究，对于这个论题非常熟悉。他评价牟氏的辨析，"牟氏为陆学的申

---

① 崔大华：《儒学引论》，第 788 页。
② 崔大华：《儒学引论》，第 789 页。
③ 崔大华：《儒学引论》，第 789 页。
④ 崔大华：《儒学引论》，第 789 页。
⑤ 崔大华：《儒学引论》，第 790 页。
⑥ 见崔大华《儒学引论》，第 790~791 页。
⑦ 崔大华：《儒学引论》，第 791 页。

辩是正确的，'陆学是禅'是自朱熹以来对陆学与禅学皆未作深究的误解"①。心学的工夫修养论是心学本体论的逻辑结果，与佛教没有必然关系，也不是佛教的专利。二是"阳明性论三误"。"王守仁曾以本体、发用、流弊论性之善恶：性之本体原是无善无恶的；发用上也原可以为善，可以为不善；其流弊也原是一定善一定恶的。"② 他还以此三论与告子、荀子、公都子这些不为儒家正统认同的性论进行兼容。这些受到牟氏的批评，"在牟氏看来，王守仁继承孟子，其所谓性无善无恶乃是心之本体的至善义（道德义），而告子性无善无不善是材质的中性义，王守仁将此两者混同实在是不应该"③。牟氏理解王守仁的性无善无恶，是就心体之至善，而不可以相对的善与恶而言，告子的性无善无不善，则是就物无道德性，而无善无不善，二者不可混同。荀子的性恶论与告子一样，也是生之谓性的观点。荀子性恶论确实是先秦"以生言性"大传统的一个部分，不过也有发展。④"牟氏根据这一基本的界定判分说：从自然之性的意义上，荀子所论亦有是处，但其所成之是，是动物性之是，是生物本能、生理欲望，心理情绪之是，绝不是超越的道德心性之一性之发用的流弊上的是，这与自然流弊上说决不相干。"⑤ 这是两种流弊，源头不同。崔大华认为，"牟宗三道德的形上学的成就和贡献，就是在新的观念背景下，将儒家思想中的道德性内涵作了最高的升越，最牢固的贞定"⑥。这个评价还是很高的，牟宗三将道德性内植于本体之中，以道德性给形上学以合理性，这就能牢固地将道德实践贯彻下去。

第四，"道德的形上学"中的新与旧。关于牟宗三对理学衰落的肯定性回应，崔大华指出了道德的形上学对于理学的变与不变。他判断，道德

---

① 崔大华：《儒学引论》，第 791 页。
② 崔大华：《儒学引论》，第 791~792 页。
③ 崔大华：《儒学引论》，第 792 页。
④ 梁涛认为，"以生言性"是古代人性论的大传统。告子的"生之谓性"，实指"生之然之谓性"。荀子对性的理解则更加深入，不仅包括生理现象，还包括现象背后的依据（《荀子·正名》：生之所以然者谓之性。性之和所生，精合感应，不事而自然谓之性。）它符合古代"以生言性"的传统，其观点更值得关注与重视。见梁涛《"以生言性"的传统与孟子性善论》，《哲学研究》2007 年第 7 期。
⑤ 崔大华：《儒学引论》，第 792~793 页。
⑥ 崔大华：《儒学引论》，第 793 页。

的形上学对于传统理学的变革重要而鲜明之处有二。一是将理学的学脉结构则两系变为三系，也就是在程朱、陆王之外，增加了胡宏、刘宗周一系，而后者又与陆王构成一系，被牟氏判定为儒学正宗，程朱成了别子。"这样，在传统理学中，因本体论的差异而客观存在的那种张载'气'本体，与程朱'理'本、陆王'心'本三者之间的对立结构也不再显现。总之，牟氏以道德的形上学所展示的理学阵容是别开生面的。"① 当然，这是经由牟氏诠释之后的结果。二是本体论发生深刻变革。传统理学本体具有总体性，道德的形上学其本体是物之本来面目，崔大华认为它消解了传统理学观念中的总体性内涵，也就是说，本体不再是周遍无遗的，"所以道德的形上学不能认同，也不能解释传统理学的万物一理之论，这表现为牟氏不得不反驳朱熹的作为理之总体性的逻辑结论之'枯槁有性'说，和曲折地解释自己的'枯槁有体无性'说"②。牟宗三界定物自身是价值概念不是事实概念。物自身与现象之间的界限，不由人的认识能力造成，而由人的境界所生成，所谓现象只是有限心的产物，对于无限心而言则是物自身。③ 崔大华认为，牟氏"根据中国哲学所提供的大量的整体直觉经验与理论，肯定了人有在康德哲学中不能被确认的'智的直觉'。在此前提下，运用'本体论宇宙论陈述'方式，将物自身与现象间的关系界说描述为是'呈现'（'朗现）'的'自一'，而不是'所生'的'可一'。显然，在道德的形上学的这种对本体的界说中，传统理学本体观念中的根源性内涵，就被消解了"④。也可以说，道德根源的外在性被消除了。传统理学的本体是一种最高实在，而道德的形上学的本体则是最高实体，具有宇宙生化和道德创造功能。"这样，人的道德本性在道德的形上学中就以与传统理学不同的、具有某种现代观念色彩的方式与途径被牢固地贞定住——不是根源于总体性的最高实在，而是自律于个体性的最高实体。但它们都共同保持着儒学的本质——努力于完成人之道德性的本体性论

---

① 崔大华：《儒学引论》，第 794 页。
② 崔大华：《儒学引论》，第 794 页。
③ 见崔大华《儒学引论》，第 795 页。
④ 崔大华：《儒学引论》，第 795~796 页。

证。"① 传统理学界定理本体为一实在，可以抵御宗教神学的侵袭，而道德的形上学断定本体为实体，且同时具有道德性与创造性，这就为人们的实践开辟更大的空间，以适应现代社会之需。道德的形上学中不变的地方，崔大华认为在于其逻辑理路，"首先是由对儒家经典或儒家先贤某一思想范畴或命题的个人体认开始，然后援引儒家或儒外经典有关论述互解、互证，最后整合为一结论"②。也就是论证方法相同，以我注古。他评价这种理路的问题在于"此种诠释方法模式中的预设体认，实际上是涵蕴着相当精神、思想经历的定见，故缺乏作为逻辑起始的那种基本、无可置疑的品质；互解互证中则每多有属于个人主观悟解的而未获共识的因素"③。也就是说，牟氏的解经，更多的时候是以经作为我的观点之注脚。牟氏未能对传统理学这种诠释模式有所突破，"其逻辑前提和义理取舍依违之间易被质疑、动摇处，还是存在的"，"最招引质疑的是它缘起康德而又异于康德哲学的预设体认——物自体是价值的概念和人可有智的直觉"④。这不禁令人想到朱熹理学也曾因经解不准确而动摇学术基础，不过既然朱熹理学并未因其解经之失误而失去理论的独立意义，牟氏是否也可以获得同样的待遇。他还认为，牟氏认定程朱之理只存有不活动不符合朱熹以太极为造化之枢纽和以太极为可分别以本体言和以流行言的论说。⑤ 朱熹理学的问题何在，他有自己的看法，但若与牟氏之学相参，则可更加深刻，也不必将二者作非此即彼的立场选择。

　　崔大华最后对新理学和道德的形上学作总评。他认为新理学和道德的形上学分别发扬了宋明理学中程朱和与程朱对立的学派，其诠释方法则来自西方哲学的科学主义与人文主义两大思潮。"现代新儒学新释了理学的基本问题，重建了理学的形上学，原来停滞在、凝固在理学理论形态上的儒学又启动起来了。"⑥ 因其维护儒学主体地位，故而是儒学的新进展，但与传统理学相比，尚在发育中，理论上仍有欠缺，功能上尚未发挥理学在传统中国的作用。

---

① 崔大华：《儒学引论》，第 796 页。
② 崔大华：《儒学引论》，第 796 页。
③ 崔大华：《儒学引论》，第 798 页。
④ 崔大华：《儒学引论》，第 798 页。
⑤ 见崔大华《儒学引论》，第 799 页。
⑥ 崔大华：《儒学引论》，第 799~800 页。

崔大华的儒学研究有一个宏大的计划，即不仅把儒学作为一个古老的思想体系来研究，还将其视为一种生活方式来考察。他在《儒学引论》里主要探讨的就是作为思想体系的儒学，而他的理论目标则是探寻儒学作为一种生活方式在现代中国的价值与生命力所在。因此，他在"结语"中满怀深情地写道："在迄今人类文明已经创造出的观念体系和生活方式中，儒学无疑应是属于最悠久的一种；在人类未来可能的生活方式中，儒学也会是有生命力的一种。儒学有伟大的明智——从不企望超越人性，超越生命；但一直努力于完善人性，完美人生。我们对儒学的考察也就在这里——一个回顾了儒学的历史并瞻望到它的前景的地方，一个在我们心中留下崇敬的缅怀和涌起热切的期待的地方结束。"①

第二节　儒学现代命运研究：作为生活方式的儒学

崔大华的儒学研究紧贴一个事实，即儒学不仅是一个思想体系，还是一种生活方式。他的儒学研究之所以是一个宏大的计划，原因即在于此。他用十年时间研究了儒学作为学术思想的基本问题后，又以"儒学建构的生活方式"为核心观念，考察儒学的现代命运。将儒学视为一种生活方式不始于崔大华②，但是对这种生活方式作全面具体的描述，则是他对儒学研究的一个贡献。他对儒学现代命运的考察就从这里开始。

一　儒学建构的生活方式：特征、问题与生长点

《儒学的现代命运》的副标题是"儒家传统的现代阐释"，崔大华首先解释"儒家传统"，"就是儒家思想及其建构的生活方式"③。这是以中

---

① 崔大华：《儒学引论》，第 871 页。
② 梁漱溟在《东西文化及其哲学》第五章"世界未来的文化及我们今日应持的态度"的最后，说自己是先有一套自己的思想，再来读孔子的书，"由我看去，泰州王氏一路独可注意；黄梨洲所谓'其人多能赤手以搏龙蛇'，而东崖之门有许多樵夫、陶匠、田夫，似亦能化及平民者。但孔子的东西不是一种思想，而是一种生活；我于这种生活还隔膜，容我尝试得少分，再来说话"。见梁漱溟《东西文化及其哲学》，商务印书馆，1999，第 216 页。
③ 崔大华：《儒学的现代命运——儒家传统的现代阐释》，人民出版社，2012，第 1页。

国历史的基本事实为根据的，也即儒学在先秦是子学，但汉代独尊儒术之后，它成为国家意识形态，于是就从子学上升为官学，其功能也就不停留于学术层面，而是向社会扩展，并形成独具特色的儒家生活方式。崔大华认为其独特之处在于"在被周延的伦理道德观念和规范笼罩下，但也绽显开放的空间；存在着内在的紧张冲突，但能自我消化和被宽容地消解"①，也就是儒家生活方式的特征、问题和生长点。可见他的考察不仅限于对儒学进行概念分析和历史描述，还指出儒学的学术生长点与生命力所在。

（一）特征

儒学建构的生活方式，根据崔大华的描述，其特征首先表现为伦理性，其次是周遍性。他认为"儒家社会就是一个伦理性的，且有不同层次的共同体"②。共同体的建构原则是宗法观念，表现为一张巨大的伦理网络。伦理之网横向将所有人编织到其中，表现出周遍性，纵向则有不同的层次，体现伦理原则的扩展。它的制度化的表现，纵向是家、国、民族，横向就是称谓制度、丧服制度。③ 就伦理性而言，儒家生活方式的伦理特质，在比较中更能显出其特出之处。崔大华曾指出，"从佛教、基督教、伊斯兰教三大世界宗教的历史表现来看，宗教的主要功能可以概括为整合社会和塑造精神，即宗教信仰和法规能十分有力地号召、团结、凝聚信徒，形成制度和组织，建构社会共同体"④。宗教具有制造个人的功能，它将人从血缘宗法关系中抽离出来，再以宗教信仰的名义将人们组织起来，形成以宗教为原则的社会组织。人们的自我身份认同首先是教徒，而在儒家建构的生活方式下，人们的身份认同首先是伦理角色。建构共同体的伦理原则如何持铸广土巨族的中国？崔大华认为它经历了一个下移与外扩的过程。所谓下移，即从贵族阶层下移到全体民众，形成国家—家庭的伦理结构，这样，"国家就是家庭的同质、同构放大，国家（君主）与臣

① 崔大华：《儒学的现代命运——儒家传统的现代阐释》，第77页。
② 崔大华：《儒学的现代命运——儒家传统的现代阐释》，第78页。
③ 见崔大华《儒学的现代命运——儒家传统的现代阐释》，第78~84页。
④ 崔大华：《儒学引论》，第839页。

民之间的关系，如同家庭中父母与子女间的关系，都是伦理性质的关系。
'国家—家庭'是儒家思想建构的笼罩全体成员伦理之网的主体结构，每个社会成员都必然要以君臣父子的某个伦理角色出现在社会生活中"①。所谓外扩，即伦理原则的适用条件从血缘到价值认同的扩展。"在追溯家庭这个伦理实体的血缘渊源和最终伦理归属的方向上，有由两个内涵有重要区别的伦理实体构成的伦理网络出现：一是主要以共同血缘纽带维系的'氏族'（姓与氏），一是以承传共同文化为主要特征的'民族'（华夏民族或中华民族）。"② 崔大华认为，儒家的华夷之辨在其中起到关键作用。接受礼乐文明，认同儒家伦理，则蛮夷亦为华夏，否则，华夏亦是蛮夷。秦汉以后，氏族国家被大一统国家取代，礼乐文化向蛮夷普及，国家与民族外延重合。伴随礼乐的普及，伦理原则也向华夏之外的蛮夷之族扩展，蛮夷被纳入伦理网络中，伦理义务与责任就向他们笼罩。③ "这样，在家庭这个伦理实体基点上，儒家生活方式中的家庭—国家间的伦理性内涵和范围，通过对其血缘渊源和文化、精神归属上的追溯，得到充实和扩展，能笼罩所有个人、群体的伦理网络实体，氏族、民族也就形成。"④ 伦理原则从家庭扩展到国、从贵族扩展到平民、从华夏扩展到蛮夷，滚雪团一样越滚越大，世界上最大的世俗文化区域就形成了。就周遍性而言，崔大华认为，"儒家经典中的 129 种亲属称谓，就构筑了儒家社会生活中的周延细密的伦理网络。每个人都能在这个网络中找到自己的位置，获得自己生平的第一个社会角色———一种伦理角色"⑤。称谓也是一种定位，众多的亲属称谓意味着所有人都能在伦理关系中确定自己的位置，这体现出儒家生活方式的周遍无遗。"通过亲属称谓制度和丧服制度，使这个伦理共同体在它的核心部分更为明确和细密。儒家的伦理关系之网就是这样织成，笼罩着社会生活的全部。"⑥ 儒家生活方式的周遍性在定位每个人的伦理角色的同时，还规定着每个角色在不同情境中的行为规范。他将这些

---

① 崔大华：《儒学的现代命运——儒家传统的现代阐释》，第 78~79 页。
② 崔大华：《儒学的现代命运——儒家传统的现代阐释》，第 79 页。
③ 见崔大华《儒学的现代命运——儒家传统的现代阐释》，第 80~81 页。
④ 崔大华：《儒学的现代命运——儒家传统的现代阐释》，第 81 页。
⑤ 崔大华：《儒学的现代命运——儒家传统的现代阐释》，第 83 页。
⑥ 崔大华：《儒学的现代命运——儒家传统的现代阐释》，第 84 页。

规范分为三个方面。"第一,'五礼'的典章制度"①,"五礼"包括吉礼、凶礼、宾礼、军礼、嘉礼,就是不同场合中的程序仪式规范。"第二,'五伦'的人伦行为规范"②,父子君臣夫妇长幼朋友,在这些关系中,自己处于什么位置、是什么角色、应该承担怎样的责任义务、具体到不同情境中应该如何行事,都会有相应的规范,这其实就是在教人做人。"立于礼"(《论语·泰伯》),就是成为一个伦理关系中的人,成为儒家意义上的关系人。"第三,日常生活行为规矩"③,这是从孩童时期就要培养的各种生活习惯,如洒扫应对进退,它属于小学的内容,教人学规矩,先知其然再知其所以然。三类规范贯穿全幅社会生活、全面的生活世界和个体的全生命周期,因而具有周延性。规范如何内化为人们的行为模式?崔大华列举前朝官员、市井平民、普通士人的道德观念与实践,说明儒家伦理观念(以孝、忠为代表)对于人们的广泛而深刻的模塑作用。

(二) 问题

儒家生活方式以其伦理特质建构起一个封闭、周遍的生活世界,但它并不是坚不可摧的,"而是不断受到来自儒家理论未能洞察到、觉悟到的然而却是从儒家生活中生长出来的那些方面的撞击而破损,显露出笼罩不住的生活空间"④。这是实践向理论发出的挑战,要求理论自我检视与更新。能否回应这种挑战,则决定着理论的生命力。

崔大华观察到的儒家生活方式无法笼罩的生活空间,表现为三个方面:一是合理性危机,二是伦理困境,三是缺点与弱点。

首先是合理性危机。崔大华认为儒家道德合理性危机主要表现在两个方面,即伦理精神被程式吞噬、道德自律被权力扭曲。第一,伦理精神被程式吞噬。崔大华举例"成踊"这个表达哀伤的礼仪。父母亡故,儿女表达哀伤,有人创造一种戏剧化的动作,就是捶胸顿足、恸哭呼号,称为

---

① 崔大华:《儒学的现代命运——儒家传统的现代阐释》,第84页。
② 崔大华:《儒学的现代命运——儒家传统的现代阐释》,第85页。
③ 崔大华:《儒学的现代命运——儒家传统的现代阐释》,第85页。
④ 崔大华:《儒学的现代命运——儒家传统的现代阐释》,第90页。

辟踊。变成礼之后，大家都要学习这种动作，而与自己的真实情感和表达习惯没有关系了。这个礼仪还区分顿足与跳脚，以脚离不离地为标准，就是跳起来还是只跺地，不同等级的动作次数不一样，不同的血缘关系也不一样，这就把人的情感表达规定得死死的，其实已经跟情感没有关系，变成一种纯粹的仪式、表演。失去情感的礼就变成死的东西。"行为规范的内在精神（'义''义理'）总是处在被它的程式化、形式化（'数'）的吞噬过程中。这样，当礼只是作为一种'数'，一种程式掌握在祝史手中，而其应为民众理解、实践的'义'却遗失难知时，礼之衰亡就要发生。此时，礼失去与发育、诞生它的那种历史情境和精神根源的联系、相通，成为没有生命的躯壳，也就失去了存在的合理性、存在的价值。"① 第二，道德自律被权力扭曲。当儒学上升为官学，权力介入道德实践后，情况更加复杂。"在国家法律中，由于儒学的国家意识性质，儒家的主要伦理道德规范同时也被法律化为判罪、量刑的律令。这样，道德践履也就转变成对法律的遵循。道德规范在藉法律而强化的同时，道德实践的自律自觉精神也被循法的要求而弱化、扭曲，甚至置换。"② 就孝亲而言，本是自觉自愿的行为，结果变成一种外在的强制，则内生与外生之间又有何区别？所谓"假作真时真亦假"，这并不能鼓励真正的道德践行者，反倒有利于伪君子。"对于儒家的道德世界，这是一种否定性、破坏性的因素，它既是道德合理性危机带来的结果，也是道德合理性危机深化的原因。"③ 它的合理性需要权力配合来实现，而权力的介入，却又强化了它内在的不合理性，因此权力之于儒家，真是一把双刃剑。

其次是伦理困境。伦理困境即不同伦理规范之间的冲突，包括两个方面，即孝与忠、礼与法之间的两难选择。第一，孝与忠之间的两难选择。他举《韩诗外传》记录的两则故事为例。一是春秋末年，齐国田常弑君之前与国人盟誓，叫嚣不盟者死全家，石他陷于忠孝两难中，最后为了孝亲，与田氏盟，为了忠君，自杀以谢罪。一是楚昭王时代一个贵族石奢，

① 崔大华：《儒学的现代命运——儒家传统的现代阐释》，第91页。
② 崔大华：《儒学的现代命运——儒家传统的现代阐释》，第96页。
③ 崔大华：《儒学的现代命运——儒家传统的现代阐释》，第97页。

其父犯法，他忠君则要杀父，庇护则不能尽忠，于是只能选择自杀。崔大华分析冲突的根源在于"这些道德规范中有不同的伦理内容"①，如孝与忠分别内蕴着基于血缘的道德情感与基于非血缘的道德承诺。这也可以理解为同一个人不同角色之间的冲突，即为人子与为人臣的义务不可同时履行时，个体被逼入墙角。孝与忠出现了对立冲突，二选一，不可兼得，这个时候就出现了伦理困境，这说明他或他们的生存，与我的道德践履之间，存在着一个二选一的极端情境。因此，道德困境其实是生存与道德的两难选择，它迫使个体牺牲自己的生存，以保全他人的生存，而他的牺牲则暴露了道德的有限性。第二，礼与法的冲突，他以亲亲相隐、血亲复仇的例子来说明。举出一个典型的例子，即《论语·子路》中叶公与孔子论直，孔子主张亲亲相隐，叶公主张子证其父攘羊，两人观点对立。崔大华认为叶公的主张同于法家，即"追求超越伦理关系的人与人公平"②。叶公与孔子主张的对立也就是法与礼的冲突。他认为在儒家伦理观念笼罩下，通常的处理是屈法以伸恩，承认亲属犯罪可相为隐，但二者的冲突并未因此解决。法家其实是主张在律法面前，人们要将自己的私情私心放下，对所有人一视同仁，将人从关系中抽离出来，变成独立的个体，具有制造个人的倾向；而儒家则始终坚持一个原则，即亲情不可被任何律法信条破坏，不能将人变成无情感的机器，不能将人变成孤立的个体。可见礼与法的冲突"根源于礼与法中的人际关系具有不同的性质"③，即礼与法分别用于"规范伦理性关系与非伦理性（公共性）关系"④，并且在儒家社会生活中不可能得到解决，如血亲复仇就没有因复仇禁令而消失。因为"作为构成礼法冲突之困境的因素之一的超越伦理性的公共性，对于传统儒学来说，已经跨越了它所能笼罩的理论和生活空间，在儒家伦理的社会生活中，是无法化解的"⑤。如果在伦理性原则问题上退让，则儒家也就不是儒家了。

---

① 崔大华：《儒学的现代命运——儒家传统的现代阐释》，第98页。
② 崔大华：《儒学的现代命运——儒家传统的现代阐释》，第101页。
③ 崔大华：《儒学的现代命运——儒家传统的现代阐释》，第98页。
④ 崔大华：《儒学的现代命运——儒家传统的现代阐释》，第102页。
⑤ 崔大华：《儒学的现代命运——儒家传统的现代阐释》，第104页。

最后是缺点与弱点。儒学笼罩不住的生活空间还有很多，崔大华认为它们可以归因于儒学在心性的、社会的、超越的三个理论层面的缺点与弱点。

第一，在心性层面，崔大华认为儒家性善论作为儒学正统心性理论存在三个理论缺陷。一是不可验证，即现代科学理论不支持人性本善的结论。他引用社会心理学和精神分析学的实验结论，人的道德不是人性的初始状态，而是离开人性之初始状态后才有的表现，更不是人性的唯一品质。① 他也承认这些科学理论产生较晚，并不影响性善论在历史中的实践与价值，但他也指出这"在儒家的道德理想、社会生活中埋下了引起分歧、动荡的因素"②。二是分裂人性，即把天理与人欲对立起来，"将人的行为中的文化性、社会性的方面（仁义礼智的道德感情和行为）认定是人性之'善'；而其动物性、自然性的方面（自发或自觉追逐实现最佳生存、繁衍、发展的情欲物欲）视为是人性之'恶'"③。人类社会存续的两个基本条件，其中之一就是自身的再生产。天理人欲的对立，这种思想可能有一定意义上的进步性，也就是把人与动物区分开，但从长期效果来看，其实是有反动性的，它会走向反面。"理论上的分歧，带来实践上的道德分裂，带来了儒家社会生活中突破正统儒家道德笼罩的、具有异端叛逆色彩的思想和行为的滋生。"④ 异端思想和行为反过来也可以视为一种批判，它促使儒学更新其理论，保持一种理论上的开放姿态。三是价值实现方式单一。崔大华认为儒家界定善太窄而恶过宽，"无论是从经验的层次上或形上的本体论的层次上，儒家的善都是唯一地指体现着仁义礼智的道德感情和道德行为"⑤。它指向一个唯一的人生价值实现目标，即践履伦理道德。崔大华认为这固然高尚纯洁，"但也缺损了更大的生活空间，舍弃了更多的精彩人生"⑥。因为在道德践履之外，还有很多事情，也是有意义和值得追求的。饮食男女、文艺娱乐，虽然在儒家看来是世俗和功

① 见崔大华《儒学的现代命运——儒家传统的现代阐释》，第105页。
② 崔大华：《儒学的现代命运——儒家传统的现代阐释》，第105页。
③ 崔大华：《儒学的现代命运——儒家传统的现代阐释》，第105页。
④ 崔大华：《儒学的现代命运——儒家传统的现代阐释》，第106页。
⑤ 崔大华：《儒学的现代命运——儒家传统的现代阐释》，第106页。
⑥ 崔大华：《儒学的现代命运——儒家传统的现代阐释》，第107页。

利的，但也是有价值的。对恶界定过宽，在于将维持生存之外的需要都视为与善相对的恶（如要求美味），但实际上，"现代心理学和社会学都认为，在饮食男女这样基础的需求和生存繁衍这样基础的人类生活之上，还有很多的人的欲望和人生目标的实现，都是完善人性、完善人生所必需的"①。理论上的缺陷导致实践中出现消极负面的结果。比如要求女性守节，对丧夫改嫁的行为持消极态度，甚至残忍到要求只是有婚约而尚未完婚的女子为未婚亡夫守节不嫁。崔大华满怀情感地评价这些规定："一种理学观念就是如此无情地剥夺一位未婚青年女子的享受婚姻的权利和终身幸福。一对丧偶的不幸男女结为夫妇，应该视为是生活的恩赐，是合乎情理的、值得庆幸的事。但一种理学观念却表示谴责，认为是'不义'的事。"② 他还注意到明清以来的家训、家规中普遍要求子弟耕读而排斥工商业，他认为这体现出一种精神上的封闭和萎缩，因为"人的欲望实际上是个人生活中的，甚至也是历史进步中的一个积极的动力因素"③。儒学发展到理学阶段，理论上越发严密，它的禁欲主义倾向也愈加明显，但很多时候，欲望是人们活着的动力，永远保持生机和活力，对于个体和社会而言都至关重要，这样人类才不会走上自我毁灭之路。相比之下，道德本身不是目的，而是维系族群存续的手段。儒学的理论缺陷窒息社会的生机与创造活力，其所追求倡导的道德信条也受到质疑。崔大华引用丰富的社会史资料，说明当基本的要求受到压制时，"儒家道德笼罩首先会从最低的生活层面、实际上也是最深刻的人性的层次被怀疑、被突破的"④。族群自身的再生产，有赖于人们保持对于饮食男女的兴趣，而不是推广禁欲主义。儒学发展到理学，理论最完备，但负面效应也最大，这是一个值得深思的问题，或者说它触碰到了儒学最深刻的缺陷和问题。不过，崔大华对于儒学的生命力始终是有信心的，他注意到清代一个读书人家家规中有"苟拘以同居无异产，是禁才智而使之坐困也"（光绪九年桐陂《赵氏宗谱》卷首《家约》）的见解，认为这显示出"儒学在其传统的道德观

---

① 崔大华：《儒学的现代命运——儒家传统的现代阐释》，第 108 页。
② 崔大华：《儒学的现代命运——儒家传统的现代阐释》，第 110 页。
③ 崔大华：《儒学的现代命运——儒家传统的现代阐释》，第 112 页。
④ 崔大华：《儒学的现代命运——儒家传统的现代阐释》，第 113 页。

念、道德生活被突破、被破局后，如果能吸纳新的觉悟、理论，充实新的文化内容，还是可以获得新的存在、生长的空间"①。

第二，在社会层面，存在着伦理生活之外的公共生活空间，而这是儒学在社会层面上的礼难以笼罩的。崔大华用社会学理论区分个体对群体的归属性质，结论是"人不仅仅只有伦理角色，不仅仅只有伦理生活，还有其他角色，其他生活"②，而"儒家伦理建构的生活，在这个公共生活空间里，有其难以跨越的界限"③。他采用身份与契约、公德与私德的概念，来显现儒家生活方式在公共领域的缺位。其一，身份与契约。他引用英国法律史家梅因《古代法》中的结论，认为社会进步的运动，是一个从身份到契约的运动，也即是"从存在着具有附属性的法律人格，发展到全体成员都是独立、平等的法律人格的过程；从存在着特权义务的社会关系，发展到全部都是个人自由合意的社会秩序的过程"④。以此为对照，他认为，儒家社会生活中，每个人都是以一种伦理角色出现，这是儒家式的身份构成，也是基本的人格即伦理人格的表现，而契约则需要个人以独立的个体来参与社会生活。他判断"这种契约的平等权利的法律人格，超越身份的公共生活领域里的法治原则——以法律建构保证平等与自由之社会秩序的治国理念，在儒家伦理的社会里是难以形成的"⑤。契约社会需要个人，而儒家的伦理原则反对任何制造个人的思想，从这个角度上说，儒学与现代社会的隔膜可能具有内在性。儒学的法律性功能的一个表现是以礼入法，道德与法律界限模糊，法律无法保持公共性，当然也不可能建成法治社会。他比较法治与德治社会，认为"近代的法治社会，有完善法治驾驭的发达而有序的公共生活，较之单一的伦理的、宗教的社会生活，拓展了生活空间，给予人更多的生存自由，应该是更进步的生活方式"⑥。相比之下，德治更依赖个体的道德自觉，因而艰难而沉重，"德治所需的伦理观念和道德信念的支持，似乎总是处在自然的衰退之中，'人

① 崔大华：《儒学的现代命运——儒家传统的现代阐释》，第 114 页。
② 崔大华：《儒学的现代命运——儒家传统的现代阐释》，第 114 页。
③ 崔大华：《儒学的现代命运——儒家传统的现代阐释》，第 115 页。
④ 崔大华：《儒学的现代命运——儒家传统的现代阐释》，第 115~116 页。
⑤ 崔大华：《儒学的现代命运——儒家传统的现代阐释》，第 117 页。
⑥ 崔大华：《儒学的现代命运——儒家传统的现代阐释》，第 119 页。

心不古''生不逢时'的失落、挫折之感，从孔子开始就一直伴随着儒家。这是儒家社会层面上的理论和实践缺弱之处，也是传统儒家最缺乏正确的反思之处"①。确实如此，现实之于儒家，似乎总是相背而行，儒家最重要的人物孔孟和朱熹，都在政治上不得志，甚至受到迫害。而当儒学进入现实，经受实践检验，它又暴露出理论上的短板与缺陷。没有个人，就没有法治，没有法治，就没有民主。就中国而言，这意味着无法实现从民本到民主的转型。他指出儒家民本思想有两个内涵：民众是国家（君主）存亡的根本；民众是治理的对象，也是爱护的对象。② 前者基于最基本的事实，即统治者之所以是统治者，是因为有被统治者，君之所以为君，是因为有民；后者则表现出儒家的伦理特色，即君主之于民众不仅有统治权力，还有伦理责任。但是，"儒家的民本是在一种伦理的社会生活中国家体制的理念，它难以发育、演变成民主，因为在这个理念中的民还没有跨入伦理生活之外的公共生活空间，都是以一种有身份的伦理角色出现的，不是契约的、拥有独立的个人权利的法律人格"③。不能实现政治治理理念从民本到民主的跨越，为什么会构成儒学的缺陷，这个判断是否存在着西方中心主义倾向？这是很容易引起的疑问。对此，崔大华的看法是儒学的这一理念"在道德价值之外对人之存在价值没有更多的承诺与给予"④，这是一个一贯的和符合事实的判断。现代新儒家普遍接受了民主法治的理念，并进行理论更新，他认为这说明缺点和弱点也是生长点。

其二，私德与公德。在道德领域，儒家无法笼罩的空间是公共领域的道德。他把"契约性的公共生活领域中的具有公共性之德性内涵的行为"称为公德，而认为"儒家伦理性的道德理念和实践"属于私德。由于儒学中也存在着公私之辨，这种公德私德之分如何与儒家的公私之辨进行区别？他认为，儒家所界定的私主要有两种情况：一是个人不履行对于个人之上的伦理共同体（家庭、国家、民族）的义务，二是个人因较低层次的共同体利益而拒绝履行对更高层级共同体的义务。这些行为在儒家的价

---

① 崔大华：《儒学的现代命运——儒家传统的现代阐释》，第 119 页。
② 见崔大华《儒学的现代命运——儒家传统的现代阐释》，第 120 页。
③ 崔大华：《儒学的现代命运——儒家传统的现代阐释》，第 121 页。
④ 崔大华：《儒学的现代命运——儒家传统的现代阐释》，第 121 页。

值判断是被视为自私，相反的行为，如舍小家为大家这种理念和行为，则受到广泛认同。① 他认为"如果把这种理念和表现称为'公德'，那么在儒学和儒家生活中，这种道德资源还是丰富的，而不是贫乏的"②。但他也指出，儒家的所谓公德，有其独特的表现。儒家生活中的个人，是首先在家庭这个基本单位中完成自我角色定位和自我认同的，社会对于个人伦理实践最重要的要求是孝亲，家庭距离个人最近，相应的，国家和民族则比较远和抽象。因此，这种公德在广大民众中，经常是一种集体意识，而缺乏真切和自觉的感知。不过，在朝代更替、文化断裂之时，儒家的这种公德又会被强烈唤醒，而得到极端的张扬。比如，南宋灭亡以及明朝灭亡之时，很多士大夫的表现，就是这个触发机制作用的结果。③ 但这种公的意识要在家庭伦理共同体受到破亡之危时才被激活，他认为"这种在全幅的伦理生活中才能显现的德性表现，总是要含蕴一种可从不同伦理层面上分析出的个人依属性的'特殊之私'的性质。所以，从比较严格的意义上说，这种伦理性的'公德'，还是一种'私德'"④。这个分析还是非常客观和有说服力的。在这个分析的基础上，他判断"严格的或特定意义上的'公德'，应该是在跨越了伦理生活范围的公共生活领域里的德性观念和行为准则，凸显的是摆脱了伦理性的公共性"⑤。公德，顾名思义即公共领域的道德，它适应的是陌生人社会，即当没有熟人监督时，一个人应该如何做才是正确的、有道德的。这是中国这个熟人社会感到陌生、需要学习和适应的。其中的障碍在于"儒家社会生活为伦理关系所笼罩，个人总是以某一伦理角色嵌定在某种伦理性的人际关系中，个人的行为选择总是伴随伦理认同才能作出。在进入社会成员都是独立的主体个人、并能以多种角色出现在各种非伦理或超越伦理的公共社会生活中时，就会发生非伦理性关系认同的障碍，非伦理性行为规则的缺失，即显现为公德的缺弱"⑥。比如在公交车上给老年人让位，如果是熟

---

① 见崔大华《儒学的现代命运——儒家传统的现代阐释》，第122~124页。
② 崔大华：《儒学的现代命运——儒家传统的现代阐释》，第124页。
③ 见崔大华《儒学的现代命运——儒家传统的现代阐释》，第124~125页。
④ 崔大华：《儒学的现代命运——儒家传统的现代阐释》，第126页。
⑤ 崔大华：《儒学的现代命运——儒家传统的现代阐释》，第126页。
⑥ 崔大华：《儒学的现代命运——儒家传统的现代阐释》，第126页。

人，会毫不犹豫；如果是陌生人，就可能会有不同的表现。崔大华以认同障碍来表述这种缺陷，并从建立公德的角度，重新评价杨朱为我的理性精神与墨子兼爱的道德价值，正面肯定其价值。① 这就是回到轴心时代，丰富中国现代化的思想资源。

第三，在超越的层面，儒家生活方式中出现了"命"之外的超越需要。他首先肯定了儒家超越性理论的彻底理性精神，然后将儒家命的观念和实践与基督教神学关于命的观念作比较，认为基督教的命观念，不仅是理性的认知和道德的实践，更多的是非理性或超理性的敬畏、皈依。这就在儒家命的观念之外，出现了性质相异的精神空间，崔大华表述为笼罩不住的空间。② 他从两个方面进行深入论述，即非理性的迷信和超理性的宗教性皈依。其一，非理性的迷信，包括鬼神迷信和术数迷信。"鬼神增益了主宰、决定人之命运的有意志和超越性的品质，祭祀行为也转变为从鬼神那里获得佑助、福祉的有功利目的的行为。"③ 鬼神和术数迷信虽然理性程度低、功利色彩浓，但它反映的是普通民众的世俗追求，也是应该重视的。崔大华对此就保持一种同情和理解，认为这说明人们客观上有这种精神需求，理性不能解决所有问题，不能满足人们所有的需求。④ 由于理论性质相异，这也脱离出了儒学的笼罩。以祭灶习俗为例，祭祀对象从最初有功于民的先炊变成灶神，出现了从理性到非理性的变化，这在思想上是一种倒退，但又有它的合理性。崔大华这样分析，"因为理性和非理性都是建构人的精神生活的意识因素；理性能够解析、诠释非理性，但并不能创造非理性的精神产品，也不能代替非理性的精神产品"⑤。人们客观上有这种精神需要，而儒学又不能满足，于是只能任其存在。这个分析既有生活经验，又有理论深度。其二，超理性的宗教性皈依。他从理论比较与生活实践方面，说明与儒家不同的另一种类型的超越性理念与实践。他总括几大宗教对于终极问题的回答，认为它们虽教义不同，但在一个根本

---

① 见崔大华《儒学的现代命运——儒家传统的现代阐释》，第 127 页。
② 见崔大华《儒学的现代命运——儒家传统的现代阐释》，第 132~133 页。
③ 崔大华：《儒学的现代命运——儒家传统的现代阐释》，第 134 页。
④ 见崔大华《儒学的现代命运——儒家传统的现代阐释》，第 134 页。
⑤ 崔大华：《儒学的现代命运——儒家传统的现代阐释》，第 137 页。

点上完全相同，即"相信一个行善的、能践履教义的个体生命，可以在来世或末日获得永生，可以摆脱恐惧、苦难、罪恶而获得永久的精神安宁"①。它超出了感性经验，又不借助概念与逻辑，它是一种超理性的信仰。崔大华服膺儒学（尤其是程朱理学），但他并不像程朱那样排斥和批判宗教；相反，他非常尊重宗教。他认为，"在人类的生存环境中，宗教一直伴随着人类长成，宗教有它遮掩理性的黑暗的一面，但宗教也生长出生活的力量和勇气，孕育了许多伟大的人格"②。儒学的彻底理性精神，则以道德实践回应终极归宿问题，儒家认为生命不因肉体消亡而终结，人可有三不朽。对于苦难，儒家也有自己的理性态度，"儒家将人类生存环境中往往是每个人都会遭遇到的人生苦难，心灵上、身体上的痛苦不幸，物质的或精神的困厄危机，都视为是命运赐给的成长的机会，不是逃避，而是承受，经历苦难，生命质量得到锤炼，人格就能提高"，"儒家以理性态度，使本是人之生命感受不堪重负的，带来恐惧、绝望的苦难和死亡，变得可以平静安详地承载。儒家在这里表现了伟大的明智、伟大的坚强"③。崔大华由于自身的遭遇，对于苦难有深刻的体会，他的这些观点应该是他自己亲身体会而得，不全是理性推演。儒家的理性精神，确实能够比较周延地处理终极归宿问题，在对待苦难问题上，儒家是乐观主义者，不仅理性，而且成熟。宗教皈依的原因与契机，他归纳为四种情况：在儒家伦理生活之外（宗教性追求）、在儒家伦理生活之后（宗教性归宿）、在儒家生活之中（三教融合）、从科学到宗教（明末士人的天主教选择）。他以丰富的材料，将儒家生活世界中不同身份与不同情境下的宗教性皈依作了较为全面充分的论述。④

（三）生长点

儒学建构的生活方式，存在着深刻的内在冲突，但是它在历史中却又保持着悠久的生命力，崔大华认为其中必有深厚的根源，他的判断是，

---

① 崔大华：《儒学的现代命运——儒家传统的现代阐释》，第 146 页。
② 崔大华：《儒学的现代命运——儒家传统的现代阐释》，第 147 页。
③ 崔大华：《儒学的现代命运——儒家传统的现代阐释》，第 148 页。
④ 见崔大华《儒学的现代命运——儒家传统的现代阐释》，第 150~181 页。

"是一种宽容的品德，使儒学和儒家生活能在这种紧张中保持平衡，创造出绵延的发展"①。他界定宽容的含义是"接受、认可、尊重差异性的那种理性态度和行为原则"②。宽容就意味着对于异己之见有汲取的空间与可能，如此，则理论的僵化就不会长久持续下去，并且，儒家的宽容精神不仅是一种理论表现，它还创造了卓越的历史成就，表现为一种生活形态。崔大华从三个方面展现儒家的宽容品格，即理念构成、历史成就、生活形态。

首先是理念构成。他认为，儒学中有三个基本的理念形成和支持着儒家的宽容表现。第一，人性相同、人格平等的信念。③ 他首先厘清平等信念与政治中的尊卑主从关系之间的区别，他认为后者"只是一种对一个人在社会生活之政治性的、自然性的秩序的位置不同的设定，并不能否定他的人格独立和超越这个位置的人格平等"④。他还比较了儒学理论中的尊卑主从关系与古希腊奴隶与奴隶主的界限、古印度一生族与再生族的界限，在古希腊和古印度，两者的界限是不可逾越的。因为奴隶对于奴隶主来说，不是与自己一样的人，而是所有物，物与人当然不会是平等的。而一生族的身份是与生俱来、不可改变的。⑤ 相比之下，儒家则认为"礼者，自卑而尊人，虽负贩者，必有尊也，而况富贵乎！"（《礼记·曲礼上》）崔大华认为，"在儒家经典源头就形成的这一人之人性相同和人格平等的信念，从理论上、逻辑上可以容纳、可以负载人的全部差异性、多样性的共存，为此后儒家生活中的宽容表现铺垫了宽厚的道德理性基础"⑥。第二，"和而不同"的智慧。⑦ 他引用《国语·郑语》中史伯的话（"和实生物，同则不继"），认为儒家也接受了这种智慧，并浸透在儒家的礼、乐及生活方式中，"对于在不同社会生活领域内涌现出的差异性、多样性，也就能表现出不是恐惧、拒绝的非理智反应，而是宽容地接纳、

---

① 崔大华：《儒学的现代命运——儒家传统的现代阐释》，第181页。
② 崔大华：《儒学的现代命运——儒家传统的现代阐释》，第182页。
③ 见崔大华《儒学的现代命运——儒家传统的现代阐释》，第182页。
④ 崔大华：《儒学的现代命运——儒家传统的现代阐释》，第183页。
⑤ 见崔大华《儒学的现代命运——儒家传统的现代阐释》，第182~183页。
⑥ 崔大华：《儒学的现代命运——儒家传统的现代阐释》，第183页。
⑦ 见崔大华《儒学的现代命运——儒家传统的现代阐释》，第183页。

认识、消化的理性态度"①。差异不是错误，自己不是标尺，这是一种开放态度，其中仍然包含着自信，就是对自己观念合理性的自信。宽容他者，并不意味着否定自己，而是检视、矫正自己的前提。第三，"絜矩"与"执中"的原则。② 他解释这两个原则，"儒家在人际交往中，主张遵循'絜矩'之道；行为态度的选择，主张立于'执中'（'用中'）的立场"③。絜矩之道也可以表述为"己所不欲，勿施于人"（《论语·颜渊》），这也是人性相同、人格平等观念下才会产生的交往之道。执中则意味着一种成熟的处世之道，不走极端而持守中道。对于异己者的包容态度，其背后应该是一种自信，即有能力、有智慧驾驭差异带来的冲击，免于被对方伤害，因此宽容不仅需要信念原则，还需要生存智慧。

其次是历史成就。儒家宽容精神的历史成就主要包括民族融合与宗教兼容。第一，民族融合。民族融合实指中华民族的形成，它是一个以华夏族为主体，不断兼容吸收异族或其一部分，直到民国时期才最终形成的民族共同体。崔大华认为，"如果将民族融合视为是一种由共同的价值观念、道德规范、语言文字、生活习俗等为内容的文化认同基础上实现的新的民族认同，那么，儒家思想、儒家文化无疑应是最重要的因素"④。民族融合实际上就是民族由多变一的过程，如何处理差异，这就需要包容而不是排他。"正是儒家思想的成熟、丰富内容和儒家文化的宽容性格，使华夏民族和其他民族都能跨越各自种族文化意义的多种差异所产生的心理障碍，形成可以相互容纳、融合的认同；正是儒家华夷之辨中的宽容原则和对文明的儒家礼文化的认同，构成了历史上已经实现了的民族融合过程的起点和终点。"⑤ 华夷之辨名为辨异，但辨的目的不在分，而在合，合的标准在于是否接受礼，"有'礼'即是'华'，无'礼'即是'夷'"⑥。反过来，有礼则夷可变为夏，无礼则夏亦为夷。因此，华夷之辨是始于事实性差异（地域、种族），终于价值性认同（礼乐文化）的融

---

① 崔大华：《儒学的现代命运——儒家传统的现代阐释》，第 184 页。
② 见崔大华《儒学的现代命运——儒家传统的现代阐释》，第 184 页。
③ 崔大华：《儒学的现代命运——儒家传统的现代阐释》，第 184 页。
④ 崔大华：《儒学的现代命运——儒家传统的现代阐释》，第 185 页。
⑤ 崔大华：《儒学的现代命运——儒家传统的现代阐释》，第 185 页。
⑥ 崔大华：《儒学的现代命运——儒家传统的现代阐释》，第 191 页。

合方式。"华夷之辨是一个能容忍并消化华夷差异的原则。在儒家思想中的'罔非天胤''和而不同''絜矩''执中'等观念的容纳差异性的精神基础上，这一宽容原则更是为华夏族和四夷的民族融合，铺垫了一个重要的和具体的实现途径，华夷异族能在、会在对礼的文化认同中逐渐形成归属于同一民族的意识。"① 关于礼文化的认同，他认为四夷之族是通过追寻与华夏族共同的祖先，接受礼治而实现的。② 共祖是血缘上的求同，礼治则是文化上的认同。无礼则人不人、国不国，当接受了礼，夷与夏之间的根本性差异就消弭了。崔大华认为，"没有民族融合，就没有现在的中国国家疆域。如果说，这是中国历史上最伟大的创造，最伟大的成就；那么，也正是在这里，儒家表现了最伟大的历史贡献"③。这是对儒家历史作用的无与伦比的评价。对于古代中国而言，没有什么比民族融合、开疆拓土更大的贡献了。有人有地，文明的规模就大体奠定了。这一切的背后还有一个充满理性宽容的思想体系，这就更是独一无二。第二，宗教兼容。宽容精神的另一历史成就是宗教兼容。这主要是指三教（儒、释、道）间的观念冲突与融合。确切来说，三教之间，儒与道基本没有冲突，但儒与佛的冲突则始终存在。崔大华从三个方面说明儒佛的冲突与融合。其一，三教观念的冲突与融合。儒家将道德实践作为人生实践的核心内容，而佛教则坚持着"摆脱情累、洗尽尘缘、出离生死、实现'涅槃'的成佛的宗教目标"④。佛教入华后虽然发生了中国化、世俗化的转变，但是并不将其视为终极目标，而是权宜之计，崔大华说"中国佛教的伦理道德实践是一种很独特的、内外异向的双重选择"⑤。这种外化内不化的情况及其社会后果，导致儒家的强烈批判。"宋代理学出现以前，儒家排佛的主要理据有二：一是认为佛家的宗教生活实践给社会伦理秩序带来破坏，二是认为佛教膨胀的存在给国家经济生活造成危机。"⑥ 这些都是表面的现象，究其实质，它的生活实践不具有普遍可模

---

① 崔大华：《儒学的现代命运——儒家传统的现代阐释》，第 195 页。
② 见崔大华《儒学的现代命运——儒家传统的现代阐释》，第 195~204 页。
③ 崔大华：《儒学的现代命运——儒家传统的现代阐释》，第 204 页。
④ 崔大华：《儒学的现代命运——儒家传统的现代阐释》，第 205 页。
⑤ 崔大华：《儒学的现代命运——儒家传统的现代阐释》，第 205 页。
⑥ 崔大华：《儒学的现代命运——儒家传统的现代阐释》，第 205 页。

仿性，触及了社会存续的根本，碰到了族群生存这个第一目标。因此，虽然看起来只是现象的总结，但是唐代儒者对佛教的批判具有深刻的生存论基础。"宋代以后，儒学（理学）更以'理'的本体论、'心统性情'的工夫论，在哲学层面上破解作为佛禅世界观、修养论之基础的'空'观、'自性'说；以实与虚、公与私、止与定（敬与静）等主要界限，将儒佛加以辨分。这是中国古代儒学在最高的理论角度上对佛学的审视、批判。"① 这是从现象批判转向本体论批判，理论层次更高，但对于佛教不合理性的批判力度反而减弱了。崔大华指出，儒佛的冲突虽然激烈，但是始终停留在思想领域，儒学没有借助权力之手迫害佛教。宋代以后，"中国佛教的理论创造力已趋衰弱，而不分世法佛法，直下打成一片的世俗化倾向渐趋增强，并最终融入中国文化。这个过程的完成，佛家完全接受和佛学中广泛渗入儒家伦理观念无疑是最重要的"②。佛教对儒学的理论渗透，则是通过程颐和朱熹实现的。对于三教间的冲突与融合，崔大华以西方为参照作了一个评价，"儒家社会生活中的三教，基本上是在相互兼容、和平共存中实现着各自的生长、演变、发展。相较于西方历史上（中世纪）基督宗教对异己宗教和异端教派的不能容忍的无情打击和残酷迫害，儒家生活方式中的这种宗教关系，则是值得进一步去认识、去诠释的伟大的宽容奇迹"③。儒学塑造出世界上最大的世俗文化区域，并创造出三教并立的宗教兼容成就，显示出儒学独特的优越性。其二，三教融合的理念基础。宗教不宽容的原因何在？崔大华认为，"以为自己宗教的终极目标、最高真理是唯一正确的，否定其他宗教的终极追求、最高真理，必然会导致对其他宗教的生活实践、生活方式的轻蔑、不尊重；当这种观念上的成见获得包括权力在内的力量介入时，就会表现出形式多样、强烈程度不同的冲突，表现为不宽容"④，也即宗教不宽容的原因在于它们都认为自己的神是唯一真神，自己掌握了绝对真理，非此则是邪恶和错误的。这就杜绝了宽容的可能性，双方只能以实力来说话，讲道理是讲不通的。

---

① 崔大华：《儒学的现代命运——儒家传统的现代阐释》，第 206 页。
② 崔大华：《儒学的现代命运——儒家传统的现代阐释》，第 208 页。
③ 崔大华：《儒学的现代命运——儒家传统的现代阐释》，第 209～210 页。
④ 崔大华：《儒学的现代命运——儒家传统的现代阐释》，第 210 页。

崔大华认为，儒家确认自己的理论和理想是普遍的、事实上如此的。它的正确性不是体现为唯一性，而是不这样不行的合理性。而当它被实践否定时，它就要自我反省和更新自己。它是一个既自信又有开放性的学说。崔大华指出儒学对自己伦理道德原则的信心所在，"因为否定这些原则，失去人类生活、人类生存状态中的伦理原则和道德品性，将不是对儒学或哪一种宗教、思想体系的否定，而将是人类生活本身、人类生存状态本身的崩溃"①。这就是儒家自信的根源所在，即它认为自己所维护的是人类的生存。当然，维护伦理道德与维护生存本身还不是一回事，但在一定的生产力水平下，二者是一致的，儒家是对的。"儒家从被自己认为是根源于人性、根源于理的伦理道德理念中，发育出一种道德真理具有普遍性的信念，培壅着一种宽容的眼光和心态，有可能在不同宗教那里皆能观察到真理的成分，对不同宗教保持着兼容的态度。"② 以生存为底线目标，则儒家与成熟宗教之间在具体主张上会有可以会通之处。而儒学的理性品质则可以实现这种会通，因为"只有理性才蕴有能理解、解释和消化非理性、超理性的智力和精神空间；所以在宗教关系中，只有在理性的品质中，才能产生和表现出对不同宗教的兼容立场和宽容态度"③。概括地说，崔大华判断普遍性和理性是儒家对待宗教的宽容态度的理念基础。其三，三教融合的实践表现。主要有三个方面，一是国家教化政策认同三教一致或三教合一。崔大华认为国家权力认同三教一致，始于唐高祖的论断，儒、玄、佛义，各有宗旨。三教虽异，善归一揆。宋孝宗则认可"以佛修心，以道养生，以儒治世"的说法。二是社会能够接受个人精神生活的双重教籍。一个人能够同时是基督徒和佛教徒吗？似乎不可能，但一个人可以同时是儒者和佛教徒，比如近代的梁漱溟先生。④ 崔大华认为，这种个人

---

① 崔大华：《儒学的现代命运——儒家传统的现代阐释》，第212页。
② 崔大华：《儒学的现代命运——儒家传统的现代阐释》，第212页。
③ 崔大华：《儒学的现代命运——儒家传统的现代阐释》，第213页。
④ 美国学者艾恺1980年8月来华专访梁漱溟先生，梁先生说："我自己承认我是个佛教徒，如果说我是一个儒教徒我也不否认。（其后讲其中原因，他说自己是行大乘佛法，不舍众生，不住涅槃——笔者注）……说我是儒家，是孔子之徒也可以，说我是释迦之徒也可以，因为这个没有冲突，没有相反。"见〔美〕艾恺采访、梁漱溟口述、一耽学堂整理《这个世界会好吗？——梁漱溟晚年口述》，东方出版中心，2006，第29页。

精神生活中的双重教籍，仍然与儒学相对于宗教的普遍性与理性品质有关，它们使"儒学或儒教能够毫无理论困难地从不同宗教那里发现和认同属于人性共有的伦理道德准则；也无信仰障碍地能将不同宗教的追求和实践，转译为、定位在自己完整的理论视野或理论结构的某个位置上"①。宗教生活似乎成为道德生活的方式，成为儒者兼容宗教、理性消化非理性的一个表现。崔大华承认这不是严格意义上的双重教籍。三是民间世俗层面上的三教无界限的混融共存。世俗生活中的宽容，表现为动机与手段之间的不一致，比如基于孝的动机而为亲人造像，比如道教信徒造老君像为冥者祈福，这就是典型的三教合一。崔大华对于儒学的这项历史成就给予一个判定，"历史上，儒家社会生活的这种很早就形成，并能始终保持的儒家（儒教）与佛教道教三教间的鼎立并存、相互兼容的宽容局面，应该被视为是儒家文化对世界文化、人类生活的一项伟大贡献、一项珍贵的经验"②。这是以一神教文化区域出现过的宗教迫害与宗教战争为参照作出的判断，说明差异并不意味着不能共存，世俗的思想文化可以是一个交流共存的平台。

最后是生活形态。崔大华认为，儒家生活方式的生长点，还在于"没有文化障碍的世俗生活"③。他从物质与精神生活两个方面举例说明。第一，物质层面上，胡人的衣服、食物、乐器、家具等受到汉人的喜爱。④ 第二，观念层面上的表现，他以节日为例说明，包括两个方面，即儒家生活中节日的源头和演变。其一，儒家生活中节日的源头。他首先确定源头是蜡日和社日，分别是祭农业神和土地神的活动。两个节日都是由祭神而来，但祭祀的动机是基于祭祀对象的功德，出于一种感激之情，因此它们都充满着伦理情感。同时，祭神之余还有娱乐活动，兼具休闲功能，具有双重内涵。两大节日都是娱神、自娱两不误。其二，儒家生活中节日的演变。崔大华认为，汉唐至明清，儒家之外的观念与仪式补充和渗

① 崔大华：《儒学的现代命运——儒家传统的现代阐释》，第219页。
② 崔大华：《儒学的现代命运——儒家传统的现代阐释》，第222页。
③ 崔大华：《儒学的现代命运——儒家传统的现代阐释》，第223页。
④ 见崔大华《儒学的现代命运——儒家传统的现代阐释》，第224~225页。

透了这些节日。① 以中元节为例，道教做斋醮，佛教则是盂兰盆节，百姓则祭祖先。"市井上供应着寺庙盂兰盆会、道观中元斋醮、民家祭祖所需的各色物品；民众既供养祖先素食，也观赏目连救母杂剧；既拜扫新坟，也围观孤魂之道场：原来正是在由儒、道、佛不同观念编织的一幅完整的生活图景中，民众度过了他们的三天中元节。"② 这里一方面显示不同观念在节日中的交融，另一方面节日的宗教性减弱，世俗性和娱乐性增强。宗教节日从以人娱神变成借娱神以娱人，这就是世俗性的体现。不能给人带来福气、带来欢乐的节日，是不会受到欢迎的。在世俗社会，人才是最重要的，让人以活着为乐，这件事看似普通，却可说是国之大事。他引用《礼记·杂记》中孔子论文武之道③，认为"在儒家看来，劳动与娱乐、紧张与休闲，是人的完整生活的两个必要组成部分，只有劳动而无娱乐，只有紧张而无休闲，即使是圣贤之人，也是不能做到的，也是不愿这样做的，生活应该获得、具备欢乐的品质或内容"④。给人一个活着的理由，让人品尝到活着的甜头、乐趣，这是国之大事，不可小视。崔大华将儒家生活称为道德、欢乐、现世的生活，⑤ 这个观点准确而全面地说明了儒家生活道德的和世俗的品格。他总结这种无障碍的世俗生活，从其中提炼出三个精神因素，即"道德性认同""实用性认同""娱乐性——休闲的生活价值认同"⑥，其实仍是道德与世俗两个方面的认同。以道德认同为前提，将其服务于人的实用和娱乐需要。"儒家社会生活的无文化障碍、界限的生活形态，也可以视为是儒家文明的一项伟大成就或卓越表现；这种宽容品格使儒家文化或生活方式获得可与异质文化或生活方式从容共处的空间和吸纳消化的能力。"⑦ 儒家以践履道德为生活价值所在，对于大多数人来说，这并不是一种让人轻松愉快的生活。节日借娱神来娱人，这似

---

① 见崔大华《儒学的现代命运——儒家传统的现代阐释》，第 225~235 页。
② 崔大华：《儒学的现代命运——儒家传统的现代阐释》，第 236 页。
③ 百日之蜡，一日之泽。张而不弛，文武弗能也；弛而不张，文武弗为也；一张一弛，文武之道也。
④ 崔大华：《儒学的现代命运——儒家传统的现代阐释》，第 239 页。
⑤ 见崔大华《儒学的现代命运——儒家传统的现代阐释》，第 240 页。
⑥ 崔大华：《儒学的现代命运——儒家传统的现代阐释》，第 240 页。
⑦ 崔大华：《儒学的现代命运——儒家传统的现代阐释》，第 240 页。

乎是对道德性的一种补充调节。

　　崔大华最后总结儒家生活方式中有生命力的部分、死去的部分和缺弱的部分。他认为儒家生活方式中最珍贵的是理性精神和宽容品格，① 这些正是儒学的特色与优越性所在。死去的部分是外在的形式，缺弱部分是缺乏公共生活空间。但他认为，这是历史性的，是由没有那样的社会土壤造成的，并不是说儒学与民主、契约社会、公德不两立是根本性的理论缺陷。② 也就是说，它是可以修正、可以发展出来的。它产生于农业文明时代，在如今的工业文明时代，它的生命力并未终止。

二　儒学与中国的现代化进程：理论状态、实践贡献与现代转化

　　中国知识界曾经把儒学视为中国近代落后于西方的根源，并进行过激烈的批判。因此，从积极的方面探讨儒学与中国现代化的关系，仅这个论题本身就极具挑战性——挑战论者对儒学的理解与信心，以及对现代化本质与进程的熟悉与了解。崔大华不惧困难，在考察了儒学建构的生活方式的历史表现之后，又沿着时间轨迹转向儒学的现代表现。他认为所谓现代化，是一个从农业社会向工业社会的演变过程，它始于 17 世纪的英国工业革命，在向外扩张中波及全世界，中国则在 1840 年鸦片战争后被迫卷入这个进程，几经奋斗，在 1911 年后走上现代化道路。③ 在这个论题中，他给自己的任务是，"考察在中国这个尚未结束的现代化进程中的 20 世纪时段内——一个中国的现代化形成自己独特模式和取得决定性成功的时段，儒学呈现出的新的理论状态和源自儒家传统的那些仍然活着的、影响了或助推了这个进程的精神状态的或已融化为生活方式的积极因素"④。也就是说，他要从理论、实践与转化三个方面探讨儒学在中国现代化进程中的表现。

---

　　① 见崔大华《儒学的现代命运——儒家传统的现代阐释》，第 242~243 页。
　　② 见崔大华《儒学的现代命运——儒家传统的现代阐释》，第 244~245 页。
　　③ 见崔大华《儒学的现代命运——儒家传统的现代阐释》，第 246 页。
　　④ 崔大华：《儒学的现代命运——儒家传统的现代阐释》，第 246~247 页。

（一） 理论状态

关于 20 世纪儒学的理论状态，崔大华以"三种定位"与"理论进展"为题来描述。

崔大华判断，儒学在先秦与诸子一样，是一种学术思想，而从汉代独尊儒术之后，它逐渐成为国家意识形态，这就从子学上升为官学，其功能也随之扩展，变成一种生活方式。在这个意义上完全可以说，"儒学是中华民族精神生命之所在，儒家传统是中华民族最主要的精神遗产"①。崔大华认为，"20 世纪中国儒学的重要变迁，是它不再是历史上的那种国家意识形态，而被看作是一种宗教、一种哲学、一种文化。儒学定位的这种变化，缘于它的社会政治处境在 20 世纪发生了重大变化"②。

儒学的处境变化，简单说就是失去了官学地位，因此"被从国家意识形态中剥离"③ 并"在新教育中被肢解"④。关于前者，崔大华以中华民国宪法中两次否定将孔教定为国教的提案为据说明这个改变。⑤ 他认为，这个改变"既有值得庆幸的轻松的地方，也有引起忧思的沉重的方面"⑥。庆幸在于，不再被扭曲，而是可以凭借自身的优势来发展自己、表现自己；忧虑在于，儒学存在着消耗大于生长的现状。关于后者，他以 1903 年学堂章程（癸卯学制），1906 年教育宗旨为据说明新教育体制否定忠君与尊孔教育宗旨，大学八科去掉经学科，将其内容并入文科，包括哲学、文学、历史学、地理学。⑦ 这就将传统学术割裂开来，失去完整性，从生活变成知识。对此，崔大华一方面承认其合理性与必然性，同时他也表达了自己的忧思，"但是，作为一个曾经塑造了一个文化传统、一种生活方式的那个儒学，它的功能却在这种肢解中衰微，甚至消失。因为具有这种功

---

① 崔大华：《儒学的现代命运——儒家传统的现代阐释》，第 248 页。
② 崔大华：《儒学的现代命运——儒家传统的现代阐释》，第 248 页。
③ 崔大华：《儒学的现代命运——儒家传统的现代阐释》，第 248 页。
④ 崔大华：《儒学的现代命运——儒家传统的现代阐释》，第 250 页。
⑤ 见崔大华《儒学的现代命运——儒家传统的现代阐释》，第 249 页。
⑥ 崔大华：《儒学的现代命运——儒家传统的现代阐释》，第 249 页。
⑦ 见崔大华《儒学的现代命运——儒家传统的现代阐释》，第 250 页。

能的儒学，不是经过哲学、历史、文学等专业理论构架的'筛子'滤过的知识碎片，而是由儒家经典承载的先圣、先贤、先民的思想言论、历史活动、生活实践等共同凝成的精神整体。历史的经验是，儒家精神必须在对儒家经典从浅入深的学习、理解和实践中才能养成。民国新教育虽然仍承认儒学中还存在着有益、有助于现代社会生活的思想理念，但企望通过专业的知识教育，或以取'精华'、去'糟粕'地'读一点'的主观标准来认同、获得这些，那是不得其门"①。这种肢解其实是一种否定：不仅否定儒学的思想理论价值，还否定了它作为一种生活方式的价值。崔大华认为，虽然如此，但是儒学并未死去，而是仍然活着，只是目前处于被消耗的状态，若不建设而持续消耗，将来可能会消亡，成为历史博物馆的陈列品。②

1. 三种定位

当儒学不再是国家意识形态，那么它是什么，它如何获得自己新的身份？崔大华认为当时的学者分别从不同立场给予儒学三种定位：一种宗教、一种子学（哲学）、一种生活（文化）。

第一，宗教定位。崔大华认为儒学处境改变后获得的第一个定位是宗教，代表人物是康有为。为什么儒学可以是一种宗教？康有为提供两个主要论据。其一，"人道神道合一"③。康有为认为从教化的意义上理解宗教，教化之道有神道、人道，神道治古，人道治今，其旨皆在使人去恶为善，神道人道其为道一也，就儒学来说，作为神道的意味不及作为人道的意味，这是文明进步的表现，而孔子作为教主相比其他宗教，也是更加进步的（加进一层）。④ 崔大华认为，康有为这一论述在方法论上有变化。辛亥革命前，以今文经学的立场阐发，称孔子是黑帝降精，孔子创教是应天受命，孔教的内容是定六经之义，托古改制。辛亥革命后，以宗教学的社会功能的一般理论角度上观察。他流亡海外期间见识到宗教传统文化区域的民情政情，感触于各国对自己语言文字风俗教宗的珍爱和崇高地位，认识到有宗教，人性乃立，不信教，则同于野蛮人，他由此看到宗教的巨

---

① 崔大华：《儒学的现代命运——儒家传统的现代阐释》，第252~253页。
② 见崔大华《儒学的现代命运——儒家传统的现代阐释》，第253页。
③ 崔大华：《儒学的现代命运——儒家传统的现代阐释》，第254页。
④ 见崔大华《儒学的现代命运——儒家传统的现代阐释》，第254~256页。

大作用，即凝聚人、教化人、组织人。① 可以认为辛亥革命前后他的参照系发生了改变，此前是古文经学，此后是西学。其二，"桢干、国魂"②。"'宗教存，而后人性能自立，一国乃自立'，这是康有为在四大宗教笼罩的国家十多年游历中所获得的宗教对社会生活有何等巨大作用的观感。""宗教能模塑出一种人格类型，一种国家形态。宗教这种独特功能是超越于国家政治作为的功能之上的，显示宗教是一个国家存在的根本、民众精神的皈依。"③ 在中国，能够有这种作用的只有儒学。他从这个角度论述孔子之学可以有的作用，根据康有为的论述，"孔子之教就是作为一国之桢干的那种大教，那种宗教"④，因为"孔子之教就是中国国魂，就是中国文明"⑤。不过，崔大华认为，这并不是一种宗教功能，而是作为意识形态的儒学发挥的宗教性功能，不能说孔子之学是宗教。⑥ 他还分析康有为视儒学为宗教的理论动机有二：抵御西方基督宗教对儒家文化的侵蚀，抗拒民主革命带来的对儒学的冲击。⑦ 在康有为看来，保存了孔教，就保存了中国文明⑧。康有为对儒学的宗教定位受到质疑，其疑在于两个问题：孔子之教是否具有宗教的特质；现代环境下，孔子之教是否还有国所与立、民所与依那种指导社会生活的功能。⑨ 蔡元培、章炳麟回答第一个问题，答案是否定的。蔡认为孔子之学没有形而上之思，没有神秘思想，不具宗教性。崔大华认为方向和逻辑正确，但不够到位。儒学不是宗教的原因在于，鬼神不具有宗教之神的超越性，天不具有人格的神灵的内涵。章炳麟认为全部中国思想文化都没有宗教性，孔子只是先师，不是教主。这是古文经学的立场。崔大华总评二人的观点，认为严格的宗教定义上可以驳康有为，但是康有为却是在宽泛意义上立论，所以还没有正对问题。双方对宗教的不同理解，造成了批判一方的矛头没有真

---

① 见崔大华《儒学的现代命运——儒家传统的现代阐释》，第254、255页。
② 崔大华：《儒学的现代命运——儒家传统的现代阐释》，第257页。
③ 崔大华：《儒学的现代命运——儒家传统的现代阐释》，第257页。
④ 崔大华：《儒学的现代命运——儒家传统的现代阐释》，第258页。
⑤ 崔大华：《儒学的现代命运——儒家传统的现代阐释》，第258页。
⑥ 见崔大华《儒学的现代命运——儒家传统的现代阐释》，第258页。
⑦ 见崔大华《儒学的现代命运——儒家传统的现代阐释》，第258页。
⑧ 见崔大华《儒学的现代命运——儒家传统的现代阐释》，第259页。
⑨ 见崔大华《儒学的现代命运——儒家传统的现代阐释》，第260页。

正指向康有为的论点。① 陈独秀回答第二个问题，答案也是否定的。在陈独秀看来，以"三纲"之等级观念、奴隶道德为社会生活根本大义的儒学，不可能是自由平等的共和制新时代的立国所据、民心所依。他断定，历史上孔子之教那种指导、模塑社会生活的功能已经丧失。以近代欧洲为目标，则中国的东西都是古代的，没有价值的。他将孔子之教与三纲牢牢绑定起来。② 但崔大华认为这是儒学在实践中被权力扭曲的结果，不是儒学最本质的内容与特质。儒学本质的和超越时代的东西被漠视了。③ 他总评儒学的宗教定位，认为"20世纪初，以康有为为代表的、以人道神道为教—和国魂、桢干两个基本理据判定孔子之教是一种宗教的观点，和立孔教为国教的活动，在当时的历史环境下遭到了普遍的反对，并且可以说是以失败而告终。但是，由于这两个立论根据，或是一种有合理性的设定，或是一种无疑的历史事实，使人们可以从另外的理论立场上不承认它，但难以彻底否定掉它。这样，民国早期就点燃的孔子之教或儒学是否是宗教的争辩之火，一直并未熄灭，在其后某种适当时机下，仍会不时地燃起"④。这是一个相当公允平实的评价，后来任继愈先生提出"儒教"论，崔大华还撰文与之辩论。⑤

第二，子学（哲学）定位。儒学本是先秦诸子中一家之学，汉代独尊儒术后从子学上升为官学，地位高于诸子，但当儒学出现危机时，这种地位又受到质疑。早在明末清初就有傅山、唐甄等人提出"子儒"（以儒学为子学）之论⑥，乾嘉学者将经学推向高峰，并复兴诸子学，但儒学与经学仍保持着高于诸子学的地位。"到了章炳麟这里，他撰作《诸子略说》诸篇，发表多次国学讲演，开创了将孔子儒家与先秦诸子、将汉代以后演变着的儒学与同时存在着的、包括佛学在内的非儒家的思想派别或

---

① 见崔大华《儒学的现代命运——儒家传统的现代阐释》，第260页。
② 见崔大华《儒学的现代命运——儒家传统的现代阐释》，第261~262页。
③ 见崔大华《儒学的现代命运——儒家传统的现代阐释》，第263页。
④ 崔大华：《儒学的现代命运——儒家传统的现代阐释》，第264页。
⑤ 即《"儒教"辨——与任继愈同志商榷》一文，原载《哲学研究》1982年第6期，发表时有删节，全文发表于任继愈主编《儒教问题争论集》，宗教文化出版社，2000。
⑥ 见崔大华《儒学引论》，第674~675页。

人物，皆放置在一个属于义理性质的、一种称为哲学的论域内，予以平等的审视、研判的学术局面。"① 崔大华从三个方面阐述章炳麟的工作。其一，儒学与经学。他认为章炳麟从其古文经学的立场出发，刻意将儒学与经学拉开距离。章炳麟认为经学是客观之学，考证典章制度与事迹。诸子学则是主观之学、寻求义理，不在考迹异同。他将作为经师的孔子与作为儒家创始人的孔子这两个定位进行区分。② 崔大华认为，章炳麟此论有以事实迁就立场之嫌，"在这里，孔子被定位为'良史'，而'孟、荀道术皆踊绝孔氏'。这种误判即是源于对儒学之经典训诂与义理阐发分裂，未能解读出《论语》中对六经的理论转变、跃进；正是在这种理论跃变中，形成了孔子的具有新的理论内涵的命、仁、礼的观念，开创了儒家学派。这种历史地位只能是孔子而不能是孟子、荀子所拥有的"③。确实如此，很难想象孔子经师的身份与他儒学创始人的身份之间没有关系。好像一个人做了两件完全不相干的事一样——上午客观地研究六经，下午主观地创发义理。其二，儒学与诸子学。崔大华特别注意到章炳麟关于老学与孔学、庄学与孔学的观点。章炳麟认为孔子之教本以历史为宗，孔学本出于老。崔大华认为这是他古文经学立场的逻辑结论，也就是说，既然六经乃古代史料，并非孔子所作，而老子乃史官，孔子从老子那里承接六经，所以道先于儒、孔本于老。④ 另外，还有与今文学家康有为打擂台的动机，"章炳麟每讥讽儒家，也多藏有指向寻求义理的今文经学家的锋芒；其所谓以富贵利禄为心，但欲假借事权，便其行事，然至今日，儒、法、纵横殆将合而为一，更颇见有影射康有为之意向"⑤。章炳麟在诸子中最推崇庄子，并以庄证孔。"他从《庄子》中收获到的最大的思想成果是彻底的相对主义的理论启迪：《逍遥游》是彰显的万物虽殊，但皆各有所适、自得的逍遥自由；《齐物论》叙说的物论万端，但在'道枢'中却是没有彼此、是非的'天地一指、万物一马'。在这个相对主义的立场上，一切言

---

① 崔大华：《儒学的现代命运——儒家传统的现代阐释》，第266页。
② 见崔大华《儒学的现代命运——儒家传统的现代阐释》，第266~267页。
③ 崔大华：《儒学的现代命运——儒家传统的现代阐释》，第268页。
④ 见崔大华《儒学的现代命运——儒家传统的现代阐释》，第268~270页。
⑤ 崔大华：《儒学的现代命运——儒家传统的现代阐释》，第270页。

论皆无是非、对错，皆可'两行'地顺心入耳；万物皆有自己独特的、然而是同等的存在理由，立于'道枢''环中'则无可差别、平等地对待，'唯一''必然'的主观、固执态度是悖于道的。在章炳麟看来，这就是孔子的'六十而耳顺'，就是孔子的'绝四'。换言之，孔子的思想境界是可以用庄子思想来诠解、证明的。"① 在这个诠释中，儒学的伦理特质消失了。崔大华认为不可如此解释，因为"'耳顺'是所闻皆通，知其原委而宽容处之，不是皆是皆非"。"'绝四'是据中道而作判定，并不是'得其环中以应无穷'的一切皆无然否。"② 总之，对于事物没有是非判断，这不是儒家的作风。其三，儒学与佛学、西方哲学。崔大华认为章炳麟以西释儒尚处于"比较零碎的、简单类比的阶段上"③，但其意义重大，"昭示着儒学在新的处境下必将会发生的一种学术的、理论的演变之开始"④。章炳麟最服膺的是佛学，后者在其观念世界中处于最高位置。在佛学中，他选择了义理细密的唯识宗。"他于法相唯识学的选择，与他作为古文经学家所遵循的学术传统，即细致考证、严谨推理的学术方法和实事求是的学术追求是分不开的；并且与他要继续保持着和最得力于之禅宗的康有为所代表的今文经学派之对立的那种政治的、学术的情结也分不开。"⑤ 在章炳麟那里，学术与政治深度关联，还表现在他志向甚大，他试图"以唯识学为武器，首先运用到当时的政治斗争中，提出要以唯识论来建立一个无神的宗教，以培育革命道德，推动种族革命进程"⑥。这个抱负未能实现，但却带来一个副产品，就是章炳麟在学术上的收获。章炳麟以唯识宗为认识工具，对儒学有如下判断。一是认为儒学义理薄弱。他认为《论语》中的真理性语言不过十余则，十分稀薄。他对宋明理学也评价不高。⑦ 崔大华表示不赞成这些判断，他认为孔孟程朱"开拓了虽

---

① 崔大华：《儒学的现代命运——儒家传统的现代阐释》，第 271~272 页。
② 崔大华：《儒学的现代命运——儒家传统的现代阐释》，第 272 页。
③ 崔大华：《儒学的现代命运——儒家传统的现代阐释》，第 273 页。
④ 崔大华：《儒学的现代命运——儒家传统的现代阐释》，第 274 页。
⑤ 崔大华：《儒学的现代命运——儒家传统的现代阐释》，第 276 页。
⑥ 崔大华：《儒学的现代命运——儒家传统的现代阐释》，第 276 页。
⑦ 见崔大华《儒学的现代命运——儒家传统的现代阐释》，第 278 页。

与佛家不同，然而也是周延圆满的精神世界"①。章炳麟还用佛学为尺度评价儒家的道体观和生死观，认为儒家没有佛教"真如"那样的本体观念，还认为儒家没有佛家"涅槃"那样消融掉死亡恐惧的理论力量，并对此表示蔑视。崔大华则认为宋代儒者将生生不灭之机诠释为本体，是对秦汉思想的继承与发展；儒家没有佛教涅槃这样的理论，但并不妨碍它有坦然面对和选择死亡的精神空间。② 章炳麟似乎是从古文经学立场上贬低儒家和孔子，最终被异质文化所俘虏。二是重释儒学概念。这是用被中国接受的佛教理论作为认识工具，再去翻译和理解儒学的概念范畴，属于反向格义。章炳麟以唯识学两个理论概括儒学史上五种人性论③，认为"性无善恶，是阿赖耶识的本然状态；性有善有恶，是阿赖耶识（藏识）含藏的受熏的种子，是末那识（意根）中的'四种烦恼'"④。崔大华认为这些判断都不是儒学真意，因为"儒家的人性善恶是对人之本性或人性品质的道德性的评断，不是指人的意识状态；正统儒家坚持人性本善，不是无善无恶"⑤。去掉伦理内容去判断儒家，是不得其要，也是一种有意无意的误解。崔大华对于儒学的特质，始终把握准确，不会被扰乱。章炳麟解人心道心，称人心是依他起自性，道心是圆成实自性。崔大华认为这种论点既不同于古文经学，也不同于理学，而是经由唯识学改造的佛学化的儒学。⑥ 这是以佛注儒，与事实无关，与立场有关。三是裁定儒学内部纷争。章炳麟还以唯识学为工具裁定儒学内部的争论，崔大华举出本体论与工夫论两例。首先是本体论争论，即宋明儒关于理与气哪个是本体的争论。崔大华认为这是客观存在的理论分歧，不可弥合，不可消解。章炳麟则以佛教的法与生的关系解说理与气，认为二者可兼容。他还进一步从妄与真两个层面上消解理气之争，即以遍计执性言之，理与气皆是人的知觉

---

① 崔大华：《儒学的现代命运——儒家传统的现代阐释》，第278~279页。
② 见崔大华《儒学的现代命运——儒家传统的现代阐释》，第279~282页。
③ 告子的性无善无不善论，孟子的性善论，荀子的性恶论，扬雄的性善恶混论，漆雕开、世硕、公孙尼、王充的善恶以人殊论。
④ 崔大华：《儒学的现代命运——儒家传统的现代阐释》，第282页。
⑤ 崔大华：《儒学的现代命运——儒家传统的现代阐释》，第283页。
⑥ 见崔大华《儒学的现代命运——儒家传统的现代阐释》，第283页。

状态，都不可谓本体；以圆成实性言之，则理气亦不存在，更无所谓谁是本体。① 章炳麟就这样取消了理学中的本体之争。其次是工夫论争论，即王守仁致良知与湛若水体认天理之争。崔大华认为，王、湛工夫论上的差别，源于本体论上的差异，"在工夫论中，在王守仁那里，良知即天理，致良知即是达天理，一语本体，即是工夫（《传习录下》），工夫论与本体论已不能或无须分辨，本体工夫合一；但在湛若水这里，却是随处体认天理，天理还是人心或感知之外的存在，还需要一个体认的修养过程，才能达到"②。二人区别的关键在于，外界事实是否真实客观存在，湛若水的答案是肯定的，无心则无物无以反映，而王守仁则似乎是否定的，无心则无物存在。崔大华认为，"章炳麟以佛家'真如'与'本觉'的关系来类比宋明理学中的'天理'与'本心'（心、良知），对阳明心学来说，或许有所吻合；而用于甘泉心学就有了差错，映照朱子的业师李侗（延平）之作为一种平实的修养方法的'默坐澄心，体认天理'，更是不类了"③。理学家的本体与工夫再有差异，毕竟要去的目的地是一样的，即儒家的伦理道德。而佛教追求的是涅槃清净、不生不死。二者一实一空，则路径即便看起来相似，也是同途殊归。崔大华评价章炳麟给儒学的新定位，认为他的研究提供一种可能，即儒学可以以一种历史的、义理的学术形态出现，而在 1911 年后儒学被肢解后，成为现代学科中的哲学一科，有了立身之地。章炳麟从古文经学立场，将儒学与孔子知识化，以唯识理论重新诠释，定位为哲学学科。"这一定位和诠释模式，此后逐渐建构成和显现为 20 世纪中国儒学存在的主要形态。"④

第三，生活（文化）定位。这种主张来自梁漱溟，与章炳麟不同，他认为"孔子的东西不是一种思想，而是一种生活"⑤，"即是说，不应将孔子儒学简单地视为是一种静态的思想观念形态，而应深入地理解为是一种鲜活的、生命的存在表现"⑥。与康有为不同，他认为，"以孔子之教为

---

① 见崔大华《儒学的现代命运——儒家传统的现代阐释》，第 284~285 页。
② 崔大华：《儒学的现代命运——儒家传统的现代阐释》，第 285~286 页。
③ 崔大华：《儒学的现代命运——儒家传统的现代阐释》，第 286 页。
④ 崔大华：《儒学的现代命运——儒家传统的现代阐释》，第 287 页。
⑤ 梁漱溟：《东西文化及其哲学》，商务印书馆，1999，第 216 页。
⑥ 崔大华：《儒学的现代命运——儒家传统的现代阐释》，第 287 页。

中心的中国文化，是一种道德文化，而不是宗教"①。以儒学为一种思想，则儒学可能成为死物；以儒学为宗教，则儒学就会失去特质。崔大华显然更倾向于赞成梁漱溟的观点，他从两个方面阐述后者对于儒学的定位。其一，儒学是生命的表现。如何理解梁漱溟"孔子的东西不是一种思想，而是一种生活"？崔大华从梁漱溟关于生活、思想的定义中探求。他认为，"梁漱溟的生活的观念，是在唯识学、现代西方生命哲学影响下而形成的，从人的心理感受的角度对人的生存状态的概括、描述。生活就是潜存在人的生存状态之内的、作为生命之本质、主宰——意欲的不息不止的跃动"②，强调一种无止境的运动状态。"思想是在知识基础上对宇宙、人生问题的看法、态度；而知识是理智的产生，对事物所作一种凝固化、程式化的静态认知。"③ 思想是基于知识的态度，而知识则是静态认知。因此，求知识的方法不适用于把握生命的本质，"只有随着意欲本能同步运行的直觉才能呈现、体知。直觉是一种融入运动着的、整体的对象中的认识状态，一种境界"④。崔大华认为，梁漱溟对儒学的界定，是现代生命哲学的观点。或者也可以说，是以现代生命哲学注释孔子儒学的结果。这是梁漱溟前期思想，忽略了孔子儒学中突出的伦理道德规范特征，严格来说，这是一种改造而不是一种诠释。梁漱溟用这种理解去诠释儒学的仁与宋明理学的天理人欲，"应该被视为是儒家生活最重要的、伦理道德性质的理念基础'仁''天理'观念，在梁这里都被'本能''自然''直觉'的生命哲学性质的观念浸润"⑤。孔子的东西是一种生活，那么是什么样的生活？梁漱溟用"生"与"乐"来描述，这种生活就是恰好的生活，孔家要旨只在"他圆满了生活，恰好了生活"⑥。梁漱溟的这种理解跟他的思想转变有关，他早年信佛，一心想出家当和尚，后来到了北京大学教书，才逐渐转变，变得入世。那么他如何区分儒与佛，如何解释自己思想与生活的变化？就是以佛教为参照，一个说苦，一个讲乐，一个讲不生

① 崔大华：《儒学的现代命运——儒家传统的现代阐释》，第287页。
② 崔大华：《儒学的现代命运——儒家传统的现代阐释》，第288页。
③ 崔大华：《儒学的现代命运——儒家传统的现代阐释》，第288页。
④ 崔大华：《儒学的现代命运——儒家传统的现代阐释》，第288页。
⑤ 崔大华：《儒学的现代命运——儒家传统的现代阐释》，第289页。
⑥ 梁漱溟：《东西文化及其哲学》，第184页。

不死，一个讲生生不息。因此，生活之前应该加一个定语"我的"，即"恰好了我的生活""圆满了我的生活"。而如何求得这种生活，也并不是当下即是的，其方法"除了是随感而应的直觉呈现外，还有运用理智的内容"①。只有道德成为本能，直觉呈现才会发而皆中节，因此实现恰好的生活需要经过本能的改造，使伦理道德规范内化为本能。崔大华认为，"梁漱溟最终地判定：孔子儒学原来是一种生活的学问；这种生活是生命本能冲动的直觉呈现；这种直觉事先要受到理智的'调理'，是一种'理智的直觉'。梁漱溟对孔子儒学此一最终的定位、定性的判定，含蕴着生命哲学的理论立场与儒家生活的历史实际之间的深刻悖谬、冲突"②。他坚持生命哲学，则排斥理智，拒绝儒家道德；当他回到儒家，又要运用理智，改造本能。"处在生命哲学的理论立场与儒家生活的历史实在的冲突中的梁漱溟，最后是放弃了生命哲学的理论立场。"③ 其二，儒学是道德文化。由于前述的理论冲突，梁漱溟后来放弃生命哲学立场。"在他 20 世纪 40 年代撰作完成的《中国文化要义》中，就改用与'本能''理智'皆有区别的理性观念为理论基础来论述中西文化，审视孔子儒学了。在这里，孔子儒学被定位、定性为一种理性的道德文化，不再是一种'本能'的直觉呈现的生活或生命形态。"④ 在崔大华看来，梁漱溟审视中国文化的方法有两个特色：总是十分自觉地把中国文化放在世界文化的背景下加以分析考察，总是努力地在人的心理层面上追寻中国文化特质形成的根源。⑤ 前者是自觉运用比较的方法，在与异质文化的比较中凸显中国文化特色；后者是从心理学的观察角度，也就是在本能以外的心理世界中探寻中国文化特色的来源。理性是梁漱溟后期思想的核心概念，与理智相比，后者是认知能力，理性则是"人的具有道德内涵（无私的感情）的价值判断能力"⑥。崔大华认为，他的理性是心理学上的界定，不是哲学认识论意义上的界定。虽然在概念运用上过于个性化，但是对于梁漱溟来说却

① 崔大华：《儒学的现代命运——儒家传统的现代阐释》，第 290 页。
② 崔大华：《儒学的现代命运——儒家传统的现代阐释》，第 291 页。
③ 崔大华：《儒学的现代命运——儒家传统的现代阐释》，第 292 页。
④ 崔大华：《儒学的现代命运——儒家传统的现代阐释》，第 292 页。
⑤ 见崔大华《儒学的现代命运——儒家传统的现代阐释》，第 293 页。
⑥ 崔大华：《儒学的现代命运——儒家传统的现代阐释》，第 294 页。

极为重要，"这样，从 20 世纪 20 年代到 40 年代，梁漱溟的文化理论就从以'意欲'为起点的中、西、印三种文化的对比分析，转换为以'理性'为中心的中西文化对比分析"①。以西方文化为参照，梁漱溟概括中国文化的特色在于"伦理本位、职业分途、以社会代国家、以道德代宗教"②。中国文化特色的形成，在于偏重理性而不是理智、偏重道德而不是宗教，在这个比较中，他"将孔子儒学推到了作为中国文化的中心、代表的位置上"③。处在这个位置的孔子儒学，所发挥的作用有二。一是孔子儒学塑造了中国文化以道德代宗教的基本品格。④ 宗教问题是中西分野的关键，梁漱溟这个观察很准确，道德代替宗教发挥整合社会的作用，也是中国文化最重要的特质。二是孔子儒学形成了中国社会生活形态的主要特征。⑤ 梁漱溟用儒学解释中国社会伦理本位、职业分途、文化早熟、没有个人等特征。在梁漱溟的诠释中，"孔子儒学以其伦理的、道德的特质和品格，塑造了中国文化的一切方面的特征，创造了一种生活方式。所以，孔子儒学是一种文化，是中国文化的中心"⑥。

辛亥革命后失去国家意识形态地位的儒学，经由三位学者的诠释，有了三种定位，崔大华认为，"这三种定位都含蕴着对儒学的永久的肯定，不仅组成了此后儒学研究所展现的全幅学术论域，也建构了此后儒学文化生命可能拥有的全部生存空间"⑦。从他的评述中可以看出，他其实赞成第三种定位，他的儒学研究落脚点也在诠释儒家生活方式的现代命运，但是宗教定位具有历史性和思想张力，哲学定位则给予儒学一个存身之所，是一种事实上的存在状态，因此他并没有简单地否定它们，他的思想的包容性由此可见。

2. 理论进展

关于儒学在 20 世纪的理论进展，他重点考察现代新儒家第一、第二、

---

① 崔大华：《儒学的现代命运——儒家传统的现代阐释》，第 294 页。
② 崔大华：《儒学的现代命运——儒家传统的现代阐释》，第 295 页。
③ 崔大华：《儒学的现代命运——儒家传统的现代阐释》，第 295 页。
④ 见崔大华《儒学的现代命运——儒家传统的现代阐释》，第 295 页。
⑤ 见崔大华《儒学的现代命运——儒家传统的现代阐释》，第 297 页。
⑥ 崔大华：《儒学的现代命运——儒家传统的现代阐释》，第 300 页。
⑦ 崔大华：《儒学的现代命运——儒家传统的现代阐释》，第 300~301 页。

第三代的几位代表人物的思想，并从四个方面进行阐述。

第一，认同西方价值，发掘自身价值。崔大华判断，"20世纪中国儒学新的理论进展，首先的表现是十分自觉地认同1919年五四文化思想运动所选择的科学、民主的社会进步目标；十分自觉地发掘自己固有的思想资源，并努力作出现代的诠释，为20世纪中国的社会进步提供思想、精神的支援"①。他认为新儒学从三个方面认同儒学与民主科学的关系。其一，"儒学能兼容民主与科学"②。所谓兼容就是虽有不同，但并不构成反对关系，"儒学的道德性的民本、性善观念，内蕴着一种深刻的对人的存在的根本的和全面的肯定，它虽然不能直接转换为政治性的民主、人权，但可以兼容它"③。儒学作为一种以伦理道德为特色的世俗思想，它具有非常强的包容性与适应性。崔大华认为，"儒学作为一种伦理道德的思想体系，它有理性的科学精神，但并不具有科学方法论的意义；它不会触发、也不会证实人们的科学发现，但较之宗教，儒学世界观对任何真正的科学发现、发展都可以是极为宽容的"④。确实如此。儒学对于引发社会变革的学（党）派，如战国时代的法家、近代的革命性政党，都曾持旁观甚至反对的态度。但是，当它们完成中国社会变革后，儒家也都接受了现实，并更新自己，与之俱进，重新找到定位，这是儒学一个非常大的长处。它重道德轻知识，短于进取，但是长于守成，坚守人类社会存续的伦理底线。其二，"儒学可以'转出'民主与科学"⑤。这是牟宗三的观点。他的分析是，中国没有产生科学，是因为儒学从知识上缺少知性这一环，没有产生民主，是因为在客观实践上缺少了政道之建立这一环。因此，儒学在发展中，就要补上这两个缺环，即在儒学的道德理性中"转出"民主与科学，或内圣开出外王。儒学第三期发展的责任即在于此，其方式是儒家道德理性（良知）之自我坎陷（自我否定）。他借助黑格尔的哲学思想来解决这个理论上的难题。在黑格尔那里，历史是绝对精神自己实现自己的过程，而

---

① 崔大华：《儒学的现代命运——儒家传统的现代阐释》，第301页。
② 崔大华：《儒学的现代命运——儒家传统的现代阐释》，第302页。
③ 崔大华：《儒学的现代命运——儒家传统的现代阐释》，第302~303页。
④ 崔大华：《儒学的现代命运——儒家传统的现代阐释》，第303页。
⑤ 崔大华：《儒学的现代命运——儒家传统的现代阐释》，第303页。

儒学在中国历史上是一个未完成的学说，在第三期，就是要把它自身包含着但以前没有实现的可能性完全地实现，这就是新外王，或者说是民主与科学。① 崔大华评价此说"虽然在理论上是很简便的、可取的，但在实践中仍是十分抽象的、无力的"②，因为它没有一个相应的政治实体去实践、印证他的理论。他的理论与现实实践之间，是一个平行的关系——理论归理论，实践归实践。因此，再完美圆满，也只是思想家的逻辑推演，与现实是两张皮。不过，崔大华还是承认其理论上的合理与深刻，因为他也断定"具有悠久历史的、内涵丰富的，并且在历史上也一直不断地充实和变化着的'仁且智'的儒学系统，在现代情势下，也一定可以长出民主，长出科学"③。其三，"民主与科学是儒学所缺乏的，是儒学应该用自己的和自己以外的思想资源来加以培育、实现的"④。中国没有发展出科学与民主与儒学有什么关系？冯友兰的分析是，没有产生是因为不需要。⑤ 中国哲学的特质是不追求确定性，不追求真理，不在人对自然的认知上花心思，作制度设计，因此没有科学，而"民主是生产社会化文化所形成的经济制度的政治表现，在以家庭伦理道德思想观念为中心而展开的儒家文化中，在这种生产家庭化的文化中，这是不可能出现的"⑥。崔大华判断，"对于儒家来说，五四所提出的科学与民主两个现代化目标的实现，似乎有'为与不为'和'能与不能'的两种情况"⑦。科学是前者，民主是后者。崔大华指出当儒学面对后者的时候，一方面需要自我改造，即从以家庭伦理为中心的生活变为以公共道德为中心的生活；另一方面又要保持自己的核心价值，即要求人们过一种有道德的生活，警惕权力对儒学的扭曲。⑧ 儒学如何才能既发展出民主，又不受到来自西方的异质文化与政治权力的扭曲与异化？崔大华的提醒值得重视。新儒家对民主科学的认同，在他看

---

① 见崔大华《儒学的现代命运——儒家传统的现代阐释》，第 304 页。
② 崔大华：《儒学的现代命运——儒家传统的现代阐释》，第 305 页。
③ 崔大华：《儒学的现代命运——儒家传统的现代阐释》，第 305 页。
④ 崔大华：《儒学的现代命运——儒家传统的现代阐释》，第 305 页。
⑤ 见崔大华《儒学的现代命运——儒家传统的现代阐释》，第 305~306 页。
⑥ 崔大华：《儒学的现代命运——儒家传统的现代阐释》，第 306 页。
⑦ 崔大华：《儒学的现代命运——儒家传统的现代阐释》，第 306 页。
⑧ 见崔大华《儒学的现代命运——儒家传统的现代阐释》，第 307 页。

来，"实际上是一种自我定位，表明儒学决心站在中国社会前进的方向上，与中国未来的社会进步同行"①。关于发掘固有资源，崔大华以两个宣言②为例说明。它们提出东方智慧与东方品格在现代生活中的价值，崔大华尊重他们的努力，并提醒在这个领域中应避免远离文本与历史的"过度的诠释"③。

第二，重建形而上学。崔大华将儒学形而上学的重建视为现代新儒学形成的"主要内容、首要标志"④。他以熊十力、冯友兰、牟宗三为代表阐述 20 世纪儒学在这个方面的进展。其中冯、牟的工作在《儒学引论》中"理学衰落的回应"一节已有较详细的论述，我们在这里将略去后两人的内容。熊十力的儒学形而上学称为新唯识论，它"是用中国哲学中'体'与'用'两个最基本的哲学范畴，对宇宙万物之存在根源和存在状态作最彻底、简捷、周延之哲学表述的理论体系"⑤。崔大华从三个方面阐述熊十力的重建工作。其一，本体观。熊十力的本体思想是在批判传统本体观缺陷的基础上提出的，崔大华认为有两个方面的内容：一是"不可离'用'觅'体'——所以'即用显体'"⑥，二是"不可离心觅体——所以'本心即是本体'"⑦。前者意味着于万物无遗漏，后者意味着与万物同体。根据这样的内容构成，崔大华确认它的理论特色有三：首先，它是一个"十分自觉的、彻底的唯心论体系"⑧；其次，它是一个本体论—宇宙论—人生论三者融成一片的独特的哲学思想体系；最后，本体被证实、被确认，不是通过逻辑推演、理智的思索，而是通过与万物同体的精神境界的体认（性智），或一种修养实践（保任）来实现。⑨ 其二，诠释与批判。崔大华称赞新唯识论最出色之处，在于"理论的自觉与诠

---

① 崔大华：《儒学的现代命运——儒家传统的现代阐释》，第 308 页。
② 1958 年《为中国文化敬告世界人士宣言》与 2004 年《甲申文化宣言》。
③ 崔大华：《儒学的现代命运——儒家传统的现代阐释》，第 309 页。
④ 崔大华：《儒学的现代命运——儒家传统的现代阐释》，第 309 页。
⑤ 崔大华：《儒学的现代命运——儒家传统的现代阐释》，第 309 页。
⑥ 崔大华：《儒学的现代命运——儒家传统的现代阐释》，第 311 页。
⑦ 崔大华：《儒学的现代命运——儒家传统的现代阐释》，第 311 页。
⑧ 崔大华：《儒学的现代命运——儒家传统的现代阐释》，第 312 页。
⑨ 见崔大华《儒学的现代命运——儒家传统的现代阐释》，第 312 页。

释的功能"①。熊十力批评理本体论分裂理与气、气本体论以气为实体、心本体论的问题，在王守仁本人，心本体有未尽之处，也就是还不够唯心，只承认理即心，未达到理亦即物的程度，仍是分裂体用；阳明后学在实践中则割裂工夫与本体，江左王门以用为体，江右王门守体屏用，都是割裂体用的表现。熊十力评价大乘空宗和有宗，以至寂而生化、即用而显体为依据，批评空宗之弊是执于空，不识性体之全；有宗的谬误是宇宙论上两重世界，本体论上两重本体。② 也就是说，前者遗忘生活，后者割裂体用。崔大华认为，熊十力的新唯识论，不可视为"是对佛学的一种新的、忠实的义理诠释，应视为是援借被改造了的佛学来完成的一种新的儒学形上学的哲学创造"③。相比宋儒对佛学的批判，崔大华认为熊十力不作经验性论说，"而是凭借一个创新的'即用显体'本体理论为基础，以'体用不二'的逻辑推证来实现这种批判。所以从纯粹的理论的意义上来评判，新唯识论的佛学批判是高于、精于宋儒的儒佛之辨的，是儒学的一个最具理论色彩的、着力于根本处的佛学批判"④。能够批倒唯心主义的，大概只有更彻底的唯心主义。其三，对新唯识论的一个疑问。"新唯识论最凸显的理论创造是'即用显体'——亦可表述为'体用不二'，表述为'功能即本体'的本体理论，即是一个以体用互摄来诠释本体、将宇宙存在之根源和宇宙存在之状态作为同一个问题或融为同一个问题来阐述的独特的本体理论。在传统的本体理论中，功能总是本体的显现，宇宙存在的状态总要追溯到宇宙存在的根源。在这个理论立场看来，新唯识论似乎是以功能取消本体，以宇宙状态替代宇宙根源，在其理论起点处显露有一个'缺口'，难免会使人产生这样的疑窦问难：在'即用显体'或'空寂生化'之先有否更深的实在根由？"⑤ 若体用互摄，根源与状态同一，则存在是何以存在的？这是崔大华向新唯识论提出的疑问。熊十力用自然来解说，没有讲出更多的道理，也许在他那里是不言自明的。崔大华认为，这

---

① 崔大华：《儒学的现代命运——儒家传统的现代阐释》，第 313 页。
② 见崔大华《儒学的现代命运——儒家传统的现代阐释》，第 313~317 页。
③ 崔大华：《儒学的现代命运——儒家传统的现代阐释》，第 317 页。
④ 崔大华：《儒学的现代命运——儒家传统的现代阐释》，第 318 页。
⑤ 崔大华：《儒学的现代命运——儒家传统的现代阐释》，第 318 页。

"表明熊十力或许还没有提炼、形成一个可以涵盖、统摄宇宙存在之根源和存在之状态的更高的哲学本体范畴,如'存在'。显然,以'存在即本体'替换'功能即本体',似乎就可以堵住新唯识论理论起点处的那个'缺口'。但是,这样一来,新唯识论的本体理论又回到了传统理论的旧轨道上了"①。本体论如何既合理又周延,这确实是一个困难的问题。它似乎是触及了如何言说那个不言自明的东西的问题。

第三,阐发儒学的内在超越。崔大华认为,这项工作的背景是儒学为应对西方挑战,破解方向迷失而进行深刻自我认识的结果。我国港台新儒家"援依、映照西方文化、思想中具有最高精神价值的宗教之特质,共同地将儒家的具有根源性内涵的天(天道、天命)诠释为'内在超越'"②。崔大华认为,牟宗三最先明确地说儒家的天的性质是内在超越。他是从《诗经·维天之命》中找根据,他的结论的关键之处,是在天道贯注于人身之时,又内在于人而为人之性。这是以天道既为本体,亦为流行,天道与性有内在关系的宋代理学的观念基础上才能作出研判,是本体论层面的宇宙本体与道德本体合一的结论。③ 天道通过人尽其性而实现自己,余英时从孔孟的论说里推出这个结论,"在余英时这里,内在超越是价值论层面上的结论,是对与西方文化不同的儒家文化之价值源头和价值实现途径不可分离、超越世界(价值)和现实世界(事实)没有鸿沟的观念之概括表述"④。自律的文化根基和世俗的文化根基都在儒家。刘述先在将儒学与西方基督教传统的对比中,解说这个结论,"在中国传统思想观念范围内,儒家的道德理论和实践,在汉唐以来的儒、佛、道之辨中,其与佛家、道家(道教)相比较,一直定位为'外'而不是'内'"⑤。而以基督教为参照时,它又具有了内在的性质。他还指出刘述先拿来作参照的基督宗教观念,来自新正统学派神学,后者所理解的上帝是绝对的外在的超越存在。⑥ 三位学者同样诠释儒学的内在超越性质,但在进一步阐发儒学特色

① 崔大华:《儒学的现代命运——儒家传统的现代阐释》,第318~319页。
② 崔大华:《儒学的现代命运——儒家传统的现代阐释》,第339页。
③ 见崔大华《儒学的现代命运——儒家传统的现代阐释》,第339页。
④ 崔大华:《儒学的现代命运——儒家传统的现代阐释》,第340页。
⑤ 崔大华:《儒学的现代命运——儒家传统的现代阐释》,第340页。
⑥ 见崔大华《儒学的现代命运——儒家传统的现代阐释》,第340页。

时，则各有不同。牟宗三将儒学诠释为一种宗教，称为人文教。刘述先认为儒学具有宗教性内涵，但并不是严格意义上的宗教。余英时则否定儒学是宗教，而认为它是一个文化价值系统的核心理念。崔大华主要介绍和评价牟宗三的理论企图，他认为，"在儒家的生活方式下，创立一个新形态的儒家宗教，既无必要，也不可能，但他的理论诉求——要以儒学的自我理论生长、发展来实现儒学或中国文化的绵延存在、发展，还是应受尊重的"①。

第四，自觉的方法论创新。崔大华认为我国港台新儒家提出的创新方法主要有三个，即转化、重构、对话。其一，转化。以杜维明为代表，认为儒学要继续存在，就需要进行现代转化，包括进入现代语境、具有现代观念、回应现代问题等方面。也就是用现代语言表述传统思想，接受启蒙价值（自由、平等、人权、法治）。② 崔大华同意杜维明的观点，同时也指出，"西方背景的生活经历、文化感受和理论渊源，使其问题意识多产生自回应西方学者对儒学的质疑，罕有对儒学自身历史发展中滋生、积累的问题的观照；问题阐述和证验多参引西方资本主义社会生活，弱于和中国已经发生和正在发生的现实——中国现代化进程相切合"③。就是说，其思想充当的是桥梁角色，与儒学的历史和中国的现实之间都存在着脱节。其二，重构。重构就是"先确定一核心观念、基本原则，或先设计一理论架构，再以之审视、诠释儒家传统或中国哲学，使之以一种与这个架构、原则一致的，且有现代观念内容的新的理论面貌出现"④。这一方法的代表是余英时的"价值系统的中心观念"、刘述先的"理一分殊"、成中英的"本体诠释"。余英时自述其诠释角度受到历史学家维柯、人类学家克罗伯的文化观影响而成，即认为文化是多元的，每一民族都有自己的独特文化；每种文化的核心，是由一套传统观念，尤其是价值系统所构成。⑤ 这实际上是否定了西方文化的唯一正确性，承认其他文化不会因其外源性现代化而失去存在的价值。由此他有两个结论，即现代化不等于西

---

① 崔大华：《儒学的现代命运——儒家传统的现代阐释》，第 343 页。
② 见崔大华《儒学的现代命运——儒家传统的现代阐释》，第 346~347 页。
③ 崔大华：《儒学的现代命运——儒家传统的现代阐释》，第 347 页。
④ 崔大华：《儒学的现代命运——儒家传统的现代阐释》，第 347~348 页。
⑤ 见崔大华《儒学的现代命运——儒家传统的现代阐释》，第 348 页。

化，中国传统的现代化是基本价值和中心观念的调整与转化。① 这个基本价值和中心观念就是前述的"内在超越"。余英时研讨儒家的内在超越展开形成的价值体系，即人生意义之网。从这个角度诠释中国文化传统的现代转化有三个特色。一是如何实现科学和民主，他的答案是科学需要西化来实现，民主需要转化来实现，即儒家固有道德价值中蕴含的平等自由理念，经由现代法治制度转变为现实。二是中国传统价值的后现代意义。②他认为中国文化具有内倾性格，它在现代化过程中的确曾显露了不少不合时宜的弊端，但"中国文化之所以能延续数千年而不断却也是受这种内在的韧力之赐"③。这种性格不适用于现代化早期，到了后现代，则值得重视了。三是现代儒学的困境。余英时认为，儒学内在超越的特质，在现代科学背景下，在辛亥革命和"五四"之后制度文化巨大变迁的情境下，会使儒学落入两个困境。首先是理论性的问题：根源于内心的超越的价值，能否得到一个高于传统儒家经验性说明之上的、科学的证明？其次是实践性的问题：儒学以往是通过制度化而存在和发挥作用，那么在传统社会解体后，如何制度化落实这个价值体系？④ 对于第一个问题，余英时的回答是，既然人有与生俱来的语言能力，那么，也可能有先天价值自觉能力。崔大华评价在这个问题上，儒学陷入一个在理论根本之处必须确认而又不能确证的理论困境之中。对于第二个问题，"在余英时看来，现代处境中的儒学困境，在于它只是不断被注入现代论说的观念性的历史遗迹，难以获得能在现代人伦日用、社会结构中表现其价值实现的那种新的生命"⑤。因为他认为儒学的践履，没有制度性保障是不可行的。崔大华评价余英时方法创新的结论"既显示出这是一个视域很宽广的诠释角度，也表现了注重实证根据，尊重历史实际的历史学方法论特色和理论品质。正是这种历史学的理论品质，使余英时能突破一直盘踞在中国现代化的道路这个论域里的中体西用或全盘西化的模式设计，而代之以对已发生和正

---

① 见崔大华《儒学的现代命运——儒家传统的现代阐释》，第 348 页。
② 见崔大华《儒学的现代命运——儒家传统的现代阐释》，第 349~350 页。
③ 余英时：《从价值系统看中国文化的现代意义》，载余英时《中国思想传统的现代诠释》，江苏人民出版社，1995，第 19 页。
④ 见崔大华《儒学的现代命运——儒家传统的现代阐释》，第 351 页。
⑤ 崔大华：《儒学的现代命运——儒家传统的现代阐释》，第 352 页。

发生的历史事实的客观叙述；对儒学作为中国文化主流的界说，不仅指陈它的儒家教义之内涵，还凸显其受儒家教义影响而形成的、以制度化为主要内容的生活方式之意蕴；即使像内在超越这样具有形上性质的观念，也要执着地试图从实证科学那里去寻找科学的证明，而鄙弃心性哲学的体悟的论证"①。余英时是一个历史学家，他的研究追求思想的公共性、可验证性，极力避免依靠个人经验的路径，这是长处，也是局限。崔大华认为余英时引用乔姆斯基，试图给价值自觉生成留下空间，但在乔姆斯基那里，对于生成语法之外的能力是一概否定的。从形下的语言能力推求形上的价值自觉，也构成逻辑上的不类。② 也就是说，余英时这个引用论证是失败的，或者说，他试图用科学的方法论证价值自觉存在，可能是缘木求鱼。崔大华还认为，"他（余英时——作者注）的游魂说似乎看重了制度化在一种生活方式中的决定作用，看轻了儒家独特而周延的伦理道德思想观念（这里可以有包括内在超越的价值系统在内的许多表述），实际上已渗透进、融化入制度层面以外的更广泛、深入的生活方式中。在一种异质文化背景下观察，制度虽变，其作为一种独特生活方式的特质、特色仍存。这里需要凭借历史学以外的理论视角来研判"③。不依靠国家权力，儒家仍然可以凭借其深厚的合理性，继续在中国人的生活中发挥重要作用。可以想见，海外新儒家的这些研究方法、研究结论，以及他们留下的问题，都会构成崔大华儒学现代命运研究的学术背景和他试图回应的问题。刘述先的"理一分殊"是他重构传统儒学的核心观念。这个命题来自程颐，由朱熹扩展为三个层面（本体论、宇宙论、伦理道德）。刘述先接受朱熹的诠释，并使之成为具有方法论原则的观念。崔大华认为，理一分殊对儒学的重构表现有三。一是重新诠解儒家传统中科学与民主的生成和研判中国哲学的独特之处。④ 牟宗三认为"良知自我坎陷"可开出科学与民主。刘述先认为仁、生、理是理一，其现代表现是分殊，他是"以理一分殊的理论构架，缘依一种历史发展的经验与

---

① 崔大华：《儒学的现代命运——儒家传统的现代阐释》，第 352 页。
② 见崔大华《儒学的现代命运——儒家传统的现代阐释》，第 352 页。
③ 崔大华：《儒学的现代命运——儒家传统的现代阐释》，第 352~353 页。
④ 见崔大华《儒学的现代命运——儒家传统的现代阐释》，第 354 页。

逻辑，诠说儒家理念能表现出科学与民主"①。刘述先还认为，"中国文化最深刻处，在无论儒、释、道，都体现一种'两行'的道理"②。两行概念出自庄子，崔大华认为它有两个层面的诠释：认识论意义上的齐是非和存在论意义上的道通为一。③ 第一种更符合庄子写作《齐物论》的背景与原意，后一种则是一种延伸理解。刘述先选择后一种，并将其表述为理一与分殊。一通之道与分殊之万物，他用理一分殊理解庄子的两行之道，并以超越（理一）和内在（分殊）为两行之内涵，诠释儒佛道。二是回应西方后现代的哲学困境和全球伦理的追求。④ 刘述先认为，"解释学、结构主义等这些西方后现代哲学身上的困境，主要是'陷落在相对主义的回流之中'，是'只见内在，不见超越'。然而中国哲学的理一分殊，却是变易之中有不易，超越就在内在之中，完全可以化解西方后现代哲学所没入的那种纷扰，为之显示了一条可以走出困境的路线"⑤。也就是后现代哲学只见分殊，不见理一，只有破坏，没有建设。中国哲学则不然。关于刘述先"理一分殊"对于全球伦理的追求，崔大华提供了思想背景。20世纪八九十年代，多元文化背景下，普遍性如何可能？学者们提出了两种模式：极小或极大模式，提供底线伦理、最小的规范，或崇高的价值要求；文化平行模式，不界定普遍性伦理的内涵，而是对话理解，没有结论，只是过程。⑥ 刘述先对两个模式都不满意，他认为可以用"理一分殊"来解决世界伦理的理论困境，有差别并不妨碍沟通。三是作为建构系统哲学的核心的、基础的理念。刘述先有一个学术抱负是创建一个包括人生内容的共同根源和有机整体的系统哲学。崔大华认为理一分殊是"可以融摄系统哲学两个基本问题的理念基础、核心观念"⑦。他的理论意图，似乎是以理一超越、容纳不同文化的差异，将差异定位在分殊的层面上。成中英的本体诠释学是"试图将本体论与方法论——即从不同角度

---

① 崔大华：《儒学的现代命运——儒家传统的现代阐释》，第355页。
② 崔大华：《儒学的现代命运——儒家传统的现代阐释》，第355页。
③ 见崔大华《儒学的现代命运——儒家传统的现代阐释》，第355~356页。
④ 崔大华：《儒学的现代命运——儒家传统的现代阐释》，第356页。
⑤ 崔大华：《儒学的现代命运——儒家传统的现代阐释》，第356~357页。
⑥ 见崔大华《儒学的现代命运——儒家传统的现代阐释》，第357页。
⑦ 崔大华：《儒学的现代命运——儒家传统的现代阐释》，第358页。

观察的结构与过程、知识和价值、部分与整体等融为一体、相互诠释的一种理论模式、架构"①，也就是以本体批评方法，以方法批评本体，凸显本体，使方法适应目标。他自称本体诠释学是"基于对奎因思想的批评反省，融合中国哲学及欧洲诠释学的传统而发展出来"②。其形成受到《易经》整体观念的启发，不过崔大华认为，"他（成中英——作者注）的本体诠释学的内容架构——所谓十项原则或四个阶段，却正是为顺应西方哲学传统的主客体之分和为融摄现代西方哲学的主要流派或八种思潮——现象学、结构主义、存在主义、机体论、分析哲学、批判理论、过程哲学、实用主义而设计，充盈着现代西方哲学的观念内容和话语、逻辑色彩"③。也就是说，他的问题和方法都来自西方哲学。崔大华选择三个问题反映成中英本体诠释学的诠释功能。一是中国哲学的重建——中国哲学现代化与世界化的实现。④ 成中英认为以西方哲学方法论、知识论改造、补充中国哲学的不足，就是中国哲学的重建，完成重建即实现中国哲学的现代化，以后者评说西方哲学、回应它的挑战，就是中国哲学的世界化。⑤ 崔大华肯定本体诠释学试图容纳全部西方现代哲学并促使中国哲学理论生长的学术追求，同时认为这需要有对中西哲学历史实际和理论逻辑的准确的理解和认识，"这样，在对它们之间的对接、综合、整合的诠释中，才不会发生与这种实际和逻辑的背离，用哲学诠释学的话语来说，才能形成真前见和具有合理性、真理性的视域融合；而缺失这种合理性、真理性，尽管是新颖的诠释，也不能有被理解、被接受、被传播的理论品质和活力"⑥，这是委婉地指出本体诠释学尚有不足。二是科学、民主何以可能——"圆性"。⑦ 成中英罗列十二项性的含义，将其称为原性，然后将其整合，消解性即理与心即理的对立，称为圆性。在圆性的心性结构中，又援引《中庸》合内外之道，将理析为内理与外理，即理的根源性和它的外

① 崔大华:《儒学的现代命运——儒家传统的现代阐释》，第358页。
② 崔大华:《儒学的现代命运——儒家传统的现代阐释》，第359页。
③ 崔大华:《儒学的现代命运——儒家传统的现代阐释》，第359~360页。
④ 见崔大华《儒学的现代命运——儒家传统的现代阐释》，第360页。
⑤ 见崔大华《儒学的现代命运——儒家传统的现代阐释》，第360~361页。
⑥ 崔大华:《儒学的现代命运——儒家传统的现代阐释》，第361页。
⑦ 崔大华:《儒学的现代命运——儒家传统的现代阐释》，第361页。

显。他将理的历史性实现称为内理化，理的未来性实现称为外理化，二者统一在时间性的心性整体结构中。① 这似乎是说，理在中国历史上实现的是道德实践，在未来要实现的是科学与民主，而后者需要具有"圆性"的人来实现。"这样，在本体诠释学中，科学、民主就是心性结构中的一种理性存在，科学、民主必须是在内理化与外理化相互作用中才能实现。"② 崔大华认为，成中英的这一套设想，主要是针对牟宗三道德的形上学关于这个问题的回答，后者遗漏了程朱理学。"在成中英看来，牟宗三'良知坎陷'说，实际上是以心性的本源性，即'内理化'为心性的唯一价值内涵，故以陆王为正统，忽视了程朱格物穷理的心性'外理化'的方向。所以，在以道德为主体、本体的道德的形上学那里，儒学如何能开出科学与民主的问题，并未获得真正的解决。"③ 就是说，他不认为良知自我坎陷后就能生长出科学与民主。崔大华评价成与牟的答案虽不同，但是理论性质完全相同，即先有预设，再自洽地逻辑推演，得出结论。道德的形上学视程朱为旁出，本体诠释学将心即理与性即理置于同一层面上作内理外理的互动整合（朱熹的心是宇宙论概念，陆王的心是本体论概念），都与真实的历史相脱节。崔大华认为二者在这个方面也是一样的。④ 三是儒学历史问题的研判。⑤ 崔大华举出两个例证。首先是对历史上朱陆之争的评断。传统的观点是集中在朱陆方法论差异上，现代学者则深入本体论差异上。从本体论着眼会显化差异，而若注意到朱陆理论目标的同一，则会淡化差异。成中英认为程朱与陆王之间，是本体和方法之间关系的争论，程朱重客观物质世界，对心本身的主体性反省不那么重视，陆王把精神和本体结合，忽视客观物质世界。⑥ 崔大华认为，"本体诠释学的这种综合、整合，只是一种诠释的预设、推演，与朱陆之争的历史实际、理论逻辑皆有距离"⑦。本体论层面上的差异是不可弥合的，强行弥合就会陷入折中主义

① 见崔大华《儒学的现代命运——儒家传统的现代阐释》，第 362 页。
② 崔大华：《儒学的现代命运——儒家传统的现代阐释》，第 362 页。
③ 崔大华：《儒学的现代命运——儒家传统的现代阐释》，第 363 页。
④ 见崔大华《儒学的现代命运——儒家传统的现代阐释》，第 363 页。
⑤ 崔大华：《儒学的现代命运——儒家传统的现代阐释》，第 363 页。
⑥ 见崔大华《儒学的现代命运——儒家传统的现代阐释》，第 365~366 页。
⑦ 崔大华：《儒学的现代命运——儒家传统的现代阐释》，第 366 页。

的泥沼，"折中主义总是在一种忽略或无知于对立的或有差异的对象之间理论上或情境上之根本差别的情况下，将其综合"①，这是一个比较严肃的批评。其次是对当代新儒家理论局限的评断。② 主要是批评牟宗三的局限。成中英认为牟宗三对宋明理学的判系失之偏颇，暴露了其理论融合力不高和哲学体系构架的狭隘性缺点。牟宗三对西方哲学只抓住康德，未能把握整个西方哲学内在的发展动力。崔大华认为，这个评价有基本的历史事实，但也不足以否定掉道德的形上学。③ 事实上，牟宗三的道德的形上学虽然一直受到批评，但他能够鲜明地表达自己的观点，确实更有学术个性和突出的创造性。崔大华总评成中英的理论创造，"本体诠释学的理论架构吸纳了几乎全部的现代西方哲学观念，用之化作资源或理路，形成很强的诠释功能，以儒家为主体的传统中国哲学在这里可以获得多方面的现代诠释。但是，也应该说，由本体诠释学诠释出的儒学真理、中国哲学真理，时时都要经受历史真实性和逻辑合理性的检验"④。就是说，本体诠释学的历史真实性和逻辑合理性是存疑的。其三，对话。所谓对话，崔大华的界定是"在当代由经济、科技的快速发展而形成的全球化，和伴此而来的由民族文化自我认同的普遍觉醒而形成的多元化之背景下，作为一种文明形态或宽泛意义上的一种宗教的儒学与其他文明或宗教间的对话，一种不同文化、宗教间实现相互理解、和谐共存的努力"⑤。20 世纪六七十年代以后，亚洲四小龙快速工业化，它们都属于儒家文化圈，没有宗教传统，这似乎说明现代化并非只与特定的文化传统挂钩，西方之外的文明也可以有自己的现代化路径。在这样的事实背景下，对话才有可能。崔大华试图从对话这种方法中研判它"对于推动传统儒学现代转化、理论发展所具有的方法论价值"⑥。他主要以杜维明的研究结论为考察对象，他认为后者经由文明对话产生三个理论环节上的结论。第一个结论是"现代化模式和现代性的多元性"⑦。杜维明认为东亚

---

① 崔大华：《儒学的现代命运——儒家传统的现代阐释》，第 366 页。
② 崔大华：《儒学的现代命运——儒家传统的现代阐释》，第 366 页。
③ 见崔大华《儒学的现代命运——儒家传统的现代阐释》，第 366~367 页。
④ 崔大华：《儒学的现代命运——儒家传统的现代阐释》，第 367 页。
⑤ 崔大华：《儒学的现代命运——儒家传统的现代阐释》，第 367 页。
⑥ 崔大华：《儒学的现代命运——儒家传统的现代阐释》，第 367 页。
⑦ 崔大华：《儒学的现代命运——儒家传统的现代阐释》，第 369 页。

现代性是西化和包括儒家在内的东亚传统互动的结果。由此还认为，伊斯兰教之于东南亚、印度教之于南亚、佛教之于亚太、天主教之于拉美、东正教之于俄罗斯、本土宗教之于非洲，也可以发挥类似的作用。现代化的多元倾向，乃至非西方的现代文化的创生，皆可不言而喻。① 崔大华认为这个论断，不是对话的结果，而有其他的依据，包括德国哲学家雅斯贝斯的轴心文明概念、美国社会学家柏格森的三种工业文明的观点。"论证儒家传统不会悖谬于，而是可适应甚或有助于现代化进程，一直是现代儒学的理论主题之一。杜维明从世界多元文化背景下作出这种论证，较之前此众多学者主要从儒学资源内部发掘理据的论证，是重要的补充与进展。"② 将特定的历史提炼为规律，试图推演出一个东亚之外的多样工业化场景。可是几十年过去，这种场景没有发生。一场金融危机，四小龙四小虎全部被收割，其他地区也看不到工业化的希望，因此这个结论的一般意义仍旧存疑。第二个结论是"儒学具有回应现代性问题的丰富资源"③。杜维明认为现代性主要有三个内容，即市场经济、民主政治、个人主义。为回应现代性危机，西方世界诞生四种重要的思潮，即生态意识、女性主义、宗教多元主义、全球伦理。④ "发掘传统儒学的思想资源，参与回应现代性的社会危机，既是儒学的社会责任，同样也是它的理论创新的发展的契机。"⑤ 这也正是崔大华《儒学的现代命运——儒家传统的现代阐释》一书下编的内容。第三个结论是"儒学的新定位"⑥。儒学的新定位是指它的外延性和内涵性定位。前者是指儒学影响所及的族群，形成儒家文化圈、文化中国两个概念，后者是指儒学理论特质的新定位，杜维明将伦理道德泛化为人文主义。⑦ 崔大华认为内涵性定位在两点上改变了传统儒学。一是将儒学作为一个凸显伦理道德特质的理论思想体系，转移到一个更普泛的哲学人类学的理论平台上，界定为既含有超越，又不排斥自然的涵盖性强

---

① 见崔大华《儒学的现代命运——儒家传统的现代阐释》，第 369 页。
② 崔大华：《儒学的现代命运——儒家传统的现代阐释》，第 370~371 页。
③ 崔大华：《儒学的现代命运——儒家传统的现代阐释》，第 371 页。
④ 见崔大华《儒学的现代命运——儒家传统的现代阐释》，第 371 页。
⑤ 崔大华：《儒学的现代命运——儒家传统的现代阐释》，第 371 页。
⑥ 崔大华：《儒学的现代命运——儒家传统的现代阐释》，第 372 页。
⑦ 见崔大华《儒学的现代命运——儒家传统的现代阐释》，第 372~374 页。

第四章 儒学研究

447

的人文主义。二是将儒家社会生活中伦理角色的、伦理性的个人，置换为自然人格的、主体性的个人。① 他判断这种改变既是一种发展，也造成一种断裂，"从构成文明对话之背景的两个基本方面——全球性（全球化）与根源性（本土化、多元化）来看，自觉不自觉地强化了它的普适性的、能融入现代语境的方面，而削弱了它的本土根源性的、固有理论逻辑的方面"②，给儒学的新定位模糊甚至掩盖了儒学理论特色。

对于 20 世纪儒学的理论进展，崔大华指出其两个方面的理论缺陷：一是在这里，儒家传统主要是作为一个观念体系被诠释，儒家传统作为一种生活方式的内容并未得到阐释；二是在这里，与在儒家传统诠释的生活方式内容被遗忘相犀连，在对儒家思想观念的诠释中，表现为对思想观念发生、演变的历史情境的遗忘。③ 我国港台新儒家远离儒家传统生活的最大区域，即中国大陆，理论上的隔膜源于生活环境的差异。他们都生活在西方文化包围中，以他者的眼光看待中国思想。他们的研究还显示出经学基础比较薄弱的情况。总之就是没有生活、以古注我。

在对 20 世纪儒学理论状态的考察的基础上，崔大华开始了他的"接着讲"——接着现代新儒家讲，也就是接着梁漱溟讲儒家生活方式的现代表现，接着杜维明讲儒学对现代性的回应。

（二）实践贡献

一般认为中国的现代化始于鸦片战争，不过崔大华认为它的决定性和基本实现的阶段，则在辛亥革命、新中国成立和改革开放这几个重要的时间节点之后。④ 在这个论题中，他要考察的是，"在中国现代化进程中，儒家传统——儒家思想及其模塑的生活方式中仍然活着的、珍贵的积极因素，如何影响、推助了这个进程"⑤。他引用已有的现代化理论，确定现代化实质是农业生产力形态向工业生产力形态的转变过程，根据动力不同

---

① 见崔大华《儒学的现代命运——儒家传统的现代阐释》，第 374 页。
② 崔大华：《儒学的现代命运——儒家传统的现代阐释》，第 374 页。
③ 见崔大华《儒学的现代命运——儒家传统的现代阐释》，第 375 页。
④ 见崔大华《儒学的现代命运——儒家传统的现代阐释》，第 376 页。
⑤ 崔大华：《儒学的现代命运——儒家传统的现代阐释》，第 376 页。

分为内源性现代化与外源性现代化。中国的现代化是在 1840 年鸦片战争失败后被迫启动的，是外源性的现代化，是属于后进国家或后来者的现代化。① 根据现代化进程与儒学的关系，他以 1911 年为界，将现代化进程分为两个阶段，即辛亥革命之前与辛亥革命之后。他提出的理由是两个阶段中，儒学的地位与功能不同，在现代化中的表现也不同，"在辛亥革命以前的中国现代化初始阶段，儒学扮演的是一个负面的角色；中国早期现代化步履艰难和最终失败，作为当时国家意识形态的、被君主专制的政治异化了的儒学，是难辞其咎的"②。而他要考察的是辛亥革命之后儒学在中国现代化进程中的贡献和新的生长点。关于儒学在现代化中的贡献，为避免先入为主式的研究，他深入研究现代化理论，注意到它曾经过重要修正。早期现代化理论的三个重要观点：现代社会与传统社会是对立的、现代化即西化、启动现代化的动力是科技革命的发生，20 世纪六七十年代以后，这些观点被修正，原因是这一时期西方以外的一些国家和地区也快速工业化，而它们在工业化的同时，仍然保持着不同于西方的传统文化。经过修正，现代社会与传统社会不是简单对立的，现代化不等于西化，启动现代化的动力不仅有科技革命，还有更多复杂的因素。③ 以此为理论根据，他提出现代化进程中儒学可能发挥作用的三个方面：提供现代化所需要的动力、秩序与适应性。

1. 动力

崔大华将儒学为中国现代化提供的动力因素提炼为一句话，即"中华民族的复兴"。它的基本内涵，在孙中山是以民族主义挽救危亡，在毛泽东是抵抗侵略，光复旧物。崔大华认为，这个号召得到普遍认同，转化为精神力量，成为支持现代化进程的动力。④ 为什么实现中华民族复兴会有如此强大的号召力？国家兴亡为什么与我有关系？他认为这只能从儒家生活方式中得到解释。他从三个具体方面解释这个精神动力与儒家传统的关系："对国家的伦理认同、社会责任的意识和勤勉的品质。"⑤

---

① 见崔大华《儒学的现代命运——儒家传统的现代阐释》，第 376~378 页。
② 崔大华：《儒学的现代命运——儒家传统的现代阐释》，第 382 页。
③ 见崔大华《儒学的现代命运——儒家传统的现代阐释》，第 382~384 页。
④ 见崔大华《儒学的现代命运——儒家传统的现代阐释》，第 385~386 页。
⑤ 崔大华：《儒学的现代命运——儒家传统的现代阐释》，第 386 页。

第一，对国家的伦理认同。它回答的问题是，为什么国家兴亡与我有关。崔大华认为这是因为儒家培育了人们对于国家的伦理性质的认同。所谓"伦理性质的认同"，就是"把自己的国家、民族视为与家庭同质同构的、更高更大的伦理共同体来予以认同的"①。现代学者通常将国家视为一个政治实体，而"在儒家，则主要是把国家视为是大于、高于家庭的伦理共同体"②。在中国，家国一体的观念是由儒家塑造的，这就是前述儒学在民族融合中的作用。它的华夷之辨既包括血缘界限，也包括文化界限，以后者为主。这一文化认同产生了两个重要的历史结局："一是汉民族扩大""二是中华民族的形成"。③ 对国家的伦理认同，在平时弱于对家庭的认同，而在遭受异族入侵而导致政治和文化危机时，则会被唤醒，激发出巨大的动力。东西方列强入侵造成的政治与文化危机，与历史上的游牧民族入主中原和佛教入华不同，它不仅在物质力量上压制了中国，而且在文化上也以先进性而压制中国，这是中国第一次遭遇到这种双重压制。到最后又上升到种族压制，就是否定你这个种族平等生存的权利。唤醒国家伦理认同，实质就是唤醒民族身份认同，这是从文化上反抗外族压制，以求平等生存的权利。

第二，社会责任意识。"儒家传统中，在对国家、民族伦理认同的精神环境里，也会十分自然地孕育出一种责任的意识———一种由儒家伦理道德理念生长出来的一个人能自觉地将实现、维护国家、社会民众的利益，视为自己应有的义务、应尽的责任的观念。"④ 他认为儒家关于社会责任观念较明确的表述在曾子的"仁以为己任"（《论语·泰伯》）和孟子的"自任以天下之重"（《孟子·万章下》）。以仁在自身的实现、仁政在天下的实现为己任。没有人要求他们这样做，没有人给予他们便利，他们自己把责任扛在了肩上，这就是道德自觉的力量。崔大华非常尊重和赞叹儒家这种道德理性的作用。他认为，"在中国现代化进程中，这种由儒家传统发育出的社会责任意识每表现为关切国家现代化道路的选择，愿为国家

---

① 崔大华：《儒学的现代命运——儒家传统的现代阐释》，第 386 页。
② 崔大华：《儒学的现代命运——儒家传统的现代阐释》，第 387 页。
③ 崔大华：《儒学的现代命运——儒家传统的现代阐释》，第 388 页。
④ 崔大华：《儒学的现代命运——儒家传统的现代阐释》，第 391 页。

现代化事业的进展贡献力量。换言之，这种社会责任意识也是儒家传统可能为中国现代化进程提供的动力因素之内涵构成之一"①。他以两个典型事例说明儒家传统在中国现代化进程生长的深入与广泛。一个事例是五四运动，他判断儒学与这次伟大的觉醒有十分特殊的关系。简言之，儒学在"五四"时期，既是批判对象，又是积极和正面的因素。前者不言而喻，后者则有待发掘。他认为儒学的积极方面，"正是儒家的基本伦理道德精神——对家庭、国家、民族的责任感、义务感铺垫了五四精神基础，孕育出五四的爱国热情"②。他引用鲁迅、吴虞的话，认为他们对于儒学，意不在批判，而在革新，他们是以儒家积极的方面批判儒家消极保守的方面。陈独秀青年时代办报，向民众宣传国破家亡的道理，胡适年轻的时候不谈政治，想以思想文艺为政治建筑新的基础，他认为这显现出天下兴亡、匹夫有责的儒家心态。③他还辨析道，不同文化中都会有责任感、义务感，但宗教情感不同于儒家伦理感情，"在中国文化中，这是儒家的传统"④。另一个事例是商人阶层的责任意识。传统社会将民众分为士、农、工、商四个阶层，商人地位最低，"但商人对于儒家伦理道德的价值观念，也是自觉地认同和践履的"⑤。例如，崇祯末年，李自成起义军势如破竹之时，一个商人将全部积蓄三百两银子捐给国家，皇帝要给他官职，他固辞不受；1915年全国反袁世凯与日本的《二十一条》时，商人阶层声明中"毁家纾难，杀身成仁"的态度；21世纪初关于商人阶层响应企业社会责任的调查结果。他判断这些都源自儒家的社会责任意识，并在不同时期转化为推动中国现代化进程的动力因素。⑥

第三，勤勉的品质。"中国现代化的最终实现，都寄望于、依赖于全体中国民众在自己职业岗位上的勤奋的劳作。"⑦ 在现代化所需的民众吃苦贡献方面，西方是靠新教伦理，中国是靠儒家传统。崔大华认为，儒家

---

① 崔大华：《儒学的现代命运——儒家传统的现代阐释》，第392页。
② 崔大华：《儒学的现代命运——儒家传统的现代阐释》，第393~394页。
③ 见崔大华《儒学的现代命运——儒家传统的现代阐释》，第393~394页。
④ 崔大华：《儒学的现代命运——儒家传统的现代阐释》，第394页。
⑤ 崔大华：《儒学的现代命运——儒家传统的现代阐释》，第396页。
⑥ 见崔大华《儒学的现代命运——儒家传统的现代阐释》，第396~399页。
⑦ 崔大华：《儒学的现代命运——儒家传统的现代阐释》，第400页。

传统塑造的勤勉品质，"在新教伦理这种宗教性内涵的勤奋品质映衬下，它凸显的是一种世俗的道德理念"①。勤勉作为宗教理念，它要求教徒要印证自己是上帝的选民，就要靠劳作，这是神圣的奉献，不是庸俗的、无价值的活动。与之不同，崔大华指出儒家传统中的勤勉品质的特点有二。其一，"儒家传统的勤勉品质根基于儒学对现世的、具有物欲内容的世俗生活的充分肯定"②。其二，"儒学的世俗品性中总是充盈着道德的性质，儒家在现世的、物欲的世俗追求中始终保持着道德的理性自觉"③。也就是说，儒家传统的勤勉同时具有世俗性和道德性。保持欲望有益于生存，或者说，是生存的必需条件，但放纵欲望又会产生很多社会问题，因此需要引导和控制。活力与秩序之间需要一个平衡。道德是约束，也是平衡。吃苦耐劳，相信付出会有回报，辛苦劳作不仅为自己，还为家族、为后代。这种勤勉是超越动物本能的一种品质，它的动机是什么？崔大华认为，对于中国人来说是家庭伦理中最重要的孝。孝最初是孝父母，但"在儒家传统中，这种道德义务责任实际上涉及父、子（本人）、孙（本人之子）三代生命个体"④。他将其分解为三项内容：善父母、繁衍后代、为了善养父母和生养后代，需要勤勉劳作。⑤"儒家心态能由父母得到的乐养和儿女显现出的希望中，产生一种非常充实的欣慰感、幸福感，感受到生活的价值、人生的意义；而这些正是勤勉劳作收获到的果实。这样，在儒家文化的生活方式中孝的实践就是最为普遍、基本的人生自觉，勤勉地劳作也是最为普遍、自觉的生活态度和品质。在这种勤勉劳作里，道德和功利融为一体，生活中的全部目标——从爱惜自己的个体生命到扬名后世，从自我修养到服务社会，都可以还原到、包容到孝的道德践履中；而由这种道德理性、道德情感产生的力量，也可以支撑一切功利追求：儒家传统中的一个最广泛地存在和时时表现着的人生的、生活的动力因素，就是这样形成的。"⑥对于大部分中国人来说，生活的动力就是上为奉养父

---

① 崔大华：《儒学的现代命运——儒家传统的现代阐释》，第400页。
② 崔大华：《儒学的现代命运——儒家传统的现代阐释》，第400页。
③ 崔大华：《儒学的现代命运——儒家传统的现代阐释》，第401页。
④ 崔大华：《儒学的现代命运——儒家传统的现代阐释》，第402页。
⑤ 见崔大华《儒学的现代命运——儒家传统的现代阐释》，第402~403页。
⑥ 崔大华：《儒学的现代命运——儒家传统的现代阐释》，第403页。

母，下为培养子女，自己反而不是最重要的。对于儒家这个看起来比较庸常的目标，崔大华总是保持着兼具理性与情感的肯定，这应该也是他的个人经验。他认为这种属于个体生活层面上的动力，也会成为国家伦理认同与社会责任感的动力因素，推动中国现代化进程。当然，这只是一种可能，还有另一种可能，比如有人为了养家而投敌，做了伪军汉奸，那么又如何评价儒家传统对中国现代化的作用呢？在这里就会出现伦理困境，个人需要在孝与家国大义中作出选择。一个人如果为了大义而无法尽孝，这是悲剧，但不会被责难。

2. 秩序

现代化的过程犹如走兽变飞鸟，是一个脱胎换骨的过程，需要强有力的政治实体主导这个过程，并能应对社会转型中的失范行为。崔大华认为，儒家传统在这两个方面都有积极作用。

第一，重心的形成。"20 世纪 60 年代的现代化理论，总结世界上许多现代化进程的历史经验后认为，一个强有力的、能成功有效实现社会控制的国家政权出现，一个社会生活重心出现，是现代政治秩序或现代国家形成的首要条件和标志。"① 近代以来族群竞争的单位是民族国家，族群的存续与发展，也取决于国家能否在竞争中活下来。一个有力的政权，能够代表族群整体利益，而参与世界上的生存竞争。如果没有这样的政治权力，就会被别人控制和代表，成为殖民地或半殖民地。亨廷顿论现代化进程中的国家，可以有秩序无自由，但不能无秩序而有自由。胡适曾反省中国民族自救运动没有进展，症结在没有政治重心。② 崔大华认为，抗战胜利和国共内战结束后，"一种能适应现代化进程需要的政治秩序，一种能实现有效社会控制的、稳定的权力重心逐渐形成了、巩固了，并从儒家传统的伦理秩序理念中——认同、追求实现一个统一的、有权威的国家政权，得到支持"③。就是说，中国共产党建立的新中国，形成现代化的政治重心，它的背后有儒家传统的支持。他引用《公羊传》阐发儒家大一统观念，并认为"儒家的这种认同、追求实现一个统一的、有

① 崔大华：《儒学的现代命运——儒家传统的现代阐释》，第 409 页。
② 见崔大华《儒学的现代命运——儒家传统的现代阐释》，第 409~410 页。
③ 崔大华：《儒学的现代命运——儒家传统的现代阐释》，第 411 页。

权威的国家政治秩序的理念，深深地影响了、模塑了中国历史上的国家形态、儒家生活形态"①。统一有利于族群的生存，这是中华民族几千年来的生存之道。将生存之道上升为道德追求，这是一种从事实到价值的升越。这一观念虽然产生于君主制时代，但是其本身的合理性却是恒在的。"在中国现代化进程中，儒家思想尽管已经不再是国家意识形态，但它所塑造的儒家传统，对于国家政权的权力和权威地位，仍然具有某种固有的、源自伦理认同的维护作用；只要这个政权能保持着自己的政治道德的健康和社会经济的发展，就不会失去儒家传统的合理性与合法性，就是稳定的。"②

第二，失范的消解。"失范，即规范缺失，是社会学用来指称人们在社会生活中违反或偏离社会规范的行为之社会现象的概念。"③ 失去规范是错误的行为还是进步的阶梯，要看规范本身是否合理，对此社会学家有不同的判断。崔大华选择涂尔干的理论立场，即认为失范源于固有道德驾驭不住欲望增长，是一种负面的现象。主要考察 20 世纪 80 年代以后，在体制转变中，社会控制削弱和价值追求多元化带来社会秩序混乱的失范现象。④ 他引用 21 世纪初的社会调查结果，为了赚钱是否可以无所不为，对此问题的回答，只有 6%的人赞成，对于失范行为的矫正机制，一半以上的人认为道德的影响大于法律。他认为这说明"儒家道德理念具有矫治、消解失范行为危机的功能，已得到社会广泛的认同"⑤。对于人们行为的约束，短期可以靠法律，但长远来说，道德的约束更加根本和有效。崔大华深有体会地说，"失范根系着道德缺失，所以道德的耕耘必有收获；道德的果实虽然生长期较长，但能润泽久远"⑥。他还关注到，有人认为中国社会失范是因为中国人缺少敬畏，试图开放和引入宗教以矫正失范现象，崔大华认为不可取。他认为，儒家三畏，畏天命、畏大人、畏圣人之言，都是对道德的敬畏。"宗教的敬畏之心源发自对某种诸如上帝那样高于人类、创造人类的经验、超越之实体或实在的非理性、超理性的信

① 崔大华：《儒学的现代命运——儒家传统的现代阐释》，第 412 页。
② 崔大华：《儒学的现代命运——儒家传统的现代阐释》，第 412~413 页。
③ 崔大华：《儒学的现代命运——儒家传统的现代阐释》，第 413 页。
④ 见崔大华《儒学的现代命运——儒家传统的现代阐释》，第 413~415 页。
⑤ 崔大华：《儒学的现代命运——儒家传统的现代阐释》，第 416 页。
⑥ 崔大华：《儒学的现代命运——儒家传统的现代阐释》，第 417 页。

仰。这是在孔孟儒学的经验和理智中很难形成的观念形态。"① 在中国文化中，没有形成这种宗教性敬畏的土壤，因此，试图引入宗教"来养育、提振'敬畏之心'，那无异于饮鸩止渴"②。这是清醒和明智的见解。

3. 适应性

现代化社会与传统社会相比，在制度和价值上都有显著差异，如何使人们适应这个差异？崔大华从两个方面说明儒家传统的适应性贡献。

第一，价值层面的适应。对于现代化价值观念源头的权利观念，儒家提供的适应性在于权利与义务相通的观念。崔大华认为，儒家将人视为伦理关系网络中的人，其生活的意义在于履行道德义务，"并不是任何主体利益皆能构成权利，只有具有正当性的利益才能成为权利；而利益的正当性又来自对普遍的社会义务规范的承诺、履行。在此意义上，权利来自义务"③。他从权利与义务之间的辩证关系说明儒家的义务观的合理性，以及它与权利观实质上相互依存的关系，"两者的价值取向有所差异，但也并不构成对立，都是从不同的生活维度上对人的存在之价值、意义的充分肯定"④。

第二，制度层面的适应。对于现代化国家政治制度中的民主制度、科层制（官僚制）、人才选拔制度，儒家能够适应和兼容。其一，儒家对民主制度的适应与兼容。他认为儒家与民主的兼容在于，一是每个人就其本性来说都是相同的、善的，人格是独立的、平等的。二是国家（王、君）应以民众为本为上，负有保护其利益的责任。⑤ 这意味着，"在儒家的政治生活中没有公民，只有子民；子民的权利不是自己争取、维护的，而是国家统治者君王履行在其作为治理者责任中被实现、给予的"⑥。在这种文化环境中的个人，没有权利意识，但是可以理解权利；不会追求民主，但是当民主制度成为既成事实时，他们不会反对，会尽力理解与适应。其二，儒家对科层制（官僚制）的适应与兼容。关于现代政治生活中的科

---

① 崔大华：《儒学的现代命运——儒家传统的现代阐释》，第419页。
② 崔大华：《儒学的现代命运——儒家传统的现代阐释》，第419页。
③ 崔大华：《儒学的现代命运——儒家传统的现代阐释》，第424页。
④ 崔大华：《儒学的现代命运——儒家传统的现代阐释》，第426页。
⑤ 见崔大华《儒学的现代命运——儒家传统的现代阐释》，第429页。
⑥ 崔大华：《儒学的现代命运——儒家传统的现代阐释》，第429页。

层制（官僚制），崔大华引述韦伯的结论，认为它具有合理性、合法性、理想性特征。① 古代中国有着发达的官僚体制，其统治方式属于韦伯所说的传统型统治方式（另外两种是魅力型、合理合法型），虽如此，"儒家社会政治生活中的官僚体制也潜在有现代化社会或国家官僚制中的那种合理与合法性——遵循理性和法规而运作的品质"②。这种理性精神在作为官僚制度理想图式的《周礼》中充分体现出来。如官职设立的原则是天人合一，官制分六大类，与天地加四季的数字相符，分属治典、教典、礼典、刑典、事典（缺《冬官》，实际上是五类），涵盖了国家政治体制、民众教化、典章礼仪祭祀、军旅疆防征伐、法规施行、山川治理、器具房屋建造等，范围周延，功能完备。③ 崔大华认为，"周延性、完备性的原则，是高于感性经验的理智思考的产物，具有高于个人经验的普遍性，所以周礼官制设计的这一原则是理性的表现"④。君主制下权力源头是君王，但又具有高于君主个人意志的合乎天意的设计理念，因此《周礼》官制既是传统型，又具有合理合法性。崔大华又以《新唐书》中的唐代官制为典范，说明实际运行中体现的理性与法的意识。⑤ 但历代官制最后却都不能逃脱衰败的结局，原因何在？他认为，"在中国历史上君主专制的和以儒家伦理道德思想为主导的社会里，它的官僚体制中的法规、法则的合理合法性品质，其源头乃是君主帝王的意志，它的理性品质中充满了伦理因素，浸润着个人情感的成分。合理、合法的官僚体制，每每在君主的驰骋私意中，在履职者的徇情苟且中，被践踏、毁弃，变得完全失去初衷的无理、无法。正是在这里，我们可以看到，儒家传统的或历史上儒家社会生活中的官僚制与韦伯所说的作为现代化国家尺度的官僚制之根本性质的不同或差异"⑥。理性不能满足君王的私心，从一开始就是勉强而行，并不心甘情愿，这样自然会有人揣测上意，引诱放任其苟且，大家一起捂住眼睛，自欺欺人。他尖锐地指出中国传统官僚制的理性品质在源头处的非

---

① 见崔大华《儒学的现代命运——儒家传统的现代阐释》，第 430 页。
② 崔大华：《儒学的现代命运——儒家传统的现代阐释》，第 431 页。
③ 见崔大华《儒学的现代命运——儒家传统的现代阐释》，第 431~433 页。
④ 崔大华：《儒学的现代命运——儒家传统的现代阐释》，第 432 页。
⑤ 见崔大华《儒学的现代命运——儒家传统的现代阐释》，第 433~435 页。
⑥ 崔大华：《儒学的现代命运——儒家传统的现代阐释》，第 435 页。

理性，而正是这样的源头，导致了它走向自己的反面，即无理、无法。这个教训在今天依然有现实意义。他进一步指出，现代社会官僚体制的合理合法性质是基于公民意志，而不是君主意志，其理性不是道德性，而是一种感情中立的工具理性。① 他的结论是，虽有不同，但可相通和兼容，"在这种兼容性中，儒家传统为中国现代化进程中的制度变迁、更新，储存了适应能力"②。其三，儒家对人才选拔制度的适应与兼容。他回顾了中国自汉代以来的选拔制，汉代的察举、征辟制度，魏晋的九品中正制度，隋唐及以后的科举制度，它们在理想状态下有平等、公平品质，但最后都被废止。崔大华认为，这是因为在儒家传统中的选拔制度，并不是纯粹的选拔工具，它承载了超出其能力的期待，造成了过多的人才浪费。③明清时期官员的入职考试，将中国文化导向为、挤压为儒家学说，将儒家学说导向为、挤压为程朱理学。"科举考试成为国家和民间教育的中心，吞噬了一代代青年学子、士人的精力、智慧，成为知识分子一生最重要的，甚至可能是全部的生活内容；科举不再是一种选择官员的考试制度，而是已演变为一种儒林生活。"④ 这意味着，科举制度的正面作用已渐被负面效应抵消掉，对于提升社会活力、族群竞争力而言，它已经是一个障碍。虽然如此，崔大华认为仍然要承认它的平等与公正的品格，符合工具理性的资本主义社会的需要。中国没有产生资本主义，崔大华将其理解为没有产生现代化，这是一种去意识形态化的处理，也是更本质的概括。但他同时也认为，中国没有产生资本主义，但有着儒家传统的中国，在被迫进入现代化进程后，却具有适应它的能力。⑤

崔大华在考察了儒学与中国现代化进程之后深刻指出，"人类文明新经验、新贡献的中国现代化道路，是儒家传统因素铺垫了它的路基，构造了它的富有活力的独特性"⑥。传统与现代并不一定是对立的，传统在现代转型中可以发挥积极作用，中国的现代化历程提供了一个范例。

---

① 见崔大华《儒学的现代命运——儒家传统的现代阐释》，第 435 页。
② 崔大华：《儒学的现代命运——儒家传统的现代阐释》，第 436 页。
③ 见崔大华《儒学的现代命运——儒家传统的现代阐释》，第 436~437 页。
④ 崔大华：《儒学的现代命运——儒家传统的现代阐释》，第 437 页。
⑤ 见崔大华《儒学的现代命运——儒家传统的现代阐释》，第 438 页。
⑥ 崔大华：《儒学的现代命运——儒家传统的现代阐释》，第 438 页。

（三）现代转化

儒学在中国现代化进程中既是助力，但又不断被消耗和渐次消失，这就不能不引发一个思考，即儒家传统能否在现代化进程中获得新的生长点，实现现代转化。崔大华从三个方面考察这个问题。

一是辞旧，即走出伦理本位社会。他认为儒家式的社会生活有三个主要特征：农业文明社会，等级性社会阶层结构，以主干家庭为主要形态。它是一个伦理本位的社会，而目前已经跨出伦理本位社会，并且儒家传统社会三个主要特征已渐蜕化、消失。[1] 他从三个方面考察。第一，等级性社会结构解体。他认为儒家建构的社会生活其社会结构延续了西周分封制和宗法制形成的等级结构，其社会特点是"具有合法性的尊卑等级性"[2]和"没有流动、分化机制之可能的凝固性"[3]。在中国现代化进程中，传统儒家社会的等级阶层结构不复存在。其原因一是政治的，革命即是翻转阶级；二是经济的，经济转型会制造新的阶层。[4] 他以国家权威部门的原始数据制作的表格显示中国当代社会阶层结构，指出其特点有二：法律基础上的平等性和基于能力的流动性。[5] 第二，经济结构的变化。他列表显示 1900～2000 年中国产业结构的变化，结论是第一产业持续下降，第二产业和第三产业上升，这显示出中国从农业文明向工业文明的转化。他也指出，"中国经济现代化在整体的结构方面与世界先进水平仍有较大的距离，现代化的全面实现还有待时日"[6]。这是以英国为参照作出的判断，这里似乎没有考虑到一个问题，就是英国第一产业和第二产业的下降，其实是一个脱实向虚的过程。资本在全球化中追逐利润最大化，利用金融霸权收割全球，这种特殊的权力，发展中国家并不具备。况且它还有众多殖民地可以剥削，中国能把它当成标准和对照吗？第三，主干家庭的衰退。"儒家认为，君子之道，造端乎夫妇（《中庸》），换言之，儒家传统的起

---

① 见崔大华《儒学的现代命运——儒家传统的现代阐释》，第 440～441 页。
② 崔大华：《儒学的现代命运——儒家传统的现代阐释》，第 441 页。
③ 崔大华：《儒学的现代命运——儒家传统的现代阐释》，第 443 页。
④ 见崔大华《儒学的现代命运——儒家传统的现代阐释》，第 446～447 页。
⑤ 见崔大华《儒学的现代命运——儒家传统的现代阐释》，第 449 页。
⑥ 崔大华：《儒学的现代命运——儒家传统的现代阐释》，第 451 页。

点，是建立在传统的家庭结构、功能及其观念的基础上的。在现代化进程中，这些都正在剧烈地发生变化。"① 现代社会强调自由和个体权利，则必然冲击传统家庭结构，家庭小型化、晚婚晚育甚至不婚不育，还有同性婚姻，都在冲击儒家传统，考验它的适应性。"在儒家看来，只有姻缘而无血缘的家庭，是特殊的家庭；既无姻缘又无血缘的人与人的结合体，不能称其为家庭。"② 儒家视男女结合形成的家庭为最基本的伦理共同体，它承担生育、生产与生活、教育的功能，而生育是首要功能。传统社会家庭形式以主干家庭（三代人，两对夫妇加上孩子）为主，崔大华认为，《唐律·名例》中界定的不孝罪名，针对的是上有父母、下有妻子的三代直系主干家庭而设定的，对其予以维护。③ "主干家庭是儒家实现父慈子孝双向相互道德责任的家庭伦理之最理想的家庭结构。"④ 而工业化带来人口流动，主干家庭解体，向着规模小型化和结构核心化演变，主干家庭让位于核心家庭（两代人，一对夫妇加上孩子）。崔大华列表显示 1911～2000 年户均人口数从 5.17 人降至 3.44 人，说明在现代化各个阶段，不论是起步、沉寂还是起飞时期，主干家庭衰退的趋势都没有变化，呈现持续下降之势，而核心家庭比例则一直在上升，逐渐占一半以上甚至 2/3 的比重。⑤ 根据 1982 年、1990 年、2000 年三次全国人口普查结果，核心家庭已居主流，夫妇家庭和单身家庭也明显增长，他认为"在这些演变中，潜存着和增强着对儒家传统的家庭观念、伦理道德观念的挑战和否定"⑥，因为核心家庭模式"会出现伦理关系的断裂和道德意识的缺失"⑦。在核心家庭中，子女往往成为家庭的重心，容易受到溺爱。在代际伦理关系中，子女享受权利多于履行义务。成年后脱离原生家庭，组建新的核心家庭，父母赡养问题就被核心家庭的子女抚养问题掩盖，重要次序下降，这自然就会造成断裂和缺失。核心家庭似乎成为组成下一代核心家庭的培养

① 崔大华：《儒学的现代命运——儒家传统的现代阐释》，第 451 页。
② 崔大华：《儒学的现代命运——儒家传统的现代阐释》，第 452 页。
③ 见崔大华《儒学的现代命运——儒家传统的现代阐释》，第 454 页。
④ 崔大华：《儒学的现代命运——儒家传统的现代阐释》，第 454～455 页。
⑤ 见崔大华《儒学的现代命运——儒家传统的现代阐释》，第 455～456 页。
⑥ 崔大华：《儒学的现代命运——儒家传统的现代阐释》，第 457 页。
⑦ 崔大华：《儒学的现代命运——儒家传统的现代阐释》，第 457 页。

基，单向培养，缺少反馈，而"夫妇家庭、单身家庭则是在更深入、更根本的意义上潜存着颠覆儒家传统家庭观念的因素"①。因为它们相比核心家庭，丢掉了传统家庭最重要的功能，即生育。家庭不再承担生育功能，这意味着个人不承担族群繁衍的责任。"生育是儒家应该践履的一项道德责任。丁克家庭主动、自觉地选择不生育，排除家庭的亲子伦理构成，应是对儒家的传统家庭观念的彻底否定。"②"独身者或单身家庭，既鄙弃姻缘，也鄙弃由姻缘而产生的血缘，是对儒家家庭观念更为彻底的否定。"③在道德约束的背后，本质还是生存问题。因为族群存续有赖于繁衍生息，如果不生育家庭成了主流，对于族群来说就是自杀性行为。将生存这个最基本需求上升为道德规范，在这里有了最典型和集中的体现。他还注意到丁克家庭与单人家庭在高文化高收入人群中呈现多发趋势，认为这说明他们在个人自由与伦理责任之间选择前者。④ 事实上，这是一个世界现象，并不是中国特有。所有发达国家都面临着"不生育文化"的冲击，所以才会有"发展是最好的避孕药"的说法。女性进入社会，获得经济独立，有了家庭主妇之外的选择，社会似乎也没有做好使女性兼顾家庭与事业的准备。让职业女性在二者之间艰难地维持平衡，这并不公平。他引用1999 年《燕赵都市报》一个调查，对丁克家庭的态度，一半以上的人们理解但不接受不生育文化。他认为，这个结果"似乎正是中国现代化发展阶段的反映，儒家传统依然存在的反映。在儒家看来，两姓、两性婚姻的家庭、有血缘的家庭仍是正常的、神圣的家庭；无婚姻、不生育的家庭，只是个人的选择，不是人类的选择"⑤。为什么说它不是人类的选择？因为它不具有普遍可模仿性，也就是说，当所有人都选择不生育时，人类将在可见的未来消亡。因此，它只能是个人的选择，而不能是人类的选择。崔大华对于这个趋势感到忧虑，"人类社会正在跟随着为实现、满足人的欲望而走向存在着巨大不确定性的方向变迁"⑥。个人主义的泛滥，

① 崔大华：《儒学的现代命运——儒家传统的现代阐释》，第 457 页。
② 崔大华：《儒学的现代命运——儒家传统的现代阐释》，第 457 页。
③ 崔大华：《儒学的现代命运——儒家传统的现代阐释》，第 457~458 页。
④ 见崔大华《儒学的现代命运——儒家传统的现代阐释》，第 457~458 页。
⑤ 崔大华：《儒学的现代命运——儒家传统的现代阐释》，第 459 页。
⑥ 崔大华：《儒学的现代命运——儒家传统的现代阐释》，第 459 页。

会摧毁人类生存最基本的条件。如何应对？人类生育问题似乎不能交给个人来做选择题，我们应该如何想象人类的未来？崔大华提出儒家对于人的观察，即人性善，它如何保护人类？他认为一是以礼饰情，不使欲望膨胀；二是警告人类自作孽，不可活。① 当人类的活动突破生存这个底线时，就是自取灭亡之时。这个人类存在的自然界限保护着人类。"任何宗教教条、伦理道德规范皆不能阻止、否定人的欲望生长，只有人性中潜在的自然界限，才能阻止、否定人的作孽，保护着人类。这种人性之善的理念，使儒家能坚持自己的伦理道德立场，也能有信心地理解和宽容地对待异己的价值理念和生活方式：都是在人性范围或界限内的存在。"② 儒家在阻止现代文明走向自我毁灭方面，有着古老而独特的智慧，崔大华指出这一点是十分重要和可贵的。

二是迎新，即儒家传统道德的新生长。崔大华认为，中国现代化进程中上述三方面的转变意味着中国实现了从身份到契约和从礼治到法治的转变，儒家传统也有了新的生长。他从两个方面说明，即新的道德自觉和成长、新的道德典范和道德精神。第一，"新的道德自觉和成长"③。他认为有两次重要表现：一次是 20 世纪初梁启超提出的公德、私德观念；一次是 21 世纪初国家发布《公民道德建设实施纲要》，提出公民道德规范和法治德治紧密结合。简言之，也就是公德的培养和德治的提出。④ 他评价梁启超"公德要在私德中、在固有的道德传统中生长之观点，自有其正确、深刻之处，是一内存有丰富历史经验和理性反思的新的道德自觉"⑤。这是针对那些脱离儒家传统而建立公德的观点而发的议论，今天看来，仍是卓识。崔大华认为国家提出以德治国与依法治国相结合，在社会控制模式中表现出新的道德自觉和新的道德生长。在国家治理中重新确立道德的位置，社会控制方式中引入本土资源，这确实是一种道德自觉。《公民道德建设实施纲要》中包括两类规范，即基本道德规范（爱国守

---

① 见崔大华《儒学的现代命运——儒家传统的现代阐释》，第 459 页。
② 崔大华：《儒学的现代命运——儒家传统的现代阐释》，第 459 页。
③ 崔大华：《儒学的现代命运——儒家传统的现代阐释》，第 462 页。
④ 见崔大华《儒学的现代命运——儒家传统的现代阐释》，第 462~465 页。
⑤ 崔大华：《儒学的现代命运——儒家传统的现代阐释》，第 464 页。

法、明礼诚信等）和基本生活领域的规范（社会公德、职业道德、家庭
美德）。这两类规范的理念、精神都深深扎根于仁义礼智信的土壤中，
并向伦理生活之外的社会空间生长。他考察儒家德性观念、君子人格、
道德行为的发生机制，以论证上述观点。他的主要结论是，"以五性为
观念源头的儒家道德，其特质就是内蕴着爱人的道德情感和担当应该的
道德自觉，凸显孝、忠、信为主要伦理道德规范的道义论的道德系
统"①，"儒家的理想人格君子，就是能践仁、履礼、知天命——对伦理道
德实践、对全幅人生有充分自觉的人"②，"儒家不能或不愿认同社会生活
中离开伦理关系的个人独立存在和人际关系存在"③，"契约性社会公共生
活领域的超越伦理或非伦理性的独立个体和人际关系，使儒家在这里会发
生认同的障碍，可能表现出诚信的不足、关爱的淡薄"④。以此为观念背
景，崔大华认为规范与儒家道德的关系在于，既充分吸收儒家传统中优
秀的东西，即德性精神和君子人格，又将个人从伦理之网中剥离出来，
成为独立平等的社会成员。也就是说，对于传统道德，既有继承，又有
发展，前者表现为鼓励道德的人和行为，后者则超越认同障碍，因为它
将个人置于国家之下，而不是家庭之内。个人在家庭内为人子、为人
父，但他的第一个身份是一个公民。关于将以德治国与依法治国并列提
出，他认为法治是社会形态转变的必然要求，它要求平等的、独立的个
体，德治则体现出对传统治理理念的继承。这两次道德自觉共同之处是
不将儒家道德视为完全负面的遗产，而是宝贵的精神因素，继承它优秀
的一面，鼓励它克服缺弱而生长。"在儒家立场看来，法治社会里伦理
秩序中的道德义务责任意识，如同公民社会里公民道德中的儒家德性观
念，都可以视为儒家传统在中国现代化社会转型中的真实存在和新的生
长，而且正是在儒家传统道德表现的缺弱处——超越伦理关系的、会发
生认同障碍的社会公共生活领域里的生长。"⑤ 当国家承担起越来越多的

---

① 崔大华：《儒学的现代命运——儒家传统的现代阐释》，第 467 页。
② 崔大华：《儒学的现代命运——儒家传统的现代阐释》，第 469 页。
③ 崔大华：《儒学的现代命运——儒家传统的现代阐释》，第 469 页。
④ 崔大华：《儒学的现代命运——儒家传统的现代阐释》，第 469 页。
⑤ 崔大华：《儒学的现代命运——儒家传统的现代阐释》，第 473 页。

从生育到教育再到社保的责任时，家庭的责任与家庭对个体的要求也将随之降低，个人作为公民、国民的那种感觉就会越来越强烈，国民意识将会代替伦理角色，成为个人的第一自我认识，儒家传统道德的生长，就有了现实土壤。第二，新的道德典范和道德精神。崔大华以 2007 年评选的全国道德模范和 2008 年汶川地震抗灾中彰显的道德精神为例来说明。他从道德模范事迹中解读出两点。其一，道德行为的根源（仁爱、诚信、奉献、自强不息），他认为这是在儒家传统培养的精神土壤中产生的道德精神。其二，道德行为展现的范围，他认为相对传统的忠和孝，现在要丰富得多，典型表现是超越血缘的界限而付出道德感情。他以谢延信（照顾无血缘关系的岳父和内弟）和洪战辉（抚养弃婴妹妹）为例，认为"这两位孝老爱亲模范人物的道德行为都清晰地显示，他们作为现代社会的道德模范，都已经走出传统的宗法伦理的樊篱，在更广阔的人性、人道的天地里释放着、表现着他们善良的孝与爱的道德情感、道德行为"①。他们都克服了伦理认同的障碍，是儒家传统在新的条件下生长的真实表现。崔大华对汶川地震中的道德行为和道德精神的判断，认为它"是由儒家传统孕育的对国家民族的伦理认同之一次有力的激活，是仁爱的德性、德行之一次集体的展现和成长"②。传统社会中家庭伦理是重心，而对于国家、民族的道德责任往往会潜存在集体意识之中，当面临朝代更替、异族入主中原时，会被激发出来，"而汶川地震中道德被激发，不是伦理危机，而是自然灾难；所表现的道德精神形态，不是为国家死难，而是将仁爱推向社会"③。在汶川地震前，中国改革开放30 年，道德建设仍然不能令人满意，金钱至上、亲情淡薄，儒家传统似乎已经衰退到极点，而这场灾难却令人惊讶地发现，道德从未离开，它只是暂时休眠了。突如其来的天灾，印证了儒家道德精神在现代中国社会中仍然有深厚的土壤，并且随时都可以生长。

　　三是坚守，即守住儒家的精神遗产。崔大华认为有三个方面，第一，

---

① 崔大华：《儒学的现代命运——儒家传统的现代阐释》，第 475 页。
② 崔大华：《儒学的现代命运——儒家传统的现代阐释》，第 475~476 页。
③ 崔大华：《儒学的现代命运——儒家传统的现代阐释》，第 477 页。

道义论的道德判定原则，① 即非功利、不求回报，完全内生自律性的道德观念。第二，在伦理认同和践行中构建的精神家园，② 道德情感与道德观念发生的基地仍是家庭。第三，私德规范向着公德领域——公共社会生活空间生长，③ 儒家道德超越血缘界限的生长。他引用 21 世纪初的一个对在校大学生的社会调查，关于个人与集体的关系，近半数人不同意"个人的事再大也是小事，国家的事再小也是大事"这样的说法。崔大华认为，结合汶川地震的表现，应予以修正。"80 后"年轻人在汶川地震中的表现，使他深受触动，他认为，"今日青年一代心灵深处也储藏着对国家民族至深的伦理认同，会随机被某种重大因素激活。在儒家立场看来，这是儒家道德传统又塑造了新的一代人"④。

三　儒学对现代性的回应：人生意义失落和其他重要思潮

关于现代性的定义，崔大华比较了哲学与社会学的不同界定（表现启蒙特征或工业文明特征）后，选择了社会学的定义，即认为现代性就是"由完善的市场经济、自由主义的政治制度和个人主义精神、高度发达的工具理性等因素构筑的现代资本主义"⑤，去掉意识形态因素，"现代性也就是现代文明"⑥。对于中国来说，现代性是一个尚不典型和迫切的问题，因此，考察儒学对现代性的回应，其意义对于西方来说是他山之石，对于中国来说是有备无患。崔大华选择一个核心问题（人生意义失落）和几个其他重要思潮（生态伦理、全球伦理、女性主义、后人类主义文化思潮）"来审视儒学借其思想的和生活方式的资源对此所可能形成的理解和态度，显示儒家传统能宽容地接受和从容自主地汇入现代性的人类生活中去的那种文化姿态"⑦。

---

① 见崔大华《儒学的现代命运——儒家传统的现代阐释》，第 481 页。
② 见崔大华《儒学的现代命运——儒家传统的现代阐释》，第 481 页。
③ 见崔大华《儒学的现代命运——儒家传统的现代阐释》，第 482 页。
④ 崔大华：《儒学的现代命运——儒家传统的现代阐释》，第 486 页。
⑤ 崔大华：《儒学的现代命运——儒家传统的现代阐释》，第 489 页。
⑥ 崔大华：《儒学的现代命运——儒家传统的现代阐释》，第 489 页。
⑦ 崔大华：《儒学的现代命运——儒家传统的现代阐释》，第 490 页。

（一）对人生意义失落的回应

崔大华认为，所谓人生意义，就是"人的一种主观的对生命的心理体验和对生存的理性自觉"①。当一个人自问我为什么活着的时候，就是一种理性自觉，当他（她）觉得活着有目标有奔头的时候，就是对人生意义的自我确认。"儒家是在社会伦理道德的实践中确定生活的目标，感受人生或生命的意义。儒家回应异己的思想派别或生活态度的基本理论立场也由此构成。"② 在讨论儒家的回应之前，他先考察西方基督教传统下人生意义失落的原因与应对。他同意西方学者的观察，即"作为一个有基督教宗教信仰传统的西方社会，在现代性生活中，人们的人生无意义、无价值感受的孳生蔓延，是宗教信仰衰退乃至丧失的结果；而这一结果又犀通着、根系于现代化进程，从某种意义上说，这就是理性化的祛魅过程。现代性生活的特质就是理性的生活，因而这一结果是必然的，不可避免的"③。宗教信仰具有超理性的特点，而现代化是一个理性化的祛魅过程，因而具有宗教传统的地区，现代化往往也伴随着宗教衰退，但是，由于"在一个有宗教信仰、有宗教传统的社会，道德源泉存在于宗教之中"④，意义感根植于道德，道德系于宗教信仰之上，宗教衰退必然导致意义失落。现代性中的个人主义是意义失落的另一个原因。崔大华分析其中的逻辑，"以自我为中心，把自我利益、欲望的实现、满足，放在生活的首要的，甚至是全部的位置上，导致不再有更高的生活目标，不再有对自我之外的他人、社会的关怀。缺乏道德内容的平庸、封闭的生活，就会产生无意义感，就是失去生命意义。因为人生意义总是在实践与他人、社会相联系的、高于当下生存状态的生活目标中，才能生成、才能呈现"⑤。个体的欲望和利益的满足成为生活的目的，意味着人的对象化活动范围极其狭窄，意义空间随之被压缩。这两个原因指向理性和主体性这两个现代

① 崔大华：《儒学的现代命运——儒家传统的现代阐释》，第490页。
② 崔大华：《儒学的现代命运——儒家传统的现代阐释》，第490页。
③ 崔大华：《儒学的现代命运——儒家传统的现代阐释》，第491页。
④ 崔大华：《儒学的现代命运——儒家传统的现代阐释》，第492页。
⑤ 崔大华：《儒学的现代命运——儒家传统的现代阐释》，第493页。

性基本内涵，是在西方基督教传统背景下出现的现代化之病。崔大华认为，西方学者运用自身固有资源应对人生意义失落的方案有两个：以宗教"修复意义"和从生活中"发现意义"。① 前者是由美国学者丹尼尔·贝尔提出的"向宗教观念回归"，后者是由奥地利心理学家弗兰克提出的意义治疗法。② 前者试图重建人与神圣事物的联系，不在世俗生活中寻找意义，后者试图从世俗生活中发现意义，但如何从事实到价值转换，似乎缺少坚实的基础。

儒学如何回应现代化进程中的人生意义失落？崔大华深刻地指出儒家面对的问题与历史上曾经遇到的挑战的不同："这里的人生意义问题与儒家在历史上面对道家、佛家的人生理想，面对生活苦难和生命短暂的人生困境而遭遇的人生意义问题，在时代背景和实质内容方面都有不同：这里的人生意义问题是现代性的精神危机问题；问题的产生不是由于某种独特的理想，而是没有理想；不是由于客观的困境，而是自我制造的困境。那么，儒家应如何回应？"③ 他的思路是，首先，论证儒家没有产生上述意义失落的根源；其次，说明儒家生活中意义空间的生成途径；最后，回应西方的自由与幸福观念。

首先，为什么西方现代化引发的人生意义失落不会出现在儒家的生活方式中？他从儒学两个方面的特质来说明，即内在超越和伦理认同。第一，"内在超越"④。西方现代化与人生意义失落之间的逻辑链条是，现代化—理性张扬—宗教衰退—意义感消失，而宗教衰退之所以导致意义感消失，是因为宗教所支持的道德在我之外，人与终极价值之间是一种外在关系，需要外在超越达到。因此，当宗教被理性冲击后，人与终极价值之间就失去关联，生活被打成两截：当他寻找意义时，他要放弃理性；当他运用理性时，他无法找到意义。崔大华比较两种超越的不同，认为"宗教的超越对象需要依赖宗教信徒超理性的信仰才能确立；哲学的超越预设，是哲学家们试图通过形上的理性思考努力阐明的。西方基督宗教的上帝就

---

① 崔大华：《儒学的现代命运——儒家传统的现代阐释》，第493页。
② 见崔大华《儒学的现代命运——儒家传统的现代阐释》，第494~499页。
③ 崔大华：《儒学的现代命运——儒家传统的现代阐释》，第499页。
④ 崔大华：《儒学的现代命运——儒家传统的现代阐释》，第500页。

是这种超越；并且在西方主流的、正统神学中，上帝一直被诠释为外在于人类的、不是人类所能认知的绝对存在，是一种外在超越。在这种宗教信仰的生活中，人们十分自然地会将生活中的美好向往、愿景的实现、苦难、罪恶压力的纾解，皆投向上帝。生活的力量、生命的意义都根系于这个神圣的根源。当现代化进程中这个神圣被理性祛魅，人们的精神根源被理性动摇、消解时，人生意义的失落感、生存的空虚感也就产生了"①。他认为，"在儒家思想里，具有这种超越性的'实在'是'天'或'命'（或'天命''天道'）"②。天与上帝相比，在于理性可及性和内在性，"天命、天道就在万事万物之中，通过万事万物的存在就可以理解、认知天道、天命。儒学对天、命的诠释所显示出的更重要特出之处，在于天、命没有作为万事万物根源而进一步在宇宙论或本体论理论层面上被赋予宗教色彩的实体化、人格化，而是富有人文精神地在人之存在的理论层面上将其主体化、内在化，认为天或命就内在于人的心性之中"③。超越性不与生活世界相隔离，不外在于我，如此，则意义始终在于现实世界和世俗生活，并且是每个人都可以实现的。儒家生活中的意义实现不会减去道德而是践履道德，不会减去理性而是需要理性。它与现代性之间不存在那种此进彼退、有你无我的紧张。崔大华指出，"儒学超越性的天、命理念是儒家在人自身中，在人之心性中追溯道德根源而升越、凝结的一个最高的终极观念，它能被理智理解、认知，能在人之道德实践中被体验、实现。儒学的理性和明智在于能在现世中，依靠发掘人自身的精神源泉，实现自我超越、自我提升，完善人性、完善人生。儒学的道德世界不会被理性'祛魅'，不会因此而带来人生意义的失落"④。儒家生活方式不会出现因理性增长而导致的意义失落，但这并不意味着它的意义空间是可以不求自得的，"它会因缺乏充分的道德理性自觉而陷入价值选择的冲突和精神困惑，并因此而衰微"⑤，这是非常中肯公允的评价。第二，"伦理认同"⑥。

①　崔大华：《儒学的现代命运——儒家传统的现代阐释》，第500~501页。
②　崔大华：《儒学的现代命运——儒家传统的现代阐释》，第501页。
③　崔大华：《儒学的现代命运——儒家传统的现代阐释》，第501页。
④　崔大华：《儒学的现代命运——儒家传统的现代阐释》，第502页。
⑤　崔大华：《儒学的现代命运——儒家传统的现代阐释》，第502页。
⑥　崔大华：《儒学的现代命运——儒家传统的现代阐释》，第503页。

儒家生活方式的这个特质对应的是个人主义，"因个人主义造成的人生意义失落，是个人与其伦理责任的分离。在以伦理认同为实现自我认同、社会认同途径的儒家生活方式里，这种分离无论是在生活结构的或观念形态的意义上，一般都不会发生"①。不互相主张权利，而互相向对方履行义务，在践行伦理义务中确认自己、肯定自己，因此个人实现是通过履行责任而不是通过主张权利，他人不是阻碍而是渠道。"伦理认同使人总是要将生活指向实现高于个人的与伦理共同体或他人关系中的道德目标，指向实现人生意义，这就是儒家生活中的人的自我提升、自我超越。舍弃人伦、舍弃责任的孤立个人，在儒家伦理、儒家生活中是不能存在的。"②这就是他的第一个论证，意在说明儒家的内在超越与伦理认同特质"在人自身之中寻找人生的终极根源、践行责任之中完成人生，恰有抑制西方现代性的人生意义丧失之发生的那种理论功能"③。

其次，儒家生活方式中的人生意义空间是如何生成的？这个问题是回应弗兰克意义治疗法的。崔大华认为与贝尔相比，弗兰克的方案属于知识领域的方案，它的问题在于发现意义的手段（劳动中的创造、体验真善美和爱、对痛苦的忍受）"基本性质还是工具性的"④。如果价值源头仍在宗教，则不借助信仰赋予意义，日常生活似乎仍然只是一个事实。根据崔大华的理解，"人生意义是人对生命、生活是有价值的一种识解、理性自觉，是由此而产生的动力、满足的心理感受、精神状态。这是只有人类才拥有的一种主观客观融为一体的生存体验和高贵的存在标志"⑤。对于生活的意义感不在于活着这个事实，而在于对活着的理解。意义是主观的，需要每个人自己去发现、寻找。它与人生的价值有关，但又不同。价值主要与对象化的数量、质量有关，它是需要经过社会评价、历史评价来完成的，具有客观性，因此说人生意义是主客观的融合。崔大华从三个方面诠释儒家生活意义的生成，第一，"平凡生活：希望与责任"⑥。日常生活通

---

① 崔大华：《儒学的现代命运——儒家传统的现代阐释》，第503页。
② 崔大华：《儒学的现代命运——儒家传统的现代阐释》，第503页。
③ 崔大华：《儒学的现代命运——儒家传统的现代阐释》，第503页。
④ 崔大华：《儒学的现代命运——儒家传统的现代阐释》，第505页。
⑤ 崔大华：《儒学的现代命运——儒家传统的现代阐释》，第504页。
⑥ 崔大华：《儒学的现代命运——儒家传统的现代阐释》，第505页。

常都是平凡琐碎的，它如何令人产生意义感？崔大华认为源于希望与责任。他举《温氏母训》中用一个"巴"字表明希望亲人人生美好的愿望，"在这种希望中产生力量，要为亲人的幸福去劳作、去奋斗，并升华为一种道德的责任，要自觉地履行。在这里，一个人的生活里涌现了多于、高于个人的目标、目的，也就是有了生存自觉，有了人生意义"①。在日常的家庭生活中，希望与责任使平淡琐碎的生活变得有意义，这就是儒家生活中意义生成的最一般方式。第二，"追求崇高——成人、成仁、不朽"②。除了在为家庭奉献中获得意义感之外，个人还可以在平凡的家庭生活之上，在成人、成仁和不朽的追求中，感受生活的意义。崔大华将其表述为"在儒家生活中，人生意义还存在于高于平凡生活的对成为有全面德性的人的追求和实践中，存在于为比家庭更高的伦理共同体国家的献身中，存在于将个体生命融入集体生命的奋斗中"③。成人就是成为一个超越动物的道德的人。当人实现了这个超越，"他的生命中不仅有自然合理性，更有道德崇高性，因此更充实、更精彩、更有意义"④。一个以践履道德为人生意义的人，当他面临伦理困境时，往往需要在生命和仁义之间作出选择，即所谓"杀身以成仁"（《论语·卫灵公》）、"舍生而取义"（《孟子·告子上》）。崔大华高度评价这种追求崇高的行为，"在儒家生活中，这样假设的生活情境，这样困难的人生选择，并不时时存在。但是，作为儒家生活中隆起的一座精神高峰、一座指向崇高的灯塔，即为了国家利益而牺牲，却是一直存在着"⑤。对于杀身成仁者，其意义感是自觉生成的，那么从客观上来说，这种牺牲是有价值的吗？崔大华认为，这是一种立德式的死而不朽，其基本特质在于典型性和永久性。其一，立德的行为，往往是某一德行被完成、实现到了极致，具有典型垂范的价值。⑥ 生存是最强大的本能，如果一个人以极为强大的道德自觉和行为自律，坚定地在生与死之间选择死来成就仁与义，这就克服了生存这

---

① 崔大华：《儒学的现代命运——儒家传统的现代阐释》，第506页。
② 崔大华：《儒学的现代命运——儒家传统的现代阐释》，第507页。
③ 崔大华：《儒学的现代命运——儒家传统的现代阐释》，第507页。
④ 崔大华：《儒学的现代命运——儒家传统的现代阐释》，第508页。
⑤ 崔大华：《儒学的现代命运——儒家传统的现代阐释》，第509页。
⑥ 见崔大华《儒学的现代命运——儒家传统的现代阐释》，第511页。

个本能，就给出一个示范，即对于个体而言，还有比活着更重要、更不可舍弃的东西。其二，立德者之不朽，虽久不废，是因为他们已死的个体生命，已经融入不死的、绵延不断传递着的集体生活中、集体生命的记忆中。① 死亡不是终结，而是升华。将有限的个体生命融入无限的集体生命中，从而成为无限的一部分，这就是死而不朽。崔大华对此体悟甚深："不朽是儒家生活方式、文化传统中最高的、积极的价值目标。它是在现世生活中，在人自身之中发掘、确立的巨大生活力量、崇高生命意义。相比孔孟时代，在我们今天的历史位置上，观察到的那些不朽生命和人生的真实存在及其创造的一切，应该是更清晰和更丰富了，而且也是更真切的了，难道在我们每个人的生活、生命里，不是都有历史上那些不朽生命的成分吗？"② 他应该是在提醒读者，我们是那个无限生命的一部分，或者说，我们应该意识到我们是它的一部分，从而自觉地去理解和融入它。文化是有生命的，我们每个人都来自它、回到它。第三，"经受苦难"③。苦难"包括辛苦、烦恼、不幸等内容"④，通常这些会成为质疑、否定人生意义的东西，为什么会成为意义生成的途径？崔大华引用《论语·宪问》里"爱之，能勿劳乎"，还有《孟子·告子下》"天将降大任于是人也章"，说明"只有经历生活苦难，一个人的精神和智慧，一个人的生命，才能有真正的、成熟的成长"⑤。这是他用自己的亲身经历得出的结论，因为他超越了他遭遇的苦难，完成了自己的使命。

最后，儒学对自由与幸福的回应，或者说儒学的自由与幸福观念。第一，儒家对自由的回应。崔大华认为，自由是"构成现代性的根本价值"，幸福则是"最古老的人生价值"。⑥ 在前述两个论证完成后，设置这个论题，其意似乎在于消除儒家人生意义的特殊性，证明它能够超越生活方式的差异而具有普遍性。关于自由，他引用伯林对自由的论说，概括为

---

① 见崔大华《儒学的现代命运——儒家传统的现代阐释》，第511页。
② 崔大华：《儒学的现代命运——儒家传统的现代阐释》，第514页。
③ 崔大华：《儒学的现代命运——儒家传统的现代阐释》，第514页。
④ 崔大华：《儒学的现代命运——儒家传统的现代阐释》，第514页。
⑤ 崔大华：《儒学的现代命运——儒家传统的现代阐释》，第515页。
⑥ 崔大华：《儒学的现代命运——儒家传统的现代阐释》，第519页。

"自由是个人不受别人干涉，消极自由论列的是这种不受干涉的范围和程度；自由是个人的自主，积极自由指涉的是这种自主是什么性质的或是由什么决定的"①。消极自由是避免被（公权力与他人）侵害的权利，它开辟只由个人做主、不受干涉的私人领域。"从儒家立场看，个人行为不受干涉的范围和程度，是由一个社会的政治制度决定的。换言之，消极自由的内涵实际上是政治自由的问题。"② 消极自由保护个人在恋爱婚姻生育上的自由，即可以选择不恋爱不结婚不生育。这种自由儒家会认同吗？显然不会。因为在它看来，这是不负责任的，这种自由是有害的。我们当成社会现象来看的不婚族、父母相亲，其背后折射的就是自由与责任的冲突。个人自由与社会责任发生冲突，而后者则通过社会、父母的压力体现出来。崔大华说儒家传统缺少消极自由，其实应该说消极自由的思想根基是个人主义，这是儒家所缺少的。"积极自由的内涵是精神自由的问题，由个人的精神自觉而形成的某种自主的形态、自由的感受。在这个意义上，儒家思想和生活里的自由，如同儒家生活里的人生意义一样，空间也是广阔的，甚至是周延的。在这里既可以解析、诠释出对固然、必然的自觉，也存在着对当然、自然的自觉。如果能用构成周延的心理机能或过程的智、情、意来表述，那就是既有认识必然的理性自由，也有显现自律的意志自由，还有体味融入宇宙万物的情态自由。"③ 他解释理性自由在于儒家对于超越性存在的诠释，也就是对于命的理解是在开端处的偶然性和结局处显现的必然性，它既不为我所控制，但又是经由我而实现并且是可以理解的。在对命的这种诠释中，"儒家思想中最高的理性，儒家精神生活中最大的自由也因此而呈现"④。也就是说，儒家理性自由的产物不是知识而是对于超越性的体认。对于意志自由，他是攀缘着康德哲学来诠释的，即认为"儒家以仁义为责任、为志向的道德实践，就是一种自由的实现，因为他自律地践行的、完成的就是他自己的四端的道德意志"⑤。

---

① 崔大华：《儒学的现代命运——儒家传统的现代阐释》，第 520 页。
② 崔大华：《儒学的现代命运——儒家传统的现代阐释》，第 520 页。
③ 崔大华：《儒学的现代命运——儒家传统的现代阐释》，第 520~521 页。
④ 崔大华：《儒学的现代命运——儒家传统的现代阐释》，第 522 页。
⑤ 崔大华：《儒学的现代命运——儒家传统的现代阐释》，第 523 页。

关于情态自由，他曾将庄子的逍遥自由诠释为一种情态自由。这里他认为儒家思想和生活中也有"心境融入自然而产生的快乐自得的情态自由"①。庄子的逍遥自由与儒家相似而不同，二者的相似之处在于非功利，不同之处在于儒家有建设性，有入世的一面，道家则较为消极。第二，儒家对幸福的回应。关于幸福，他认为"在简单的、浅近的意义上，似乎可以把人生目的最终地还原为、追溯到获得幸福，把幸福、幸福感视为一种以快乐、满足为基调的心理体验"②。西方伦理学中一直存在快乐论与德性论的分歧，康德提出至善观念，倡导道德与幸福的统一，崔大华认为这"仍不足以化解这种分歧"③。他提出儒学的回应，主要在于三个方面，简言之，首先是肯定人们生存的欲望，其次是主张以道德规范和制约欲望，最后是将自身置于更大的伦理共同体中，为其获得成就而感到幸福。道德与幸福在超越个人的成就感中获得统一。④ 他最后罕见地用饱含感性和诗意的语言说："一个有这种对国家伦理认同的人，必然会为国家处境艰难而感到忧虑，也必然会从国家取得的进步中体味到欣喜。我们国家的现代化事业已进行了一百多年，我们已付出了沉重的代价与牺牲，在今天，尽管我们还有很多不足，但我们毕竟还是取得了令世界瞩目的成就！如果你能为此感到欣慰和幸福，那么，就是有一颗儒家道德思想的种子，在你的心田里发芽、开花了。"⑤ 当个人对家国有认同感、归属感，即家是我的家、国是我的国，我是其中一分子，在这个前提下才会有这种荣辱与共的体验。这种家国一体的观念显然是源自儒家。

（二） 对其他重要思潮的回应

在考察儒学对现代性核心问题人生意义失落的回应之后，崔大华选择四个重要的现代性思潮，沿着"问题—思潮—回应"的思路提出儒学的应对。

---

① 崔大华：《儒学的现代命运——儒家传统的现代阐释》，第 523 页。
② 崔大华：《儒学的现代命运——儒家传统的现代阐释》，第 525 页。
③ 崔大华：《儒学的现代命运——儒家传统的现代阐释》，第 525 页。
④ 见崔大华《儒学的现代命运——儒家传统的现代阐释》，第 526~529 页。
⑤ 崔大华：《儒学的现代命运——儒家传统的现代阐释》，第 529 页。

1. 生态伦理

　　生态伦理是西方为解决人与自然关系出现的思潮，其背景是现代化进程中，一方面生产力的大发展改善了人的生存条件，而与此同时，生态环境的恶化又破坏了人的生存条件。为应对这一生存危机，20世纪70年代以来人们达成若干共识。崔大华以两份研究报告和三个重要的联合国环保文件为依据，归纳出四个生态观念，其中第四个的内容是"生态或环境保护的根本的伦理立场或道德原则是，每种生命形式都有独特价值，因而应尊重大自然"①。生态环境是最能让人感受到我们是一个人类命运共同体。在形成共识后，一方面进行实践努力，另一方面也促进学术界的理论更新。崔大华判断，生态危机"在更深入的精神的、理论的层面上，也唤醒了人们一种新的道德意识，把道德关怀扩展到人与自然关系间的生态伦理（环境伦理）理念也在成长中"②。就是把共同体理念从人类内部扩展到人类外部，发现外部环境是人类生命的维持者和保护者，它不应该被视为外在于人自身的东西，它是人类生存的前提条件，是人的生命的一部分。崔大华在考察了西方环境伦理学的几个学派（人类中心主义、动物解放或动物权利论、生物中心主义、生态中心主义）之后，以生态中心主义的两个代表人物为例说明西方生态伦理思潮的主要内容：一个是美国生态伦理创始人利奥波德，另一个是生态伦理的完成者罗尔斯顿。利奥波德提出"大地伦理"，要求伦理学主题要从人与人、人与社会扩展到人与自然，即人与植物、人与动物之间。③ 人与自然作为生物共同体共同构成伦理主体，在这个共同体中，人类不再以征服者面貌出现，而是作为其中平等的一员。罗尔斯顿主张人类更新伦理观，以便能够以道德的方式最大限度适应地球。崔大华认为，"他的生态伦理学基石是他的价值论——自然价值论和生态系统价值论"④。他不再以人类的需要为中心来判断自然的价值，而是认为自然本身就是自己的价值，他称为自然创造性的属性。

---

① 崔大华：《儒学的现代命运——儒家传统的现代阐释》，第531页。
② 崔大华：《儒学的现代命运——儒家传统的现代阐释》，第532页。
③ 见〔美〕奥尔多·利奥波德《沙乡年鉴》，侯文蕙译，吉林人民出版社，1997，第192~193页。
④ 崔大华：《儒学的现代命运——儒家传统的现代阐释》，第533页。

以人类的感受和需要为中心形成的价值称为工具价值，自然本身的价值称为内在价值。这两种价值体现在自然进化史中，既实现了生物自身的存在，也协助自然的进化，而人类则作为生物进化的后来者享受了这个自然系统，因此人类"唯一负责任的做法，是以一种感激的心情看待这个生养了我们的自然环境"①。崔大华认为，"在罗尔斯顿的生态伦理学中，超越了内在价值和工具价值的系统价值，就是一种最高价值……人应尊重自然，人类对自然生态负有责任。这个生态伦理学最重要的结论，在罗尔斯顿这里就是这样确立起来的"②。崔大华判断罗尔斯顿生态伦理学的理论意图与理论特色在于，"他要将当代人类为消解生态危机的努力奠定在超越工具理性、高于科学技术的有更充分自觉、自律的道德理性基础上；这个道德理性基础不是功利主义、目的论的，而是内涵为良知、爱心的道义论的"③。也就是说，生态中心主义主张的实现有赖于人类的道德理性，或者说是以道义论为基础的。

儒学对现代化引发的生态危机有怎样的、不同于西方学者的回应？崔大华以先秦儒学和宋代儒学关于人与自然关系的主张为例来说明。根据他的理解，二者在人对自然负有责任这个问题上观点一致。先秦儒学的这个观念表现为三个层次，即自然观的天人合一理念，《礼记》中关于农事生产的典章制度，以及人们日常生活中遵守自然规律、保护生物的道德自觉。④ 宋代儒学关于人对自然的责任则有三种诠释，即程颢的"与万物同体"、程颐的"万物各得其所"和张载的"民胞物与"观念。崔大华认为，"在程颢的诠释里，'仁'不仅是爱的道德情感，也是生命的表现和存在；仁者不仅是与万物同体，而且是与万物处于一种生命的同一体中。在这种人与万物同体的精神境界里，或宇宙万物的存在结构是一种生命同一体的哲学识解中，先秦哲学的天人合一或赞天地之化育之论，都是不必要的、多余的了"⑤。这就超越了先秦的天人合一论，即天人本无分，则

① 崔大华：《儒学的现代命运——儒家传统的现代阐释》，第533页。
② 崔大华：《儒学的现代命运——儒家传统的现代阐释》，第533页。
③ 崔大华：《儒学的现代命运——儒家传统的现代阐释》，第534页。
④ 见崔大华《儒学的现代命运——儒家传统的现代阐释》，第534~536页。
⑤ 崔大华：《儒学的现代命运——儒家传统的现代阐释》，第539页。

何必再说合一。在这种天人本无间的世界观下，人对天的责任实际上就是对自己的责任。崔大华说，"在程颢这种人与万物是生命同一体的观照、体认中，人之珍惜、保护自然，其行为性质已经变化，这不再是对异己的应然的道德责任，而就是对自己生命的固然的生活行为，如同身体有病痛不忍处，当然要去切脉医治一样"①。人为自然主张权利，表面上是基于道德，实际上是基于共同的生存，是一种自我权利的主张。这就不仅超越了先秦儒家，也超越了西方生态中心主义。程颐关于人对自然责任的主张，是他的性理之学的内在组成部分。崔大华认为"程颐的宇宙万物存在结构就是由'一物一理'和'万物一理'组成的理共同体。在这种理共同体中，一方面，人与自然一物一理，是有差异的，'天人所为，各自有分'（《河南程氏遗书》卷十五）；另一方面，人与自然又统属于'万物一理''万理一理'，所谓'一物之理即万物之理'（《河南程氏遗书》卷二上）。所以，人与自然不可分离、对立，人应该赞助自然实现其本性、本分，使万物各得其所，无一失所。这既是人的本性、本分的实现——人的道德实现，也是天理的实现"②。人之所以对自然有责任，是因为人与物皆是天理的体现，而人又承担着实现天赋之性的责任，尽己之性就包含着尽物之性，因此人对自然的责任实际上就是天理经由人的实现。崔大华评价张载的宇宙图式是"一种天人伦理共同体"③。"张载这一天人（人与自然）伦理共同体的哲学识解，是由'天地之塞，吾其体'和'天地之帅，吾其性'两个观念成分构成，或者说是由他的气本体论观点和儒家传统的伦理观念结合而成。"④ 根据气本体论，人与万物都是一气之聚散，本质上是一样的。儒家的伦理主张有着一个以家庭为中心层层外扩至天地万物的结构⑤，这样，气本体论下落，伦理观念外扩，其理论结果就是张载人与自然的关系、人对自然的责任观念"民吾同胞，物吾与也"（《正蒙·乾称》）。他的气本体论使他有了超越血缘伦理共同体的理论工

---

① 崔大华：《儒学的现代命运——儒家传统的现代阐释》，第 539 页。
② 崔大华：《儒学的现代命运——儒家传统的现代阐释》，第 541 页。
③ 崔大华：《儒学的现代命运——儒家传统的现代阐释》，第 541~542 页。
④ 崔大华：《儒学的现代命运——儒家传统的现代阐释》，第 542 页。
⑤ 《孟子·尽心上》："孟子曰，君子之于物也，爱之而弗仁；于民也，仁之而弗亲。亲亲而仁民，仁民而爱物。"

具，他的儒家立场又使他的气本体论有了道德方向。崔大华指出民胞物与的主要内涵在于"人不仅对他人，同时对自然物也承担着某种伦理责任；人的全部伦理道德实践，不仅在人与人之间，也要在人与宇宙万物间实现"①。崔大华评价儒学在人与自然关系的处理上与西方生态主义的异同，他认为双方都认为人对自然有责任，伦理由人类向自然推展，但根源与性质不同。儒家是以道德理性和哲学智慧为基础，西方则以近代生物学为理论基础和思想资源。②"较之生态中心主义，儒家伦理对人与自然关系的道德选择，有更深厚的道德意识，是更纯粹的道德良知；尽管它很古老，但仍是新的环境伦理理念所不会、不能逾越的。"③ 这就肯定了儒家生态理念的特色与优长。

2. 全球伦理

全球伦理是全球化的产物，确切地说，是全球化导致的严重的经济、生态、政治危机的产物。没有国界的危机，要求没有国界的伦理。因为危机背后反映的是双重标准、以邻为壑甚至以邻为敌，是因一己之私而置全人类于生存危机的自私和不道德。在世界政府还没有成为现实之前，对于国家这个政治实体还缺乏道德上的约束，因此 1993 年美国芝加哥世界宗教议会第二届大会上，全球宗教界有识之士通过《走向全球伦理宣言》，认为全球正经历一场危机，包括经济、生态、政治危机，判断需要全球伦理，因为"没有一种全球伦理，便没有更好的全球秩序"④，试图提供超越文化差异的普遍价值共识和行为准则。宣言给出全球伦理的定义是"一些有约束性的价值观，一些不可取消的标准和人格态度的一种基本共识"⑤，提出的主要道德原则有，一个基本要求——你希望人怎样待你，你也要怎样待人；四项不可取消的规则——坚持非暴力与尊重生命的文化，坚持一种团结的文化和一种公正的经济秩序，坚持一种宽容的文化和一种诚信的生活，坚持一种男女之间的权利平等与伙伴关系的文化。崔大

---

① 崔大华：《儒学的现代命运——儒家传统的现代阐释》，第 542 页。
② 见崔大华《儒学的现代命运——儒家传统的现代阐释》，第 544~545 页。
③ 崔大华：《儒学的现代命运——儒家传统的现代阐释》，第 545 页。
④ 〔德〕孔汉思、库舍尔编《全球伦理——世界宗教议会宣言》，何光沪译，四川人民出版社，1997，第 12 页。
⑤ 〔德〕孔汉思、库舍尔编《全球伦理——世界宗教议会宣言》，第 12 页。

华认为，"非常明显，这个道德原则的内容主要渊源于基督宗教传统的金规则和不要杀人、不要偷盗、不要撒谎、不要奸淫四条戒律，但也是其他宗教或文化传统能够接受的"①。也就是说，全球伦理的道德原则是基于基督教教义的伦理共识。那么，儒学对于全球性危机能够提供怎样的思想资源？崔大华认为，在作为中国文化、中国哲学主流的儒家学说中，有三个基本的思想观念或道德原则，可以视为中国文化传统的最低的并且能构成某种周延的道德界限，因而可称为是底线的道德原则，它们是己所不欲、勿施于人，人禽之辨和义利之辨以及民胞物与。②

第一个原则又可以用仁和恕来表述，崔大华分析认为，仁与恕"具有鲜明的自律性质，所以是一种道德原则"③。这是经由视人若己观念确立的原则，将他人视为与自己一样的人来对待，将自己设立的交往界限同样施之于他人。它是内生的一种自我要求，因而具有自律性质。崔大华说，"这是一个内容最少、范围最广的道德原则，可以衡量一切行为的道德尺度。同时，儒家这一道德原则是以人性相同、人格平等为其内在信念的。因为十分明显，必须首先有对他人具有与自己同样的欲望需求的尊重和同等的存在发展权利的确认，然后才有作为道德指令、道德原则的己所不欲、勿施于人或絜矩之道的成立，所以这又是一个精神基础深厚的道德原则。总之，以仁、恕道德观念为理性内涵、人性相同、人格平等为信念基础的己所不欲、勿施于人原则，是儒学最基本的道德设定，儒家生活方式中的最低道德界限"④。双重标准、以邻为壑，都建立在不视对方为与自己一样的人的前提之上——自己是特殊的、优于对方的，因此对方不配得到平等对待。相比于第一个原则的平等性内涵，第二个原则具有较为突出的道义性。崔大华认为，"儒家人禽、义利之分辨，宣示了作为人所应有的最低的伦理自觉和作为有道德的人所应有的基本德行修养，这也是儒家生活方式中的底线道德界限，较之己所不欲、勿施于人内蕴着的道德理

① 崔大华：《儒学的现代命运——儒家传统的现代阐释》，第 545 页。
② 见崔大华《儒学的现代命运——儒家传统的现代阐释》，第 547 页。
③ 崔大华：《儒学的现代命运——儒家传统的现代阐释》，第 548~549 页。
④ 崔大华：《儒学的现代命运——儒家传统的现代阐释》，第 549 页。

念，在这里已显现为较具体的人伦规范和美德行为"①。第三个原则将伦理要求从人与人之间扩展到人与自然之间，道德原则的内容更加广阔和周延。崔大华认为，"它突破了'十义'的人伦樊篱和人与物的界分，确立同处天地之间的一切人皆是兄弟同胞，万物与人也是同一性体的泛人伦的伦理原则，显示了儒家伦理关怀的宽广及其道德原则由己及人、由人及物的推展过程"②。他将这三个原则与西方的、阿拉伯的、印度的等现存主要文化传统中的基本道德观念进行比较，认为其具有相容性。③ 也就是说，儒学的这三个底线原则在三大宗教教义中也有相类似的内容。他由此判断，"儒学道德底线三原则是从三个不同行为层次或生活层面规约着、标志着人类行为的最低界限，越过这个界限，实际上并不是对一种特定的道德理念的否定，而是对人类社会存在本身的毁损"④。它们是防止破坏人类整体生存的原则，即当所有人都这样做的时候，不会造成人类的毁灭。

崔大华认为作为全球伦理，应该具有普遍性和自律性的理论品格。⑤ 1993 年的《走向全球伦理宣言》提出的全球伦理，其底色是基督教，实质是西方模式的全球伦理。"它的根柢是基督宗教律法，主干是公共生活领域内的西方现代政治、经济和法律观念，这就在一定程度上限制了、削弱了全球伦理作为最基础的、无条件的行为原则所需要的那种在信徒与非信徒之间、不同信徒之间、不同政治理念的人群之间的伦理道德共识。"⑥ 相比之下，儒学三原则更基本和周延，他称之为"儒家的'全球伦理'模式"⑦。

3. 女性主义

现代化进程改变了社会生产方式，传统社会困于家庭的女性也有了工作的机会，传统社会女性地位低于男性的现实也凸显为社会问题，由此出现了为女性争取平等的法律和政治权利的社会思潮，即女性主

---

① 崔大华：《儒学的现代命运——儒家传统的现代阐释》，第 549 页。
② 崔大华：《儒学的现代命运——儒家传统的现代阐释》，第 550 页。
③ 见崔大华《儒学的现代命运——儒家传统的现代阐释》，第 551~553 页。
④ 崔大华：《儒学的现代命运——儒家传统的现代阐释》，第 554 页。
⑤ 见崔大华《儒学的现代命运——儒家传统的现代阐释》，第 554 页。
⑥ 崔大华：《儒学的现代命运——儒家传统的现代阐释》，第 555 页。
⑦ 崔大华：《儒学的现代命运——儒家传统的现代阐释》，第 556 页。

义。崔大华认为，这是女性"对启蒙运动的响应，它的时代内涵是属于现代化的后果、现代性的品质"①。女性主义理论复杂多样，但有着共同的信念，即"将妇女置于与男子不平等的、卑微的地位是不公正的，应该予以改变"②。这是一个基于事实而作出的价值判断，这是女性主义者最基本的共识，但对于造成这个事实的原因以及改变这个现实的方案，则存在分歧。

关于男女不平等的根源问题，崔大华综述了两种理论立场，即本质主义与社会构造论。③ 前者追溯到生物学上的差异，因而认为不平等的根源是稳定的具有普遍性的本质因素；后者则认为不平等是由某种社会、文化特殊性因素历史形成的。简言之，前者认为不平等因素是先天原因造成的，后者认为不平等是后天原因造成的。这两种理论会导致怎样的斗争方向和策略？前者其实暂时无解，因为女性的生育功能无法转移和改变，只能承担，但社会后果是很多女性可以选择不生育或少生育，因而造成老龄化和少子化，而人口危机会直接导致社会生存危机。后者既然归因于特殊因素，那就可以立即行动起来，但并不会改变根本问题。这两种理论立场的关系，崔大华引用柏棣的观点，即"传统或经典女性主义理论认为不平等两性关系的形成经历了三个转变阶段：首先是从生理差异向社会差异的转变，然后是社会差异产生价值关系，价值关系引出不平等观念"④，认为"本质主义或构造论似乎是在这个完整的运思过程中，分别地突出了、强调了某个环节"⑤。生理差异是事实判断，它基于生育后代这个任务只能由女性承担这个事实，社会差异是由生理差异导致的男女分工，即传统的男主外女主内分工，价值关系则从事实层面上升到价值判断，比如认为女性生育孩子操持家务，不如男性在外打拼更有价值。这就导致从观念上轻视女性基于自然原因的社会角色的价值，从而为一系列强化价值判断的制度性、习俗性安排提供了依据。

---

① 崔大华：《儒学的现代命运——儒家传统的现代阐释》，第557页。
② 崔大华：《儒学的现代命运——儒家传统的现代阐释》，第558页。
③ 见崔大华《儒学的现代命运——儒家传统的现代阐释》，第558~559页。
④ 崔大华：《儒学的现代命运——儒家传统的现代阐释》，第559页。
⑤ 崔大华：《儒学的现代命运——儒家传统的现代阐释》，第559页。

两种关于男女不平等根源的理论中，社会构造论是主流。关于如何解决男女不平等问题，由于对原因的认识不同，出现了自由主义、马克思主义（社会主义与此较接近）、激进主义等不同流派，其主张可概括为立法、社会改造、生物革命，以实现男女之间的权利平等。后来又出现批判上述三个流派的第三世界与有色人种女性主义、后现代女性主义。① 前者把女性问题向更广大的领域（种族压迫与阶级压迫）扩展，后者吸收后现代主义哲学，重在改造男权秩序。崔大华在较为全面地考察了女性主义理论发展状况后，认为女性主义思潮面临着一个困境，即女性主义学者贾格尔所说的，她们"既要求同男人平等，又蔑视同男人平等"②。这可能导致女性主义从要求平权走向要求特权，即类似于男权的那种女权，表面上看将结果颠倒了过来，但与男权在结构上则完全一致。这会导致女性主义走向自己反对的那一面，即基于性别的压迫。崔大华认为，这种困境在于，"女性主义似乎只是用一个视角——权力的视角观察两性关系，而儒学在此之外，还有自然的和伦理的视角。从儒学的这两个角度上可以观察到，在男女两性间实际上还存在着或可塑造出高于平等的关系"③。从权力的角度去观察，其实就是从社会的、后天的角度观察，它有意无意忽视了自然的、先天的角度，实际上是忽略了男女差异的客观的以及历史合理的方面。

儒学观察男女两性关系的三个维度，即自然观、伦理观、权力观，实际上就是儒家对于女性主义思潮的回应。第一，自然观的维度。儒家用气的两种基本形态即阴、阳"定性地诠释人类的两种基本生命形态、两个最基本的群体——男性、女性"④。崔大华从这个判断来诠释它的理论结果，"阴阳有形态的差异、性能的对偶，但作为一体之气，最终要在如《老子》《庄子》所说的'交通''冲气'中实现和谐，生成万物，或如《礼记》所谓阴阳和而万物得。被在终极结构上定义的男女两性，其关系也应该是这样：两性虽有生物学意义上的生理、心理的差异，这种差异只是在象征的意义上概括地表述为专直与翕辟、刚健与柔顺，但并不构成绝

---

① 见崔大华《儒学的现代命运——儒家传统的现代阐释》，第 559~562 页。
② 崔大华：《儒学的现代命运——儒家传统的现代阐释》，第 564 页。
③ 崔大华：《儒学的现代命运——儒家传统的现代阐释》，第 564 页。
④ 崔大华：《儒学的现代命运——儒家传统的现代阐释》，第 565 页。

对的对立，而是相容互补；其关系的理想状态，不是消除差异的平等，而是在差异中建构的高于平等的和谐"①。这就是说，儒家理解的两性关系，并不支持对于男女差异的价值高低的判断。这当然是一种理想状态，抵消这种理想状态的因素，在儒家还有"不孝有三，无后为大"的规范性约束。传统社会男性承担着为家族延嗣的重任，而这在客观上是由女性来完成的，这样，女性在婚姻中的不利地位（如不育被休）就是系统性的了。当然，这里在文献选择与理论诠释上是非常精彩和恰当的。他的结论是"男女生物学意义上的差异是存在的，它是伟大的自然的创造，它不应该被歧视、被拒绝，而应该受到理解、尊重；这种差异对构成完整、美妙的人类生活来说，是必要的、有价值的。我们看到，在儒家思想和生活中，男女两性关系的这种理想状态——无歧视的差异和高于平等的和谐，是存在的"②。要求平等而走向要求特权，平等之于女性主义，似乎成了一个陷阱。崔大华提出建立一种高于平等的关系，自然观下高于平等的关系是怎样的关系？有差异而可互补。第二，伦理观的维度。崔大华认为，儒家主张的伦理义务在男女两性间具有相互性、等值性。孟子说："身不行道，不行于妻子；使人不以道，不能行于妻子。"（《孟子·尽心下》）崔大华评论孟子此论的深意在于，"女性对男性也是人格独立的，而不是屈从的。女性（妇人）的柔、顺，是一种应受尊重的道德品格特征，是对男性（丈夫）义、和的品格、行为的回应"③。妇顺的前提是夫义，就像臣忠的前提是君仁一样，因此这种伦理关系是有条件的，不是无条件的盲从。《中庸》称"君子之道，造端乎夫妇，及其至也，察乎天地"，他评价在这里"儒家更把夫妇伦理关系的和谐实现，视为全部社会伦理实现的基础"④。所谓"家和万事兴"，家庭是社会的基本单元，家庭通过婚姻关系形成，也就是通过夫妻关系形成家庭。伦理关系中最重要的可能是父子，但最基本的应该是夫妻。夫妻关系稳定是社会稳定的基础性因素。崔大华总结这个维度上的儒家的回应，"儒家社会伦理生活中的女性，作为

---

① 崔大华：《儒学的现代命运——儒家传统的现代阐释》，第565~566页。
② 崔大华：《儒学的现代命运——儒家传统的现代阐释》，第566页。
③ 崔大华：《儒学的现代命运——儒家传统的现代阐释》，第567页。
④ 崔大华：《儒学的现代命运——儒家传统的现代阐释》，第568页。

妻子，承担的伦理义务责任与男性（丈夫）虽有差异，但是相互的、等值的；作为母亲，更有男性不具备的特殊价值与贡献，女性有自己独立的人格和实现生命价值的空间。在儒家伦理生活中，男女两性的关系，就是由这些因素构成的和谐"①。儒家伦理观视角中的两性关系，仍然不是所谓的平等，而是伦理义务的等值性。第三，权力观的维度。崔大华承认"儒家思想中既有男权观念，儒家社会生活中也有男女不平等现象存在"②。但他也指出，这些是儒学对既有观念的继承，"都不是儒家的创造"③。儒学对于女性屈从男性的观念与生活是什么态度？崔大华认为有三个方面。其一，合理化，也就是"赋予最初蕴有权力内涵的男女不平等之两个粗糙形态——掠夺婚和买卖婚以礼的文明形式和道德性意蕴"④。其二，强化，即"强化了男权意识，加深了女性对男性的屈从"⑤。其三，制约，即"以道德制约男权"⑥。观念上的合理化与制度上的强化，总是胜过道德上的约束，因此在现实中儒家实际上扮演了对女性不友好的角色。崔大华既诠释出儒学在两性关系上合理性的一面，也指出其实践中不理想的一面，他试图为解决现代女性主义面临的困境提供儒学的理论资源。他认为女性主义的困境来自三个方面。其一，在传统女性主义与第三世界、与有色人种女性主义之间。⑦ 或者说是白人女性与有色人种女性之间。她们的诉求是有差异的，白人女性要求的是白种女人与所有男人的平等，她们忽略了同为女性的有色人种的姐妹们，因为她们中的很多人可能下意识地没有把有色人种女性，比如黑种人、黄种人当成自己的同一战线的战友，她们与白人男性一样歧视与自己肤色不同的人，包括女人。传统女性主义没有超越种族差别与阶级对立，她们追求的平等是有限的、小范围的、白人女性与白人男性的平等。其二，在传统女性主义与后现代女性

---

① 崔大华：《儒学的现代命运——儒家传统的现代阐释》，第 569 页。
② 崔大华：《儒学的现代命运——儒家传统的现代阐释》，第 569 页。
③ 崔大华：《儒学的现代命运——儒家传统的现代阐释》，第 569 页。
④ 崔大华：《儒学的现代命运——儒家传统的现代阐释》，第 570 页。
⑤ 崔大华：《儒学的现代命运——儒家传统的现代阐释》，第 570 页。
⑥ 崔大华：《儒学的现代命运——儒家传统的现代阐释》，第 573 页。
⑦ 见崔大华《儒学的现代命运——儒家传统的现代阐释》，第 575 页。

主义之间。① 前者承认生物学意义上的男女差异，要求社会平等，后者则反本质主义与宏大叙事，她们不把男女不平等归因于生物学上的差异，而是归因于社会，即男女不是生来不平等，而是被制造出来的不平等，是将差异置换成了不平等。其三，在传统的或现在仍然活跃着的正统女性主义内部，在其作为核心的、最终的与男人平等的女性主义运动目标中，存在着自我悖谬。② 在正统女性主义内部，她们既要求同男人平等，又蔑视同男人平等。这可能是一种女性优越感在起作用，这一主张会得到部分极端女权分子的支持，就是认为女人不需要男人，没有男人的世界会更美好。这就把女性主义的理论根基挖掉了。女性主义学者贾格尔提供的解决方案，"一是以'公正'诠释平等"，"二是重新理解性别差异"。③ 其实就是承认和接受男女之间生理上的差异，这是反后现代女性主义的。经由崔大华的诠释可以看出，儒家在权力观上支持了男权，但在自然观和伦理观上则支持男女两性的和谐关系，即高于平等的互补、等值关系。这种观念尊重事实而又提供美好愿景，充满着古老的智慧。崔大华还认为，儒家理念在法律政治层面上和伦理道德层面上都可以为消除对女性的系统性歧视和建立男女对等基础上的和谐提供支持。④ 他对于改善女性处境的态度是真诚的，他的研究也是有价值和启发的。

4. 后人类主义文化思潮

人类目前正处在第四次工业革命的前夜，生物技术是其中的一个重要发展方向，而它可能升级人类，将人类分为新人类与旧人类（或后人类与人类）。由此，人类世界的道德准则能否延续和如何延续，就是一个不能回避的问题。崔大华判断后人类主义作为思潮与实践尚处于边缘地带，"但它的那种植根于人性之欲望中的、对超越人类生存现状和界限的生活方式之追求和设计，其所具有的巨大潜力的生长趋势，却是不可漠视的"⑤。这似乎是人类为埋葬自己而诞生的思潮，它可能是技术理性的最

---

① 见崔大华《儒学的现代命运——儒家传统的现代阐释》，第 576 页。
② 见崔大华《儒学的现代命运——儒家传统的现代阐释》，第 576 页。
③ 崔大华：《儒学的现代命运——儒家传统的现代阐释》，第 577 页。
④ 见崔大华《儒学的现代命运——儒家传统的现代阐释》，第 579~580 页。
⑤ 崔大华：《儒学的现代命运——儒家传统的现代阐释》，第 580 页。

后阶段。作为人类最古老的、以伦理道德为特色的学说，儒学对这个思潮有怎样的态度，崔大华对此进行了深入思考。他将儒学的立场概括为"最后的坚守"①。他引用美国学者尼克·博斯托罗姆的定义："词语'后人类'和'后人类文明'被用来指示某个我们在将来某一天可能达到的、技术上被高度武装的人类社会，这种人具有更高的智力和体力以及更长的生命周期。"② 这个描述令人联想到道教追求的长生不老成神仙的目标。宗教目标借助现代科技，有了实现的可能，人类对自己生命的有限性总是想法多办法少的状况可能要改变了。崔大华从这个定义中概括后人类不同于人类的两个方面，第一，自然进化的人类被人工进化的人类取代。③ 这是以技术取代人类的观点，它导致的是离身性的后人类主义，离开身体理解生命和创造性来源。因此，人类再生产的方式也要发生根本性革命，"人类不再唯一地以自然生育方式繁衍后代，而开始用技术手段制造新人，是后人类的首要特征"④。这会导致人类社会结构发生怎样的变化？家庭将不再是社会基本单位。因为家庭的首要功能是生育，即延续自己的生命，而如果个体生命无限延长，那么生育后代的需求就会降低。男女两性基于生理差异造成的性别歧视，将可能因为生育方式的革命性变化而得到彻底解决。第二，后人类由其智力、体力、寿命等主要生命性能构成的生存状态，全面地、有质之差异地超越现今人类。⑤ 这个超越的过程会很长，而且不会是机会均等的。将会有一个时期，人类与后人类并存，二者之间会出现一种终极意义上的不平等，即死亡的不平等。后人类寿命接近无限，几乎是不死的，而人类寿命虽然可能比现在的人类长，但却是有限的，并且，他们会把自己在竞争中的劣势转移给下一代。人类输在了终点。崔大华将后人类与现今人类的异质差别归结为前者追求永生和全能，后者则不追求，原因在于"在一种没有死亡的、一切欲求皆可唾手可得的生存环境或状态下，生活的目标、人生的意义也就消失了"⑥。他以注释的形式列举了歌德《浮士德》和巴尔扎

---

① 崔大华：《儒学的现代命运——儒家传统的现代阐释》，第580页。
② 崔大华：《儒学的现代命运——儒家传统的现代阐释》，第580页。
③ 见崔大华《儒学的现代命运——儒家传统的现代阐释》，第581页。
④ 崔大华：《儒学的现代命运——儒家传统的现代阐释》，第581页。
⑤ 见崔大华《儒学的现代命运——儒家传统的现代阐释》，第581页。
⑥ 崔大华：《儒学的现代命运——儒家传统的现代阐释》，第582页。

克小说《改邪归正的梅特莫》主人公的例子，还有捣药鸟的例子来说明：不死会造成没有历史，全能会使人没有挫折，而这些则会使人的生活陷入"悖谬、无味的痛苦之中"①。

基于这样的判断以及儒学固有的立场，他提出儒学三个方面的回应。第一，伦理底线。② 他的论述主要针对基因性克隆人的行为。自然血缘关系是儒家伦理的生物学基础，孔子讲孝亲的根据，就是从父母之于子女的三年之爱，即三岁之后才能免于父母之怀这个角度立论（《论语·阳货》）。如果人类的繁衍通过技术制造自身，则儒学的伦理就失去了事实根据，失去了合理性。崔大华认为，儒学在这个问题上的伦理底线，其依据是"从纯粹的坚守人伦底线和谴责象人而用之的伦理原则的立场上与现代人类的道德良知保持一致"③。第二，道德优先。④ 因为"后人类的人们拥有全能的智力、体力，但如果没有高尚的德性、德行，是驾驭不住的"⑤。知识脱离道德的掌握，会发生不可预知的风险，这是他长期关注和思考的一个结论。在这个论题中，他表现出对于人类这个物种和人类创造的文明的珍视的态度。第三，社会公平。⑥ "这种思想就是主张社会民众能合礼——合理合法地、各得其所地分配到社会资源，社会弱势群体能更多地得到社会关照。"⑦ 后人类主义的立场类似于科幻小说《三体》中的维德，要求人类要"前进，不择手段地前进！"⑧ 抛弃一切道德束缚，甚至抛弃人类肉身，为地球文明探索一个充满未知的未来。崔大华对此感到忧虑，他认为"后人类主义最关注的是个人生命力的无限增强，个人自由的无限实现。在其以现代科技的未来发展为基础而作出的为未来社会的设计中，人与人之间的公平是缺席的"⑨。这种设计缺陷落实在现实世界中，会造成怎样的后果？崔大华引用一位澳大利亚学者的话，"后人类主义话语的一个

---

① 崔大华：《儒学的现代命运——儒家传统的现代阐释》，第582页。
② 见崔大华《儒学的现代命运——儒家传统的现代阐释》，第582页。
③ 崔大华：《儒学的现代命运——儒家传统的现代阐释》，第584页。
④ 见崔大华《儒学的现代命运——儒家传统的现代阐释》，第584页。
⑤ 崔大华：《儒学的现代命运——儒家传统的现代阐释》，第584页。
⑥ 见崔大华《儒学的现代命运——儒家传统的现代阐释》，第584页。
⑦ 崔大华：《儒学的现代命运——儒家传统的现代阐释》，第585页。
⑧ 刘慈欣：《三体3：死神永生》，重庆出版社，2010，第54页。
⑨ 崔大华：《儒学的现代命运——儒家传统的现代阐释》，第585页。

特征，是它通常使用不确定的我们来表示一种普遍的人性，从文字上看，似乎是为全体人类说话，但实际上是为极少数富裕阶层、科技授权的美国人或其他可能的'第一世界'的国家说话"①。后人类主义者的初衷可能是为人类文明寻找出路，但谁来执行这个计划？肯定不是穷国和穷人，只能是最发达的国家和最有权势的人。崔大华指出，"如果说，迄今人类社会的许多罪恶和不幸是因缺乏社会公平而产生的；那么，在未来后人类社会对科学技术神速发展涌出的无与伦比的力量之不公平的分配和占有，将会形成更大的人类社会分裂，甚至还会有人类物种分裂，将会带来更大的不幸和灾难"②。而在儒学的立场上，则希望不要遗漏任何人，就像扶贫要求一个都不能少，就像超级灾难来临时，中国人会选择带着地球一起流浪而不是部分人乘坐飞船逃离一样。伦理、道德、公平，这就是崔大华站在儒学立场对于后人类文化思潮的回应。"这也是儒学源自其理论品格、生活理念的最后的坚守。"③。

崔大华的儒学研究始于人类文明之初理性的觉醒，终于人类理性的最后发展。他用古老中国的智慧，向正在飞速前行的人类提出最严肃、最语重心长的警告。这既是崔大华作为学者的良知表现，也是儒学可以贡献给人类的宝贵财富。

第三节　崔大华儒学研究的特色

儒学研究是崔大华融学术追求与生活体验于一体的一项事业，是他数十年学术积累的集中体现，也是他理论立场与个人情感的较为典型的表露。在我看来，他的儒学研究有以下三个比较突出的特色。

一　问题意识：以问题引导研究

崔大华儒学研究最突出的特点是强烈的问题意识，可以说，他的儒学

① 迈文·伯德：《无距传物、电子人和后人类的意识形态》，载曹荣湘选编《后人类文化》，上海三联书店，2004，第 129 页。
② 崔大华：《儒学的现代命运——儒家传统的现代阐释》，第 586 页。
③ 崔大华：《儒学的现代命运——儒家传统的现代阐释》，第 587 页。

研究是问题导向的研究。从宏观角度，他的问题意识是回应时代提出的问题，也就是"儒学作为中国传统文化之精神、思想的主体或主流，在中国现代化进程中，在现时代的境况下，是正从社会生活舞台上退隐，还是仍在显现功能？对未来的中国文化和人类文化，儒学只是一种历史的记忆，还是仍可以为活跃的生命?"① 这是他全部儒学研究所要回答的最基本的问题，这些问题引导和贯穿着他两部儒学大著的研究。为了回答这些现实问题，他首先回顾了儒学的历史，即考察儒学的历史面貌、理论面貌，这是《儒学引论》的任务，又因为他儒学研究的目的在于考察儒学在现代社会的生命力，所以又从历史研究引出现代处境，为从历史研究转向现代探索做了铺垫。最后顺理成章地引出对于儒学现代命运的考察。而《儒学的现代命运——儒家传统的现代阐释》旨在说明儒学作为一种生活方式，它在中国社会中从来没有消失，只是以潜流的形式存在着，并仍然有其生命力，儒学的生命力不是静态的历史存在，而是显现在中国现代化进程中以及将来可能的现代性回应中。

宏大的计划需要借由一个个具体问题的解决来完成，因此，他的问题意识除了表现在宏观方面，还体现在众多微观的、具体的方面。比如，儒学的理论特色的源头是什么，它的形成过程是怎样的。1990 年 11 月 15日，他在《儒学引论》撰写之始，就曾说"我觉得以往探究儒学的论著，对儒学形成的精神渊源、过程论述得不够具体、贴切，我将较深入地研读《尚书》《诗经》《易经》及基本的甲骨、金文材料，以阐述殷周之际的思想观念变迁；较深入地研读《左传》《国语》，以明了孔子思想的观念背景。试图在本书第一个论题（儒学形成）——一个陈旧的标题下做出具有新的内容的文章"。对于这个问题的研究，谨慎起见，他遵循双重证据法原则追溯到商代。他的结论是，政权转移引发观念转向，并决定性地规定了古代中国思想文化的特质。"殷周之际由氏族国家的原始宗教观念到氏族贵族道德意识觉醒的观念变迁所形成的中国古代思想这一思想理论特色和方向，由于孔子所开创的儒学的出现，得到了进一步的发展并巩固了

---

① 崔大华：《儒学的现代命运——儒家传统的现代阐释》，"自序"，第 1 页。

下来，成了标志中国文化特色的传统思想。"① 这是《儒学引论》的结论，在《儒学的现代命运——儒家传统的现代阐释》中则更加具体地从宗教和宗法观念的蜕变中说明儒学伦理道德特质形成的关键因素，也就是理性精神和平等观念。将儒学精神渊源与形成过程作如此具体而确定的描述，这是崔大华儒学研究的一个创新之处。在哲学中解释"开始""第一""无中生有"是最难的。就儒学来说，找到它的特色并不难，但是要说明这个特色是如何从无到有的，就很难了。崔大华不满足于泛泛而谈，他以地下出土材料与传世文献相印证，把这个特色从无到有这个过程，进行一个扎实的论述，得出一个有说服力的结论。当然，立论就是树靶子，树靶子就要接受检视和批评，它不一定是最完美的解释，但是有这样一个解释，就为这个问题的进一步解答提供了一个方向和参考。

《儒学引论》中讨论汉代儒学的天人感应思想时，他提出一个问题，即殷周之际的道德觉醒是儒家思想的重要渊源，为什么先秦儒学中却未发展出天人感应思想。其实也就是说，为什么思想会出现逆轴心时代方向的发展。他认为，"天人感应的观念最早应该是产生于殷周之际政治权力变迁时周人的道德觉醒中"②，周人在论述其获得天命的原因时，就是以天能够感知人间事务并作出反应为前提的，"可以说，这种最早的天人感应观念是由宗教的和道德的两重观念的叠加合成"③。儒家思想渊源于殷周之际的观念变迁，即从宗教的到道德的转向，这既可以说明儒学天人感应思想的来源，也意味着它对于这两种观念的继承并不是对等的。崔大华分析说，"在先秦原始儒学中，天人感应观念并没有充分发展起来，这是因为构成最初的天人感应思想所内含的宗教的和道德的两个观念因素，在先秦原始儒学中处于不均衡甚至可以说是不协调的状态。一般说来，原始儒学的宗教观念是比较淡薄的，而道德观念却是浓厚的"④。这是因为儒家对于超越层面上的命采取了理性主义的态度，从而冲淡了宗教观念。在这里，他替读者提出问题，并给出一个自洽的回答。

---

① 崔大华：《儒学引论》，第 17 页。
② 崔大华：《儒学引论》，第 279 页。
③ 崔大华：《儒学引论》，第 280 页。
④ 崔大华：《儒学引论》，第 280 页。

他对儒学历史面貌的考察中，理学的分量最重①，他的问题意识也表现得特别突出，解答也异常精彩。比如他提出唐代儒学中，王通、柳宗元、韩愈、李翱四人的儒学觉醒，在唐代儒学内部却形成一种理论冲突，或者令人产生疑惑：为什么同为儒家，王、柳与韩、李对待佛教和汉代儒学与玄学的态度截然不同，即王、柳宽容异己，韩、李坚决排斥，王、柳否定汉儒与玄学，韩、李则引汉儒天人感应论为同调。他首先判断这种冲突对立，导致唐代儒学虽然出现理论觉醒，但"唐代儒学因此也是分裂的"②。就是说，儒学内部在处理儒外与儒内思想时，尚未达成一致的意见。为什么会出现这种分裂？他认为，这表明"唐代儒学在儒家的伦理道德思想之外更高、更广的理论层面上还没有形成共同的理论立场，还没有形成比伦理道德批判更强的、能消化非儒的或者说儒外的思想——特别是佛学的理论力量，还不足以形成一种独立的、新的儒学理论形态"③。伦理批判是一种结论先行的立场批判，对于理论上高明的异质思想而言，它的理论力量不足，批判的武器尚未锻造出来，故而对于佛教只能通过武器的批判（三武灭佛）来完成。他们这个儒学阵营的理论目标是"将儒家伦理的生活方式重新推向社会生活的主导的甚至是独尊的地位"，"这是儒学新的生长方向和动力"。④ 有目标而实现目标的工具还没有锻造好，这既是唐代儒学的不足，也是宋代儒学要接力完成的任务，"在这一方向上最困难的也是唐代儒学最欠缺的，是真正实现对儒家伦理最高的形上之理论升华，使其能够抗衡、回应佛老的涵盖一切的佛性、道等形上的理论观念的挑战，真正从佛老思想特别是佛学的笼罩下独立出来。宋代理学就是儒学在这个动力驱动下，在这个方向上生长出的理论成果"⑤。在唐代儒学那里，理论自觉已经出现，新的生长点也已经找到，宋代理学需要完成的就是理论上能够站在与佛老同样的高度，论证儒家伦理的合理性，并付诸自己的生活实践，或者说，要有这样的生活实践，才有可能完成那样

---

① 全书正文 870 页，"性理之学"一章从第 368 页至第 802 页，一共 435 页，正好占一半篇幅。
② 崔大华：《儒学引论》，第 422 页。
③ 崔大华：《儒学引论》，第 422 页。
④ 崔大华：《儒学引论》，第 422 页。
⑤ 崔大华：《儒学引论》，第 422 页。

的理论使命。在《儒学引论》中，"性理之学"一章的研究对象是宋明理学，但他并没有将宋代之前的儒学发展一笔带过，而是着墨甚多，且紧紧围绕理学形成的理论因素展开。其中的原因就在于他浓厚的问题意识，即理学这个中国哲学的高峰是如何形成的。

在考察理学时，他的问题意识表现得仍然极为突出。他在考察了理学形成的两个支点，即超越经学与消化佛学之后，提出两个问题：北宋三先生（胡瑗、孙复、石介）为何未能形成本体性内涵的理之观念？王安石、二苏（苏轼、苏辙）的超越了经学的本体性观念是否也是理学？① 为什么要提出这样的问题？他认为，"这两个问题从不同方面共同为儒学的发展提供了一个重要的历史经验"②。他首先回答第一个问题：变古经学为何没有到达理论终点。崔大华认为，三先生与五子时代基本同时，生活足迹也极相似，心路历程却不同。三先生没有出入释老的学术经历，"这一情况使得三先生与五子相比，学术思想的观念因素比较单一、纯粹，难以吸收儒家以外的特别是佛家的思想来进行新的观念组合，形成新的理论思想"③。论敌的思想能不能为我所用，三先生在这个问题上可能是做了否定的回答。五子则不然，他们都广泛涉猎异己思想。因为立场上排斥佛老，并不意味着不去接触他们的思想，恰恰相反，要去了解对方讲了什么，然后才能有的放矢地去批判，并以我为主地去借鉴和吸收对方。崔大华判断三先生对佛学的批判还"停留在唐代儒学的水平上"④。如孙复讲的是佛教横行危害了儒家，石介说佛老是夷狄之教法。⑤ 以华夷之辨立论，都是立场先行地批判，独断式地认为自己掌握了真理，对方的错误不辩自明。他们的经学理论特点在于理性精神和强化伦理。"这表明虽然理性和伦理精神一直是儒学发展具有推动力的理论追求，但对经学来说，它只是也只能在儒家经典中发掘思想观念来形成、充实这种理论追求，所以这一追求推动经学运动所能达到的高度是有限的。"⑥ 他们的学问，可以

① 见崔大华《儒学引论》，第 458 页。
② 崔大华：《儒学引论》，第 458 页。
③ 崔大华：《儒学引论》，第 459 页。
④ 崔大华：《儒学引论》，第 459 页。
⑤ 见崔大华《儒学引论》，第 459~460 页。
⑥ 崔大华：《儒学引论》，第 461 页。

自立而难以达人：可以自立，是因为他们坚守儒家的理性精神与伦理追求；难以达人，是因为他们未能将儒学发展到与佛学比肩的程度，未能超越异己学说。对于徘徊在儒外的士人来说，儒学看起来仍然低于、小于佛学。新学、蜀学何以不是理学？崔大华认为，王安石有复杂的观念背景，他广泛涉猎百家之学，其理论观察力高于经学家，其新经学在训释上不同于汉唐经学，最重要的不同和超越之处在于两个方面：一是"引入道家思想"①，二是"形成本体观念"②。因此，他的新学是经学基础上儒家的道德性命之学。但是，"在理学中王安石新学是被作为异端、异己之学看待的"③。理学家与王安石既是政治上的对手，也是学术上的论敌。北宋中期以后，王安石新学成为宋代官学，理学家之所以视其为大敌，与此有重要关系。理学家的理论目标，不仅是理论创造，更包含着打败新学这个官学，自己成为新的官学的现实目标。因此，王安石和他的新学对理学家来说，是论敌，也是动力。④ 崔大华认为，理学与王安石新学有两点重要的歧异，第一是义利观。"王安石新学的义利观就是以有为利，以理财为义，实际上这也正是引导王安石构思变法，并不畏非议而坚定推行新政的根本思想。"⑤ 在这个问题上双方的歧异在于，在功利实践中，理学始终把伦理道德原则（义）放在首要的、必须遵循的位置；新学则认为功利的完成，即是义的实现。⑥ 理学家是道义论者，主张利自义出，义是唯一的不可移易的原则，不符合义的利不为他们所认可。利不是目标，利只是义的结果。若行义没有达到利这个结果，那也只好接受。这显然更适合个体修身，而不是治国。第二是圣人观。理学的最高境界是乐与化，王安石的界定及形成的论述与此不同，他认为"能精其理则圣人也"（《临川文集》卷六十六《致一论》），"其方法是'致一'，即专一思虑；

---

① 崔大华：《儒学引论》，第 462 页。
② 崔大华：《儒学引论》，第 463 页。
③ 崔大华：《儒学引论》，第 464~465 页。
④ 余英时引用二程评王安石新学的话，判断"二程确将'新学'看作天字第一号的思想敌人，尚远在佛教之上，所以才发愤'要先整顿介甫之学'"。见余英时《朱熹的历史世界——宋代士大夫政治文化的研究》（上）"绪说"三"古文运动、新学与道学的形成"，第 52 页。
⑤ 崔大华：《儒学引论》，第 465 页。
⑥ 见崔大华《儒学引论》，第 465 页。

其状态是'入神',即'无思无为,寂然不动之时也'"①,这显然更近于佛教和道家。他认为在儒家道德实践境界之上,还有更高的精神境界。崔大华由此判断,二者的圣人观有两个不同。其一,"王安石主要地是从智慧而不是从德性,是从运思而不是从道德践履来界定圣人,即儒家的精神境界的"②。也就是说,他没有抓住儒学伦理道德这个特质,他将其淡化了。其二,王安石的圣人境界,"其观念内涵、性质""完全归属佛学和道家思想"③。也就是说,他的精神世界深处仍以佛老为高明,尚未完全走出其笼罩。崔大华的结论是,新学不是理学,"新学虽然实际上也是从孔孟儒学起步,但在涉入百家之后,就失去儒学的方向,最终流向佛老"④。二苏(苏辙、苏轼)在政治上是王安石的反对派,但在学术上却有相似之处。第一,二苏也有广泛涉入佛道百家的经历,学术思想有十分复杂的观念背景。⑤ 即二苏也有出入百家的经历,这是同于王安石和理学家而不同于三先生之处。第二,在这样的观念背景基础上,二苏的经学著作中出现了某种本体性的理论观念,实现了对经学的超越。⑥ 这也是不同于三先生而同于王安石和理学家之处。第三,二苏涉入佛老后,就逐渐形成融合三教的理论倾向,并以此为蜀学的理论的终点。⑦ 这就是同于王安石而不同于理学家之处,也是他们与理学家同途殊归的分岔点。二苏停留于此,就是一种学术上的往而不反,见到佛老,就被吸引,心灵世界被占据,没有回到儒家。理学家也有涉入佛老的经历,但最终回到了儒家,王安石和二苏却没有。崔大华分析认为,"这种差别表现在理论上,就是佛老在理学是以被消化了的思想资料形式出现的,而在蜀学、新学中则是被崇奉的经典理论和精神上的最终归宿;借助或援引佛老思想而形成的本体性理论观念,在理学中是用来升华儒家的伦理道德观念,而在蜀学、新学

---

① 崔大华:《儒学引论》,第 466 页。
② 崔大华:《儒学引论》,第 465 页。
③ 崔大华:《儒学引论》,第 467 页。
④ 崔大华:《儒学引论》,第 467 页。
⑤ 见崔大华《儒学引论》,第 468 页。
⑥ 见崔大华《儒学引论》,第 469 页。
⑦ 见崔大华《儒学引论》,第 470 页。

中则孕育不出这一理论过程，从而也生长不出新的儒学理论形态"①。没有挺立起儒学的自信，没有将伦理道德实践上升到本体高度，在他们眼中，最高明的学说还是佛老而不是儒学。崔大华引用程颐说明问题所在②，"不曾实有"就是功夫没有做到自己手上，没有进入内心深处，儒学的实践没有变成自己的生命意义所在。

从崔大华的辨析中可以看到与理学同时期的儒者为何没有真正推进儒学的发展：三先生无本体论，没有超越唐代王、柳、韩、李，是儒而不新；王安石和二苏有本体论，却丢掉了儒学的理论立场，在儒而非儒。原因不同，却都关联着与佛老的关系。崔大华认为他们在处理与佛老的关系问题方面形成了两个极端："三先生笃守经传，反对涉入佛老；新学、蜀学则是泛滥于佛老而不知返归。前者缺乏异己的思想砥砺和观念组合，难以建构新的理论思想；后者虽能形成对儒家观点的新的、佛老的诠释，但并不能实现用儒家理论对佛老的消化，所以最终也未能借助异己思想来将儒学推进、升越到新的阶段。"③ 如何对待异己思想？视而不见是三先生，与之同归是王安石和二苏。其理论结局，前者是没有能力消化异己思想，后者则被异己思想所化。他总结其中的经验教训是，"理学的成功在于有幸地避免走上这样的极端。从理学的形成中，儒学发展获得的一个历史经验是，要消化和吸收异己思想，不能拒绝或沉溺于异己思想"④。三先生因为排斥佛老而不能吸收佛老，王安石与二苏则入佛老而被其俘获，因而都不能真正推进儒学的发展。这个总结非常精辟，对今天我们的理论创新仍有启发。他对理学的考察始终贯穿着强烈的问题意识，并且对每个问题都深入其中，考其原委，消除读者的疑惑。

在《儒学的现代命运——儒家传统的现代阐释》中，他的问题意识同样突出，比如他在"儒学与我国现代化进程"中，阐述了儒学为现代化提供的动力因素后，特意加上一个问题，即如何回应韦伯关于中国没有

① 崔大华：《儒学引论》，第 471 页。
② 《程氏遗书》卷十五："儒者而卒归异教者，只为于己道实无所得，虽曰闻道，终不曾实有之。"
③ 崔大华：《儒学引论》，第 471 页。
④ 崔大华：《儒学引论》，第 471 页。

产生资本主义的问题。韦伯将这个问题归结为与新教相比，"东方古代宗教不具备促使近代理性资本主义兴起的精神条件。正是这样，《中国宗教》的最终结论就是'在中国发展不出资本主义'"①。崔大华则认为，"当代中国最近半个世纪的现代化进展——一个不同于西方资本主义的现代化正在实现中，还是质疑、否定了韦伯的论断"②。也就是说，中国的现代化实践否定了这个结论。韦伯的问题在于将现代化等于西化，以及他对儒家的误解，即"将儒家社会生活中的祭祀天地、鬼神、祖先行为，定性为巫术，理解为是一种非理性的迷信行为"③。而实际上"儒家的祭祀观念是经过了深刻的历史反思、生活经验而形成的理性程度很高的、基本上消除了信仰的、非理性的附着物"④。他的结论是，"作为韦伯这个答案组成部分的'在中国发展不出资本主义'的论断——中国不存在或难以形成现代化进程的道路和动力，虽然正遭遇着事实的质疑和否定，但这只是表明他因对'儒教'缺乏深入、准确的认识而蹈入某种理论误区，并不是欧洲中心论或西方强势文化立场有时表现出的那种傲慢与偏见"⑤。韦伯理论上有缺陷，结论有错误，但他本人并不是西方中心主义者，不是傲慢的西方人。由于韦伯不仅在学术界，而且在普通读者中间都有着很高的知名度，在这个论题中作这个回应可以说是很及时和有效的，这也反映出崔大华儒学研究强烈的问题导向的特色。

二 方法自觉：多种方法综合运用

崔大华儒学研究令人印象深刻之处还在于他的方法自觉，即在研究中自觉运用多种方法切入和分析问题。他在《儒学引论》中曾自述"历史的、结构的和比较的分析，是我在这里用以审视儒学的三个基本的论述角度"⑥。历史的方法用以审视儒学的历史面貌，结构的方法用以解析儒学的理论结构，比较的方法用以显示儒学的理论特质。

---

① 崔大华：《儒学的现代命运——儒家传统的现代阐释》，第404页。
② 崔大华：《儒学的现代命运——儒家传统的现代阐释》，第404页。
③ 崔大华：《儒学的现代命运——儒家传统的现代阐释》，第407页。
④ 崔大华：《儒学的现代命运——儒家传统的现代阐释》，第408页。
⑤ 崔大华：《儒学的现代命运——儒家传统的现代阐释》，第409页。
⑥ 崔大华：《儒学引论》，"自序"，第6页。

具体而言，《儒学引论》对儒学的考察始终是沿着历史发展的方向进行，先秦是从殷周之际到春秋末年儒学诞生再到孔子之后的发展，汉代以后不论是经学还是哲学，也都按照时间先后从汉学到宋学再到清学，以及从天人之学到自然之学再到性理之学，最后是对理学衰落的回应和儒学的现代处境。历史的方法能够令人对儒学从古至今的理论面貌有一个整体的了解，涉及儒学的各个时期和各个理论形态，崔大华深耕儒学的成果在《儒学引论》中有着突出的表现，历史的方法显示出他深厚的学养与扎实的学术功底。在具体问题的研究上，历史的方法表现为"纵通"。崔大华的师兄、同为侯门弟子的卢钟锋曾撰文说明侯外庐先生是怎么指导他读研究生的，其中讲到专业学习要具备"通"的知识，"侯老所说的'通'，包括纵通和横通。纵通是指对中国思想史发展的全过程，从古到今，有一个系统的基本的了解；横通，就是不但要了解中国思想史，而且要了解西方思想史以及与研究中国思想史有关的其他学科的知识"①。应该说，这两种"通"，崔大华都做到了。他的"纵通"在《南宋陆学》时就曾受到张岱年先生的称赞②，这里以他《论朱陆之争》③这个专题研究来说明这一方法的具体应用。朱陆之争他在《南宋陆学》中就曾专章研究，但在对儒学进行全面考察，有了纵向的把握后，对于这个问题，他有了更加深刻的认识。他将朱陆六次争论归纳为三项内容，"这就是鹅湖之会和南康之会上的'为学之方'的辩论，'无极'和'皇极'之辩中关于'太极''阴阳'之性质的相互诘难，此外，围绕晦庵所作《曹立之墓表》和象山所作《荆公祠堂记》而发生的对此二人评价完全相反的争执"④。对于争论的内容，涉及事实部分，他没有更多展开，但关于朱陆之争的理论意义和理论性质，他的认识更加深入和客观了。《南宋陆学》中他判断朱陆之间的分歧与争论，没有建设但也没有什么破坏⑤，这里他则指出朱陆之争的理论意义有二。第一，理学理论水平的尺度，即以能否辨识出朱陆之异

---

① 卢钟锋：《回忆我当侯老研究生的时候》，《史学史研究》1988 年第 3 期。
② 张岱年先生说："文章（指《南宋陆学》——作者注）也涉及先秦及北宋思想，论断也都是正确的，足见作者对于中国思想通史的各个阶段，都进行过较深的钻研。"
③ 载于《华东理工学院学报》（社会科学版）2005 年第 1 期。
④ 崔大华：《论朱陆之争》，《华东理工学院学报》（社会科学版）2005 年第 1 期。
⑤ 见崔大华《南宋陆学》，第 117 页。

作为判断理学家理论水平的一个标准。因为"朱陆在本体论、工夫论上的分歧虽然是深刻而明确的，但也是隐晦而有相容性的，没有对朱陆思想的深入、细致研判，往往辨识不清，取舍混乱"①。他在评价清代理学创新无力时，认为其中的一个原因即在于此，"对朱陆（朱王）理学思想的深刻对立辨识不清，这也正是清代理学是处在失去理论辨析和创造能力的衰蜕状态中的一种表现。在此意义上，可以认为准确判认朱陆之争的性质，是理学家理论水平的一个尺度"②。不能辨异意味着没有问题可解决，找不到理论生长点。朱陆之争的这个理论意义就在这里显现出来。第二，理学发展的契机。这是从与前面相反的方向上发现朱陆之争的理论意义。他以王阳明为例，认为"王阳明用以破解朱学的两个根本观点，正是由象山的'心即理'和'易简工夫'发育生长而来，换言之，正是在朱陆之争中被象山所确立的理论方向上，才有王阳明实现对朱学笼罩的突破，才有理学进程中的一次新的发展"③。朱陆分歧根源于本体论差异，而王阳明从工夫论倒逼本体论调整，深入这个层面上，从而接续陆九渊将心学推向成熟阶段。崔大华从正反两个方面说明朱陆之争的理论意义，与《南宋陆学》相比，具有很强的历史感和理论深度。这是纵通的成效。

结构的方法主要有两个方面的运用。第一，用来分析孔子儒学的三个理论层面。针对孔子思想的核心是仁还是礼这个老问题，他没有陷入此是彼非的选择困境中，而是运用结构的方法，从文本出发，诠释出三个重要的且贯穿着儒学发展始终的理论层面，即超越的、社会的、心性的层面。这是他对传统问题的回应，也是他在儒学研究中的一个创见。他对自己的这个判断非常自信，认为"全部儒学就是在孔子奠定的这三个理论层面上展开。儒学的独特精神品质和文化表现都可在这个结构中找到根由"④。在他的儒学研究中，这个理论结构在孔子那里是一个结论，在孔子之后则成为一个标准，即判断儒学是否有相对于孔子儒学的发展的尺度。如前所述，在孔子那里，超越的层面上表现为理性主义的天命观，将命内在化，

---

① 崔大华：《论朱陆之争》，《华东理工学院学报》（社会科学版）2005年第1期。
② 崔大华：《论朱陆之争》，《华东理工学院学报》（社会科学版）2005年第1期。
③ 崔大华：《论朱陆之争》，《华东理工学院学报》（社会科学版）2005年第1期。
④ 崔大华：《儒学的现代命运——儒家传统的现代阐释》，第24页。

以之消解命的异己性。社会的层面，则是将属于贵族的礼扩大到平民阶层，并以真情实感活化已经形式化的礼。由此心性层面的个体修养论就成为儒者的一种工夫，它要求具有道德自觉，而不靠外在强制，这是超越层面与社会层面的实践所要求的一种儒家的工夫。孟子的贡献主要就在心性层面，即沿着孔子的方向追溯道德根源到人自身，由此导出性善论与求放心等修养方法。尽己之性以俟天命，这是孟子从心性层面到超越层面的逻辑，而由己推人，则由仁心而行仁政，就是由心性层面到社会层面的推展。可见，孟子的创新是由孔子儒学心性层面向下深入，再向另外两个层面延伸。他能够成为孔子之后发展儒学的第一人，当之无愧。这就是运用结构方法得出的结论。而对于荀子，崔大华既承认其理论本身的创造性，又不认可他是对孔子的发展，而认为他是对孔子儒学的变异。在心性层面上，荀子以自然人性为性（以生言性），它不符合儒家理想中的人的样子，故而称其为恶，主张通过积、学来改变这个自然之性，称其为化性起伪，这个伪就是人为之善。在孟子那里作为起点的善，在荀子这里则成了终点的和无中生有的东西。在心性层面上的歧异，表现在社会层面上，荀子的礼治近于法治，对于孔子重德治轻刑治是一种背离。自然人性源于自然之天，对于自然之性是化之，对于自然之天则是制之、用之，于是在超越层面上，天是认识对象而不是超越对象，天的超越性被消解。荀子思想本身的价值是毋庸置疑的，但是它对于孔子儒学来说，却是变异而不是发展。这是运用结构的方法考察荀子的结果。第二，用结构的方法解析朱熹理学中"理气先后"命题，即从本体论层面上（以本体言之），理先气后，从宇宙论层面上（以流行言之），理气无先后。① 以这种方法就可以理解朱熹的两个看似矛盾的观点。他认为，"这是对同一对象作本体论和宇宙论不同理论层面的观察，因而是在理论分析的意义上可作出的区分，在实际的、事实的意义上却不可作出的区分。理学观念层次或理论层面的如此区分和如此解读此区分，对于准确诠释观念纷纭如牛毛茧丝的理学，都是十分必要的。从朱熹以后的理学历史中和现代新儒学对理学的诠释

① 见崔大华《儒学引论》，第 512~513 页。

中，可以看到无视这种区分和绝对化这种区分，皆会发生对理学的误释"①。他在对朱熹之后气本论兴起的分析中，贯穿着对于朱熹理气关系的结构式理解。这也是结论变为方法的一个表现。

比较的方法几乎在他的所有研究中都会用到，这与他强调辨异而不是折中混同的思维倾向有关，而这种倾向早在他读研时就形成了。1981 年 6 月 14 日，毕业论文答辩前，他在日记中写道："唐甄说'老养生，释明死，儒治世，三者各异，不可相通。合之者诬，校是非者愚'，确是有见地之言。企图熔诸家于一炉之学问博杂者，往往歧路亡羊，无有归宿。"他在《南宋陆学》中，为辨析陆九渊心学的特色，运用比较的方法，在与孟学、朱学、禅宗、西方近代哲学以及陆九渊弟子（如杨简）的比较中，凸显陆九渊心学的独特之处。这一方法后来贯穿他的庄学与儒学研究中。重视在比较中辨异在他的儒学研究中有很多例子。比如，在儒学理论特色成因的探讨中，他以印度宗教发展作为一般的宗教发展路线，将这个一般的路线作为参照物，考察中国路线的不同。他认为，"从具有典型意义的印度宗教形态来看，古代宗教思想意识和具体实践的演进过程，是由祭祀到皈依的过程"②。祭祀到皈依也就是从原始宗教到高级宗教的发展过程。"始终是在《吠陀》原始教义基础上滋长着的印度宗教，在其《梵书》时代的婆罗门教中，'祭祀万能'是三大纲领之一，但在《奥义书》中就在相对的意义上破除了对外在祭仪的信仰，而发展了通过直观而了悟'自我即大梵'，实现'解脱'的途径。在被新婆罗门教（印度教）奉为经典的《薄伽梵歌》中，虔诚的信仰和皈依那种绝对的、超越的存在，则更被视为是解脱最基本的、不可或缺的条件"③。人与神之间从庸俗的物质交易，变为境界的提升与精神上的皈依，这似乎是一个从物质的、外在的修行方式转向精神的、内在的修行方式。这个过程在古印度发生了，"但是在中国古代，由殷人的那种相当发达的崇拜帝神、祖先的祭祀宗教，进一步向对某种绝对的、超越的存在的虔诚信仰的皈依宗教的发展并没有发生，一个巨大的政治变迁——殷被周灭亡，阻止了、破坏了这一古

---

① 崔大华：《儒学引论》，"自序"，第 5 页。
② 崔大华：《儒学引论》，第 9 页。
③ 崔大华：《儒学引论》，第 9 页。

代宗教思想和实践的一般进程。一种十分独特的社会政治原因，使中国古代思想发展主潮由宗教性质的转折向道德性质的"①。这个方向被儒学继承，而后者在汉代以后成为国家意识形态，从而深刻塑造了中国文化和中国社会。特色总是在比较中彰显的，就好像黑头发是通过与黄头发、红头发的比较中显出自己的特色一样，崔大华用比较的方法把文化源头处的差异显现出来。

在考察理学在社会层面上对儒学的发展时，崔大华认为理学强化儒家伦理的一个表现，就是辨析仁爱与兼爱、博爱的区别，"在这个辨析中，人的爱之感情被注入了单一的也是唯一的伦理性内涵"②。情感本来基于生理体验而发生，具有经验性、非规范性，这里却将人的情感规定了内容，也就是把爱的情感伦理化了。在儒学史上，这个规定始于孟子对墨家兼爱的批判（《孟子·滕文公上》）。"孟子认为人之生，皆由己之父母，犹如万物之生，皆由天，是为'一本'；若以己之父母与人之父母无别，爱无差等，则是'二本'，则是悖于天性、人性的。爱之感情由亲及邻，并不是如夷之所理解的是施予、实行过程中的先与后，而是出于天性'一本'之由己及彼。"③ 这是从人的情感最初发生的角度，说明那种视陌生人为亲人的兼爱的不合情理之处，即人对亲人的感情是有根的，从对亲人的感情推向对陌生人，这是正常的，称为"一本"，即根源仍在于家中，但如果不是这样的顺序，不是一种从对亲人到对陌生人的移情，人对陌生人的感情就是另有根源，这就是"二本"，两种来源，而对陌生人的感情，程颐认为墨家兼爱之说"二本而无分"。崔大华认为，孟子的辨析，说明"在传统儒家的爱之感情中，明显地内蕴着伦理性的差等、秩序之涵义——仁爱，其与兼爱的分界线已经是清晰的了"④。程颐的辨析（《程氏文集》卷九《答杨时论西铭书》）在孟子基础上更加明确兼爱与仁爱的差异在何处，以及如何处理仁爱相对于兼爱的弊端。"较之孟子，程颐辨析仁爱与兼爱差异的结论深入之处是，首先，在孟子判兼爱为二本

① 崔大华：《儒学引论》，第 9~10 页。
② 崔大华：《儒学引论》，第 609 页。
③ 崔大华：《儒学引论》，第 609~610 页。
④ 崔大华：《儒学引论》，第 610 页。

的基础上，进一步明确指出兼爱之实质和弊端是无分，即没有伦理原则，其极端则是无父；其次，程颐用理一分殊的理学观点更周延地诠释了儒家的仁爱观念；并觉察到分的差等原则会产生私的弊端，但他认为可以昂扬理一的仁爱原则克服之。"① 无分，即没有分出差等、优先次序，视陌生人为亲人，则亲人就成了陌生人，此谓无父。这是从无分到无父的逻辑。分会产生偏狭的心理，排斥而不是扩展自己的伦理情感到亲人之外，程颐主张推理以止私胜。"程颐之论表明，兼爱与仁爱的差别，不是在其爱之心的公与私、爱之情的广或狭之间，而是在其源头处的性质不同。"② 源头处的不同，在于自然与功利的不同。"在程颐看来，儒家仁爱之心是发自人之本性根源（一本）的伦理道德感情，墨子兼爱之情则是无本的（二本），是后天形成的某种政治的、功利的理念的展开。"③ 感性与理性的区别，爱亲人不需要借助理性，通常是基于感性，爱陌生人则需要借助理性。韩愈说"博爱之谓仁"（《原性》），这受到理学家的批评。儒家不反对博爱，但是反对以博爱定义仁，这会使它无法与墨家的兼爱、佛家慈悲区别开来。"在理学家看来，爱本身是一种情、一种用，是由仁之性、仁之体而发，就其观念的逻辑性质而言，仁具有高于、大于爱的内涵，爱是不可能周延地界定仁的。"④ 在儒家这里，仁是有规定性的爱，它的规定性是儒家的伦理感情，博爱的来源则未必唯一地只是道德感情，它无法确认儒学的伦理特质。"理学家亦认为表现仁的爱之情，并不是以其广博纯然，而是以其有差等，即以由亲及邻、由人及物的伦理性为特质的。"⑤ 若不坚持伦理性，则儒学就会被墨家、佛家化掉，失去自己的独特性。而这种独特性在儒家那里是正确性。"爱是一种在不同的思想文化体系或生活方式中都存在的基本的人类道德感情，在其中注入、强化伦理的特质则是儒家，尤其是理学的思想特色，并且在一定意义和程度上，也成为中国传统思想、中国传统文化的生活方式的特色。"⑥ 儒家仁爱的伦理性特色，

---

① 崔大华：《儒学引论》，第 610 页。
② 崔大华：《儒学引论》，第 610 页。
③ 崔大华：《儒学引论》，第 610~611 页。
④ 崔大华：《儒学引论》，第 613 页。
⑤ 崔大华：《儒学引论》，第 613 页。
⑥ 崔大华：《儒学引论》，第 613~614 页。

后来成为中国文化和中国生活方式的特色。

　　在考察理学命论的特色时，他进行了三个方面的比较：儒内、儒外、中西。他首先判断"理学命之观念的特色，可以概之曰以理性辨识和以德行回应"①。这两个特色分别是与汉代儒学和魏晋玄学比较而得出的结论。他认为，"汉代天人之学在传统的宗教观念甚为活跃的背景下，将命诠解为具有某种人格特质的天之所为"，"理学命之观念非常自觉地、明确地剔除这种命为外在的天之意志的观念内容"②。天有意志，因此具有人格特质，但并不是人格神。意志之天是汉代儒学反轴心时代理性主义传统的表现。"理学将命彻底地内在化为人之性理与气禀，（据朱熹）作为命之必然性之根源的气禀，其形成也是偶然的。理学之命不是根源于传统宗教观念的、经验性质的某种外在人格意志的主宰性，而是一种具有一定科学内涵的哲学理性，是指由众多因素偶然相值而形成的显现在人的生存环境和生命过程中的某种客观必然性，一次不可逆性。"③ 超越层面要解决的问题是克服命的异己性与必然性，前者在孟子那里就实现了，后者则在朱熹这里得到解决，即以气禀解释命的必然性。宋代理学命观念的理性特质，还表现在对于通过数来把握天命的否定。"汉代天人之学的有机自然观下，还建构了某种可逻辑地知天命的思路——象数之术数。"④ "在理学中，就理论结构层次而论，理蕴涵着数，理高于数，理学家因此认为，在对必然之命的认识中，在明理与知数之间，对理的认识高于对数的把握。"⑤ 数被统合到理的观念体系中，下降到事物之理的层级，这意味着知天命的途径仍然是践行伦理。"理学家认为一个人只应当遵循义理，努力完成人生实践，不必言数，亦不必知数。可见，理学不仅在理论观念上，而且在人生实践中否定了汉代天人之学的数之观念，此与对汉代天人之学人格意志的主宰性天之观念的否定一样，都表现了理学命之观念的哲学理性特色。"⑥ 理学从命的理论与实践两个方面都批判了汉代儒学，凸

---

　　①　崔大华：《儒学引论》，第 627 页。
　　②　崔大华：《儒学引论》，第 628 页。
　　③　崔大华：《儒学引论》，第 628 页。
　　④　崔大华：《儒学引论》，第 628 页。
　　⑤　崔大华：《儒学引论》，第 629 页。
　　⑥　崔大华：《儒学引论》，第 630 页。

显其理性特质。关于理学命论与玄学的不同，他认为，"魏晋玄学引入气的观念，认为万物之性或人之命的不同，是由禀气的不同而成"①，"玄学因此将命之本质界定为自然"②。自然的命就是天定的命、不可改变的命。崔大华分析认为，"传统儒学命之观念的必然性内涵，其所内蕴的那种与人的生命存在、生命过程相对立的性质，在玄学这里都被自然的观念遮隐了，甚至消解了；这样，玄学对命之回应也就不再需要人为的，儒家譬之为'绘事后素'（《论语·八佾》）的修身立命的自觉和努力，而主张采取一种坦然无为、任其自然的态度"③。对于命，士族既无力改变，也无心改变，因为他们的命运既包括了生死不由己，也包括了富贵不由己，二者是嵌套在一起的。在玄学家这里，存在是这样决定意识的，"玄学回应命的'任之'的态度，显然不是，也没有否定命的存在，而只是使人不去感受命的存在，从而能获得一种无任何负累的精神自由"④。在玄学家那里，命的异己性也被克服，但命的必然性则仍然存在。崔大华认为，理学命观念不仅消解了命的外在异己性，也消解了命的客观必然性，"理学虽然也引入气的观念，用以界说命之内涵，但理学并未因此出现将命之观念导向自然主义的理论走向，而是形成变化气质的观点，为儒家传统的修身立命的回应命之态度提供了一个新的立论基础，即人生实践中对命的此种回应，不仅是应该的，而且是可能的"⑤。理学家相比玄学家，在实践儒家伦理上更加自信和积极，"在玄学回应命的态度映照之下，理学命之观念显现最鲜明的是伦理性质的德行特色"⑥。理学家能够自觉践行儒家伦理，而不像玄学家，内外分裂，陷入精神危机。这里的关键就在于将伦理特质贯彻到对命的回应中，这是理学命观念与玄学相比的特色。由于玄学对命采取"任之"的态度，有似于庄子道家，理学与玄学的差异，还可以追溯到儒家与道家的差异，"理学命之观念，不仅在儒学范围内，从儒学理论结构的超越层面上显示出理学与汉代及魏晋儒学理论形态的差

---

① 崔大华：《儒学引论》，第 630~631 页。
② 崔大华：《儒学引论》，第 631 页。
③ 崔大华：《儒学引论》，第 631 页。
④ 崔大华：《儒学引论》，第 631 页。
⑤ 崔大华：《儒学引论》，第 631 页。
⑥ 崔大华：《儒学引论》，第 631~632 页。

异，而且也在整个中国传统思想的背景下，从一个具体的方面显示出儒家与道家在精神观念乃至在生活实践上的根本区别"①。与有着宗教传统的生活方式相比，理学对儒家命论的继承与创新"则是从一个最深刻的根源之处，显现了以儒家思想为主体的中国传统思想文化和生活方式的理性、辩证的特质与特色"②。通过儒学内部比较、儒学与道家比较、儒学作为中国代表性思想与世界其他思想的比较，显示出儒学的特色，即理性的、道德的、世俗的。

当然，这三种方法在他的研究中也并非孤立运用，而往往是综合运用的。比如，他考察儒学的理论形态时，对于怎样判断一种理论思潮推进了儒学的发展，他的方法就是看它们是否在三个理论层面上发展了儒学，也就是说，儒学的历史发展实际上是经由对儒学结构的理论更新进行的，因此他对于儒学三大理论形态的考察就贯穿着对它们在三个理论层面的发展而进行。这就是历史的方法与结构的方法的综合运用。

除了这三种方法之外，他还运用了现代心理学方法考论儒家人性论的理论缺陷③，运用社会学的方法，引用大量社会史、文化史材料，说明儒家塑造的没有障碍的世俗生活④。可以说，崔大华儒学研究的众多创新与独到之处，都与他的方法自觉有直接关系。

三 理论立场：一个人文主义者

《儒学引论》总结儒学的现代处境，指出儒学面临的挑战，其中之一是"家庭的蜕变"⑤。其表现在两个方面，一是在家庭观念上，构成家庭的自然基础——婚姻中的爱情和爱情中的性爱，在现代家庭中被凸显起来。⑥ 二是在家庭结构上，从西方经济发达国家已经和正在发生的事实来看，在科学技术生产力发展而引起的生活方式变化和现代家庭观念的双重作用下，伴随着工业化社会形成的是主干家庭向核心家庭的蜕变，而在后

①　崔大华：《儒学引论》，第 633 页。
②　崔大华：《儒学引论》，第 634 页。
③　见崔大华《儒学的现代命运——儒家传统的现代阐释》，第 105 页。
④　见崔大华《儒学的现代命运——儒家传统的现代阐释》，第 224~239 页。
⑤　崔大华：《儒学引论》，第 860 页。
⑥　见崔大华《儒学引论》，第 862 页。

工业化社会则是核心家庭趋于解体，出现了多样化的、非传统的家庭形式。① 他判断"未来家庭将是成人任从自己的爱好而结合成的具有多种形式的、变动着的生活体。作为儒家传统家庭的基本特质——姻缘、血缘，就不再是这种多样化家庭建构中的必要因素了"②。这意味着，家庭的重心从父子转为夫妻，家庭从承担社会、家族责任，到满足个人自由、情感及其他需要。这就有可能威胁到家庭这个社会细胞的传统功能和它的价值。人类繁衍存续这件事，成为个人的自由，或者说，社会不能以法律，也不能以道德的名义强制人们生育。对此他的态度是，"虽然立足于科学的认知理性可以坦然地、逻辑地接受家庭的裂变与破碎，人类的道德理性仍然是十分和努力维护家庭的"③。在事关人类存续这件大事上，他将希望寄予道德理性的作用，这表现出了他的人文主义立场，而不设想一个由科技发展引领的不可预知的未来。

他曾感叹国家在道德与发展之间不可兼得的困境，"现代思潮往往在美国兴起，这是它先进的表现。但美国是一个无根的国家，在它那里发生的事情在世界其他地方不一定也会发生，至少不一定以同样的方式或过程发生。世界潮流让一个没有崇高的价值观念和道德原则的制度、国家去领导，是很危险的。但持有某种庄严的、严肃的道德规范的国家或制度，往往总是发展缓慢的，产生不了、领导不了新的潮流。历史就是矛盾!"④ 而他最终还是选择坚守道德。他在论述儒家思想中至今仍然有生命力的内容时，认为"就是儒家思想坚定地守卫着人类文明生活的底线——要有伦理、有道德地生活"⑤。为什么要有伦理、有道德地生活，道德优先的原因何在? 因为"一种失去伦理的生活、没有道德的生活，将不仅是对儒家理念的否定，而且也是对人类文明、对人类生存本身的摧毁"⑥。这即是说，这个主张虽然出自儒家，但客观上又有普适性，因为如果失去道德，则人类秩序将不复存在，将危及人类的生存。从这个论述中，可以看

---

① 见崔大华《儒学引论》，第 863~864 页。
② 崔大华：《儒学引论》，第 865 页。
③ 崔大华：《儒学引论》，第 866 页。
④ 1984 年 7 月 12 日的日记。
⑤ 崔大华：《儒学的现代命运——儒家传统的现代阐释》，第 241 页。
⑥ 崔大华：《儒学的现代命运——儒家传统的现代阐释》，第 241 页。

出，在道德之上还有一个更高的、更普遍的价值，或者说是行为标尺，即人类的生存。这是从崔大华这个观点中逻辑地引出的结论，虽然他没有提炼整理出来，也没有进一步将儒家主张的合理性奠基于此，不过，其中的逻辑是非常清晰的。

他对于后人类文化主义思潮中表现出的科学技术脱离道德约束的倾向十分忧虑，"在儒学看来，科学技术的发展是生长在人类不断超越生存的现状和界限的欲望中，有其人性的根源，是不会停止的。儒学对人类为追逐欲望的实现而带来的风险也早已提出过警示：天作孽，犹可违；自作孽，不可活（《孟子·公孙丑上》）。自然的灾害是能够战胜的，悖谬人伦物理的人之欲望膨胀泛滥所产生的灾难则是难以挽救的。在前所未有的、无与伦比的未来科学技术基础上建构的后人类文化中，自作孽不可活这种风险无疑也会存在的"[1]。科学技术的发展会引导人类走向自我灭亡，这似乎是一个并非不可能的结果。如何避免这个结果？他建议"在现代或未来科学技术可能改变人类进化方式、方向的关键之点上，人类应该谨慎、珍惜、尊重人类物种在长期自然进化中形成的善的人性选择，坚守伦理底线；向现代和未来科学技术形成的巨大力量中优先地注入道德因素；对现代和未来科学技术收获的果实作公平的分配"[2]。这似乎是一个人文主义者在人类社会巨变前夜发出的最后的警告，也是儒学最后的坚守。对此，我们也许可以用他自己的话来作评价，"严肃的、深刻的思考的结论往往是不合时好的。那些认为人类和地球进化前景并不一定美妙的观点就是属于这一种。即使他们像杞人忧天那样错误，但他们的严肃和负责的态度也是应该得到人们的宽容和称赞，而不应是讥笑和斥责"[3]。

崔大华儒学研究的特色并不止于以上所述，如图表方法的运用，如他读书多且能化之的特点，都给人以深刻的印象。我们说他用 20 年时间"磨"出两把"剑"（《儒学引论》和《儒学的现代命运——儒家传统的现代阐释》），而实际上他的儒学研究成果可称为他毕生所学的结晶，也是他学术特色的集中体现。

---

① 崔大华：《儒学的现代命运——儒家传统的现代阐释》，第 586 页。
② 崔大华：《儒学的现代命运——儒家传统的现代阐释》，第 587 页。
③ 1986 年 3 月 30 日的日记。

结 语

　　崔大华是享誉海内外的中国哲学史研究专家，他的学术研究生涯始于理学研究、成名于庄学研究、终于儒学研究。以他的勤奋程度而言，他的论著数量不算多，但质量、价值却很高。这里总结概述他重要的学术创新如下。

　　陆九渊心学思想体系的基本观点"宇宙便是吾心，吾心便是宇宙"提出虽早，但形成体系则在中年以后。陆九渊幼年时期只有对宇、宙的领悟，中年以后方将其心学理论概括为"四方上下曰宇，往古来今曰宙。宇宙便是吾心，吾心便是宇宙"。因此，陆九渊心学思想不是偶然看到一句话形成的，而是一个长期实践思考的结果，是从一句话到一个体系的展开。

　　陆九渊弟子杨简摆脱陆九渊的"沿袭之累"，抛弃"理"概念，把"心"变成唯一的最高范畴，将陆九渊心学推向唯我主义。杨简否定人的本能以外的任何具有能动性、创造性的思维活动，因而导致他公开提倡蒙昧主义。于是中国思想史上，在道家蒙昧主义之外，又出现了一个儒家蒙昧主义。

　　朱熹与陆九渊之争的理论性质是基于本体论的深刻分歧，朱陆工夫修养和人物评价上的分歧，是他们本体论分歧的表现。朱陆之异是理学发展的契机。朱陆之争的理论意义在于对它的辨析是理学理论水平的尺度。明清理学家合会朱陆之见就是由于对朱陆之异辨识不清，从而失去理论创造力。

　　陆九渊心学具有悖论性质，表现在心学从维护封建伦理走向破坏封建伦理，心学以儒家经典为思想渊源，却表现出对经典的不尊重态度。心学主观上要维护的封建秩序具有历史性，但其形式则有革命性，因此它可以被注入新内容而发挥积极作用。

庄子自然哲学中的变化观念包括三个内容：化的普遍性与多样性；万物之间的无条件转化，不是线性进化，而是始卒若环的循环往复，不包含进化思想；化的动因是自化。这是庄子变化观念最深刻的内容。它的理论意义超出了庄子思想本身范围，它和儒家伦理思想中的"为仁由己"（《论语·颜渊》）的观点，共同地和自然地筑成了中国传统思想中防范宗教的、主宰世界的神或上帝观念越入的观念屏障。

庄子的逍遥自由与欧洲近代以来形成的两种自由观（卢梭、康德等的意志自由以及斯宾诺莎、黑格尔等的理性自由）鼎足而三，庄子的自由观，在古代的哲学世界中，特别是在中国哲学中是一种人的自我觉醒，是中国文化中的进步现象。庄子对情态自由的描述应该是人类自由思想史的初章。

庄子以"万物为一"的相对主义跨越人生困境中的生死界限，即齐生死。它从人的本身开发出一种理智的、理性的力量，对生死作出一种新的、自然的理解，具有精神解放作用。不借助于宗教而借助于理性思辨摆脱对死亡的恐惧，这是庄子对人类的一个贡献。

庄子与老子同为道家，其思想同中有异，最根本的差异在于本体论性质有异：庄子的道是世界总体实在，老子的道是有实体性质的实在。这导致他们在认识论、人生哲学等方面的差异。总之，在先秦，庄、老异同构成一种甚为奇特的理论现象：从其和儒、墨相对立的学术背景上看，庄、老之同大于异；就其各自的学说思想内容看，庄、老之异大于同。

中国佛学的一个深刻的理论特色，表现为它对于印度佛教中那些艰深的、迥异于中国固有的传统思想的宗教思想的理解，和在某种意义上是离开了印度佛学的固有理论轨道的独立的发展，都是在道家思想，特别是在庄子思想的影响下发生的。隋唐时期中国佛教独立发展的主要理论内容，即天台、华严的判教，天台性具实相和华严法界缘起的新的佛学本体论观点，以及禅宗识心见性的独特的佛教修持理论，都在不同程度上感受或接受了庄子思想中的历史观念、总体观念和自然观念。庄子对于中国佛教独立发展的作用，是中国文化和思想对异质文化和思想消化、改造能力的具体表现。

儒学的伦理道德特质源自殷周之际中国思想主潮从宗教向道德的转向，其契机是殷周之际的政权变革。由政治变迁引发巨大的观念变迁，即道德观念从宗教观念和宗法观念中蜕变而出。先秦儒家也正是在巩固、充实这一选择所含蕴的道德理性精神走向的过程中，形成了自己的理论品质或特色。

在孔子思想中三个概念或范畴特别突出，仁、礼、天命（命），分别构成心性的、社会的、超越的三个理论层面。仁是个体心性道德修养，礼是社会的典章制度、行为规范，天命是超越于个人和社会之上的某种外在客观必然性。全部儒学就是在孔子奠定的这三个理论层面上展开的。儒学的独特精神品质和文化表现都可在这个结构中找到根由。

儒学的超越层面上的任务，在于以理性消解命的异己性和必然性。对于异己性的消解，是将命的外在性作内在化的处理。将外在的命内化为人之性，消解了命的异己性，是儒学超越理论的最大特色与最大成功。必然性的消解是将它理解为由气禀偶然构成之人在各种不同的、不可重复再现的境况下的一次性的生命和生活过程的创造，如此则必然性不是某种外在超越的既定安排的展现而与宿命论区别开来。儒家对于命的回应，就有了行法俟命（孟子）、唯义无命（程颐）、人事尽处便是命（朱熹）等理性和积极的态度。对超越的存在作理性的诠解和以道德实践来回应，是儒学最重要的、最本质的内涵和特征，在人类的文明史上，这是有效地、较好地解决引起人类最深刻的精神困惑或危机的方式或观念体系之一，是儒学对人类的重大贡献。

崔大华以结构的方式回应关于孔子儒学的核心是仁还是礼的问题，并将理论结构作为一个方法，考察孔子以后孟子、荀子及汉代以后三个儒学理论形态，以它们是否在三个理论层面上推进儒学的发展，来判断其理论性质与理论进展。因此，儒学的理论结构就不仅是一个结论，还是一种方法、一个标准。这是崔大华儒学研究的一个重要创新之处。

理学的人性论中存在一个内在矛盾，即它在对人的充分肯定中又对人作了彻底的否定。它的表现是将伦理道德（天理）与人的本能欲望（人欲）对立起来，主张存天理灭人欲。理学这种将人的伦理性和自然性作绝对对立的理解和对待，在理论上是矛盾的，因而在实践上也并不能保证它的道德目标的实现。朱熹说饮食者天理、美味者人欲，似乎更合情理，缓和了对立，但是他认为这个说法实际上是把这一对立推向更高的层次上，具有更加深刻的哲学意义。

儒学建构的生活方式，其生命力在于其宽容的品德。它的历史成就表现在民族融合与宗教兼容。民族融合实指中华民族的形成，儒家华夷之辨中的宽容原则和对文明的儒家礼文化的认同，构成了历史上已经实现了的民族融合过程的起点和终点。没有民族融合，就没有现在的中国国家疆域。如果说，这是中国历史上最伟大的创造、最伟大的成就，那么，也正是在这里，儒家成就了最伟大的历史贡献。宗教兼容主要是指三教（儒释道）间的观念冲突与融合。三教不同而可兼容，在实践中表现为无障碍的世俗生活。崔大华认为，历史上，儒家社会生活的这种很早就形成，并能始终保持的儒家（儒教）与佛教道教三教间的鼎立并存、相互兼容的宽容局面，应该被视为儒家文化对世界文化、人类生活的一项伟大贡献、一项珍贵的经验。

现代性的核心问题是人生意义的失落问题，在西方是现代化理性生活的副产品，意义失落与现代化之间具有共生性，在儒家则没有这样的情况。儒家生活中的意义实现不会减去道德而是践履道德，不会减去理性而是需要理性。它与现代性之间不存在那种此进彼退、有你无我的紧张。儒家生活方式不会出现由理性增长而导致的意义失落，但这并不意味着它的意义空间是可以不求自得的，它会因缺乏充分的道德理性自觉而陷入价值选择的冲突和精神困惑，并因此而衰微。儒家生活意义的构成在于平凡生活、追求崇高和经受苦难。

在迄今人类文明已经创造出的观念体系和生活方式中，儒学无疑应是属于最悠久的一种；在人类未来可能的生活方式中，儒学也会是有生命力的一种。儒学有伟大的明智——从不企望超越人性、超越生命，但一直努力于完善人性、完美人生。

崔大华曾说，"我对于自己生活的目的和意义的理解是，我是一个播种精神食粮的劳动不强的农人，我的收获微薄，也许颗粒不收。我的劳动果实是有营养的，但不一定很快被吸收"①。此时，他刚刚研究生毕业，开启自己作为学者的生涯，他对于自己生活的意义就有了如此深刻的自觉。几十年过去，事实正是如此。他不是著作等身的学者，但他的研究成果却厚重扎实。相信只要读过他的论著的人，都会有这样的感受。他的儒学研究体大精深，值得更多的关注与讨论。他的《庄子歧解》再版、《庄学研究》重印，都说明受到了读者的欢迎。笔者还清楚地记得，2008 年 12 月 20 日，在郑州举办的一个小型学术讨论会上②，一位从浙江远道而来的年轻学人，见到崔先生后深鞠一躬，表达自己的敬意。这位年轻人提到自己研究杨简时曾读过《南宋陆学》，非常受益。当时崔大华非常谦和地说，那已经是很早以前的东西了。他曾说，"我的幸福在于一生始终没有到达终点"③。他一直在前进，从不止于已有的成就，而这没有让他感到遗憾，相反却是他的幸福来源。他的生命不息、探索不止的精神令人感佩。他曾形容《庄子》是一颗"坚硬的但是有益的果实"④，有营养但不容易消化。他的作品也是这样坚硬的果实。一个人的自然生命是有限的，但我们相信，只要还有人在阅读他的作品，崔大华的学术生命就不会终结。

① 1981 年 10 月 21 日的日记。
② 《"秩序与自由：儒道功能互补的历史形态及其当代向度"学术研讨会在郑州召开》，《中州学刊》2009 年第 3 期。
③ 这段话写于 2001 年 10 月 11 日，是在《儒学引论》出版后。
④ 崔大华：《庄学研究》，"自序"，第 3 页。

"儒教"辨

——与任继愈同志商榷[*]

崔大华

一

从广泛的意义上说，"儒教"之说由来已久，如司马迁谓："鲁人皆以儒教，而朱家以侠闻。"[①] 晋之王沈评论《傅子》曰："言富理济，经纶政体，存重儒教。"[②] 从这里也可以看出，对"儒教"之"教"字存在着不同的理解。就思想史的角度看，"儒教"之"教"字有三种不同的理解或含义。

一是早期儒家学者，把"教"字理解为儒家的教育内容和教育方法，即《中庸》所谓"修道之谓教"和孟子所说"教亦多术矣"[③]。儒家的教育内容在不同的儒家经典上有不同的说法，一般有"四教"，如"子以四教：文、行、忠、信"[④]，"乐正崇四术、立四教，顺先王诗书礼乐以造士，春秋教以礼乐，冬夏教以诗书"[⑤]。此外还有"五教""七教"，是指

---

[*] 《"儒教"辨——与任继愈同志商榷》（约 13000 字）在删改后以《"儒教"辨》（约 9700 字）为题发表于《哲学研究》1982 年第 6 期，后完整收录于任继愈主编《儒教问题争论集》（宗教文化出版社，2000）。

① 《史记》卷一二四《游侠列传》。

② 《晋书》卷四十七《傅玄传》。

③ 《孟子·告子下》。

④ 《论语·述而》。

⑤ 《礼记·王制》。

五种或七种人伦关系。① 在教育方法上，孔子为教多方，"不愤不启，不悱不发"②，因人而异，没有定说，但孟子还是把它归纳为五："君子之所以教者五：有如时雨化之者，有成德者，有达财者，有答问者，有私淑艾者。"③ 总之，儒家学者一般把"教"字理解为它的立教内容和为教方法。这就是司马迁所说"鲁人皆以儒教"之"教"的意思。

二是魏晋以后，随着佛教、道教逐渐取得和儒家鼎足而立之势，文人学者常把儒、道、释并称为"三教"。其最早可能在三国之时，如"《吴书》云：吴主问三教。尚书阚泽对曰：孔老设教，法天制用，不敢违天；佛之设教，诸天奉行"④。此后，梁武帝倡"三教同源"之论，白居易著《三教论衡》之文，这里的"教"字皆是指三家的整个学说内容或思想体系。宋元之际刘谧撰《儒释道平心论》，概括"三教"内容曰："儒教在中国，使纲常以正，人伦以明，礼乐刑政，四达不悖，天地万物以育，其功于天下大矣，故秦皇欲去儒而儒终不可去。道教在中国，使人清虚以自守，卑弱以自持，一洗纷纭轇轕之习，而归于静默无为之境，其有裨于世教也至矣，故梁武帝欲除道而道终不可除。佛教之在中国，使人弃华就实，背伪而归真，由力行而造于安行，由自利而至于利彼，其为生民之所依归者，无以加矣，故三武之君欲灭佛而佛终不可灭。"刘谧的概括虽然并不准确，但它表明在魏晋以后的相当长的时期内，一般学者确实是把"三教"作为三种思想学说来加以比较认识的，并认为对于封建的社会制度来说，佛、道、儒，是同样必需的。故李士谦有"日、月、星"⑤ 之比，孛术鲁翀作"黄金、白璧、五谷"⑥ 之喻，宋孝宗《原道辨》力论"以佛治心、以道治身、以儒治世"。这就是王沈所谓"存重儒教"之"教"的涵义。

---

① 《左传·桓公六年》有"修其五教"。《孟子·滕文公上》谓："使契为司徒，教以人伦，父子有亲，君臣有义，夫妇有别，长幼有序，朋友有信。"《礼记·王制》："明七教以兴民德，父子、兄弟、夫妇、君臣、长幼、朋友、宾客。"
② 《论语·述而》。
③ 《孟子·尽心上》。
④ 《翻译名义集》卷五《半满书籍篇》。
⑤ 《北史》卷三十三《李士谦传》。
⑥ 《南村辍耕录》卷五《三教》。

三是现代某些学者，认为儒家学说发展到宋明理学阶段，在理论本质和形式上，以及在社会作用上，都成了和基督教、佛教等宗教完全一样的意识形态，故称为"儒教"。这个"教"字，既不是特指儒家的教育内容和方法，也不是泛指儒家的常说思想体系，而是专指某个阶段的儒家的宗教本质。现代最先提出这种观点的有胡适，他在《几个反理学的思想家》一文中写道："理学是什么？理学是挂着儒家的招牌，其实是禅宗、道家、道教、儒教的混合产品。其中有先天太极等等，是道教的分子。又谈心说性，是佛教留下的问题。也信灾异感应，是汉朝儒教的遗迹。但其中的重要观念，却是古来道教自然哲学里的天道观念，又叫做天理观念，故名为道学，又名为理学。"① 近年来，任继愈同志对此进行了很周密的论述。任继愈同志接连发表了《论儒教的形成》《儒家与儒教》② 两篇文章，中心论述了三个方面的问题：①儒教的形成过程。任继愈同志认为，"儒家学说本来就是直接继承了殷周宗教思想发展而来，本身就具有再进一步发展成为宗教的可能"。儒家学说经过汉代神学的改造和宋代融合佛教、道教的改造，终于形成了"儒教"（即宋明理学）。"宋明理学体系的建立，也就是中国的儒学造神运动的完成。"②儒教的理论本质。任继愈同志认为"儒教（宋明理学）具有宗教的一切本质属性。僧侣主义、禁欲主义、原罪观念、蒙昧主义、崇拜偶像，注重内心反省的宗教修养方法，敌视科学、轻视生产，这些中世纪经院哲学所具备的落后的宗教内容，儒教应有尽有"。儒教也有教主（孔子）、崇奉对象（天地君亲师）、经典、传法世系（道统论）等宗教的外在特征。③儒教的社会作用。任继愈同志认为："儒教本身就是宗教，它给中国历史带来的是具有中国封建宗法社会特点的宗教神权统治的灾难。"（以上皆引自《论儒教的形成》一文）

　　以上三种"儒教"说，前二种作为历史的思想资料毋庸置辩了，第三种作为现实中很活跃的、很有影响的学术观点，它在很多方面可能还是值得商榷讨论的。本文仅就任继愈同志文章中论述的那三个方面的问题，提出自己不同的看法，希望得到任继愈同志和其他同志的指教。

---

① 　《胡适文存》三集。
② 　分别载于《中国社会科学》1980 年第 1 期和《中国哲学》第 3 辑。

二

任继愈同志认为，儒家学说是从殷周宗教思想发展而来，从汉代到宋代相当长的时间内，儒学的发展是一个造神运动过程。这是不符合思想史实际的。

首先，儒家学说思想不是从殷周宗教思想发展而来，而是从西周的伦理道德思想发展而来。殷周之际，随着社会政治制度的变迁①，思想意识也发生了巨大变迁。从卜辞中可以看到，殷人具有固定形态的思想，主要是图腾崇拜、自然崇拜、上帝崇拜、祖先崇拜等宗教的意识。但从《尚书》中《周书》各篇里却可看到周人思想有重大的发展变化。第一，周人产生了"敬德""保民"的道德思想。西周统治者在战胜了政治、经济和文化上都比自己强大的殷商后，在总结这个小国胜而大国败的政权变迁的原因时，除了用"天命棐忱"② 作一般的解释外，还发觉在"天命"这个人力无法左右的客观力量外，有某种人自身的因素，所谓"非天庸释有夏，非天庸释有殷，乃惟尔辟（君），以尔多方，大淫图（鄙弃）天之命"③。于是产生了"敬德"的道德思想："我不可不监于有夏，亦不可不监于有殷……不其延，惟不敬厥德，乃早坠厥命。"④ 周人还形成了其他一些重要的道德概念，如"圣"⑤ "孝"⑥ "友"⑦；还提出一些具体的道德修养方法或要求，如戒逸乐⑧、戒酗酒⑨，"天不畀允（佞）罔（诬）、固（蔽）、乱（惑）"⑩。作为统治者，道德修养不仅是德化个性品质，更重要的是德化自己的政治作为。西周统治者惩于殷亡前夕"小民""如

---

① 见王国维《殷周制度论》（《观堂集林》卷十）。
② 《尚书·大诰》。
③ 《尚书·多方》。
④ 《尚书·召诰》。
⑤ 《尚书·多方》："克念作圣。"
⑥ 《尚书·文侯之命》："追孝于前文人。"
⑦ 《尚书·康诰》："不孝不友。"
⑧ 见《尚书·无逸》。
⑨ 见《尚书·酒诰》。
⑩ 《尚书·多士》。

蜩如螗，如沸如羹"① 的情景，产生了"保民"的思想，提出"先知稼穑
之艰难……则知小民之依……保惠庶民"②。第二，周人形成了"礼"的
伦理思想。"礼"在卜辞里是指祭祀，《尚书》中的"殷礼"也主要是指
祭典仪式。《洛诰》说："王肇称殷礼，祀于新邑。"意即成周落成典礼，
是在洛邑按殷礼的仪式进行的。但周礼的内容却广泛得多，它有礼节仪式
的程序（见《仪礼》），有政府体制的规定（见《周礼》）；更重要的是
有反映宗法制度的伦理道德规范（见《礼记》），用此来维持宗法的伦理
秩序，"君臣、上下、父子、兄弟，非礼不定"③；维持奴隶制度的阶级秩
序，"在礼，家施不及国，民不迁、农不移、工贾不变"④。所以西周的统
治者认为，"礼"的作用是非常广泛而又重要的，"礼，经国家、定社稷、
序民人、利后嗣也"⑤，"无礼必亡"⑥。这样，周的统治者和殷人不同，
在意识形态方面发挥最重要作用的不是宗教，而是伦理道德。

　　当然，周人的伦理道德思想中也有很重要的宗教思想因素，它和殷人
的宗教思想既有联系也有区别。第一，周人的"天命"即是殷人的"上
帝"。卜辞中的"天"是"大"的意思（如"天邑商"），没有宗教的意
识内容。周人的"天"即是"帝"，如称"皇天上帝"⑦，有最高的权威，
如说"惟天降命"⑧，"丕显文王，受天有大命……天翼临子，法保先
王"⑨。这表明周在取得政权后，革新了殷人的宗教思想，用来论证自己
政权的合理性、神圣性。第二，《礼记·表记》谓殷人尊神事鬼的特点是
"尊而不亲"。这表明殷人的宗教观念和祭祀行为，主要是出于对自然力
的恐惧。但周人的宗教思想中逐渐补充了道德的内容，认为祭祀对象都有
某种"善"的品质，如《国语·鲁语》记展禽曰："夫圣王之制祀也，法
施于民则祀之，以死事勤则祀之，以劳定国则祀之，能御大灾则祀之，能

---

① 《诗经·大雅·荡》。
② 《尚书·无逸》。
③ 《礼记·曲礼》。
④ 《左传·昭公廿六年》。
⑤ 《左传·隐公十一年》。
⑥ 《左传·昭公廿五年》。
⑦ 《尚书·召诰》。
⑧ 《尚书·酒诰》。
⑨ 《大盂鼎》。

扞大患则祀之……加之以社稷山川之神，皆有功烈于民者也；及前哲令德之人，所以为明质也；及天之三辰，民所以瞻仰也；及地之五行，所以生殖也；及九州名山川泽，所以出财用也；非是不在祀典。"这样，在殷周之际，中国古代的宗教思想和伦理思想就发生了"换位"。此后，伦理思想逐渐成为中国思想的主导成分，而宗教思想只是作为伦理思想的补充和附属，"天地"（鬼神）只是人需要处理的各种伦理关系的一种，而不是中心，更不是全部。每种文化都带有它在最初形成时期的特色，和印度文化的宗教色彩及希腊文化的思辨色彩相比，中国文化的伦理色彩，就是从殷周之际的思想变迁时开始形成的。

孔子继承了周人的伦理道德思想，而且有重要的发展。他提出一个内容极为丰富的、新的道德范畴"仁"。"孝弟也者，其为仁之本与。"① 这是说"仁"就是"孝""弟"等这些伦理。"仁者爱人"②、"能行五者于天下为仁：恭、宽、信、敏、惠"③，这是说"仁"也是个性品质的道德修养。孔子提出"克己复礼为仁"、"人而不仁如礼何？人而不仁如乐何？"④ 把社会伦理和个人道德修养紧密结合起来。对于周人思想中的宗教方面，孔子是很淡泊的。他仍保持有传统的"天命"信仰，如说"五十而知天命"⑤，"死生有命，富贵在天"⑥。但通观《论语》可以断定这是一种模糊的客观必然性观念，而不是人格神的宗教观念。同时，孔子也很少谈论这些，"子不语怪力乱神"⑦，他觉得现实人世的问题更为迫切，故"季路问事鬼神，子曰：'未能事人，焉能事鬼？'曰：'敢问死？'曰：'未知生，焉知死。'"⑧ 这些都表明孔子继承和发展了西周的伦理道德思想，而弃置了殷周以来的宗教思想。这样，孔子所创立的儒家学说，就进一步固定了殷周之际已开始形成的那个中国古代文化的发展方向，即伦理

① 《论语·学而》。
② 《论语·颜渊》。
③ 《论语·阳货》。
④ 《论语·八佾》。
⑤ 《论语·为政》。
⑥ 《论语·颜渊》。
⑦ 《论语·述而》。
⑧ 《论语·先进》。

的而非宗教的方向。

其次，从先秦儒家到宋明理学的儒学发展过程，也并不是儒教的"造神运动"的完成过程，而主要是对儒家所主张的伦理道德的根源及修养方法不断提出新的论证的过程。从原始社会的自发宗教到阶级社会的人为宗教，从多神教到一神教，这个宗教思想发展的一般过程，在不十分严格的意义上说是一个"造神运动"也未尝不可。但这种思想运动在儒学中从未发生过，因为儒家学说作为一种伦理思想体系，它的主要理论对象不是超脱于人之外的某种客观力量或彼岸世界，而是人置身于其中的现实社会的各种关系，它的思想发展主要表现为不断探索这些关系的最后根源，以论证封建伦理道德规范的绝对合理性、永恒性，以及完成这种道德修养的方法。

这一论证是从孟子开始的。孟子认为人的伦理行为和道德情操来源于"心"，是人性所固有。他说，"仁，人心也"，"仁义礼智，非由外铄我也，我固有之也"①。孟子提出"养浩然之气"的方法是"配义与道，无是馁也"②。孟子的论证很简略，只能作为对儒家这一核心理论观点论证的开始。汉代董仲舒习用"三纲五常"来概括儒家的伦理道德思想，并吸收了当时最能广泛解释自然和社会现象的阴阳五行学说思想，来论证其为"天经地义"③。董仲舒认为"天者，万物之祖，万物非天不生"④。"天"具体表现为阴阳、五行，而"君臣父子夫妇之义，皆取诸阴阳之道"⑤，"五行者，乃孝子忠臣之行也"⑥。所以，"王道之三纲，可求于天"⑦。这样，董仲舒就论证了儒家所主张的伦理道德根源于"天"，"天不变，道亦不变"⑧，所以它是永恒的。董仲舒的论证是在"街巷有巫，闾里有祝"⑨ 的鬼神迷信盛行的西汉社会环境下进行的，所以他的理论沾

---

① 《孟子·告子上》。
② 《孟子·公孙丑上》。
③ 《左传·昭公廿五年》："夫礼，天之经也，地之义也，民之行也。"
④ 《春秋繁露·顺命》。
⑤ 《春秋繁露·基义》。
⑥ 《春秋繁露·五行之义》。
⑦ 《春秋繁露·基义》。
⑧ 《汉书》卷五十六《董仲舒传》。
⑨ 《盐铁论·散不足》。

染了明显的宗教神学色彩，如天有意志的目的论观点和"天人感应"的神秘观点。但在其宗教神学外衣里面，仍是儒家的伦理本质。例如他曾规劝"尤敬鬼神之祀"① 的汉武帝说："夫仁义礼智信五常之道，王者所当修饬也。五者修饬，故受天之祐，而享鬼神之灵，德施于方外，延及群生也。"② 这正是儒家"圣人以神道设教而天下服"③ 的方法，是中国思想中宗教从属于伦理的表现。但董仲舒对伦理道德根源的论证，是立足于感性经验的简单类比；在品性修养理论方面，董仲舒形式上虽创"性三品"之新论，但其内容并没有超出"惟上智与下愚不移""性相近习相远"④之孔子旧说，所以董仲舒并未能完成对儒家学说核心的理论论证。宋明理学吸收了佛家、道家及道教的思维方法和诸如"事理圆融""明心见性""天理""无极"等思想内容，对儒家所主张的人的伦理道德的根源进行了新的论证。这个伦理根源程朱派认为是"理"（道）。二程说："万物皆是一个天理。"⑤"父子、君臣，天下之定理。"⑥ 朱熹说："造化发育，品物散殊，莫不各有固然之理，而最大者则仁义礼智之性。""道之在天下，其原于天命之性，而行于君臣、父子、夫妇、朋友之间。"⑦ 陆王派认为是"心"。陆九渊说："皇极之建，彝伦之叙，反是则非，终古不易。是极是彝，根乎人心，而塞乎天地。"⑧ 王守仁也说："夫礼也者，天理也。天命之性，具于吾心，其诨然全体之中，而条理节目，森然毕具，是故谓之天理。天理之条理谓之礼。是礼也，其发见于外，则有五常百行、酬酢变化、语默动静、升降周旋、隆杀厚薄之属。"⑨ 与对于伦理道德根源的看法相联系，对于道德修养方法，程朱派提出"居敬穷理"，强调"道问学"，即主张由知识的积累而达到立场的确立；陆王派提出"发明本心"

---

① 《史记·封禅书》。
② 《汉书·董仲舒传》。
③ 《易经·观》。
④ 《论语·阳货》。
⑤ 《二程语录》卷二。
⑥ 二程语录》卷六。
⑦ 《朱文公文集》卷七十八《江州重建濂溪先生堂记》《徽州婺源藏书阁记》。
⑧ 《象山全集》卷二十二《杂说》。
⑨ 《阳明全书》卷七《博约说》。

或"致良知"，强调"尊德性"，即主张首先端正立场，则修养自然完成。① 这些都是异于先前儒家的具有哲学理论色彩的新论证、新观点。

宋明理学以"理"或"心"为宇宙万事万物的根源，因而也是社会伦理道德的根源，这就洗刷了董仲舒对伦理道德根源论证中"天"的宗教神学色彩。不仅如此，理学家还对先秦儒家思想中残存的宗教神学观点进行了改造。在孔子思想里，"天命"已不再具有人格神的内容，因而它不是一个宗教观念。但他所说"事鬼神""祭神如神在""非其鬼而祭之，谄也"（见《论语》）之"鬼神"，仍然是一种人间的力量采取了超人间的力量的形式的宗教观念。这种形式的宗教观念，在理学中受到了哲学的改造。理学家不再把"鬼神"理解为一种超人间的力量，而是和宇宙万物一样，是"理"（"天道"）的具体产物或其作用的表现。例如程颐在解释《易经·观》"观天之神道而四时不忒，圣人以神道设教而天下服"一语时说："天道至神，故曰神道。观天之运行，四时无有差忒，则见其神妙。圣人见天道之神，体神道以设教，故天下莫不服也。夫天道至神，故运行四时，化育万物，无有差忒。至神之道，莫可名言，惟圣人默契，体其妙用，设为政教，故天下之人，涵泳其往（'往'为'德'之误——笔者注）而不知其功，鼓舞其化而莫测其用，自然仰观而戴服，故曰以神道设教而天下服。"② 朱熹在解释《中庸》"子曰：鬼神之为德，其盛矣乎"一语时也说："程子曰：'鬼神，天地之功用，而造化之迹也。'张子曰：'鬼神者，二气之良能也。'愚谓，以二气言，则鬼者阴之灵也，神者阳之灵也。以一气言，则至而伸者为神，反而归者为鬼，其实一物而已。"③ 可见理学家不再把"鬼神"理解为一种超人间、宰万物的神秘人格力量，而是和宇宙万物一样，是"气"的产物，是"天道"或"理"生成万物过程中的神妙机制作用。

总之，儒学在异己思潮的影响下，理论形式不断发生变化，但伦理的理论核心和本质始终没有变化；理学完成的不是"造神运动"，而是对儒家伦理道德根源的哲学论证和对儒学中宗教神学的哲学改造。

---

① 此种解释是任继愈同志主编的《中国哲学史》所提出。
② 《伊川易传》卷二《观》。
③ 《中庸章句》。

三

恩格斯说："每一时代的理论思维……都是一种历史的产物，在不同的时代具有非常不同的形式，并因而具有非常不同的内容。"① 在中国古代思想史上，先秦子学、汉代经学、魏晋玄学、隋唐佛学和宋明理学，这些在中国历史发展的不同阶段所出现的思潮或思想体系，就具有非常不同的特色和内容。就宋明理学而言，它是以儒学吸收佛、道思想的形态表现出来的。理学家吸收和改造比儒家理论思维水平高的佛、道的思想方法和某些思想概念，用来探索和论证儒家提倡的伦理道德的最后根源，阐明完成儒家道德修养的方法途径，从而把儒家学说深化了、哲学化了。所以宋明理学构成了中国思想史和儒家发展史上的一个独立的阶段，宋明理学本质上是为封建专制主义进行理论论证的儒家伦理哲学。

当然，对宋明理学的理论本质还有另外的看法。明末清初反理学思想家，就理学谈"理"论"心"，无欲主静，与释老极为相似，断定其为"阳儒阴释"，即认为理学表面上是儒，实质上是佛。例如颜元说："论宋儒，谓是集汉晋释道之大成者则可，谓是尧舜周孔之正脉则不可。"② 反理学思想家的历史功绩不可否认，但他们对理学性质的论断并不公允，因为理学家的"理""心""主静（敬）"，在本质内容上与释老所谈是不同的。这与本文关系不大，不作深辨。

任继愈同志则进一步把理学和一般宗教相比，断定"儒教（宋明理学）具有宗教的一切本质属性"。诸如禁欲主义、蒙昧主义、原罪观念、敌视科学、轻视生产、注重内心反省等，甚至在形式上也有类似，如有教主、崇奉对象、经典等等。任继愈同志这里所论，至少有两点值得商榷。第一，任继愈同志这里所举的"宗教本质属性"实际上并不是一般宗教的思想本质，而是任何一种唯心主义思想体系都可能具有的思想特征。例如基督教的原罪观念、神（逻各斯）、禁欲主义等，实际上原来是斐洛的哲学思想和斯多葛派的伦理思想，此后，只有当这种思想砌上"最后一

---

① 《马克思恩格斯选集》第 3 卷，第 465 页。
② 《习斋记余》卷三《上太仓陆桴亭先生书》。

块石头：人格化的逻各斯体现为一定的人物"① 后，即神学化后，它才成为基督教的本质观念。这是一个哲学思想变异为宗教思想的过程，而不是哲学思想继续深化的过程。恩格斯说："至于这最后一块石头在历史上是怎样砌到斯多葛——斐洛学说里去的，我们找不到真正可靠的根据。但有一点可以肯定，这最后一块石头不是由哲学家即斐洛的学生或斯多葛派砌上的。创立宗教的人，必须本身感到宗教的需要，并且懂得群众对宗教的需要，而烦琐哲学家通常不是这样。"② 所以，作为一种意识形态的宗教之本质特征或属性首先就是"神"的观念，其实质是"支配着人们日常生活的外部力量在人们头脑中的幻想的反映，在这种反映中，人间的力量采取了超人间的力量的形式"③，而不在于是否一定有禁欲主义、原罪观念、蒙昧主义等具体思想观点。宋明理学形成以前，先秦道家即主张"无欲无知"④"绝学弃智"⑤"比于赤子"⑥，主张"形固可使如槁木，而心固可使如死灰"⑦。可以说是禁欲主义、蒙昧主义，但却看不出一点宗教的色彩。理学家一般认为人的本性得自"天理"，故是"善"的，但因有"气"，故生欲而有"恶"，任继愈同志认为这也就是宗教的"原罪观念"，那么荀子"人之性恶，其善者伪也"⑧ 是否也是一种宗教观念？当然一般说来，宗教思想体系必然有蒙昧主义、禁欲主义的内容，因为"神"是宗教幻想所创造出来的，所以它是不能用理性来证明而只能靠信仰来维持。马克思说："既然只有物质的东西才是可以觉察到的，才是可以认识的，那么，对神的存在就丝毫不能有所知了。"⑨ 这样就必然要产生信仰的蒙昧主义。同时，因为"神首先是（在历史上和生活里）由人的受压抑状态、外部自然界和阶级压迫所产生的那些观念的复合，是巩固

---

① 《马克思恩格斯全集》第 19 卷，第 329 页。
② 《马克思恩格斯全集》第 19 卷，第 329 页。
③ 《马克思恩格斯选集》第 3 卷，第 354 页。
④ 《老子》第 3 章。
⑤ 《老子》第 19 章。
⑥ 《老子》第 55 章。
⑦ 《庄子·齐物论》。
⑧ 《荀子·性恶》。
⑨ 《马克思恩格斯全集》第 2 卷，第 164 页。

这种受压抑状态和麻痹阶级斗争的那些观念的复合"①。所以一切使人性觉醒的因素都要被压抑下去，这样就必然要产生禁欲主义。宋明理学是一个没有人格神观念的伦理哲学体系，它主张"格物穷理""明理"，这除了是道德修养方法外，也有认识论的内容，认为"上而无极太极，下而至于一草一木、一昆虫之微，亦各有理。一书不读则缺一书道理，一事不穷则缺一事道理，一物不格则缺一物道理，须著逐一件与他理会过"②，认为"塞宇宙一理耳，学者所以学，欲明此理耳"③，这都是反对蒙昧主义的。宋明理学的"灭人欲"是为了"存天理"，维护封建的伦理纲常，否则"物欲"流行，人则"昧其性以乱其伦，败其则而不知反"④，"彝伦于是而斁，天命于是而悖"⑤。这和宗教禁欲主义的理论前提和目标都是不相同的。

作为一种意识形态的宗教之本质特征或属性，还有一点是"彼岸"观念。恩格斯说："宗教按其本质来说，就是剥夺人和大自然的全部内容，把它转给彼岸之神的幻影，然后彼岸之神大发慈悲，把一部分恩典还给人和大自然。"⑥ 这是有其社会阶级根源的，因为宗教是社会苦难的产物，"在各阶级中必然有一些人，他们既然对物质上的解放感到绝望，就去追寻精神上的解放来代替，就去追寻思想上的安慰，以摆脱完全绝望的处境"⑦。列宁也说："对于工作一生而贫困一生的人，宗教教导他们在人间要顺从和忍耐，劝他们把希望寄托在天国的恩赐上。对于依靠他人劳动而过活的人，宗教教导他们要在人间行善，廉价地为他们的整个剥削生活辩护，廉价地售给他们享受天国幸福的门票。"⑧ 任继愈同志也承认"寻求彼岸世界的宗教世界观是一切宗教的共同特性"（《论儒教的形成》）。然而，"彼岸"观念却正是宋明理学所缺乏和反对的。理学家认为："儒

---

① 《列宁全集》第 35 卷，第 110 页。
② 《朱子语类》卷十五。
③ 《象山全集》卷十二《与赵咏道书》之四。
④ 《朱文公文集》卷十四《行宫便殿奏札》。
⑤ 《象山全集》卷十九《武陵县学记》。
⑥ 《马克思恩格斯全集》第 1 卷，第 647 页。
⑦ 《马克思恩格斯全集》第 19 卷，第 334 页。
⑧ 《列宁全集》第 10 卷，第 62 页。

者以人生天地之间，灵于万物，贵于万物，与天地并而为三极。天有天道，地有地道，人有人道。人而不尽人道，不足与天地并。"① 理学家推崇《大学》为"初学入德之门户"②，就是因为《大学》三纲领八条目，概括了儒家从完成个人品德修养到践履社会伦理准则的人生观的全部内容。理学家就是从这个立场对抛弃现世伦理而寻求彼岸的"解脱"或"羽化"的佛教和道教进行激烈的攻击，如说"佛老之学，不待深辨而明，只是废三纲五常这一事，已是极大罪名，其他更不消说"③。

第二，任继愈同志认为，诸如也有"教主""经典"等，是宋明理学类似宗教的"外在特征"。这更是本末倒置。马克思说："要知道，宗教本身是没有内容的，它的根源不是在天上，而是在人间……"④ 神、圣经等宗教权威，教仪、戒律等宗教生活，教会、教徒等宗教组织，都是人的本质和人世生活幻想的、歪曲的反映。例如恩格斯说："没有统一君主，就决不会出现统一的神，至于神的统一性，不过是统一的东方专制君主的反映。"⑤ 所以，是宗教折射世俗，而不是世俗模仿宗教。就儒学来说，孔子的"圣人"地位和五经（或六经）的经典地位，在宋明理学（"儒教"）形成以前很久也就确立了。孟子说"孔子，圣之时者也"⑥，《礼记》称子思为"圣人之后"⑦，《庄子》上有"丘治《诗》《书》《礼》《乐》《易》《春秋》六经"⑧ 之语，《荀子·劝学》《礼记·经解》也把五经或六经推崇为教学的经典内容。儒学的这些表现，是它作为一种政治伦理学说和国家政权相结合而取得垄断或独尊的学术地位的标志，而不是宗教的"外在特征"。魏文侯始立"孔学"，汉武帝"独尊儒术"，儒学的这种地位，战国至汉，当它被封建统治阶级认识后，就逐渐确立了，而不是到"儒教"（宋明理学）形成时才有的。只是在宋明以后，随着封建专

① 《象山全集》卷二《与王顺伯》之一。
② 《朱文公文集》卷二十六《与陈丞相别纸》。
③ 《朱子语类》卷一百二十六。
④ 《马克思恩格斯全集》第 27 卷，第 436 页。
⑤ 《马克思恩格斯全集》第 27 卷，第 65 页。
⑥ 《孟子·万章下》。
⑦ 《礼记·檀弓》。
⑧ 《庄子·天运》。

制的中央集权的加强，理学的思想统治更为严厉，孔子和儒家经典的地位更显得崇高和巩固罢了。

总之，宋明理学虽然受到佛家、道教或道家思想的深刻的影响，但理论核心仍是儒家传统的伦理观念，而不是作为宗教思想本质特征的"神"和"彼岸"的观念。理学的基本论题是论证儒家提倡的伦理道德的最后根源，阐明完成儒家道德修养的方法和途径，而不是论证"上帝""佛性"，不是阐扬"解脱"或达到"天国"的修持方法，所以理学不是宗教，也不具有宗教属性。当然，在理学伦理思想核心的周围也有一些宗教附着物，如祭祀天地鬼神、尊奉孔子等，这是理学所处时代的社会背景、理论背景的反映，而不是理学的本质内容。马克思曾经指出，在资本主义以前的社会里，劳动生产力还处于低级发展阶段，人们彼此之间以及他们同自然之间的关系是很狭隘的，"这种实际狭隘性，观念地反映在古代的自然宗教和民间宗教中"①。宋明理学作为封建社会的一种理论思想体系，沾染、袭用自然宗教和民间宗教的某些形式是很自然的。但理学把"天地"看作伦理关系的一种，而非与现世隔绝的"彼岸"；把孔子视为道德"完人"，而非神奇万能的"神"，这和宗教还是不同的。

四

在中国封建社会后期，宋明理学作为居于统治地位的唯心主义思想体系，给中国社会的发展带来了严重的危害。但是，因为理学不是宗教，而是伦理哲学，所以这种危害的性质，就不是像任继愈同志所说的相同于欧洲中世纪的"宗教神学统治的灾难"，而是具有中国历史特点的宗法道德教条统治的灾难。宗教狂热是由信仰而产生，而道德规范的制约力量是通过社会习惯和舆论才表现出来。所以，如果说宗教的社会作用主要是对人们精神的麻醉作用，那么，宋明理学的社会作用则主要是对社会生活的凝固作用。理学对中国社会发展的凝滞作用，也就是对趋于没落的中国封建制度的维护作用，主要通过这样三个方面实现或表现出来的。

第一，论证封建伦理道德的永恒合理。如前所述，宋明理学的中心论

---

① 《马克思恩格斯全集》第 23 卷，第 96 页。

题，就是论证封建的伦理道德"原于天理""根乎人心"，是人所固有、人所当有，是绝对合理的。同时，理学家还认为，这种封建的伦理道德是永恒合理的。如陆九渊说："千万世之前有圣人出焉，同此心同此理也；千万世之后有圣人出焉，同此心同此理也；东南西北海有圣人出焉，同此心同此理也。"① 朱熹也说："圣人之道，所以为大中至正之极，亘万世而无弊者也……圣人之言道，曰君臣也、父子也、夫妇也、昆弟也、朋友之交也。"② 理学家所谓"亘古无弊"的"理"或"道"在人伦关系方面，实际是指君臣、父子、夫妇之间"君为臣纲、父为子纲、夫为妻纲"③ 的隶属关系。所以理学的伦理道德思想，实质上是要把个人溶化在对君父的绝对服从之中，理学的道德完成过程，实际上是个性的泯灭过程。从社会发展的某一角度看，社会的进步正是个性的发现、成长过程。马克思说："任何一种解放都是把人的世界和人的关系还给人自己。"④ 由于理学的论证和传播所形成的封建的伦理、政治制度是绝对、永恒合理的社会意识，必然就阻止了这种解放的发生。

第二，否定危害伦理的"人欲"。理学家认为"人欲"（物欲、私欲），即人的自然欲望，是危害、背离伦理的主要因素，对它采取了断然的否定、毁弃的态度。朱熹说："天理人欲，不容并立。"⑤ "圣贤千言万语，只是教人明天理、灭人欲。"⑥ 在中国封建社会后期，随着理学的广泛深入传播，这种疾恶、鄙弃人的自然欲望的理学思想，就变成一种整个的社会思想，一种道德标准。这种思想实际上窒息了人的思想活动中最活跃的、具有创造性的因素，从而就阻碍了人们产生变革现实的行动，对中国社会的发展起了极大的凝滞作用。恩格斯曾说："在黑格尔那里，恶是历史发展的动力借以表现出来的形式。这里有双重的意思，一方面，每一种新的进步都必然表现为对某一神圣事物的亵渎，表现为对陈旧的、日渐衰亡的、但为习惯所崇奉的秩序的叛逆；另一方面，自从阶级对立产生以

---

① 《象山全集》卷二十二《杂说》。
② 《朱文公全集》卷七十二《苏黄门老子解说》
③ 《论语集注》卷一《为政》。
④ 《马克思恩格斯全集》第 1 卷，第 443 页。
⑤ 《孟子集注》卷三《滕文公上》。
⑥ 《朱子语类》卷十二。

来，正是人的恶劣的情欲——贪欲和权势欲，成了历史发展的杠杆。关于这一方面，例如封建制度和资产阶级的历史，就是独一无二的、持续不断的证明。"① 宋明理学正是要折断这根"杠杆"。从这个意义上说，宋明理学对渐趋衰落的中国封建制度的维护作用，不仅是表现在对人的"善"的伦理本性的证明，更重要的是表现在对人的"恶"的自然本性的否定。

第三，提倡静思的修养方法。先秦儒家主张人的道德完善过程，是道德标准的实行过程。如孔子说："能行五者于天下为仁：恭、宽、信、敏、惠。"② "君子无终食间违仁，造次必于是，颠沛必于是。"③ 宋明理学则提出"学者先须识仁"④，其中程朱派主张"学者工夫，唯在居敬、穷理二事"⑤。陆王派主张"发明本心"或"致良知"，两派虽然对修养方法的提法不同，但主寂静、冥思却是其共同内容。这样，宋明理学就把先秦儒家的道德修养，由行为的净化改变为心境的收敛，由对"仁"等道德规范的实行改变为对"理""心"的体验或悟觉。其流弊之极则如明末清初反理学思想家所肯切、尖锐地指出的那样，既败坏了中国文化："瞑目端拱以谈心性，问之诗赋不知，则曰词章之末；问之史传不知，则曰政事之末；问之璇玑九章不知，则曰度数之末。三末之说兴，天下事朦朦矣。"⑥ 又祸害了中国生民："终日兀坐书斋中，萎惰人精神，使筋骨疲软，以至天下无不弱之书生，无不病之书生。生民之病，未有甚于此者也。"⑦ 这样，宋明理学就成了既生长不出、又补充不进新鲜文化内容的僵死的伦理道德教条。特别是到了近代，当资本主义的生产关系生长起来和西方资产阶级思想传入中国后，理学主要是作为束缚人们思想解放的精神枷锁起作用的。

总之，宋明理学是作为一种具有统治地位的、唯心主义的伦理哲学，而不是作为一般宗教来发挥其社会作用的。理学道德教条统治带来的危害

① 《马克思恩格斯全集》第21卷，第330页。
② 《论语·阳货》。
③ 《论语·里仁》。
④ 《二程遗书》卷二上。
⑤ 《朱子语类》卷九。
⑥ 陈第：《松轩讲义学周篇》。
⑦ 颜元：《朱子语类评》。

和欧洲中世纪宗教神学统治带来的灾难，无法比较其轻重大小，只能分析其特色各有不同。就中国而言，由于宗教（佛教、道教和其他外来宗教）所主张的修持是游离于、脱节于世俗生活的，而理学所主张的修养正是世俗生活本身，所以理学的影响超过一切宗教；由于宗教是作为封建伦理的附属而出现的，所以宗教观念虽亡，而封建伦理观念仍可不死。这样，在中国近现代的思想文化运动中就产生了一个明显的事实：反宗教和批判宗教神学的斗争根本代替不了甚至也不一定就是反封建的和批判理学的斗争。这也是理学不是宗教的一个有力证明。

（原载《哲学研究》1982 年第 6 期，发表时有删节。

此次应作者要求，全文刊载）

刘宗周与明代理学的基本走向[*]

崔大华

一　引言

《明史·儒林传》总述有明一代学术流变之势曰：

> 原夫明初诸儒，皆朱子门人之支流余裔，师承有自，矩矱秩然。曹端、胡居仁笃践履，谨绳墨，守儒先之正传，无敢改错。学术之分，则自陈献章、王守仁始。宗献章者曰江门之学，孤行独诣，其传不远。宗守仁者曰姚江之学，别立宗旨，显与朱子背驰，门徒遍天下，流传逾百年，其教大行，其弊滋甚。嘉、隆而后，笃信程朱，不迁异说者，无复几人矣。（《明史》卷 282）

《明史》之论，大体不爽。当然，在实际上，由于明代承袭元代皇庆以来的科举条例，考试的经义标准用朱学传注，故即使在嘉、隆而后，朱学的正统地位亦未动摇。王守仁曾辑《朱子晚年定论》，努力求同于朱学，并致书罗钦顺表述其衷心曰："平生于朱子之说如神明蓍龟，一旦与之背驰，心诚有所未忍，故不得已而为此。"（《阳明全书》卷 2《答罗整庵少宰书》），此最为可证。朱学笼罩着整个明代时期，和明中叶以后在此理论背景下的王学风靡，是明代学术的基本态势。

---

[*] 《刘宗周与明代理学的基本走向》（31000 多字）删改后以《刘蕺山与明代理学的基本走向》（7000 多字）为题发表于《中州学刊》1997 年第 3 期，完整版收录于《刘蕺山学术思想论集》（台北"中央研究院"中国文哲研究所筹备处印行，1997）。

虽然可以判定朱学笼罩全体和王学风靡一时是明代学术或更深的基本情势，但明代理学的演变仍有许多复杂的情况，从不同理论角度仍可作出不同的观察和描述，然而从理学最重要的论题本体论的意义上说，涵盖明代理学发展的却是这样两个基本的理论走向：本体转移和本体重建。所谓"本体转移"，是指在朱学笼罩下，作为程朱理论基础的理本论，受到以气本论、心本论为特色的明代理学中两个最主要的新的理论思潮的批评与否定，其中以王守仁为代表的心本论，在本体论、工夫论的全部理学理论层面上都离异了朱学，形成一个完全独立于朱学的新的理学派别；而以罗钦顺、王廷相为代表的气本论，因为在工夫论（心性修养论）上未能跨越朱学樊篱，虽然还不足以完全独立于朱学，但毕竟也实现了从理本论到气本论的转移。所谓"本体重建"，是指王学兴起后，百年间的迅速传播的同时，亦呈现出流弊滋生蔓延的瓦解状；为救正王学的弊端和衰颓，王学后学的一个共同的、首要的理论选择和努力，是对作为王学之根本观念的"良知"本体作新的诠释、界定，是对心学本体观念注入新的理论内涵的本体重建。从这个观察角度上可以发现，作为理学家的刘宗周，他的理学思想恰是位处在明代理学的这两个基本的理论走向的交汇点上，也是在明代理学的终点上。

二　本体转移

　　以理为本体是朱熹理学最重要的理论特征，所以在朱学笼罩下的明代理学本体转移，无疑是指与理本论相对立的以心为本体与以气为本体的理学思潮兴起。相比而言，心本论的形成与流变，即王学风靡明代理学的更为显著的特色，有更为复杂的情况，后面再论。这里先考察明代理学中的气本论的兴起与发展及刘宗周在其中的位置。

　　追溯明代理学气本论思潮的兴起，在不太严格的意义上可以说在"明初醇儒"① 曹端、薛瑄对朱熹的"理先气后"和"理无动静"观点提出的怀疑中开始显露端倪。曹端曾作《辨戾》一文申述其疑曰：

---

① 《四库全书总目提要》谓："明初醇儒以曹端及胡居仁、薛瑄为最，而端又开二人之先。"（卷29）。

周子谓"太极动而生阳，静而生阴"，则阴阳之生由乎太极之动静。而朱子之解极明备矣。其曰"有太极是一动一静则两仪分，有阴阳则一变一合而五行具"①，尤不异焉。及观《语录》，却谓太极不自会动静，乘阴阳之动静而动静，遂谓之乘气，犹人之乘马，马之一出一入，而人亦与之一出一入，以喻气之一动一静，而理亦与之一动一静。② 若然，则人为死人而不足以为万物之灵，理为死理而不足以为万物之原，理何足尚而人何足贵哉！今使活人乘马，则其出入、行止、疾徐，一由乎驭之何如耳。活理亦然。不之察者，信此则疑彼，信彼则疑此矣。经年累岁，无所折中，故为《辨戾》，以告夫同志诸君。(《曹月川先生文集》卷1)

曹端的疑问是，朱熹在解说周敦颐《太极图说》时说"太极一动一静"，何以在《语录》中又说"太极不自会动静"？这是两个信彼则疑此、无可折中的矛盾的论断。很显然，曹端在这一矛盾两难中是有抉择和主张的，他认为理应是"活理"，"太极自会动静"。应该说，发生在作为朱学后裔的曹端这里的疑问，是可以在朱学范围内自行消解的。因为从完整的朱熹理学来看，这个问题是不存在的。朱熹曾说："盖谓太极会动静则可（自注：以本体而言也），谓太极有动静则可（自注：以流行而言也），若谓太极便是动静，则是形而上下者不分。"(《朱文公文集》卷45《答杨子直一》) 即在朱熹看来，在形上的本体层面上，只有动静之理，在形下的宇宙生成层面上（"以流行言之"）才有动静之为，理是藉气之动静而显动静，故他又说："阳动阴静，非太极动静，只是理有动静，理不可见，因阴阳而后知，理搭在阴阳上，如人跨马相似。"(《朱子语类》卷94) 显然，在朱熹这里，"太极一动一静"（太极动静之理）与"太极不自会动静"（乘阴阳之动静而动静）两个论断，是分别对本体层面上和宇宙生成层面上的理之动静的表述。两者有区别，但并不矛盾。曹端基本上是立在宇宙生成论的理论角度上来研判这两个属于不同层面上的命题，所

---

① 语见朱熹《太极图说解》。
② 语意见《朱子语类》卷94。

以他感到"无所折中",并最终选择了在朱熹理学中是属于宇宙论层面上的观察结论——理有动静。但是,即使在这个层面上,曹端与朱熹仍有一重要不同,朱熹的观点是"理搭气而动静",拟如"人跨马",曹端的看法是,理自会动静,不应比拟为"人跨马",而应喻为"人驭马",即人(理之喻)不是被动地如死人般地被载于马上,而是自由主动地驾驭马出入、行止、疾徐,所以他称之为"活理"。这样,曹端就在理的观念中注入了自主、自为等意蕴,而这却正是某种具有实体性的主宰或根源才有的特征,迥异于朱学理本体的哲学性质。朱熹说:"所谓太极云者,合天地万物之理而一名之耳,以其无器与形,而天地万物之理无不在是,故曰'无极而太极';以其具天地万物之理,而无器与形,故曰太极本无极也。"(《朱文公文集》卷79《隆兴府濂溪先生祠记》)"圣人谓之太极者,所以指夫天地万物之根也。"(《朱文公文集》卷45《答杨子直一》)朱熹对太极的解说,也就是对作为本体之理的界定。据此可以说,朱熹之理本体是一种具有形上性、总体性的世界之最后根源,它具有实在性,但不具有实体性。如果说,曹端对朱熹关于太极动静的两个不同理论层面的命题之间的差异的怀疑并不存在,可以被朱学理论自行消解,那么,他在为破解这一怀疑时对理的新的理解(活理),即将理本体的实在性换作实体性的解释,却是朱学笼络不住的了,因为这是朱学理论所没有的。这预示,这会是明代理学突破朱学笼罩的一个可能选择的理论走向。

薛瑄主要是就"理气先后"问题提出了对朱学的怀疑并与之对立,他说:

> 或言:"未有天地之先,毕竟先有此理。"窃谓理气不可分先后,盖未有天地之先,天地之形虽未成,而所以为天地之气,则浑浑乎未尝间断止息,而理涵乎气之中也。(《读书录》卷3)

仅就薛瑄这里的论说而言,他的"理气不可分先后"观点与朱熹的"毕竟先有理",显然是有区别与对立的。但是,若就朱熹对"理气先后"问题完整的、全部的,即包括本体论和宇宙论两个层面上的论述来看,薛瑄所论并没有越出朱熹已观察到、已论述过的理气关系范围。朱熹曾说:

"所谓理与气，此决是二物，但在物上看，则二物浑沦，不可分开各在一处，然不守二物各为一物也。若在理上看，则虽未有物而已有物之理，然亦但有其理而已，未尝实有是物也。"（《朱文公文集》卷46《答刘叔文一》）即在朱熹看来，从本体的层面上看（"在理上看"），理作为形上的万物根源，不同于形下之气，故理气"决是二物"；但在宇宙论的层面上，（"在物上看"），"此气之聚，则理亦在焉"（《朱子语类》卷1），理气又不可分离，"有是理即有是物，无先后次序之可言"（《朱文公文集》卷37《答程可久三》）。可见，薛瑄的"理气不可分先后"，实际上正是朱熹理气观中在宇宙论层面上"在物上看"的观察结论。在这个意义上可以说，如同曹端在理之动静问题上对朱熹理学的怀疑可以自行消解一样，薛瑄在理气先后问题上构筑的与朱熹的对立之势也并不真正存在。但是这种怀疑、对立也还是明代理学离异朱学的最初表现，并且预示明代理学摆脱朱学的理论努力，可能是要选择更容易被感性经验理解和证实的走向，而不是形上玄思的走向。

曹端、薛瑄虽然在理气先后、动静等理学论题上对朱熹理气观有所怀疑，甚至显示出某种对立，但在工夫论，即心性修养方面的观点却完全固守朱学矩矱，无敢改错，故清人仍称之为"醇儒"；同时，虽然这种对朱熹观点的怀疑和对立，实际上并不能越出朱学范围，但在其离异的理论意向中却显示明代理学沿着理气思路突破朱学理本体观念笼罩的前景——一个具有经验色彩和某种实体性质的气本体观念出现。

明代理学中较早和理论内容较完整的气本论者，当属明中期与王学确立同时的罗钦顺和王廷相。罗、王年秩经历皆相当，但并无交往，罗、王的理学思想有所差异，① 但其所持气本论在显示与朱学理本论相对立的基本观点方面却完全相同。罗钦顺、王廷相气本论是明代理学本体论的典型理论形态，其主要观念有两个。

---

① 罗钦顺说："仆虽不敏……其认理气为一物，盖有得乎明道先生之言，非臆决也。"（《困知录》附录《答林次崖》）王廷相说："张子曰，'太虚不能无气，气不能不聚而为万物……'，横渠此论，阐造化之秘，明人性之源，开示后学之功大矣。"（《王氏家藏集》卷32《横渠理气辨》）可见，罗钦顺、王廷相气本论的理论来源有所不同，显示于其整个理学思想中，罗钦顺义理辨析深，王廷相博闻广证多；在诸如心与性、道心与人心等某些理学论题之诠释上亦有差异。

第一，气为实体性之本体。罗钦顺说：

> 通天地、亘古今，无非一气而已。气本一也，而一动一静，一往一来，一阖一闢，一升一降，循环无已。积微而著，由著复微，为四时之温凉寒暑，为万物之生长收藏，为斯民之日用彝伦，为人事之成败得失。（《困知记》卷上）

王廷相亦说：

> 天地之间，一气生生……统而言之，皆气之化，大德敦厚，本始一源也，分而言之，气有百昌，小德顺流，各正性命也。（《雅述》上篇）

十分显然，在罗钦顺、王廷相这里，气是万物的根源，万物皆是气的变现。换言之，气是本体，正如同朱熹界定太极或理是"天地万物之根"。但从哲学的性质上看，与朱熹的理是指一种"太极而无极"的实在性不同，罗钦顺、王廷相的气是一种具有感性或经验内容的实体。王廷相于此表述得尤为清楚：

> 气虽无形可见，却是实有之物，口可以吸而入，手可以摇而得，非虚寂空冥无所索取者。（《内台集》卷4《答何柏斋造化论十四首之二二》）

第二，理为气之理。罗钦顺说：

> 理只是气之理，当于气之转折处观之。往而来，来而往，便是转折处也。夫往而不能不来，来而不能不往，有莫知其所以然而然，若有一物主宰乎其间而使之然者，此理之所以名也。（《困知记续》卷上）

可见，在罗钦顺看来，理是气之所以变化、之所以成为万物的那种内在的必然原因。但是这种"理"，不是离气之外的某种独立的存在，"初非别有一物"，而是"依于气而立，附于气以行也"（《困知记》，卷上），所以"理只是气之理"。王廷相也持同样的观点：

> 万理皆出于气，无悬空独立之理，……万物之生，气为理之本，理乃气之载。所谓有元气则有动静，有天地则有化育，有父子则有孝慈，有耳目则有聪明是也。（《王氏家藏集》卷33《太极辨》）

在王廷相看来，正如有耳目实体，方有聪明之功能；有父子之人伦关系，方有孝慈之伦理原则；只是有了气，方有理，理是气所具有的所显现的某种特定性质。不难看出，罗、王对理本身的界定有所区别，罗钦顺偏重于一般地将显示事物间的那种必然、因果等界定为理，而王廷相则较具体地认定一事物之性质、条理等即是理。但在理气关系上，罗、王的识解则完全一致，王廷相的理不能"悬空独立"，理是"气之载"之观点，也正是罗钦顺的"理只是气之理"、理"附于气而行也"的观点。

罗钦顺、王廷相以其气为实体性之本体、理为气之理的两个气论的基本观点，完成了明代理学气本论的建构，彻底地与以理为实在、理在气先的朱学理本论划清了界限，实现了明代理学的本体论的转移，在理学本体论的意义上突破了朱学的笼罩。但是，罗钦顺、王廷相的理学思想在理学的另一个重要的方面——工夫论或心性修养论仍没有迈出朱学的范围。

工夫论是本体论之外的理学另一理论主题。朱熹理学的工夫论或心性修养论有甚为细密的内容，简约言之，在心性理论方面，朱学的特色是在本体的理论层面上（"性"之层面）有两性之分①、心性之分②，在宇宙论的理论层面上（"心"之层面）则有道心人心之分③、性情之分与未发

---

① 朱熹说："论天地之性，则专指理言；论气质之性，则以理与气杂而言之。"（《朱子语类》卷4）
② 朱熹说："性便是心之所有之理，心便是理之所会之地。"（《朱子语类》卷5）
③ 朱熹说："只是一个心，知觉从耳目之欲上去，便是人心；知觉从义理上去，便是道心。"（《朱子语类》卷78）

已发之分①。在修养实践方面，朱熹沿袭程颐"涵养须用敬，进学则在致知"之说，将修养工夫划分为两个方面，主张须用伦理原则规范行为培壅心境（持敬），又须了解、体察事事物物之理（格物）。当然朱熹也十分强调"涵养穷索，二者不可废一""居敬穷理二事互相发"（《朱子语类》卷9）。对于朱熹理学以理本论和理气二分为逻辑基础的这些心性观点、两性观点被罗钦顺、王廷相从气本论的立场上否定了。罗钦顺说："但曰'天命之性'，固已就气质而言之矣，曰'气质之性'，非天命之谓乎？一性两名，且以气质与天命对言，语终未莹。"（《困知记》卷上）王廷相也说："人物之性，无非气质所为者，离气言性，则性无处所。"（《王氏家藏集》卷28《答薛君采论性书》）王廷相甚至十分明确地指斥朱熹说："朱子谓本然之性超乎形气之外，其实自佛氏本性灵觉而来，谓非依傍异端，得乎？"（《雅述》下篇）气本论认为"元气之上无物、无道、无理"（《雅述》上篇），气质之性之外别无本然之性。从逻辑上说，朱学两性说在这里被破解、被否定是很自然。但是，罗钦顺、王廷相的气本论还引申不出足以破解朱学心性之分、两心之分的逻辑结论。罗钦顺说："理之所在谓之心，心之所有谓之性，不可混为一也。"（《困知记》卷上）王廷相说："谓之人心者，自其情欲之发言之也；谓之道心者，自其道德之发言之也。二者，人性所必具者。"（《雅述》上篇）可以判定，罗钦顺、王廷相的心性论完全处在朱学心性、人心两分的樊篱内，并分别承接了朱学的基本观点。②此外，在修养实践方面，罗钦顺赞同朱学的格物求理之说，认为"欲见得此理分明，非用程朱格物工夫不可，凡程朱格物之训，正所谓合内外之道"（《困知记》附录《答刘焕吾》）。王廷相亦主张"主敬以养心，精义以体道""明道莫善于致知，体道莫先于涵

---

① 朱熹说："性，本体也，其用，情也，心则统性情、该动静，而为之主宰也。"（《朱文公文集》卷74《孟子纲领》）朱熹并以性情之分诠解《中庸》之已发、未发："情之未发者，性也，是乃所谓中也，天下之大本也；性之已发者，情也，其皆中节则所谓和也，天下之达道也。"（《朱文公文集》卷67《太极说》）

② 罗钦顺、王廷相在心性论方面承绪朱学观点亦当区别言之，罗钦顺心性之分虽同于朱学，但其体用关系论释道心、人心，则异于朱熹（见《困知记》卷上及附录《答刘焕吾》）；王廷相道心、人心之解与朱学无异，但其以性为"生之理"（有善有恶）、心为"性之才"（知觉运动），其心性之分与朱学并不相同（见《王氏家藏集》卷32《横渠理气辩》）

养，求其极，有内外交致之道"（《慎言》卷 6《潜心篇》）。凡此皆昭然可见罗钦顺、王廷相的工夫论亦是承袭朱学的观点。

在朱熹理学中，心性之分、两心之分，以及其修养方法上的主敬穷理的内外之分，与其本体论中的理为本体、理气为二的观点在逻辑上是一致的；但在罗钦顺、王廷相这里，这种心性、人心道心、内外的二分，显然与其气本论或理气一物是有矛盾的。在朱学，本体与工夫是不同的，但工夫论是以本体论为基础的；罗钦顺、王廷相的气本论缺乏进一步的理论发展，其心性论还未产生与其理气论必然联系的理论观念，这样其在本体的理气观上对朱学的否定就贯彻不到工夫论、心性论的层面上。换言之，罗钦顺、王廷相的气本论只是在理气观上而未能在工夫论、心性论上全面突破朱学的笼罩。明代理学中，沿着气本论的理论走向全面地突破朱学笼罩的是刘宗周。

刘宗周生于明万历六年，卒于清顺治二年（1578～1645 年），生活在明代晚期。就其所浸润于理学思潮中的情况来看，一方面他仍是处在作为正统的官方的朱学笼罩之下，另一方面他也感受着王学风靡及其趋于衰败的变迁。因此可以说，刘宗周的理学思想实际上是由两个既有区别又有联系的部分组成：其一是对朱学的回应，其一是对王学的回应。刘宗周理学思想的复杂之处，就是他思想中映现的明代理学发展的两条基本理论走向，经常是交织在一起。为便于论述起见，我们对此分别予以考察。其中刘宗周对朱学的回应，主要表现为他沿着罗钦顺、王廷相的气本论方向，将明代理学的本体论转移推到终点，不仅在理气论上，而且在心性论上也突破了朱学的笼罩。

首先，刘宗周是位气本论者，他的气本论观点也正是上述构成了明代理学气本论特征的那两个主要的理论观念。刘宗周说：

> 盈天地间一气也，气即理也。天得之以为天，地得之以为地，人物得之以为人物，一也。人未尝假贷于天，犹之物未尝假贷于人，此物未尝假贷于彼物，故曰万物统体一太极，物物各具一太极。（《刘子全书》卷 11《学言中》，下引此书，仅注明卷数及篇名）

这是刘宗周对气的最基本的界定：气是万物共同的本源，是"太极""统体"。刘宗周在回答弟子"虚生气"之问时进一步解说气之性质说：

> 虚即气也，何生之有？吾溯之未始有气之先，亦无往而非气也。当其屈也，自无而之有，有而未始有；及其伸也，自有而之无，无而未始无也。（卷11《学言中》）

这种气，无往不在，无时不在，能屈能伸，显然是某种具有实体性的存在。不难看出，刘宗周对气的这两点解说，显现的正是明代理学中气本论的最重要的理论观念：气是实体性的世界本体。此外，刘宗周也多次明确表述了明代理学气本论的另一与此相犀通的理论观念：理为气之理。刘宗周说：

> 天地间一气而已，非有理而后有气，乃气立而理因之寓也。（卷5《圣学宗要·濂溪周子》）
> 理即气之理，断然不在气先，不在气外。（卷11《学言中》）

就明代气本论的两个基本观念来考量，刘宗周与其先的罗钦顺、王廷相难以见其差别。若探查其渊源，刘宗周曾说："前辈只说理，至横渠首说个气，见得理气元不相离。"（卷3《五子连珠》）"性即气，气即性，此横渠先生见道语也。"（卷21《与张奠夫塾约》）此与王廷相服膺张载气论并有所承接亦为相同。要之，刘宗周为明代理学气本论追溯了更远的渊源。《曾子·天圆》中曾有天地万物风雨神灵皆"一气之化"之论，刘宗周在其《曾子章句》中为此篇作题解曰："《天圆》一篇首发明造化之蕴，而因及于圣人之赞天地者，所以尽三极之道也"。又为此篇作结语曰："《天圆》一篇与《易》道相发明，其《中庸》《太极图说》《正蒙》之祖与？"（卷35）显然，在刘宗周看来，理学中的以气为万物之本的观念应该是源起于《曾子》，是子思之前的，自然更是周敦颐和张载之前的曾子的思想。① 无疑地，刘宗周的气本论观念的形成是从《曾子》中受到了启迪的。当然，在实际上这并不是曾子的思想，因为大体上在秦汉之际撰作了《大戴记》，与同时代出现的儒家经典《易传》《礼记》一样，其中的阴阳、气的观念都是感受了道家思想的浸润、影响的结果。

刘宗周的气本论认为气是万物之统体本源，认为理因气而立，这些理论观点，如同罗钦顺、王廷相一样，都跨出了朱熹理本论的理气观的笼罩；不同的是，对于罗钦顺、王廷相这里已是他们气本论理论的终点，刘宗周则又跨进一步，将此气本的观点推演到心性的层面上，破解了朱学中将心与性、义理之性与气质之性、人心与道心作分裂的、对立之解释的理论结论。刘宗周说：

> 性，只是气质之性，而义理者，气质之本然，乃所以为性也。心，只是人心，而道者，人之所当然，乃所以为心也。人心道心只是一心，气质义理只是一性。（卷 8《中庸首章说》）
>
> 性者，心之理也。心以气言，而性其条理也。离心无性，离气无理……恻隐羞恶辞让是非，皆指一气流行之机。（卷 19《复沈石臣一》）

十分清晰，在朱熹理学中被理解为是对立的义理之性与气质之性、心与心、人心与道心，在刘宗周这里被诠释、弥合为一了。也不难看出，刘宗周这个破解朱学心性论的新诠释，其主要之点有二。一是对心的解释。刘宗周认为"心以气言"，即是说心当以气来作诠释，心在本质上是气，刘宗周说："盈天地间一气而已，气聚而有形，形载而有质，质具而有体，体列而有官，官呈而性著焉。"（卷 7《原性》）此意是谓心之官就其实体而言，是由气而成。刘宗周又说："天有四德，运为春夏秋冬四时……

---

① 《汉书·艺文志》有《曾子》十八篇，注曰："名参，孔子弟子。"隋后世传《曾子》二卷十篇取自《大戴记》（刘宗周《曾子章句》同此），南宋朱熹、黄震等曾深致怀疑焉（见《朱文公集》卷 81《书刘子澄所编曾子后》、《黄氏日钞》卷 55《读诸子》）。一般说来，自宋以来，特别是晚近学者多正确判定《礼记》（包括《中庸》）和《大戴记》（包括《曾子》）是汉儒纂缀先秦儒家旧闻之作。刘宗周此是就传统立场上立论。

人有四德，运为喜怒哀乐四气。"（卷11《学言中》）"恻隐之心，喜之变也，羞恶之心，怒之变也，辞让之心，乐之变也，是非之心，哀之变也。"（卷7《原性》）可见刘宗周对于心的具体的外在表现，也是以气来解释，将人之心态归属于气的运动，即人的自然心理感情（喜怒哀乐）和道德理性（恻隐、羞恶、辞让、是非），在他看来如同四季之变迁，皆是"一气流行"。总之，在刘宗周这里，心之实体是气之聚，心之显现是气之流行，一言以蔽之，"人心一气而已矣"（卷12《学言下》）。刘宗周对心之本质的这种唯气的解释，显示他将气本论彻底地推演到理学的心性层面上。与朱学以心之本质为"理之会"明显地区别开来。二是对性的解释。刘宗周对性的理解可以归结为二个命题。一曰"离心无性"，此是就性之产生或归属而言。刘宗周认为"有心而后有性"（卷13《会录》），"凡气云性，只是心之性，决不得心与性对"（卷12《学方下》），即是说，性是由心所发生的，只有心才具有的。很显然，就心与性之发生次序，或这两个理学范畴所处的理论层面而言，心先于性，心高于性。这恰将朱熹理学中的心性关系颠倒过来。朱熹认为，"性犹太极也，心犹阴阳也。太极只在阴阳中，非能离阴阳也。然至论太极自是太极，阴阳自是阴阳，惟性与心亦然"（《朱子语类》卷5）。可见在朱学中，性是属于本体层面的范畴，而心是属于宇宙论层面的范畴。二曰"性者心之理"，这是对性之内涵的界定。如前所引，刘宗周曾说："心以气言，而性其条理也。"他还说："性者，生而有之之理，无处无之，如心能思，心之性也，耳能听，耳之性也，目能视，目之性也。"（卷11《学言中》）显然，刘宗周也是一般地将某种"条理"、固然，称为理，并用以界定性。但重要而特别的在于，刘宗周的这种"性其条理"或"生之理"，并不是指气或事物所固有的某种性质，他说："心之所同然者，理也，生而有此理之谓性。"（卷7《原性》）所以，在刘宗周这里用来界定性的"理"，乃是指心关于气或事物共同性、秩序性的观念，是心的一种知觉状态，绝非心之外的或异于心的某种独立存在。刘宗周说："古今性学不明，只是将此理另作一物看，大抵臧三耳之说。"（卷11《学言中》）这显然是对朱学的批评。朱熹曾说："未有形气，浑然天理，未有降附，故只谓之理，已有形气，是理而降在人，具于形气之中，方谓之性。"（《朱子语类》卷 95）正是将性解释为、界定为外在的、客观的本体之理（天理）落在形态中（包括心）的存在和表现。刘宗周还说："非性为心之理也，如谓心但一物而已，得性之理以贮之而后灵，则心与性断然不能为一物矣，吾不知径寸中从何处贮得如许性理，如客子之投怀，而不终从吐弃乎?"（卷 7《原性》）这显然也是对朱熹的批评。朱熹曾说："心以性为体，心将性作馅子模样。盖心之所以具是理者，以有性故也。"（《朱子语类》卷 5）"心与性自有分别，灵底是心，实底是性……性便是那理，心便是盛贮该载施用底。"（《朱子语类》卷 16），正是将性理视为异于心，且是心之所以有灵觉之根源的一种独立的存在。总之，按照刘宗周的理解，性实际上是心的认知功能的显现，所以"言心而性在其中"（卷 13《会录》），性本身无任何可表述、指称的性质，所以"性无性"（卷 7《原性》）。刘宗周的性的理学观念逾越了朱学的樊篱也是很明显的。

刘宗周气本论的心性论的基本理论内容是以气释心，以心摄性、摄理。这一新的心性论使刘宗周，也是使明代理学获得一种破解朱学心性论的理论立场和逻辑。在这个立场的理论眼光中，朱学的理气两性之分，则应一之以气，所谓"性只是气质之性"，朱学的心性、两心、性情之分，则应一之以心，所谓"离心无性""人心道心只是一心""即情即性"（卷 9《商疑十则答史子复》）是也。不仅如此，以修养实践上，或者说工夫论上，朱学的涵养致知之分或内外之分，从这个立场看来，也应该是被否定的。刘宗周说：

> 从来学问只有一个工夫，凡分内分外、分动分静、说有说无，劈成两下，总属支离。（卷 12《学言下》）
>
> 诚得心一、性一则工夫亦一，静存之外更无动察，主敬之外更无穷理其究也，工夫与本体亦一，此慎独之说，而后之解者往往失之。（卷 8《中庸首章说》）

可以认为，刘宗周"一个工夫"的工夫论对朱熹理学的工夫论的破解、否定是相当彻底的。朱熹曾说："学问只有两途，致知力行而已。"（《朱文公文集》卷 48《答吕子约十六》）无疑地，朱熹理学工夫修养方法是被明确地划分为两个方面，刘宗周"一个工夫"与此之对立自然是十分鲜明的。其实，朱熹更经常强调这两个方面是不可分离的，他每说："主敬者，存心之要；致知者，进学之功，二者交相发焉。"（《朱文公文集》卷38《答徐元敏》）"涵养省察，可以交相助，不可交相待。"（《朱子语类》卷62）"涵养穷索，二者不可废一，如车两轮，如鸟两翼。"（《朱子语类》卷9）兼有这如同"两轮""两翼"的两个方面，才是朱学所努力追求达到的，朱熹称之为"全体工夫"①。刘宗周的"一个工夫"的深刻涵义，正是在于其对朱熹的"全体工夫"也包含着一种否定。在刘宗周看来，"静存之外更无动察，主敬之外更无穷理"，如同理在气中、性在心中，省察穷理即在涵养主敬之中，所以"只有一个工夫"。这种"一个工夫"具有某种超越了作为单纯修养方法的本体性质的内涵，"工夫与本体亦一"，即一个工夫不仅是达到本体的途径，同时亦即是本体之显现，即是本体。"一个工夫"的独特内涵是程朱理学的"涵养""主敬"所涵盖不住的了，刘宗周援用《大学》和《中庸》所共有的一个概念——"慎独"来表述之。至此，刘宗周的理学思想由气本论到心性论再到工夫论，显示了明代理学在气论的理论上走向跨出朱学笼罩的全部过程，这也是明代理学在这个走向上的终点。

值得注意的是，作为气本论者的刘宗周，在其心性论的层面上的理论结论（"心以气言""只是气质之性"）都有十分清晰的气本论的逻辑延伸、逻辑推演的痕迹，但是，这种痕迹在其工夫论理论层面上不再显现。这似乎表明刘宗周的工夫论有明代理学中气论以外的思想渊源，刘宗周在致友人信中自述其理学思想发生的某种变迁，证实了这一点：

> 诚意之必先格致也与诚身之必先明善也，夫人而知之，仆亦尝窃闻之矣。一日有感于阳明子知行合一之说曰"知之真切笃实处即是行"，夫真切笃实非徒行字之合体，实即诚字之别名，因知知行是一，诚明亦是一……阳明子又总言之曰"道问学是尊德性工夫，惟

---

① 朱熹说："人心有全体运用，故学问有全体工夫……故圣贤教人，必以穷理为先，而力行经终之。"（《朱文公文集》卷54《答郭希吕四》）

精是惟一工夫，明善是诚身工夫，格致是诚意工夫"，将古来一切劈开两项工夫，尽合作一事，真大有功于学者。犹恐其不能合也，直于《大学》工夫边事，轻轻加一良字以合于明德之说，以见即工夫即本体，可为费尽苦心。（卷19《答史子复二》）

刘宗周的叙述清晰地表明，他从承认格致到诚意、明善与诚身之间，即知与行之间有先后之分的传统观点，改变为主张知行为一的新理学观点；从认为道问学与尊德性、格致与诚意为两种修养方法，转变到坚持只是一种工夫的理学立场上来，是受到王守仁的知行合一、即工夫即本体的良知说的启迪、感悟的结果。显然，刘宗周与明代理学中的主要思潮心学（王学）也有极密切的关系。通过下面对这种关系的考察，我们将发现，刘宗周在这个作为明代理学的气论之外的另一主要理论走向上，有着更为重要和艰难的理论创造，并且也是处在终点的位置上。

三　本体重建

全祖望说："蕺山之学，专言心性。"（《鲒埼亭集》卷11《梨洲先生神道碑文》）心学理论无疑是刘宗周理学思想中的最重要部分。但刘宗周出现在明代理学阵营中，已是王守仁心学发生严重流弊的时候，论述刘宗周的心学思想必须回顾王学的这段理论经历，因为这构成了刘宗周心学理论的背景与根源。

在明代理学中，真正实现了对朱学笼罩的突破，并形成风靡一时的新思潮的是王守仁心学，故史称"姚江之学，别立宗旨，显与朱子背驰，门徒遍天下"。王守仁心学"背驰"或者说破解朱学，归纳言之，实是两个方面。其一，是对朱学本体（"理"）客观性的消解。王守仁说：

理也者，心之条理也。是理也，发之于亲则为孝，发之于君则为忠，发之于朋友则为信。千变万化，至不可穷竭，而莫非发行吾之一心。（《阳明全书》卷8《书诸阳伯卷》）

虚灵不昧，众理具而万事出，心外无理，心外无事。（《阳明全书》卷1《传习录上》）

可见在王守仁这里，理实际上是心之认知、知觉功能的产物，不再是如朱学所认定的那样是心之外的、高于心的作为某种"万物之根""本然"的独立的存在。① 其二是对朱学工夫论中内外之分的破除。王守仁说：

> 行之明觉精察处即是性，知之真切笃实处即是行……元来只是一个工夫。（《阳明全书》卷6《答友人问》）
>
> 格物如孟子"大人格君心"之格，是去其心之不正，以全其本体之正。（《阳明全书》卷1《传习录上》）
>
> 道问学即所以尊德性也，晦翁言"子静以尊德性诲人，某教人岂不是道问学处多了些子"，是分尊德性道问学作两件，且如今讲习讨论，下许多工夫，无非只是存此心，不失其德性而已。（《阳明全书》卷3《传习录下》）

不难看出，在朱学中作为一种实践过程来理解的"行"②，在王守仁这里被解释为一种认识过程；在朱学中作为对外界事物认识过程的格物③，在王守仁这里被解释为内心修养过程；在朱学中是"交相助""交相发"关系的两种修养工夫④，在王守仁这里被解释为一种修养工夫中的目标与过程或目的与手段的关系。而正是这三个创造性的解释破除了朱学

---

① 如朱熹曾界定太极（即理）说："圣人谓之太极者，所以指夫天地万物之根也。"（《朱文公文集》卷45《答杨子直一》），又解说其在宇宙层面的表现，诸如人之道德本性曰："父子之仁，君臣之义，莫非天赋之本然，民彝之固有。"（《朱文公文集》卷82《跋宋君臣嘉集》）

② 朱熹解说知行曰："知与行须著并到，知之愈明则行之愈笃，行之愈笃则知之益明，二者皆不可偏废。"（《朱子语类》卷14）

③ 朱熹说："夫格物者，穷理之谓也。盖有是物必有是理。然理无形而难知，物有迹而易著，故因是物以求之，使是理了然于心目之间，而无毫发之差。"（《朱文公文集》卷13《癸未垂拱奏札》）

④ 朱熹训释"尊德性""道问学"曰："尊德性，所以存心而极乎道体之大也。道问学，所以致知而尽乎道体之细也。"（《四书集注·中庸章句》）又曾界定"居敬""穷理"曰："居敬是个收敛执持底道理，穷理是个推寻究竟底道理。"（《朱子语类》卷9）朱熹之尊德性、道问学以存心、致知为训，故大体相当于居敬、穷理之修养工夫。

有内外、先后、本末之分的工夫论①，工夫只是一个"知行合一"，一个"存心"，一个"不失德性"。

王守仁心学在本体论和工夫论上对朱学的破解是相当彻底的。正是这种彻底性，使其与先前的南宋陆九渊心学及同时代的湛若水江门心学区别开来。在王守仁看来，陆九渊倡发明本心，"简易直接，真有以接孟子之传"（《阳明全书》卷7《象山文集序》），但其格物致知之论，"亦未免沿袭之累"（《阳明全书》卷5《与席元山》），有"见得未精处"（《阳明全书》卷6《答友人问》）。陆九渊虽提出"心即理"，确立了宋明理学中与朱学理本论对峙的基本理论观念，但他在对"理"的内涵作界定时，认为"此理在宇宙间，固不以人之明不明、行不行而加损"，即"此理乃宇宙所固有"（《象山文集》卷2《与朱元晦二》）。可见在陆九渊心学中，北宋二程以来作为本体的"理"，其客观性尚未被他的"心"消融净尽。这就使他将"格物致知"训解为"研究物理"（《象山文集》卷35《语录下》）。虽然陆九渊的"研究物理"并不一定与程朱之"穷理"相同，尤其是当他将格物比喻"减担子"时（《象山文集》卷35《语录下》），更明显地是指一种内心修养工夫，但陆九渊心学之观念形态在这里确实显现了"沿袭"的痕迹，而这种痕迹在王守仁心学中就不再出现了。王守仁解说"天理"曰"此心无私欲之蔽，即是天理"（《阳明全书》卷1《传习录上》），界说"物"曰"意之所在便是物"（《阳明全书》卷1《传习录上》），宋代理学中，理与物之客观性在这里全部被化解，"格物"也就逻辑地被解释为格心，即"去其心之不正"。正是在这新的心学角度上，王守仁观察到并判别出陆九渊的"沿袭"和"未精"之处，宋明理学中的心本论获得了真正突破朱学的最重要的理论进展。

湛若水的心学思想是明代理学中一个与王守仁心学在理论特色和发展方向皆有不同的心本论。这一不同在湛若水致王守仁的一封信中清晰地显示出来：

---

① 朱熹曾有"论先后，知为先；论轻重，行为重""持敬是穷理之本，穷得理明，又是养心之助"之说（《朱子语类》卷9），主张"须是内外本末隐显精粗，一一周遍，方是儒者之学"。（《朱子语类》卷18）

昨承面喻《大学》格物之义，以物为心意之所著，荷教多矣。但不肖平日所受益于兄者，尚多不在此也。兄意只恐人舍心求之于外，故有是说。不肖则以为人心与天地万物同体，心体物不遗，认得心体广大，则物不能外矣。（《甘泉文集》卷7《与阳明鸿胪》）

王守仁、湛若水都共同持有"心外无事、心外无物，心外无理"的心学基本观点①，但从此信可以看出王、湛心学于此间甚有差异：王守仁"心外无物"是用"心"完全消融掉外界之物的客观性（"以物为心意之所著"）之后的一个必然的逻辑结论，既然如他所说事物是"意之所在"，那么也就如他所说："天没有我的灵明，谁去仰他高？地没有我的灵明，谁去俯他深？鬼神没有我的灵明，谁去辩他吉凶灾祥？"（《阳明全书》卷3《传习录下》）其结论就是"千变万化，莫非发于吾之一心"。而湛若水的"万物莫非心"的观点则主要是由扩充心的主观性"认得心体广大"而产生的一种体验、感悟，正如他所说："心体物而不遗，何往而非心。"（《甘泉文集》卷7《答太常博士陈惟浚》）"吾之所谓心者，体万物而不遗者也，故无内外。"（《甘泉文集》卷7《答杨少默》）故王、湛的差异可以简约地表述为"心无外"与"心包内外"之间的差异。在哲学的义蕴上，此是将一切外界事物皆化解为心（知觉）之表现（即是感知），与认为一切事物皆可包容在知觉（心）之中（皆被感知）两个观念或论断之间的差异。这种差异映现在明代理学的发展演变中，就是湛若水心学未能如王守仁心学那样摆脱、突破朱学的笼罩，开拓更大的心学规模。在湛若水心学中，就本体论而言，"心"虽然"体万物而不遗"，但万物与天理作为被"体"，即被感知被体认的对象，其客观性并没有被消融。湛若水曾界说"天理"曰："天理者，吾心中正之本体而贯万事者也，天理二字不落心事，不分内外，何者？理无内外心事之间故也。"

---

① 王守仁著名的论断是"心外无物，心外无事，心外无理，心外无义，心外无善"（《阳明全书》卷4《与王纯甫二》），湛若水对此表示赞同，认为"心外无事，心外无物，心外无理，三句无病"（《甘泉文集》卷7《答太常博士陈惟浚》），并提出自己的一个著名论断："何谓心学，万事万物莫非心。"（《甘泉文集》卷20《泗州两学讲章》）

（《甘泉文集》卷7《复洪峻之侍御》）"理只是一个理，而谓之天理者，明其为自然不由安排耳，象山从而非之，浅矣。"（《甘泉文集》卷23《语录》）显然，此"天理"是独立于人之心意的客观实在。湛若水还曾说："夫学不过知行，知行不可离，又不可混。"（《甘泉文集》卷7《答顾若溪金宪》）"鄙见以为如人行路，足目一时俱到，涵养时学岂容有二？涵养致知一时并在，乃为善学也。"（《甘泉文集》卷7《答太常博士陈惟浚》）所以就工夫论而言，湛若水既未能从工夫之性质上破解朱学的知与行、涵养与致知的两种工夫之分，更又在工夫之功能的意义沿袭了朱学的两种工夫相发相助之论。凡此皆见其未能跨越朱学樊篱。湛若水在王守仁死后比较与其在学术思想经历上的差别时曾说："阳明公初主格物之说，后主良知之说，甘泉子一主随处体认天理之说。"（《甘泉文集》卷31《阳明先生王公墓志铭》）这是完全符合历史实际的，湛若水的心学思想和整个江门学派的心学思想都是结束在"随处体认天理"中。其"随处体认"，一定程度上显现的是明代心学开风气者江门陈献章的"自然""养端倪"的心学特色①；其"天理"，潜蓄着的却完全是朱学的实质。因此，湛若水心学不可能有离开朱学更远的发展，其后的江门学派的学术归向也只能是在融入王学或偏向朱学之间摆动。而王守仁心学却能在以格物说消融了朱学中本体之理的客观性和工夫论的涵养与致知或知与行的两元之分，完全地突破了朱学的笼罩后，并继以良知说将其心学推向更高的发展。② 这一发展就是将工夫升越为本体，"一悟本体，即是工夫"（《阳明全书》卷3《传习录下》），形成了"本体工夫合一"（《阳明全书》卷3《传习录下》）的王学根本特色和"门徒遍天下"的风靡之势。

---

① 陈献章关于修养方法特色的著名论断是"为学须从静坐中养出端倪方有商量处"（《白沙子集》卷2《与贺克恭黄门》），"学者以自然为宗，不可不著意理会"（《白沙子集》卷2《遗言湛民泽》）。

② 对于王守仁心学思想的演变，钱德洪归纳称"为教三变"："居贵阳时，为知行合一之说；自滁阳后多教学者静坐；江右以来，始提致良知。"（见其《刻文录叙说》，载《阳明全书》卷首）王畿观察为"学成后又三变"曰："自此以后，以默坐澄心为学的；江右以后专提致良知；居越以后所操益熟，所得益化，时时知是知非，时时无是无非。"（见《龙溪先生全集》卷2《滁阳会录》）比较而言，两弟子之见，乃其师修养方法、境界的细微变化，王学的理论观念的阶段性发展，应以湛若水所见"初主格物，后主良知"为的确。

王守仁的"良知"是个内涵丰富、有多种界说但却仍是模糊而不易确定的范畴。归纳言之，这些界说大体上属三个方面。一是本体。王守仁说："良知者，心之本体。"（《阳明全书》卷2《传习录中》）作为心之本体的良知，王守仁似乎是指其具有超越于个人之上的人人之所同的性质，所谓"良知之在人心，无间于圣愚，天下古今之所同也"（《阳明全书》卷2《传习录中》）；具有人人所固有的性质，所谓"不由见闻"（《阳明全书》卷2《传习录中》）、"不假外求"（《阳明全书》卷1）、"当下具足"（《阳明全书》卷2）。王守仁对良知的这种本体性有很多的描述解说，诸如"本然""本来面目""未发之中"①，良知是王守仁对其心学前期的"心即理"之"心"或"心外无物"之"心"的本体的升华。二是工夫。王守仁说："心之虚灵明觉，即所谓本然之良知也。"（《阳明全书》卷2《传习录中》）"知善知恶是良知。"（《阳明全书》卷3《传习录下》）所以在王守仁心学中，作为心之本体的良知，还内蕴着知觉和认知、修养活动，即工夫。良知也因此内蕴着本体与工夫的合一，王守仁说："心无体，以天地万物感应之是非为体。"（《阳明全书》卷3《传习录下》）心之知觉功能和人之修养实践，不仅是心之本体良知的表现，而且就是本体良知本身。这样，在良知说中就出现了理学中所特有的工夫向本体的升越，本体不离工夫，工夫即是本体，亦即王守仁所说："合著本体的是工夫，做得工夫的方识本体。"（《阳明全书》卷32《传习录拾遗》）三是境界。王守仁良知的最为复杂而模糊的内涵，是指由经历或体验而产生的一种精神境界。王守仁曾说："某于良知之说，从百死千难中得来，非是容易见得到此。"（见钱德洪《刻文录叙说》）"人若知这良知诀窍，随他多少邪思枉念，这里一觉，都自消融，真个是灵丹一粒，点铁成金。"（《阳明全书》卷3《传习录下》）可见在王守仁这里，良知虽是本体，是工夫，但本质上实是一种境界。良知的真正发见，本体与工夫的合一，总是以一种境界显现，即由丰富的人生经历和精神经历升

---

① 如王守仁曾谓："凡致知者，致其本然之良知而已。"（《阳明全书》卷27《与陆清伯书》）"'本来面目'即吾圣门所谓良知。"（《阳明全书》卷2《答陆原静书》）"良知即是未发之中，即是廓然大公、寂然不动之本体……无前后内外而浑然一体者也。"（《阳明全书》卷2《答陆原静书》）

华、凝结成的一种充分的道德理性自觉；在这种自觉或境界中，外在的、表现儒家伦理的事事物物，似乎都已被内化为自然、本然。人的经历总是不同的、多样的，此种境界的表现即良知的发见，总是因人因事而异，所以王守仁说："良知即是'易'，其为道也屡迁，不可为典要，惟变所适。"（《阳明全书》卷3《传习录下》）这种境界或道德理性自觉高于逻辑，难以语言表述，而只能见于事为中，所以王守仁又说："良知本是明白，实落用功便是，不肯用功，只在语言上转说糊涂。"（《阳明全书》卷3《传习录下》）

王守仁良知说将传统理学（程朱学）对客观之理的探寻转向对内心状态的体察，变传统理学的涵养致知之分为知行合一、本体工夫合一，在理学中引起巨大变革，学者视为"自孔孟以来，未有若此之深切著明者也"（《明儒学案·师说·王阳明守仁》），使得如《明史》所说，"嘉、隆而后，笃信程朱，不迁异说者，无复几人矣"（卷282《儒林传》），即在明代中后期的百年间，王守仁心学成为占据理学舞台的主要角色。但是，亦如《明史》所说，"姚江之学，流传逾百年，其教大行，其弊滋甚"（卷282《儒林传》），王守仁心学在兴盛的同时，流弊随之出现而使其趋向衰落并发生蜕变。

《明史》所谓王学"其教大行，其弊滋甚"，实际上是指作为一种儒学理论的王学在其流传中，非但不能指导、激励人们的伦理道德实践，反而破坏着这种实践。而这种情况的发生，在王守仁的良知说中已埋下根源，并很快被王门弟子观察到或感受到。其一，王守仁以空泛之"本然"、本然之"无善无恶"来界定心之本体，这就使王学最高的精神追求和境界中的儒家善的伦理价值取向被模糊、被取消。王守仁的江右弟子邹守益说："近来讲学多是意兴，于戒惧实功，合作不著力，便以为妨碍自然本体，故精神浮泛，全无归根立命处。"（《东廓文集》卷5《与余柳溪》）"全无归根立命处"，即缺乏稳定的、明确的、具有道德价值内涵的精神本体，正是王学的弊端之由。王学后学所理解和企望达到的精神境界实际上并不具备或者说丧失了儒家的伦理精神，江右再传弟子王时槐对此有所观察曰："学者以任情为率性，以虚见为超悟，以无所用耻为不动心，以放其心而不求为未尝致纤毫之力者。"（《明儒学案》卷20《江右王门学案五·王塘南先生时槐·语录》）其二，王守仁以心之知觉功能界定良知，认为"七情顺其自然之流行，皆是良知之用"，"流行处当下具足，更无去求，不须假借"（《阳明全书》卷3《传习录下》），这在王学后学中也开启了一个弊端，即达到良知境界所需经历的道德实践过程被削弱了，甚至被取消了。王守仁的江右门人罗洪先对此有所觉察，曾自谓曰："从前为'良知时时见在'一句误却，欠却培养一段功夫。"（《念庵文集》卷3《与尹道兴》）浙中再传弟子张元忭对良知说引起的道德践履的疲衰有更深入的观察："近世谈学者，但知良知本来具足，本来圆通，窥见影响，便以为把柄在手，而不复知有戒惧恐惧之功，以嗜欲为天机，以情识为智慧，自以为寂然不动，而妄动愈多，自以为廓然无我，而有我愈固，名检荡然，阳明之良知，果若是乎？"（《张阳和文选》卷1《与许敬庵》）

一般说来，王守仁殁后的王学形势是，浙中王门以王畿（龙溪）为代表，进一步以知觉释良知，以虚寂释良知，[①] 更明显地表现出接近、吸纳佛老的倾向，倡"真性流行，始见天则"（《龙溪文集》卷16《赠思默》），显化和发展了良知说中所固有的、容易越出儒家规范的弊端，致有如《明史》所述"士之浮诞不逞者，率自名龙溪弟子"（卷283《儒林·王畿》）。而以邹守益为代表的江右王门弟子对良知说滋生的弊端观察、感受得比较深切，他们的心学观点虽相互也有歧异，但多是围绕救除良知说流弊而发，并大体上可归纳为两个方面。第一，对良知说的本体理论之救正。主要是在良知中注入作为最终根源的确定性和道德性内涵。如邹守益完全从正面价值对良知作界定说："良知之本体，本自廓然而大公，本自物来顺就，本自无我，本自无欲，本自无拣择，本自无昏昧放逸。"（《东廓文集》卷5《复石廉伯郡守》）欧阳德驳正以知觉训释良知曰："知觉与良知名同而实异，凡知视、知听、知言、知动，皆知觉也，而未必其皆善。良知者，知恻隐，知羞恶，知恭敬，知是非，所谓本然之

---

① 如王畿界说良知曰："良知本寂本虚，不学不虑，天植灵根，天浚灵源，万事万化，皆从此出，无待于外也。致知之功，存乎一念之微，虚以适度，不为典要，寂以通感，不涉思为。"（《龙溪文集》卷17《渐庵说》）并提出"舍知觉无良知"。（《龙溪文集》卷90《答念庵》）

善也。"(《欧阳南野文选》卷1《答罗整庵》) 凡此皆可见江右王门在良知本体中突出了儒家传统的善之道德内涵,其旨在恢复、明朗被"无善无恶心之体"之说模糊、削弱了的良知境界中的儒家伦理精神。江右王门在对良知的诠释中还增入了确定性内涵,其以聂豹、罗洪先为代表。如聂豹说:"良知本寂,感于物而后知;知,其发也,不可遂以知发为良知,而忘其发之所自也。故学者求道,自其主乎内之寂然者求之,使之寂而常定。"(《双江文集》卷8《答许玉林》) 罗洪先表述了相同的看法:"心有定体,寂然不动……心体惟其寂也,故不可以见闻指。"(《念庵文集》卷3《答陈明水》) 良知本寂说强调,作为本体良知是一种确定的、寂然自足的根源,旨在将良知本体与作为其功能的种种外在表现(如知觉)区别开来①,没有这种确定性,没有这种区别,良知本体就会在流变的知觉功能显现中被消解掉。第二,对致良知的修养工夫之救正。江右王门针对王学欠却培养工夫的流弊提出的修养方法是主敬与主静。邹守益说:"圣门要旨,只在修己以敬。敬也者,良知之精明而不杂以尘俗也。戒慎恐惧,常精常明,则出门如宾,承事如祭。"(《东廓文集》卷7《答徐子融》) 罗洪先说:"良知该动静、合内外,其体统也,吾以主静所以致之。"(《念庵文集》卷1《答董蓉山》) 主敬说将良知视为善之本体,主张以儒家的道德原则规范行为,"不使自私用智得以障吾本体"(《东廓文集》卷8《寄龙光书院诸友》);主静说认为良知本寂,保持心之静才能应物不爽,所谓"本体复则万物备,所以立天下之大本"(聂豹《困辨录·辨诚》)。显然,江右王门之主敬与主静之修养工夫的重心有所差

---

① 聂、罗"良知本寂"说的此种旨意,在当时未能得到王学同门的谅解,史称"王龙溪、黄洛村、陈明水、邹东廓、刘两峰各致难端"(《明儒学案》卷17《江右王门学案·聂双江先生豹》)。同门致难质疑,要之有二:一是疑其与释氏之"寂"相同,一是论其与王学心体动静、寂感合一之说相悖。聂豹申论之曰:"夫禅之异于儒者,以感应为尘烦,一切断除而寂灭之,今乃归寂以通天下之感,致虚以立天下之有,主静以该天下之动,又何嫌乎禅哉!"(《明儒学案》卷17《双江论学书》)聂豹此论破解了与释氏相同之疑。又申论之曰:"无时不寂、无时不感者,心之体也。感惟其时而主之以寂者,学问之功也。故谓寂感有二时者,非也;谓功夫无分于寂感,而不知归寂以主夫感者,又岂得为是哉?"(《明儒学案》卷17《双江论学书》)聂豹此论谓从本体言,寂感无二时,但实践工夫中当以寂主感,此确是王学中的异见。

别，这是由他们对良知的本质内涵的确认有所区别而造成的。但将某种具体的修养原则、路数贯注到致良知中去，并要求为此做出努力，则是共同的；其旨在救正浙中王门"良知固不待修证而后全"[①] 的主张所带来的流弊也是一致的。

在王学风靡的情势下，王学的流弊衰败也给朱学复兴创造了契机，此种表现除了在王门弟子中不断出现提倡实学实功的呼声外[②]，东林学派的崛起最为显著。清代学者胡慎概述东林之起曰："至明弘之世，则姚江之学大行，而伊洛之传几晦，东林亦废为丘墟。至万历之季，始有端文顾公、忠宪高子振兴东林，修复道南之祀，仿白鹿洞规为讲学会，力阐性善之旨，以辟无善无恶之说，海内翕然宗之，伊洛之统复昌明于世。"（《东林书院志序》）

以上，我们简略地描述了刘宗周出现前明代理学在心学或心本论走向上的发展历程和已经形成的流弊的局面。这样，当刘宗周进入虽有风靡之势但却流弊滋甚的王学理论环境中时[③]，他的理论方向在两种可能有的选择中，却是唯一地被确定了的。其一，他可以加入东林之学，从朱学方面批评王学。刘宗周三十六岁时在《修正学疏》中曾为东林党人辩护，推崇其"多不乏气节耿介之士"。疏中并论及学术说："王守仁之学，良知也，无善无恶，其弊也，必为佛老顽钝而无耻……佛老之害，自宪成而救。"（卷14）此表明，刘宗周不仅在当时的政治斗争中与东林站在一起，在理学理论上与东林也有共识。但是，刘宗周的气本论观点和在王学风靡下所接受的即本体即工夫的王学功夫论观点，却从根本上断绝了使其理学

---

① 王畿说："良知者，性之灵根……盎然出于天成，本来真头面，固不待修而后全。"（《龙溪文集》卷5《书同心册》）

② 如浙中王门季本"闵学者之空疏，只以讲学为事，故苦力穷经"（《明儒学案》卷13《浙中王门学案·季彭山先生本》），南中王门薛应旂批评"今之学者，离行言知，外事言学"，黄宗羲认为"东林之学显导源于此"（《明儒学案》卷25《南中王门学案·薛方山先生应旂》）

③ 黄宗羲在《子刘子行状》中曾叙述刘宗周所置身的王学颓败之状曰："当是时，浙江东之学，新建一传而为王龙溪，再传而为周海门、陶文简，则湛然澄之禅人之，三传而为陶石梁，辅之以姚江之沈国谟、管宗圣、史孝威，而密云悟之禅又入之。会稽诸生王朝式者，又以捭阖之术鼓励以行其教，证人之会，石梁与先生分席而讲，而又为会于白马山，杂以因果僻经妄说，而新建之传扫地矣。"（卷39）

思想最终汇入或溶入朱学的可能。所以，其二，他唯一地只能如同江右王门那样，在心学的范围内，在心学的方向上救正王学流弊。但是，刘宗周与江右王门有很大的不同，他置身于浙中王学三传之后的理论环境中，"新建之传扫地"，王学之极弊使他觉得救正王学需要付出更大的理论的努力。据黄宗羲的观察，刘宗周于王学的关系，"凡三变，始而疑，中而信，终而辩难不遗余力"（《子刘子行状》）。事实是，刘宗周不是囿于在王学范围内对良知说作修补，而是突破了王学的良知理论，重建一个"意"的心学的本体理论和"慎独"的工夫理论。换言之，刘宗周心学理论，是明代心学的最终发展，并主要展现在三个方面。

其一，良知说之批评。刘宗周对王学的兴起与流弊皆有十分准确的观察。六十一岁时在为重刻王守仁《传习录》作序时，曾援引并表示完全赞同当时学者对王学的总体的评断：

> 良知之说以救宋人之训诂，亦因病立方耳，及其弊也，往往看良知太见成，用良知太活变，高者玄虚，卑者诞妄，其病反甚于训诂。（卷21《重刻王阳明传习录序》）

这一简明的判定准确地覆盖了王学的全部历程；其将良知说流弊的产生概括为"看良知太见成，用良知太活变"，也确为事实，这正是当年江右王门所致力于救正良知说的那两个方面。在此前后，刘宗周亦有多次评及良知说。一般说来，他都肯定良知说的历史价值，甚至认为其是儒学发展史上继孔氏中庸说、孟子性善说和周濂溪无极说之后的第四次觉醒，"一时唤醒沉迷，如长夜之旦"（卷6《证学杂解二十五》）。当然，同时也指出其弊端，概之为"猖狂者参之以情识而一是皆良，超洁者荡之以玄虚而夷良于贼，亦用知者之过也"（卷6《证学杂解二十五》）。但刘宗周更多地是从理论上揭橥良知说的纰漏，努力于推倒而不是修补良知说。刘宗周对良知说的理论的批评，甚至可以说是否定，在他六十六岁时所撰《良知说》中有集中的表述：

> 阳明子言良知，最有功于后学，然只传孟子教法，于《大学》

之说，终有未合。《古本序》曰："大学之道，诚意而已矣；止至善之则，致良知而已矣。"宛转说来，颇伤气脉。至龙溪所传《天泉问答》，则曰"无善无恶者心之体，有善有恶者意之动，知善知恶是良知，为善去恶是格物"，益增割裂矣。即所云良知，亦非究竟义也。……且所谓知善知恶，盖以有善有恶而后言者也，因有善有恶，而后知善知恶，是知为意奴也，良在何处？又反无善无恶而言者也，本无善无恶，而又知善知恶，是知为心祟也，良在何处？且《大学》所谓致知，亦只是致其知止之知，知止之知，即知先之知，知先之知，即知本之知。惟其知止、知先、知本也，则谓之良知，亦得知在止中，良因止见，故言知止，则不必更言良知；若曰以良知之知知止，又以良知之知知先而知本，岂不架屋叠床之甚乎？……止因阳明将意字认坏，故不得不进而求良于知；仍将知字认粗，又不得不退而求精于心，种种矛盾，（固已不待龙溪驳正，）而知其非《大学》之本旨矣。……然则良知何知乎？知爱知敬而已矣，知皆扩而充之，达之天下而已矣。（卷8）

此文凸显出刘宗周以否定王守仁良知说的论据可概之为两个。其一，良知说与《大学》悖谬。王守仁在《大学古本序》中说："《大学》之要，诚意而已矣，诚意之功，格物而已矣。诚意之极，止至善而已矣。止至善之则，致知而已矣。"（《阳明全书》卷7）显然，王守仁此序将《大学》诚意与格物、致知等纲目之间的关系理解作某种顺序，将致知（致良知）理解为达到"止于至善""知本"的工夫。刘宗周却认为《大学》"致知"之"知"本身即含有"止""本""至善"的本体性内涵，即"知在止中"，《大学》纲目共同构成一个境界，"《大学》之教只是知本"（卷1《答叶润山四》），"大学是一贯底血脉，不是循序底工夫"（卷19《学言下》）。刘宗周还认为，"孟子言本心，言良心，言人心，言不忍人之心，言四端之心，言赤子之心，不一而足，最后又言良知良能，盖勘入亲切处，凡以发明性善之说，此阳明先生之教所自来也。其曰致良知，亦即是知皆扩而充之之意，然以之解《大学》殊非本旨"（卷11《学言中》），即在他看来，王守仁"致良知"之"知"乃是一种"扩而充之"

之义，是一种认知功能或过程，此种理解源自孟子，用以诠释《大学》"致知"之"知"则"终有未合"。故他批评说："阳明立言之病，正是以《大学》合孟子，终属牵强……其解《大学》处，不但失之牵强，而于知止一关全未勘入，只教人在念起念灭时用个为善去恶之力，终非究竟一著。"（卷19《答韩参夫》）应该说，刘宗周在对《大学》的独特理解基础上对王学良知说的批评、否定，就其对王守仁本人来说，未为尽当，因为在王守仁那里，良知具有"未发之中""至善""本然"的本体性内涵是十分明确的、确定的；但是，对于凸显王守仁良知中"虚灵明觉"的内涵，进而倡"舍知觉无良知"的王学后学来说，却是可以成立的。

其二，良知说存在着内在矛盾。刘宗周在此文中机智地从逻辑上揭示出以王守仁"四句教"表述的良知说的内在矛盾。刘宗周之意是，既然"有善有恶意之动，知善知恶是良知"，那么，善恶皆是由意而生①，则意在先，当为主为本，知善恶的良知在后，是为奴为末，若如此，良知何以为"良"，何以为"究竟义"？既然"无善无恶心之体"，即包括意、知在内的心本无善恶，而良知却能"知善恶"，此对于心来说岂非鬼祟，岂非违心？此外，刘宗周在论学或致友人书中还多次论及王守仁"四句教"的矛盾，并共同指向对良知说的否定，如：

> "有善有恶意之动，知善知恶知之良"，二语决不能相入。则知与意分明是两事矣。将意先动而知随之邪，抑知先主而意继之邪？如意先动而知随之，则知落后者，不得为良；如知先主而意继之，则离照之下安得更留鬼魅？若或驱意于心之外，独以知与心，则法惟有除意，不当诚意矣。且自来经传无以意为心外者，求其说而不得，无乃即知即意乎？果即知即意，则知良意亦良，更不待言。（卷12《学言下》）

> 窃谓天地间道理只是个有善而无恶，言有善便是无恶，言无恶便是有善，以此思之，则阳明先生所谓"无善无恶心之体"未必然也。言为善便是去恶，言去恶便是为善，即阳明先生所谓去人欲便是存天

---

① 刘宗周在此处是就"四句教"之"有善有恶意之动"而立言，下面将论述，在刘宗周的心学思想中，作为本体的"意"，是"有善而无恶"（卷12《学言下》）。

理是也。以此思之，则阳明先生所谓"为善去恶是格物"亦未必然也。（卷19《答秦履思十》）

　　阳明先生曰"有善有恶者意之动"，仆则曰"好善恶恶者意之动"，此《诚意》章本文语也。① 如以善恶属意，则好之恶之者谁乎？ 如云心去好之，心去恶之，则又与"无善无恶"之旨相戾。今据本文果好恶是意，则意以所存言而不专以所发言明矣②。（卷19《答史子复》）

　　不难看出，在刘宗周的这些论述中，或以逻辑归谬，或援经典义训，将"四句教"的四个命题全部否定，将以"四句教"为内涵的良知说彻底否定。③ 也不难看出，在刘宗周否定良知说的同时，他又在由知与意组成的心之结构中，将意之心理因素凸显出来，并赋予"好善恶恶""心之所存"之精神的原初性、主宰性的特质，即一种具有"究竟义"的本体性内涵。这样，刘宗周的理学在否定、推倒王学的良知说后，就进入了他的最重要的理论创造——新的心学本体"意"之重建。

　　其二，意之本体论。如上所述，刘宗周在批评王守仁良知说时一再指揭其"非究竟义""于知止一关未勘入"，可见在刘宗周看来，本体内涵或本体特质的失落是王学良知说最要害的理论缺陷。因此，刘宗周的本体重建，就是要重新确立一具有"究竟义"的本体观念。作为一个持"天下无心外之性，天下无心外之理，天下无心外之学"（卷7《原学中》）之论的心本论者，他无疑地只能从心之结构中去寻找。刘宗周对人之心理现象或意识结构有其细致的观察，他说：

　　　　盈天地间皆物也，人其生而最灵者也。生气宅于虚故灵，而心其

---

① 《大学》云："所谓诚其意者，毋自欺也，如恶恶臭，如好好色，此之谓自谦，故君子必慎其独也。"朱熹训解"如恶恶臭，如好好色"曰："使其恶恶则如恶恶臭，好善则如好好色。"（《大学章句》）
② 朱熹训解《大学》"诚意"之"意"曰："意者，心之所发也"。（《大学章句》）王守仁亦训解曰："意者，心之发。"（《阳明全书》卷32《大学古本傍释》）。
③ "四句教"没有一点可保留地被否定，以致使刘宗周判定此说不是王守仁的思想，而是王畿的思想。在刘宗周《钱绪山先生要语序》（卷21）和黄宗羲《明儒学案师说王龙溪畿》中都可以看到此论断。但没有史实能证实此论断。

统也，生生之主也。其常醒不昧者，思也，心之官也。致思而得者，虑也。虑之尽，觉也。思而有见焉，识也。注识而流，想也。因感而动，念也。动之微而有主者，意也，心官之真宅也……（卷7《原心》）

刘宗周认为，人为万物之灵，心为人身之主，故心亦为万物之统，为"生生之主"①。这也是通常的儒家心性论意义上的观察和立论。特殊的是，刘宗周在诸多的心理因素中确定意为"心官之真宅"，为心之结构中的"主"，这与传统儒学观念有较大的歧异。《论语》谓"子绝四：毋意、毋必、毋固、毋我"（《论语·子罕》），朱熹曰"意者心之所发"，可见在传统儒学中，意是意识结构中的一个派生的、具有某种消极的、被否定性质的心理因素。现在刘宗周要赋予其具有原初的"究竟义"的本体性质，无疑要进行一番艰苦的论证。他对意的本体性论证主要有以下两点。

其一，意为心之原初与归宿。刘宗周认为，在人之心理活动或意识结构中，意具有原初和终极的性质，他说：

> 意为心之所存，则至静者莫如意……意无所为善恶，但好善恶恶而已。好恶者，此心最初之机，惟微之体也。（卷10《学言上》）

意是意识结构中的"好恶"的心理因素和"好善恶恶"的心理活动，这是刘宗周对意的最基本的界定。显然，此界定是根据《大学》解"诚其意"为"如恶恶臭，如好好色"和朱熹对此所作的"恶恶则如恶恶臭，好善则如好好色"的训释。刘宗周的心学理论因此在逻辑起点上是有经典基础的了。同时，在刘宗周看来，这种好恶或好善恶恶的心理因素，正是人之行为的最初的、最根本的心理动因，所以意是心之结构中的"最初之机"。在这个意义上，亦如刘宗周所说，意也是"天命之体而性、道、教所从出"（卷11《学言中》），意于是获得了作为本体的那种根源的性质。

---

① 刘宗周在另外一篇论心的文章中说"只此一心，散为万化；万化复归一心"（卷23《心论》），心为万物之统、之主的意蕴更明显。

与此相连，刘宗周又赋予意以至善的、终极的内涵。他说：

> 意者，心之所发，发则有善有恶，阳明之说有自来矣。抑善恶者意乎？好善恶恶者意乎？若果以好善恶恶者为意，则意之有善而无恶也明矣。然则诚意一关，其止至善之极则乎？（卷12《学言下》）

刘宗周此论是针对理学观点而发。朱熹以来，将意界定为心之所发，是一种派生、次生的心理现象，即是流出而非源头，自然地会生善生恶。但刘宗周认为意是"最初之机"，故是原发而非所发，是源头而非流出，是好善恶恶，有善而无恶，换言之，就道德价值来评断，意之性质是纯善。并且，在意作为"最初之机"的意义上可以说，一切善皆发源于此；在以《大学》为"一贯血脉"，"诚意"即是"知本""止于至善"的意义上，意也是善之终极，故刘宗周说："意也者，至善归宿之地……意外无善。"（卷25《读大学》）

刘宗周赋予意以至善的本体性内涵，显然与传统儒学的"毋意"尖锐对立，消解此对立是刘宗周心学意本体论之确立所必须实现的。刘宗周是通过意念之辨，使意从这种对立中摆脱出来的。从前引《原心》中可以看出，刘宗周认为念与意都是心之结构中的组成部分。但刘宗周还认为念与意有重要的区别。他说：

> 念有起灭，意无起灭。（卷9《答董生心意十问》）
> 念之有起有灭者，动静所乘之几。而心官之无起无不起者，太极本然之妙也。（卷19《答文灯严》）
> 意者，心之所存，非所发也。或曰：好善恶恶非发乎？曰：意之好恶与起念之好恶不同，意之好恶一机而互见，起念之好恶两在而异情，以念为意，何啻千里。（卷11《学言中》）

在刘宗周看来，意是同时内蕴着好恶之机的心之本然，无所谓起灭，念是好或恶之情的发见，有起有灭；意是有善无恶，念却是有善有恶。意与念之间应是迥然有别的。刘宗周进而又在意与"毋意"之"意"间进行分辨，他认为，为孔子之四绝的"意必固我"，乃是"人欲之机自浅而深，由微而著"者（卷29《论语学案子罕》），就道德价值评断，无疑是一种恶，因此，他赞同朱熹将"毋意"之"意"作"私意"的训解，并认为此私意即是念，他说：

> 圣人"毋意"正所谓有主而无主也，朱子曰"私意也"，必下个"私"字，语意方完，毕竟意中本非有私也。（卷9《商疑十则答史子复》）
>
> 子绝四，首云毋意，圣人心同太虚，一疵不存，了无端可窥，即就其存主处，亦化而不有，大抵归之神明不测而已。惟毋意，故并无必、固、我、自"意"而积成为"我"，才说得私意。今意云私意，是以念为意也。（卷11《学言中》）

刘宗周认为圣人本应"心同太虚，一疵不存"，本应"无主"，今自"意"至"我"，显然是有欲、有主，所以固当四"毋"之；惟其"四毋"中有"我"，故其中"意"才应训解为"私意"。即是说，《论语》之"毋意"实是"毋私意"，所以他训解"毋意"说："毋意者，毋自欺也。"（卷11《学言中》）不难看出，在刘宗周的心之结构中，此"私意"是可以被视为"因动而感"之"念"的。

总之，通过意念之辨，刘宗周终于跨过"至善"之意与"毋意"之"意"对立这一最困难的理论障碍，意所具有的善之原初和终极的那种本体性内涵被确立起来，这一理论经历和结论，对于刘宗周心学是有决定性的，以至他曾不无感慨地说："今人鲜不以念为意者，呜呼！道之所以常不明也！"（卷9《答董生心意十问》）

其二，意为心之主与心之体。如上所述，刘宗周对意的基本界定是"好恶"或"好善恶恶"之心理因素，并从道德性质上确定意是"有善无恶"。在这样的意义上，刘宗周认为意是作为"生生之主"的心之结构中的"最初之机"和"归宿之地"。而正是这两个本体性内涵支持刘宗周得出与王守仁良知说划清界限的另外两个结论："意为心之主宰"与"意为心之体"。刘宗周说：

意者，心之所以为心也，止言心则心只是径寸虚体耳。著个意字，方见下了定盘针，有子午可指。然定盘针与盘子终是两物，意之于心，只是虚体中一点精神。（卷9《答董生心意十问》）

心之所向曰意，正如盘针之必向南也。只向南，非起身至南也。凡言向者，皆指定向而言，离定字便无向字可下，可知意为心之主宰。（卷9《商疑十则答史子复》）

以虚灵而言谓之心，虚灵之主宰而言谓之意，心如舟，意如舵。（卷13《会录》）

理学心性论一般都判定"心是主宰"，如朱熹说："心者，人之知觉，主于身而应事物者也。"（《朱文公文集》卷65《大禹谟传》）王守仁也说："身之主宰便是心，心之所发便是意，意之本体便是知。"（《阳明全书》卷1《传习录上》）并且从朱、王所论中不难看出，此主宰性一般是在心有知觉之功能的意义上赋予的。此种知觉功能在王守仁那里表述得尤为明显，他曾对心有个界定说："心不是一块血肉，凡知觉处便是心，如耳目之知视听，手中之知痛痒，此知觉便是心也。"（《阳明全书》卷3《传习录下》）但是，刘宗周却认为心之主宰不是因其知觉的功能，而是由其内蕴着的某种精神的特质，即好善恶恶的指向和动因——意。在刘宗周看来，意的这种主宰性可比喻为"定盘针""舵"，是"心之所以为心"的心之本质。显然，刘宗周用"意"将理学的"心之主宰"命题的涵义深化了、提升了。在刘宗周这里，"心之主宰"不是知觉的泛然应物，而是道德价值的定向的取舍选择；不是知痛痒，而是追求善。刘宗周曾对王守仁学术思想有一极审慎的总体的评断："阳明之学谓其失之粗且浅，不见道则有之，未可病其为禅也。"（卷19《答韩参夫》）刘宗周可能正是在"意为心之主宰"的立论角度上得出这个论断的。在这个角度上可以观察到，王守仁以知觉为心毕竟不同于也不是佛禅的以知觉为性；而知将心之主宰视之如"知痛痒"，比起己之"一点精神"，则是"粗且浅"了。

与此相连，刘宗周关于意之本体性的另一个结论或命题是"意为心之体"。他认为"心浑然无体，而心体所谓四端万善，参天地而赞化育，尽在意中见，离意无所谓心者"（卷12《学言下》）。即是说，意作为好恶或好善恶恶的心理因素和活动，就其构成人之行为的精神指向、动因而言，为心之主宰；就其构成了心之结构的精神形态言，是心之体。刘宗周常用几、微、独三个概念来描述界定作为心之体的意。刘宗周以几、微来解说曰：

> 意不在心外也，心只是个浑然之体，就中指出端倪来曰意，即惟微之体也……微之为言几也，几者动之微，吉之先见者也，即意也。（卷9《商疑十则答史子复》）
>
> 人心之有意也，即虞廷所谓道心惟微也。惟微云者，有而未始滞于有，无而未始沦于无，盖妙于有无之间而不可以有无言者也。以为无，则堕于空寂；以为有，则流于习见。（卷9《答董生心意十问》）

可见，所谓"几微之体"，乃是指好恶或好善恶恶之意向，时时在发动着人之行为，但却又无具体形体可指。刘宗周以此将意描述为、界定为一种超感性经验的、人之行为根源的精神实在。刘宗周又以独来解说曰：

> 喜怒哀乐之未发谓之中，此独体也，亦隐且微矣。及夫发皆中节，而中即是和，所谓莫见乎隐、莫显乎微也。未发而常发，此独之所以妙也。（卷8《中庸首章说》）
>
> 问：中便是独体否？曰：然。一独耳，指其体谓之中，指其用谓之和。（卷10《学言上》）

《中庸》曰"喜怒哀乐之未发，谓之中；发而皆中节，谓之和"，所以一般说来，未发与已发、中与和可以视为儒学对心理之本然状态及其表现形式的概括。刘宗周的"独体"正是试图将心理之本体与其显现整合为、统一为一个周延的整体。从刘宗周所说"静中养出端倪，端倪即意，即独，即天"（卷13《会录》），"如恶恶臭，如好好色，盖言独体之好恶也"（卷12《学言下》），可以判定，这一整体或独体也就是意。意因此也获得了兼有未发与已发或中与和的总体性的本体性特质，进一步否定了将意界定为"心之所发"的包括王守仁良知说在内的传统理学观点，

故刘宗周说："独即意也，知独之谓意，则意以所存言而不专以所发言明矣。"（卷19《答史子复》）

总之，意是最初之机与至善之归，是心之主与心之体，意是具有"究竟义"的精神本体。刘宗周对意的本体性之论证，是他的心学思想中的最重要的理论创造。其意义在于，王学中，特别是在其后学中被失落了的本体观念，在这里被重新确立起来。此过程在刘宗周与其门人史孝复一次商疑答问中曾有清晰的表达：

> （史孝复问：）窃观前后宗旨，总不出以意为心之主宰，然某必舍良知不言而言意者，盖尝深思而得之。缘阳明以后，诸儒谈良知之妙，而考其至处全不相掩，因疑良知终无凭据，不如意字确有可依耳。
>
> （刘宗周答：）[先生所谓] 近时良知之弊，直说出愚意中事，何幸先得同然！不意苦心相证乃尔。然鄙意则谓良知原有依据，依据即是意。（卷9《商疑十则答史子复》）

不难看出，师生二人一疑一答所凸显的明代晚期心学的本体重建过程是，王学后学将良知的本体性失落了，使得心学"终无凭据"；但刘宗周意本体观念的形成，心学又"确有可依"了；而被王学后学从良知中失落了的那种本体性，正是刘宗周所重建的意。

其三，慎独工夫论。"慎独"分别在《大学》《中庸》中出现，就其本意，是要求人时时和处处皆能践履儒家的伦理道德原则。宋代以来，理学家都很重视这一道德修养要求，并且形成将其视为一种道德自觉的尺度或一种道德境界的内涵的两种基本的理解①，刘宗周突破了理学的传统理解，将慎独升越为涵盖、包容理学全部修养方法的唯一工夫。

---

① 就理学而言，程颐谓"慎其独者，知为己而已"（《程氏经说》卷8《中庸解》），程颢谓"纯亦不已，此乃天德……其要只在慎独"（《程氏遗书》卷14），可视为此两种理解的发端。此后，如朱熹训"独"为"独知"（《大学章句》），张九成以"寂然不动之时，喜怒哀乐未发之时"释"独"（见《横浦文集》卷5《少仪论》），则是此两种理解的进一步的明确表述。

如他说：

> 独之外别无本体，慎独之外别无工夫。① （卷8《中庸首章说》）
>
> 《大学》之道，慎独而已矣；《中庸》之道，慎独而已矣；《论》《孟》《六经》之道，慎独而已矣；慎独而天下之能事皆矣。（卷25《读大学》）

在刘宗周思想中，"慎独"被升越得如此重要、如此突出，以致黄宗羲甚至以其作为刘宗周全部学说的宗旨或标志②，这应该说是正确的。尽管从理论的逻辑上说，刘宗周的意（独）本体论更基本、更重要；但就实际意义上说，构成刘宗周心学的最终目的或归宿的，确是为了救正王学风靡情势下"学者专取良知以为捷径，于古人用功处一切舍过"（卷19《答秦履思三》），即缺乏道德修养工夫的弊端，他的慎独论的全部内容皆由此而发。

如前所引述，刘宗周归纳王学末流所表现出的良知说之弊端为"猖狂者参之以情识而一是皆良，超洁者荡之以玄虚而夷良于贼"，就工夫论而言，也就是修养实践工夫的无根、无实。刘宗周"慎独"工夫论首先指向的正是王学末流修养工作"荡以玄虚"而没有归宿的流弊。他说：

> 古人慎独之学，固向意根上讨分晓。（卷6《证学杂解六》）
>
> 慎独之功，只向本心呈露时随处体认去，便得全体荧然，与天地合德。（《证学杂解三》）

---

① 邹守益说："除动自欺更无病，除却慎独更无学。"（《东廓文集》卷6《答夏卿高泉名东山》） 此论也有"慎独之外别无工夫"之意，其与刘宗周的差异亦几希。若分辨之，邹守益尝谓"戒慎恐惧便是慎"（《东廓文集》卷7《冲玄录》），主要是从修持方法上论慎独。如下面所述，刘宗周于慎独则从本体、方法等更多方面立论。

② 黄宗羲在《子刘子行状》中概述刘宗周学术思想曰"先生宗旨为慎独……其大端有四"云云。（见《刘子全书》卷39）

在刘宗周心学中，作为心之体的意，是好善恶恶的心理动因，是有善无恶的精神本体，所以刘宗周慎独工夫所首先要求的"向意根上讨分晓""向本心呈露时体认"，实际上是要求使心境能在一种善的或向善的价值观念，即儒家的伦理价值观念笼罩、主宰之下。显然，这种"体认""讨分晓"，不是单纯的理性认识过程，而是精神向儒家的伦理道德观念融入的人格塑造过程。作为这种修养工夫的结果，在刘宗周看来就会是"识得慎独，则发皆中节"（卷10《学言上》），"庶几所知不至荡而无归"（卷9《商疑十则答史子复》），王学后学那种"既无本体，亦无工夫，将率天下于猖狂自恣"（卷19《答秦履思二》）的流弊就能被遏制。

王学末流"参以情识"，即以知觉为良知、为本体而带来的修养工夫空虚无实的弊端，也是刘宗周的慎独工夫所要救正的。当时，与刘宗周并立浙东的王学三传陶奭龄主倡"识得本体则工夫在其中，若不识本体说甚工夫"，刘宗周批评曰："不识本体，果如何下工夫，但既识本体，即须认定本体用工夫，工夫愈精密则本体愈昭荧。今谓既识后，遂一无事事，可以纵横自如，六通无碍，势必至猖狂纵恣，流为无忌惮之归而后已。"（卷13《会录》）鉴于此，刘宗周要努力确立的是一种有笃实而周密内容的修养工夫，他说：

> 敬之一字，自是千圣相传心法，至圣门只是个慎独而已……由主敬而入，方能窥体。（卷4《圣学吃紧三关》）
>
> 圣学之要只在慎独，独者，静之神，动之机也，动而无妄曰静，慎之至也，是谓之主静立极。（卷10《学言上》）
>
> 孔门授受只在彝伦日用讨归宿，绝不于此外空谈本体，滋人高明之感。（卷10《答秦履思二》）

可见，理学历史上曾提出过的敬、静、日用三种心性修养的基本方式或方法，皆被刘宗周的慎独工夫所笼络、所吸纳。简言之，在日用伦常中保持敬与静的修持就是刘宗周的慎独工夫。刘宗周慎独工夫中的敬与静，其内涵基本上也与传统理学观念相同。刘宗周感叹说：

"朱子一生学问半得力于主敬，今不从慎独二字认取，而欲掇敬于格物之前，真所谓握灯而索照也。"（卷12《学言下》）这表明刘宗周慎独中的敬的内涵是认同、承袭了朱熹的观点。朱熹对"敬"有诸多解说，其中最为明白浅近的是"只收敛身心，整齐纯一，不恁放纵，便是敬"，"将个敬字收敛身心，放在模匣子里面，不走作了"（《朱子语类》卷12）。所以，这种"敬"就是用儒家的道德原则来收敛身心和规范行为。刘宗周对慎独中的"静"曾有界定曰："循理为静，非动静对待之静。"（卷10《学言上》）。朱熹亦曾说："知这事当做，便顺理做去，便见动而静底意思。"（《朱子语类》卷45）可见刘宗周对"静"之"循理"的界定也是认同、承袭了朱熹的观点。所以，这种静实际上也是要求心境和行为与儒家道德原则保持一致。完全可以认定，刘宗周的在日用中有敬与静修持的慎独说，是召唤对儒家伦理道德观念的自觉，并将其贯彻到生活的一切方面去，是惩于王学末流"猖狂纵恣，流为无忌惮"而发。

虽然刘宗周的慎独工夫论的主要内容是以救正王学末流的流弊为目标而形成，并且其中有承袭自朱学的理论观念，但是，在一个根本的理论观点上，刘宗周的慎独工夫论仍保持由王学确立的明代心学的特色，而与朱学对立，这就是"即工夫即本体"。刘宗周说：

> 圣贤千言万语说本体说工夫，总不离慎独二字，独即天命之性所藏精处，而慎独即尽性之学。（卷5《圣学宗要·阳明王子》）
>
> 此之谓止至善，此之谓知止，此之谓知至而意诚，此之谓慎独，即工夫即本体也。（卷38《大学杂言》）

前已论及，比起朱学，王学最重要的理论变迁是将心（良知）升跃为本体；心性修养（致良知）既是工夫，也即是本体，即工夫即本体。而在朱学中，心只是本体之理在宇宙论层面上的显现；穷理主敬的修养工夫是达到本体（境界）的过程。朱、王差异与对立之情况，在刘宗周这里也正是如此发生。在刘宗周心学中，意或独是心之本体，是天命之性，所以在他看来，慎独、诚意虽是修养工夫，但亦即是《中庸》之"尽性"

"致中和"和《大学》之"止至善""知止""意诚"的最高境界，即本体。据此，刘宗周就朱熹之《大学》解批评说："朱子于《大学》分格致诚正为两截事，至解慎独，又以为动而省察边事，先此更有一段静存工夫①，则愈析而愈支矣。"（卷38《大学古记约义》）又就朱熹之《中庸》解批评说："朱子以戒惧属致中，慎独属致和②，两者分配动静，岂不睹不闻与独有二体乎？戒惧与慎独有二功乎？致中之外复有致和之功乎？"（卷10《学言上》）如前所述，在刘宗周看来，所存与所发、中与和、静与动同涵于意或独之本体之中。所以在工夫论上他的结论就是：

  静存之外更无动察，主敬之外更无穷理，其究也，工夫与本体亦一，此慎独之说也。（卷8《中庸首章说》）

不难看出，这个结论也正是刘宗周在气本论那个理论走向上的工夫论的最后结论。这样，我们就可以说，就整个明代理学而言，刘宗周理学思想是明代理学气本论和心本论两个走向的会合点；就刘宗周个人的理学思想而言，这两个并行的、回应不同理论情境的理论思路，最后在慎独的工夫论中汇合。

四 结语

明代理学一开始就出现沿着气本论和心本论两个基本理论走向发展的态势。刘宗周一方面承接了其先的气本论的理论传统，将其理气关系的理论观点进一步推演到心性关系中，使明代理学在这个走向上到达了终点；另一方面，在心本论的走向上，刘宗周在心之结构中的知觉心理因素之外，发掘出好恶之意的心理因素作为本体，使得宋明理学中的心学本体论由"本心"到"良知"再到"意"，在愈来愈深入细致中也走到了终点。从这个意义上说，明代理学的理论发展的可能性已经耗尽，刘宗周是明代

---

① 朱熹解《大学》"诚意"章，认为慎独之前，必有格物致知的工夫，谓："必致其知，方肯慎独，方能慎独。"（《朱子语类》卷16）
② 朱熹解《中庸》"致中和"，将中和分属戒惧与慎独，谓："自戒惧而约之，极其中而天地位矣；自慎独而精之，极其和而万物育矣。"（《中庸章句》）

理学的终结。

刘宗周生当晚明朝政腐败、学术衰敝之际，他的理学理论创造从根本上说是为了挽救这种颓势。当然，作为刘宗周这一理论创造最主要内容的意本体论和慎独工夫论的心学理论，完全不足以阻止明末社会秩序的全面崩溃；但是，从刘宗周身上，从他在危困处境中的所行所是中，特别是在家国灭覆后对生命归宿的抉择中，都可以看出一种令人肃然起敬的儒家道德精神能被培育和激发出来。刘宗周曾告诫门人说："不要错看了豪杰，古人一言一动，凡可信之当时、传诸后世者，莫不有一段真至精神在内。"（卷13《会录》）对于这位明代先贤所创造的一切，也可以说，他为救正王学流弊而提出的意本体论和慎独工夫论是可信于当时的；而被他的心学理论所升华了的和被他的政治的、道德的实践所表现出来的儒家伦理道德精神，则是可以传诸后世的。

（载于《刘蕺山学术思想论集》，台北"中央研究院"
中国文哲研究所筹备处印行，1997）

在《崔大华全集》出版暨崔大华先生学术思想研讨会上的发言

李正平

大家好！

在崔大华离开我们第九年的今天，可以告慰他在天之灵的是《崔大华全集》出版了！

《全集》的编辑出版最初是 2019 年由哲学所的同志提出来的，得到了院领导的大力支持。三年来，哲学所的同志为此付出了最多的辛劳，现在，我代表崔大华和全家对院领导、对哲学所的同志表示衷心的感谢！对出版社的同志、对所有关心《全集》出版并献计献策的同志表示衷心的感谢！

我知道，今天来参加研讨会的所有线上线下的同志都是热爱中国文化，都是因为与崔大华志同道合，所以大家才聚集一堂，欢迎大家的光临！感谢大家对崔大华的厚爱！

有好些同志问过我，崔大华有什么爱好，有什么特别之处，我的回答很简单：崔大华的爱好就是喜欢读书；他也没什么特别的，和大家一样，只是个受中国文化熏陶的、平凡的有家国情怀的普通的知识分子。如果要说他有什么特别之处的话，那就是他特别爱读书、特别爱思考、特别勤奋。他的父母告诉我，崔大华从小就爱学习，他是家中长子，因为家里经济困难，父母希望他初中毕业后就找工作，但他坚持要上高中，高中毕业后又坚持要考大学。他还鼓励弟弟妹妹们考大学，所以在他老家崔大庄子里，在周围十里八乡中，他家出的大学生最多。

崔大华读的书真多啊，他不仅爱读古今中外文史哲方面的书，自然科学方面的书他也读，还做大量读书笔记，只可惜在"文化大革命"中都付之一炬了。由于书读得多，崔大华很早就有了文化自觉和文化自信；由于知识丰富，知识就是力量，崔大华的内心很强大，意志很坚定，什么暴风骤雨、惊涛骇浪也改变不了他的追求和理想！"文化大革命"前的1964年，他第一次报考侯外庐先生的研究生，他自己觉得考得不错，但是未被录取，直到"文化大革命"一开始，他的日记被公之于众，才恍然大悟：是政审没有过关。崔大华一直有写日记的习惯，在商丘高中任教时被一位同屋居住的同事偷看并抄了下来交给学校党组织放进档案里了。崔大华因为日记在"文化大革命"中挨批斗、住"牛棚"，工资被扣发，但是他仍然坚持读书学习，那时只能读马恩列斯毛的著作，后来一位同住"牛棚"的同事告诉我，他除了读伟人的经典外，还坚持早晚背外语单词。在那个交白卷光荣、到处是"读书无用论"的年代里，崔大华始终相信知识就是力量，知识能改变命运，知识能改变世界。在"文化大革命"中，我们全家都做好了他被开除回家的准备。崔大华对我说：即使被开除回家当农民了，他将来也要写一本研究庄子的书！"文化大革命"结束后，恢复了高考，崔大华再次报考了研究生，填写志愿时我劝他不要报那么高，他不听，坚持要报考外老的研究生，接到录取通知书时，崔大华和全家特别高兴，那情景我终生难忘！

1979年暑假我去北京了，一位研究生院的工作人员告诉了我录取崔大华的经过，他说外老还记得1964年崔大华的考试成绩就很好，这次考得也很不错，政审时外调的同志还是说"崔大华有反动日记"，外老说："什么反动日记，拿来我看看！"坚持要录取崔大华，这时我明白了：崔大华的坚持是完全正确的！

我认识崔大华五十多年，从他年轻时喜欢庄子，到他把研究中国思想史作为自己的历史使命，经历并见证了他的心路历程。崔大华的一生是坎坷的一生，是辛勤笔耕艰苦探索的一生，感谢改革开放的伟大时代,感谢恩师侯外庐先生,让崔大华实现了著书立说的理想,只可惜他只活了七十五岁,我相信他若能活到今天,一定还会有好文章奉献给大家。其实他是可以多活几年的,我问过好几位医生了,都说他吃阿司匹林肠溶片太多了,引发了脑出血,西药的副作用太大了,所以我希望大家都引以为戒!衷心祝福大家身体健康,事业有成!希望有更多的人超越崔大华,深刻认识中国知识分子的历史使命和历史担当,让博大精深的中华文化深入人心,走向世界,给世界文明增光添彩,造福全人类!

最后我要给大家读一首诗,这是我院历史所任崇岳研究员写的,他把诗交给我时对我说:"开纪念会时,你给我在会上读一读。"我答应了,现在我要履行我的承诺。

悼大华同年

乍闻大华乘鹤去,
几回掩卷黯伤神。
长忆京师同窗日,
博学洽闻第一人。
《庄子歧解》称精辟,
《南宋陆学》惊士林。
每值月白风清夜,
教人如何不忆君?

注:古人称同榜为同年,同学亦称同年。我与大华为中国社会科学院研究生院同学并同年,大华大我一月。这首俚诗写于2013年。2016年正平送我大华论文集,感慨系之,重新抄录,纪念故友。

任崇岳

2017年1月6日

我也有四句话作为对崔大华的永远的纪念,愿与大家分享:

追思

君似流星划空过，
一线光芒闪宇宙。
历史长河流不断，
君如水珠融其中。

《崔大华全集》出版暨崔大华先生学术思想研讨会综述[*]

代 云

2022 年 9 月 24 日，由河南省社会科学院主办，哲学与宗教研究所承办，河南省哲学学会、河南省华夏历史文明传承创新基金会、河南省儒学文化促进会协办的《崔大华全集》出版暨崔大华先生学术思想研讨会在郑州召开。河南省社会科学院副院长李同新，社会科学文献出版社总编辑杨群，河南省哲学学会会长梁周敏，河南省儒学文化促进会创会会长王廷信，河南省华夏历史文明传承创新基金会主任、河南省社会科学院原正院级干部赵保佑，河南大学原党委副书记张宝明，崔大华先生夫人李正平女士出席开幕式并致辞，郑州大学历史学院国学系主任魏涛副教授宣读贺信、贺词。来自北京大学、南京大学、上海师范大学、四川大学、湖南大学、西南大学、湖南师范大学、西南民族大学、中国海洋大学、天津市工会管理干部学院、绍兴文理学院、遵义医科大学、郑州大学、河南大学、商丘师范学院、河南工程学院、河南省社会科学院等高校和研究机构的30 余位专家学者参加会议。会议采取线下线上形式同时举行。河南省哲学学会会长梁周敏主持会议主题发言。在主题发言阶段 10 位专家学者围绕会议主题进行了发言，与会代表进行了热烈的讨论与交流。下午的大会发言共有 25 位专家发言，分别由西南民族大学哲学学院杨翰卿教授和西

---

* 本文首发于中华孔子学会 2022 年 12 月 8 日微信公众号，链接：https://mp.weixin.qq.com/s/1s_ kmYfZ6k5aQraGeiuubg。

南大学哲学系高秀昌教授主持。

　　与会学者围绕《崔大华全集》出版的意义、崔大华先生的为人为学，尤其是崔先生在庄子哲学、宋明理学、经学与儒学等方面的学术贡献进行多角度的讨论与阐发，会议在热烈研讨与真挚交流中产生了丰硕成果。

　　崔大华先生 1938 年 12 月 3 日出生于安徽六安，1961 年 8 月毕业于中国人民大学哲学系，1978 年 10 月考入中国社会科学院研究生院攻读中国思想史专业硕士学位，1981 年 10 月被分配到中国社会科学院历史研究所中国思想史研究室工作，1982 年 9 月调入河南省社会科学院哲学研究所，2013 年 11 月 25 日于广州逝世，享年 75 岁。崔先生毕生从事中国哲学思想史研究，是当代中国著名哲学史家，是河南哲学界的一面旗帜。为研究、传承崔先生的学术品格和学术思想，河南省社会科学院组织力量整理编纂了《崔大华全集》（以下简称《全集》）。《全集》共七卷，第一卷收录《南宋陆学》以及《宋明理学史》《道家与中国文化精神》中崔先生撰写的章节；第二卷收录《庄子歧解》；第三卷收录《庄学研究——中国哲学一个观念渊源的历史考察》；第四卷收录《儒学引论》；第五卷收录《儒学的现代命运——儒家传统的现代阐释》；第六卷收录《中国传统社会思想的理路及当代价值：崔大华选集》；第七卷收录崔先生已发表但未收入《中国传统社会思想的理路及当代价值：崔大华选集》的论文，以及随笔、短文、日记、书信、崔大华先生学行简谱。《全集》于 2022 年 5 月由社会科学文献出版社出版。这是河南省社会科学院首次以"全集"的形式为专家学者出版作品集。

　　与会学者对《全集》的出版表示热烈祝贺，并向崔先生夫人李正平女士和参与《全集》整理编校工作的哲学与宗教研究所同志表达敬意。崔先生大学同学、郑州大学陈培基教授称《全集》是崔大华的智慧之作、生命之作，《全集》的出版给我们留下了一份珍贵的学术思想资料，也是对崔大华一生最好的纪念。崔先生研究生同学、湖南大学岳麓书院姜广辉教授称《全集》的出版是中国学术界的一件大事，《全集》是崔大华以一生心血结撰，是他留给我们的宝贵精神财富，希望学术界同人和后学能珍视这一宝贵文化遗产。崔先生曾经的同事、北京大学王中江教授认为《全集》的出版和此次研讨会的召开是对崔先生最好的纪念、最好的告慰，也是对崔先生一生最好的称赞和表彰。《全集》为我们系统研究崔先生的思想、精神提供了非常好的条件和基础。

参加此次研讨会的专家学者大都与崔先生有过工作、学术、生活上的交往，他们结合自己的亲身经历，讲述自己与崔先生的交往，表达对崔先生为人为学的敬仰之情。姜广辉教授回忆自己与崔大华的交往时说，"大华师兄长我十岁，我们于1978年一同考上侯外庐先生的硕士研究生，那时他已年届四十，是中国社会科学院研究生院历史系同届三十余位研究生中年龄最大的一位。他温厚持重，同学们都亲切地称他为'老大哥'"。在他眼中，崔先生"朴实蕴藉，淡泊名利，不求闻达，但他却有深沉的历史使命感和责任感。他学问淹贯，于中国哲学、西方哲学、印度哲学，皆学养深厚，精思有得。他在学术研究上，兼攻庄学和儒学。他的学术思想博大高远，所有论著都有结构严整、思想深湛、论证绵密的特点，并有许多真知灼见"。

陈培基教授与崔先生是中国人民大学哲学系五六级同学，后来两人同在河南工作，有过不少交流。他评价崔先生给他印象最深的有两点：一是有浓厚的理论研究兴趣，二是有很强的学术使命感。因为有理论兴趣，崔先生能够专注地研究他热爱的学术事业，几十年如一日，踏踏实实做学问，没有功利之心，没有浮躁之气，能够独立地思想，而且在学术上敢于创新。有学者的使命感，在于崔先生将儒家思想的现代转化这一重大时代命题作为自己的责任和使命去完成。这是崔先生能够取得非常大的成就的原因。

王中江教授回忆自己与崔先生十年的同事生涯，认为其为人与治学是整体的、统一的。他称崔先生是一个非常严谨、笃实、真诚的人，也是非常可敬可亲的人，在十年的交往中他有很多深切的体会和感受。崔先生对当时尚年轻的自己非常宽厚包容，在工作上帮助和照顾自己，对自己想要有更好工作环境的选择非常理解和尊重。他回忆当时自己任哲学所副所长，崔先生任所长，那时崔先生坚持坐班，还在狭小的、人来人往的办公室里，一方面处理杂事，一方面还能静心做学问，而学术研究是连续思考和需要高度集中精力的工作，这令他非常敬佩和感动。他称崔先生是一个真正的学者，一个纯粹的人，在并不算顺利的环境中，崔先生一心一意，坚持不懈，以生命为学问，以学问为生命，把学问当成天职地去进行追求，将做学问与做人统一起来。他以郑板桥的诗"咬定青山不放松，立根原在破岩中。千磨万击还坚劲，任尔东西南北风"来形容崔先生，以此表达自己的敬佩之情。

崔先生曾经的同事、西南大学高秀昌教授回忆自己与崔先生二十七年的相处，称自己与崔先生有多重的关系：师生关系、同事关系、编辑与作者的关系、邻里关系。他将崔先生的一生称为以学术为志业而上下求索的一生。崔先生早年遭受到常人难以承受的打击、迫害，但却愈挫愈奋，把问题消解、化解在自己的思想当中，从精神上战胜外在的不公。崔先生读《庄子》是一种积极的读法，也即通过读《庄子》使自己的精神变得更加坚强，思想变得更加开阔。崔先生有一种乐观的态度，把挫折变成平凡。崔先生的治学精神特点是视学术为生命，视学术著作为生命，把工作和学术、生活融为一体，是一种理智的智者的生活。对于学术崔先生是真爱、真信仰，所以做的是真学术、真学问。

崔先生曾经的同事、湖南师范大学徐仪明教授回忆自己与崔先生的交往，称崔先生是一个真诚的学者，一辈子为学术而生。他 1982 年认识崔先生，向崔先生请教，感受到崔先生学养的深厚，堪称博大精深。他说自己每次请教问题，崔先生都能马上回答，河南省社科院图书馆藏书丰富，崔先生对其了如指掌，他只要一提问题，就能告诉他到哪儿去检索哪本书，令他感到非常吃惊，也非常仰慕。他做《中州学刊》编辑的时候向专家约稿，请求崔先生帮忙，崔先生就写一封介绍信，让他找自己的研究生导师邱汉生先生，他后来到人民教育出版社拜访了邱先生。他回忆崔先生在河南大学中国哲学硕士点申报和研究生培养中的作用和贡献，称赞崔先生为河南的中国哲学事业作出了自己的贡献。2004 年 8 月他与崔先生一起到马来西亚参加第一届儒学国际学术研讨会，一些人利用开会时间外出旅游，崔先生却一直坚持开会研讨，直到研讨议程结束，才按照组织方的安排去参观旅游。事情虽不大，但让他感到崔先生对待学术工作非常严谨，令他感到敬佩。

崔先生的研究生、郑州大学李晓虹副教授以《真切笃实　知行合一》为题，形容和概括崔先生的为人和为学。她分享了崔先生作为她的硕士生导师对她学习与科研的指导，表达自己对崔先生人格的敬仰。在读硕士期间，由于是跨专业学习，不知如何做研究，崔先生指导她从读《论语》开始，并指导她使用工具书《论语引得》，从《论语》的关键词解读《论语》所关注的重点问题，由点到面，由概念、问题入手解读《论语》，同时阅读前人的诠释，对比分析。由此她慢慢找到了做学问的路径和方法，知道了如何从文本入手，如何利用工具书，去诠释经典，去体会经典中每一句话背后的深意，知道了如何利用文献和相关参考资料去写学术论文、写毕业论文。崔先生说《论语》中孔子给我们展示了一个周延的生活场景，借由《论语》我们可以遥想孔子生活的世界样态，借由《论语》中任何一个角度都可以呈现孔子儒家的精神世界。她的毕业论文就是借由《论语》中的"礼"，以人生所经验的身心层面、社会层面、政治层面、超越层面四个层面问题，展现孔子礼学规模之宏大。考博士准备时期，崔先生指导她阅读冯友兰先生七卷本《中国哲学史新编》，告诉她读书百遍，其义自见，她按照指导，取得了很好的成绩。博士毕业后回到河南，到郑州大学工作，她在选择研究方向时，崔老师建议她做中原理学，一是因为理学本身是儒释道三教融合的产物，研究理学可以接续博士的研究方向和问题，同时还可以把此前硕士（先秦）、博士（魏晋南北朝）阶段的学术研究贯通起来；二是身处河南，作为一位河南哲学学人，有责任有义务挖掘中原文化资源，研究中原哲学。她后来的研究都是沿着这个方面不断深入拓展，目前已经取得了不少成果，其中有两本书即将出版，可以说是对崔先生多年关心与教诲的回报。在她看来，对于崔先生来说，中国哲学是研究对象，但又不仅是研究对象，他将学术研究与自己的身心性命结合起来，用生命践行他所传之道。中国哲学方面的书每一个人都可以写，但其中蕴含的精神，不是每一个人都能做到。崔先生不仅做到了，而且多年坚持，富贵穷达，始终如一。我们缅怀崔先生，不仅是他写了这些论著，更多的是他的精神，令我们心向往之。

河南省委讲师团原副团长、河南省儒学文化促进会会刊《中州儒学文化》名誉主编李若夫教授的贺信中回忆了与崔先生在河南省儒学文化促进会共事时的交往，称"大华同志对中华优秀传统文化的深刻理解和渊博学识深深感动和影响了我，使我受益匪浅，为我们学习、研究、传播包括儒学文化在内的中华优秀传统文化树立了榜样。特别是他从宏观上对儒学文化的高度概括和深刻阐述，使我们学习、研究、传播儒学文化提到了新的高度"。河南省社会科学院原党委副书记唐茂荣在贺信中称崔先生"多年来惜时如金，全身心地投入工作，对选题的研究始终坚持高起点、高标准，潜心打磨精品力作"。河南省社会科学院安继民研究员的贺信中回忆道，"我来社科院做的第一件工作就是去商丘，为提拔崔老师作政审，在第一时间触摸到了崔老师灵魂的深处，了解到崔老师正当盛年时所受的不公和磨难。这使我在后来阅读崔老师著作时，有一种深切的融入感。有幸的是，崔老师青少年时代，受到了良好的正规教育。这种早期的学术铺垫，使他十七年的苦难经历有了与众不同的学术深度，并通过庄子获得了灵魂的升华和超越"。郑州航空工业管理学院鲁庆中教授深情地回忆崔先生，称"先生把一生都付与了中国传统思想，他也是这个时代的'斯文天与之者'之一。他为人谦和平易，学术严谨厚重，一直是我们心中的一座大山"。河南省社会科学院文学研究所杨波研究员以亲身经历说明崔先生《庄子歧解》和《庄学研究》对于文学界、史学界的影响丝毫不亚于哲学界。她2002年到河南大学文学院攻读中国古典文献学专业的研究生，那年秋天就曾在三位老师的课堂上听到崔先生的大名，分别是庄子研究专家白本松先生的"先秦文献导读"、词学研究专家孙克强先生的"中国文学批评史"、历史学专家李振宏先生的"史学理论"。当时对崔先生只知其名，不识其人，来到河南省社科院工作后，才知道崔先生就在自己身边，每次远远看到他，就感到特别崇敬。

此次研讨会的重点是崔先生的学术贡献，与会专家围绕会议主题，就各自关注和擅长的领域分享自己的研究成果。研讨主要从三个方面展开。

一是一以贯之的方法自觉。崔先生学术研究的一大特点是具有高度的方法自觉，这在他的处女作《南宋陆学》中就体现出来，并在后来的学术研究中不断探索，形成了自己的哲学史研究方法。

绍兴文理学院讲师刘磊博士关注《南宋陆学》"引庄述陆"的诠释角度及其方法论意义。他在发言中指出，崔先生以庄学作为陆学研究的重要参照系，从与庄学的关系为切入点把握陆九渊思想，使陆九渊思想当中的庄学因素较为完整地呈现出来，陆九渊思想成熟时期对庄学的扬弃反映着宋明理学既消化、吸收道家思想，又对之有所批判的历史真实情境。他进而指出，崔先生"引庄述陆"的象山学研究开辟了一种新的研究范式，即以中华文化的内在逻辑（而非西方哲学的学说和思想逻辑）来重新建构我们对于中华文化的认知，亦即"以中释中"的阐释理路。崔先生大学时代就喜爱庄子，读研期间在导师指导下转向宋明理学研究，因而此时的"引庄述陆"尚具有个人经验性，但这种阐释理路在客观上体现出一种中华文化立场，也是非常可贵的。

1982 年调入河南省社会科学院工作后，崔先生着手庄子研究，花费近十年时间撰写、出版两部作品：《庄子歧解》和《庄学研究》，在庄子文献学与庄子哲学研究中继续进行学术研究方法的探索与实践。此次研讨中，南京大学刘怀玉教授以《庄学研究》为例，探讨崔先生接着"新理学"往下讲，会通古今中外，把中国传统哲学学术化、现代化的自觉的研究方法论。在他看来，这一方法论有三个突出表现。其一，是以德国式的辩证理性拯救淹没在传统文化神秘气息中的庄子思想的理性精神。如果说冯友兰先生新理学秉承的是一种将中国传统哲学基本范畴形式化、空上去、静下来、搁起来的抽象继承的理路，崔先生则是要通过德国辩证法的三段论式的叙述与研究风格，让这种已经"空起来""搁起来""静下来"的中国传统哲学范畴再"实起来""动起来""活起来"，特别是内在地紧张起来。崔先生的《庄学研究》之新理学解释方式最为动人的也是最有争论之处在于，他以德国古典辩证法认识论视角来为庄子哲学进行理性主义的拯救、辩护、提炼与重构，试图让庄子从长期以来人们对其所形成的"相对主义诡辩论"与"没落奴隶主阶级的悲观主义代言人"等污名或消极解释形象中摆脱出来，同时也与 20 世纪末以来海内外学界对庄子的过度后现代主义化解释倾向进行对话。其二，是回到庄子寻找中国哲学形而上学的源泉。崔先生在梳理庄子与中国现代思潮的关系时，认为庄子思想孕育了以新心学/唯识论和以新理学为代表的中国式新哲学体系中的宇宙本体论与人生哲学论思想渊源。这表明崔先生是站在和西方、和当代进行对话的理性至高点上，从重建中国现代哲学形而上学家园这个高度上来理解庄学。其三，是超越现代性虚无化"自由"的理性逍遥。20 世纪 80 年代的学人通常将庄子与尼采或海德格尔相提并论，以印证中国古代思想的启蒙价值与后现代性。崔先生则以辩证理性思索回应这股类似魏晋新道家庄禅烂漫之风气，充分实践了冯友兰先生所开创的在现代世界中思考中国哲学的意义与发展走向的这种学术传统。崔先生在古今中外哲学的会通中理解庄子在世界哲学舞台上应该 play a role，这是他生前留下的一幕绝妙的世界哲学舞台话剧。刘怀玉教授同时也指出，在把庄子和萨特进行比较的时候，不能用德国古典哲学三段论的方式，而应该用二元论的方式。因为萨特的哲学世界是二元的，即世界包括自在的存在和自为的存在，对应庄子的天人关系，但在庄子那里天是自在的自然，人可以活得自由，但对于萨特来说，自在的存在是一个完全肯定自身的大全，在其中人没有任何自由可言。他认为在这里崔先生提出了一个非常深刻的问题，也是冯友兰先生的问题，即康德的实践理性可以和中国古代哲学中负的形而上学对话。刘怀玉教授进而指出，崔先生学术研究方法论给我们的启示是可以用中国本土的思想融会贯通西方，即以原汤化洋食。这也激励新一代的学人坚守中国传统的自信，同时包容和消化吸收西方各种复杂的学说，为形成新时代中国自己独立的话语体系作出我们的贡献。此论兼具学术史视野与当代启示，揭示出崔先生学术研究方法在中国话语体系建设中的意义。

在完成《庄学研究》之后，崔先生将研究重心转向了系统的儒学研究，用二十年时间写出两部大著：《儒学引论》和《儒学的现代命运——儒家传统的现代阐释》。此次研讨中，郑州大学魏涛副教授讨论了《儒学引论》结构方法的创新意义。在他看来，在当代儒学研究及新儒学理论框架中，海外新儒学对心性儒学的单向度强调，大陆部分学者对制度儒学的片面推崇，中国哲学研究者大多对儒学超越性层面的单一发掘，呈现的皆是单一化的儒学存在样态。他由此认为，从这个意义来说，崔先生三个层面、三位一体的对儒学的全面审视，无疑是他对儒学研究的重要理论创新。河南省社会科学院周全德研究员从社会学视角，探讨崔先生《儒学的现代命运——儒家传统的现代阐释》的理论创新。他在发言中指出，崔先生特别重视从文化与生活方式一体发展的角度，去论证儒学融入现代社会生活的可能性。在崔先生看来，儒学新的理论生长点是对道德形上学的探究，而其融入现代生活的切入点则是对自身伦理精神的开发和转化。儒学如欲摆脱在形上追求的困境，务必要做到"以我为主"，以不脱离本土理论土壤及其思想基石作为基本前提。这也就是说，对证成人之生命价值和生命意义这一理论目标的追寻，方能真正体现儒学有别于认知理性的"终极关怀"意义，以及凸显以道德理性为思想内核的人文关怀价值。崔先生高度关注现代家庭在结构功能、生活方式乃至思想观念上所发生的重大变化，以及这种变化对儒家家庭理念后续发展的影响。对以儒学家庭理念为主体的中华家庭文明，充满着高度的文化自信和理论自信，他期待儒学在融入现代化进程的理论与实践中，其家庭伦理精神和道德智慧能够更加惠及国家、民族、社会、个人的发展和进步。崔先生从现代性视角研讨并佐证儒学对人类文明向前演进的适应性及推动力，体现出了他作为济世型学者那种极其难能可贵的文化自觉和理论自觉意识。此论对崔先生理论创新价值的发掘，体现出崔先生对民族文化的信心来源。

崔先生的学生、河南大学张枫林副教授从两个方面讨论崔先生宋明理学史的研究理路。其一，是以《南宋陆学》为例说明崔大华宋明理学研究范式的奠定。其表现有三：一是南宋陆学是崔先生宋明理学史个案研究的典范，二是建构了其理学研究的雏形，三是采用了系统性的研究方法。其二，是考察崔先生思想史与哲学史交融并进的研究进路。其表现有二，一是前期以思想史为主导的研究思路。他认为这是对侯外庐、邱汉生等先生研究思路的继承和吸收，在宋明理学史编撰工作中得到提升。二是中后期以思想史与哲学史并融并进的研究进路。他认为《庄学研究》为崔学的哲学走向提供契机，《儒学引论》史论结合的研究思路是他研究方法的成熟阶段。《儒学引论》超越了崔先生前期关于宋明理学史的研究方法，更加侧重于从哲学的概念、哲学的判断为内在的逻辑寻找先秦儒学、魏晋玄学、佛老与宋明理学之间的关联。《儒学引论》的研究思路在思想史意义上使我们对理学产生的现实背景有了更加清晰的认识，在哲学史意义上使我们更加深入理解儒学核心概念的内涵外延如何不断发生变化的学术过程。他认为崔先生虽没有一部宋明理学史专著，但从现有的材料以及他的成果来看，基本呈现了一个独立的宋明理学史的框架。河南大学赵炎峰副教授以崔先生三部儒学著作为例谈了崔先生理学研究的学术风格，在他看来，《南宋陆学》的创新点有三：一是思想史研究的进路，二是整体和系统的研究视域，三是比较的研究方法。《儒学引论》代表着崔先生自如的问题意识和学术道路的形成，体现出学术理论研究的时代关怀意识，代表着崔先生的理学观的成熟，全书中理学部分占据一半篇幅，他认为已经是一部简明的宋明理学史专著。《儒学的现代命运——儒家传统的现代阐释》在探讨儒学思想建构的生活形态时，理学的相关内容是支撑起这部书的儒学生活形态建构里面重要的核心的论据和思想。他们从宋明理学研究着眼，切入崔先生儒学研究的系统化、成熟化进程，视角与结论都令人耳目一新。

中国海洋大学陆信礼教授以方克立先生提出的马魂、中体、西用的理论范式概括崔先生的学术道路。在他看来，崔先生作为当代的学术大家，走的也是"马魂、中体、西用"的学术道路。所谓"马魂"，就是在中国哲学史研究中把马克思主义作为指导思想。从《儒学的现代命运——儒家传统的现代阐释》看，崔先生虽然基本没有引用马克思主义经典著作中的词句，但是他在研究中是贯彻了马克思主义的"真精神"的，体现在反省五四时期人们对儒学否定性批判蹈入的理论误区以及以现代新儒家学者为代表的对传统儒学所作肯定性阐释中存在的理论缺陷。西学为用是指学习、借鉴西方国家和其他民族思想文化成果中的一切有益成分。从《儒学的现代命运——儒家传统的现代阐释》看，崔先生大量借鉴了西方哲学和观念的成果。从该书书后的参考文献看，外国的文献就有110种之多。"中学为体"是说在中国哲学史研究中，中国传统学术资源（比如学术资料和学术观念和方法）就是接引"马学"和"西学"的载体或者接受主体。他认为这部著作为儒学研究树立了典范，但典范不是没有缺点的，也还有尚未解决的问题。但其独立之意志、自由之思想，永远值得敬仰。此论对于深入研究崔先生的学术道路和学术方法具有启发意义。

高秀昌教授认为崔先生在研究哲学、中国哲学、中国哲学史的过程中，逐步形成了自己的哲学观、哲学史观以及哲学史方法论，他称之为结构的、历史的、比较的方法三元一体的研究方法，他认为这是贯彻崔先生几部著作始终的方法，值得学界进一步深入研究。

二是创新性的理论成果。学术方法的创新必定带来创新的学术成果。崔先生并不是著作等身的学者，但他几部著作都受到学界推崇，正是因为其研究具有突出的创新性。

　　河南省社会科学院赵保佑研究员在发言中指出，《庄学研究》是集前人庄子思想研究之大成，是全面系统又不乏独立创新思考和真知灼见的一部全新的著作。该书下编"庄子思想与中国历代思潮"把庄子与先秦儒家、庄子与墨家、庄子与道家诸派的理念区别和学理联系分析得清清楚楚，把庄子思想与儒学的三个理论形态（汉代经学、魏晋玄学、宋明理学）之间的分野和融通讲得明明白白，把道教的理论基础与印度佛学中国化过程中对庄子思想的认同和利用描绘得绘声绘色，把庄子思想对西学东渐——中国近现代思潮变换轨迹中的酶解作用演绎得活灵活现。崔先生准确定位庄子思想在中国传统文化中的地位，庄子思想是中国传统文化、传统哲学形成和发展中的一个最活跃、最积极的观念因素，一个最理性、最深刻的理论成分。从分析庄子思想是中国传统文化的自然主义的源头开始，把庄子的文化特质讲得非常准确清晰。关于道家思想与儒学的功能互补，崔先生认为道家思想是在人与自然环境中彻底的理性自觉，它召唤返归自然，向往并努力去实现心境没有任何负累的逍遥自由，从根本上创造了一种完全不同于儒家的、在伦理道德目标实现之外的精神境界，一种物质的、功利的追求之外的人生追求。此论抓住了崔先生庄子研究突出的创新之处，也说明方法创新对于理论创新的重要作用。

　　河南省社会科学院赵志浩副研究员注意到《儒学引论》结构的方法带来的理论创新。他认为崔先生以三个概念概括儒学的理论结构，对儒学作了整体把握，分别代表人存在的三个维度，即社会的、人性的、超越的，以说明人不是一种动物式的存在，而是超越了动物本能的精神性、社会性存在。这是儒家最基本的特征。儒家构建关于人的理论时通过人禽之辨，将人的本能或者说动物性从人的本质规定中剔除，或者说不将其界定为人的本质。崔先生以这三个范畴概括儒学，表明儒家作为人学与其他的人学的区别，凸显儒学关于人存在方式和本质属性的基本特征，即人具有道德属性，能够超越命运的必然性，这样人就具有无限的上升空间。这表明儒家理论建基于人的存在方式和生存方式之上。崔先生通过对儒学基本结构的阐释，恢复并彰显了儒学作为人学的基本特征。此论从概念到存在的分析，说明崔先生结构方法解析儒学的成功之处，即从三个方面说明儒学的伦理道德特质。

天津工会管理干部学院陈寒鸣副教授注意到《儒学的现代命运——儒家传统的现代阐释》思想史与社会史结合方法的理论创新成果，即儒学产生的社会基础是以农耕生产为主要生产力的农业文明，而当代中国则是一种工业文明。他以此认为当代学术界一些关于儒学复兴的论述忽略了这个基础，在他看来，儒学复兴不在于回到谁，而是要以一种社会形态的转化作为一个背景，来思考儒学文化形态的转化和根据。传统社会的社会形态决定了传统的儒学形态是以君为本位的，现代中国的社会形态决定了现代转化、现代创造更新以后的新生的儒学，应该是一种真正以人为本位的新型的文化形态。只有经过这样一种转换以后，儒学才能深入现当代中国社会的方方面面，发挥它应有的作用。这是崔先生作为侯派学人所坚持的马克思主义研究方法的必然结论。

西南民族大学杨翰卿教授以《儒学的现代命运——儒家传统的现代阐释》为例，讨论崔先生关于儒学与民族融合的思想。在这部著作当中，崔先生将儒学不仅视为一种以伦理道德为主要特质的思想观念体系，更重要的还包括在此基础上建构的生活形态、生活方式。他认为这一观点具有十分重要的意义，崔先生把儒学还原到了历史的情境当中，把一种似乎是悬置的、抽象的思想理论观念、精神文化体系落实到了形而下的社会生活层面，变成了具体的、有生命力的文明形态。崔先生从儒家丰富的、成熟的理论观念中析出人性相同、人格平等的信念，"和而不同"的智慧，"挈矩""执中"的行为原则三方面，构成儒家所表现出来或曰所创造的独特的宽容生活形态的理念体系。他认为这本身就是一种思想智慧，这三个层次和方面都蕴含着包容差异性、多样性的宽容精神，共同形成了儒家文化的宽容性格，从不同层面上显现出儒家生活的宽容形态。而这正是儒家能够积极促进民族融合、实现宗教兼容，成就没有文化障碍或界限的世俗生活的思想支撑。崔先生所诠释的华夷之辨，不仅着重于差异，还指出儒家华夷之辨中的宽容的方面，也就是以礼作为取舍，有礼就是华，无礼就是夷，就是说，崔先生认为儒家华夷之辨蕴含着包容差异、以礼为上的宽容原则，这是一种独到的具有重大意义的论见。崔先生《儒学的现代命运——儒家传统的现代阐释》关于这个重大问题的论述和思想，其深刻的哲学智慧，在厚重的儒家思想资源里抽丝剥茧，为铸牢中华民族共同体意识进行了非常精到的理论诠释。他认为崔先生这个思想具有重要的深刻的方法论意义。他以自己所研究的少数民族儒学为例，说明儒家宽容精神对于促进民族融合，形成多元一体的中华民族，铸牢中华民族共同体意识的意义。此论发掘崔先生关于儒学在中华民族共同体形成中作用的论证，说明儒学具有跨越时代的价值与生命力。

张永超教授提出《儒学的现代命运——儒家传统的现代阐释》的理论特色包括明确的问题意识、敏锐的生活视角、自信的理论建构和回应方案，他还就该书的论题和结论从三个方面提出思考：一是何种伦理观念建构了儒家生活方式，二是儒学能否为中国现代化进程提供动力，三是回到问题起点：孔子之道与现代生活的张力。深入的思考将崔先生关于儒学现代命运的讨论推向深入。

郑州大学崔波教授梳理了《崔大华全集》中易学相关论述，认为崔先生虽然没有专门研究易学，但对易学相当重视和熟悉，同时在引用易学的文献和论述中对《周易》经传，对象数、义理流派的分野，值得深入挖掘。崔先生在论证中视野宏阔，观点明确，材料引用恰到好处，细节把握非常精细。崔先生从经学的视角对易学思想展开论说，同时又通过易学思想深化其儒学思想、庄学思想研究，别有新意，值得深入学习。崔先生作为哲学史家，在经学方面曾下过苦功，崔波教授的研究从一个方面展现出崔先生扎实的经学功底。

遵义医科大学袁永飞副教授关注崔大华论著及言行中生活与生命的关系。在他看来，古今中西对于生活有三种观点，分别把生活解释为生长、生存和生产。对于生命的解读有三：有灵魂的生命（古希腊与中世纪的观点）、有机体的生命（现代生命科学的认识）、有意志的生命（现代生命哲学的看法）。他认为崔先生把人生理解为生命，他是把学术当作生命，他的生命是道德的文化生命、精神生命。还以四部著作为例，说明崔先生文化生命的发展轨迹。《南宋陆学》是从宇宙生命本体转向文化生命主体，《庄学研究》是从宇宙生命现实转向宇宙生命历史，《儒学引论》是将文化生命历史转化成文化生命现实，《儒学的现代命运——儒家传统的现代阐释》是从文化生命的现实转向文化生命的未来。他以此说明崔大华先生的学术生命更多着重于儒家的文化生命和它在中国传统文化思想中的主流地位。此论将崔先生的学术与生活视为一个整体进行探讨，视角新颖，别开生面。

三是典范意义的学术精品。学者们认为，从崔先生的治学经历来看，他前期主要兴趣和研究重点在道家，后期主要在儒家，前后期的主要论著都在学界产生了强烈反响。在当代中国哲学研究界，能够在儒道两家皆矗立起研究高峰的，实不多见。崔先生是当之无愧的儒道兼通且卓有建树者。他的几部著作在问世时，都令人耳目一新，都是相关领域最为优秀的成果，并经过时间考验，成为具有典范意义的学术精品。

《南宋陆学》将南宋陆学作为一个整体进行研究，资料翔实，论断新颖，拓展了中国思想史研究领域。为此，张岱年先生曾评价该成果"超过了近年来有关宋代思想论著的水平"。《庄学研究》被吴光先生称赞"是道家思想研究方面的一流学术成果"。方克立先生评价《庄学研究》"是 20 世纪最有新意和理论深度的一部道家思想研究专著"。安继民研究员认为《儒学引论》用结构的、历史的、比较的方法对传统儒学所建构起来的逻辑结构，在整个儒学研究领域具有开拓性的意义。胡军教授称《儒学的现代命运——儒家传统的现代阐释》是对 20 世纪以来新儒家传统研究的推进。在此次研讨中，王中江教授引用《中庸》中的一句话形容崔先生的儒学研究，即"致广大而尽精微"。他称赞崔先生把整体的、宏观的儒学研究和精细的考证和文献工夫真正统一了起来。儒学作为一个大的学问、一个体系，整体把握并不容易，学问在专门化、精细化以后，容易片面和只见树木，但崔先生能够从整体上把握，将其源远流长的谱系勾画出来，将广大与精微融贯起来、统一起来，这对现代的学术界来讲，仍是需要学习和借鉴的。

此外，杨世利副研究员关于理学研究的指导方法问题，岳天雷教授关于朱熹"权"说思想，刘洪生教授关于《庄子》中的魏王考证，郭树伟副研究员关于汉初儒者"法先王"论述中的黄帝与秦始皇形象，贾晓东博士关于孟子情感伦理的美德、制度、修养三个向度，段博雅博士生就蜀学后劲李源澄的经学观思想的讨论也丰富了本次研讨会的内容。

哲学与宗教研究所负责人潘世杰副研究员作会议总结，他对各位领导、专家及崔大华先生夫人李正平女士的与会表示衷心感谢，并倡议郑州大学、河南大学与河南省社会科学院 2023 年联合举办崔大华先生逝世十周年纪念会，继续传承崔大华先生的治学精神，继续深入研究崔大华先生的学术思想，为出彩河南作出社科人应有的贡献。

附录四

崔大华先生学行简谱

1938 年

12 月 3 日（农历十月十二）　　出生于安徽省六安县南岳庙区分路口乡莲花庵村（今安徽省六安市裕安区分路口镇莲花庵村）。父亲崔进三，母亲周仁芝。兄弟姐妹 9 人，先生是家中长子。

1950～1956 年

就读于安徽六安中学。

1956～1961 年

就读于中国人民大学哲学系辩证唯物主义和历史唯物主义专业，本科毕业。

1961～1962 年

河南医学院马列教研室助教。

1962～1972 年

到河南商丘一高做教员，教过语文、政治、历史。

1964 年

报考侯外庐先生的研究生，因政审不合格，未被录取。

1972～1978 年

在河南商丘师范学校、商丘大学、商丘师范学院做教员。因喜欢庄子，做过大量读书笔记。

1978 年

本年考取侯外庐先生的研究生，就读中国社会科学院研究生院历史系中国思想史专业，因侯先生身体不好，由邱汉生先生指导，事实上张岂之先生亦具体参与指导，使先生受益良多。

5 月 写成一篇关于先秦思想发展进程的文章，2.4 万字。

8 月 25 日 考虑撰写关于庄子的论文，认为"庄子的思想主要应是人生观的虚无主义和认识论的相对主义。庄学对后代的影响应从哲学思想、宗教（道教）和文学这三方面来考查"。

8 月 27 日 修改论文《评〈简明中国哲学史（修订本）〉》，将其压缩至 1.5 万字。后被收入《哲学研究》编辑部编《中国哲学史文集》，吉林出版社 1979 年出版，以"周问石"笔名发表。

9 月 3 日 考虑写一篇关于庄子的论文："思考庄子：庄子是个否定的最古老渊源，饮此源的水，长出来的是草，也有花。这也许是我这篇文章的中心思想。"

9 月 24 日 去邱汉生先生家，谈毕业论文选题一事。老师建议他在宋明理学中选题，并为他选定陆学。他原本想写庄子，只能先放下，日记中说："我只好暂时放弃《庄子》，由道家唯心主义走进儒家唯心主义。"

1980 年

2 月 为通史考试写出《释"国人"》，经邱汉生先生推荐，发表在《历史教学》1980 年第 2 期。

3 月 12 日 开始硕士论文《陆九渊》（即《南宋陆学》——编者注）的初稿写作。

4 月 这一年从 4 月起以"问石"的笔名在《读书》发表札记 20 则，分别发表在《读书》1980 年第 4～7 期、第 12 期。

5 月 2 日　经过一个多月，硕士论文写了近 4 万字。

10 月 24 日　硕士论文《南宋陆学》从 1980 年 3 月 12 日动笔，历时半年多写作完成，约 12 万字。

12 月 13 日　《南宋陆学》誊写完毕，共 14 万字。自述："在这篇长文中，我竭力做到三点：①把陆九渊写活，勾画出这个学派的本来面目，辨析它和朱学、和禅学的异同；②综合使用思想史的三种描述方法；③引进或运用现代科学、哲学的理论成就。"

1981 年

6 月 22 日　毕业论文答辩。自述："上午去所里进行我的毕业论文答辩。我的《南宋陆学》受到张岱年先生、邱（汉生）先生很好的、很高的评价，二年来的劳动初次得到认可，这使我很高兴，并想了一番，决定在《南宋陆学》的扉页题写四句话：风雨尘土四十年，黄券雌石六百天。前贤心事浩渺宇，吹扫（洗）翳霭现（见）真明。"

9 月　《南宋陆学（提要）》发表在《学习与思考》（《中国社会科学院研究生院学报》的前身，双月刊）1981 年第 5 期。

9 月 21 日　参加中国社会科学院研究生院 78 级研究生毕业典礼。

10 月　被分配到中国社会科学院历史所思想史室从事科研工作。

1982 年

6 月　论文《"儒教"辨》发表在《哲学研究》1982 年第 6 期。

10 月　论文《说"阳儒阴释"》发表在《中国哲学史研究》1982 年第 4 期。

调入河南省社科院哲学所从事科研工作。

11 月 25 日　打算继续他一直在准备的庄子研究："今天开始研究、拟写庄子、庄学。我对庄子有种亲切的感觉，有种乡谊，他老夫子生老病死在商丘，我的青春年华也是在商丘度过的。"

1983 年

3 月　论文《中国古代历史变迁思想的构成》发表在《文史哲》1983

年第 3 期。

10 月　论文《张九成的理学思想及其时代影响》发表在《浙江学刊》1983 年第 3 期。

11 月　论文《董仲舒的春秋公羊学》发表在《学习与思考》1983 年第 6 期。

1984 年

1 月　论文《人不是马克思主义出发点》发表在《哲学研究》1984 年第 1 期，后被人大复印资料转载，发表在《哲学原理》1984 年第 2 期。

3 月 27 日　为参加 1984 年的洛学研讨会，撰写一篇关于"二程"的论文。

4 月　撰写《宋明理学史》上卷三章（陆九渊、陆九渊弟子、张九成，第 9、19、20 章）共 4 万字，人民出版社 1984 年 4 月出版。

5 月　论文《二程与宋明理学》发表在《中州学刊》1984 年第 5 期。
硕士论文《南宋陆学》由中国社会科学出版社出版。

1985 年

4 月　论文《陈献章的江门心学》发表在《中国哲学史研究》1985 年第 2 期。

7 月　论文《简谈庄子思想对中国文学发展的巨大影响》发表在《商丘师专学报》1985 年第 2 期。

1986 年

1 月　论文《庄子的人生哲学及其在中国文化中的作用》发表在《哲学研究》1986 年第 1 期。

2 月　《庄子歧解》完稿，交出版社。

3 月　论文《江门心学述评》发表在《中州学刊》1986 年第 2 期。
准备《庄子研究》的写作（《庄子研究》即《庄学研究——中国哲学一个观念渊源的历史考察》——编者注）。自我要求："能否具有新的理论观念背景是这本书的成败关键。我的准备工作首先就是从这里开始：温习西方、印度哲学史，熟悉一下当代理论思潮，考察这几年中国哲学史（特别是庄子部分）的进展。"

5 月 2 日　构思《庄学研究》："探寻是什么原因产生了庄子对已形成的文化采取了那激烈的否定和批判的态度，而这种否定的态度为何却对以后的中国文化发展起了实际上是有益、消毒剂、抗腐剂的作用?"

8 月 24 日　完成《庄学研究》的第一部分：对庄周和《庄子》的考证。

1987 年

2 月　论文《庄子思想的文学特质及其影响》发表在《文史哲》1987年第 2 期。

2 月 5 日　《庄学研究》的进展和打算："春节过后，开始对《庄学研究》的第二部分构思：庄子思想研究。大体准备分两步走：第一，在《庄子》本文的基础上，形成一个理论的、逻辑的框架或结构，能将《庄子》装进并展开；第二，为这个框架或结构选择、拼排一个较宽阔的背景。这似乎像是为一幢建筑搭脚手架，同时考虑在它周围应建的辅助设施和应栽的花草树木。"

8 月　撰写的《宋明理学史》下卷由人民出版社出版，内容分别是第六章"陈献章的江门心学"、第七章"湛若水对江门心学的发展与江门心学的学术归向"。

1988 年

7 月　论文《中国传统思想伦理道德特质形成的比较分析》发表在《孔子研究》1988 年第 3 期。

12 月　《庄子歧解》一书由中州古籍出版社出版。

1989 年

3 月　论文《理学衰落的两个理论因素》发表在《哲学研究》1989年第 3 期。

6 月　参与编写的《中国历史大辞典·思想史卷》（26 条）由上海辞

书出版社出版。

7 月 论文《五四的文化选择与今天的精神建设》发表在《中州学刊》1989 年第 4 期。

8 月 17 日 《庄学研究》初稿全部完成。从 1986 年 3 月正式开始研究，总共历时三年半。

1990 年

1 月 论文《中国思想史领域的一位开拓者》发表在《高校社会科学》1990 年第 1 期。

4 月 论文《庄子思想的文学特质》发表在《黄淮学刊》（前身是《商丘师专学报》，1989 年更名）1990 年第 2 期。

5 月 论文《庄子思想与道教的理论基础》发表在《哲学研究》1990 年第 5 期。

5 月 24 日 完成《庄学研究》的修改、誊写工作。

7 月 论文《老庄异同论》发表在《中州学刊》1990 年第 4 期。

10 月 被评为河南省优秀专家。

11 月 15 日 开始撰写《儒学研究》（即《儒学引论》——编者注）。崔先生对自己的要求："我觉得以往探究儒学的论著，对儒学形成的精神渊源、过程论述得不够具体、贴切，我将较深入地研读《尚书》《诗经》《易经》及基本的甲骨、金文材料，以阐述殷周之际的思想观念变迁；较深入地研读《左传》《国语》，以明了孔子思想的观念背景。试图在本书第一个论题（儒学形成）———一个陈旧的标题下做出具有新的内容的文章。"

12 月 论文《试论中国传统思想伦理道德特质的形成、价值和缺弱》发表在《中国文化与中国哲学》（1988 年号），由生活·读书·新知三联书店出版。

1991 年

1 月 论文《庄子思想与中国佛学的发展》发表在《中国社会科学》1991 年第 1 期（1991 年第 4 期英文版）。

4 月　论文《庄子故里的国属问题》发表在《黄淮学刊》1991 年第 2 期。

7 月　论文《庄子思想与魏晋士风》发表在《安徽大学学报》1991 年第 3 期。

1992 年

7 月　书评《对一个时代课题的思考——评介〈儒学·理学·实学·新学〉》发表在《西北大学学报》（哲学社会科学版）1992 年第 3 期。

专著《庄学研究——中国哲学一个观念渊源的历史考察》由人民出版社出版。

8 月　论文《庄子思想与两晋佛学的般若思想》发表在《道家文化研究》第二辑

10 月　享受国务院政府特殊津贴。

1993 年

10 月　论文《老子故里问题》发表在《周口师专学报》1993 年第 4 期。

论文《宋代理学及其回应》发表在中国台湾《孔孟月刊》32 卷第 2 期。

论文《老庄异同论》收录在《老子与中华文明》，由陕西人民出版社出版。

11 月　论文《我国当前腐败现象的存在根源与治理对策》发表在《中州学刊》1993 年第 6 期。

1994 年

1 月　论文《〈易传〉的宇宙图景与三个理论层面》发表在《中州学刊》1994 年第 1 期。

4 月　论文《经学之训诂》发表在中国台湾《经学研究论丛》19 辑，由圣环图书公司出版。

被评为河南省劳动模范。

7 月　论文《本世纪的老子研究》发表在《河南社会科学》1994 年

第 4 期。

11 月　论文《论经学的历史发展》发表在《中国社会科学院研究生院学报》1994 年第 6 期。

1995 年

1 月　论文《道家思想及其现代意义》发表在《文史哲》1995 年第 1 期。

3 月　论文《儒家道德精神与我国现代化进程》发表在《齐鲁学刊》1995 年第 2 期。

6 月　论文《墨子：中国文化源头上的一位巨人》发表在《黄淮学刊》1995 年第 2 期。

1996 年

3 月　论文《超越经学》发表在《中州学刊》1996 年第 2 期。

论文《侯外庐学术思想的理论特色与时代精神》发表在《中国哲学》第 17 辑。

5 月　论文《论经学之训诂》发表在《中国文化研究》1996 年夏之卷。

7 月　应中国台湾"中央研究院"邀请参加刘宗周学术研讨会。

11 月　论文《论〈礼记〉的思想》发表在《中国哲学史》1996 年第 4 期。

1997 年

1 月　论文《理学形成的两个理论支点》发表在《开封大学学报》1997 年第 1 期。

5 月　论文《刘蕺山与明代理学的基本走向》发表在《中州学刊》1997 年第 3 期。

8 月　论文《论理学之消化佛学》发表在《中国文化研究》1997 年秋之卷。

11 月　论文《中国大陆的老子研究》发表在《哲学与文化月刊》324 卷第 11 期。

1998 年

1 月　论文《儒学的最初传授》发表在《益阳师专学报》1998 年第

1 期。

5 月 论文《刘宗周与明代理学的基本走向》发表在中国台湾《刘蕺山学术思想论集》。

9 月 论文《新理学的理论品格》发表在《中州学刊》1998 年第 5 期。

12 月 13~18 日 赴中国香港参加了由中华炎黄文化研究会、香港中文大学、香港中华文化促进中心联合主办的"中华文化与二十一世纪"学术研讨会，为研讨会提供的论文是《二十世纪的中国儒学》。

12 月 31 日 《儒学引论》完稿，崔先生自述："书稿从 1990 年 11 月 15 日开始动笔，至今已整整八年的时间！这一课题于 1992 年申请立项为国家社会科学基金课题，获一万元资助。1996 年主体部分完成后结项，扫尾工程（《理学的衰落之回应》及总结语）又进行了两年。"

1999 年

5 月 论文《庄子：中国传统文化的自然主义源头》发表在《教学与研究》1999 年第 5 期。

9 月 6~19 日 赴加拿大作学术交流。

10 月 6~10 日 赴京参加国际儒联举办的"纪念孔子诞辰 2550 周年大会"及"儒学与二十一世纪人类社会的和平与发展"学术研讨会，为大会提供的论文是《儒学面临的挑战》。在国际儒联第二届会员大会上，被选为国联儒联理事。

2000 年

1 月 论文《二十世纪中国儒学的贡献和理论进展》发表在《中州学刊》2000 年第 1 期。

论文《儒学面临的挑战》发表在《孔子研究》2000 年第 1 期。

10 月 11~14 日 赴武夷山参加纪念朱熹逝世 800 周年的"朱子学与 21 世纪"学术研讨会。

2001 年

1 月 杂文《获得魔力以后》以笔名"可雨"发表在 19 日的《河南

日报》上。

6 月 论文《中国传统文化的中原之根》发表在《许昌师专学报》2001 年第 6 期。

9 月 专著《儒学引论》由人民出版社出版，被收入"哲学史家文库"。

2002 年

3 月 论文《人与自然关系的儒学选择》发表在《中州学刊》2002 年第 2 期。

10 月 12~15 日 赴西北大学参加侯外庐先生百年诞辰学术研讨会，作了《外庐先生和汉生先生的学术友谊》的发言。

12 月 《儒学引论·自序》发表在《国际儒学研究》2002 年第 12 辑。

2003 年

9 月 国家社会科学基金课题"儒学的现代命运"获批。

10 月 6 日 赴桂林参加梁漱溟先生诞辰 110 周年学术研讨会。

11 月 3~9 日 去北京参加由中国社会科学院历史研究所主办的纪念侯外庐百年诞辰学术研讨会，在会上作了《20 世纪中国哲学史诠释模式变迁》的发言。

12 月 合著《道家与中国文化精神》由河南人民出版社出版。

2004 年

1 月 论文《20 世纪中国哲学诠释模式的变迁》发表在《文史哲》2004 年第 1 期。

任国际儒联第三届理事会理事。

7 月 论文《刘宗周与明代理学的基本走向》发表在《新哲学》第一辑。

8 月 7~12 日 赴马来西亚参加由马来西亚孔学研究会主办，中国大陆和中国台湾诸多儒学研究团体协办的第一届儒学国际学术研讨会，主题是"忠恕之道促进世界和平"。为会议提供的论文是《全球伦理的儒学资源》。

9 月 论文《梁漱溟：一种文化自觉》发表在《孔子研究》2004 年第 5 期。

10 月 19~28 日 赴安徽大学参加一个关于哲学前沿问题的学术会议，在会上作《20 世纪中国哲学史诠释模式的变迁》的发言。

11 月 3~6 日 去焦作市参加"中国首届许衡学术研讨会"，在会上作了《思想史视野中的许衡》的发言。

被评为河南省老干部先进个人。

12 月 13~20 日 去江西参加由南昌大学江左思想研究中心、江西金溪县政府等单位举办的陆象山思想研讨会，在会上作了《论朱陆之争》的发言。此外，在象山先生故里金溪县疏山寺举办的演讲会上，讲述了象山先生的独特思想性格，评论朱子对象山的三点批评，以此回答主持人提出的两个问题：象山的读书方法、象山与佛禅的关系。

2005 年

3 月 论文《论朱陆之争》发表在《东华理工学院学报》（社会科学版）2005 年第 1 期。

4 月 论文《思想史视野中的许衡》发表在《学习论坛》2005 年第 4 期。

10 月 《庄学研究——中国哲学一个观念渊源的历史考察》由人民出版社重印并被列入"哲学史家文库"。

11 月 20~24 日 应南京大学中国思想家研究中心的邀请，赴南京大学为该中心的博士、硕士研究生讲述宋明理学（两次），与中心科研人员座谈，介绍对现代儒学研究的构想，并接受了中心兼职教授的聘请。

2006 年

1 月 论文《儒学的一种缺弱：私德与公德》发表在《文史哲》2006 年第 1 期，本文的英文版发表在《中国哲学前沿》第 2 卷第 4 期。

2007 年

6 月 25~27 日 到武汉大学参加第十五届国际中国哲学大会。

7 月 论文《关于庄子的两个问题》发表在《求实论丛》2007 年第
4 期。

12 月 论文《儒家社会生活中的宗教宽容》发表在《诸子学刊》第
一辑。

2008 年

2 月 论文《人生终极的理性自觉》发表在《孔子研究》2008 年第 2
期，本文的英文版发表在《中国哲学前沿》第 4 卷第 3 期。

论文《全球伦理的儒学资源》发表在《学习论坛》2008 年第 2 期。

4 月 18~24 日 到武汉参加华中师范大学道家道教研究中心和香港青
松观全真道研究中心联合举办的"全真道与老庄学国际学术研讨会"。

11 月 6~11 日 去上海参加华东师范大学先秦诸子研究中心主办的庄
子国际学术研讨会，在会上作了《庄子思想的历史定位》的发言。

2009 年

6 月 论文《论明末儒者的天主教选择》发表在《诸子学刊》第
二辑。

任国际儒联第四届理事会顾问。

12 月 20 日 完成《儒学的现代命运》，从 2003 年 11 月开始撰写，历
时 6 年。这项课题原定 2006 年完成，因为内容有较大扩展，曾经两次申
请延期。

12 月 论文《庄子思想的历史定位》发表在《诸子学刊》第三辑。

2010 年

12 月 论文《儒家思想特质的形成：两次观念蜕变》发表在《诸子
学刊》第四辑。

2011 年

3 月 论文《最后的坚守——后人类文化思潮中的儒学立场》发表在
《孔子研究》2011 年第 3 期。

8 月　论文《儒学的根本价值》发表在《光明日报》2011 年 8 月 29 日国学版，后被《新华文摘》2011 年第 24 期转载。

2012 年

3 月　论文《人与自然关系的儒学选择》发表在《诸子学刊》第六辑。

专著《儒学的现代命运——儒家传统的现代阐释》由人民出版社出版，被收入"哲学史家文库"。

旧作《庄子歧解》（修订版）由中华书局再版。

10 月 14 日　由河南省社会科学院主办的"《儒学的现代命运》出版暨崔大华先生学术思想研讨会"在郑州举行，先生抱病参加。

2013 年

11 月 25 日　病逝于广州中山大学第一附属医院。

12 月　论文《章炳麟的儒学观》（遗作）发表在《中州学刊》2013 年第 12 期，并被收录在中国人民大学复印报刊资料《中国哲学》2014 年第 3 期。

参考文献

崔大华：《南宋陆学》，中国社会科学出版社，1984。

崔大华：《儒学引论》，人民出版社，2001。

崔大华：《庄子歧解》，中州古籍出版社出版，1988 年 12 月出版，中华书局 2012 年 3 月再版。

崔大华：《庄学研究》，人民出版社，1992。

崔大华：《儒学的现代命运——儒家传统的现代阐释》，人民出版社，2012。

崔大华：《张九成的理学思想及其时代影响》，《浙江学刊》1983 年第 3 期。

崔大华：《二程与宋明理学》，《中州学刊》1984 年第 5 期。

崔大华：《江门心学简述》，《中州学刊》1986 年第 2 期。

崔大华：《理学衰落的两个理论因素》，《哲学研究》1989 年第 3 期。

崔大华：《试论中国传统思想伦理道德特质的形成、价值和缺弱》，载《中国文化与中国哲学》（1988 年号），生活·读书·新知三联书店，1990。

崔大华：《刘蕺山与明代理学的基本走向》，《中州学刊》1997 年第 3 期。

崔大华：《庄子：中国传统文化的自然主义源头》，《教学与研究》1999 年第 5 期。

崔大华：《论朱陆之争》，《华东理工学院学报》（社会科学版）2005 年第 1 期。

吴光：《道家思想研究中的优秀成果——评崔大华著〈庄学研究〉》，

《中国哲学史》1993 年第 3 期。

安继民：《十年辛苦不寻常——崔大华和他的〈庄学研究〉》，《河南社会科学》1994 年第 1 期。

岳天雷：《新儒学观的完整建构——读崔大华先生的〈儒学引论〉和〈儒学的现代命运〉》，《辽东学院学报》（社会科学版）2013 年第 4 期。

陈泽环：《儒学的伦理道德特质及其现代命运——崔大华儒学传统研究初探》，《中州学刊》2013 年第 11 期。

张永超：《论儒家思想的现代困境及其出路探寻——兼评崔大华先生新作〈儒学的现代命运〉》，《中州学刊》2014 年第 3 期。

张永超：《儒家思想为中国现代化进程提供动力何以可能？——以崔大华先生〈儒学的现代命运〉为中心》，《中州学刊》2019 年第 4 期。

卢有才：《崔大华先生对儒学理论结构的诠释》，《中州学刊》2015 年第 1 期。

郭齐勇、袁永飞：《崔大华的儒学论说及其意义》，《中州学刊》2015 年第 12 期。

姜广辉：《〈中国传统社会思想的理路及当代价值〉序——兼谈本体与工夫》，载崔大华《中国传统社会思想的理路及当代价值：崔大华选集》，社会科学文献出版社，2016。

王思远：《儒学终极关切的理性阐释——崔大华论儒学与宗教》，《甘肃理论学刊》2016 年第 4 期。

陈寒鸣、刘伟：《崔大华儒学思想的现代价值》，《江南大学学报》（人文社会科学版）2018 年第 1 期。

冯传涛：《儒学及其宗教性问题——崔大华思想中的变与不变暨四周年祭》，《中原文化研究》2018 年第 1 期。

侯外庐主编，侯外庐、杜国庠、邱汉生、白寿彝、杨荣国、杨向奎、诸青执笔《中国思想通史》第四卷（下册），人民出版社，1956。

侯外庐、邱汉生、张岂之主编《宋明理学史》（上），人民出版社1984 年版，1997 年重印。

侯外庐、邱汉生、张岂之主编《宋明理学史》（下），人民出版社，1987。

张岂之主编《中国思想史论集》（第二辑）纪念侯外庐先生百年诞辰专辑，广西师范大学出版社，2003。

卢钟锋：《回忆我当侯老研究生的时候》，《史学史研究》1988年第3期。

杜运辉：《侯外庐先生学谱》，中国社会科学出版社，2013。

胡适：《中国哲学史大纲》，商务印书馆，2011。

冯友兰：《中国哲学史》，商务印书馆，1934。

冯友兰：《中国哲学史》，商务印书馆，1947。

张岱年：《中国哲学大纲》，商务印书馆，1958。

任继愈：《中国哲学史》第三册，人民出版社，2010。

顾颉刚：《古史辨》第四册，上海古籍出版社，1982。

任继愈：《庄子探源》，《哲学研究》1961年第2期。

张恒寿：《庄子新探》，湖北人民出版社，1983。

刘笑敢：《老子古今——五种对勘与析评引论》上，中国社会科学出版社，2006。

徐复观：《有关思想史的若干问题——读钱宾四先生〈老子书晚出补证〉及〈庄老通辨自序〉书后》，载徐复观《中国思想史论集》，上海书店出版社，2004。

湖北省荆门市博物馆：《荆门郭店一号楚墓》，《文物》1997年第7期。

梁涛：《"以生言性"的传统与孟子性善论》，《哲学研究》2007年第7期。

《哲学研究》编辑部编《孔子哲学讨论集》，中华书局，1963。

赵修义、张翼星：《守道1957：1957年中国哲学史座谈会实录与反思》，上海人民出版社，2012。

向世陵主编《"克己复礼为仁"研究与争鸣》，新星出版社，2018。

钱穆：《国史大纲》，商务印书馆，1994。

余英时：《朱熹的历史世界——宋代士大夫政治文化的研究》，生活·读书·新知三联书店，2004。

梁漱溟：《东西文化及其哲学》，商务印书馆，1999。

〔美〕艾恺采访、梁漱溟口述、一耽学堂整理《这个世界会好吗？——梁漱溟晚年口述》，东方出版中心，2006。

〔德〕恩格斯：《路德维希·费尔巴哈和德国古典哲学的终结》，载《马克思恩格斯选集》第四卷，人民出版社，1995。

〔英〕卡尔·波普尔：《猜想与反驳：科学知识的增长》，傅季重等译，上海译文出版社，1986。

〔法〕卢梭：《论人类不平等的起源和基础》，商务印书馆，1962。

〔法〕卢梭：《社会契约论》，商务印书馆，1980。

〔德〕康德：《实践理性批判》，商务印书馆，1960。

〔德〕黑格尔：《小逻辑》，商务印书馆，1980。

冯友兰：《新知言》，载《三松堂全集》第五卷，河南人民出版社，1986。

冯友兰：《新原道》，载《三松堂全集》第五卷，河南人民出版社，1986。

冯友兰：《新理学》，载《三松堂全集》第五卷，河南人民出版社，1986。

冯友兰：《新原人》，载《三松堂全集》第五卷，河南人民出版社，1986。

牟宗三：《中国哲学的特质》第二讲"中国哲学的重点何以落在主体性与道德性"，上海古籍出版社，1997。

牟宗三：《心体与性体》第二册第三章胡五峰之《知言》第九节逆觉之工夫，载《牟宗三先生全集》（第6册），联经出版事业有限公司，2003。

《智的直觉与中国哲学》十八"智的直觉如何可能？儒家'道德的形上学'之完成"，载《牟宗三先生全集》（第20册），联经出版事业有限公司，2003。

《心体与性体》第一册第一部综论第一章"宋明儒学之课题"第四节"宋、明儒之分系"，载《牟宗三先生全集》（第6册），联经出版事业有限公司，2003。

余英时：《从价值系统看中国文化的现代意义》，载余英时《中国思想传统的现代诠释》，江苏人民出版社，1995。

〔美〕奥尔多·利奥波德：《沙乡年鉴》，侯文蕙译，吉林人民出版社，1997。

〔德〕孔汉思、库舍尔编《全球伦理——世界宗教议会宣言》，何光沪译，四川人民出版社，1997。

刘慈欣：《三体3：死神永生》，重庆出版社，2010。

迈文·伯德：《无距传物、电子人和后人类的意识形态》，载曹荣湘选编《后人类文化》，上海三联书店，2004。

《"秩序与自由：儒道功能互补的历史形态及其当代向度"学术研讨会在郑州召开》，《中州学刊》2009年第3期。

后　记

　　《崔大华学术思想初探》是在我的省社科规划课题"崔大华学术思想研究"结项报告基础上修改而成的。选择这个课题是一个偶然的机会，即《崔大华全集》的整理出版，而这一切要追溯到我进入河南省社会科学院之前。

　　2006年9月进入河南省社会科学院之前，我在院网站上看到哲学所的介绍，其中提到前任所长崔大华先生。上网搜了一下，发现他竟然是侯外庐先生的学生。侯先生曾任教于北京师范大学，而我正好研究生毕业于北京师范大学，对侯先生也很敬仰，于是在选择去向时，就选了哲学所。当时崔先生已经退休，但仍是院学术委员会委员，因此会在院里组织的评奖场合见到他，不过没有单独交谈和请教。直到2008年，哲学所的安继民老师国家课题中标，他让我参与他的课题研究，并在2008年12月20日召开课题的开题分工会。那天是我第一次在院外的工作场合见到崔先生，他的沉稳博学与在学术上的谦虚诚实，给我留下了深刻的印象。2009年4月4日，由安继民老师引荐，我和另一位参与课题的同事袁永飞去了崔先生家向他请教。我还清楚地记得，他当时从书房走出来，取下胳膊上戴的袖套迎接我们的情景。据他说，他的国家课题"儒学的现代命运"已经做了一大半，剩下一些内容还在紧张地进行中。这天之后，我和小袁就不定期地到他家中，就课题中遇到的问题向他请教，他总是不厌其烦地为我们答疑解惑。在我的印象中，崔先生是不会拉家常讲俗事的人，所有的谈话，除了学术还是学术。2009年4月4日至2012年9月30日，我们去他家或在哲学所办公室向他请教过11次。除了与课题相关的问题，我还怀着好奇之心问过很多问题。比如，他大学学的什么专业，大学毕业要不要写论文，他说他大学学的专业是辩证唯物主义和历史唯物主义，毕业时虽然学校没有要求写论文，他自己还是写了一篇文章。又如，做完《庄学研究》，为什么没有继续做老子而是转向儒学，他说因为儒学是中国传统思想文化的主流。我还问他作为初学者，研究易学读谁的书比较好，他说可以读朱熹的《周易本义》，金景芳先生的易学修养也很深厚。他还说对于孔孟思想可以不必作严格区分，他认为儒家道德作为资源正在被消耗，他还特别注意周初统治者的忧患意识。后来我在读他的儒学论著时，发觉这些问题都构成他的思考或结论。

2011 年 12 月 9 日，我听闻崔先生脑出血住院的消息，知道他是用脑过度导致长期失眠，服用廉价的安眠药导致血管脆弱。此后去见他，就需要控制时间，不能过多谈学术问题，但我能感觉到他的心思仍在学术上，并不愿多谈自己的病情。2013 年 11 月 25 日得知崔先生病逝，突然感觉一个人的离去似乎是一个时代的远去。其后哲学所同人整理他 30 余年发表的论文，编成《中国传统社会思想的理路及当代价值：崔大华选集》一书，于 2016 年 10 月由社会科学文献出版社出版。我当时承担了撰写"崔大华先生学行简谱"的任务，为此与崔先生夫人李正平老师联系，得到他的一些资料，包括日记、成果总目，还有他早年的随笔《佳羽集》。他在 2002 年 8 月 8 日的日记中说，"退休以后，经过一年多的阅读、思考，我想用十年时间写出两本书，一是将儒学研究进行到底，《儒学引论》主要是论述了儒学的历史面貌，我要以《儒学的现代命运》为题，较全面论述儒学的现代处境和命运；二是以《雕朽集》为名，将百万字的读书笔记整理出来。我祈愿天与命给我健康，襄我成功"。他的第一个愿望已于 2012 年实现①，第二个则未及实现。这件事我一直记在心里。2019 年 3 月 7 日，我和小袁一起去见李正平老师，我忍不住提起此事，回家后先向同事宋艳琴（她与崔先生曾经共事过）提起，我说我们给崔先生做点事吧，她说可以。随后又向当时的所长王景全提议，他很支持，并将我提议的"崔大华学术遗产整理"改为《崔大华全集》（以下简称《全集》）

———————————

① 《儒学的现代命运——儒家传统的现代阐释》于 2012 年 3 月出版。

整理出版工作。王所长向院领导提出申请，得到院里大力支持，于是很快就作为院创新工程试点项目启动了。《全集》的大头是已出版和发表的论著，除此之外，李正平老师将崔先生的 22 本笔记，还有几十张照片、书信底稿、《雕朽集》原稿都搜罗出来，交给我们，为《全集》的编纂提供材料。另外，还有十几篇文章没有收录到文集中，经过多方搜求，最后与首次发表的作品放入《全集》最后一卷，即第七卷。

在《全集》整理工作进行的同时，一年一度的省级课题申报工作也开始了。我正发愁没时间写课题论证，高秀昌老师建议我可以结合手头正在做的工作，来申报一个"崔大华学术思想研究"这样的课题。时间紧迫，我觉得这样也行，就抱着试试看的态度，申报了这个课题，不料竟然得到肯定，于 2019 年 8 月被立项为省社科规划一般课题。可以说，把《全集》整理工作付诸实施，对我而言是"感情用事"的结果，而课题立项则纯属意外收获。短暂的喜悦之后就是长久的忧虑，担心自己的学力不足以把握崔先生的研究成果，担心自己对他的了解太过浅薄。为了了解他的生平，我向院人事部门申请查询他的档案，第一章中的很多内容就来自于此。一个偶然的机会，我看到他大学同届同学编纂的纪念文集《难忘五六级——智慧之友风雨彩虹路》，就从旧书网上购得此书，从他的同学们笔下了解他的大学时代。另外，还向李正平老师和他大学时代最好的朋友金继业老师了解他早年的经历。虽然还很不足，但相比申报课题时而言，已经丰富了很多。他的主要著作我在申报课题前都曾读过，但还远远不够，也因此，两年多的时间里，大多数时候我都是在阅读他的论著和做读书笔记。可以说，这项课题研究于我而言其实是一个学习的过程，读书、做笔记、写作、修改，每个环节都是一个更加接近崔先生学术思想的过程，但仍时常会有"仰之弥高，钻之弥坚"之感。

课题结项后不久，我们收到正式出版印刷的《崔大华全集》，之后就投入"《崔大华全集》出版暨崔大华先生学术思想研讨会"的筹备工作中。"附录二"是崔大华先生的夫人李正平老师作为家属代表在会上的发言，征得李老师同意，收录于此。"附录三"是我在会后撰写的综述，它记录了与会专家的研讨成果，自觉有较高文献和学术价值，亦附于书末。"附录四"收录了我编写的"崔大华先生学行简谱"。另外，本书还收录了《"儒教"辨——与任继愈同志商榷》（《儒教问题争论集》版本）和《刘宗周与明代理学的基本走向》（《刘蕺山学术思想论集》版本）①，两篇文章在删改后的版本是《"儒教"辨》（载《哲学研究》1982年第6期）和《刘蕺山与明代理学的基本走向》（载《中州学刊》1997年第3期），收录在《崔大华全集》第六卷。"附录一"收录这两篇文章的完整版，以补《崔大华全集》未能收录之憾。

我来到哲学所与崔先生有关，进入中国哲学研究领域后得到崔先生很多指点，后来又有机会参与到与他有关的工作中，为完成他的愿望做一点力所能及的工作。希望我们所做的一切，能够告慰崔先生的在天之灵，我自己也将继续努力，以期将来能够在"初探"的基础上更加深入地学习、研究崔先生的学术思想，"初探"之后还有"再探"。我还希望，《崔大华学术思想初探》能够起到抛砖引玉的作用，今后学界会出现关于崔先生学术思想的更高水平、更有分量的研究成果。对于一个学者来说，这也许是最好的纪念方式。

代　云

2022年3月16日于郑州，2023年元月28日修改

---

① 这里要特别感谢崔先生的学生、河南大学张枫林副教授的大力支持。他不仅提醒我注意《刘宗周与明代理学的基本走向》这篇文章，还将原文扫描发给我，然后我们才有机会了解文章的原貌。

图书在版编目（CIP）数据

崔大华学术思想初探 / 代云著 . --北京：社会科
学文献出版社，2023.12
（中原智库丛书 . 学者系列）
ISBN 978-7-5228-2589-2

Ⅰ.①崔…　Ⅱ.①代…　Ⅲ.①学术思想-研究-中国
Ⅳ.①B2

中国国家版本馆 CIP 数据核字（2023）第 187474 号

中原智库丛书 . 学者系列

崔大华学术思想初探

著　　者 / 代 云

出 版 人 / 冀祥德
组稿编辑 / 任文武
责任编辑 / 刘如东
责任印制 / 王京美

出　　版 / 社会科学文献出版社·城市和绿色发展分社（010）59367143
　　　　　　地址：北京市北三环中路甲 29 号院华龙大厦　邮编：100029
　　　　　　网址：www. ssap. com. cn
发　　行 / 社会科学文献出版社（010）59367028
印　　装 / 三河市龙林印务有限公司

规　　格 / 开　本：787mm×1092mm　1/16
　　　　　　印　张：38.25　字　数：606 千字
版　　次 / 2023 年 12 月第 1 版　2023 年 12 月第 1 次印刷
书　　号 / ISBN 978-7-5228-2589-2
定　　价 / 158.00 元

读者服务电话：4008918866